FILMEN AM EVEREST

MALI 2004

STEPH DAVIS

EVEREST SKI 2006

180° SÜD 2008

MERU 2008

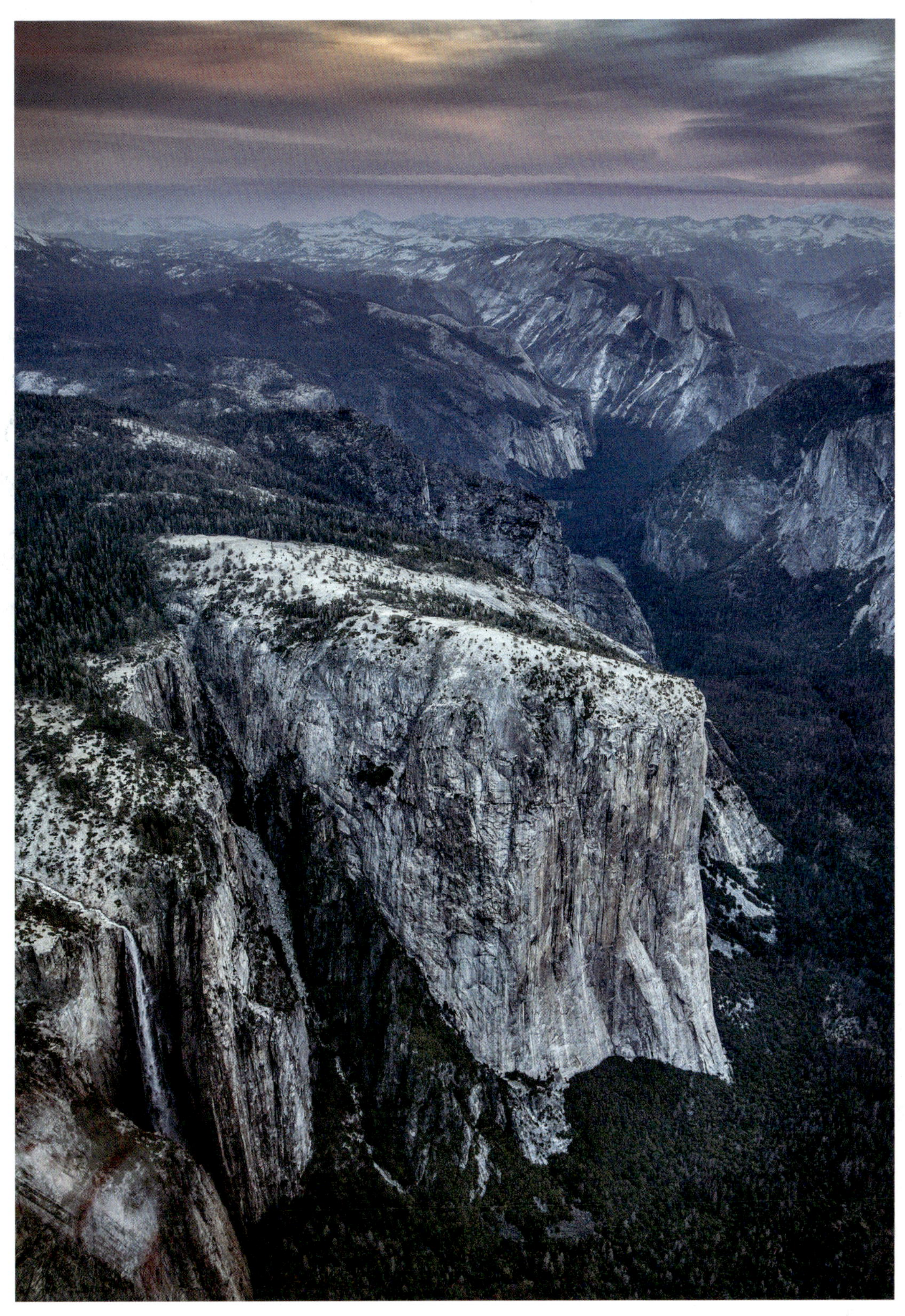

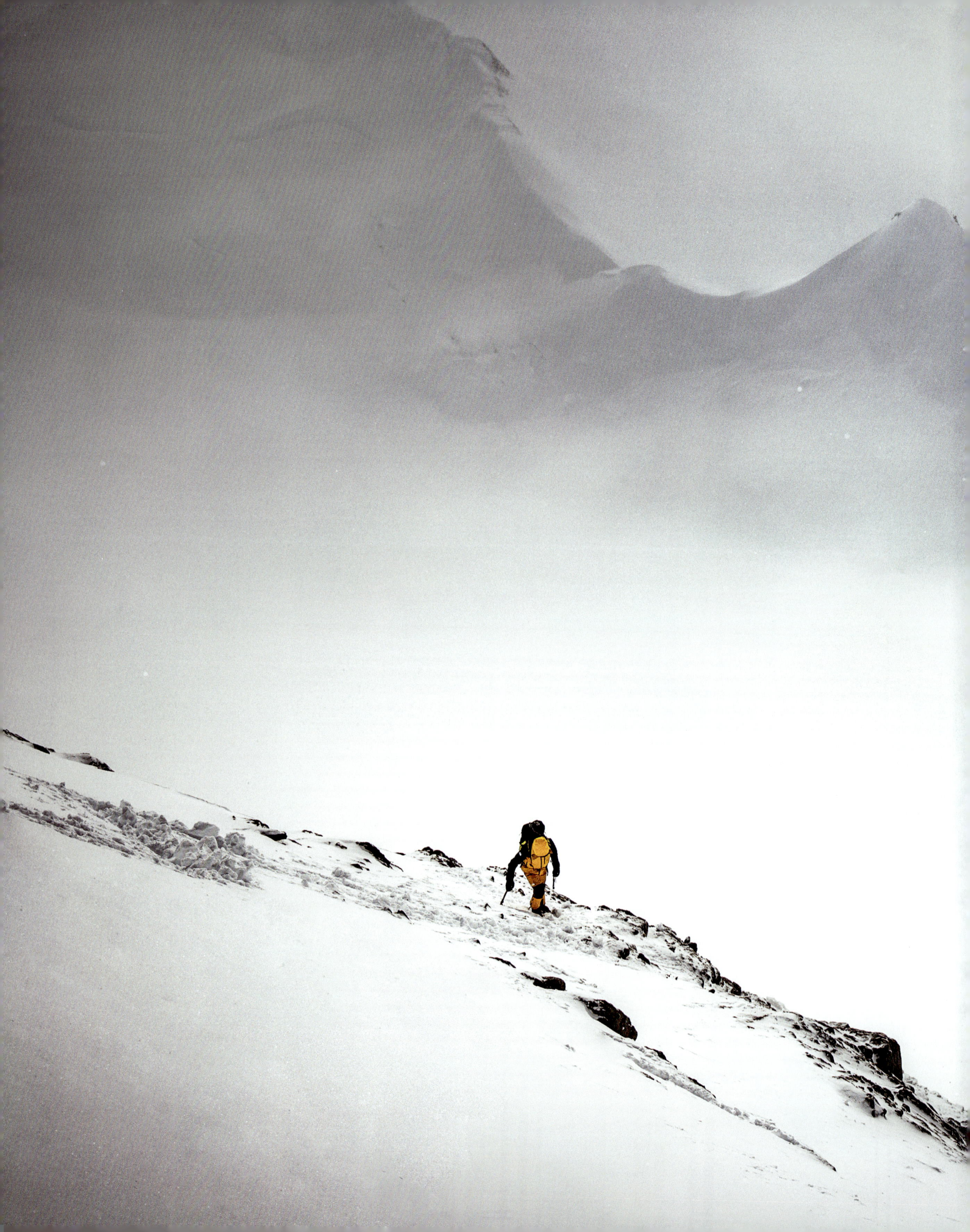

JIMMY CHIN

Bilder aus einer Welt der Extreme

PRESTEL
MÜNCHEN • LONDON • NEW YORK

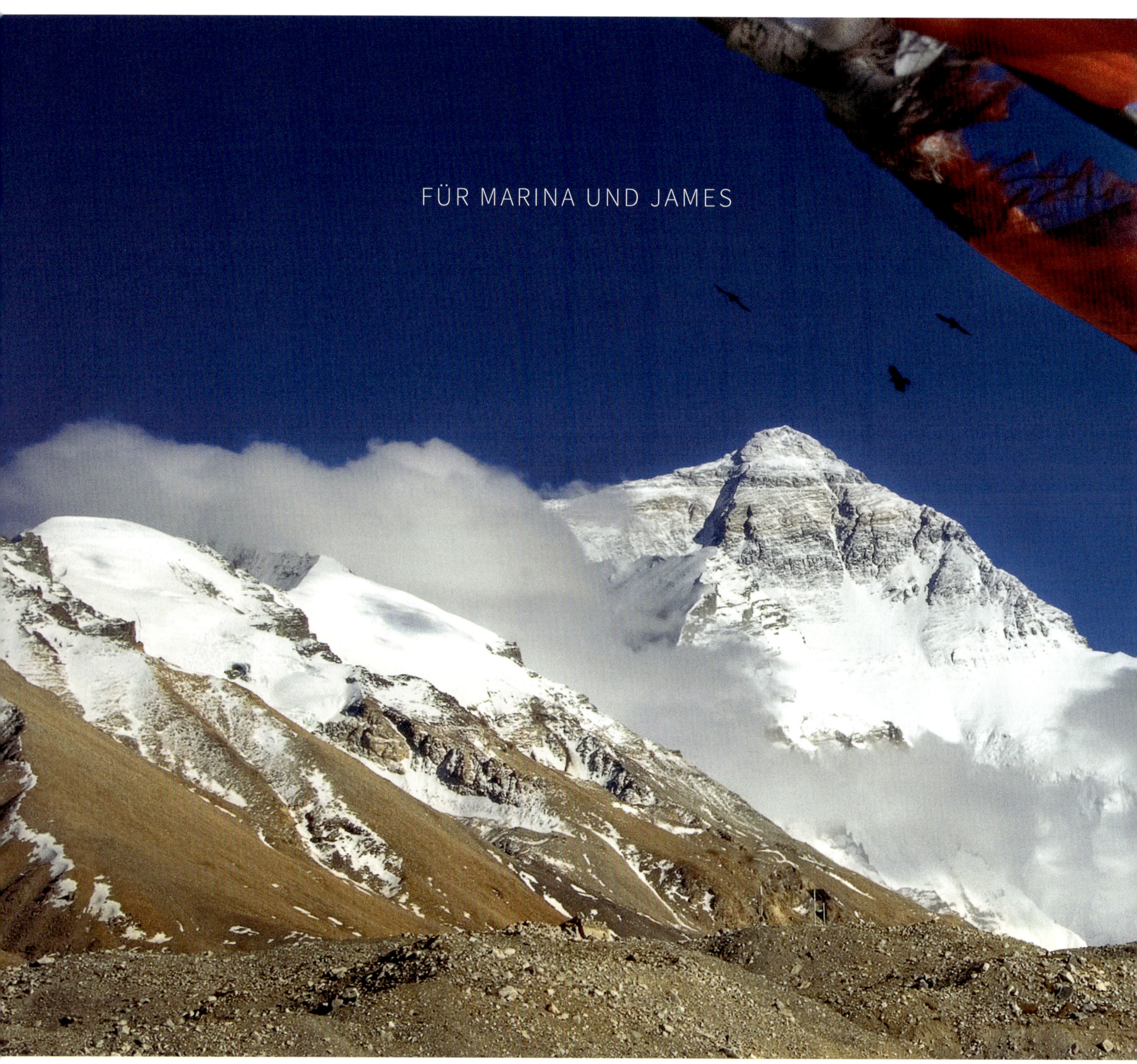

FÜR MARINA UND JAMES

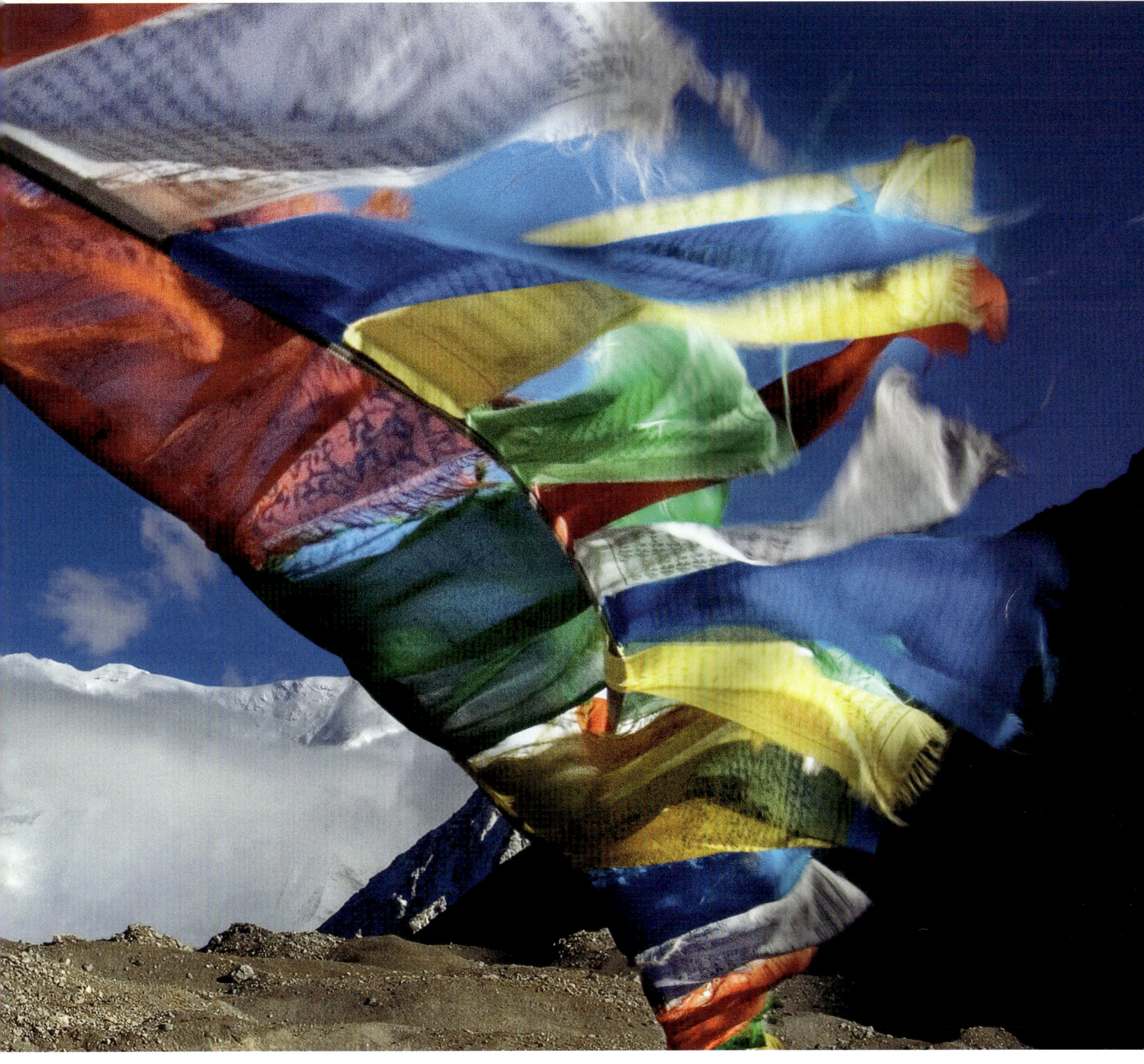

SEITE i Yosemite Valley, Kalifornien.

VORSEITE Conrad Anker klettert durch das Grand Couloir auf den Mount Tyree. Sentinel Range, Antarktis.

OBEN Drei Raben und tibetische Gebetsfahnen über der Nordwand des Mount Everest. Chomolungma, Tibet.

FOLGESEITE Kit DesLauriers quert den Gletscher auf Sermersooq, um den Taqqartortuusaq-Gipfel zu erklettern und von dort abzufahren. Westgrönland.

INHALT

Vorwort

Natur ist der Urquell menschlicher Existenz. Seit den Anfängen der Zivilisation verbringen wir den größten Teil unseres Lebens damit, die Wildnis zu zähmen. Doch während unsere großartigen Bauwerke nur unsere Selbstherrlichkeit spiegeln, haben Wildnis und extreme Umgebungen eine elementare, lebensbejahende Kraft. Diese unglaublichen Orte, Relikte einer vorgeschichtlichen Erde, verjüngen die Seele und bringen uns dem Wesentlichen im Leben näher.

Wir können nicht ständig in dieser Unberührtheit bleiben, uns aber von Zeit zu Zeit in die kalte, karge, exponierte Landschaft wagen und den Naturgewalten stellen. Unsere Abenteuer, durch entlegene Biwaks und Nahrungsmangel verstärkt, sind prägende Erlebnisse. Bei der Rückkehr wissen wir um die Kraft der Natur und ihren Einfluss auf unser tägliches Leben. Und hoffen, ein weiteres Scheibchen Selbsterkenntnis gewonnen zu haben.

Fotos bringen uns augenblicklich an jeden Ort der Welt. Ein Sekundenbruchteil nach dem Fotografieren wird ein zweidimensionales Bild zum Zeitstempel dieses Moments. Die Art und Weise, wie ein Fotograf mit den uns allen zur Verfügung stehenden Mitteln Kunst schafft, unterscheidet das Außergewöhnliche vom Alltäglichen. Unsere Vorstellungen sind die Kulissen dazu, ob Verwüstungen durch Kriege oder Feierlichkeiten des Lebens. Wir fragen uns: Was war das für ein Moment, in dem das Bild gemacht wurde? Und wie prägen unsere eigenen Erfahrungen unser Wahrnehmen von Bildern? Die besten Fotografien können Gefühle erfassen oder uns an einen Ort versetzen, der uns Geist und Augen öffnet und damit Impuls ist für unsere Kreativität und einen tief empfundenen Gleichmut.

An Jimmy Chins fotografierten Orten sind wir zu Gast. Von der Kälte fixiert, vom Wind umtost, verankert durch Schwerkraft und solides Selbstvertrauen – mit Jimmy erfahren wir die Magie der Wildnis. Das ist nicht leicht. Hinzu kommt das schwierige Hantieren mit der Kameraausrüstung, selbst bei besten Bedingungen; es ist wirklich selten, dass ein Mensch unter diesen Umständen mit Landschaft, Licht und Menschen Kunst schaffen kann.

Jimmy konnte Fotografie und Bergsteigen in einer Disziplin vereinen. Bei unserer ersten Expedition ins Charakusa-Tal, einen Kranz von Granitgipfeln in Pakistan, durfte ich das erstmals erleben. Die gewählte Route bot eine Steilwand, die mehrtägige Anstrengungen erfordern würde. Wir stiegen trotz Unwetter auf, bis uns ein Sturm erfasste. Das Wetter blieb unbarmherzig und drückte uns an die Seite des Berges. Während der ganzen Strapazen hielt Jimmy seine Kamera bereit, um jene ungewöhnlichen Momente festzuhalten, die einer Besteigung Charakter verleihen. Nach vier sturmumtosten Nächten wurde uns klar: Es war Zeit für den Abstieg. Der Erfolg blieb aus, wir aber waren in Sicherheit und wurden engere Freunde.

Zwanzig Jahre später ist Jimmy immer noch da draußen, reizt die Grenzen von Vernunft und Ausdauer aus und schafft Bilder, die uns an wilde Orte entführen. Seine Fotografien könnten Ihre Reisepläne beflügeln, Ihnen eine Wertschätzung dieser Orte vermitteln oder Ihre Vorstellung vom Möglichen hinterfragen. Möge Ihre Verbindung zu diesen Bildern so tief sein wie meine zu Jimmy. Danke, Jimmy, fürs Auf- und Mitnehmen, hin und zurück.

– Conrad Anker

GEGENÜBER Conrad Anker beim Queren in der Nähe des Mount-Owen-Gipfels, Grand Teton National Park, Wyoming. Im Hintergrund die Nordwand des Grand Teton.

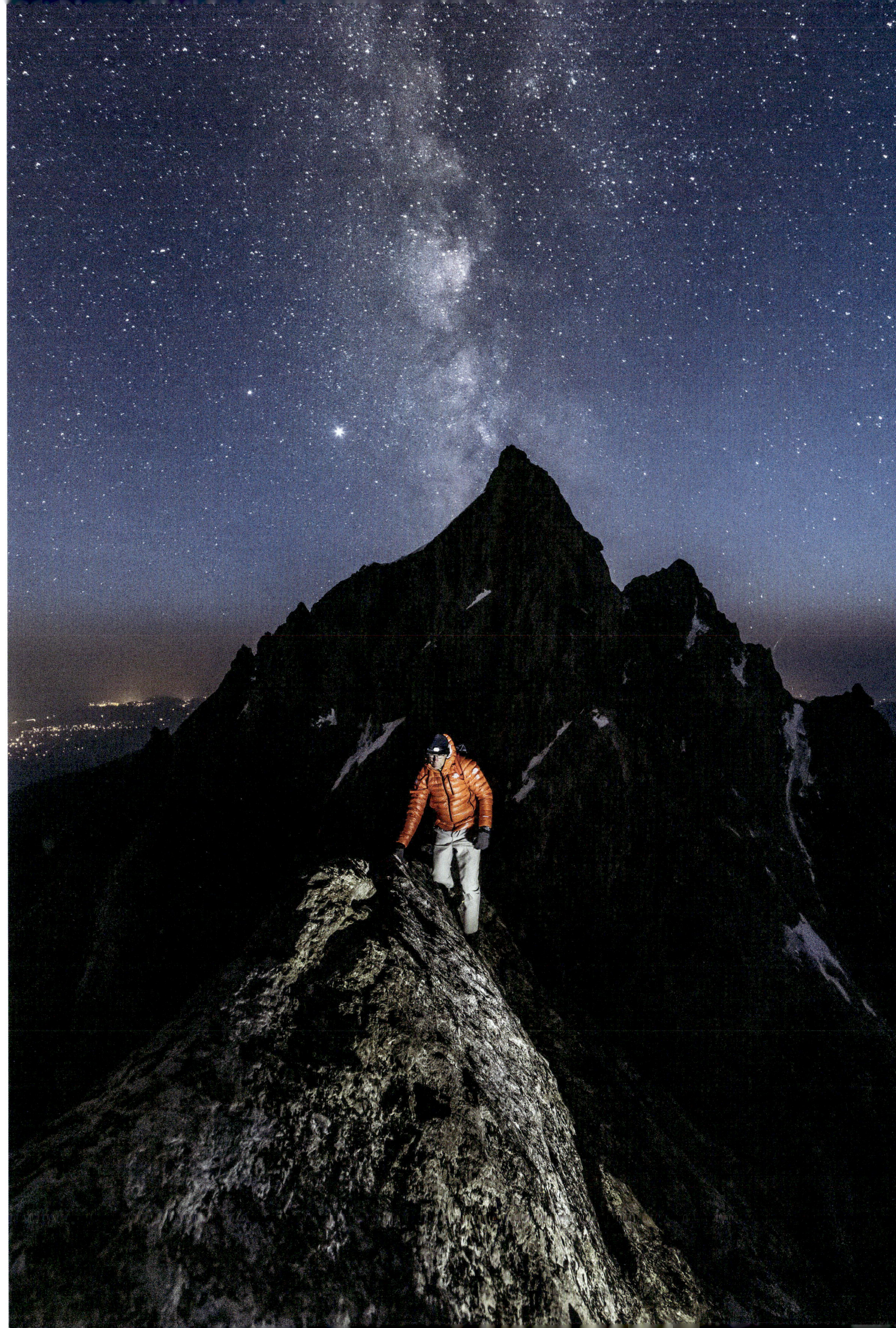

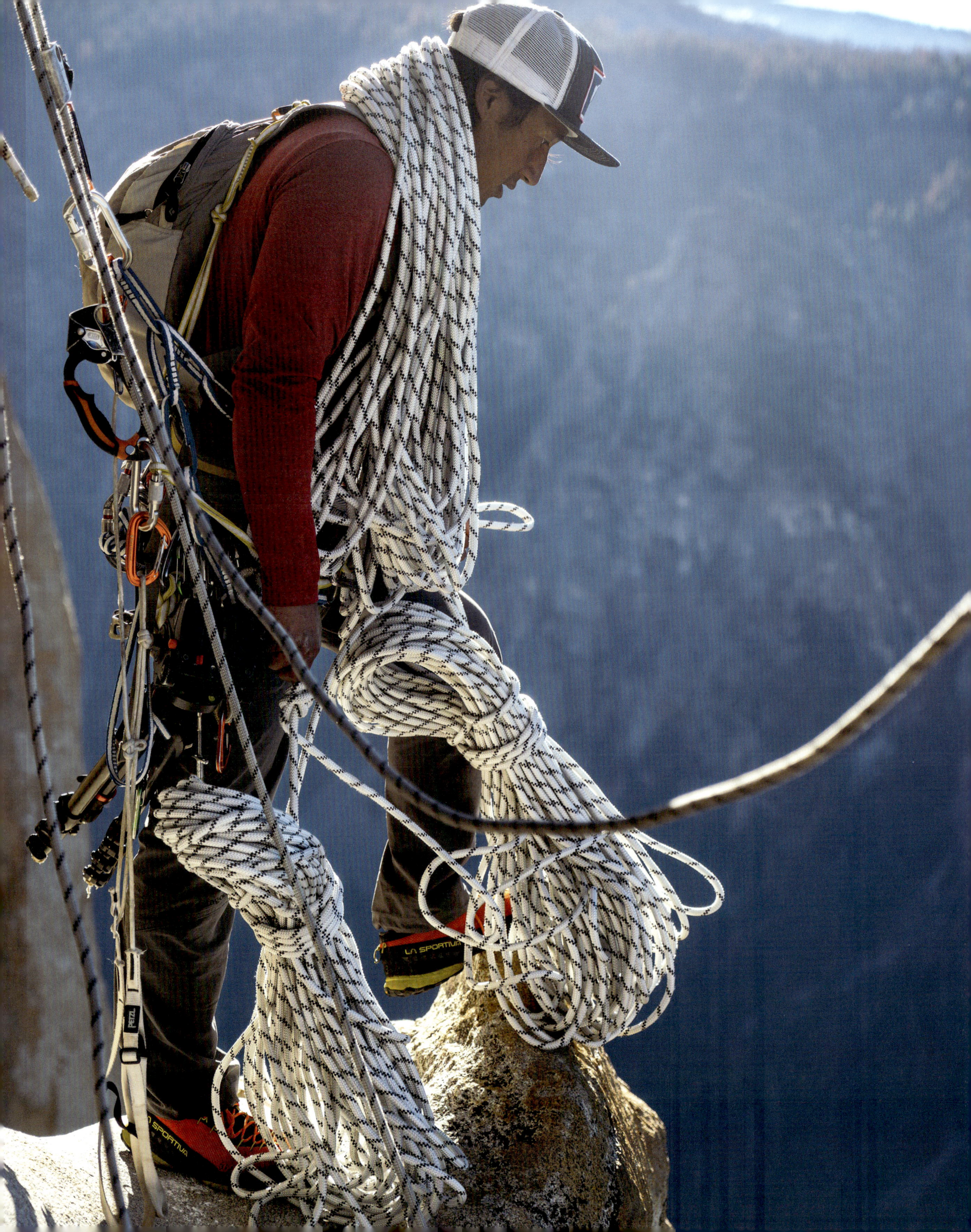
LA SPORTIVA

Einführung

Meine Eltern sagten immer: „Klar sorgen wir uns. Das Chinesische kennt kein Wort für das, was du tust."

Als Kind chinesischer Einwanderer hörte ich immer, es gebe nur drei Berufe: Arzt, Anwalt oder Professor. Kletterer stand nicht auf dieser Liste. Nach dem College war ich mir sicher, dass diese traditionellen Erwartungen nicht zu mir passten; ich beschloss, mir meinen eigenen Weg durch die Welt zu bahnen.

Meine Zwanziger verbrachte ich zwischen Kletterzielen und dem Leben in einem 1989er Subaru Loyale. Nicht gerade das Graduiertenprogramm, das sich meine Eltern erhofften.

Trotz ihrer klaren Karrierevorstellungen hatten mir meine Eltern, beide Bibliothekare, mit ihren endlos vielen Büchern unwissentlich den Weg gewiesen. Die großen Abenteuer, von denen ich las, weckten meine Neugier auf die Welt jenseits unseres Hinterhofs in Mankato, Minnesota. Glücklicherweise vermittelten mir meine Eltern auch das Arbeitsethos und das Vertrauen in ein Leben, von dem ich nicht einmal wusste, dass ich es wollte – das Leben an mächtigen Granitwänden, Wüstentürmen und messerscharfen Bergrücken.

Diese Orte weckten Ehrfurcht und Eigenverantwortung in mir. Ich war dort in Bestform, wo die Welt unter mir abfiel und die Lebensregeln einfach waren – Einsatz und Kampfbereitschaft. Beim Klettern im Yosemite nahm ich eine Kamera mit und begann, die Orte, in die ich mich verliebte, und die erhabenen Momente, die ich erlebte, festzuhalten. Das Fotografieren wurde zu meiner Art, diese Orte zu erkunden und diese Momente zu teilen.

Die Fotografie kann unsere Sicht auf die Natur und auf das, was der Mensch in ihr erreichen kann, erweitern. Und ich hoffe, dass Bilder von der Schönheit unseres Planeten und unseres Platzes darin das Verantwortungsgefühl für den Schutz und die Bewahrung dieser Orte fördern, damit wir sie wertschätzen und uns auch künftig daran freuen.

In den Abenteurern, die die unberührtesten Orte der Welt aufsuchen und ihr Leben der Aufgabe widmen, das zu erreichen, was andere nie gewagt haben, fand ich eine zweite Familie. Diese Menschen wurden zu meinen engsten Freunden, Partnern und Mentoren. Ich war immer wieder erstaunt, wozu diese Menschen mit ihren Visionen und ihren klaren Zielen fähig sind, von Kit DesLauriers, die vom Gipfel des Everest abfährt, bis zu Alex Honnold, der El Capitan im Free Solo bezwingt, und viele mehr.

Als Zeuge großen Erfolgs und heroischen Scheiterns entdeckte ich meine Bestimmung: die Geschichten derer weiterzugeben, die mich so inspirierten. Jeder Mensch, den ich fotografierte, hat mich zu dem gemacht, was ich heute bin. Dafür werde ich für immer dankbar sein. Dieses Buch ist eine Aufzeichnung unserer gemeinsamen Abenteuer der letzten zwanzig Jahre und eine Feier all jener Orte, die uns zusammenbrachten.

GEGENÜBER Tagwerk. Seile legen am El Capitan bei den Dreharbeiten zu *Free Solo*. Yosemite Nationalpark, Kalifornien, 2016. Foto von Cheyne Lempe.

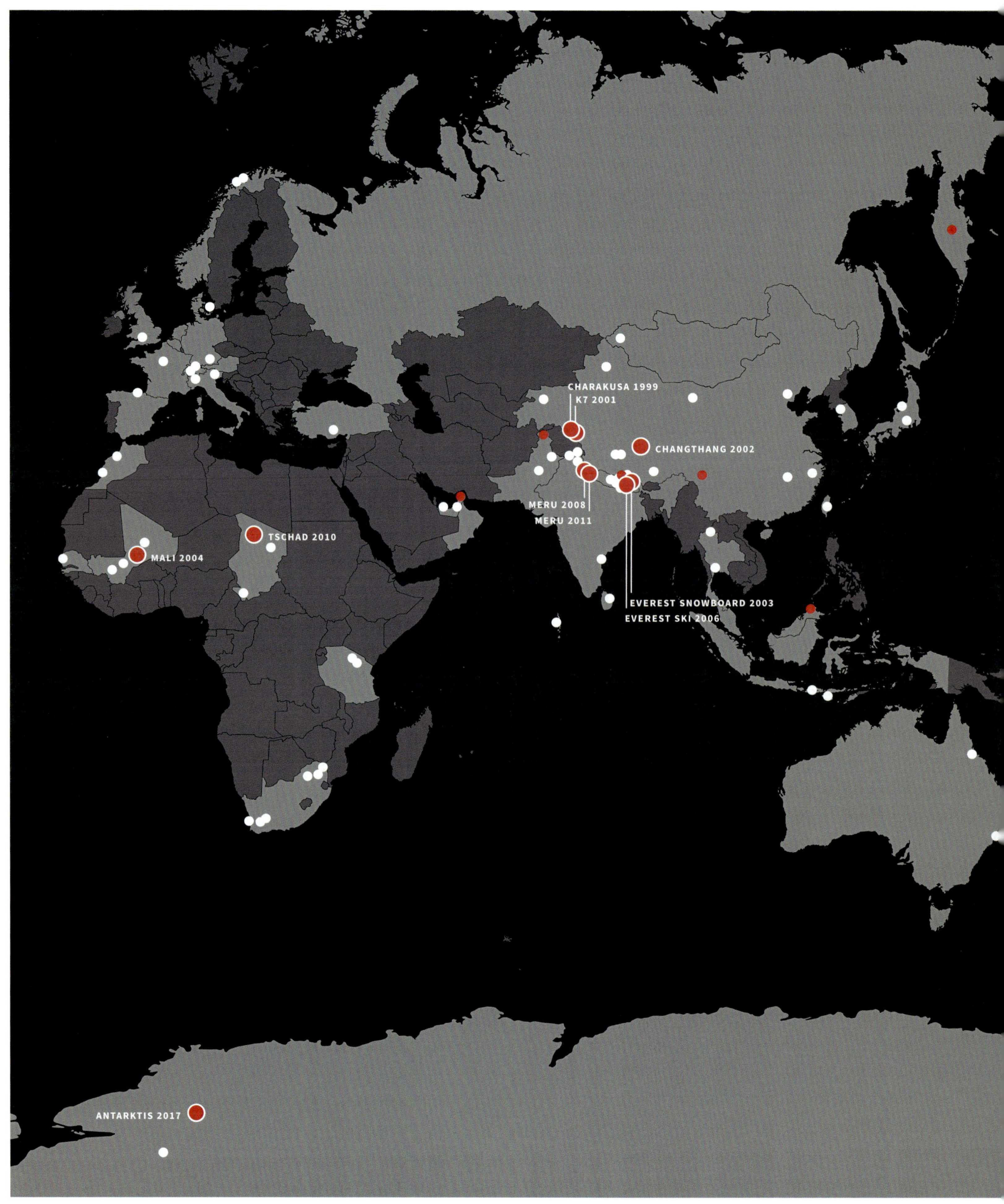
CHARAKUSA 1999
K7 2001
CHANGTHANG 2002
MERU 2008
MERU 2011
TSCHAD 2010
MALI 2004
EVEREST SNOWBOARD 2003
EVEREST SKI 2006
ANTARKTIS 2017

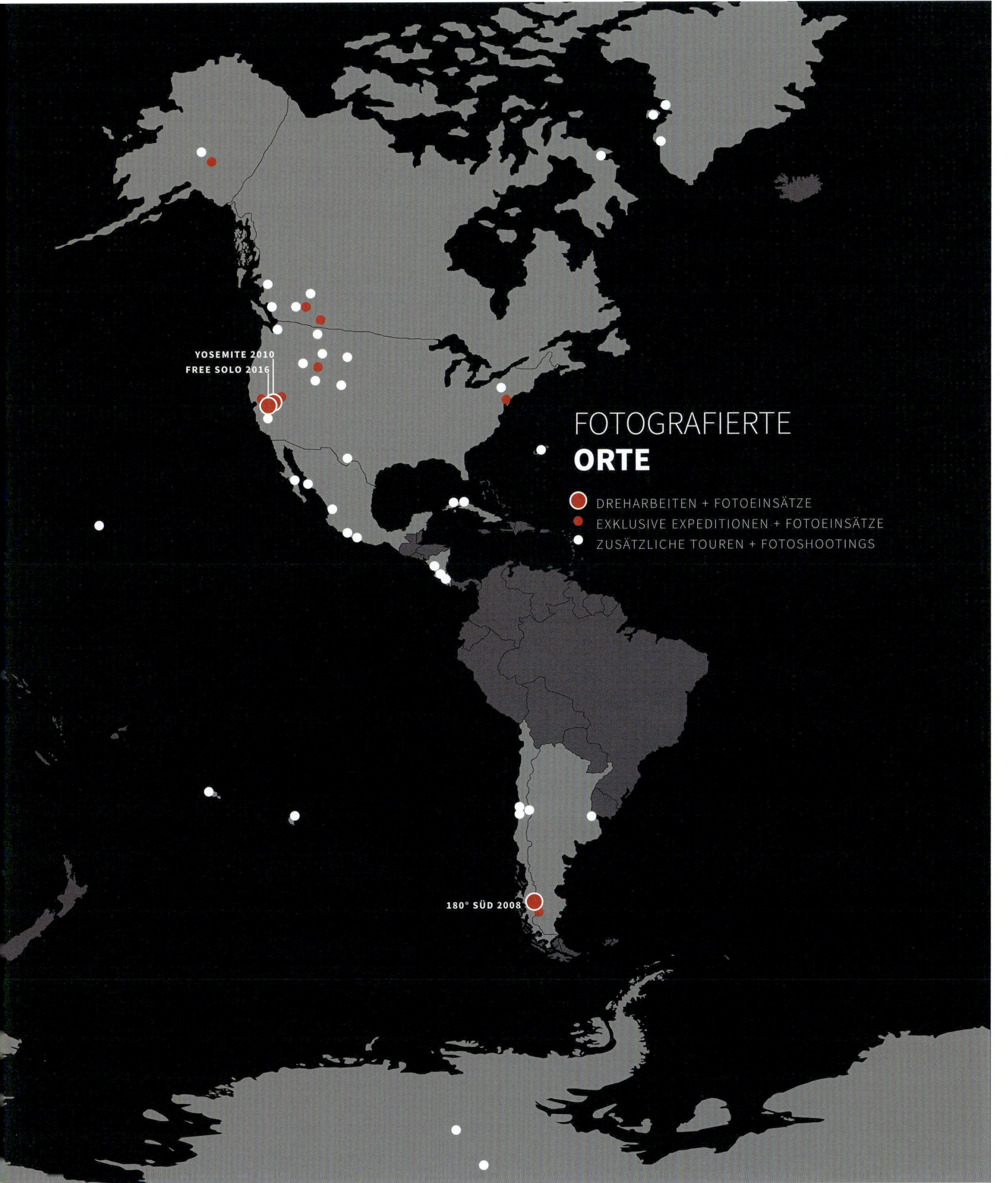
YOSEMITE 2010
FREE SOLO 2016
FOTOGRAFIERTE
ORTE
DREHARBEITEN + FOTOEINSÄTZE
EXKLUSIVE EXPEDITIONEN + FOTOEINSÄTZE
ZUSÄTZLICHE TOUREN + FOTOSHOOTINGS
180° SÜD 2008

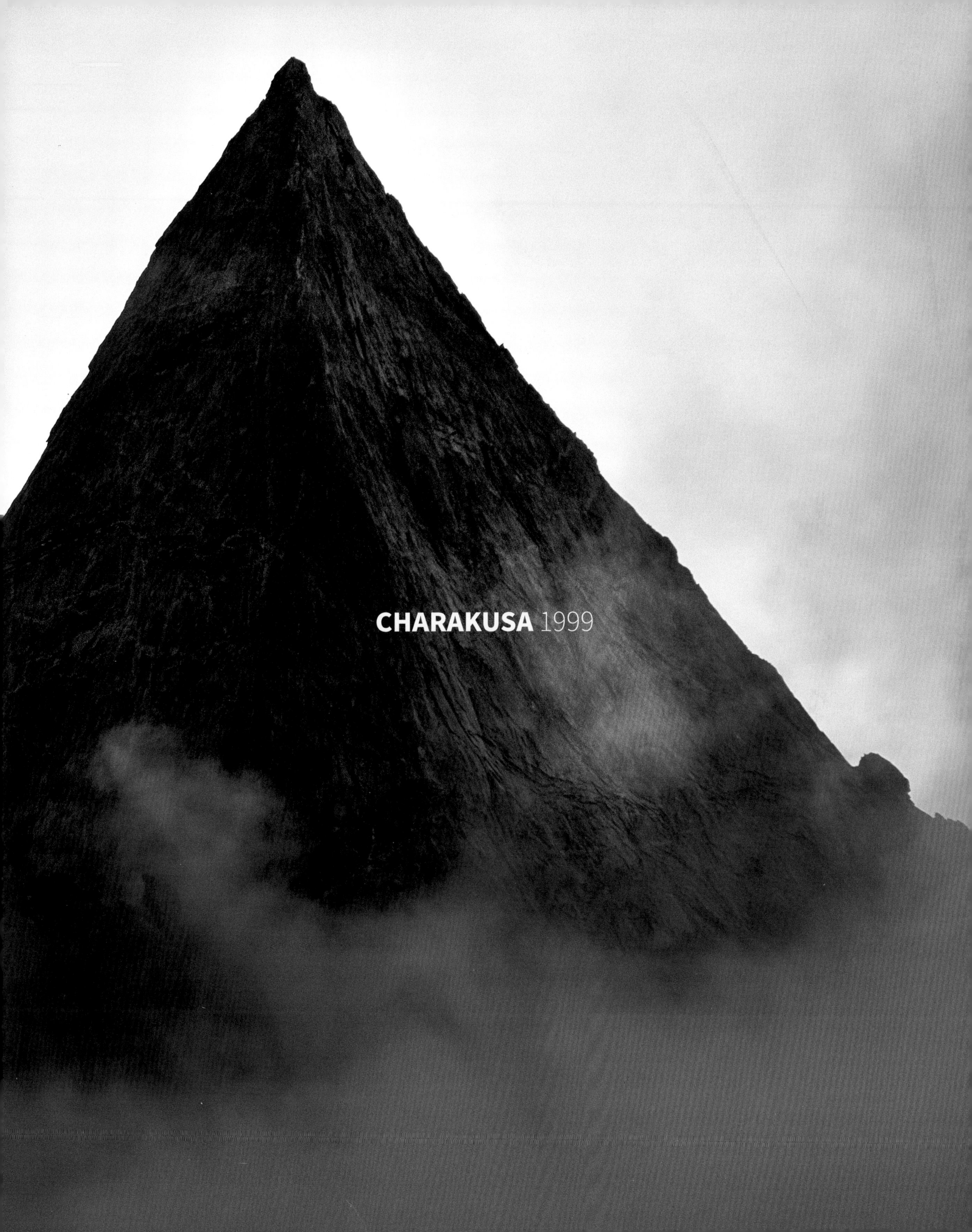

CHARAKUSA 1999

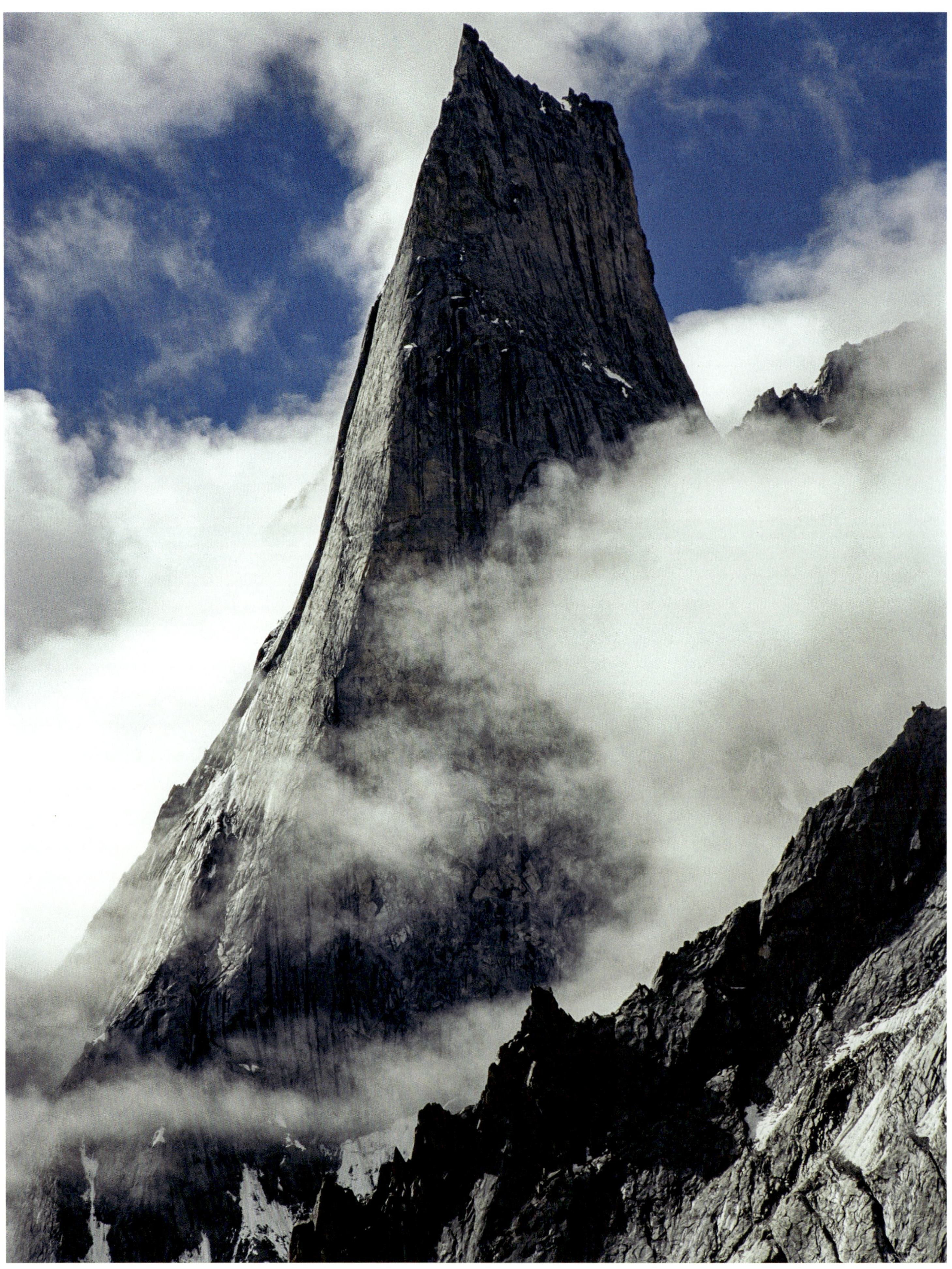

Die erste Expedition erlebt man nur einmal.

Unbekanntes scheint gewaltiger. Es steht mehr auf dem Spiel. Die Angst ist größer, die Ehrfurcht tiefer. Die Reise zum Charakusagebiet in Pakistan im Sommer 1999 war für mich ein Wendepunkt. Sie führte mich ab von jedem Weg der Vernunft und zu einem Leben hin, das ich mit dem Besteigen hoher Berge verbringen sollte.

Die ersten Fotos von dort sah ich in einer Kletterzeitschrift. Der legendäre Bergsteiger und Fotograf Galen Rowell hatte im Karakorum atemberaubende Bilder von den Klettergrößen Conrad Anker und Peter Croft bei Erstbesteigungen gemacht. Die Bilder überzeugten: Im Karakorum kletterten echte Bergsteiger. Und ich wollte ein echter Bergsteiger sein.

Ich hatte keine Ahnung vom Planen einer Expedition nach Pakistan, also fuhr ich mit dem Auto, in dem ich damals wohnte, nach Berkeley, Kalifornien, um Galen persönlich zu fragen. Nach einer Nacht auf dem Parkplatz betrat ich die Mountain Light Gallery. Ich sah aus und roch wie der Kletter-Dirtbag, der ich war, und fragte die skeptische Empfangsdame, ob ich Galen sehen könne. Man sagte mir, er sei beschäftigt, aber ich könne in der Lobby warten. Fünf Tage lang saß ich geduldig da, bis die Galerie am Abend schloss. Schließlich kam Galen an einem späten Freitagnachmittag heraus und sagte: „Sie müssen Jimmy sein …"

Er führte mich in sein Büro, zeigte mir zwei Stunden lang Bilder, erzählte von seiner Reise dorthin, erklärte mir die Logistik und nannte mir seinen wichtigsten Kontaktmann in Pakistan. Dann führte er mich durch einen Raum voller Abzüge, die zum Signieren auslagen. Zwischen den Unterschriften beschrieb er, wie er die Aufnahmen gemacht hatte. Er gab mir ein Dia mit auf den Weg, das noch immer großen Wert für mich hat. Es zeigt zwei riesige Granittürme. „Das sind deine Ziele", sagte er. „Nimm unbedingt eine Kamera mit."

Als ich Monate später das Charakusagebiet betrat, war ich wie betäubt vom Anblick der Granitriesen Fathi Brakk und Parhat Brakk, die Wachposten glichen. Die Vorstellung, einen der beiden zu besteigen, machte mir Angst. Ich zückte die neue Kamera und schoss ein Foto.

Mein Kletterpartner Brady Robinson und ich wagten uns in den Fathi Brakk, wurden aber zweimal von dessen Größe, Steilheit und Komplexität ausgebremst. Als wir um 2 Uhr morgens den dritten Versuch starteten, murmelte Brady: „Das ist das Letzte auf der Welt, was ich tun möchte." So dachte ich auch. Echten Bergsteigern ging das garantiert anders.

Ein letzter Versuch. Wir griffen auf Fertigkeiten zurück, die wir bei Besteigungen im Yosemite und in der High Sierra gelernt hatten, und manchmal auf Techniken, von denen wir nur gelesen hatten. Als wir unsere früheren Kehrtpunkte hinter uns ließen, gewannen wir an Schwung und kletterten Seillänge um Seillänge. Diesmal setzten wir uns durch. Der Gipfel war so spitz, dass wir nur abwechselnd Fotos von dort oben machen konnten.

Später kamen Jed und Doug Workman und Evan Howe dazu, und wir kletterten zwei weitere neue Routen. Unberührte Felsenmeere zu erklimmen, veränderte uns für immer. Wir fühlten uns wie echte Kletterer. Damals wusste ich noch nicht, dass ich die nächsten zwei Jahrzehnte lang die Welt bereisen würde, um ebendieses Gefühl von Angst und Ehrfurcht zu erleben, das mich beim ersten Ausflug in dieses spektakuläre Gebiet ergriffen hatte.

VORSEITE Naysar Brakk, Charakusagebiet, Pakistan.

GEGENÜBER Fathi Brakk. Unsere neue Route folgte der Verschneidung am linken Felsgrat.

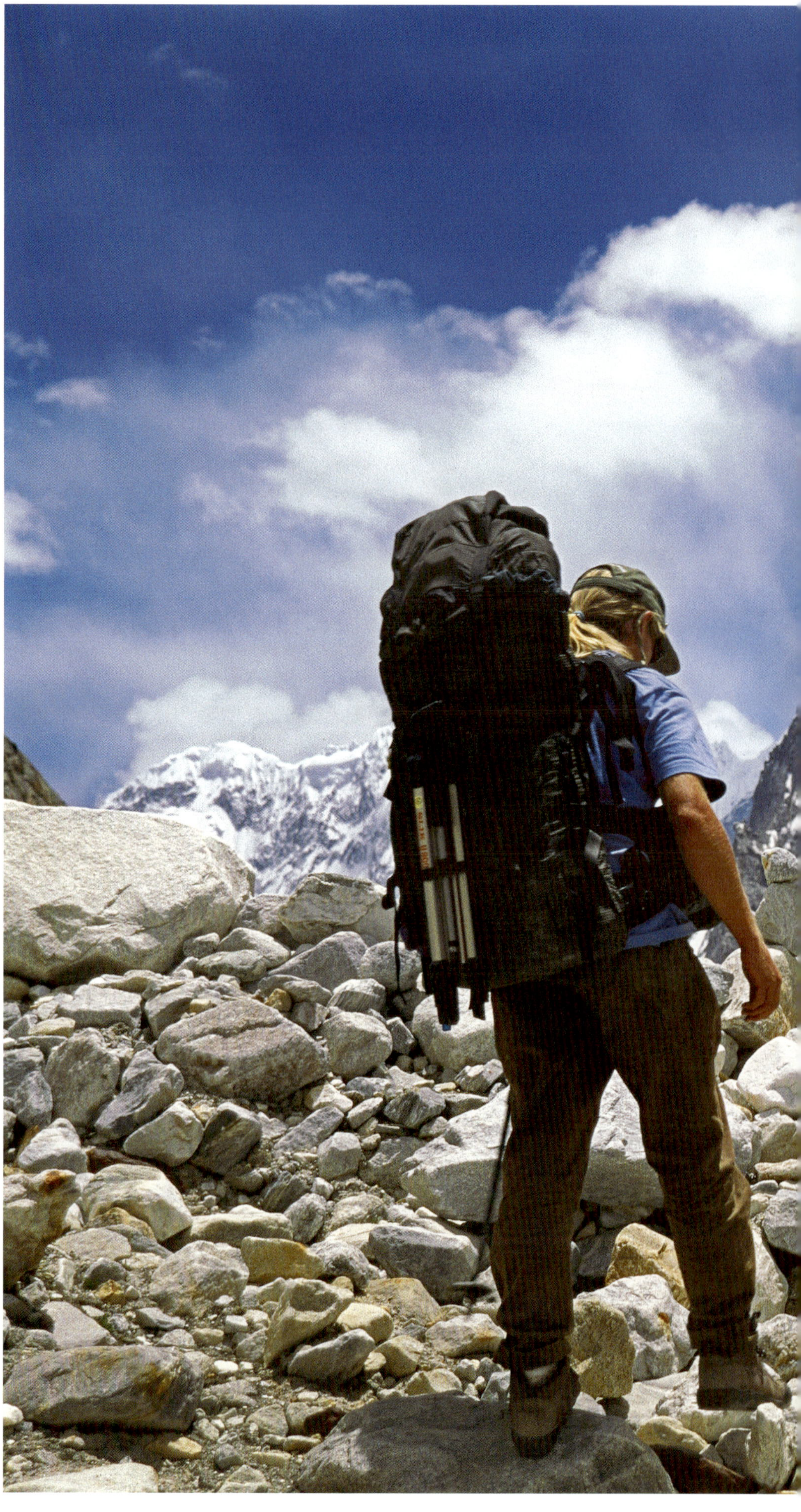

RECHTS Brady Robinson und unser Sirdar Ibrahim beim Betreten des Charakusagebiets.

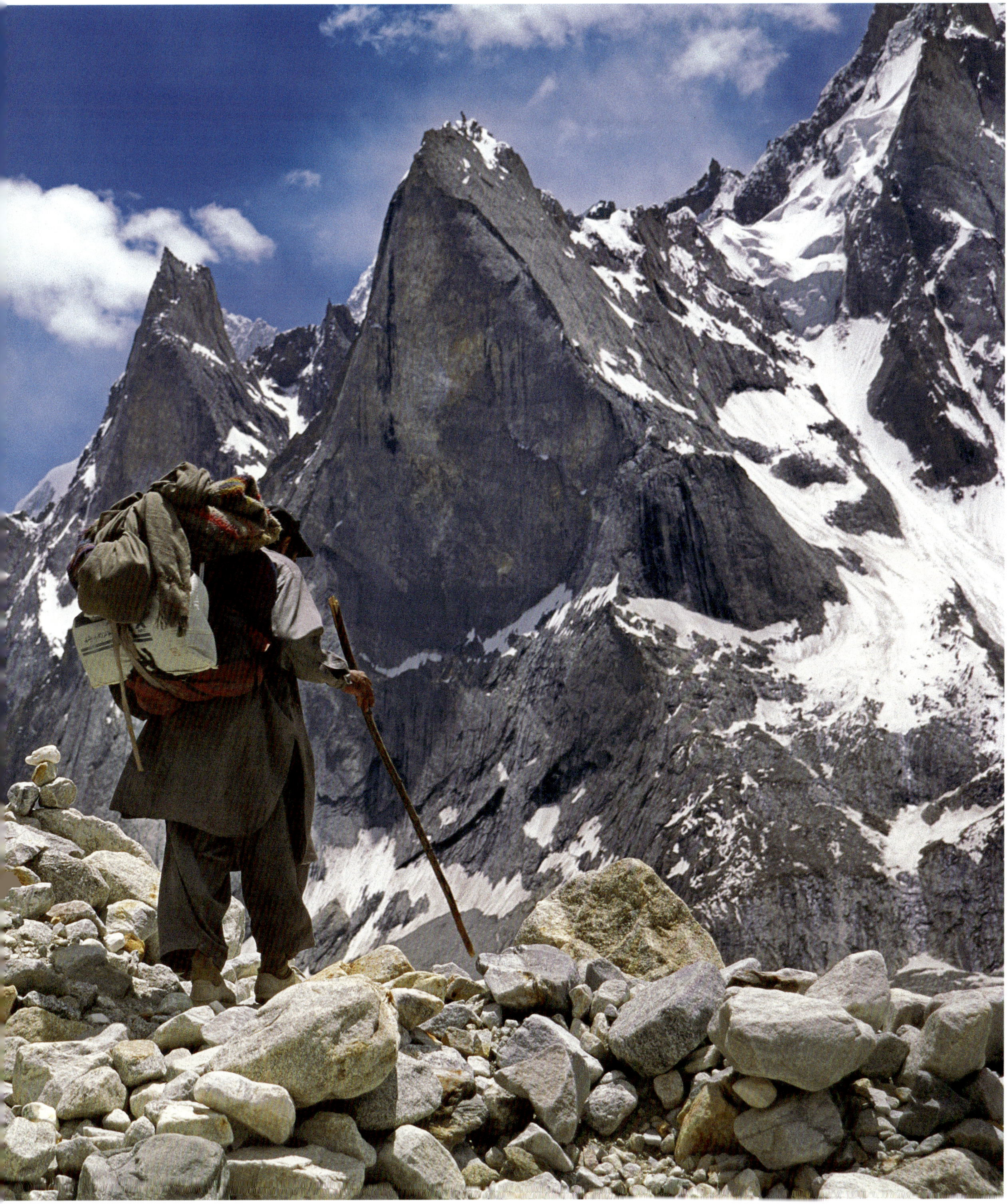

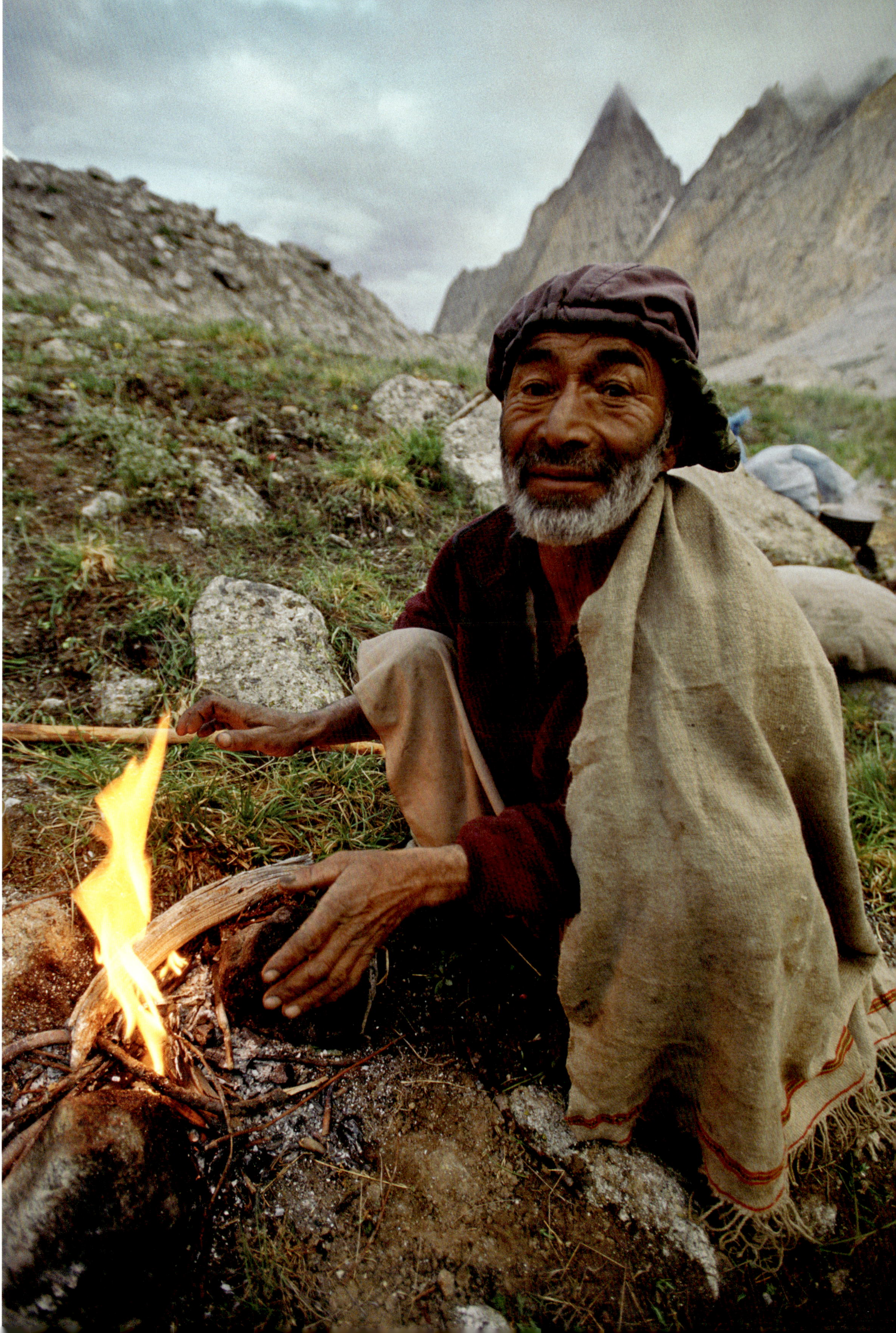

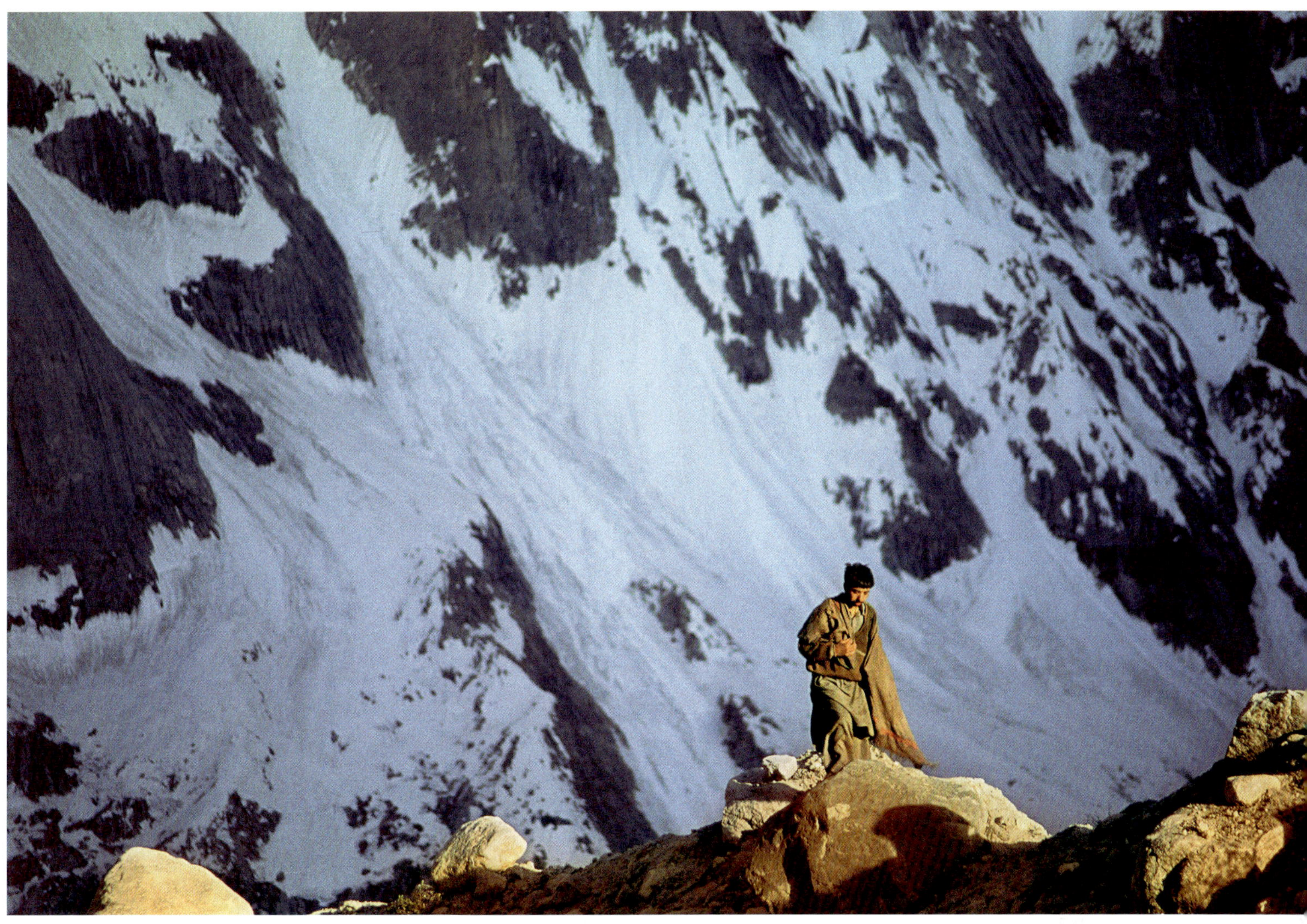

GEGENÜBER Ein Balti-Träger kocht morgens Tee auf unserer Reise ins Charakusagebiet.

OBEN Ein Balti-Träger kehrt ins Camp zurück.

FOLGESEITE Unser Basislager am Charakusagletscher. Mein erster Versuch mit Nachtaufnahmen.

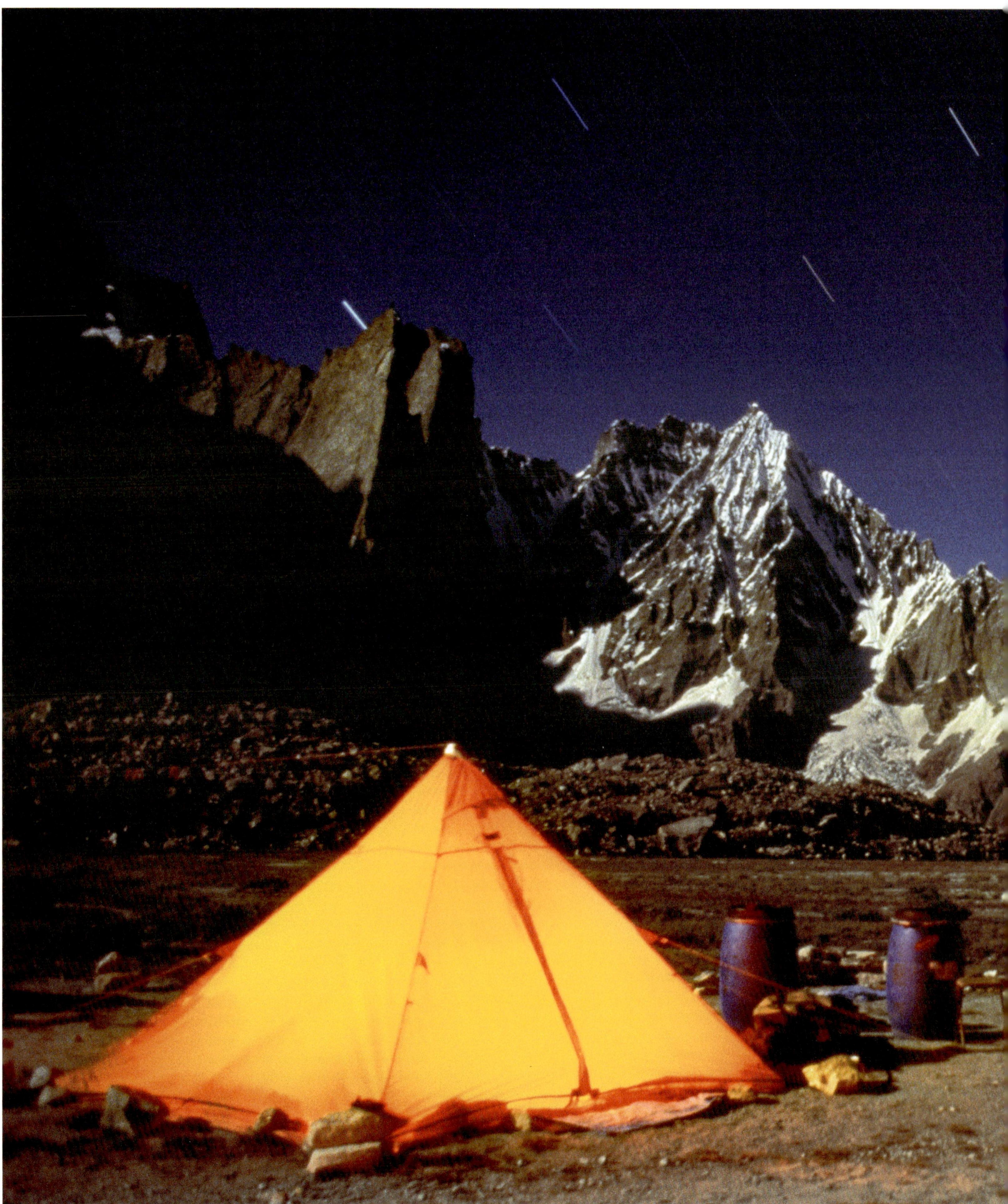

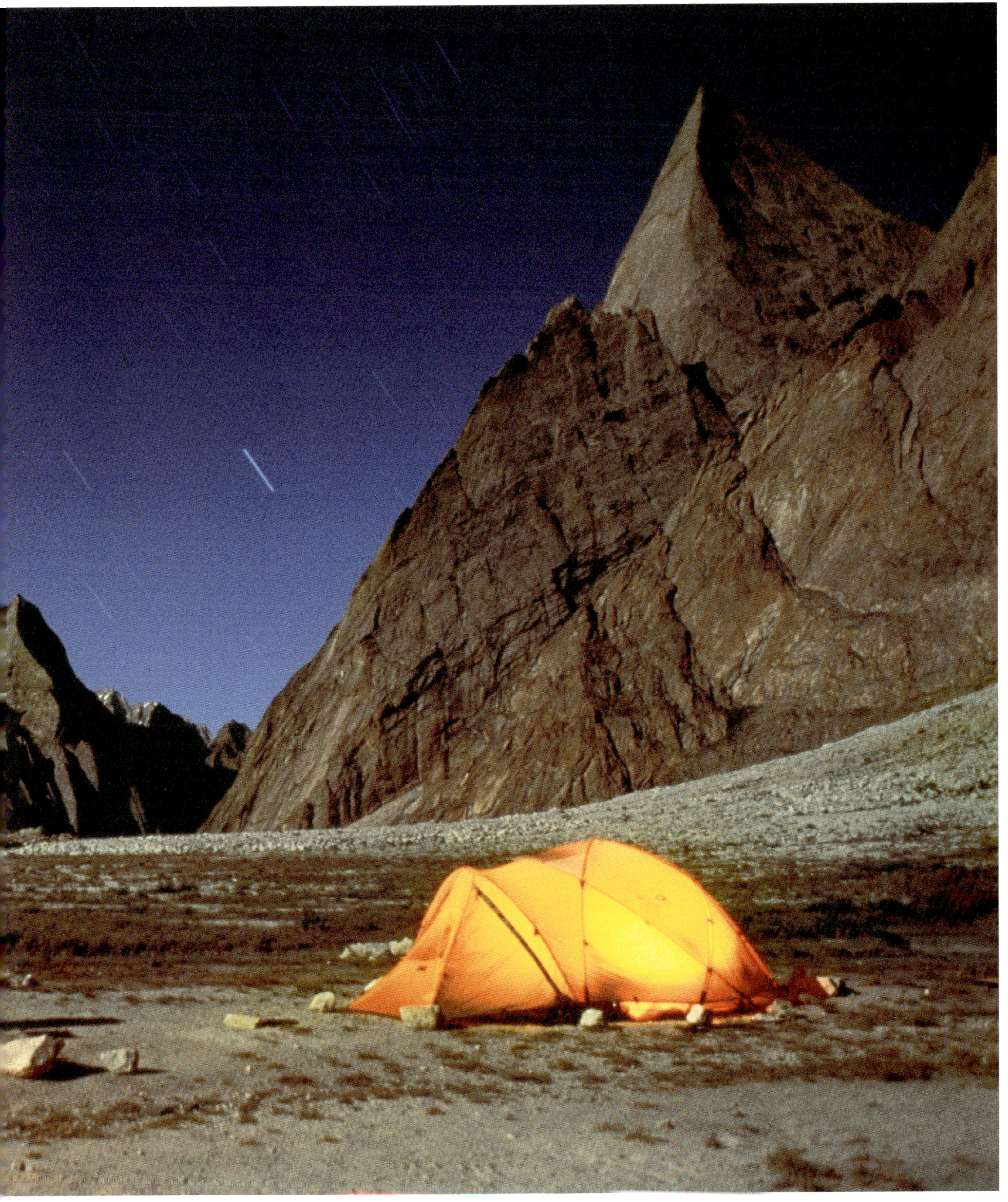

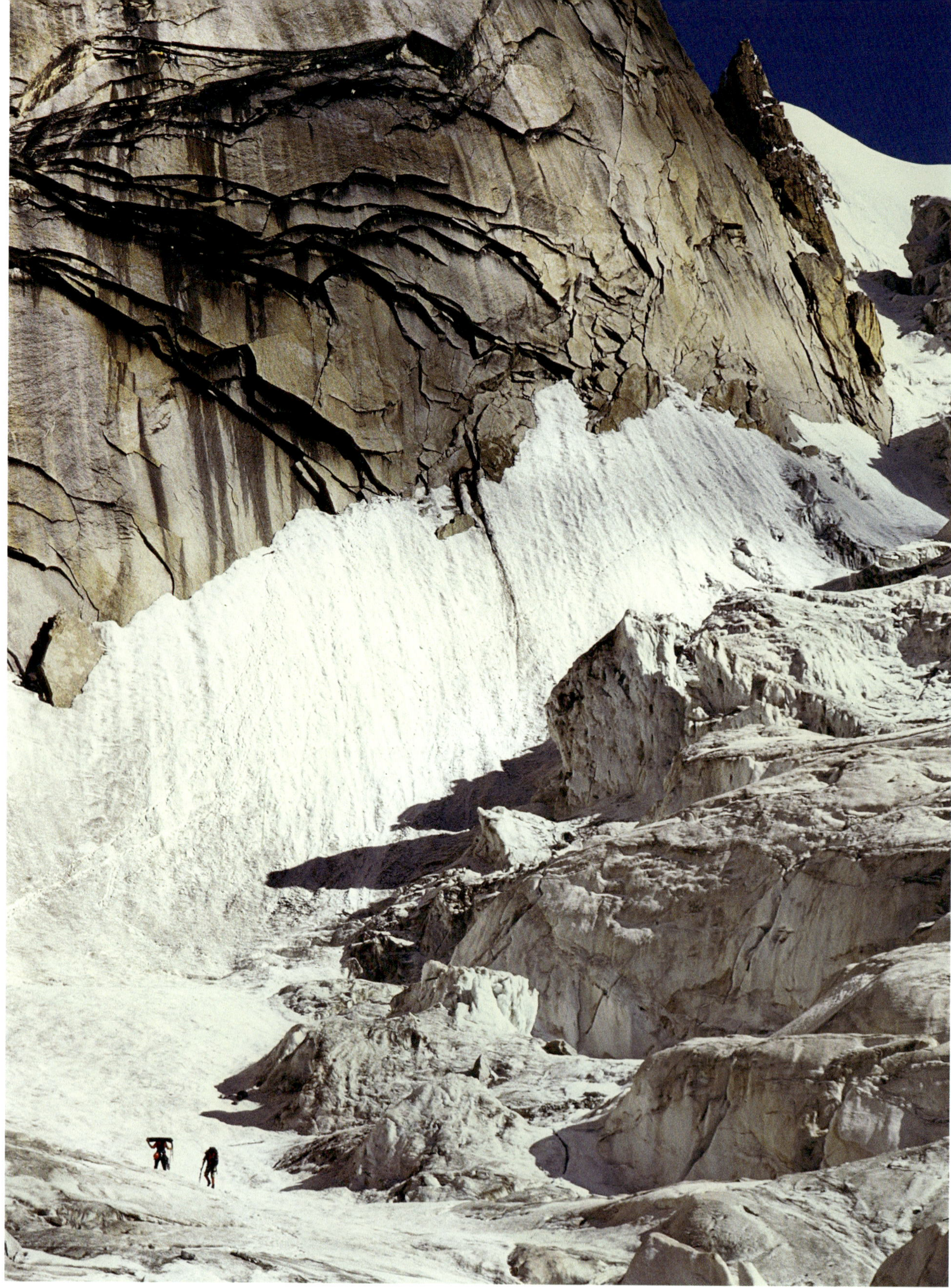

OBEN Evan Howe und Doug Workman queren den Eisbruch und tragen Lasten zum Basislager am Beatrice Tower.

GEGENÜBER Evan in den Seilen über unserem Portaledge-Biwak. Beatrice Tower.

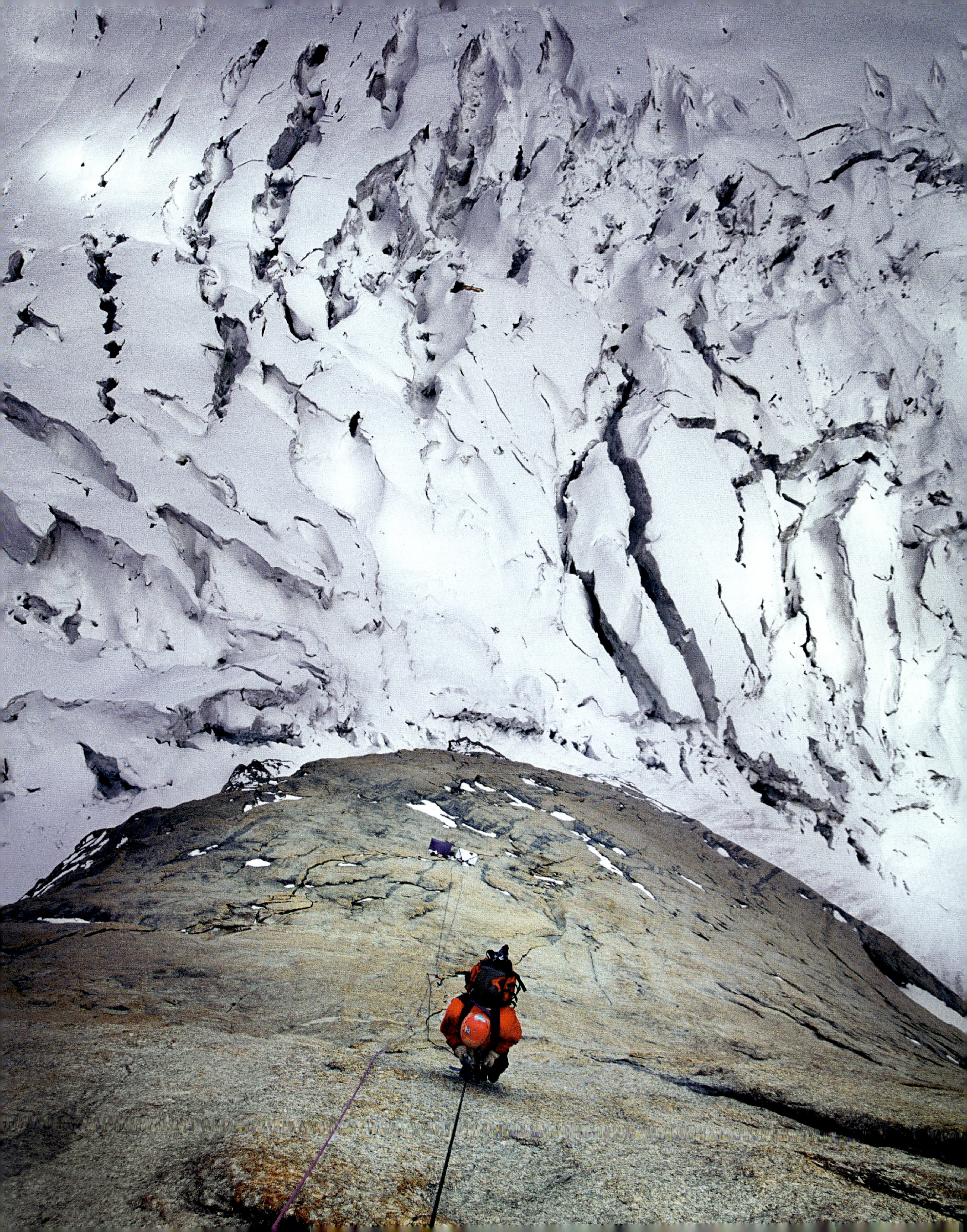

RECHTS Doug Workman späht aus dem Portaledge am Beatrice Tower. Ein Sturm hatte uns nachts in der Wand eingeschlossen. Mit der Tageswärme fielen Eis- und Schneemassen, die der Sturm am Fels fixiert hatte, auf uns herab, sodass wir in unseren Hängezelten herumgeschleudert wurden. Wir konnten nicht weg, also saßen wir mit dem Rücken zum Fels und hofften, dass uns das Geröll nicht von der Wand fegen würde.

FOLGESEITE Fathi Brakk (links) und Parhat Brakk (rechts) waren unsere wichtigsten Kletterziele auf dieser Expedition. Charakusagebiet, Karakorum, Pakistan.

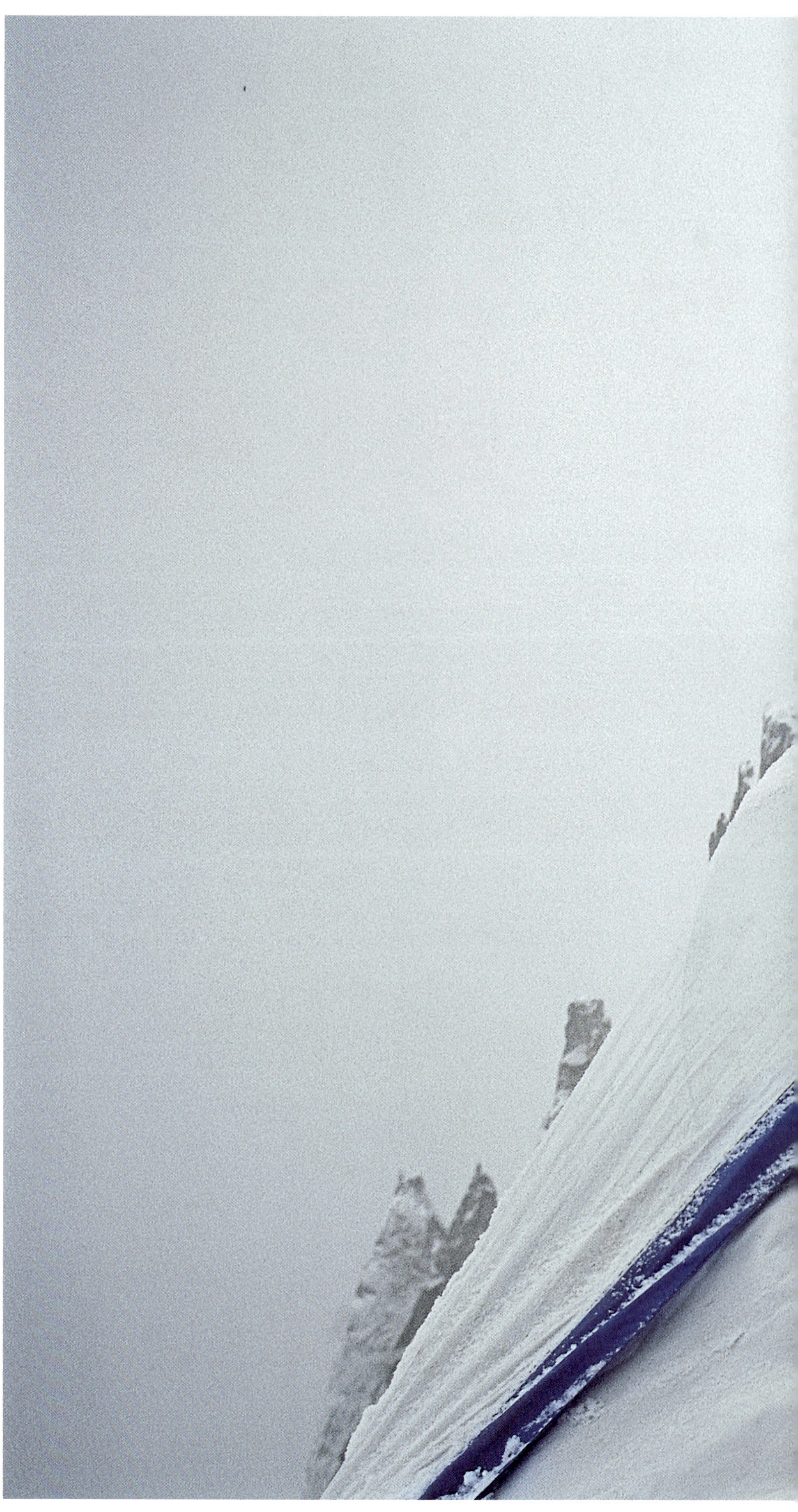

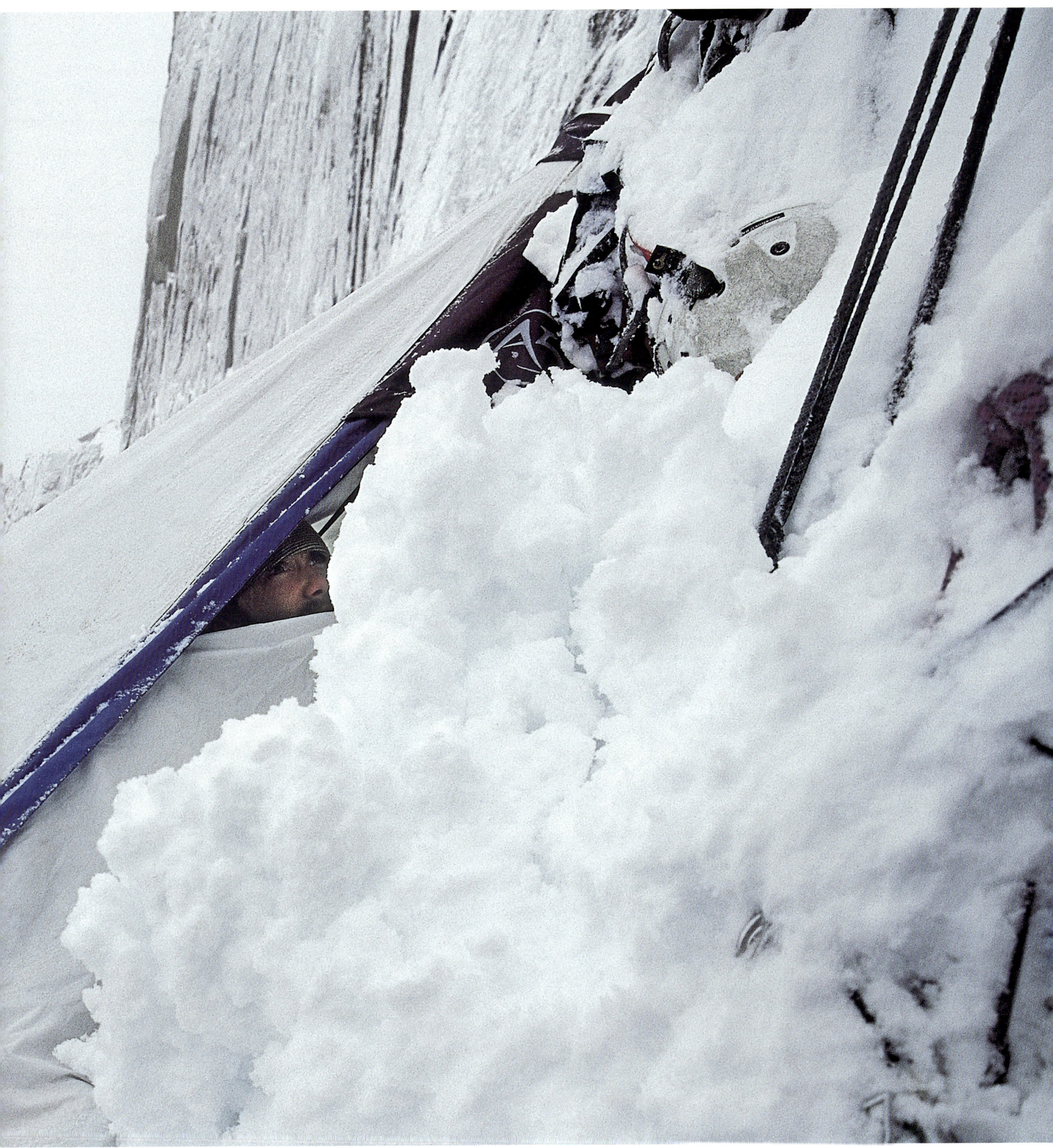

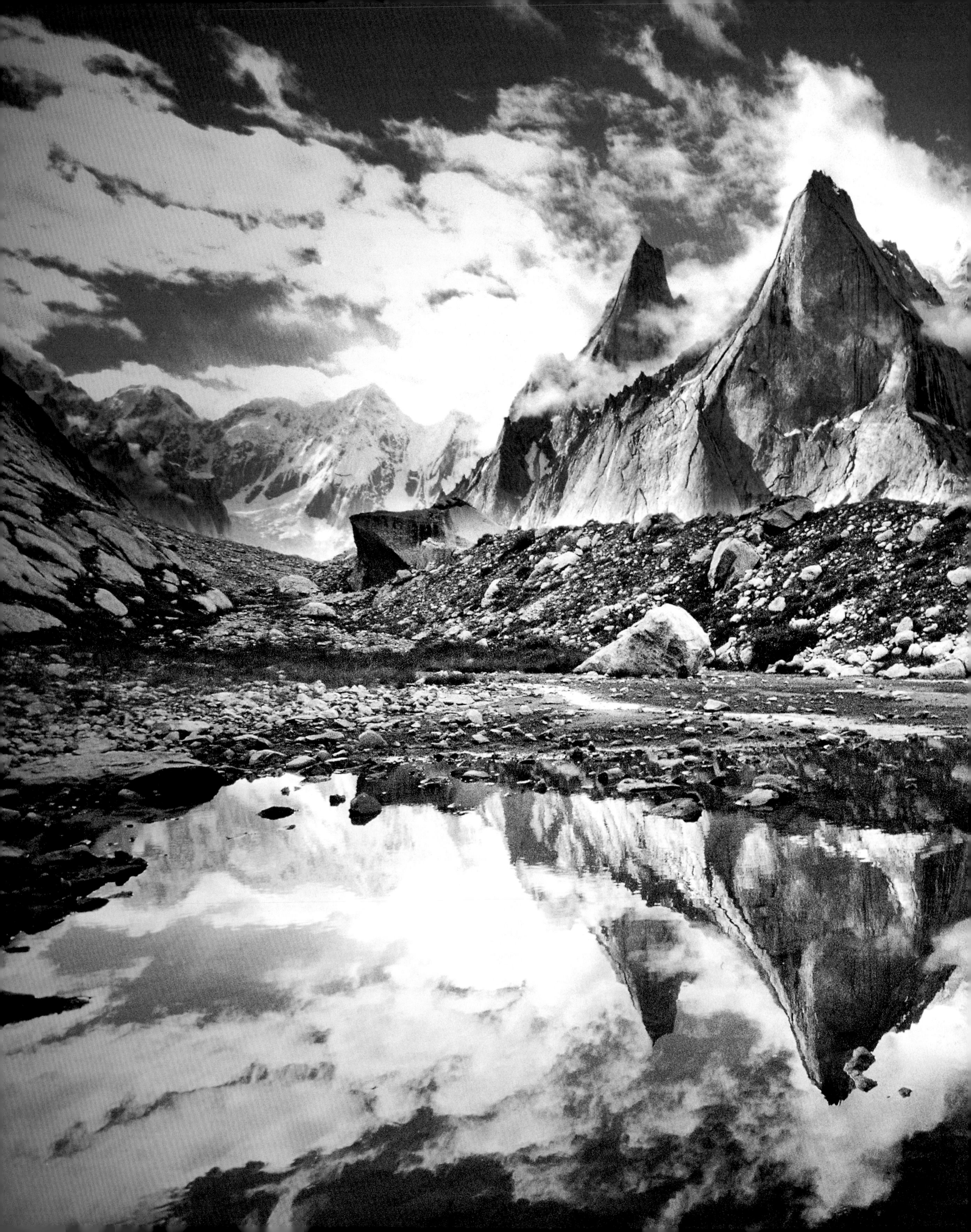

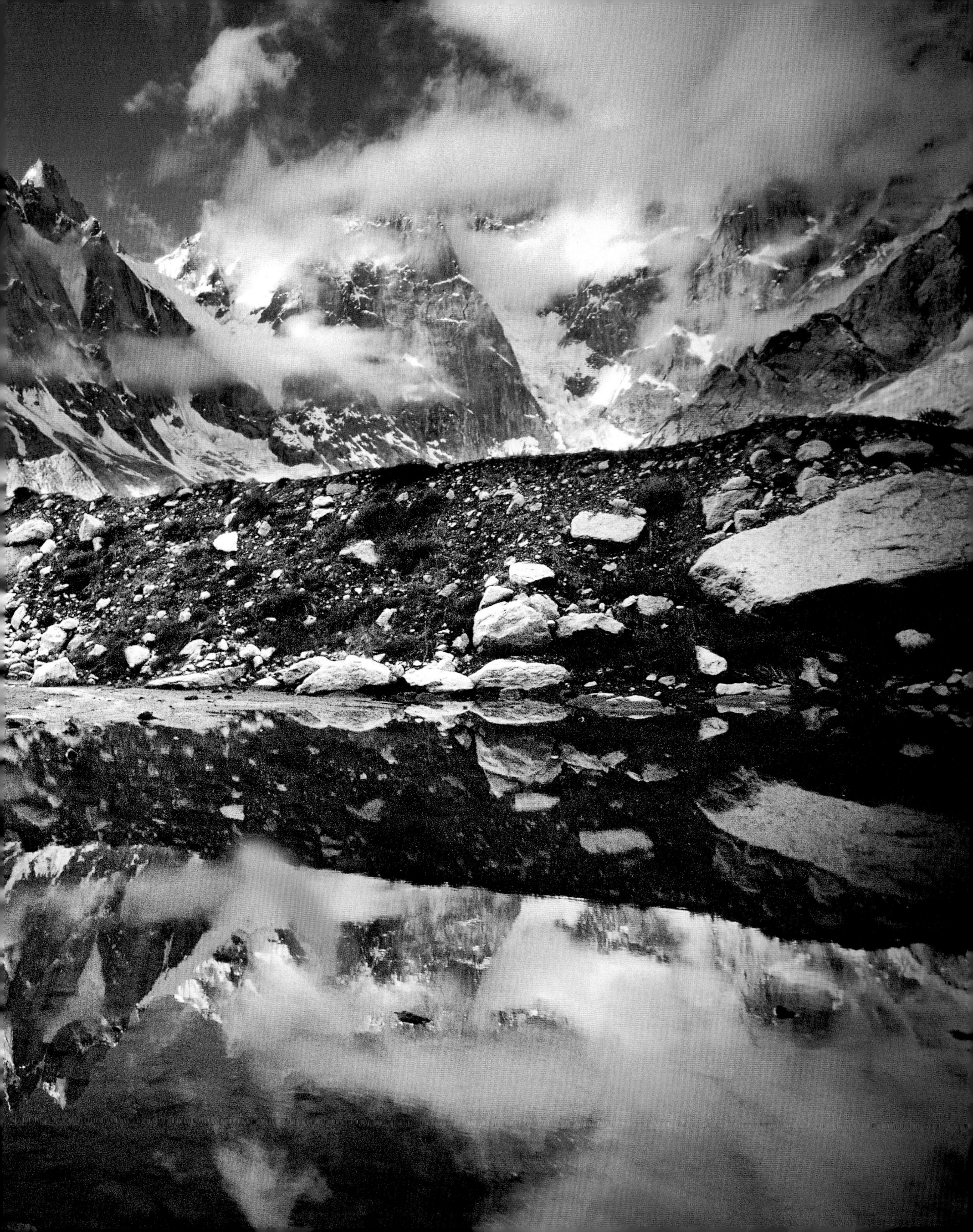

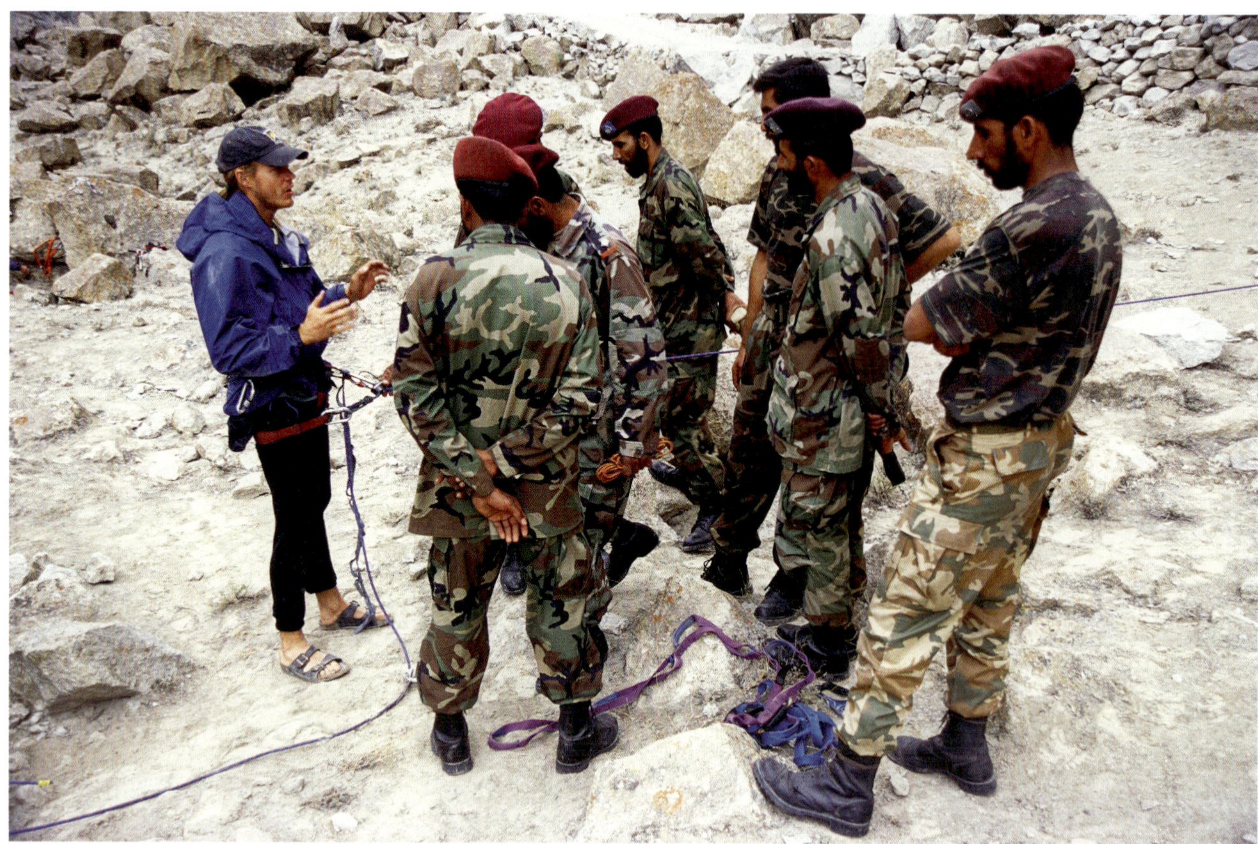

DIE FORBIDDEN-TOWERS-EXPEDITION

Nach der Rückkehr von meiner ersten Pakistanreise schaute ich auf eine Karte vom Karakorum und fragte mich, was wohl im Kondus-Gebiet liegt. Darüber war wenig bekannt, nur dass es Teil der militarisierten Pufferzone an der Grenze zur umkämpften Kaschmirregion und seit fast zwanzig Jahren für Ausländer gesperrt war. Hier herrschte der höchstgelegene Krieg der Welt.

Ich hatte nur ein einziges Foto von dort finden können. Es zeigte ein dichtes Feld von Granittürmen. Ich beantragte eine Sondergenehmigung, um dort zu klettern, und im April 2000 erteilte mir die pakistanische Regierung plötzlich die Erlaubnis. Im Juni fuhren Brady Robinson, Dave Anderson, Steph Davis und ich auf dem Karakorum Highway in die Berge. Wir wussten nur, dass das Tal noch nicht bestiegen worden war.

Unterwegs erfuhren wir, dass uns die Genehmigung in der militarisierten Zone nichts nutzen würde. Unser Freund und Organisator Nazir Sabir kontaktierte seinen Freund Muhammad Tahir, Brigadegeneral der nordpakistanischen Armee. General Tahir erteilte uns nicht nur die Erlaubnis weiterzufahren, sondern besorgte uns auch ein Team von Spezialkräften, das uns eskortieren sollte.

Bei der Ankunft bestimmten wir unser Ziel: Eine gut 900 Meter hohe, unbestiegene Granitspitze, die den Eingang des Tals überragte. Bevor wir mit dem Klettern begannen, verbrachten wir ein paar Tage damit, unser Spezialteam kennenzulernen. Wir lehrten sie Methoden der Höhenrettung, und sie zeigten uns, wie man mit einem AK-47 schießt. Nach sechzehn Klettertagen hatten wir eine Route mit fünfunddreißig Seillängen eingerichtet, bis hoch zum gerade einmal zwei Billardtische großen Gipfel. Wir nannten die Route „All Quiet on the Eastern Front“ (Alles ruhig an der Ostfront), weil wir von unserem Portaledge aus jede Nacht das Donnern der Artillerie hörten. Den Turm nannten wir „Tahir Tower“, nach unserem neuen Freund, General Tahir.

OBEN Brady Robinson unterweist unsere pakistanischen Spezialeinheiten in Techniken der Höhenrettung.

GEGENÜBER Steph Davis klettert die schwierige Freikletterseillänge am Tahir Tower vor, Karakorum, Pakistan.

FOLGESEITE Brady genießt die Aussicht vom Gipfel des Tahir Tower, Karakorum, Pakistan.

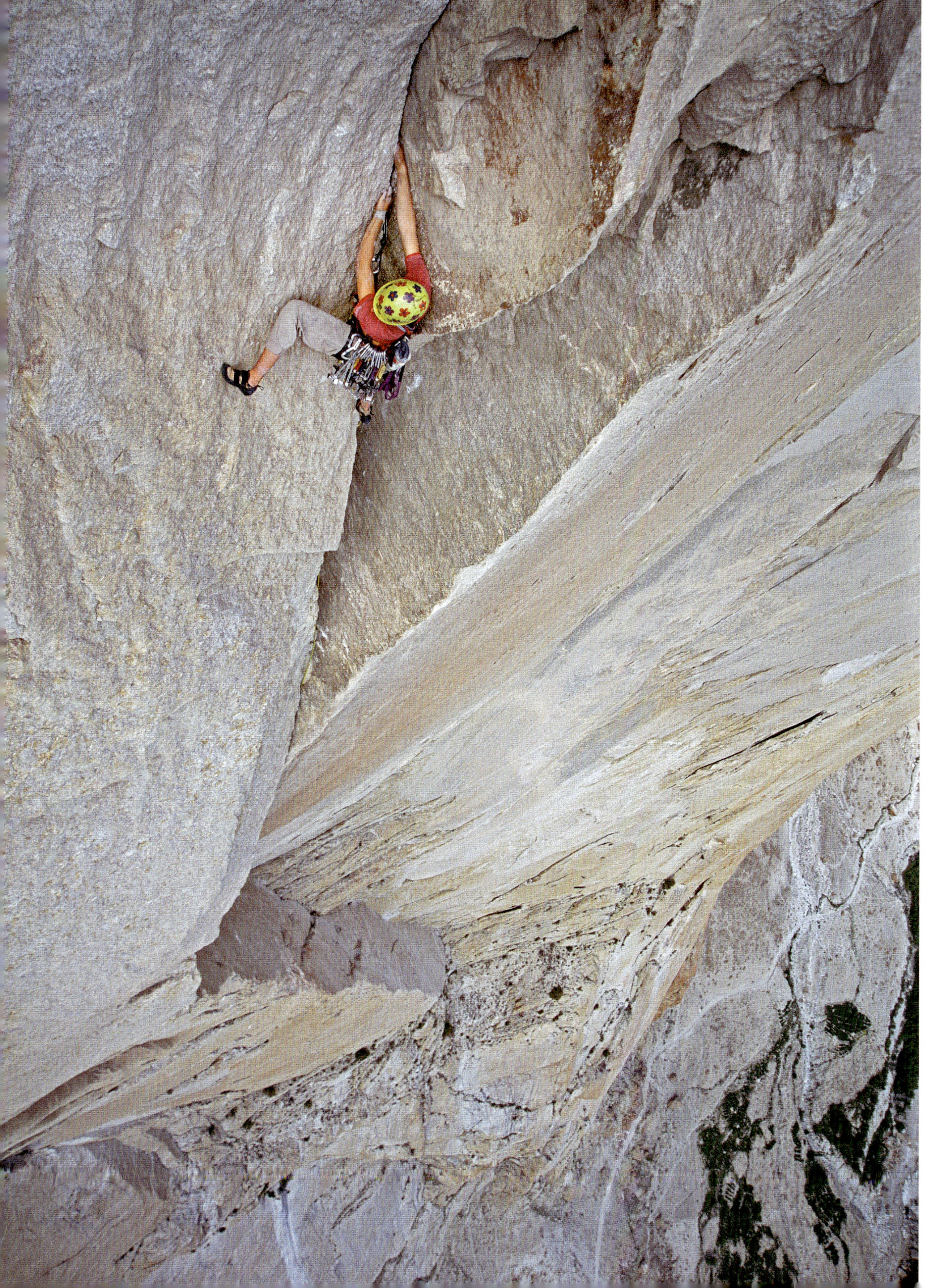

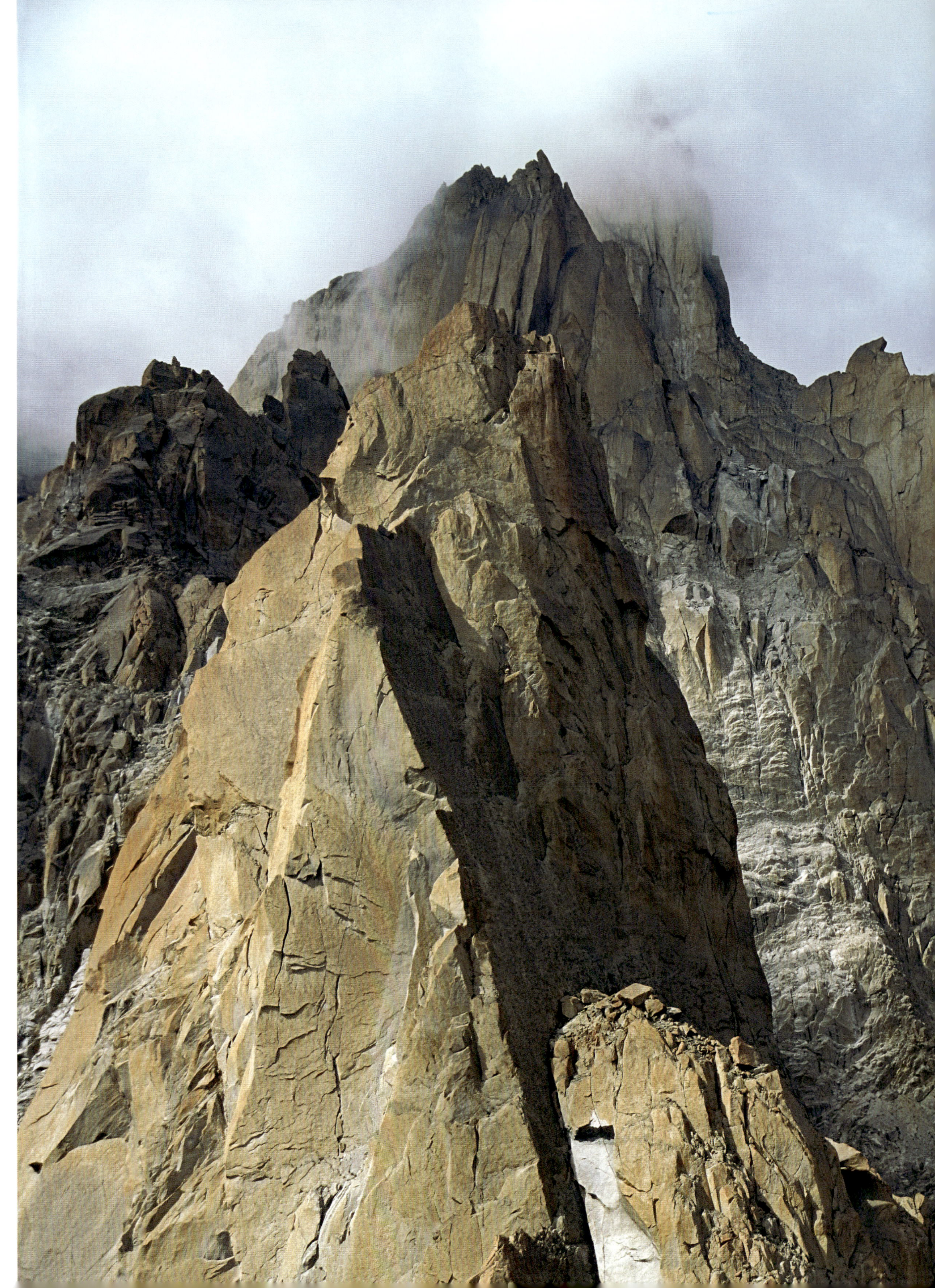

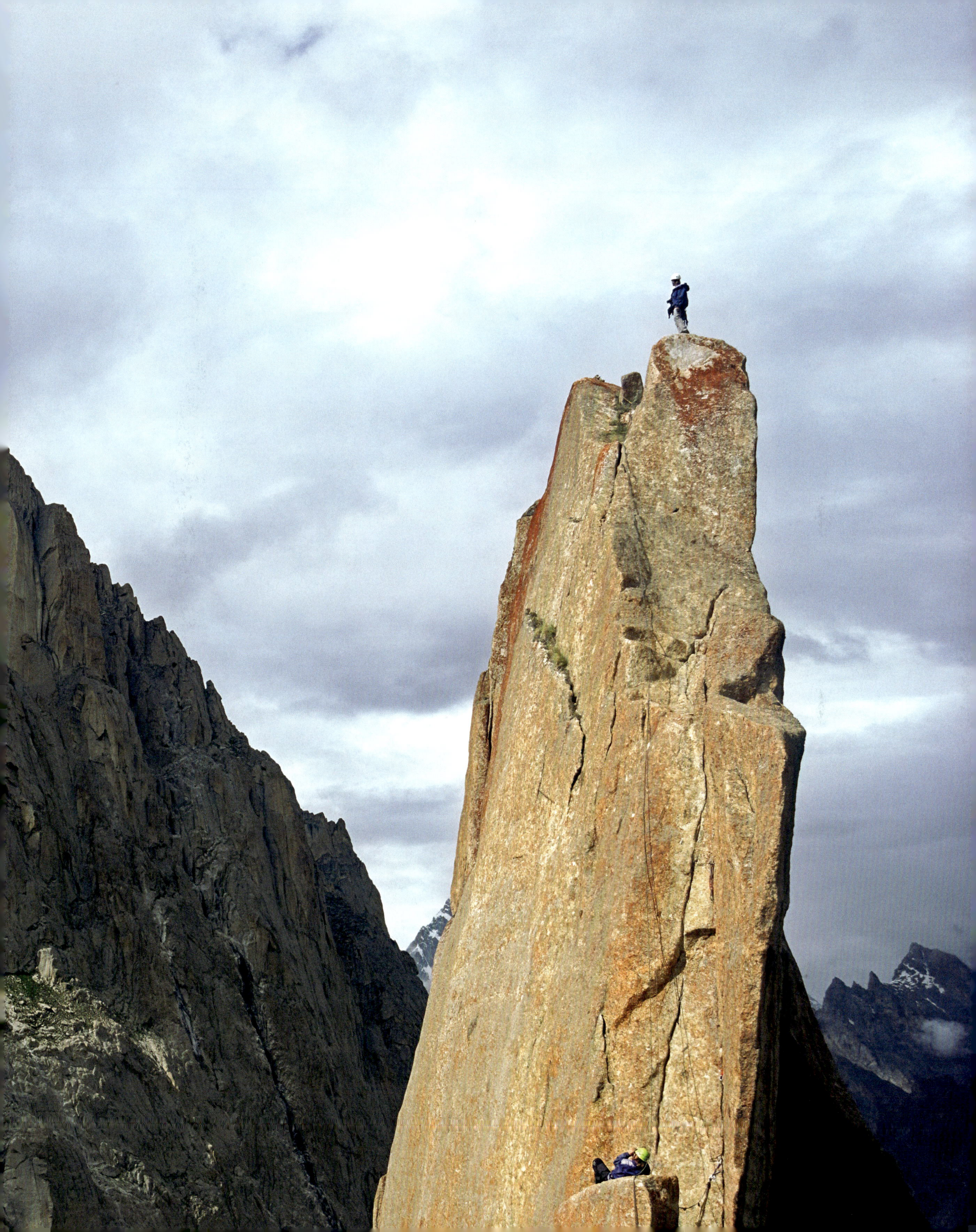

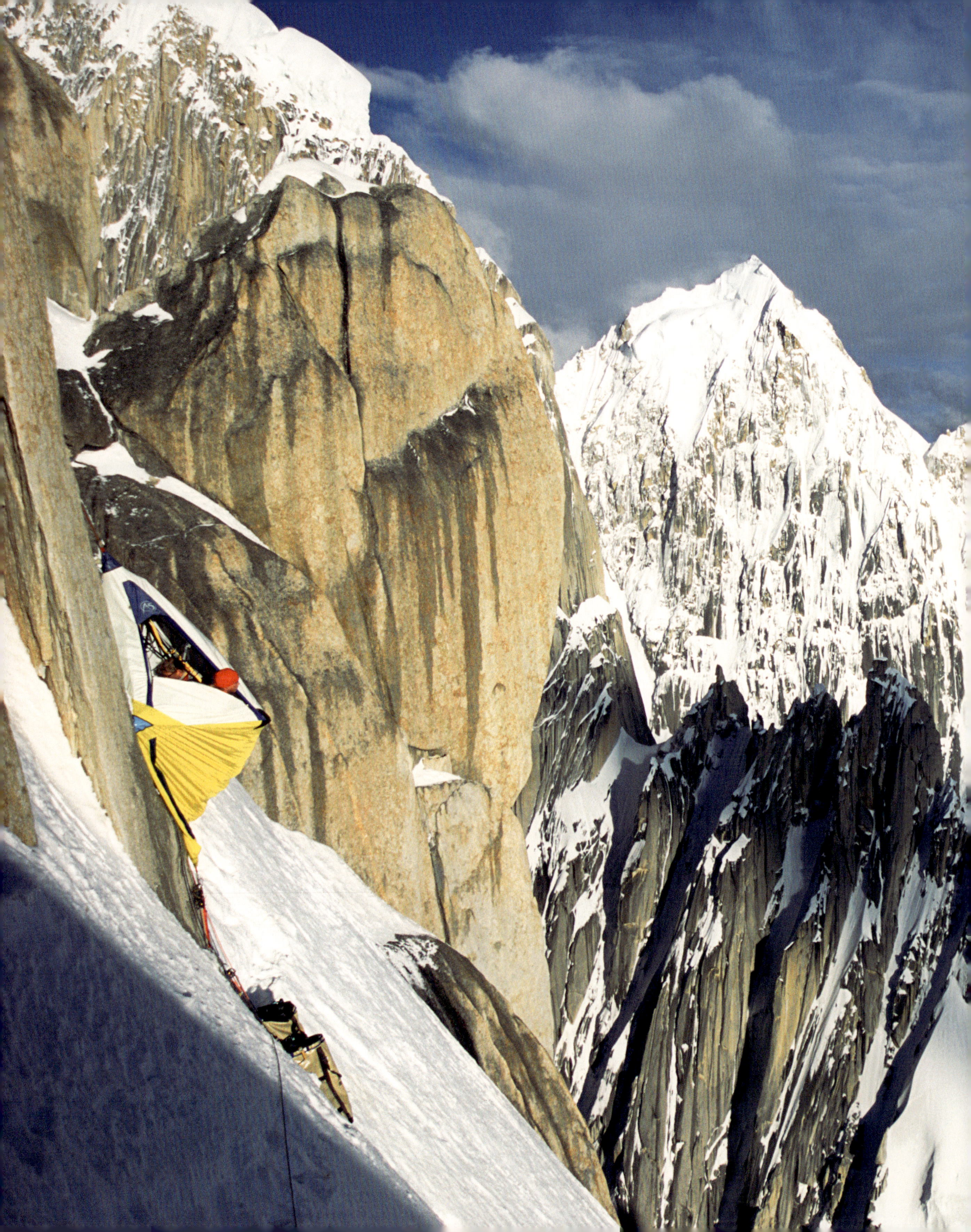

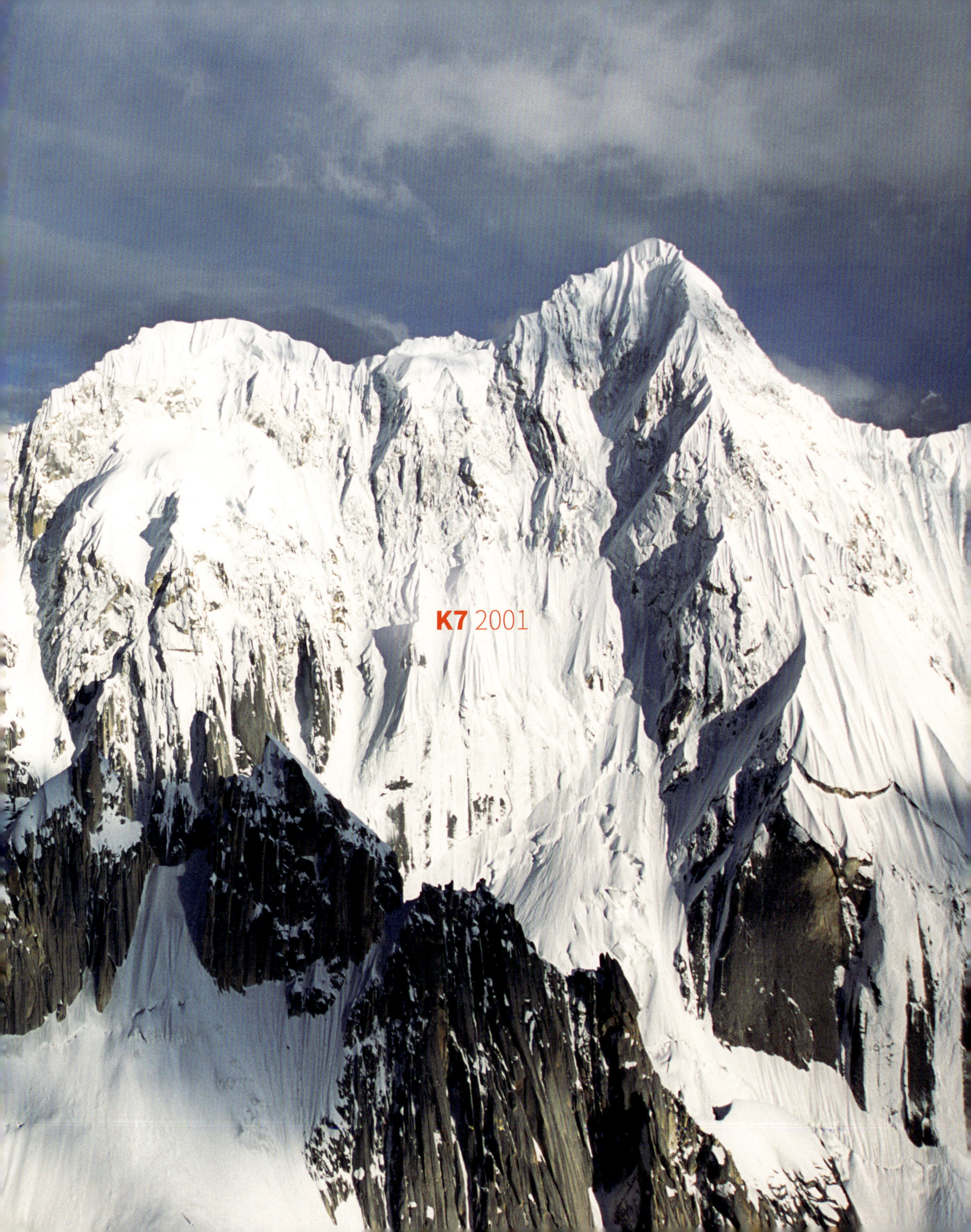
K7 2001

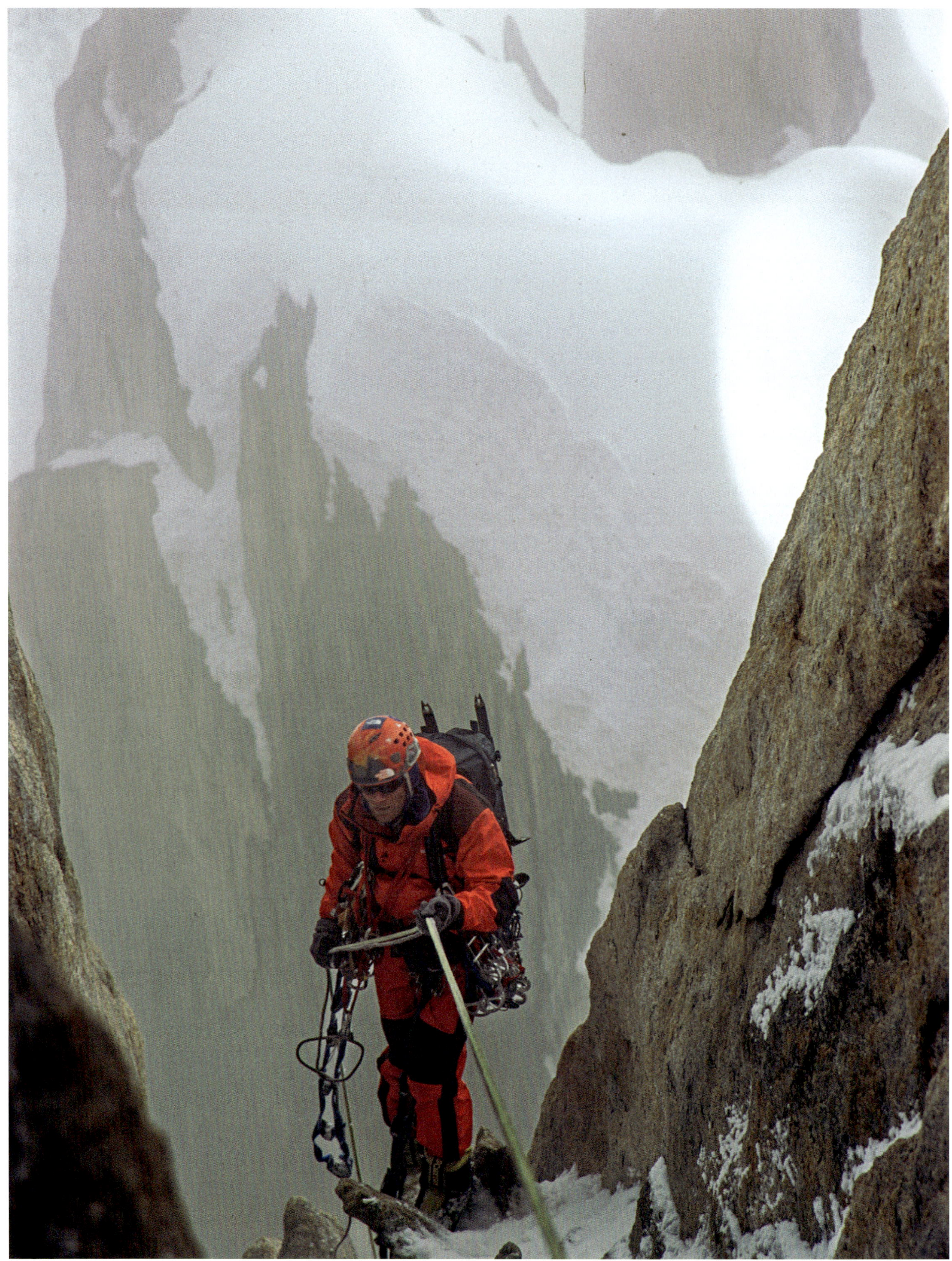

Die meisten haben noch nie vom K7 gehört. Es ist ein grandioser Berg.

Mit 6934 m Höhe wirkt er wie eine alpine Festung. Als Brady Robinson und ich den K7 auf unserer ersten Expedition 1999 sahen, schworen wir uns, wiederzukommen und ihn zu besteigen. Im Juli 2001 kehrten wir mit Conrad Anker zurück und stiegen in die Südostwand.

Als ich Conrad im Sommer 2000 das erste Mal traf, hatte ich viel über ihn gelesen. Er war ein gefeierter Bergsteiger auf dem Höhepunkt seiner Karriere, zierte das Cover des *National Geographic*, hatte bedeutende Erstbegehungen gemacht und die Leiche von George Mallory auf dem Mount Everest gefunden. Er war ein Superman, und ich war überrascht, dass er Brady und mich auf den K7 begleiten wollte. Würde ich seinen Erwartungen gerecht werden?

In unserer ersten Woche im Basislager fiel uns auf, dass Conrad immer vor uns aufstand. Um nicht als faul zu gelten, standen wir jeden Tag früher und früher auf. Aber immer kochte Conrad schon Kaffee oder legte die Ausrüstung zurecht, wenn wir aus den Zelten krochen.

Am Abend vor dem Aufstieg vereinbarten wir, um 3 Uhr aufzustehen. Brady und ich verabredeten heimlich um 2, um vor Conrad fertig zu sein. Morgens standen wir zwei früh auf, packten leise unsere Sachen und verließen im Dunkeln das Zelt. Als wir die Rucksäcke aufsetzten, blitzte eine Stirnlampe auf. Ich sah hinüber und sah Conrad mit geschultertem Rucksack lässig an einem Felsen lehnen. Ehrfürchtig und ungläubig schüttelte ich den Kopf.

Am 10. Juni stiegen wir in den K7. Es war ein Vergnügen, Conrad zuzusehen. Er kletterte kühn und beständig in schwierigem Gelände und sah Probleme voraus, bevor sie entstanden. Dank jahrzehntelanger Erfahrung wusste er genau, wie der Aufstieg anzugehen war, welche Ausrüstung wir brauchten, was man riskieren konnte und was besser nicht. Er gab Brady und mir Selbstvertrauen, und wir bemühten uns sehr, ihn zu beeindrucken.

An unserem dritten Tag in der Wand zog ein Sturm auf. Wir verschanzten uns fünf Tage lang in unserem kleinen Portaledge. Ein Ausstieg war aufgrund der Neuschneemengen und der Lawinen, die um uns herum niedergingen, unmöglich. Unsere Lage war katastrophal. Doch Conrad schien unbeirrt, als wollte er genau hier sein – weit weg von den Ablenkungen des Alltags, einzig konzentriert aufs bloße Überleben.

Der Sturm zog ab; wir kämpften uns zwei weitere Tage verschneite, vereiste Felsen hinauf. Unsere Rationen wurden bedrohlich knapp. Als ein nächster Sturm nahte, beschlossen wir den Ausstieg und wurden wieder von Lawinen eingeschlossen. Nach qualvollen fünf Tagen Abstieg zum Gletscher zogen wir unsere riesigen Haulbags zurück zum Basislager. Brady und ich brachen mehrmals zusammen, Conrad stapfte unbeeindruckt vorwärts.

Sechzehn Tage waren wir im Berg gewesen. Da wir nur Essen für zehn Tage mitgenommen hatten, wog ich gut sieben Kilo weniger als zu Beginn der Tour. Dies war das erste Mal, dass ich auf einer von Conrads Expeditionen fast verhungert wäre. Aber es war nicht das letzte Mal.

VORSEITE Conrad Anker und Brady Robinson genießen nach einem fünftägigen Sturm auf dem K7 die Sonne vom Portaledge aus Charakusagebiet, Pakistan.

GEGENÜBER Conrad verlässt den K7 nach dem zweiten Sturm.

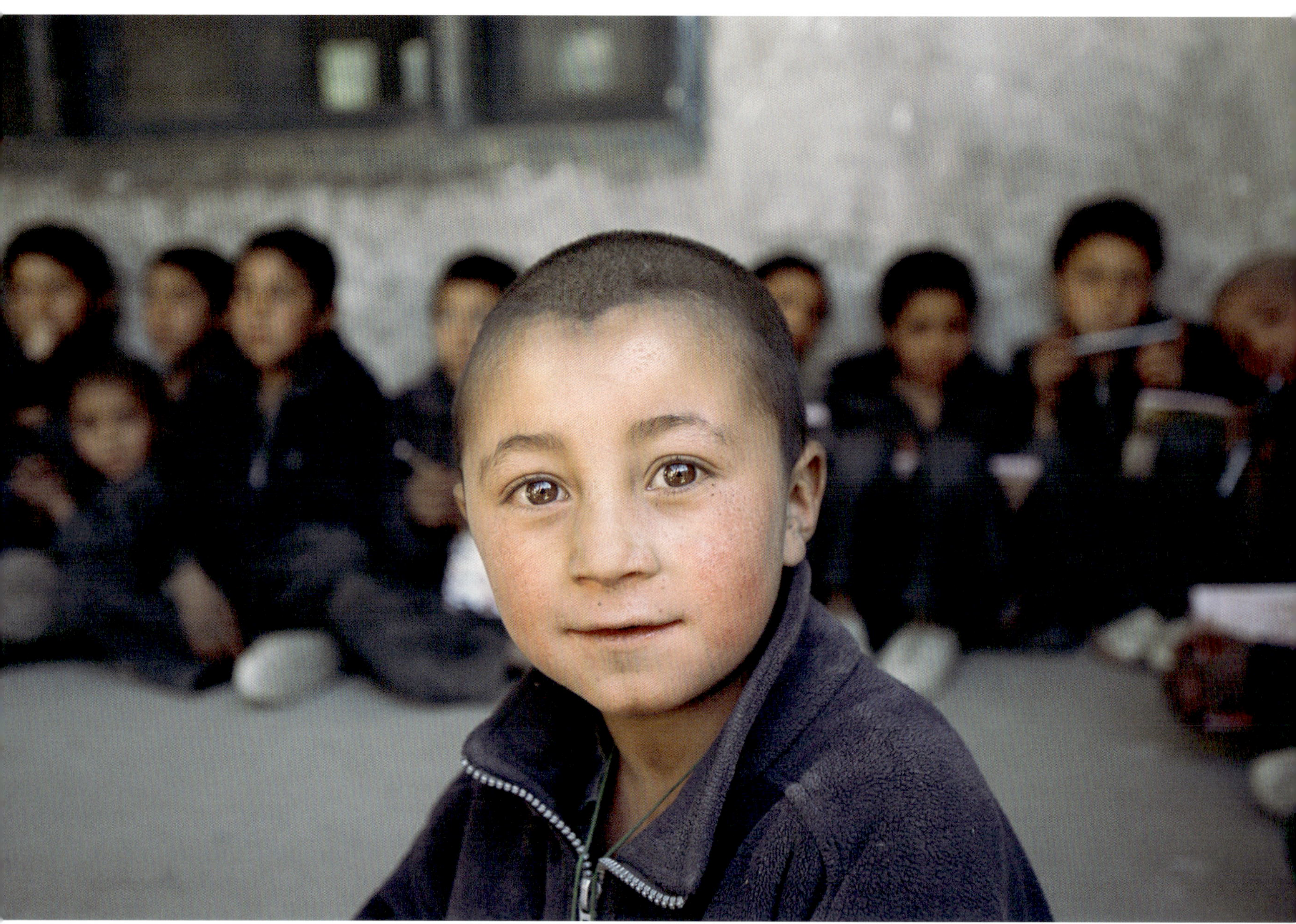

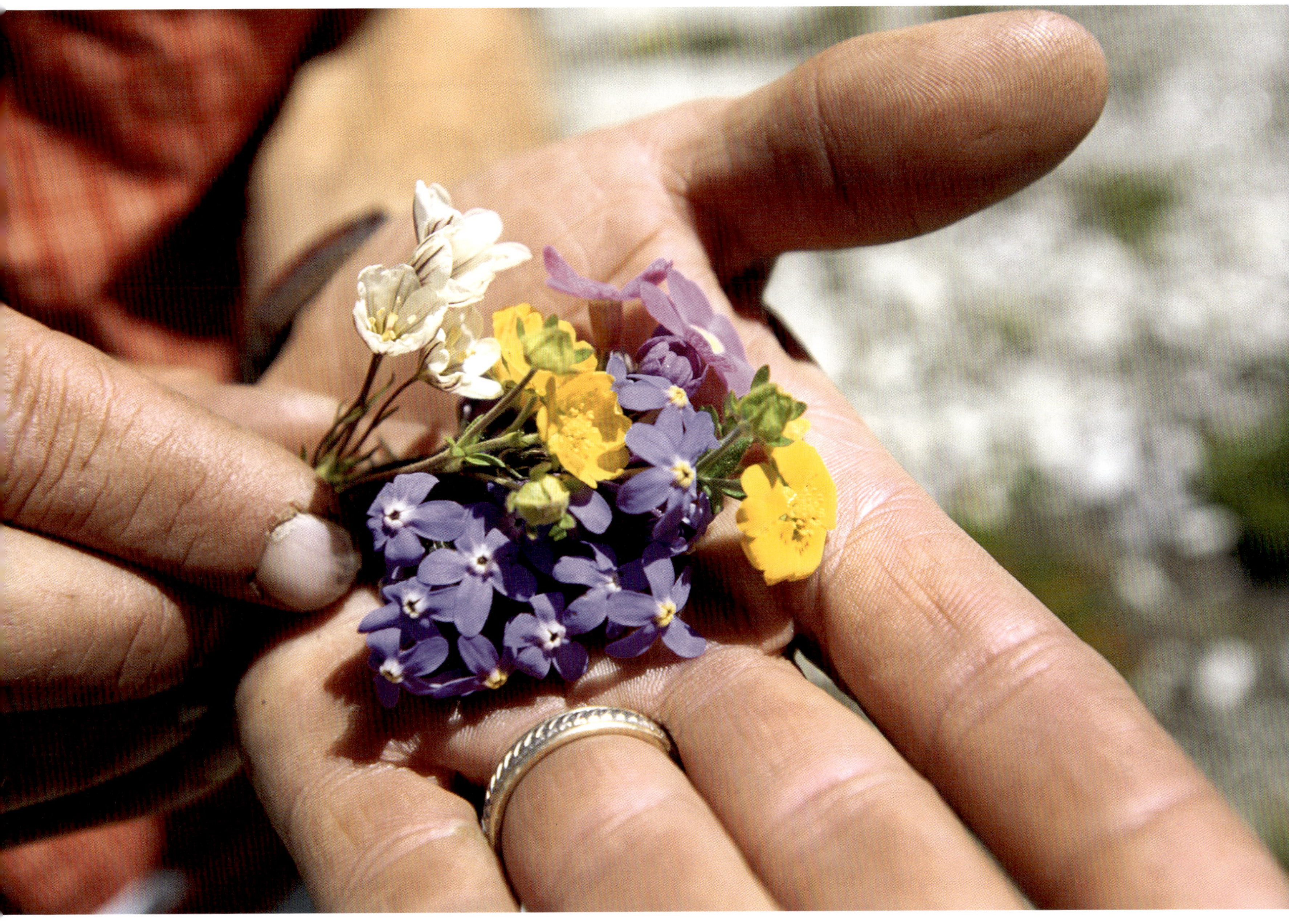

GEGENÜBER Balti-Schuljunge. Hushe-Tal, Karakorum, Pakistan.

OBEN Conrad Ankers neuer Ehering und Blumen, die er für Jenni Lowe-Anker gepflückt hat und pressen will.

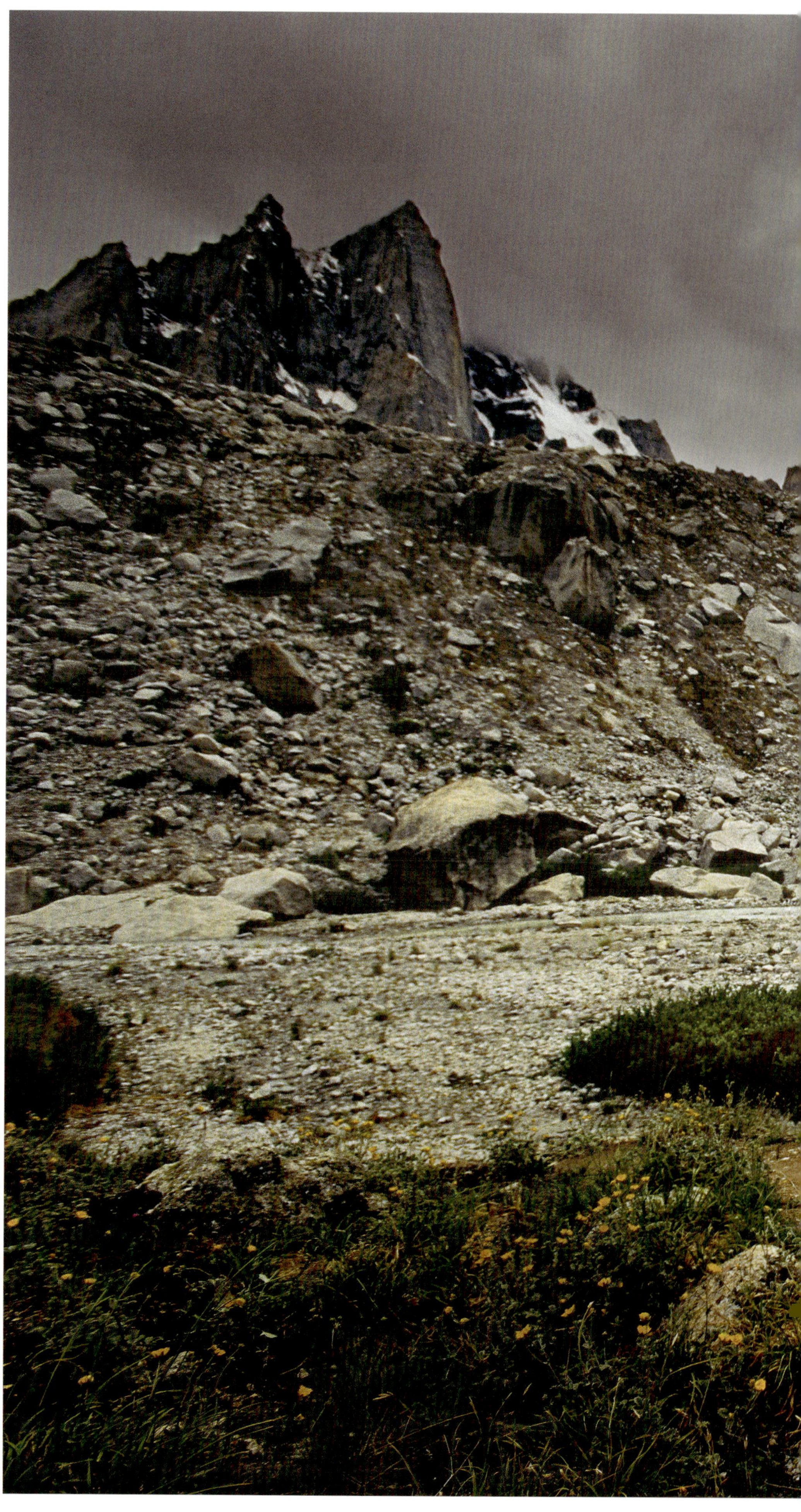

RECHTS Balti-Träger. Charakusagebiet, Pakistan.

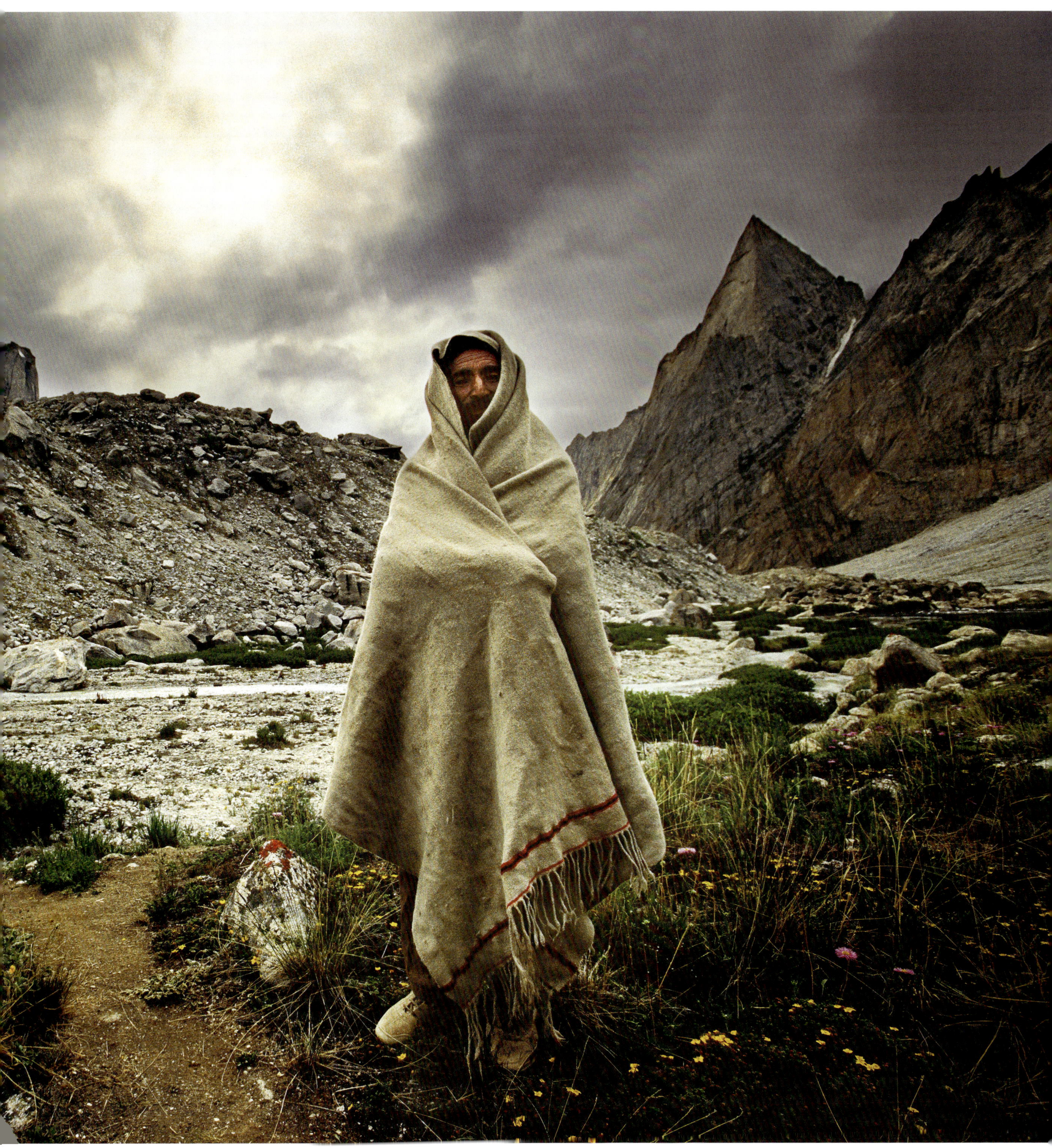

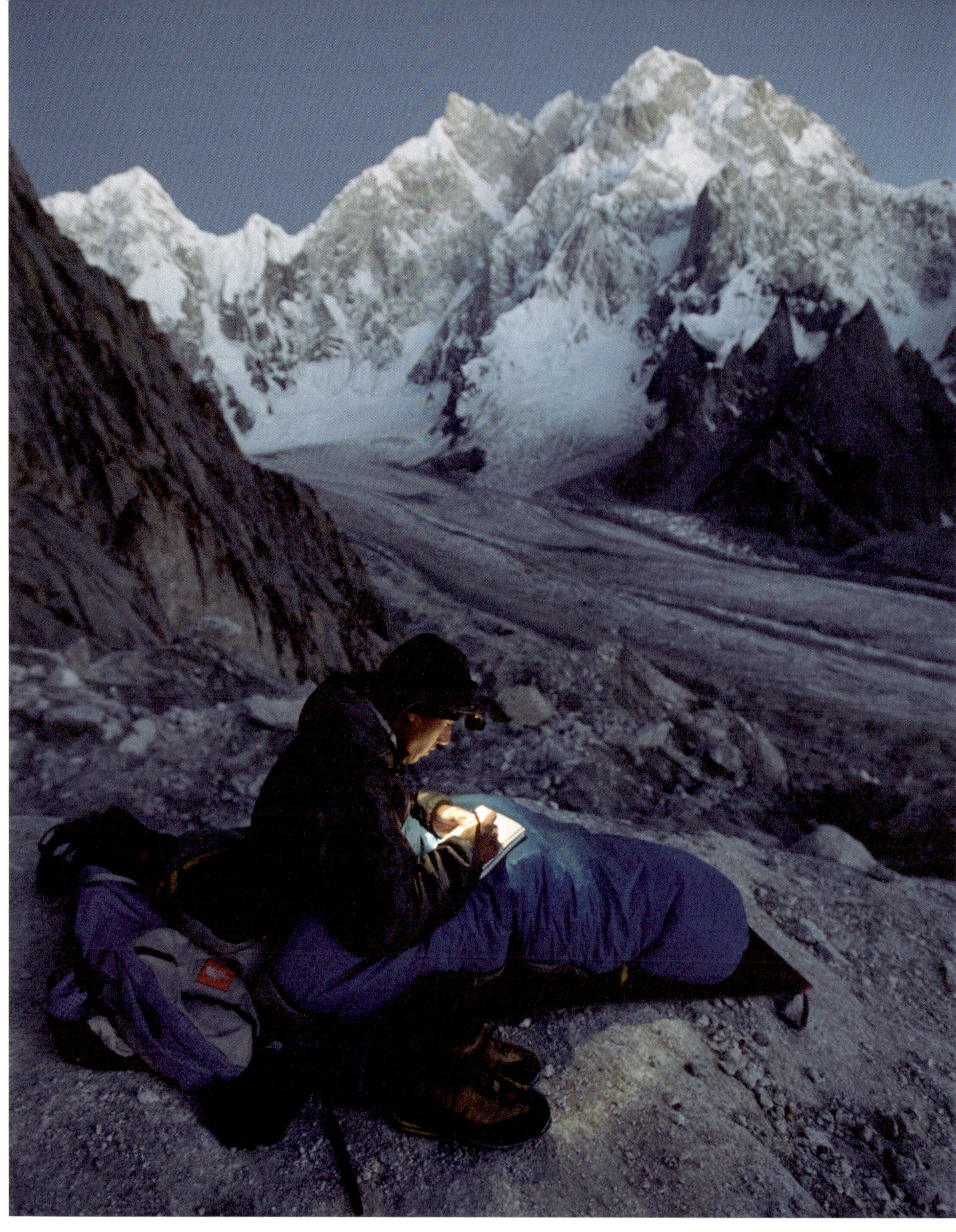

OBEN Ich selbst in einem schmalen Biwaksack, im Hintergrund die Nordwand des K6.

GEGENÜBER Conrad Anker klettert mit einem 32-Kilo-Haulbag.

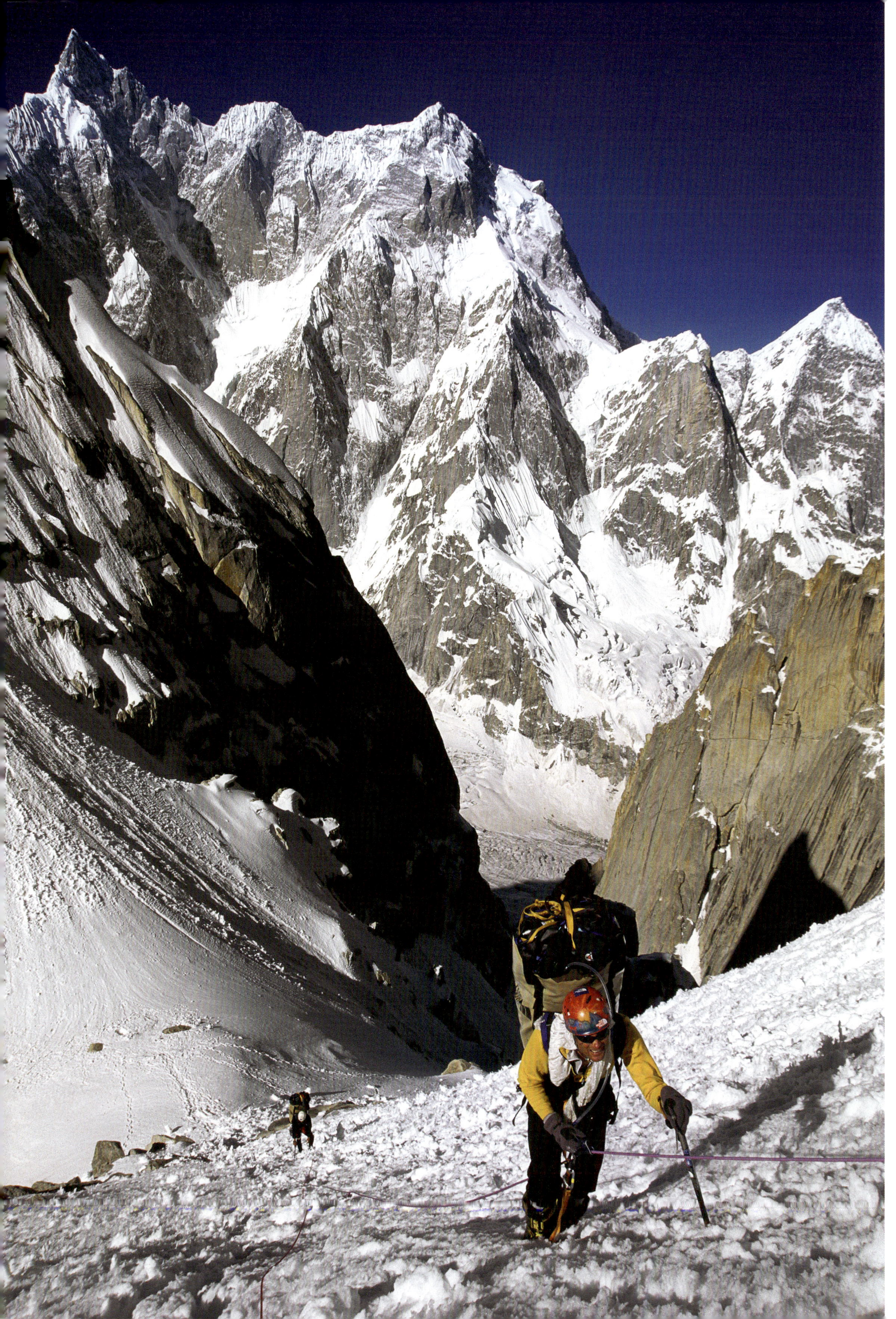

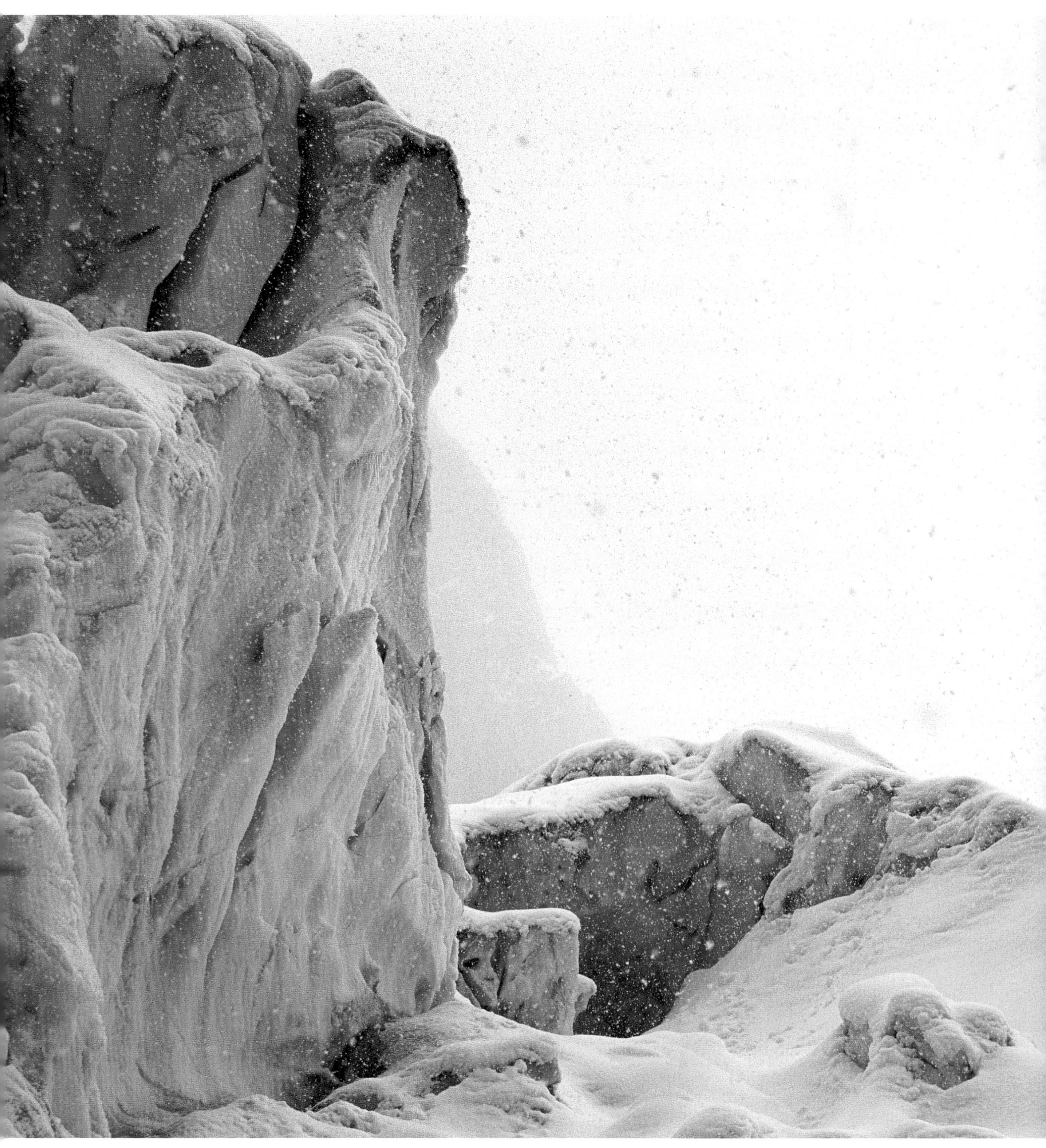

LINKS Conrad Anker trägt den Haulbag durch Schnee und Eis zu unserem ersten Lager im K7.

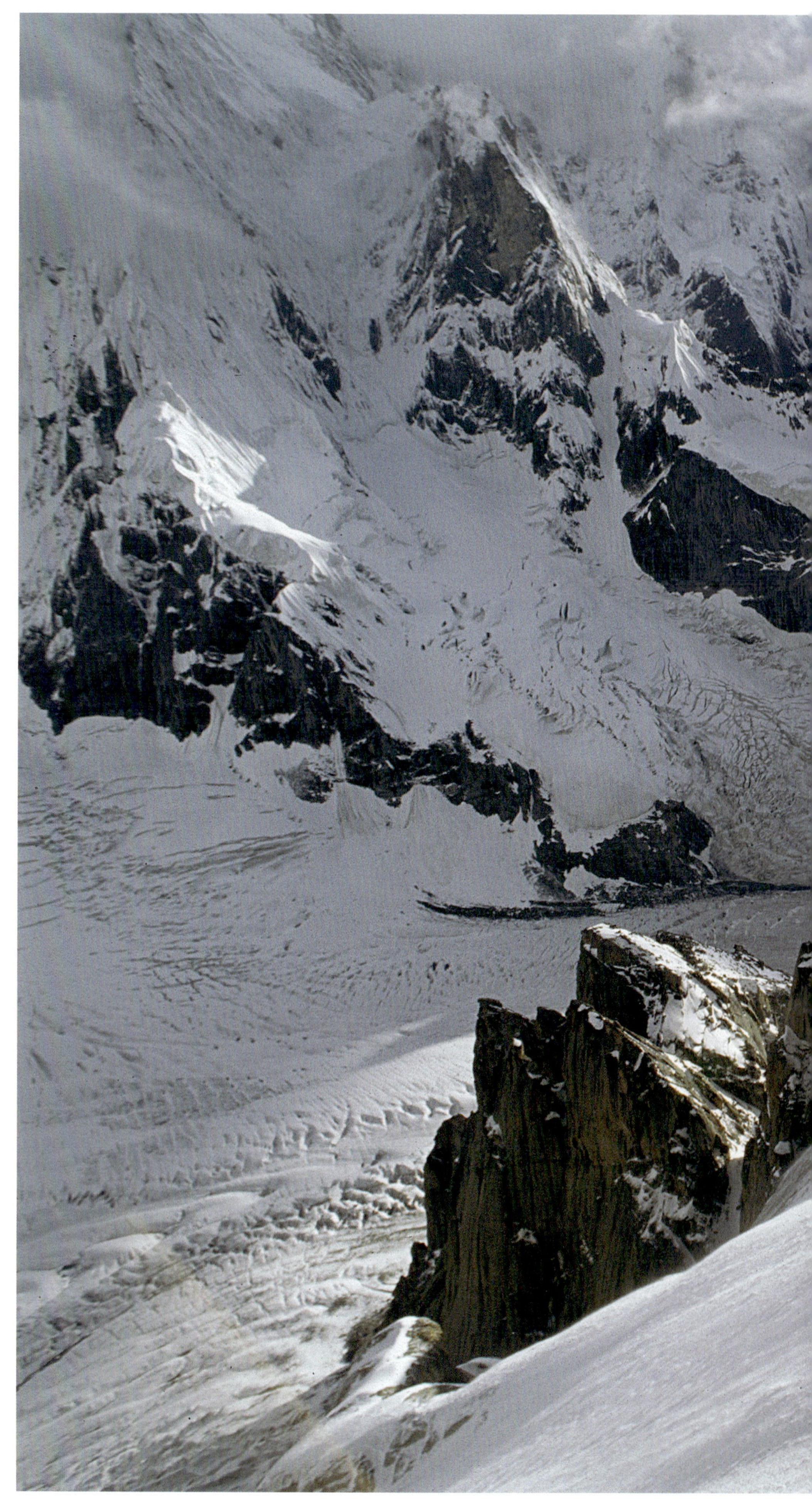

RECHTS Conrad Anker bezieht unser höchstgelegenes Portaledge im K7. Ein Sturm wird uns dort für die nächsten fünf Tage festsetzen.

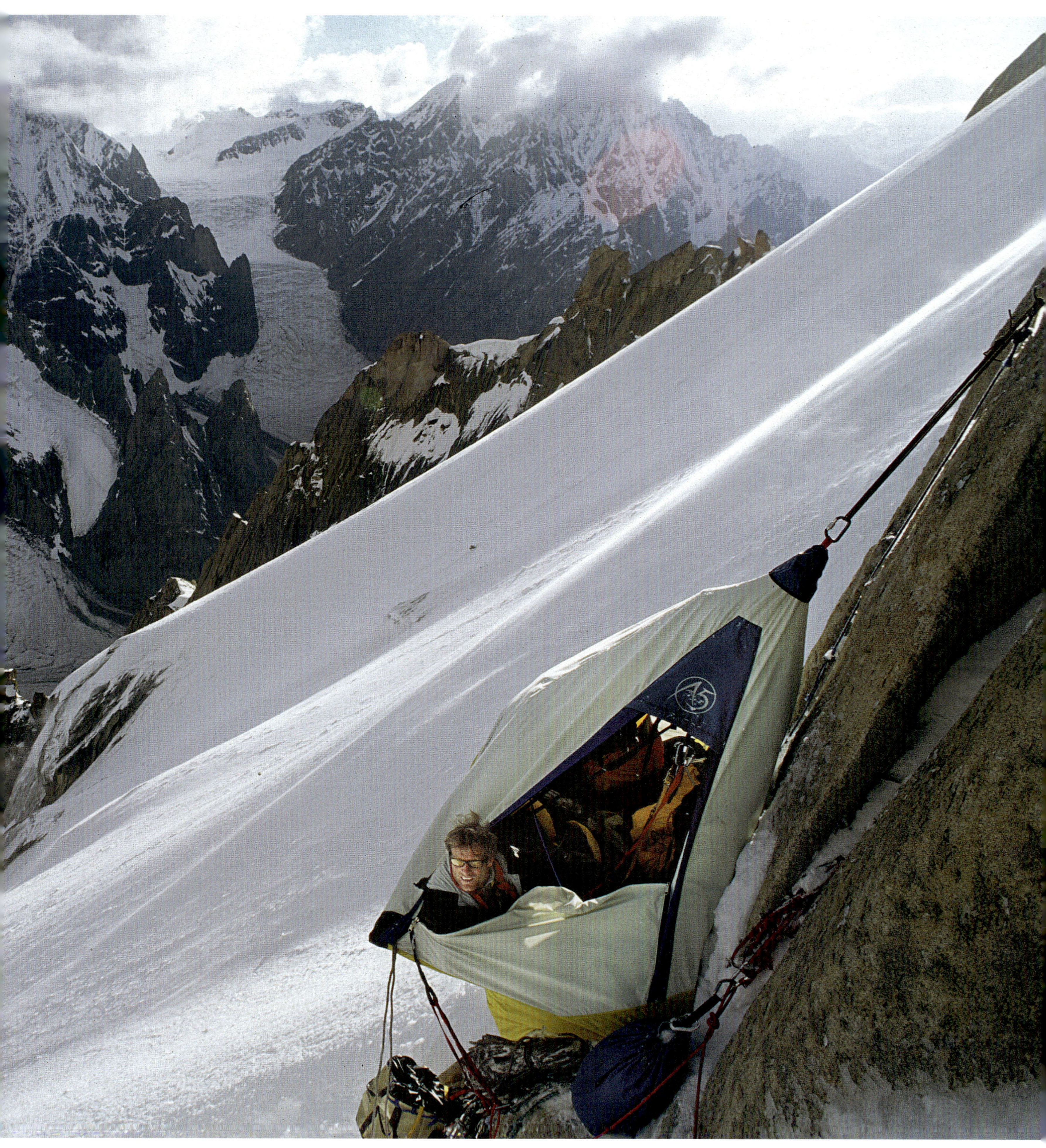

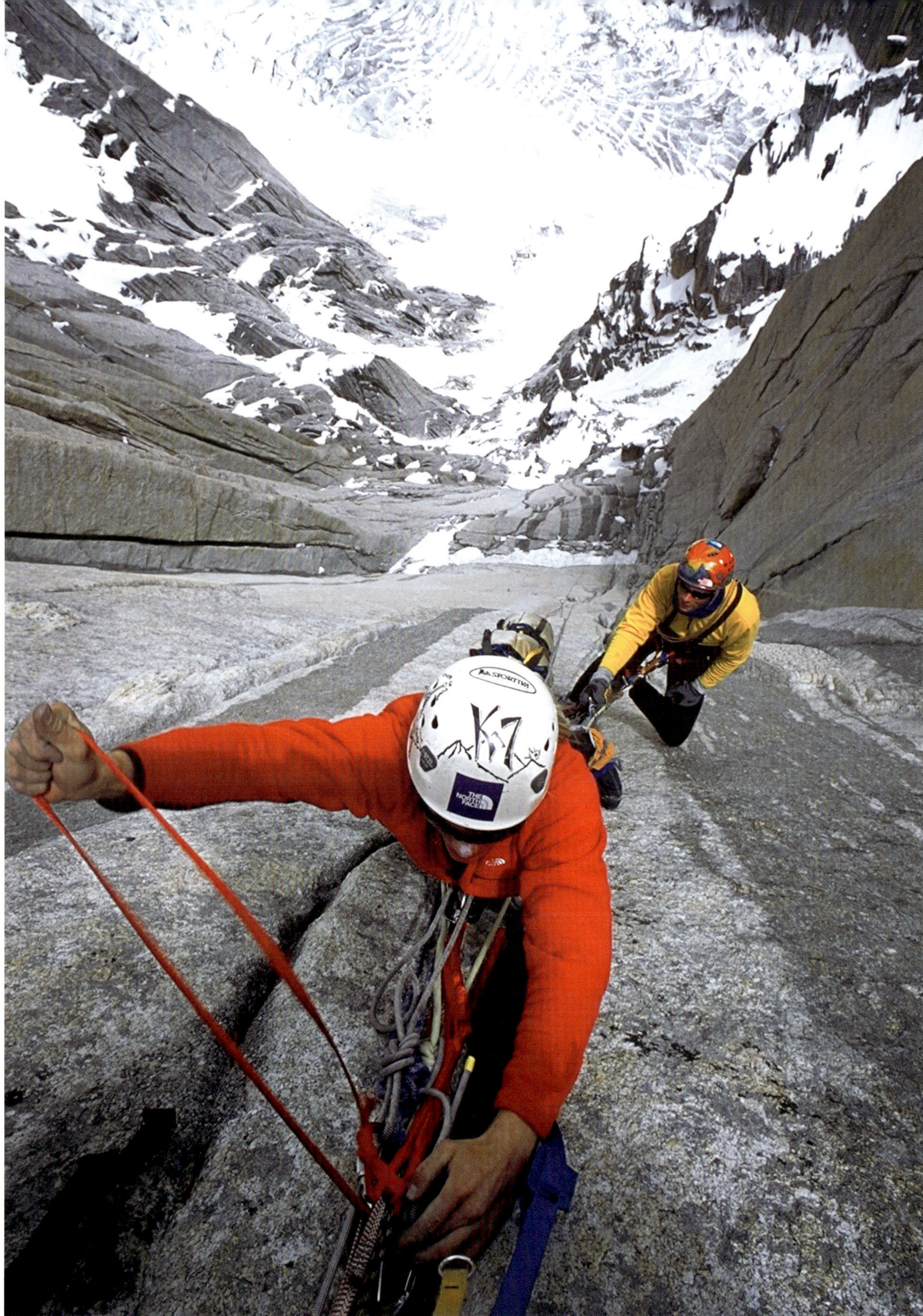

OBEN Brady Robinson und Conrad Anker mit Ausrüstung und Lebensmitteln in der unteren Wand des K7. Charakusagebiet, Karakorum, Pakistan.

GEGENÜBER Conrad besieht sich die Route vor uns, während Brady am Seil zu unserem höchsten Punkt aufsteigt.

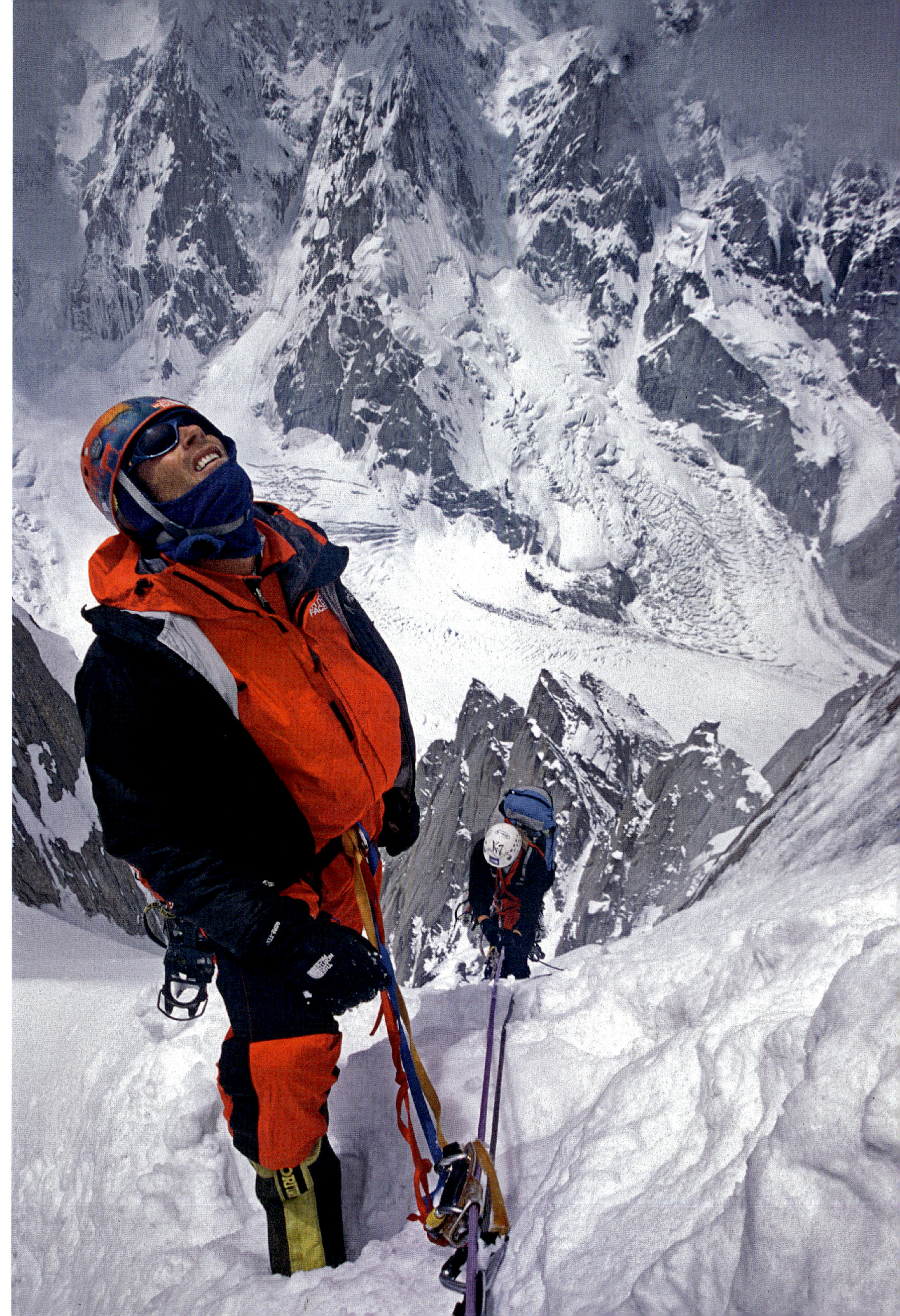

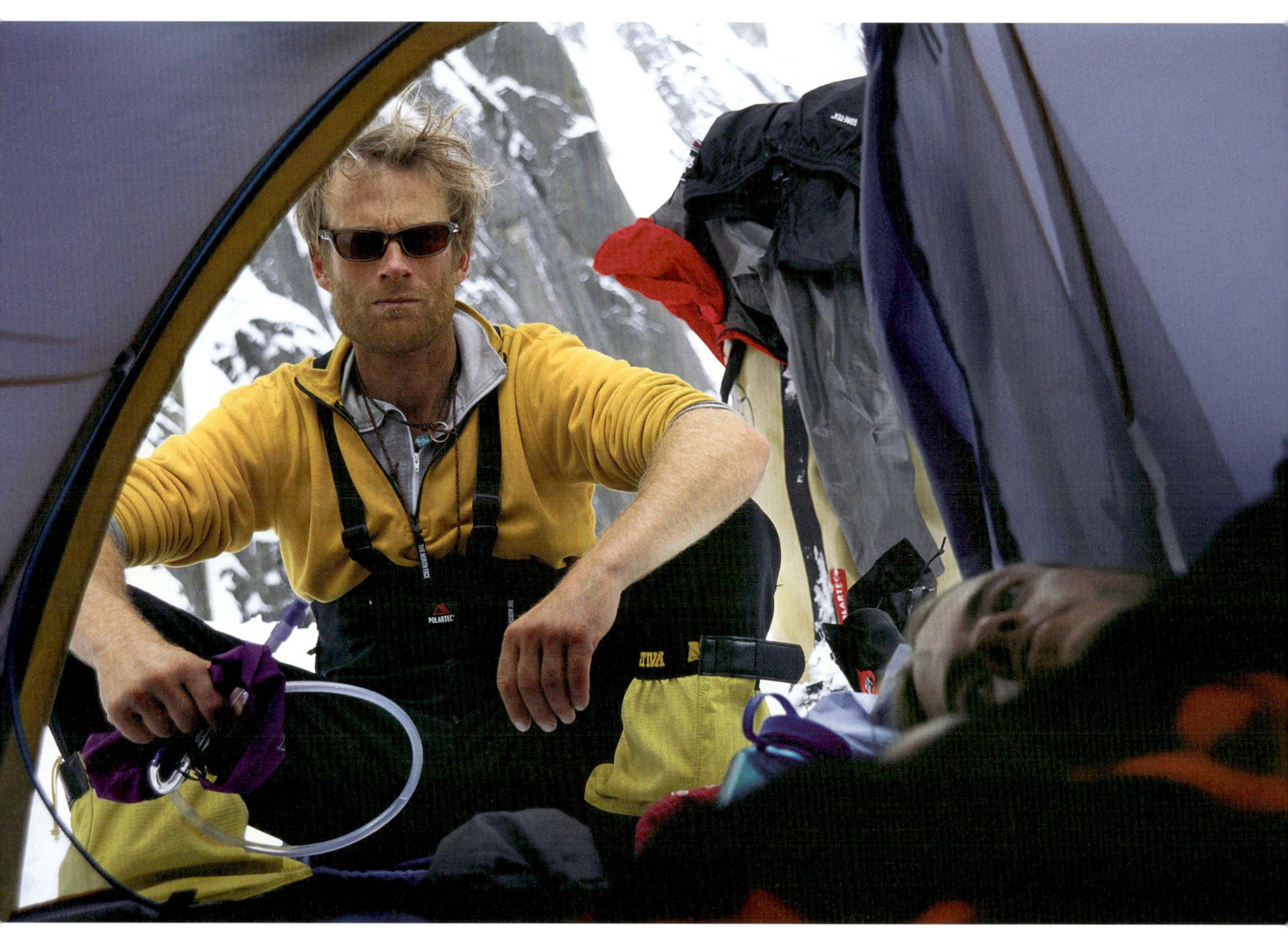

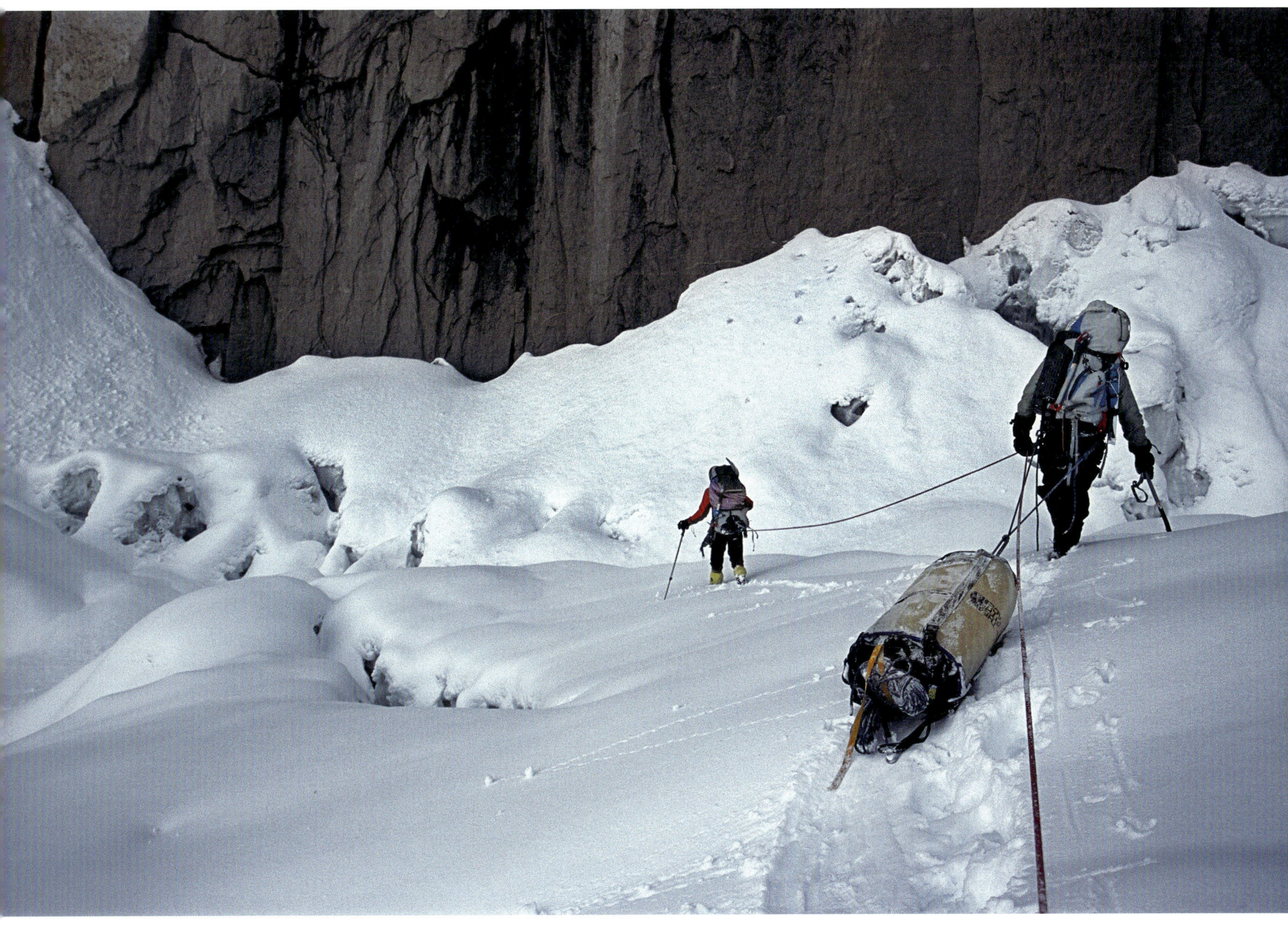

GEGENÜBER Conrad Anker und Brady Robinson warten nach dem Ausstieg aus der Wand auf den Abstieg von Camp 1. Noch verwehten Lawinen von oben jeden sicheren Abstieg. Geduld ist unser einziger Plan.

OBEN Conrad und Brady ziehen unsere Haulbags über den Gletscherbruch zurück zum Basislager.

FOLGESEITE Brady bei einer luftigen Traverse im K7.

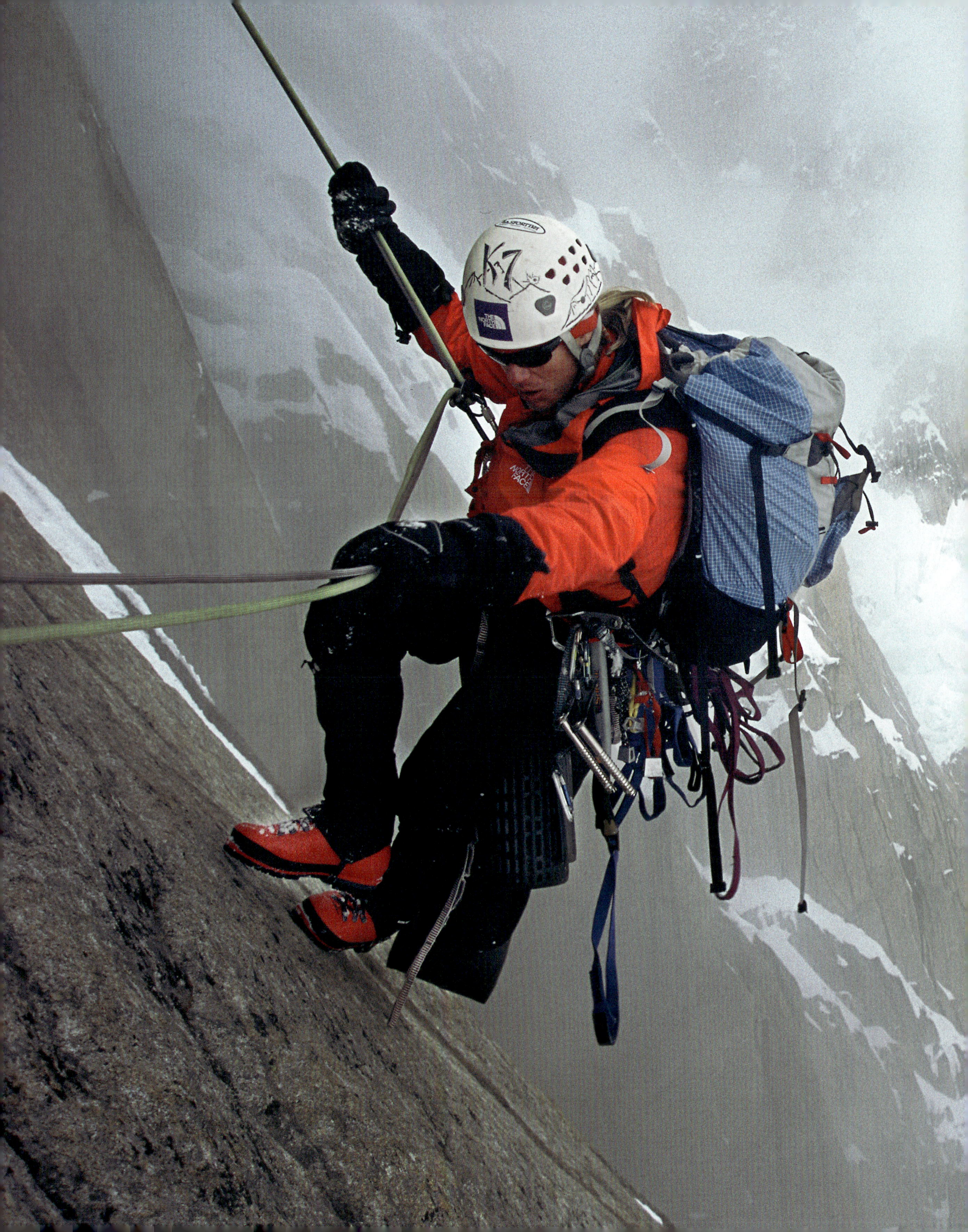
K7

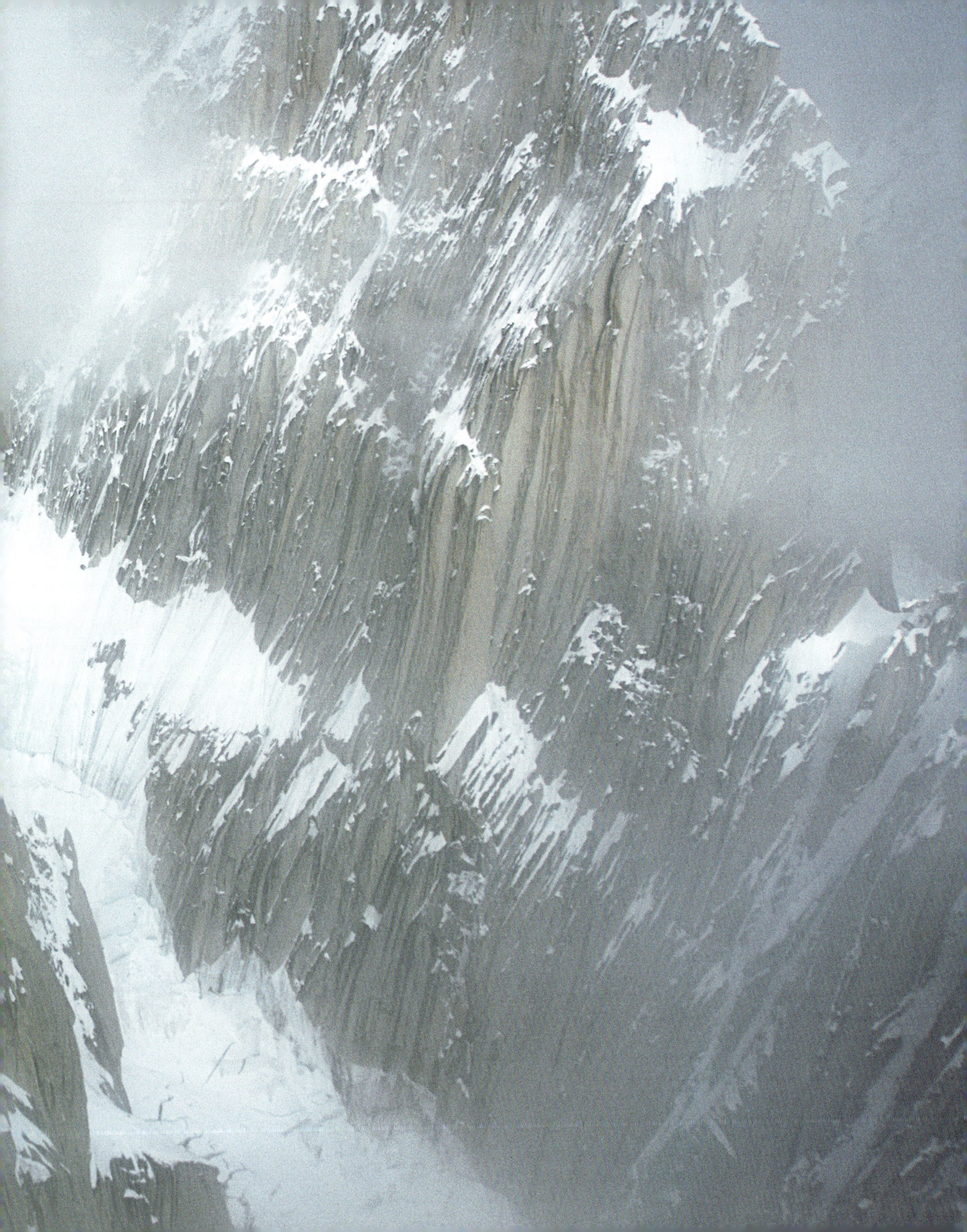

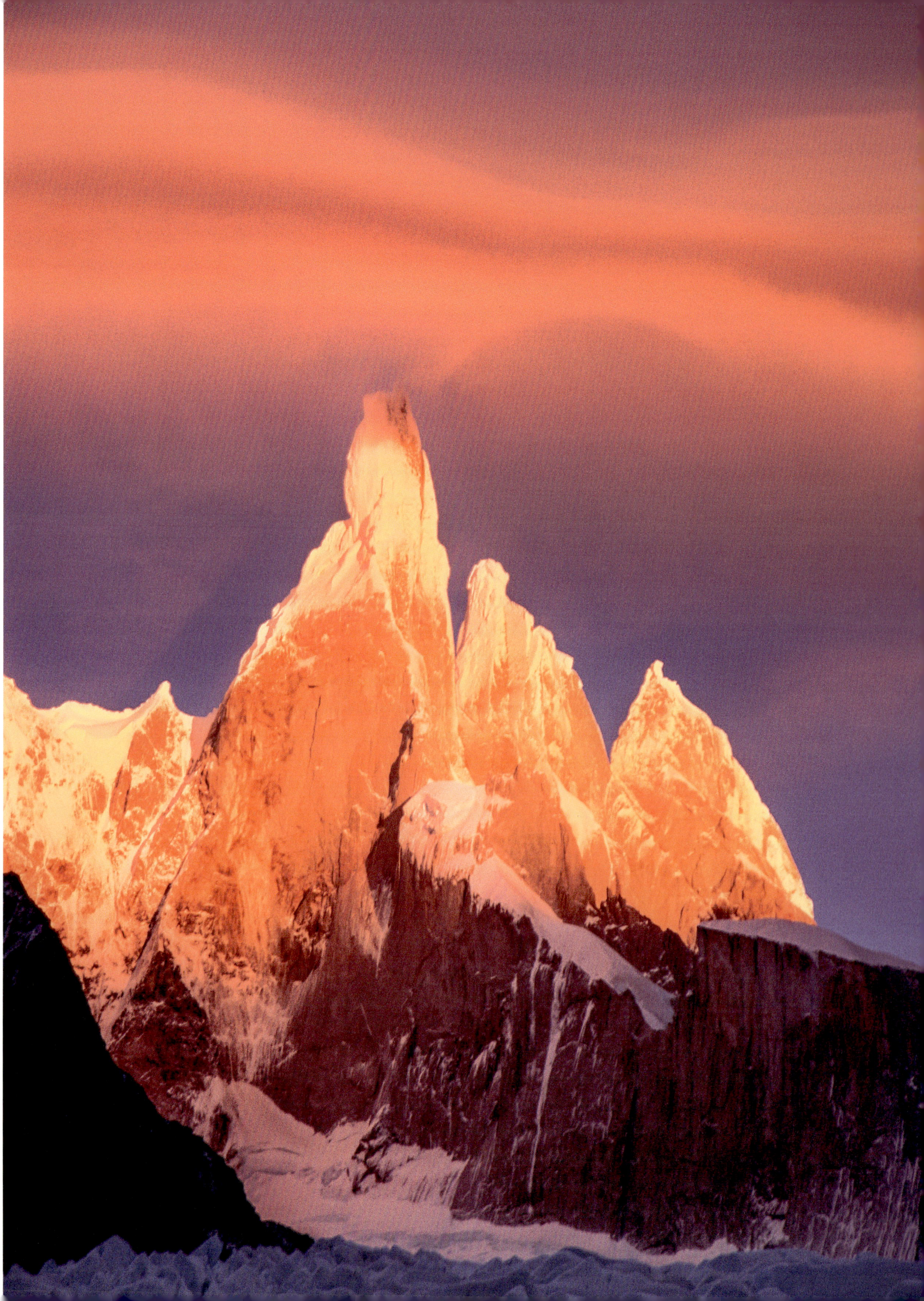

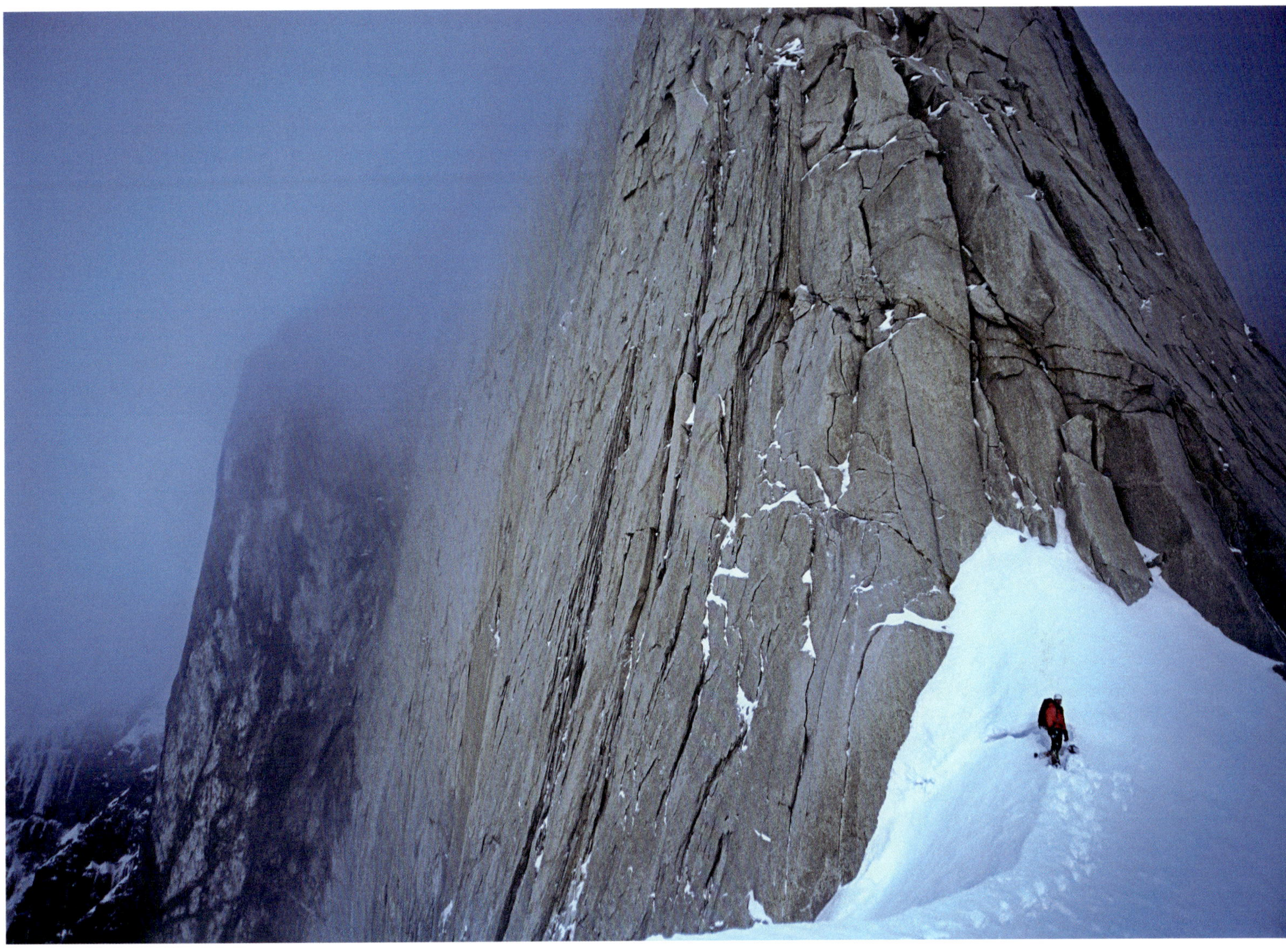

PATAGONIEN

Im Dezember 2001 reisten Brady Robinson und ich nach Patagonien, um die Kompressorroute am Cerro Torre anzugehen. Wetter und Winde in Patagonien sind berüchtigt. Stürme rollen vom patagonischen Inlandeis heran und setzen den Fitzroy- und Torre-Massiven immer wieder zu. Wir warteten vier Regenwochen lang auf einen Tag mit Kletterwetter. Nach einem langen Tag tückischer Kletterei über schnee- und eisbedeckten Fels erreichten wir die Schulter unterhalb der Hauptwand. Der Wind und der aufkommende Sturm machten die Rückzugsentscheidung leicht.

Klettern in Patagonien ist alles andere als einfach. Nach einer zitternd verbrachten Nacht in einer Eishöhle versuchten wir, uns zum darunter liegenden Gletscher abzuseilen. Als wir unsere Seile über den Felsvorsprung warfen, fuhr der Wind hinein und die Seile verfingen sich hoch über uns im Fels. Wir kletterten hinauf, bargen die Seile und seilten uns mit den an den Klettergurten befestigten Seilpuppen ab. Doch statt abzusteigen, blies uns der Wind seitwärts gegen die Wand. Drehte der Wind, pendelten wir wie wild an der Felswand hinab.

Ein interessanter Abstieg und eine typisch patagonische Peitsche. Den Cerro Torre konnten wir nicht bezwingen, erlebten aber wunderschöne Sonnenauf- und -untergänge.

GEGENÜBER Die Torre-Gruppe bei Sonnenaufgang: Cerro Torre, Torre Egger und Cerro Standhardt.

OBEN Brady Robinson gräbt sich in unsere Schneehöhle unterhalb der Gipfelwand. Kompressorroute, Patagonien, Argentinien.

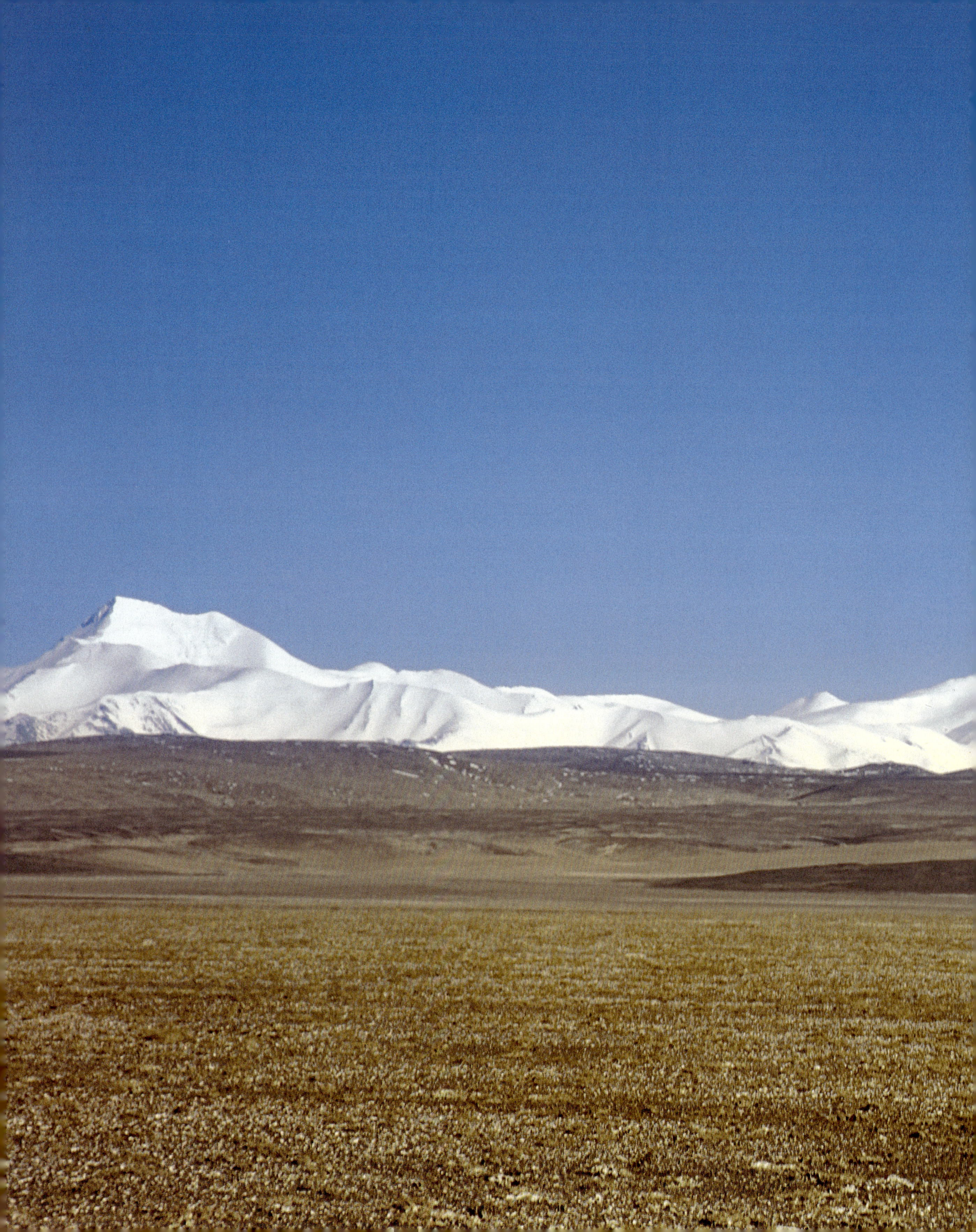

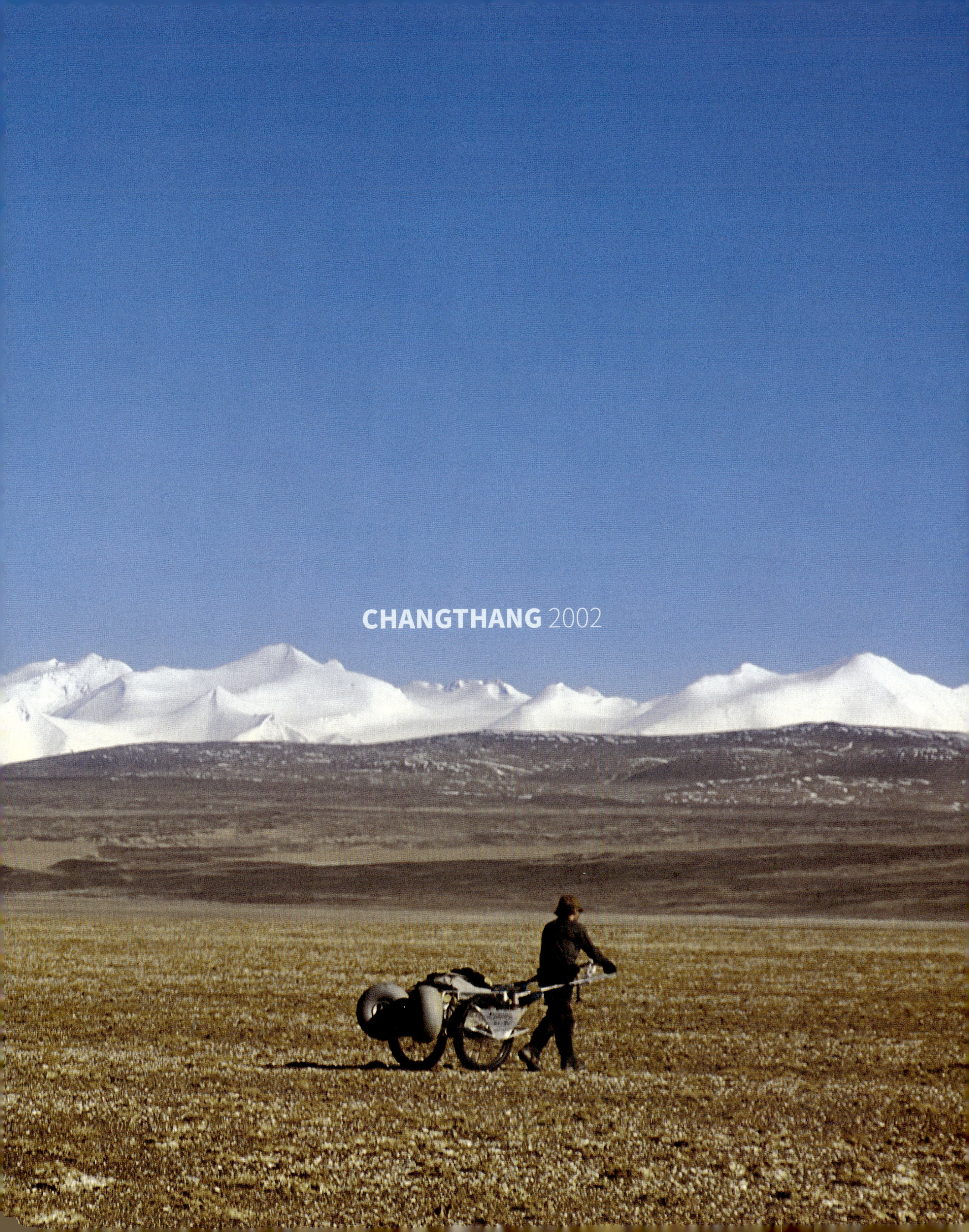
CHANGTHANG 2002

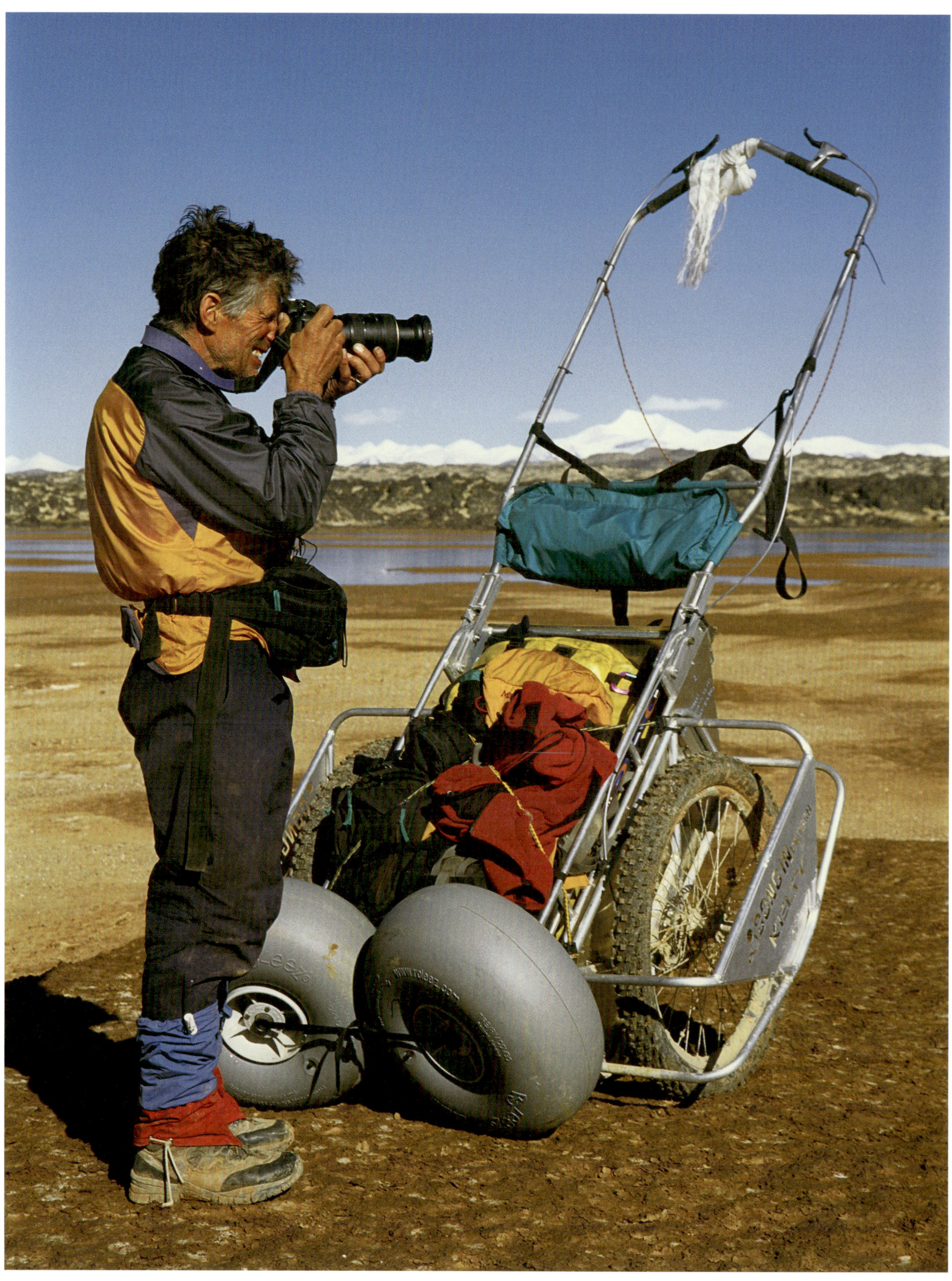

Nur wenige verstehen gewolltes Leid. Noch weniger genießen es.

2002 stand ich neben drei Meistern der Kunst und betrachtete die karge Landschaft vor mir. Wir begaben uns auf eine 450 Kilometer lange, ungesicherte Querung des Changthang-Hochlands in Nordwesttibet, des höchsten und abgelegensten Wüstenplateaus der Welt.

Im Winter 2001 hatte Rick Ridgeway angerufen, um die Expedition zu besprechen. Die hohe Nachfrage nach Schals aus Shahtoosh, einer edlen Wolle, hatte die Population der endemischen Tibetantilope, auch Tschiru genannt, an den Rand des Aussterbens gebracht. Rick, Conrad Anker, Galen Rowell und David Breashears wollten der schwer zu ortenden Tschiru-Wanderung folgen, um die Setzgebiete zu finden. Sie hofften, das Gebiet durch die Dokumentation für *National Geographic* als Wildreservat zu schützen. David wollte filmen, musste aber aussteigen. „Wir brauchen einen vierten Mann", sagte Rick. Ich wollte mit, hatte aber noch nie gefilmt. Würde ich den Regisseur des IMAX-Megahits *Everest* ersetzen können?

„Mach es einfach", sagte Rick, „und finde es raus."

Da wir alles Notwendige mitnehmen mussten - Nahrung, Kleidung, Kletter- und Campingausrüstung, Kameras, Filme -, entwickelte Rick Alu-Rikschas, um die 90 Kilo pro Person zu transportieren. Der Erfolg der Expedition hing nicht nur vom Überleben der Querung ab, sondern auch von der perfekten Überschneidung der Querung mit der Wildwanderung, um die Setzgebiete zu finden, bevor die Tschirus ihre Jungen zur Welt brachten. Kamen wir zu langsam voran, könnten wir die Wanderung verpassen. Waren wir zu früh dort, hätten wir nicht genug Nahrung, um zu warten, bis die Tschirus mit dem Setzen beginnen. Das Wasser würde knapp, es gäbe keine alternativen Nahrungsquellen, und eine Rettung wäre unmöglich.

Ich hielt den Plan für absurd, aber bessere Mentoren als Rick, Conrad und Galen gab es nicht. Sie hatten zusammen über hundert Expeditionen hinter sich. Obwohl Rick damit beschäftigt war, sich Notizen für den Artikel zu machen, den er schreiben sollte, nahm er sich Zeit und brachte mir das Filmen bei. Ich studierte jedes Bild, das Galen machte, jede Entscheidung, die er traf, und die erstaunlichen Bemühungen um die hohen Standards von *National Geographic*. Und Conrad schleppte stets mehr als nur seinen Teil der Lasten.

Nach 25 Tagen Stapferei fanden wir die Tschirus am Tag vor dem Setzen. Am nächsten Tag filmten und fotografierten wir das erste Tschiru-Junge bei seiner Geburt. Die Reise war ein Erfolg, aber es waren noch über 160 Kilometer bis zu unserem Abholpunkt, und der Proviant war knapp. Auf dem Rückweg fassten Rick, Galen und Conrad einen unbestiegenen Gipfel ins Auge, den höchsten der Kunlun-Kette. „Wir haben doch Eispickel und Steigeisen mit, dann können wir sie auch benutzen", sagte Galen. Ich dachte: „Machst du Witze? Wir wollen einen Berg besteigen, von dem wir bald nicht mehr erzählen können?" Aber einen Tag später waren wir oben. Ich machte ein Foto von Galen, als er den Gipfel erreichte.

Ein Jahr später starben Galen und seine Frau Barbara bei einem Flugzeugabsturz. Die Changthang-Reise war seine letzte Tour. Zum Gedenken druckte *National Geographic* mein Gipfelfoto von ihm. Es war sein letztes Geschenk an mich: meine erste Veröffentlichung in dieser Kultzeitschrift mit dem gelben Rand, der Beginn meiner eigenen Fotokarriere.

VORSEITE In 5000 m Höhe zieht Rick Ridgeway seine Rikscha über die Changthang-Hochebene.

GEGENÜBER Galen Rowell fotografiert im Auftrag der Zeitschrift *National Geographic*.

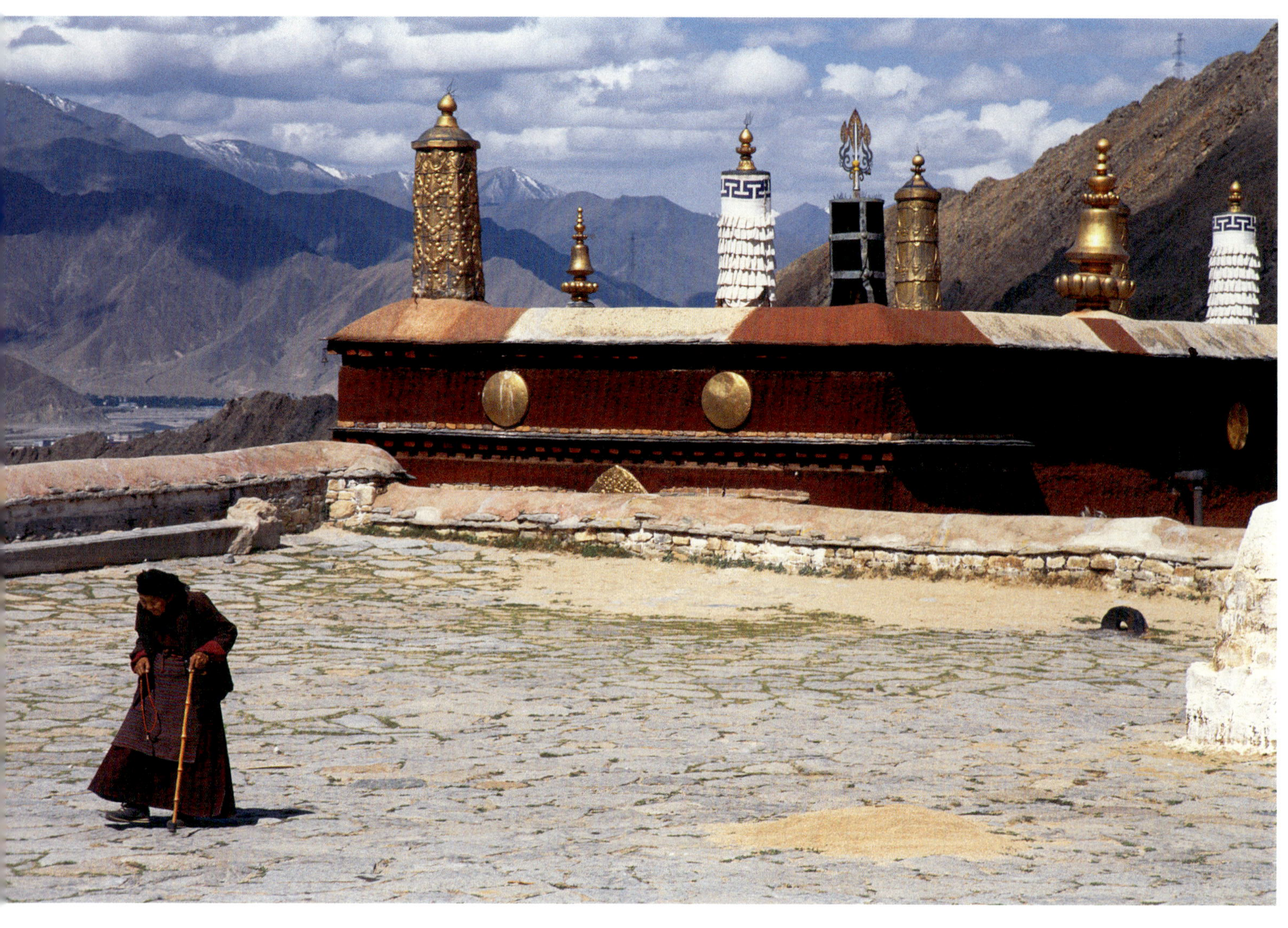

OBEN Eine tibetische Nonne vor einer Gönpa. Regierungsbezirk Ngari, Tibet.

GEGENÜBER Wir erreichten Lhasa am Saga-Dawa-Tag, dem heiligsten Tag im tibetischen Kalender. Rick Ridgeway mit tibetischen Pilgern bei der Umrundung des Potala-Palastes.

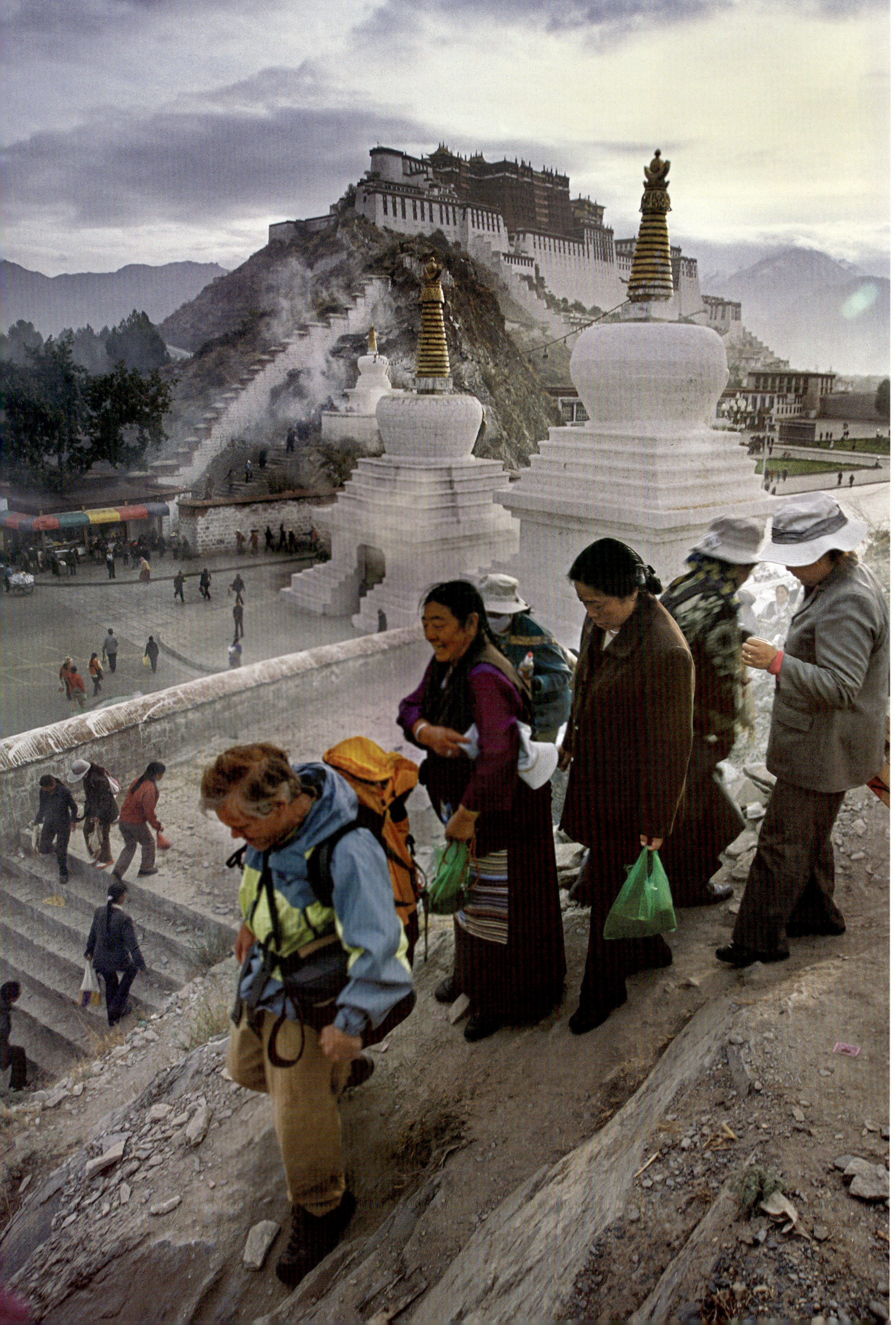

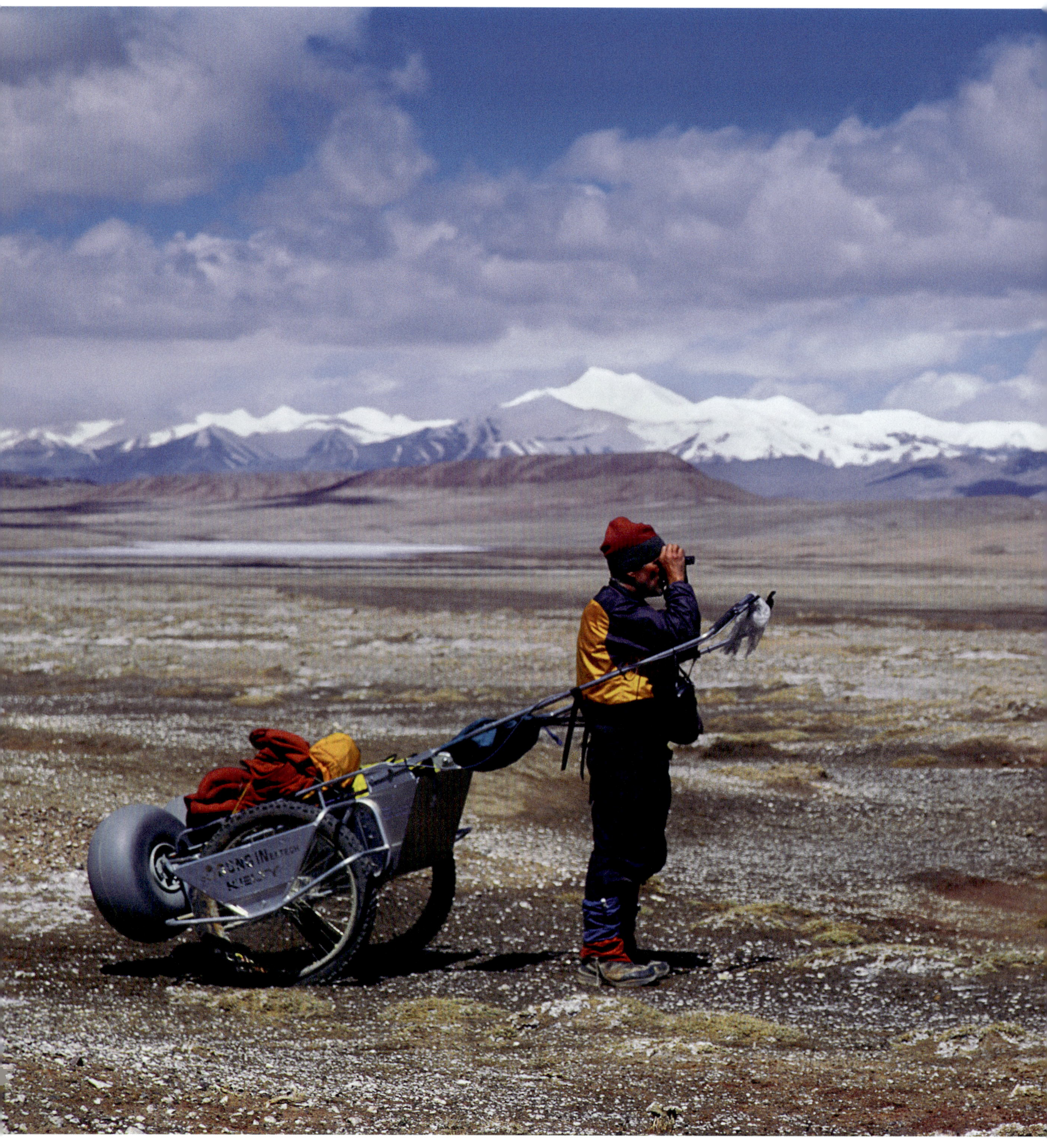

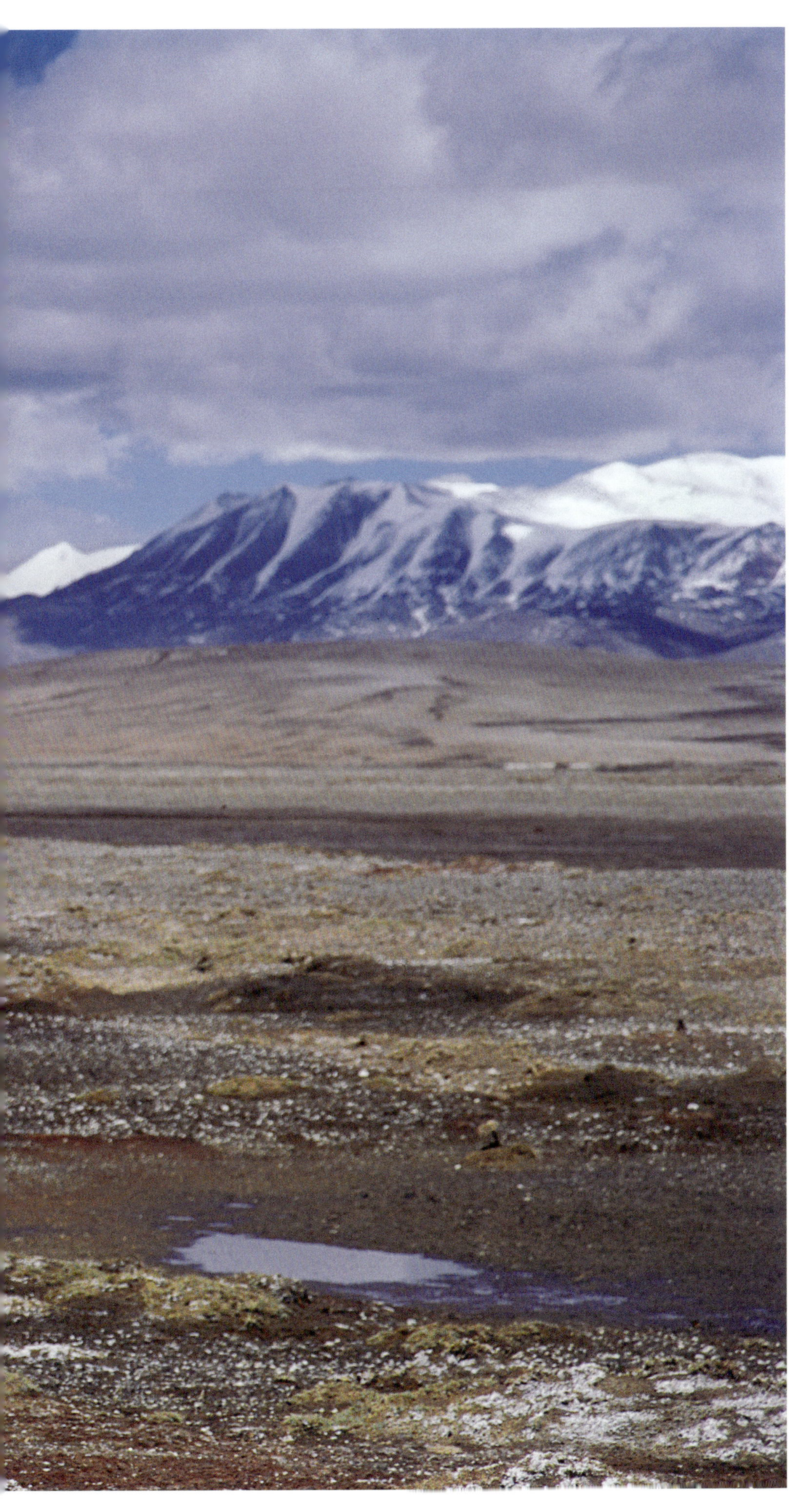

LINKS Galen Rowell sucht den Horizont nach Tschirus (Tibetantilopen) ab.

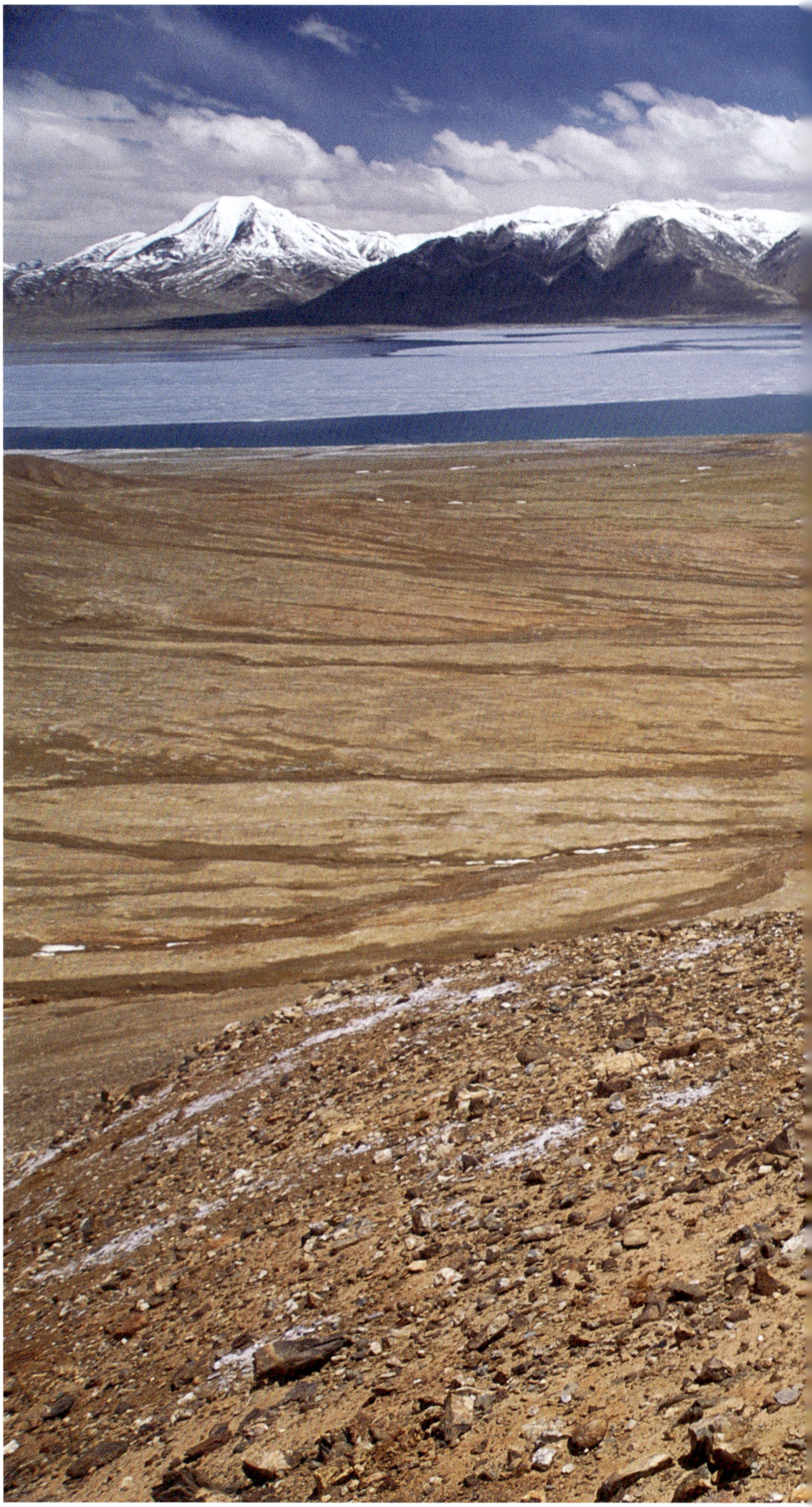

RECHTS Am siebten Tag unserer Tour packt Galan Rowell am Heishi-Beihu-See seine Kameraausrüstung um.

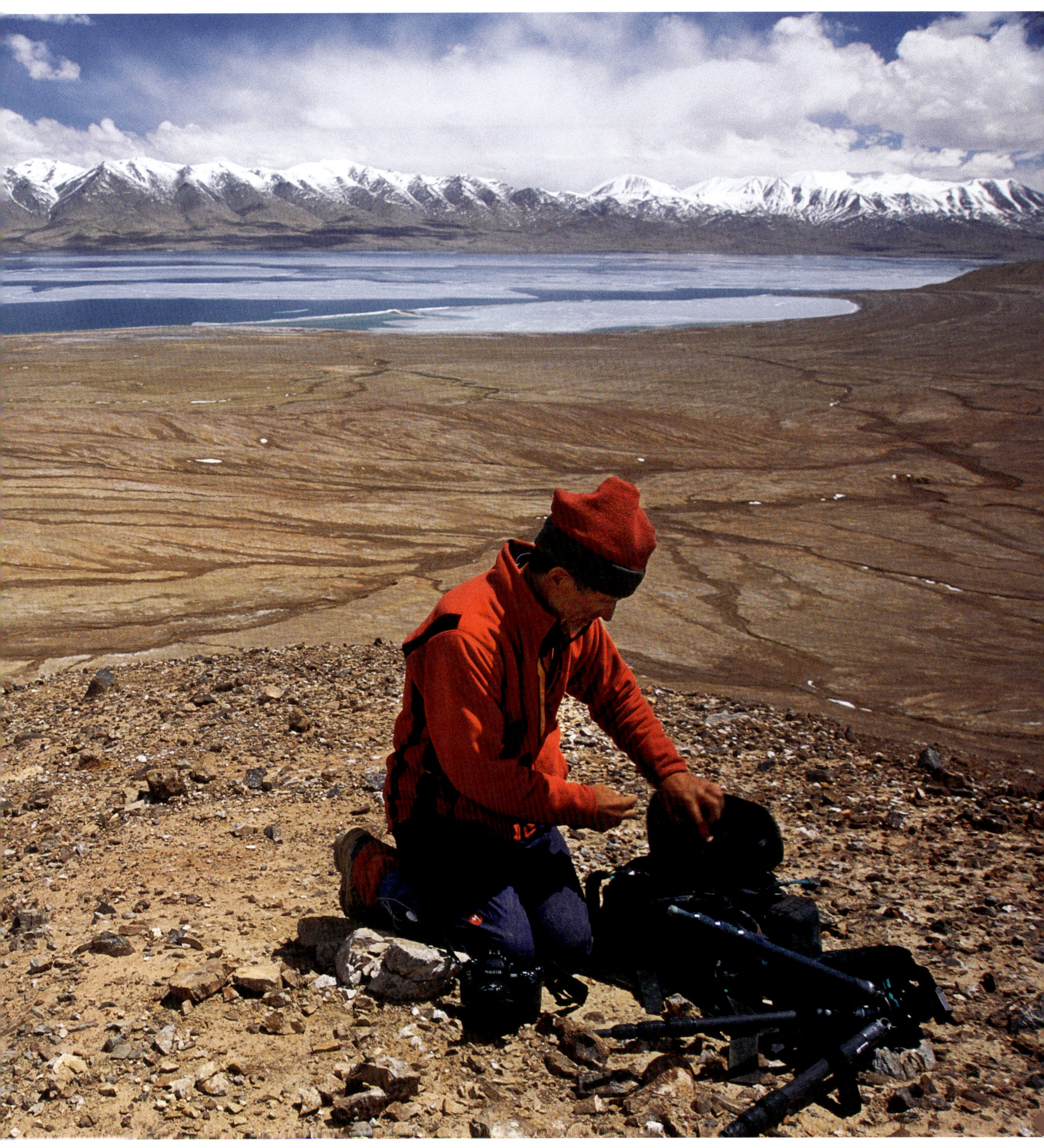

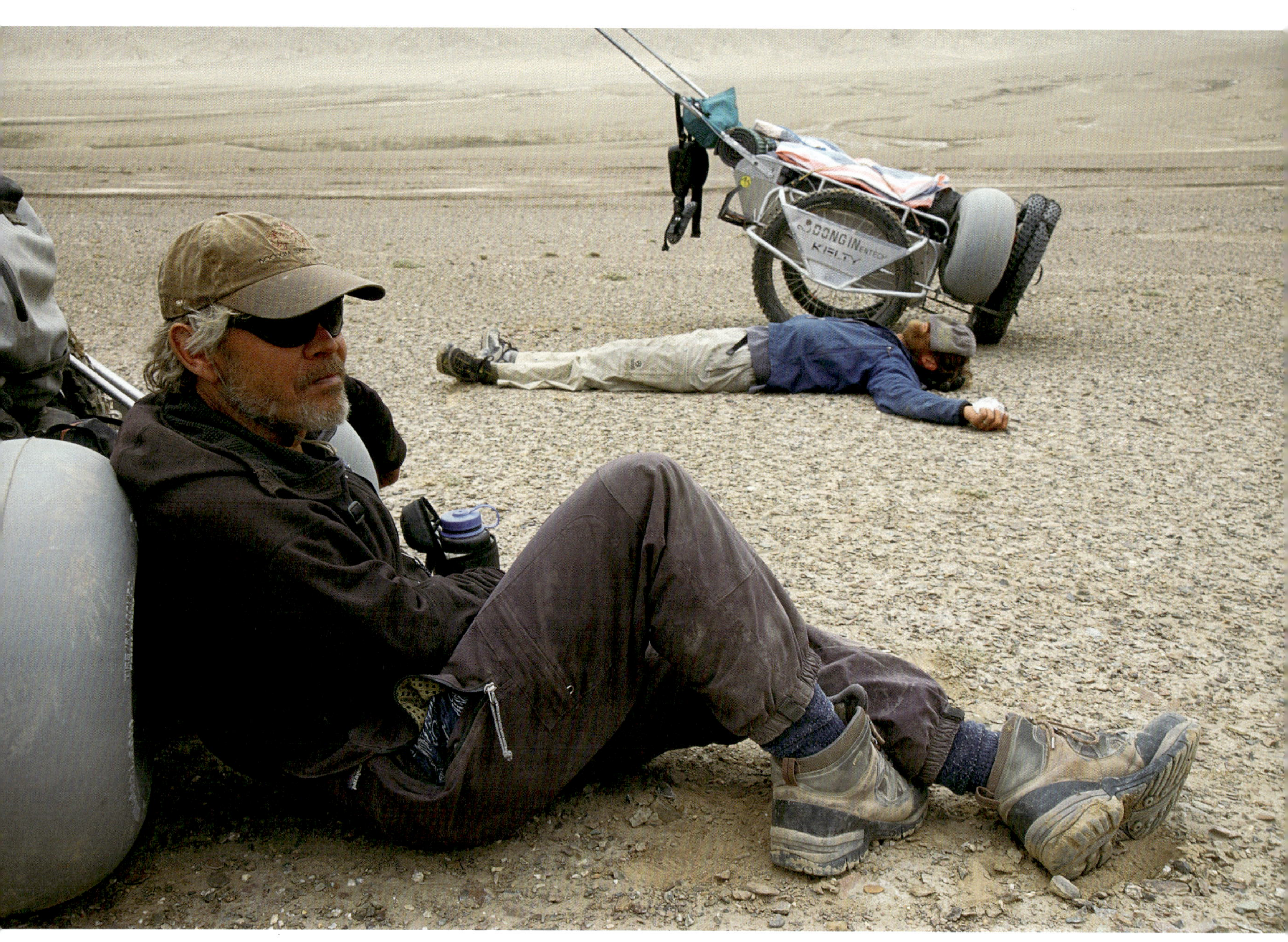
DONGIN ENTECH
KELTY

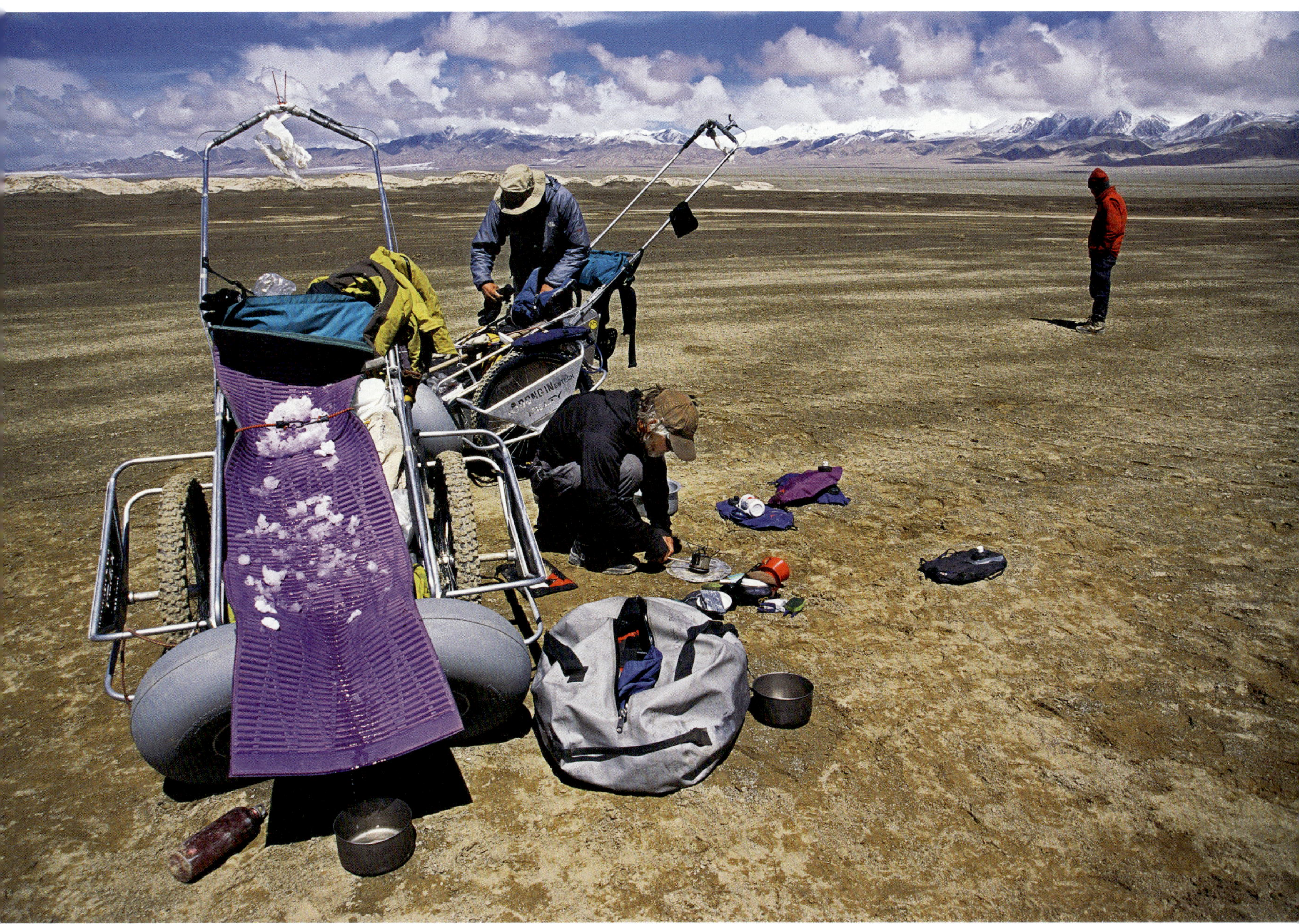

GEGENÜBER Nach 25 Tagen Durchquerung setzten Erschöpfung und Kalorienmangel ein. Rick Ridgeway und Conrad Anker strecken sich nach 32 km Rikscha-Ziehen der Länge nach aus. Wir haben noch 160 km vor uns und kaum mehr Proviant.

OBEN Die Tage verbrachten wir oft mit der Suche nach Wasser. Manchmal konnten wir nachts Schnee sammeln, bevor er in der Morgensonne wegtrocknete. Wir nutzten eine Isomatte als solare Schneeschmelz-Vorrichtung und sparten so nicht nur Treibstoff fürs Schmelzen von Wasser, sondern spülten auch die schmutzigen Rückstände von unseren feuchten Isomatten direkt in unser Trinkwasser.

FOLGESEITE Galen Rowell auf dem Weg zum Gipfel des Chiru Peak. Die Erstbesteigung dieses 6400 m hohen Berges sollte sein letzter Aufstieg sein.

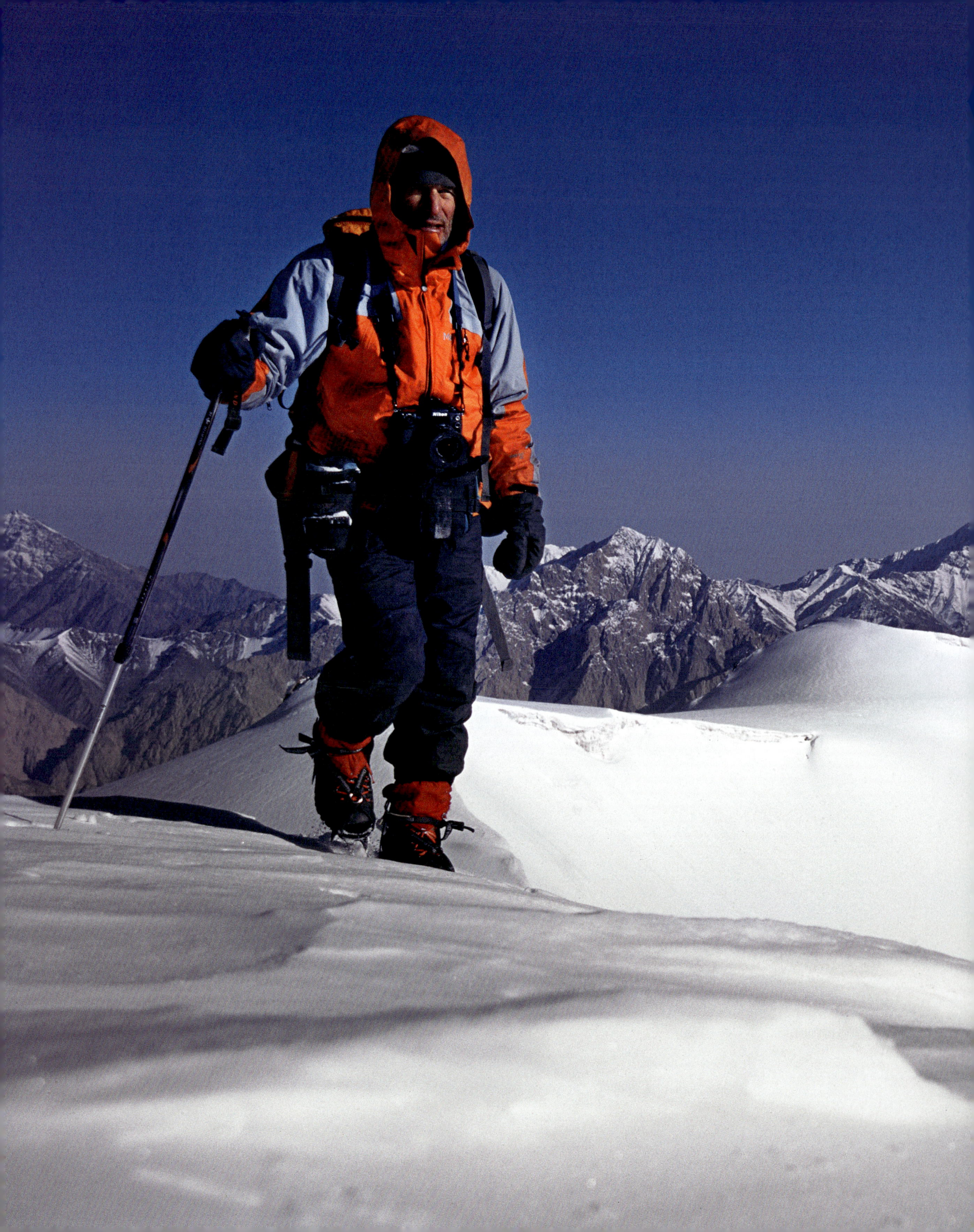
Nikon

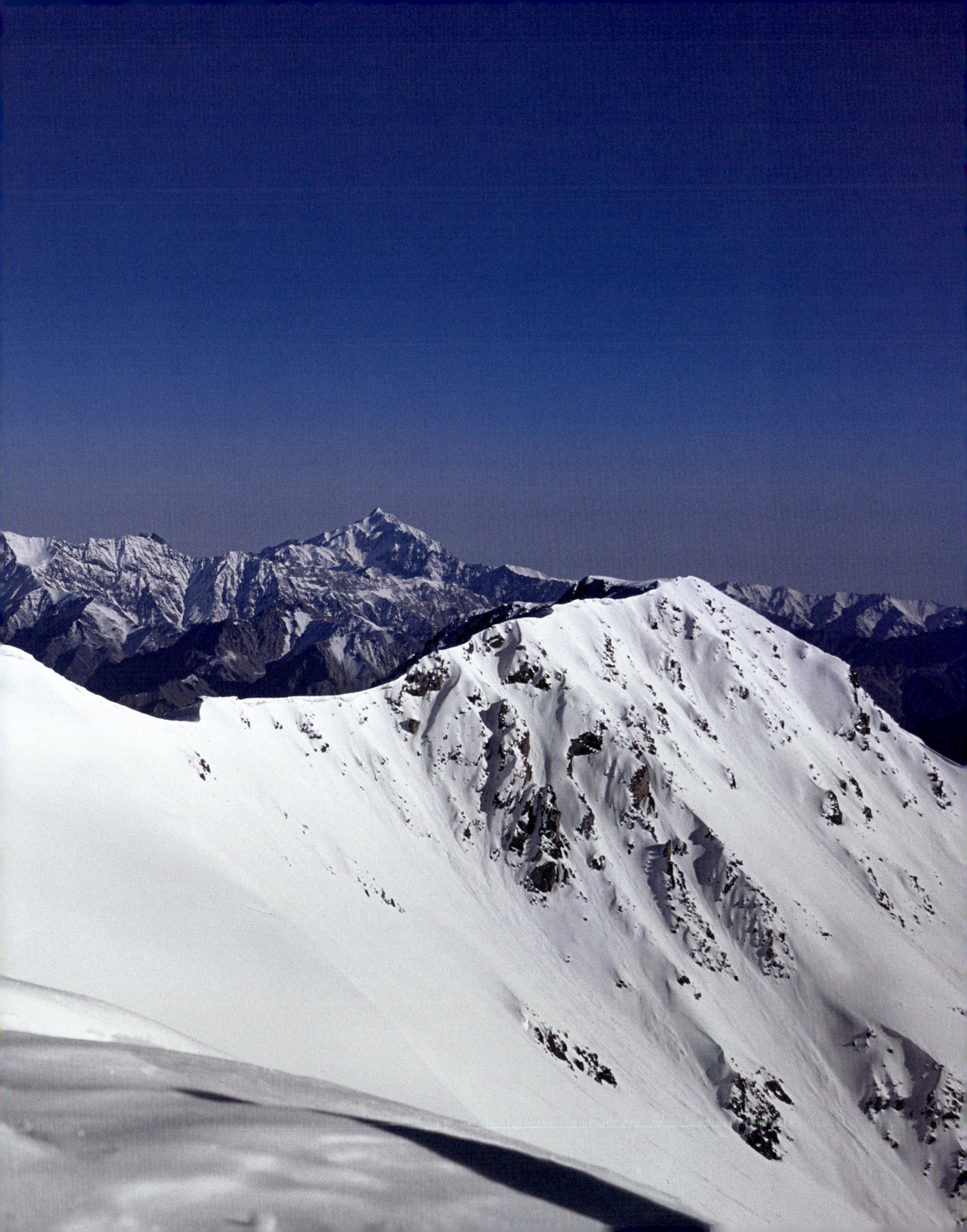

TETONS

Mit achtzehn Jahren kam ich zum ersten Mal in die Tetons. Damals schien die Besteigung des Grand Teton unmöglich. Ich hatte mir nicht einmal vorstellen können, den Riesen mit Skiern zu befahren. Jedes Jahr kam ich zurück, um in diesen wunderschönen Bergen zu klettern und Ski zu fahren, und beschloss Ende der 1990er herzuziehen.

Die Tetons mit ihrer legendären Skyline waren der Schauplatz kühner alpiner Kunststücke und Skitourenabfahrten. Die Kombination aus Zugänglichkeit und großartigem Relief machte die Tetons zum perfekten alpinen Trainingsgebiet. Kletterlegenden wie Barry Corbett, Yvon Chouinard und Royal Robbins sowie Weltklasse-Ski- und Snowboardbergsteiger wie Kit DesLauriers und Stephen Koch haben sich an den Tetons die Zähne ausgebissen, bevor sie ihr Können in die großen Gebirge der Welt hinaustrugen.

Die Tetons wurden auch mein Trainingsgebiet. Zur Vorbereitung auf Expeditionen zum Himalaya, in die Antarktis und nach Alaska bestieg ich schließlich alle Hauptgipfel und machte mehr als 25 Skiabfahrten vom Grand. Doch wie alle Berge verlangen auch die Tetons Respekt – mehrere Freunde sind bei Abenteuern in diesen Bergen ums Leben gekommen, und eine Lawine in diesem Gebirge hätte mich fast das Leben gekostet.

Seit über 20 Jahren bin ich hier zu Hause. Senkrechten von bis zu 2000 Metern Höhe machen die hochalpinen Berge zum großartigen Terrain für technisches Klettern. Lange, kalte Winter, eine tiefe Schneedecke und Berge mit unzähligen Steilwänden und Couloirs bieten Skifahrern ewigen Pulverschnee und Skibergsteigern anspruchsvolle Touren.

Letztlich bin ich aber wegen des unglaublichen Zusammenhalts geblieben. Die Menschen leben hier, weil sie leidenschaftlich gern in den Bergen sind und die Landschaft zu schätzen wissen. Es ist sehr wahrscheinlich, dass der Barkeeper oder der Highschool-Lehrer wilder fahren als man selbst. Mit seinem Nachbarn mitzuhalten, hat in den Tetons eine ganz andere Bedeutung. Und genau das mag ich.

GEGENÜBER Griffin Post bis zum Hals im Teton-Kaltrauch.

FOLGESEITE Mark Synnott bei der Durchsteigung des Chevy Couloir. Die Abfahrt vom Grand ist ein Initiationsritus in den Tetons.

SEITEN 64–65 Winterabendlicht in den Tetons.

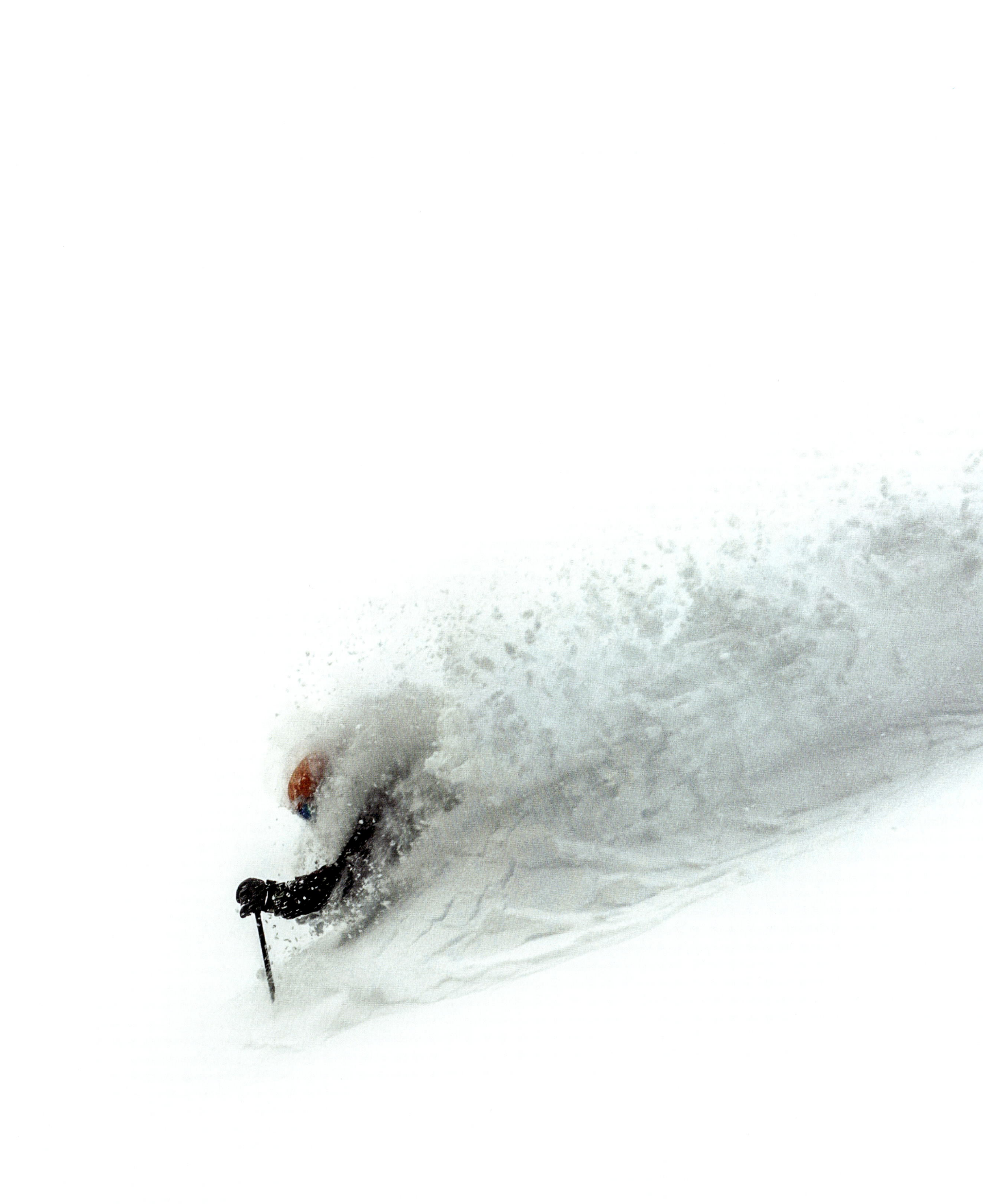

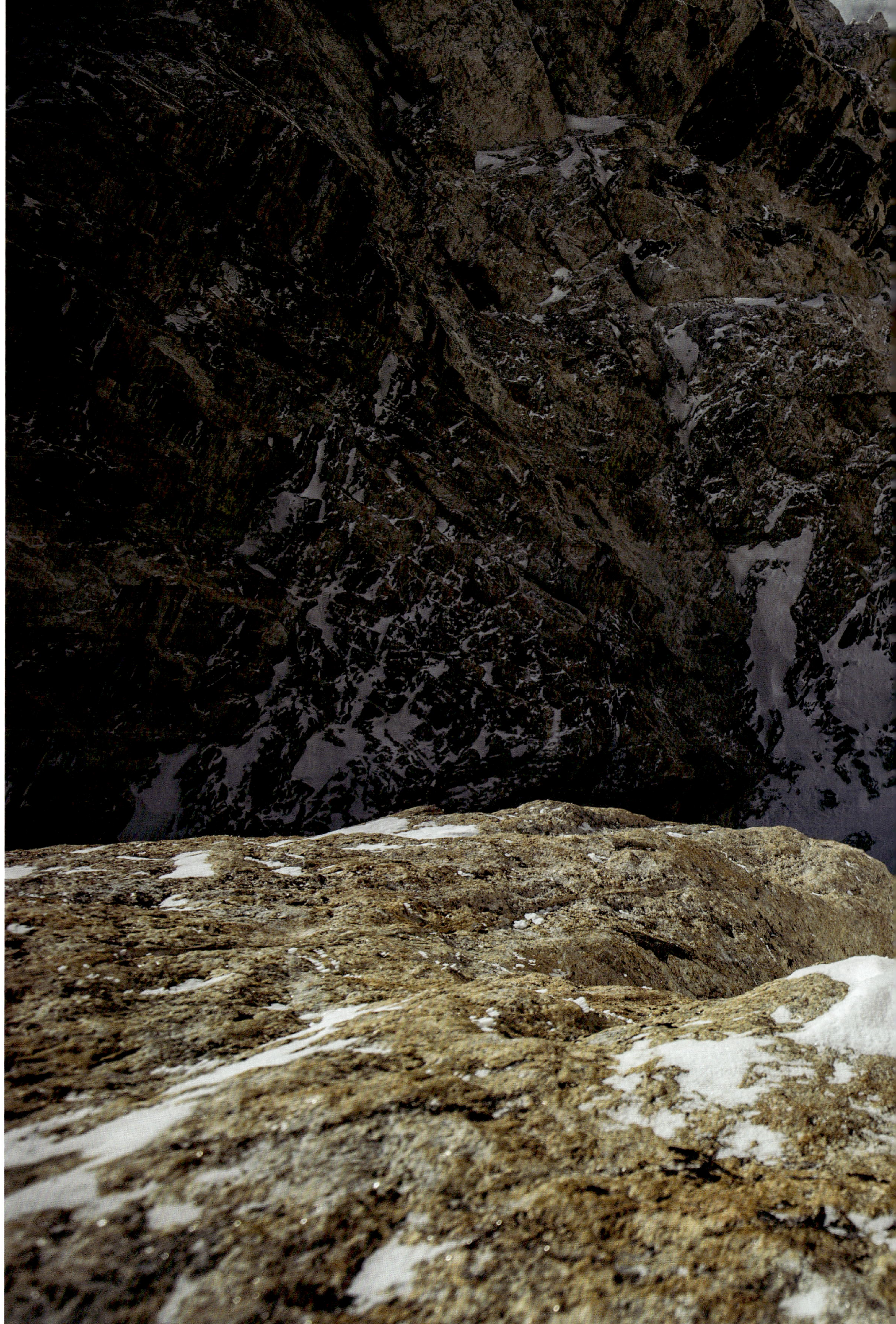

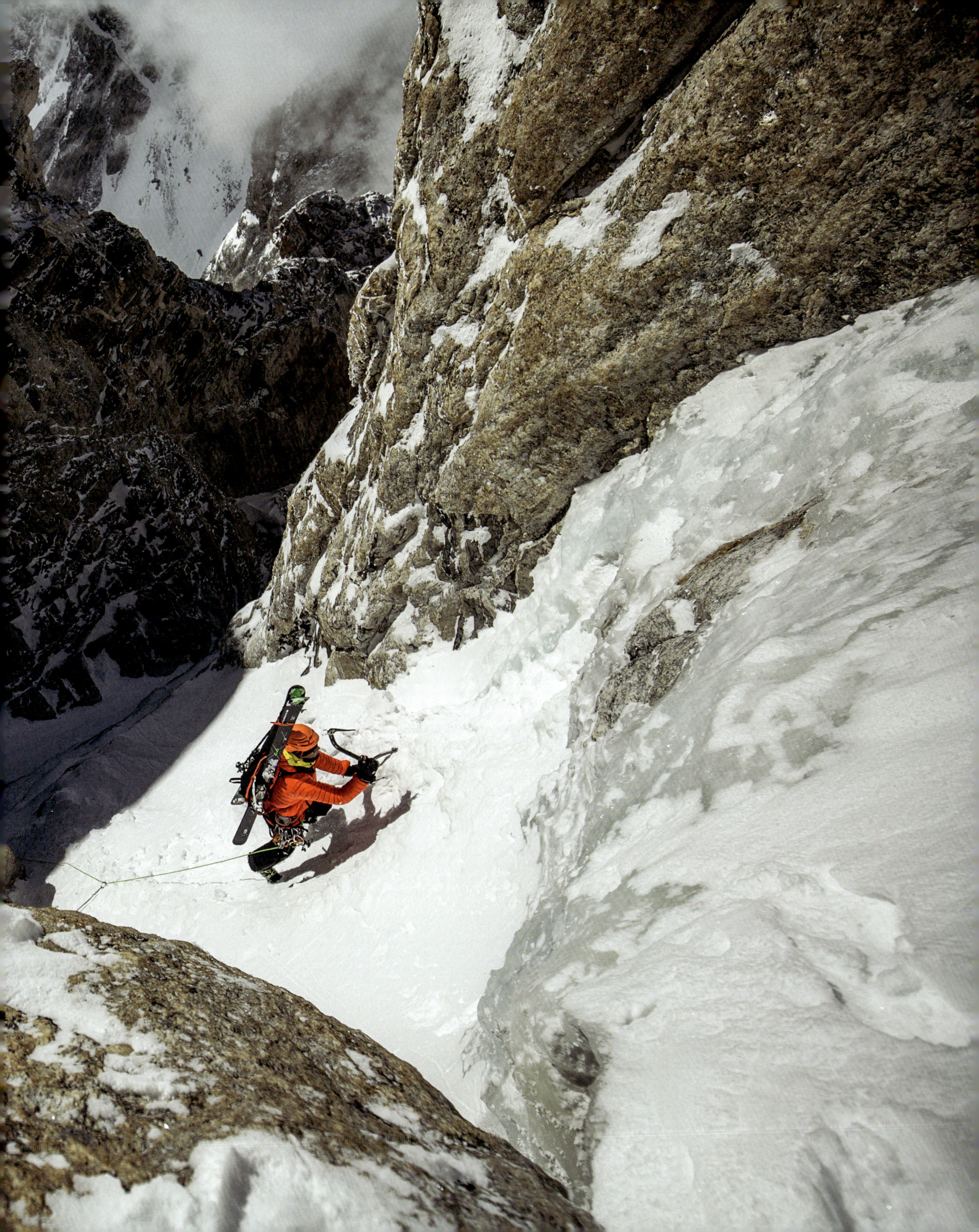

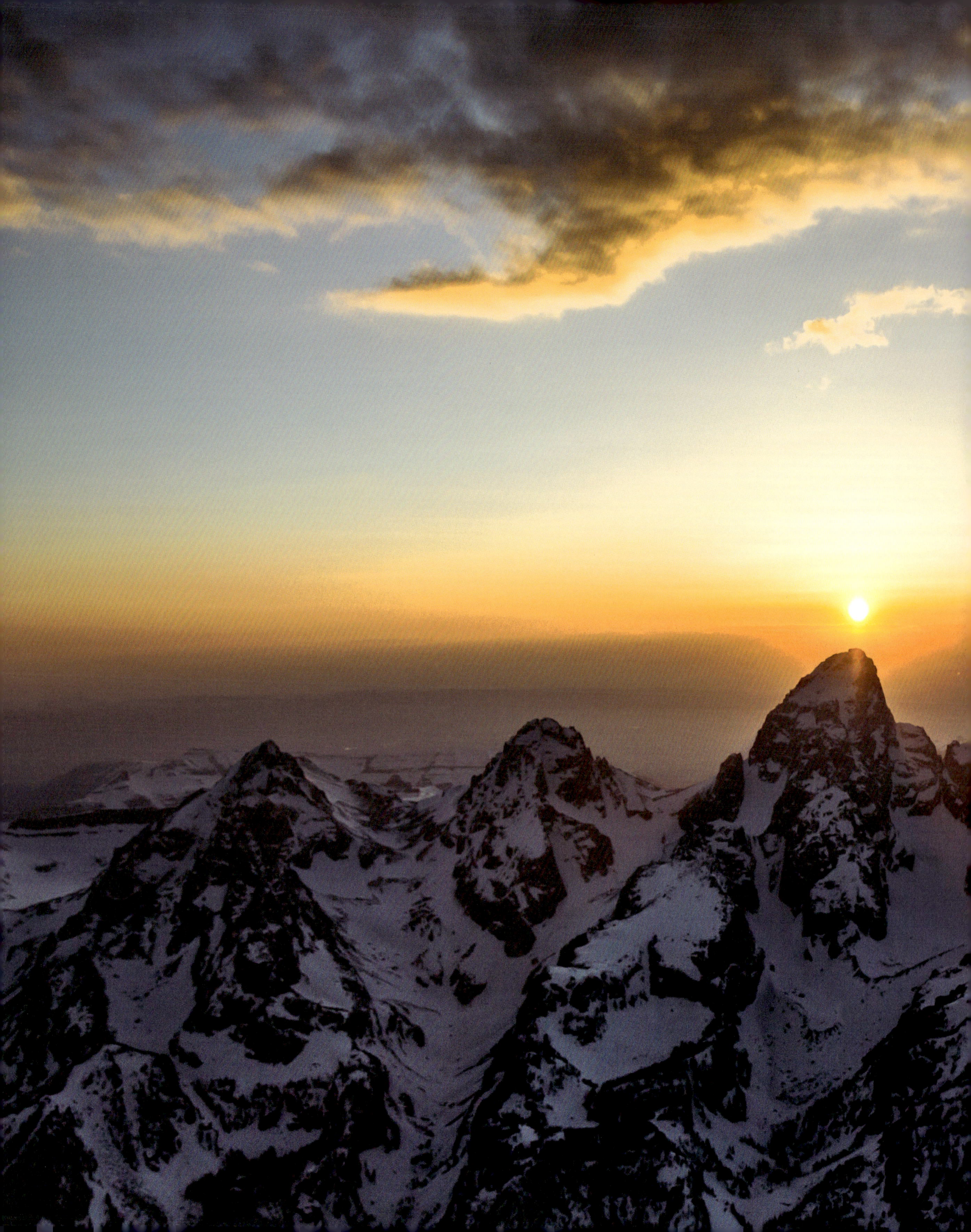

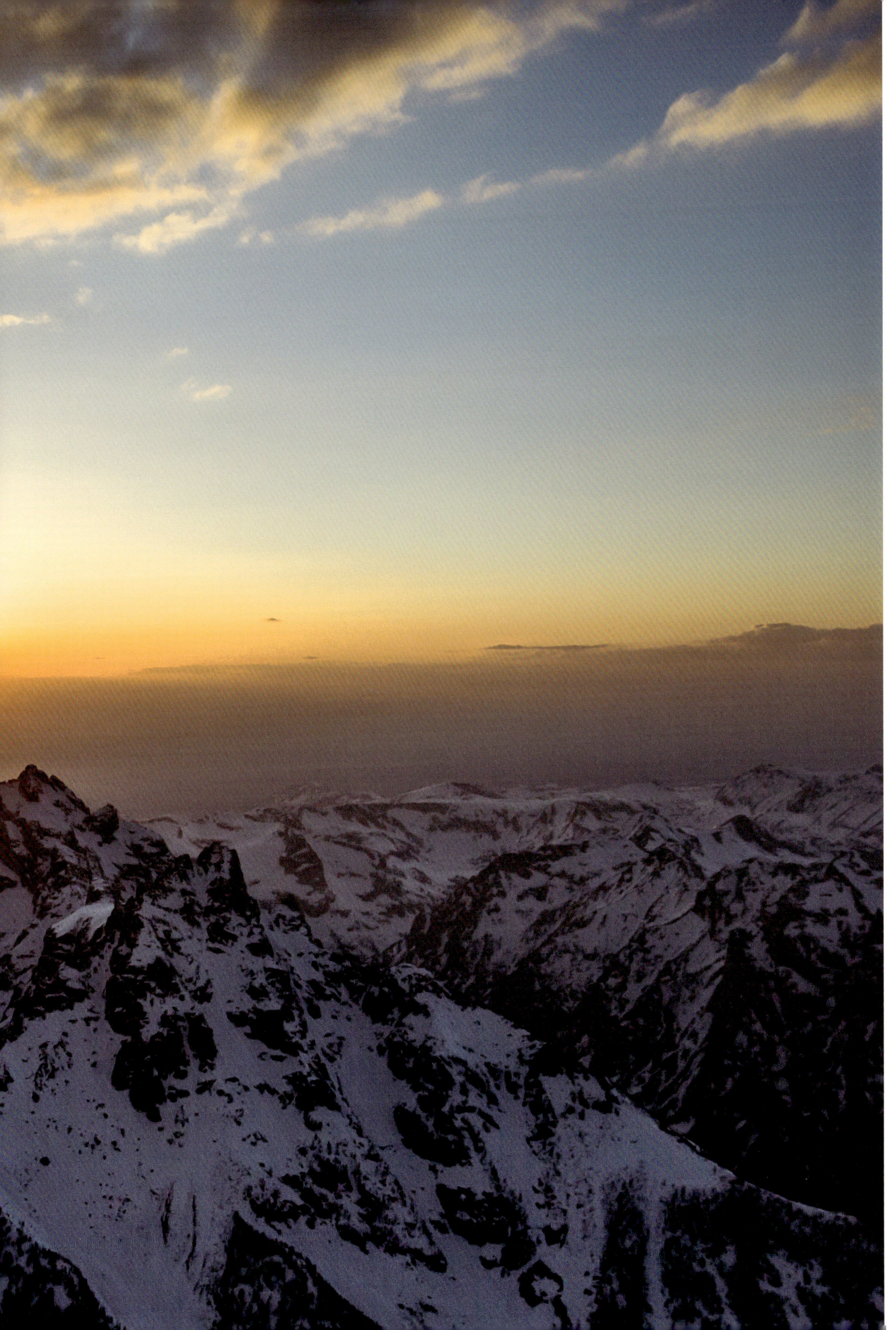

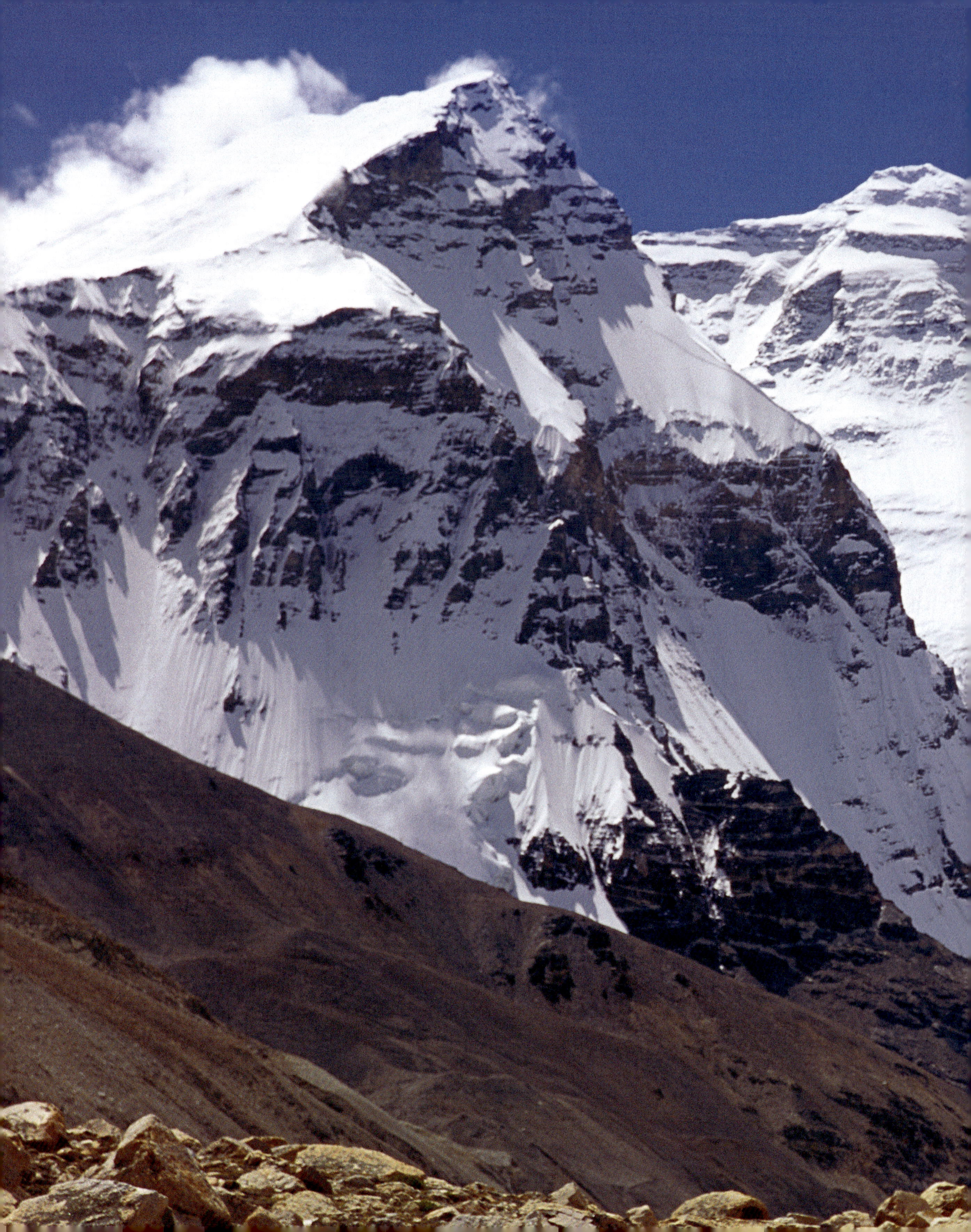

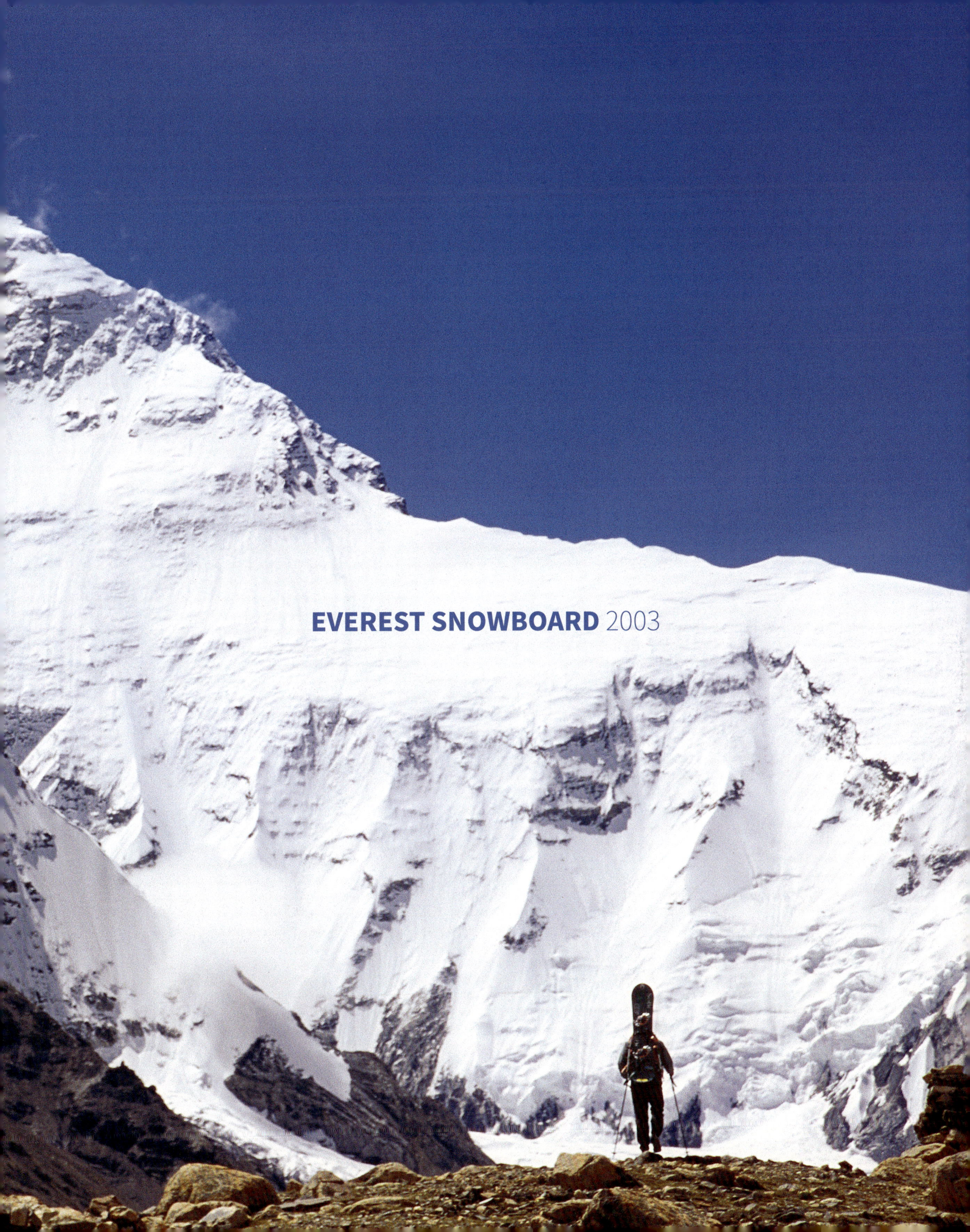

EVEREST SNOWBOARD 2003

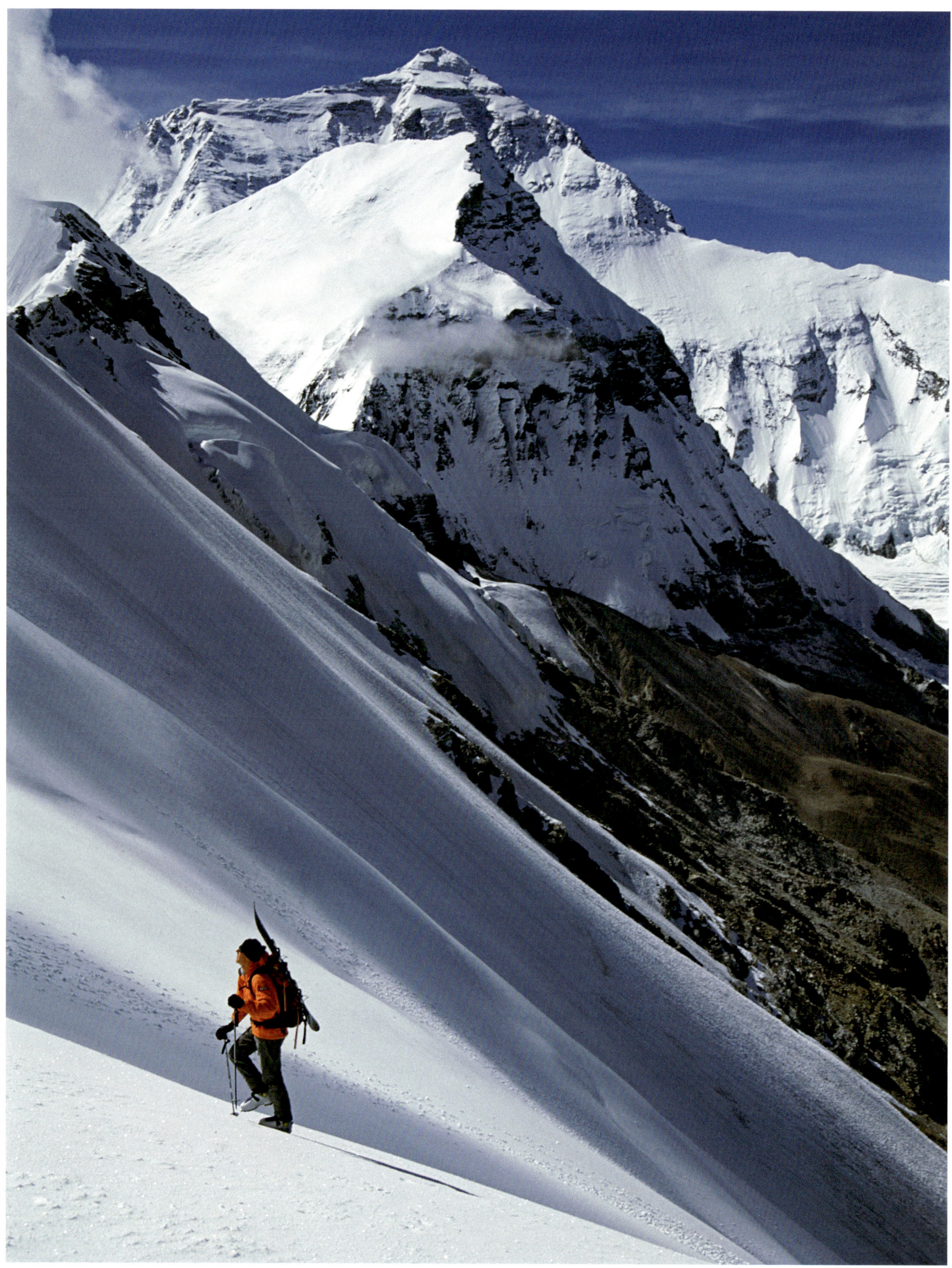

Stephen Koch fehlte nur noch ein Gipfel bis zum Snowboarden aller Seven Summits.

Stephen, ein früher Pionier des Snowboardbergsteigens, hatte den kühnen Plan, den Mount Everest mit dem Snowboard zu besteigen: Er würde die Nordwand auf direkter Route ersteigen und durch das Hornbein Couloir (weiter unten Japanese Couloir) abfahren. Diese 2700-Meter-Steilschlucht teilt eine der höchsten Wände des höchsten Bergs der Welt. Ein kühnes Ziel, aber Stephen wollte es noch kühner machen und im Alpinstil klettern – in einem einzigen Zug, ohne Flaschensauerstoff, Fixseile und installierte Hochlager.

Ich lernte Stephen in Jackson, Wyoming, kennen; in den Tetons war er eine feste Größe. Als er mich fragte, ob ich ihn zum Everest begleiten wolle, sagte ich Ja. Mit meinen 28 Jahren hatte ich gerade genug Expeditionserfahrung – und genug Ehrgeiz –, um mich zu überfordern.

Im August 2003 holten wir Kami Sherpa und Lakpa Sherpa dazu, die sich uns und Freund Eric Henderson anschlossen, um das Basislager zu betreuen. Wir waren das einzige Team auf dem Everest. In Anlehnung an Jean Troillet und Erhard Loretan, die die Nordwand 1986 im Alpinstil bestiegen hatten, wollten Stephen und ich uns bis auf 7000 Meter akklimatisieren und es in dem kleinen Zeitfenster zwischen der Monsun- und der Nachmonsunzeit versuchen, wenn die Wand mit Schnee bedeckt und der Jetstream zu bewältigen war.

Mehr als einen Monat lang studierten wir Wetter- und Lawinenbedingungen in der Wand, dann wagten wir den ersten Versuch. Wir seilten uns im Dunkeln an, um die riesigen Gletscherfelder unterhalb der Wand zu durchsteigen. Um 1 Uhr nachts hielten wir zum Essen und Trinken an. In der Ferne hörte ich ein winziges „Knacken", gefolgt von leichtem Grollen, das immer stärker wurde, bis die Erde bebte. Stephen ließ sich auf den Bauch fallen, rammte seine Axt ins Eis und hoffte, die gewaltige Lawine zu überleben, die aus der Dunkelheit herabstürzte. Ich stand nur da, die Arme ausgestreckt, den Tod vor Augen.

Die Druckwelle riss mich vom Boden, aber Stephens Eispickel hielt. Das Seil zwischen uns straffte sich; ich flog herum wie ein Drachen. Dann fiel ich aufs Gesicht. Wie durch ein Wunder blieben Stephen und ich unversehrt. Kühlschrankgroße Lawinentrümmer waren vor uns zum Halten gekommen. Wir taumelten zurück ins Lager, um zur Besinnung zu finden.

Eine Woche später kamen wir wieder. Ich werde nie vergessen, wie ich mich fühlte, als ich über den Bergschrund kletterte und zur Nordwand aufblickte. Sie leuchtete im Mondlicht, sah aus wie Walhalla. Zwölf Stunden lang stiegen wir auf, traten Stufen in knietiefen Schnee. Die Mittagssonne brannte, die Lawinengefahr nahm zu, wir mussten uns entscheiden. Wir kamen nicht schnell genug an eine lawinensichere Stelle. Widerstrebend drehten wir um. Bei Tagesanbruch mussten wir feststellen, dass eine Lawine unsere Spuren im Japanese Couloir verwischt hatte. Wären wir nicht umgekehrt, hätte sie auch uns ausgelöscht.

Wir verließen den Everest und traten den Heimweg an. Zwei Monate Vorfreude waren zwar nicht von Erfolg gekrönt, die Expedition aber war eine Offenbarung. Der Versuch, die Nordwand des Everest alpin zu bezwingen, ließ jeden Berg, den ich seither besuchte, weniger beängstigend erscheinen. Ich hatte eine wichtige Lektion gelernt: Wer umkehrt und lebend heimkommt, hat die richtige Entscheidung getroffen. Das Ziel heißt immer: hin und zurück.

VORSEITE Stephen Koch nähert sich der Nordwand des Everest. Hauptgletscher des Rongpu-Gletschers, Tibet

GEGENÜBER Stephen akklimatisiert sich in der Nähe des Everest auf dem Gipfel des Changzheng Ri.

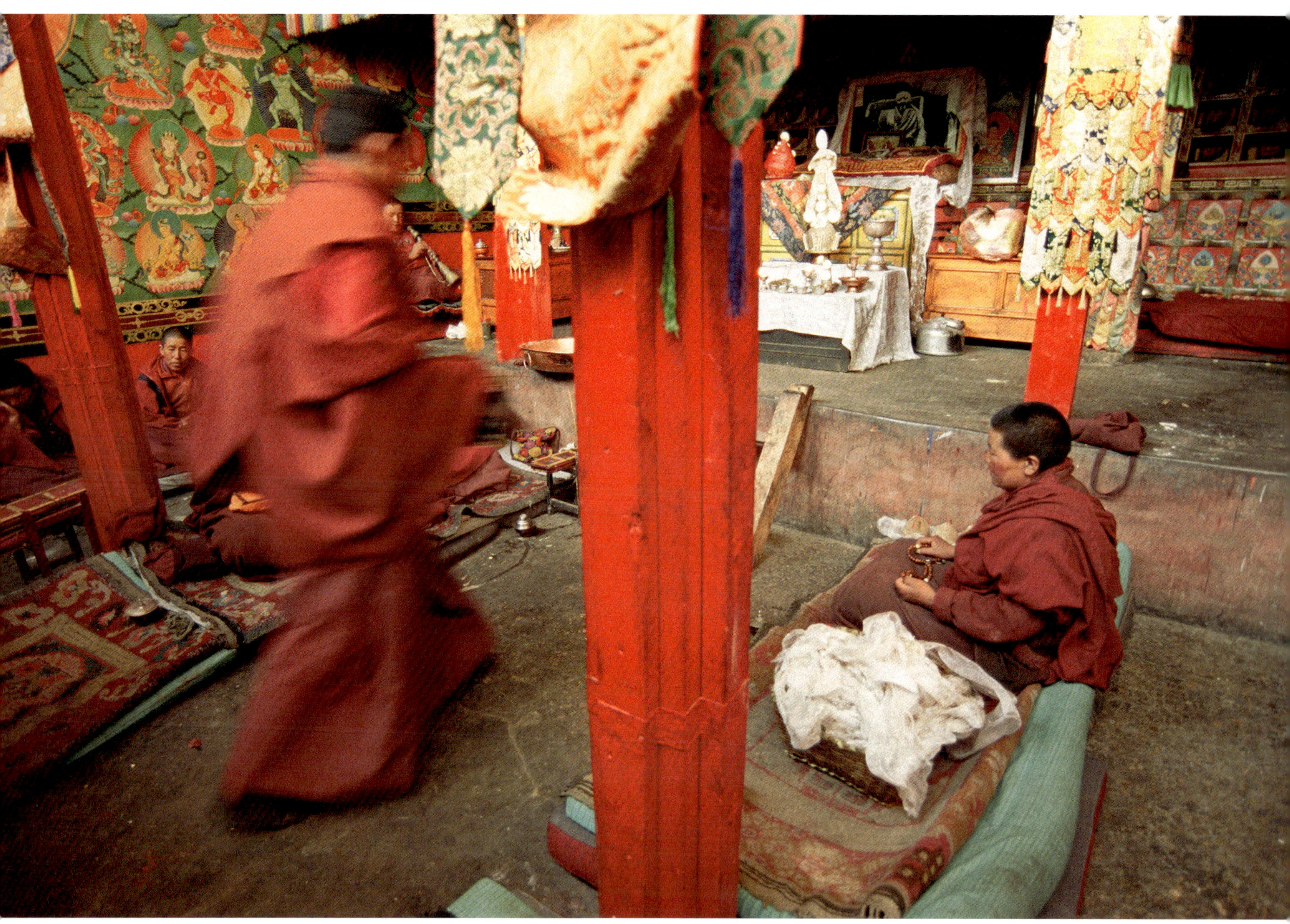

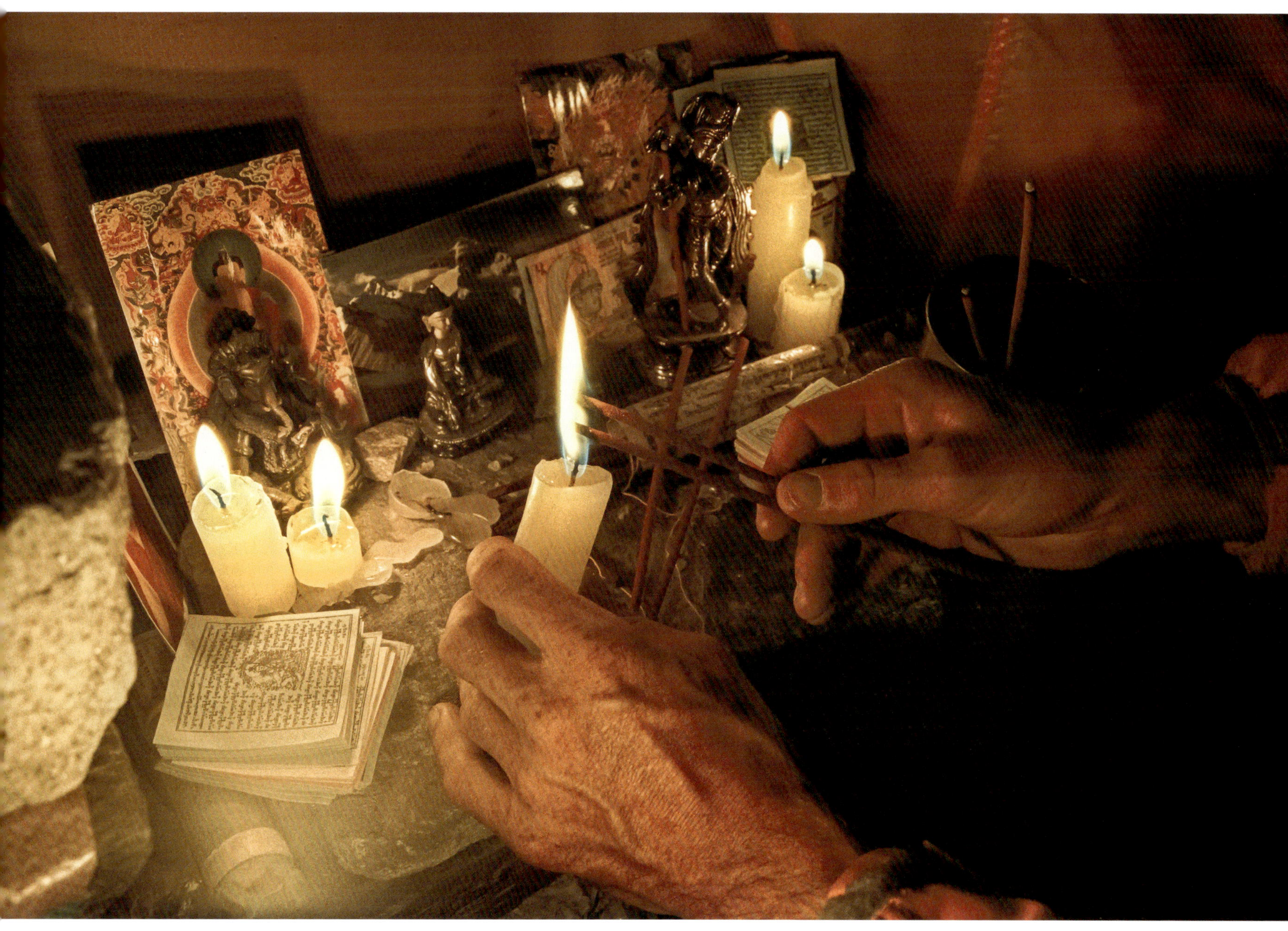

GEGENÜBER Tibetische Nonnen bereiten das tägliche Gebet vor. Das Rongpu-Kloster auf knapp 5000 m Höhe gilt als höchstgelegenes buddhistisches Kloster der Welt.

OBEN Stephen Koch zündet Kerzen an. Wir waren beide keine Buddhisten, aber wer zwei Monate auf die Everest-Nordwand starrt, hält es nicht für unvernünftig, an einem behelfsmäßigen Altar für einen sicheren Weg zu beten.

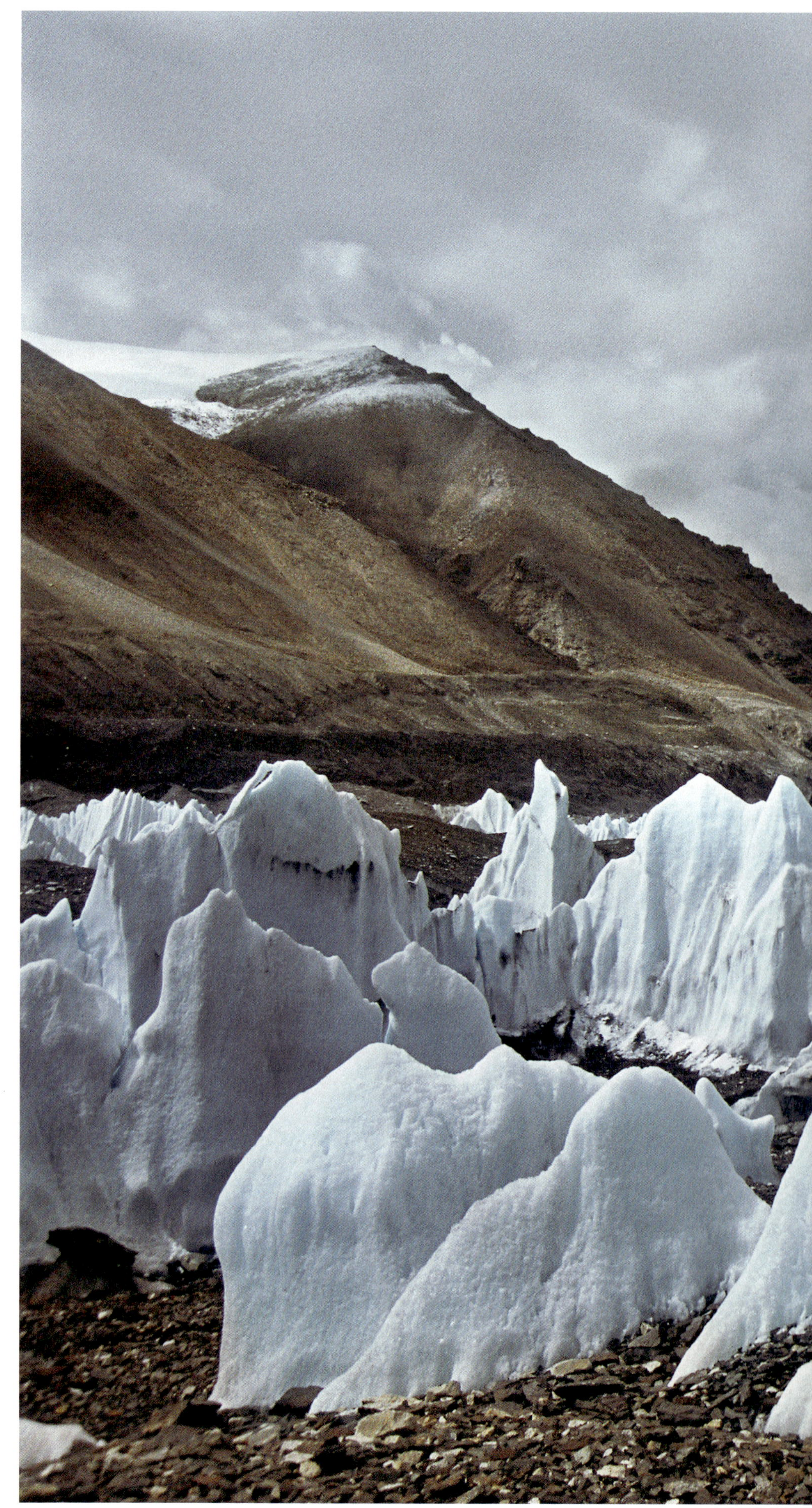

RECHTS Stephen Koch an einem Eisturm nahe dem vorgeschobenen Basislager. Rongpu-Gletscher, Tibet.

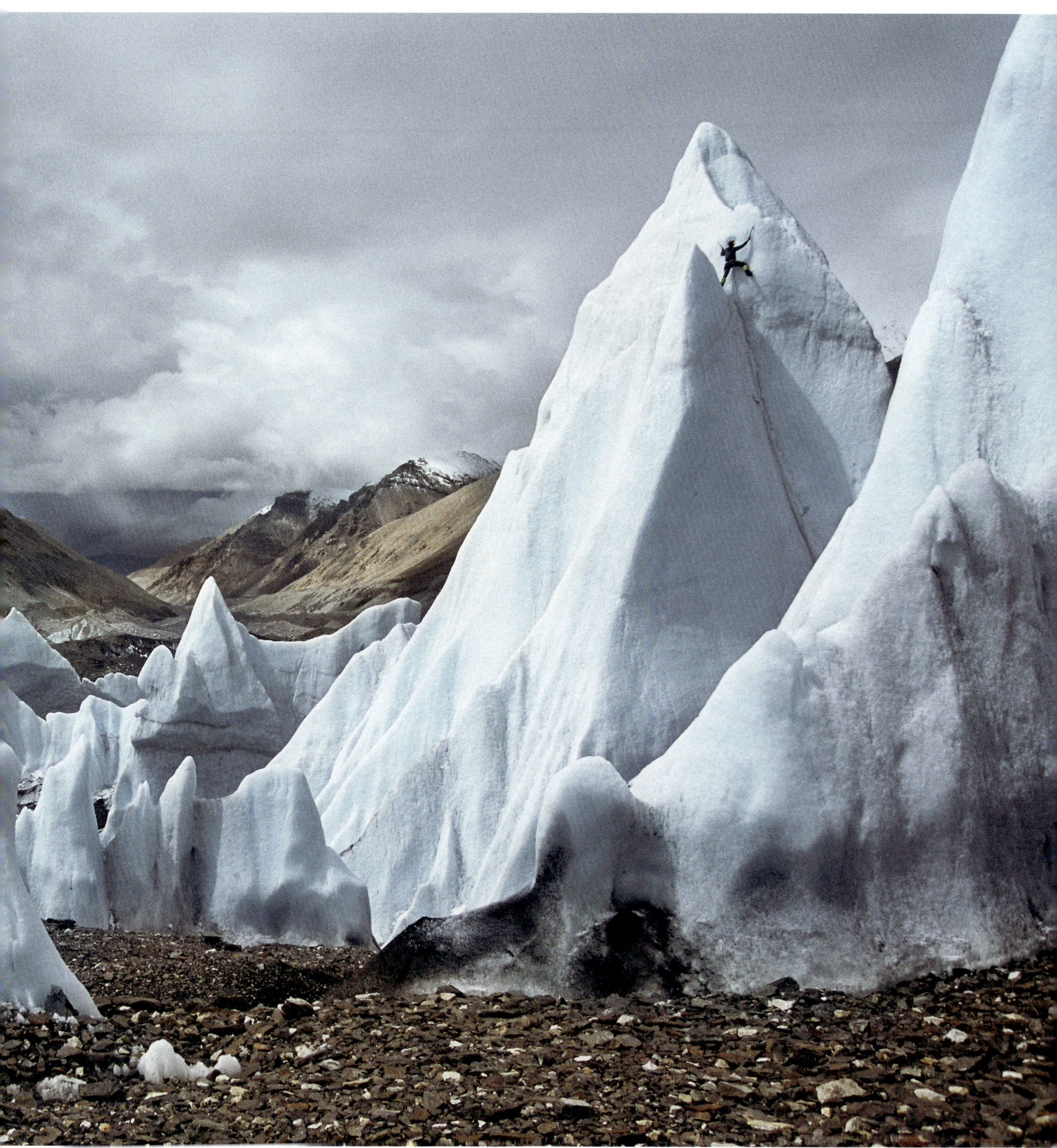

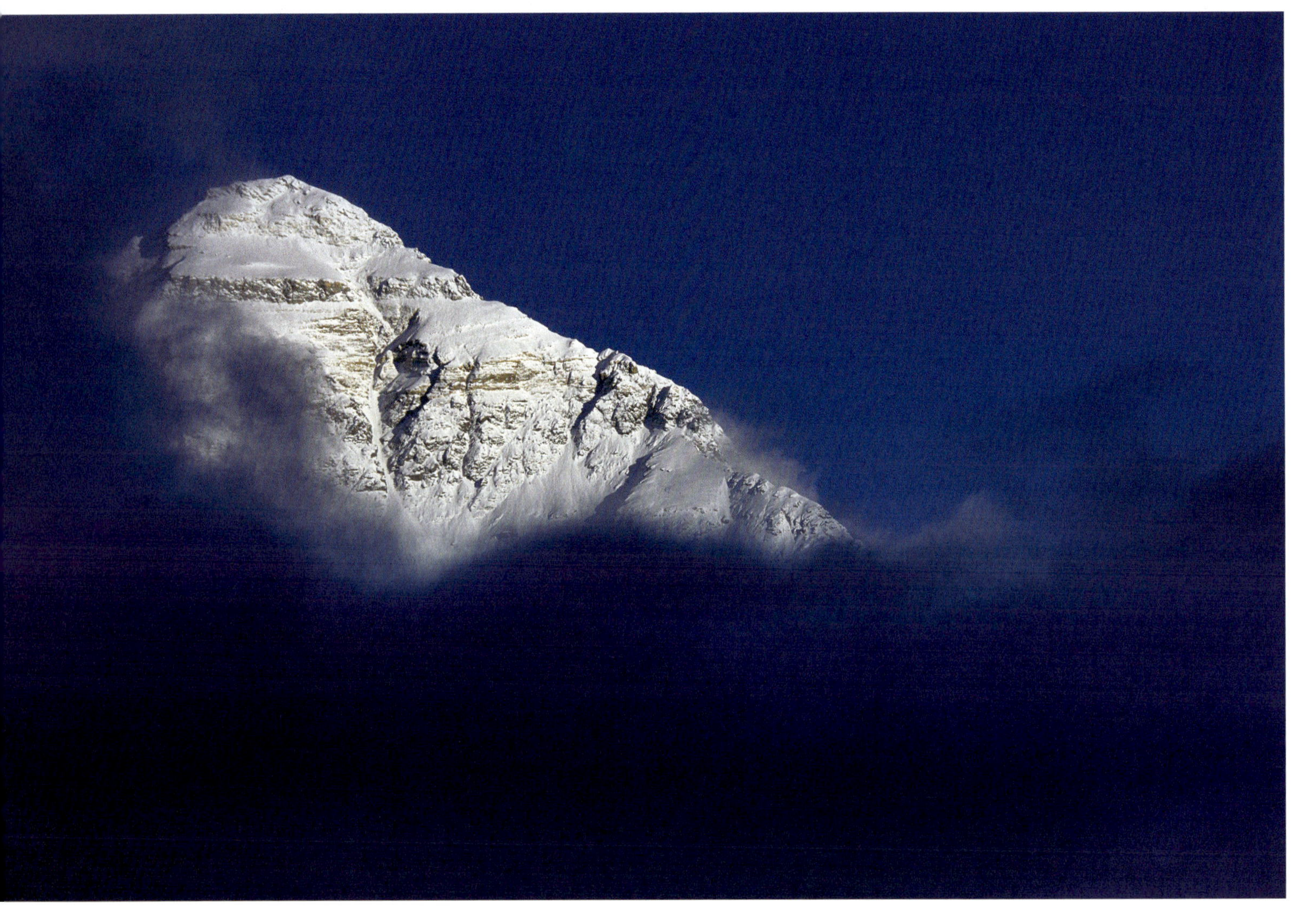

OBEN Sonnenuntergang am Mount Everest.

GEGENÜBER Lenticulariswolke über dem Everest. Rongpu-Hauptgletscher, Tibet.

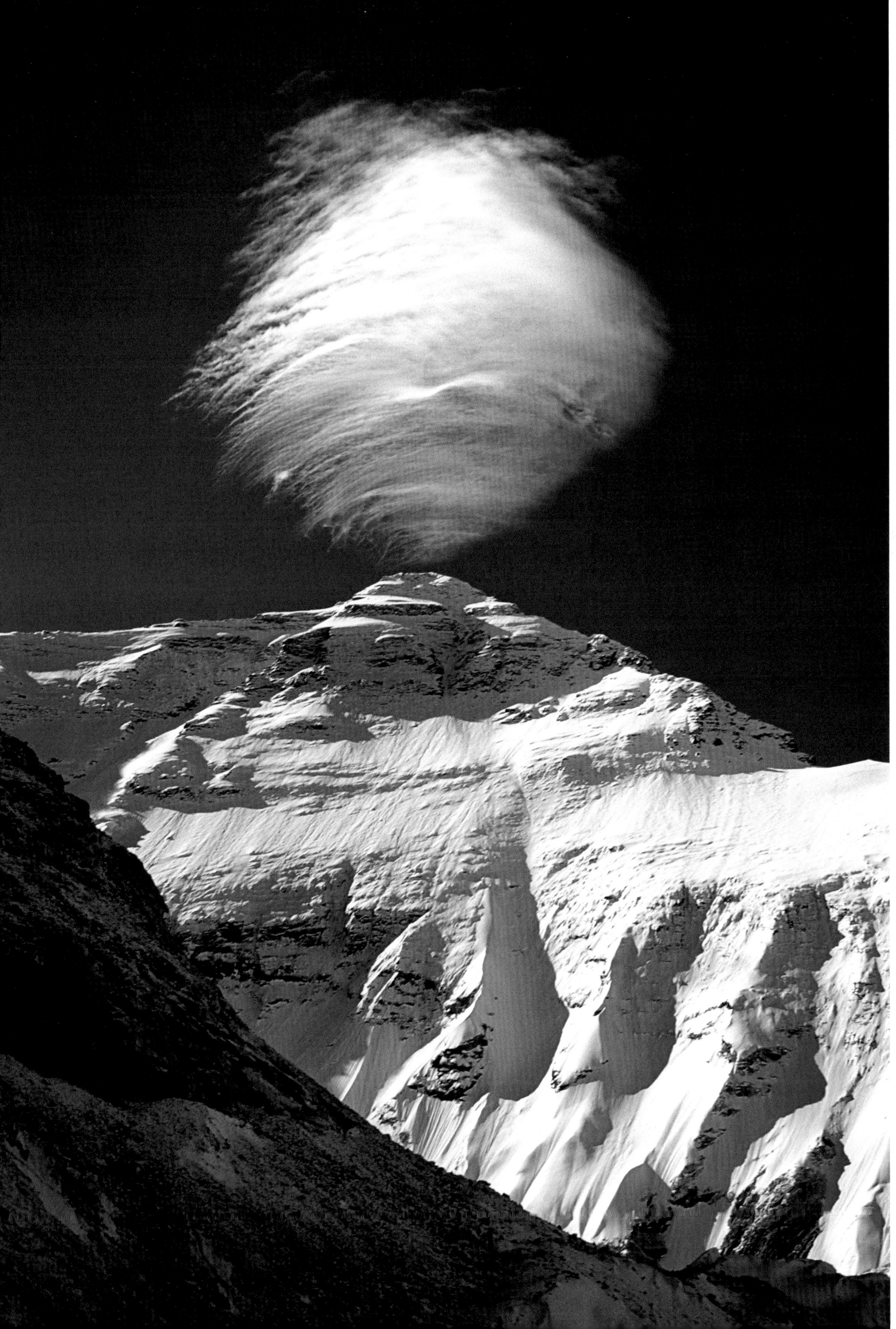

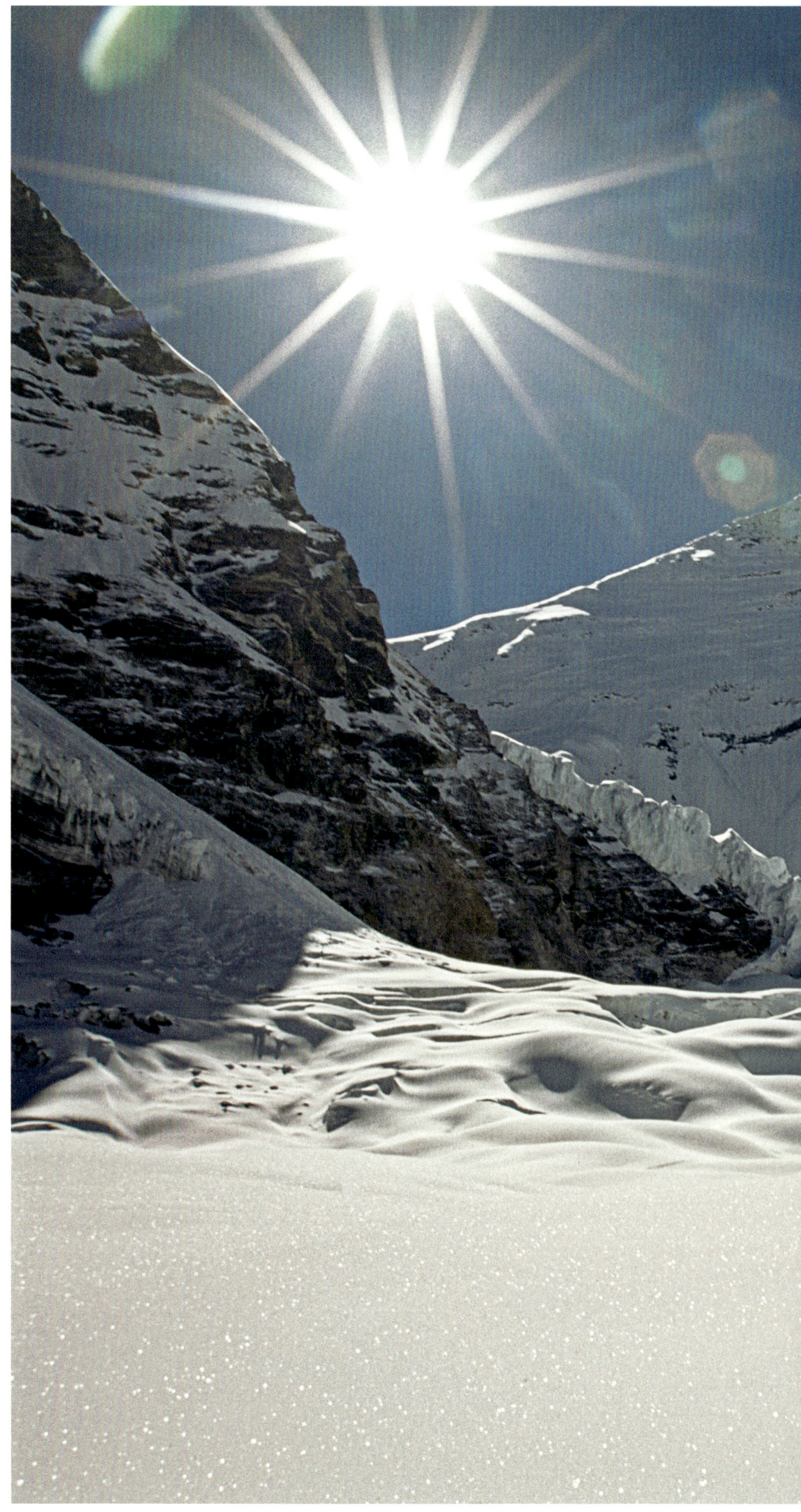

RECHTS Stephen Koch und Eric Henderson tragen Lasten zu unserem Lager unterhalb der Everest-Nordwand. Rongpu-Hauptgletscher, Tibet.

FOLGESEITE Letztes Licht auf den Gipfeln von Changtse und Mount Everest.

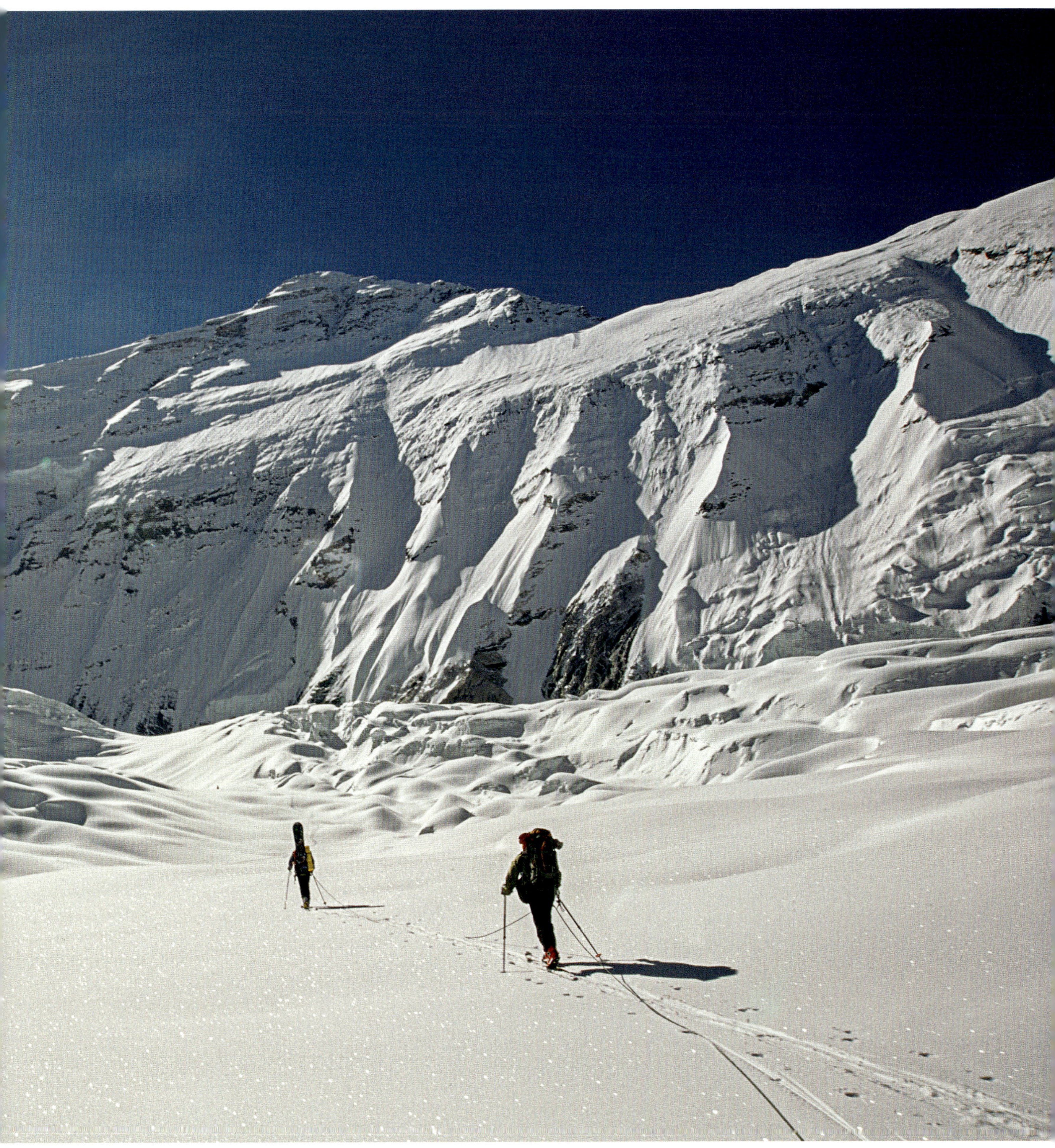

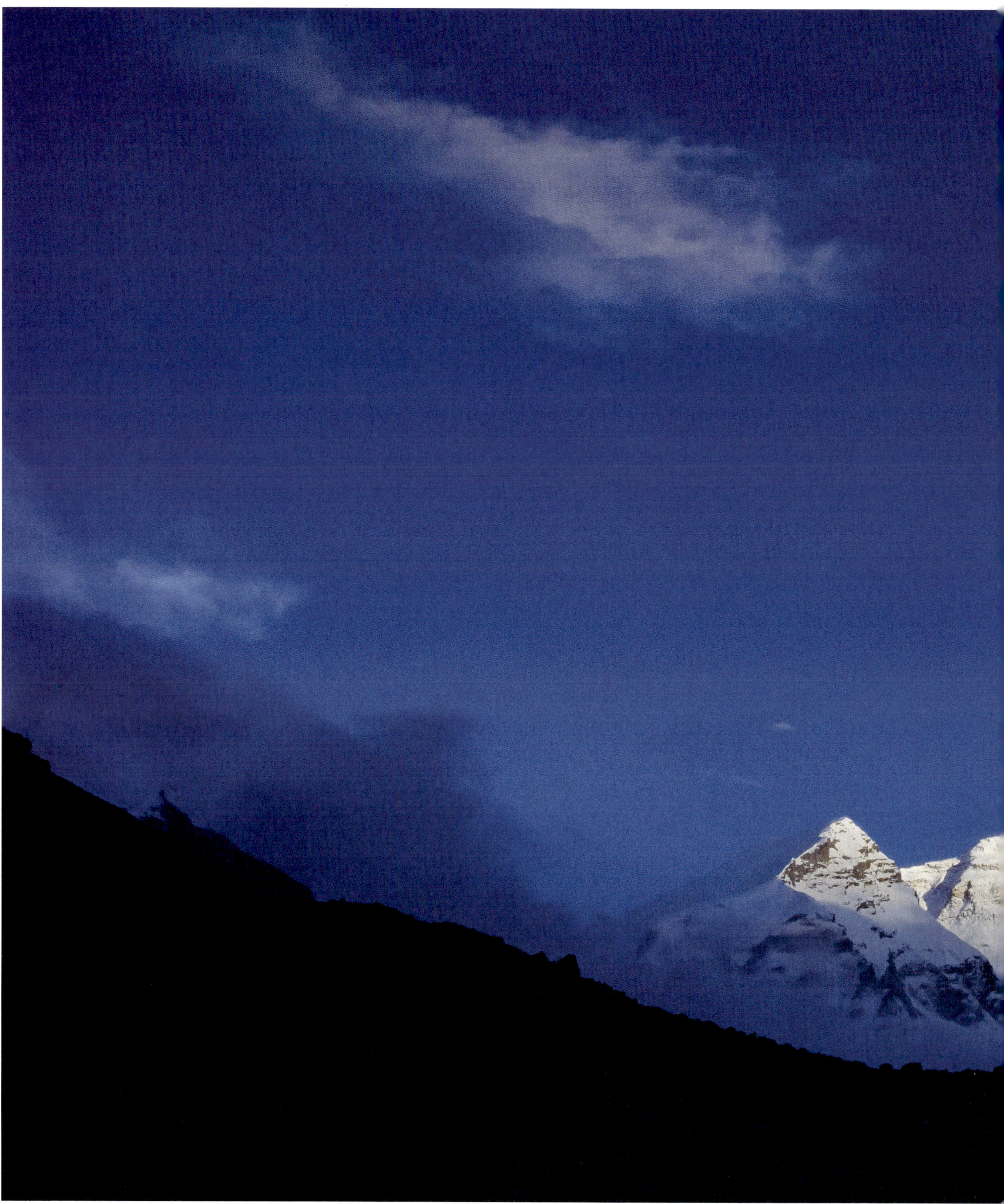

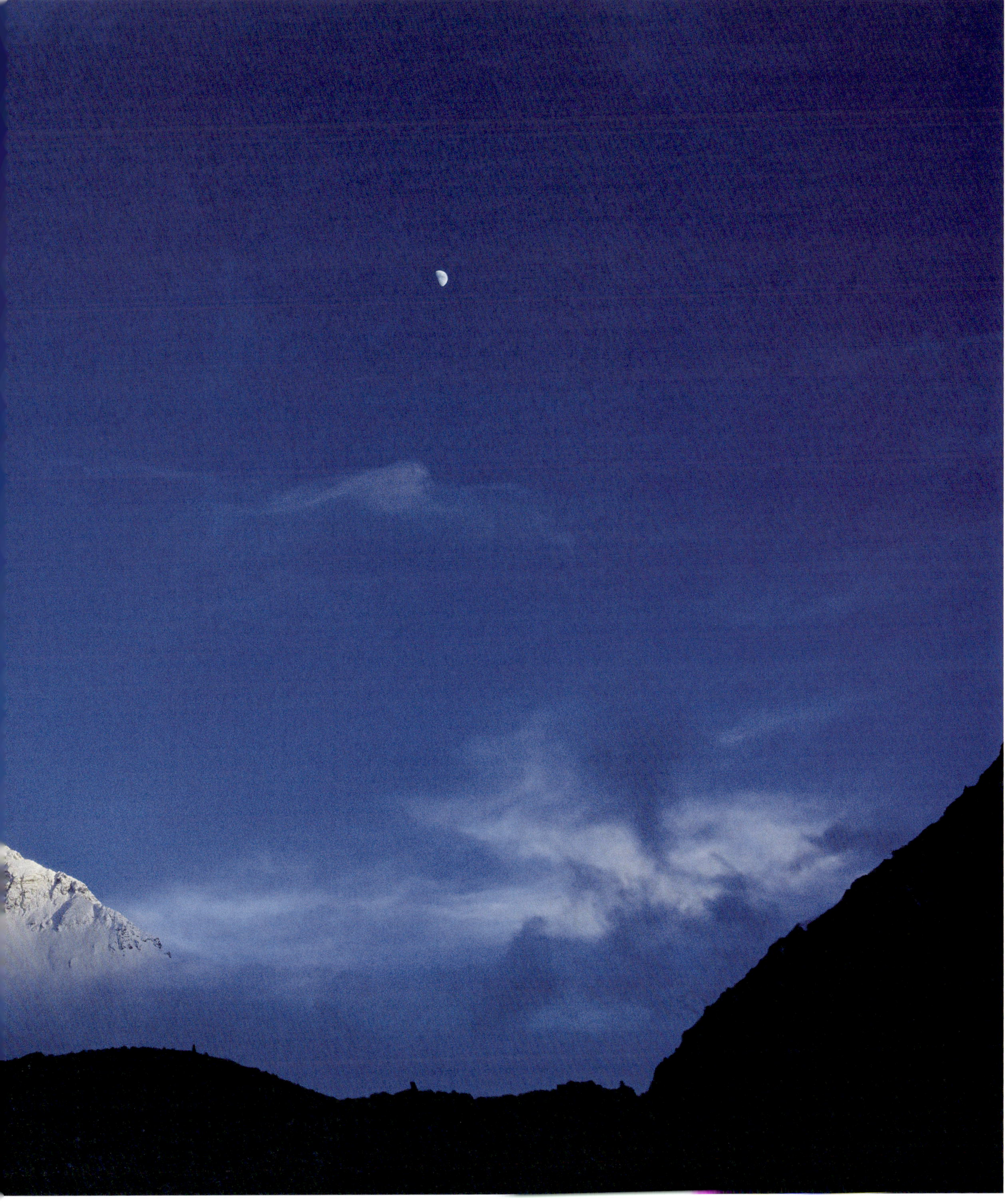

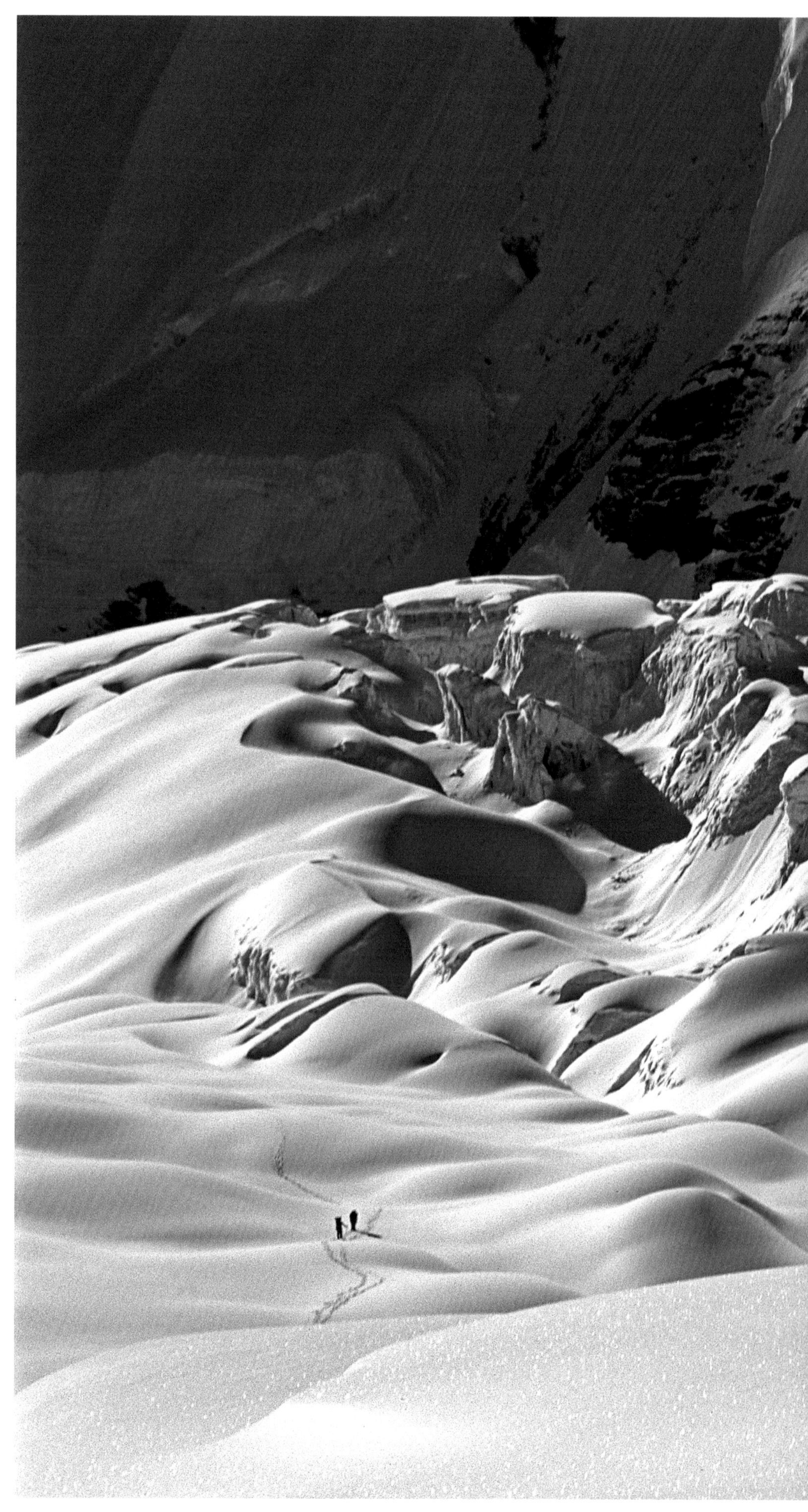

RECHTS Stephen Koch und Eric Henderson beurteilen den Gletscherbruch-Zugang zur Everest-Nordwand. Rongpu-Hauptgletscher, Tibet.

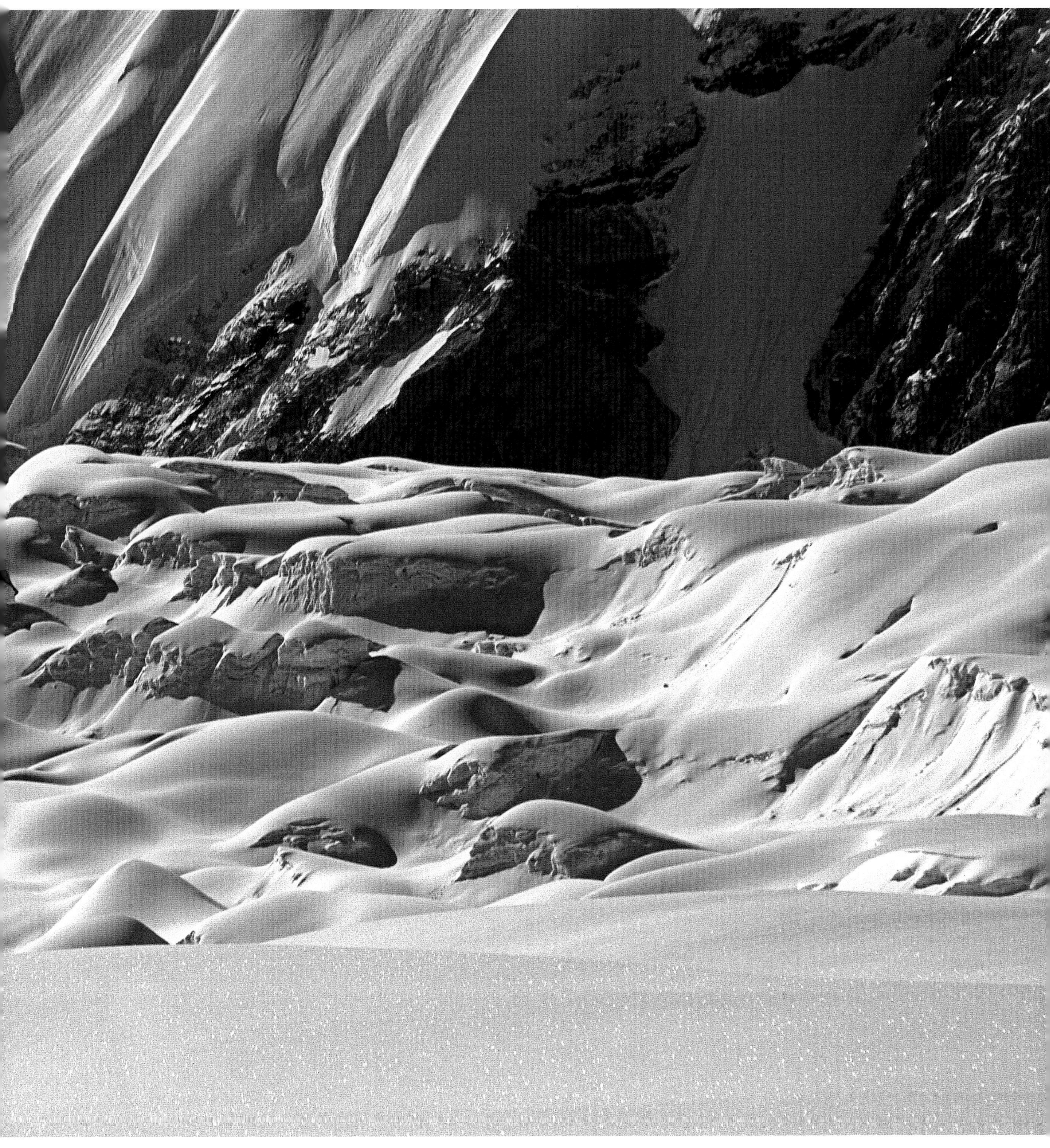

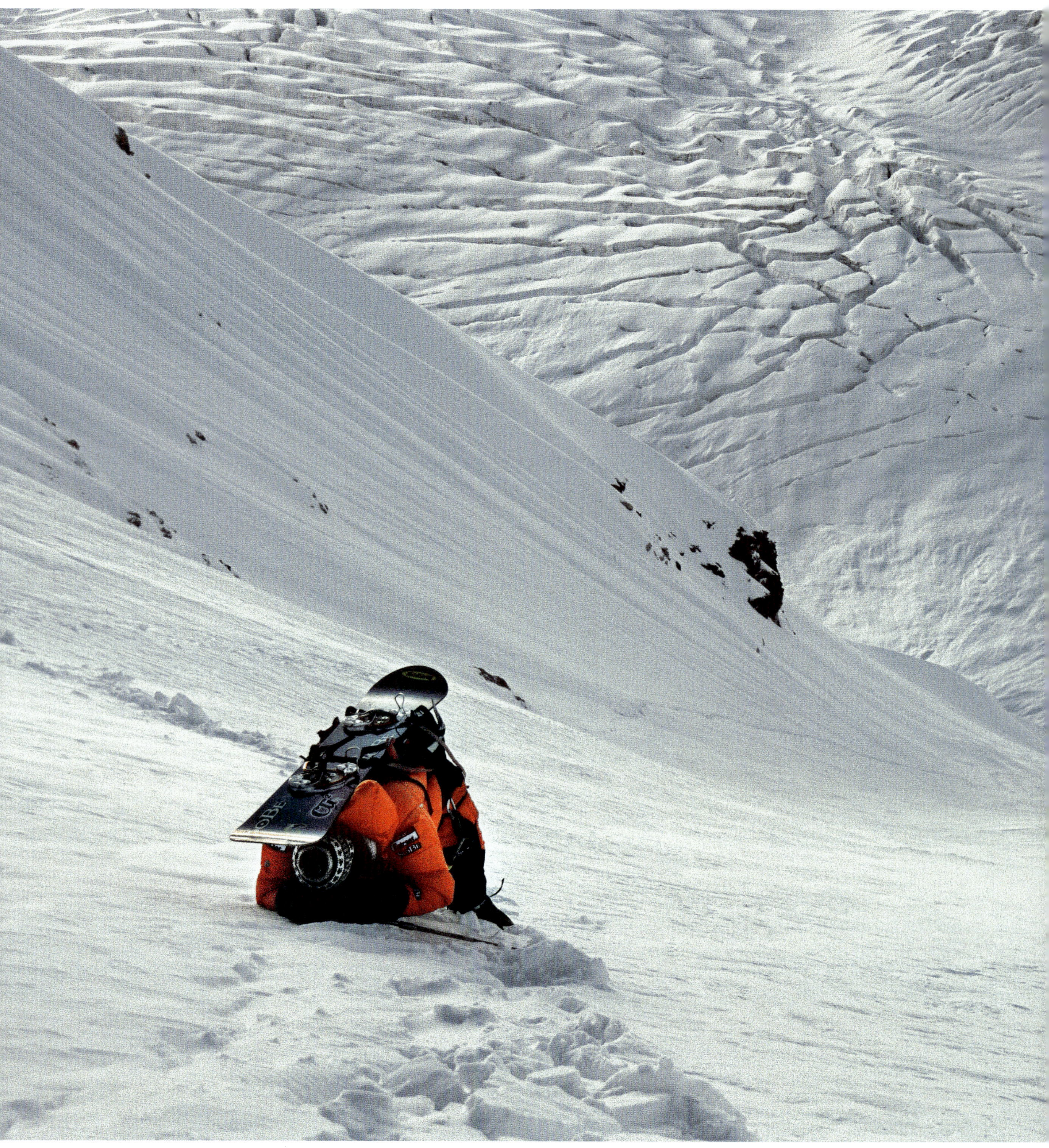

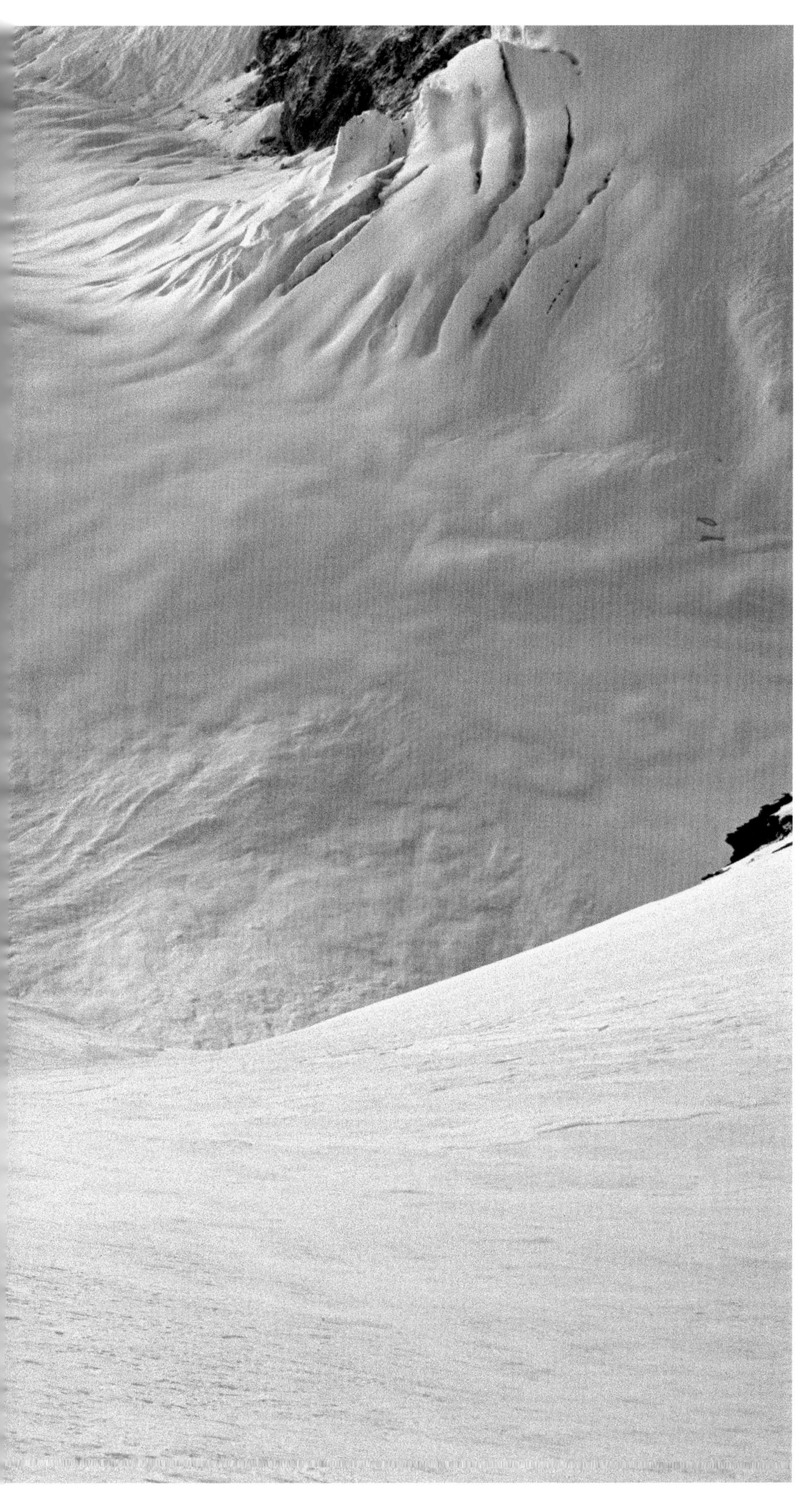

LINKS Stephen Koch kämpft im Japanese Couloir einen aussichtslosen Kampf gegen die Höhe.

FOLGESEITE Stephen bei seinen ersten Schwüngen im Japanese Couloir an der Nordwand des Everest.

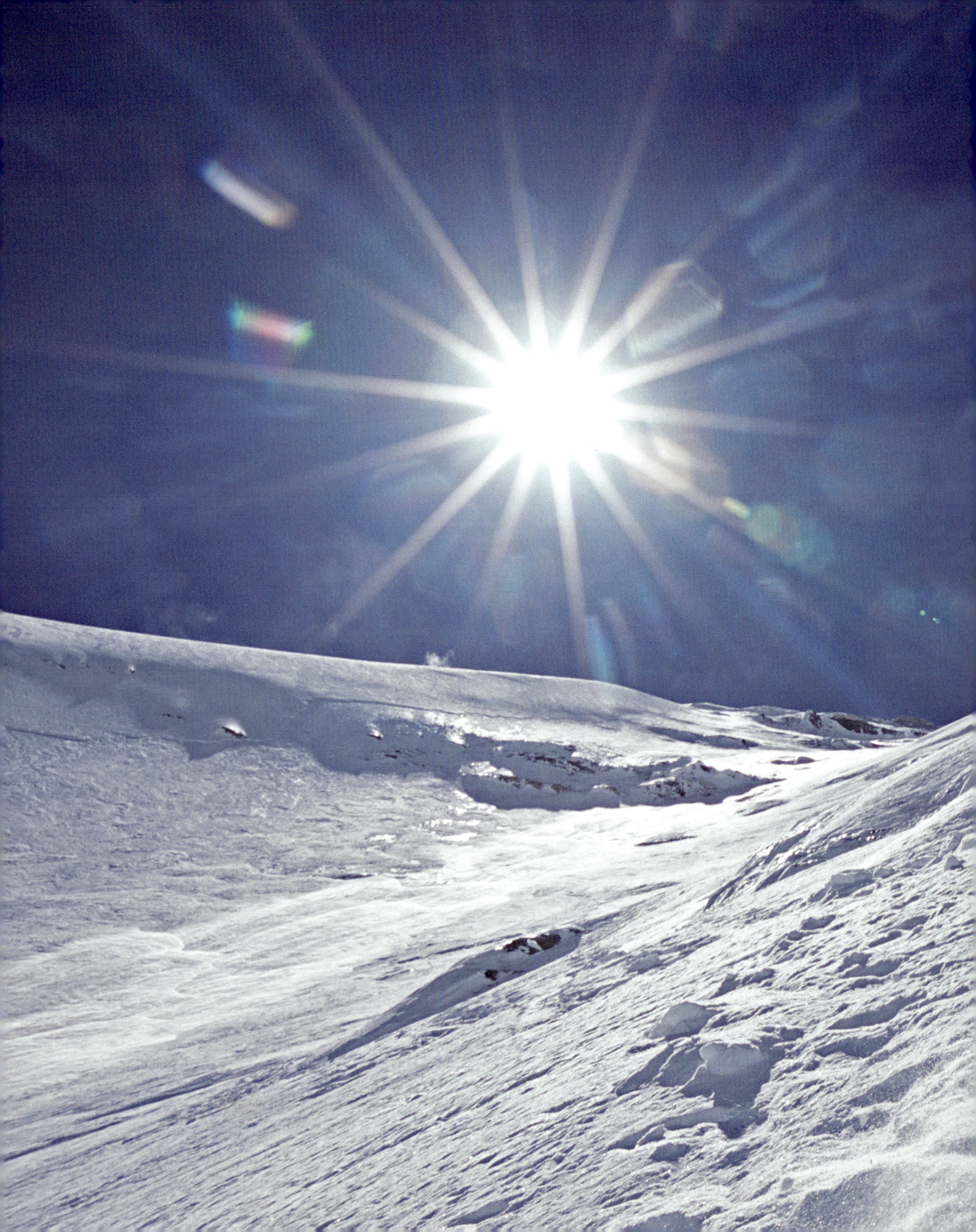

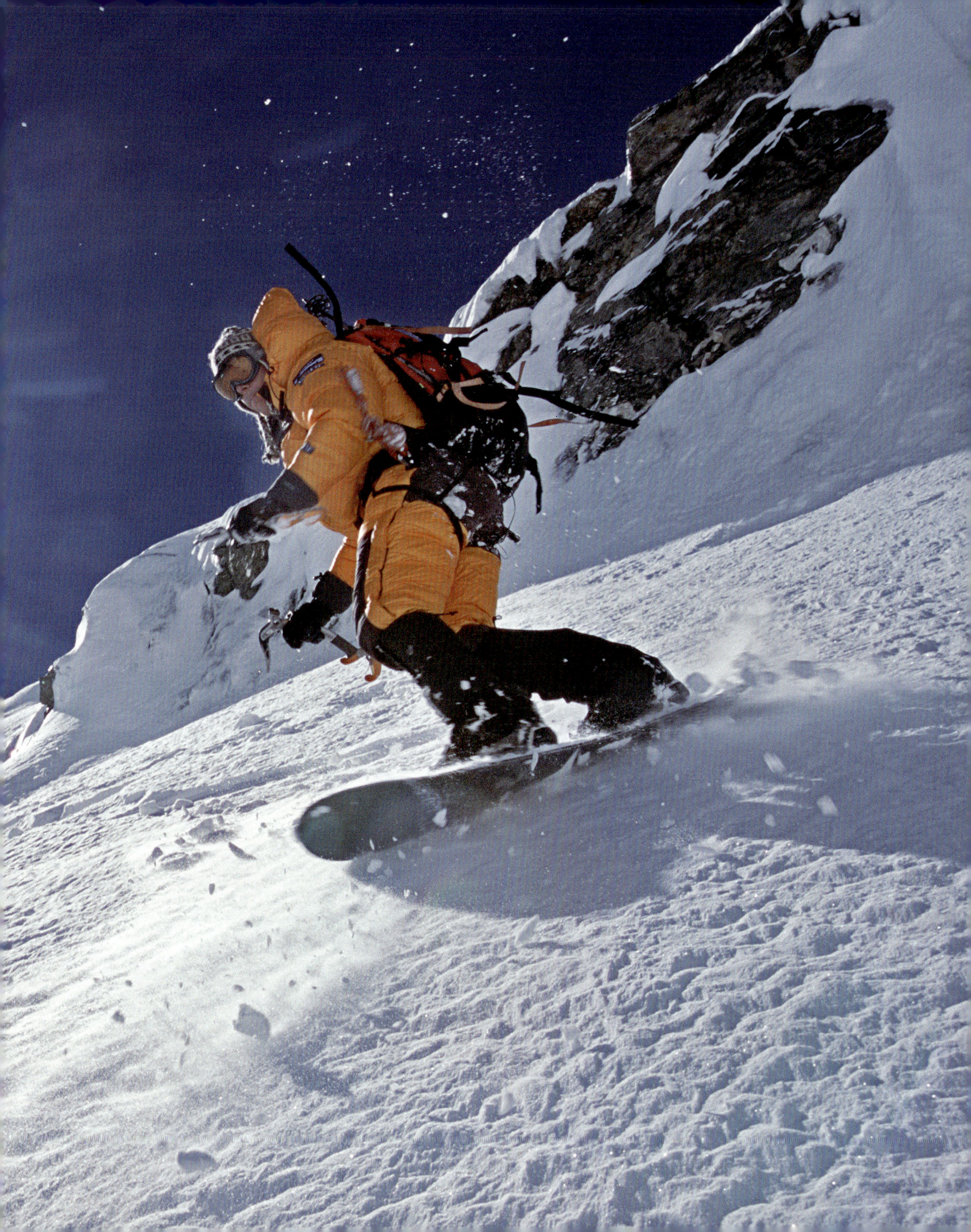

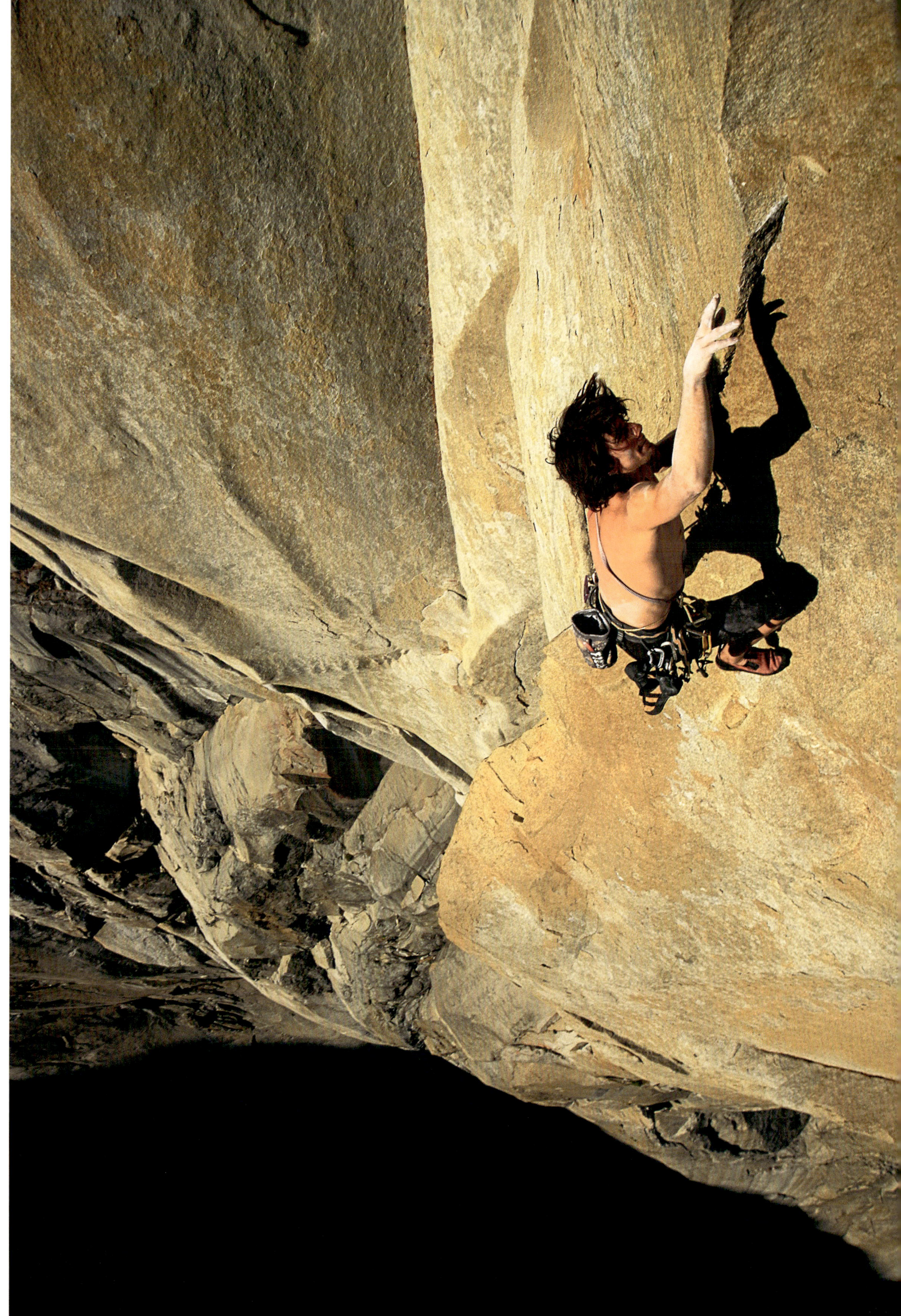

DEAN POTTER

Dean Potter war ein enger Freund, ein Mentor und einer der visionärsten Sportler, die ich je kannte. Im Laufe der Jahre haben wir viel zusammen gedreht. Ich sah zu ihm auf.

Dean war kompliziert. Er war Mystiker und Gladiator. Er war schelmisch und liebte das Lachen, aber die Intensität, mit der er an seine körperlichen und geistigen Grenzen ging, schüchterte die Menschen ein. Er war 1,95 m groß, und sein Körper schien direkt aus dem kilometerlangen Granit gehauen, den er täglich erklomm.

Dean lebte nach eigenen Maßstäben, denen nur wenige gerecht werden konnten. Er verlangte viel von seinen Freunden; einen loyaleren Freund als ihn konnte man nicht finden.

Mit Dean zu arbeiten, konnte schwierig sein. Sein Leben hatte eine Dringlichkeit, mit der man schwer Schritt halten konnte. Ich lernte viel, als ich Dean auf seinen schier endlosen Triumphen folgte und fotografierte. Ihm ist es zu verdanken, dass ich mich vor den Dreharbeiten wie verrückt vorbereitete. Ich hatte Angst, ihn zu bremsen, während er im El Cap kletterte oder für die Überquerung einer furchterregenden Highline trainierte. Er trieb mich mehr als ein paar Mal an den Rand des Abgrunds.

Dean machte bahnbrechende Free Solos, hielt Geschwindigkeitsrekorde im ganzen Yosemite und kletterte schwierige neue Alpinrouten in Patagonien, oft allein. Zwei Jahrzehnte lang war er de facto der Anführer der Yosemite Stone Monkeys, leistete Pionierarbeit und verfeinerte das, was er „die dunklen Künste" nannte: Free Soloing, Speedklettern, Base-Jumping, Wingsuit-Fliegen und Highlining. Mir fällt kein anderer Sportler ein, der die Grenzen so vieler verschiedener Sportarten definiert und erweitert hat.

Dean starb am 16. Mai 2015 bei einem Base-Jump im Yosemite. Er war 43 Jahre alt. Ich vermisse ihn.

GEGENÜBER Dean Potter durchklettert Seillänge 25 (5.11d) der Freerider-Route. El Capitan.

FOLGESEITE Dieses Porträt von Dean machte ich, als er den Sonnenuntergang vom Sicherungspunkt an der Thank God Ledge aus betrachtete. Nordwestwand, Half Dome.

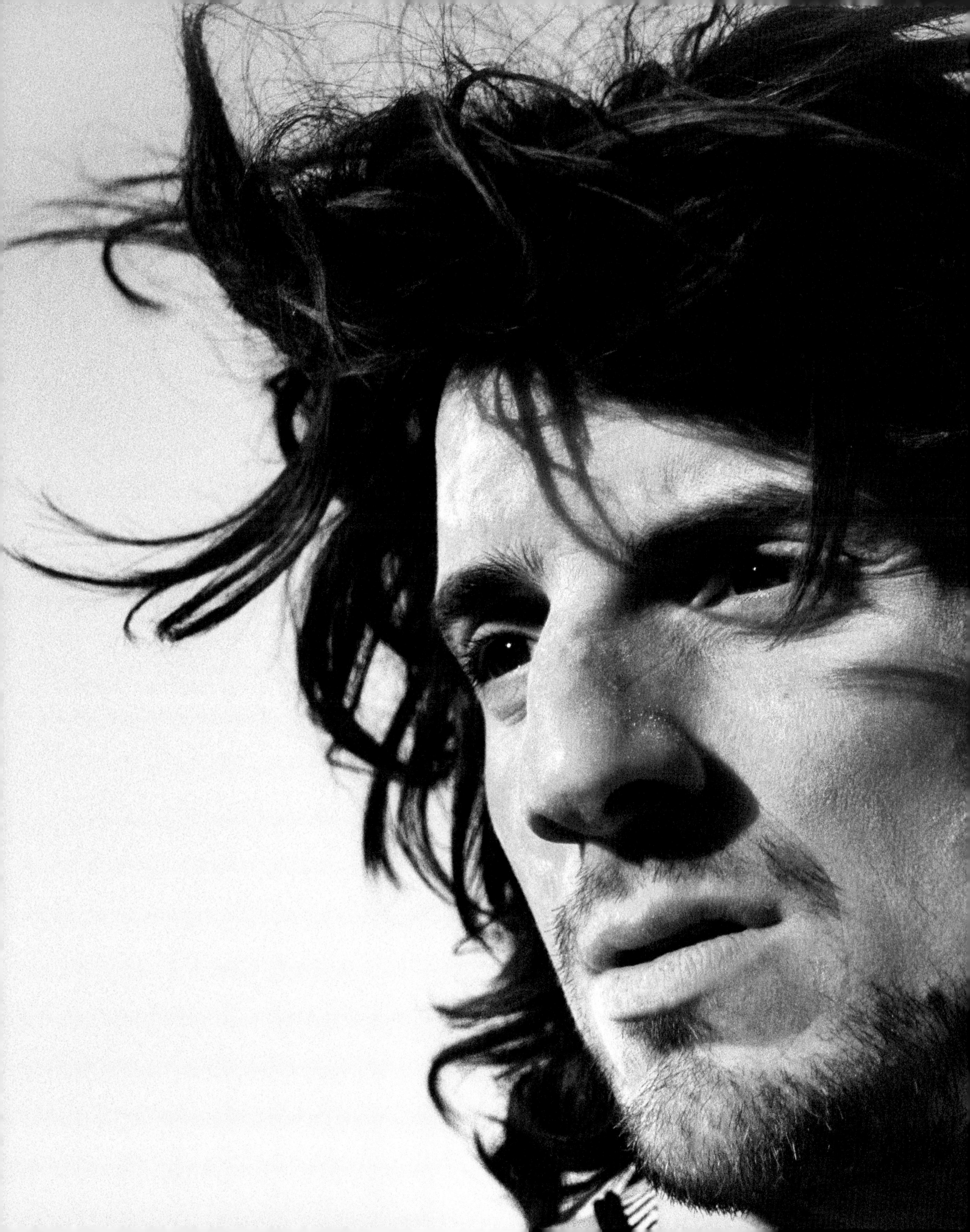

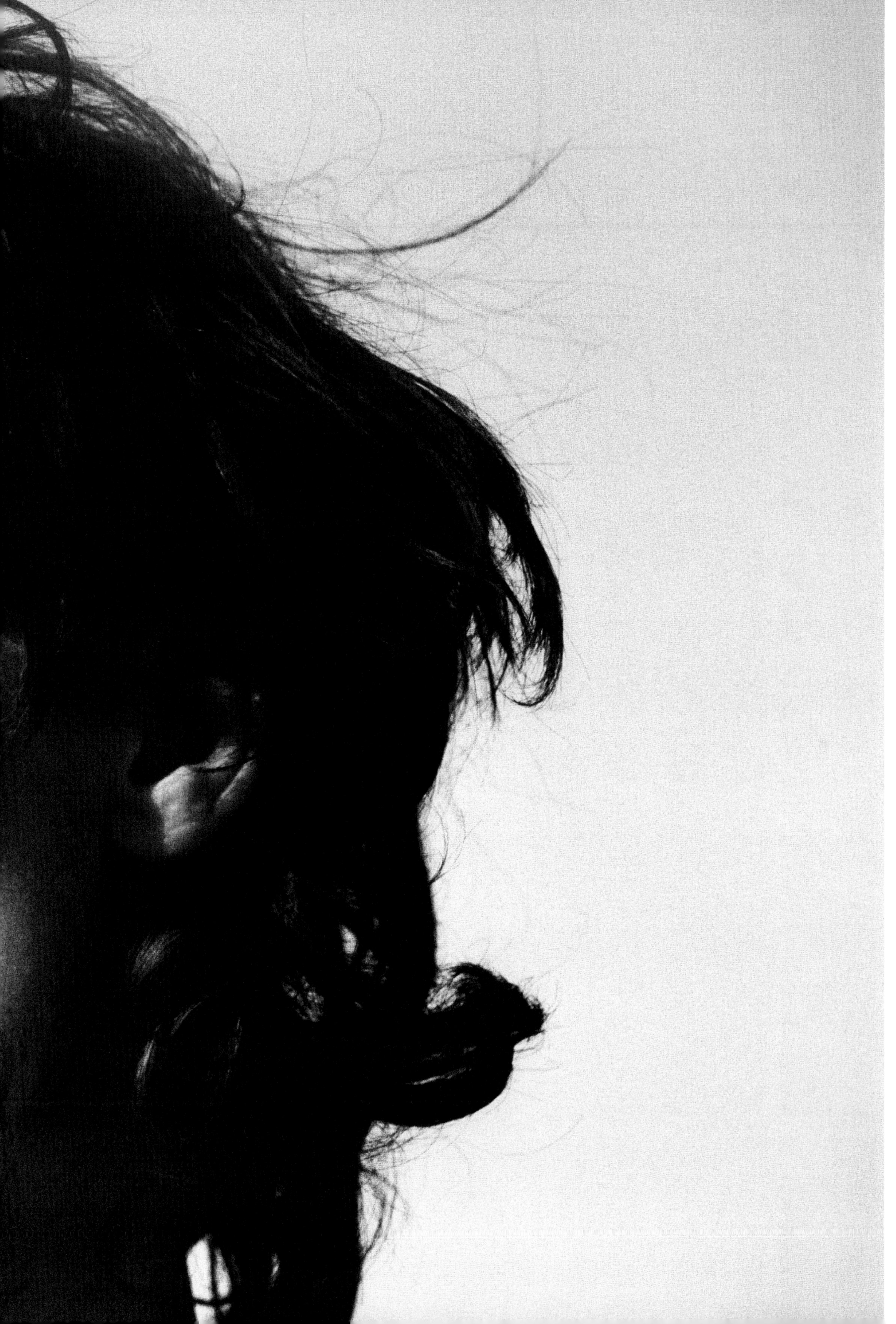

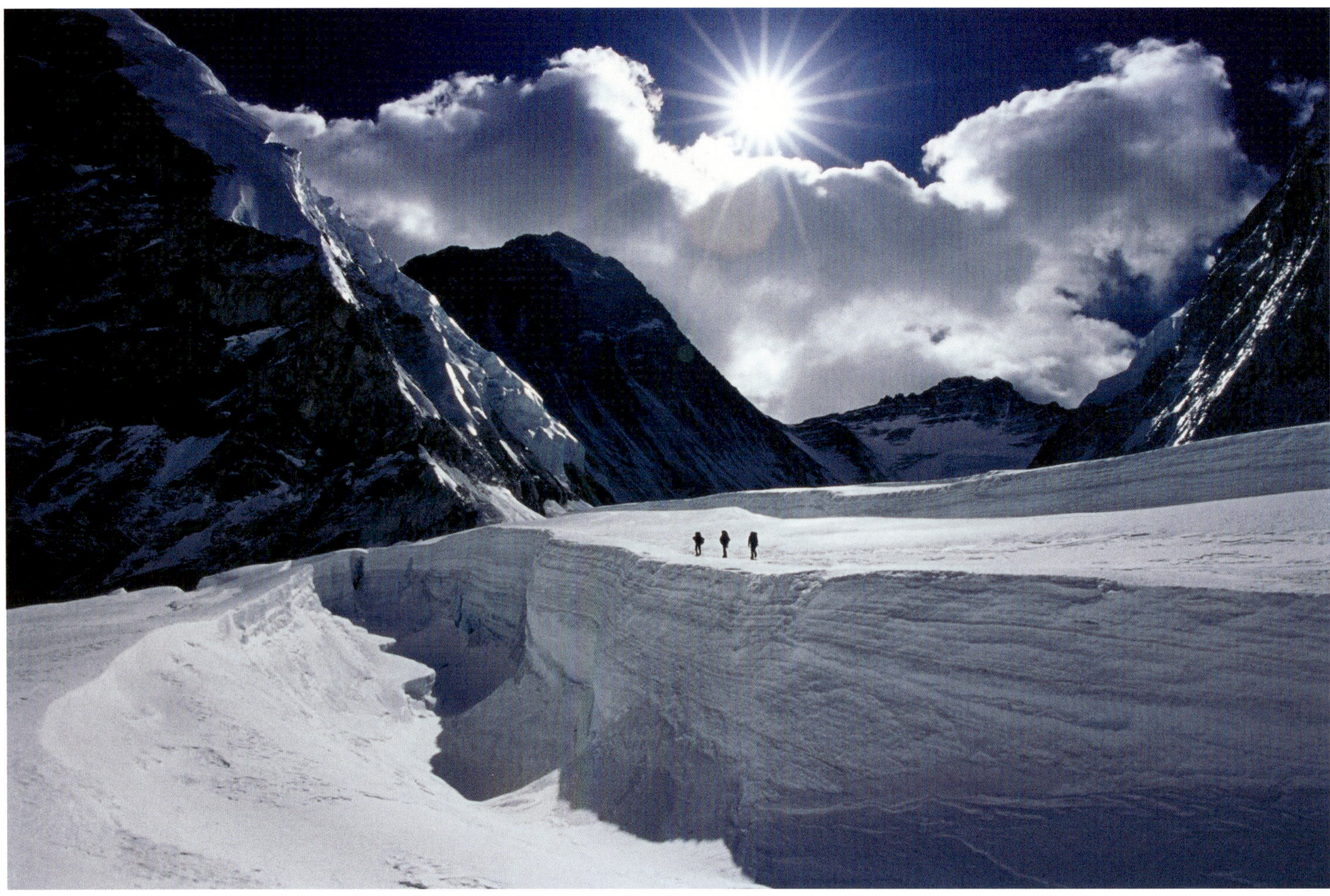

FILMEN AM EVEREST

Für einen Hollywood-Film über die Everest-Tragödie von 1996 wurde David Breashears 2004 beauftragt, den Berg zu besteigen und malerische Kulissen bis hinauf zum Gipfel zu filmen. David bat mich, Fotos zu machen und fürs Making-of der Produktion und der Besteigung zu filmen. Zwei Monate lang arbeitete ich mit David, Ed Viesturs, Veikka Gustafsson und Robert Schauer im Berg. Diese Erfahrung war eine Meisterklasse im Besteigen des Everest und im Filmen in dieser Höhe. Mit diesem Team erklomm ich im Mai den Gipfel. Da ich 2003 erfolglos versucht hatte, den Everest von Norden aus zu besteigen, achtete ich diesmal umso mehr darauf, ob die Südseite des Berges mit Skiern befahrbar war oder nicht. Das half mir, meine nächste Everest-Skiexpedition im Jahr 2006 zu planen.

OBEN David Breashears, Ed Viesturs und Veikka Gustaffson auf dem Weg zum Lager 2 im Tal des Schweigens, Mount Everest.

GEGENÜBER Mingma Sherpa beim Klettern über den sogenannten Balkon am Everest auf 8500 m Höhe.

FOLGESEITE Beim Bergsteigen klettert man eigentlich nicht auf Leitern, aber an der Südwand des Everest sind die von Sherpas angebrachten, zusammengebundenen Leitern die Norm, um den unteren Teil des Berges zu erklimmen. David klettert über knarrende Leitern am Khumbu-Eisbruch.

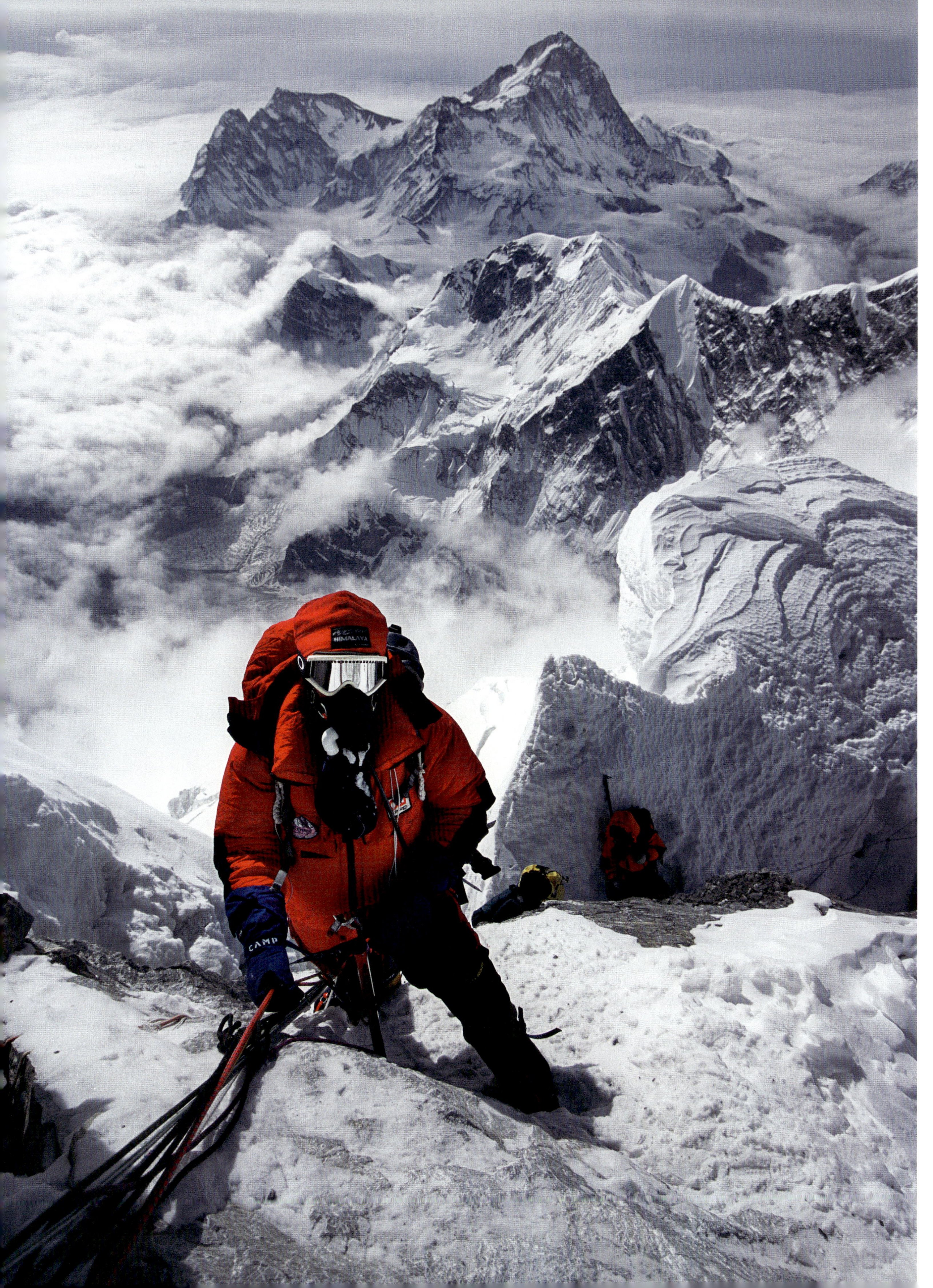
HIMALAYA
CAMP

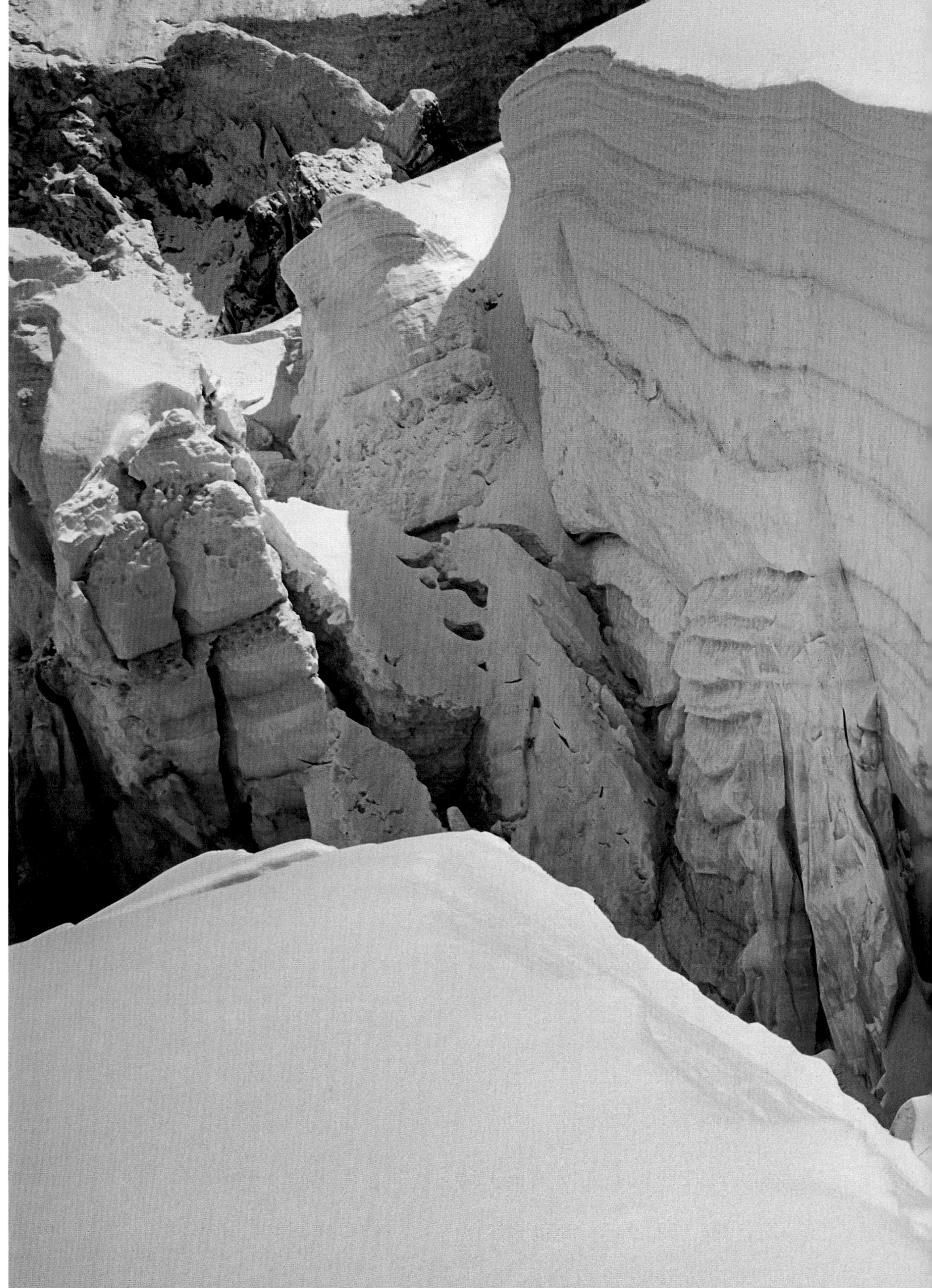

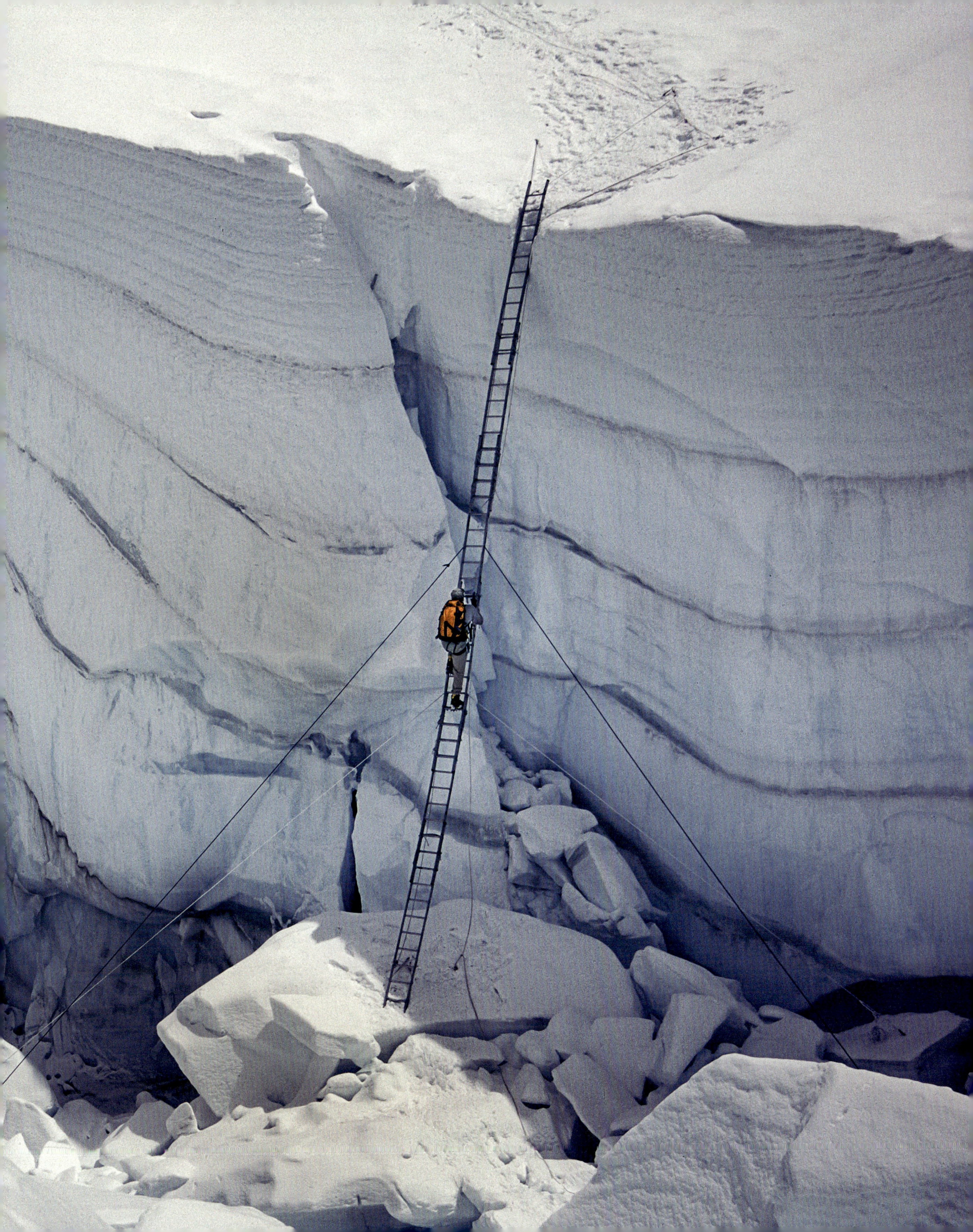

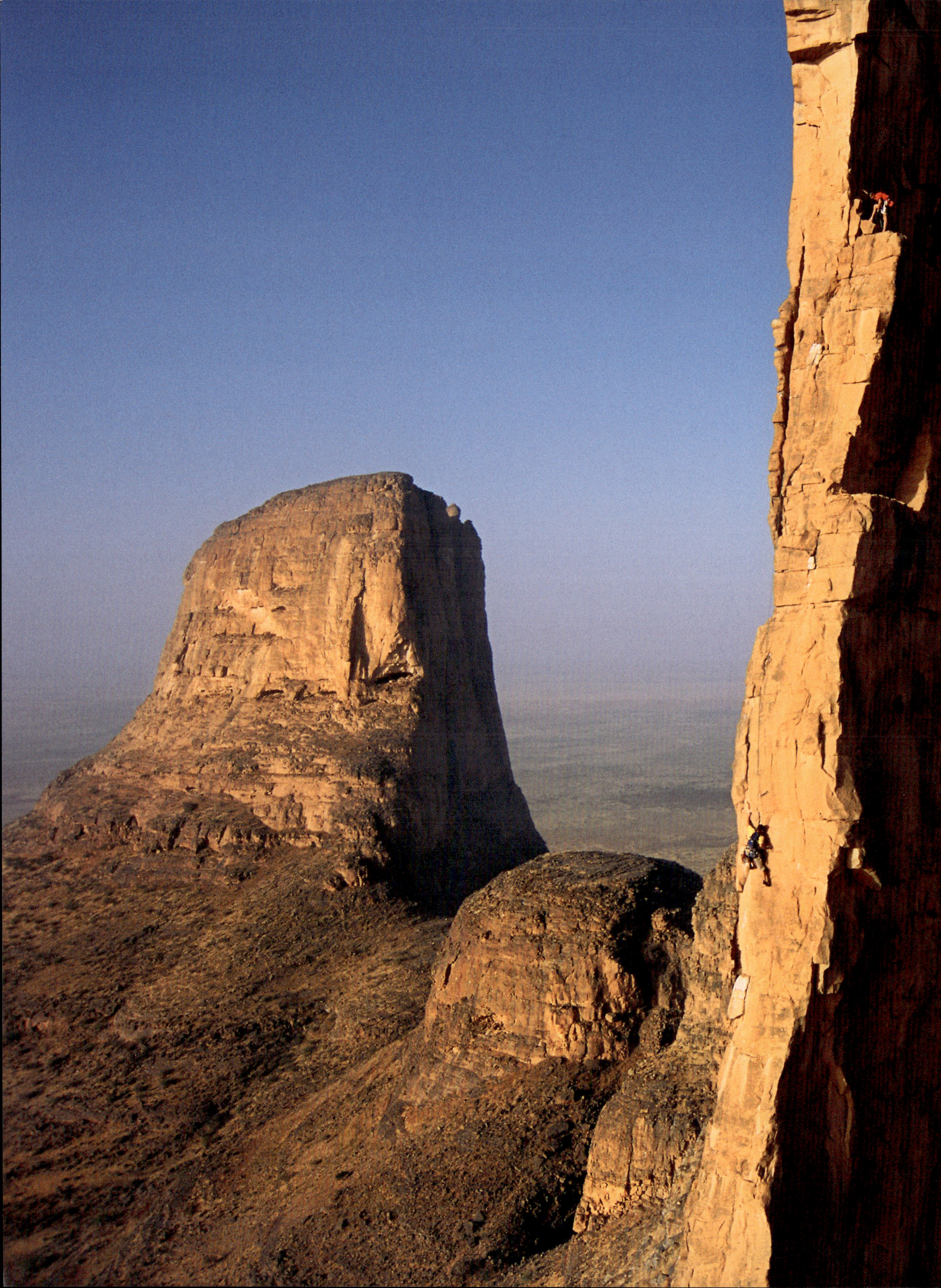

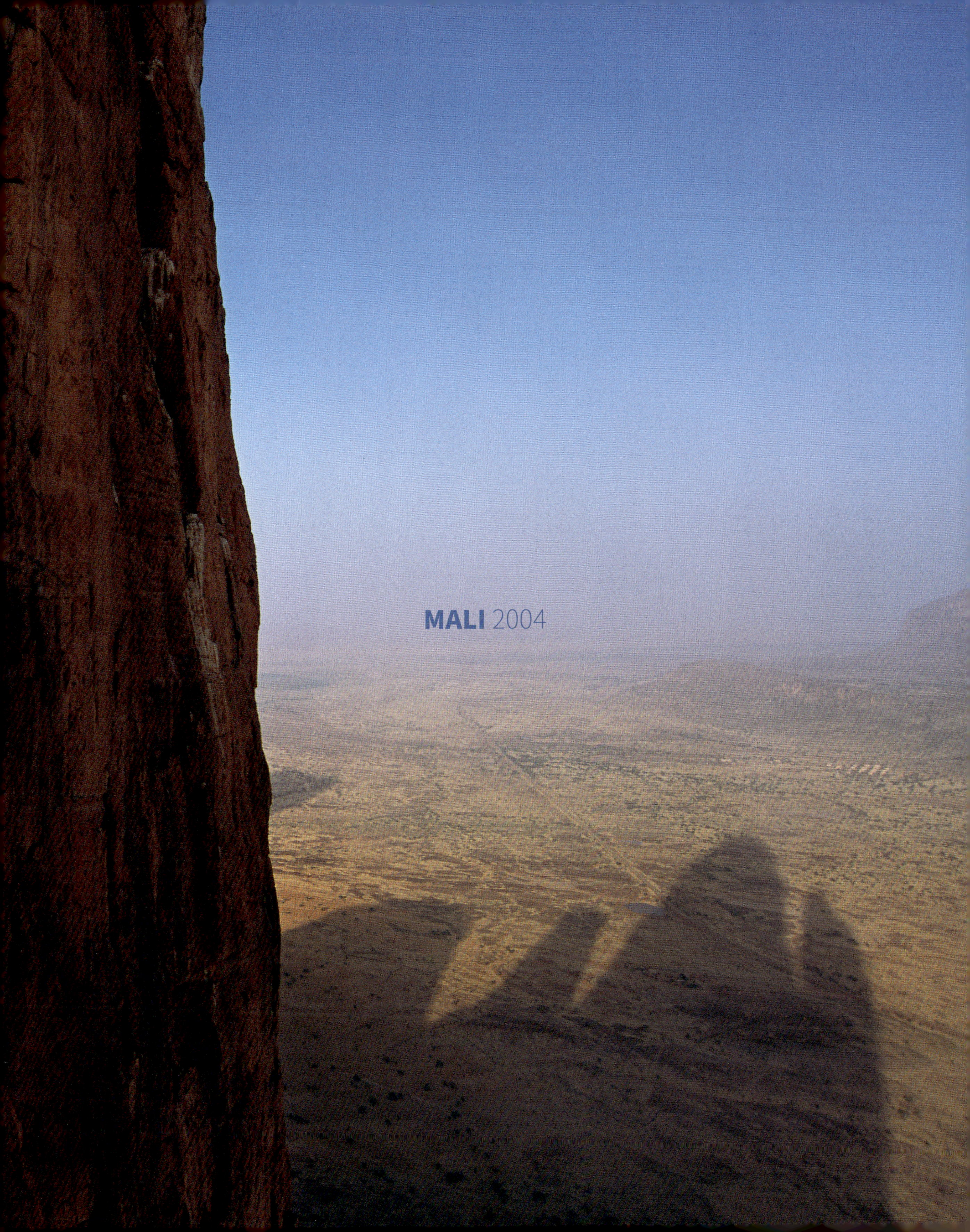

MALI 2004

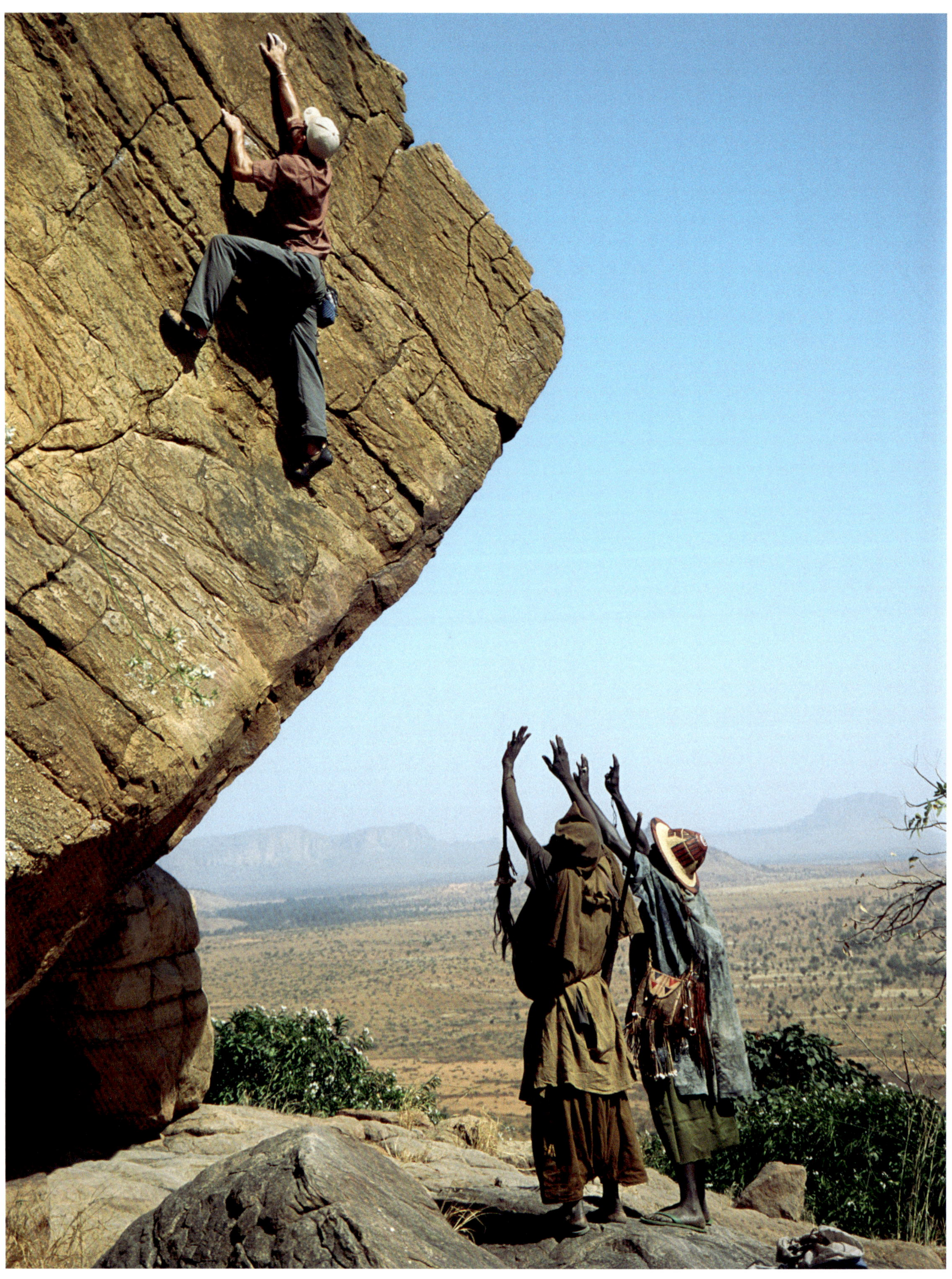

Die besten Aufträge schenken einem Bilder, die man nie zu sehen geglaubt hätte.

Die Reise nach Mali war meine erste Expedition, bei der ich mich nicht aufs Klettern konzentrierte, sondern aufs Fotografieren. Ich hatte den Auftrag, die North-Face-Kletterer Cedar Wright und Kevin Thaw zu begleiten und die Expedition zu fotografieren. Dabei wollte ich das Wesen der Wüste und der dort lebenden Menschen einfangen. Und ich hoffte auch, Bilder zu machen, die noch niemand zuvor gesehen hatte.

Unser Kletterziel war die Hand der Fatima, ein Massiv der höchsten Sandsteinfelsnadeln der Welt. Die tief in der südlichen Sahara gelegene Hand der Fatima ähnelt Fingern, die sich gen Himmel strecken. Jeder Finger symbolisiert eine der fünf Säulen des Islam: Glaubensbekenntnis, Gebet, Almosen, Fasten und Pilgern.

In der Wüste fühle ich mich heimisch. Ich mag es, dass dort nur die widerstandsfähigsten Pflanzen, Tiere und Menschen überleben. Als wir auf dem Weg zur Hand der Fatima im Bandiagara-Felsmassiv kampierten, verbrachten wir einige Tage mit den Dogon, einer Ethnie, die auf dem Bandiagara-Plateau beheimatet ist. Viele von ihnen leben in Lehmbauten am Fels, die ihre Vorfahren schon mehr als tausend Jahre bewohnt hatten. Sie waren herzlich, luden uns in ihre Häuser ein und gewährten uns Einblicke in eine andere Welt.

Nach 1600 km Fahrt erreichten wir die kolossalen Felstürme. Wenn ich ein Terrain wie die Hand der Fatima fotografiere, möchte ich seine Schönheit, seine Größe und seinen Maßstab einfangen. Ich möchte der Landschaft gerecht werden, habe aber im Laufe der Jahre gelernt, dass das nahezu unmöglich ist. Landschaften haben ihre Launen. Das Licht ändert sich ständig. Die Art, wie Landschaften anmuten, ist immer dynamisch. Da ich die Landschaft nicht in ihrer Gesamtheit einfangen kann, versuche ich, jedes Bild mit einem Gefühl für den Ort zu füllen, das hoffentlich einen Eindruck des Ganzen vermittelt.

Zwei Wochen lang kletterten wir durch kilometerlange, mit Vogelguano gefüllte Spalten. Wir ertrugen die erstickenden Harmattan-Winde, die allen Saharasand mitzuführen schienen. Und auch die stundenlangen Pausen, in denen wir in der Hitze dörrten und darauf warteten, dass der Fels im Schatten abkühlte, um ihn anfassen oder gar erklettern zu können.

Am Ende der Reise hatten wir es geschafft, alle Türme zu besteigen. Es dauerte lange, aber schließlich fand ich mein Motiv. Ich würde mich hoch oben auf einem der Türme, dem Kaga Pamari, positionieren und Cedar und Kevin fotografieren, die den 762 m hohen Kaga Tondo besteigen. Die Kletterer würden den Maßstab, die Aufsicht dagegen die Höhe des Turms illustrieren; der Schatten im Hintergrund zeigte alle fünf Finger. Unseren letzten Tag verbrachten wir damit, die Seile zu legen, und kletterten vor Sonnenuntergang in Position.

Wenn sich die perfekte Aufnahme ergibt, rast mein Herz. Ich prüfe alle Einstellungen dreimal. Ich vergesse fast, den Auslöser zu drücken, wenn ich durch den Sucher schaue, denn manchmal möchte ich einfach nur genießen, was ich sehe.

VORSEITE Kevin Thaw und Cedar Wright besteigen den Südpfeiler des Kaga Tondo. Mit über 760 Metern vom Fuß bis zum Gipfel ist der Kaga Tondo der höchste freistehende Sandstein-Felsturm der Welt.

GEGENÜBER Dogon-Dorfbewohner beobachten Cedar, der sich an einem der vielen Highball-Boulder versucht. Bandiagara-Massiv, Mali.

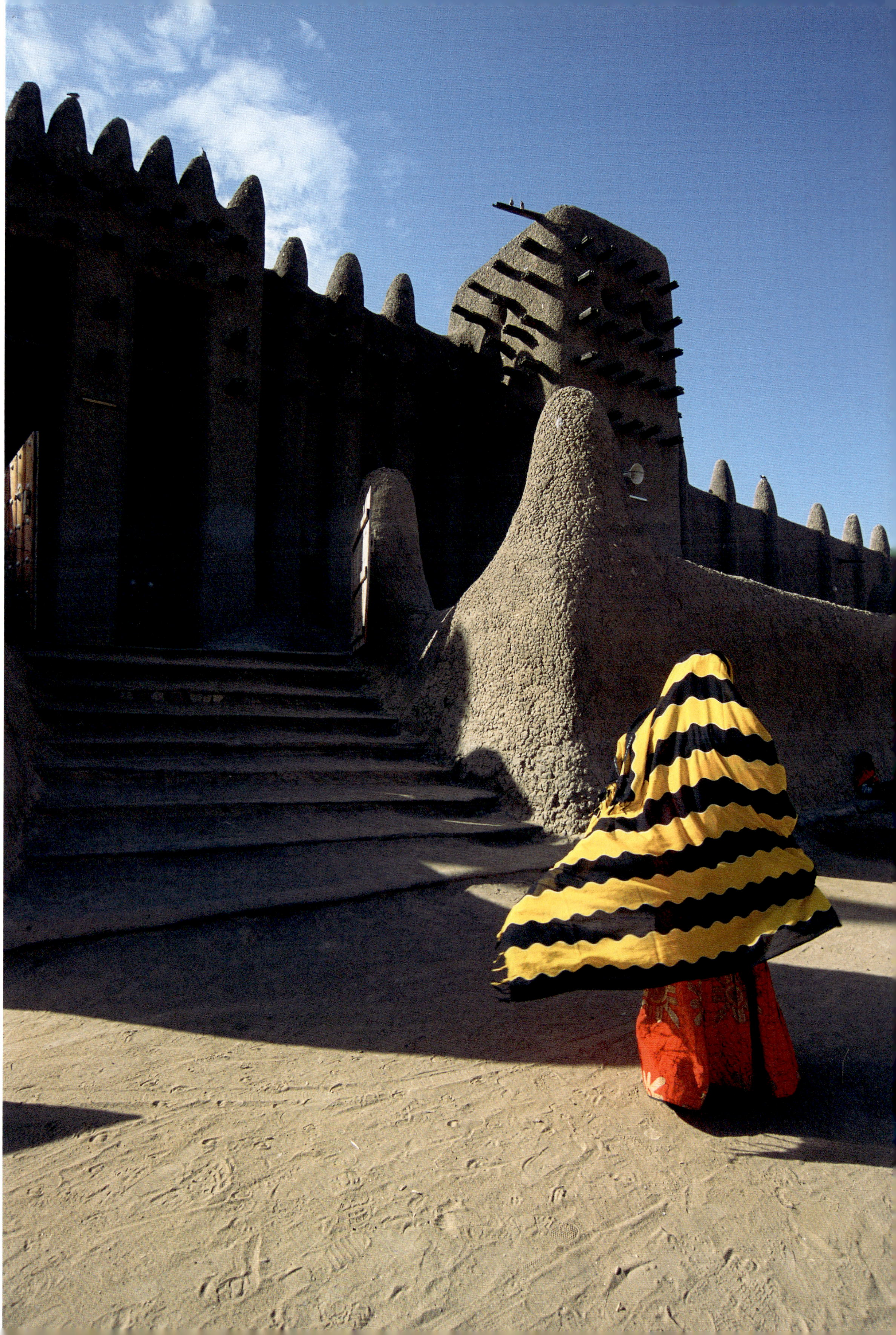

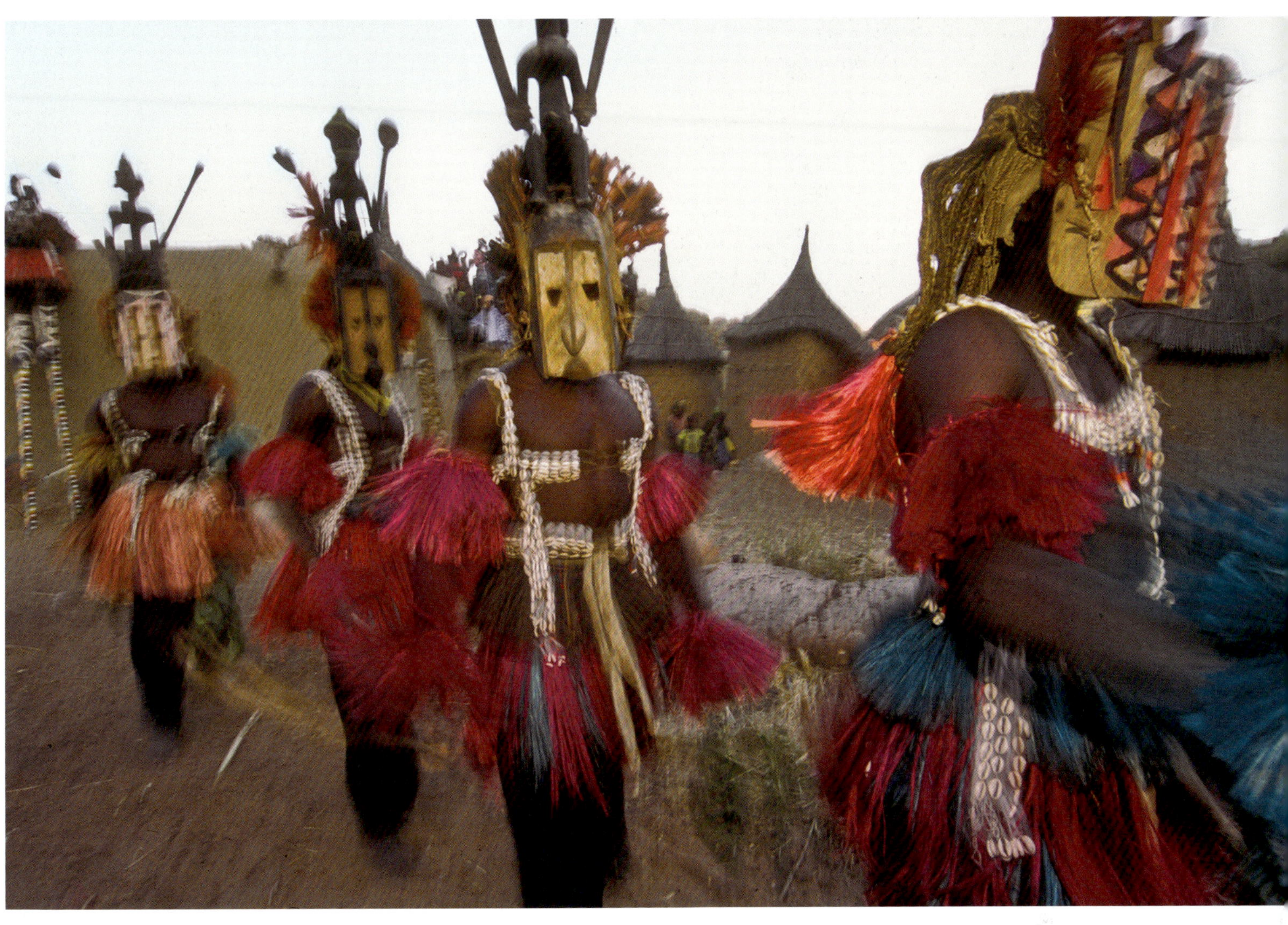

OBEN Dogon-Tänzer. Bandiagara, Mali.

GEGENÜBER Große Moschee von Djenné, Mali.

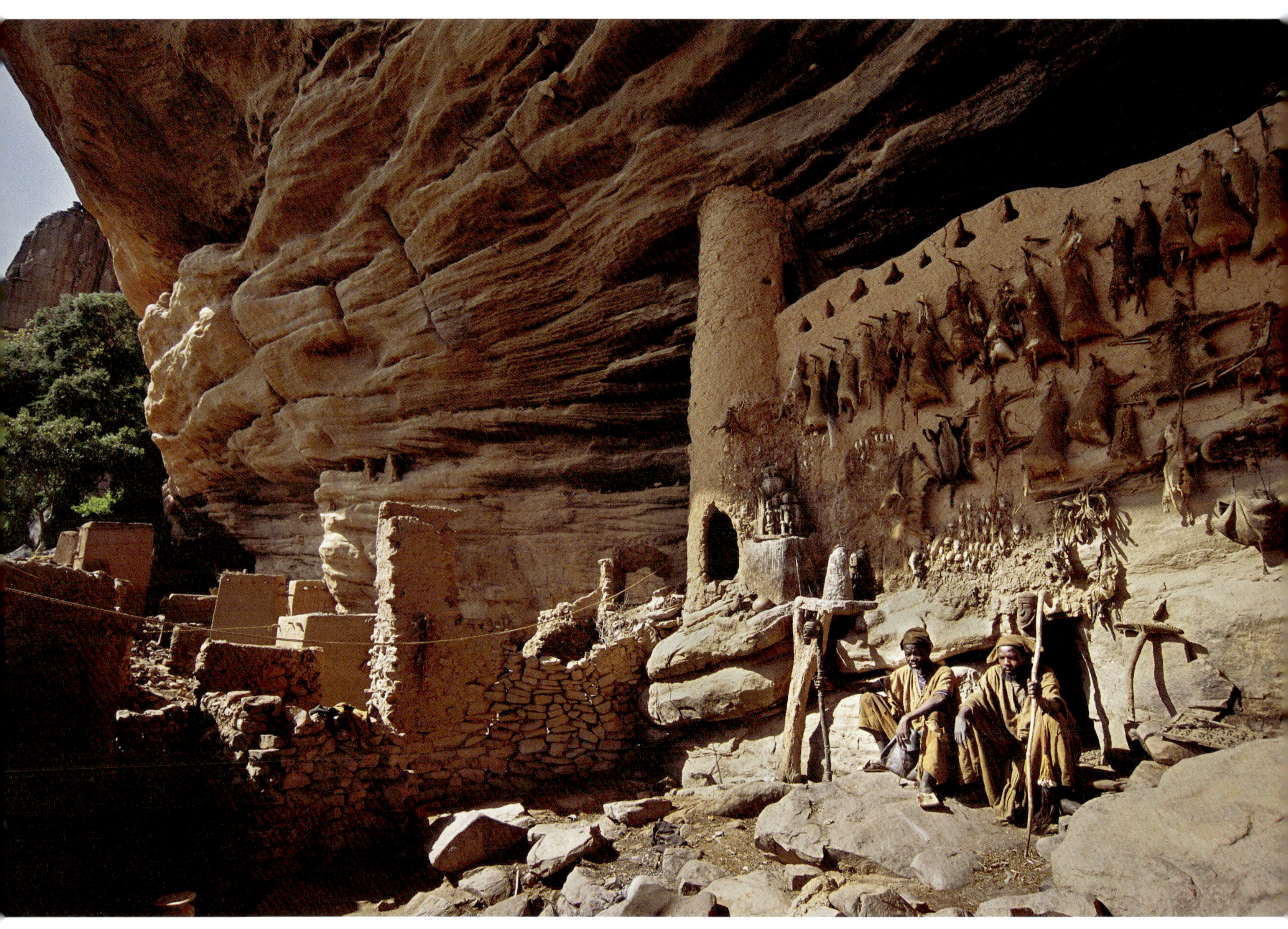

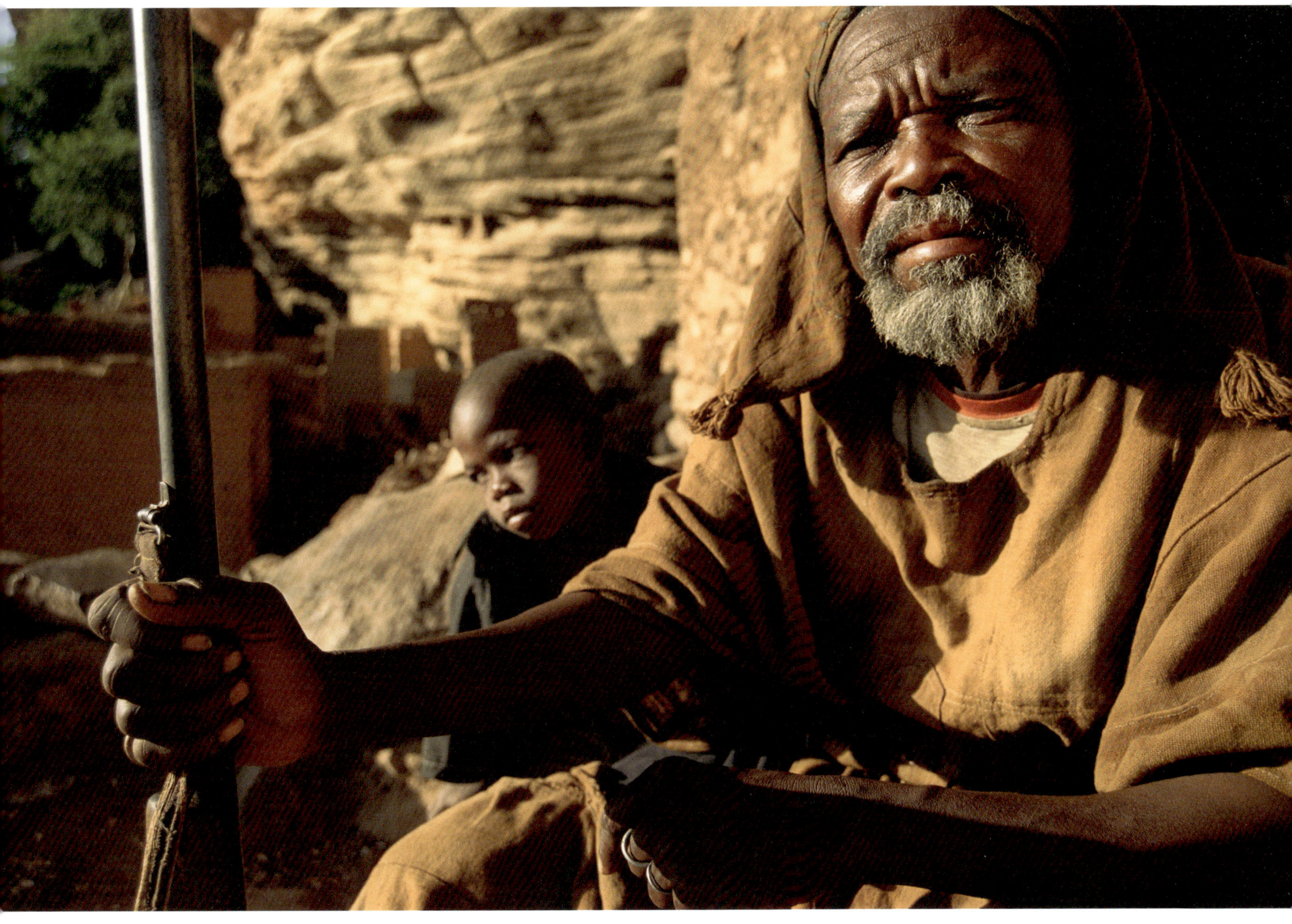

GEGENÜBER Dogon-Dorfbewohner im ersten Tageslicht. Ihre Behausungen sind direkt an die Sandsteinfelsen gebaut. Bandiagara, Mali.

OBEN Ein Dogon-Ältester sitzt mit seinem Enkel am Eingang zu seinem Haus.

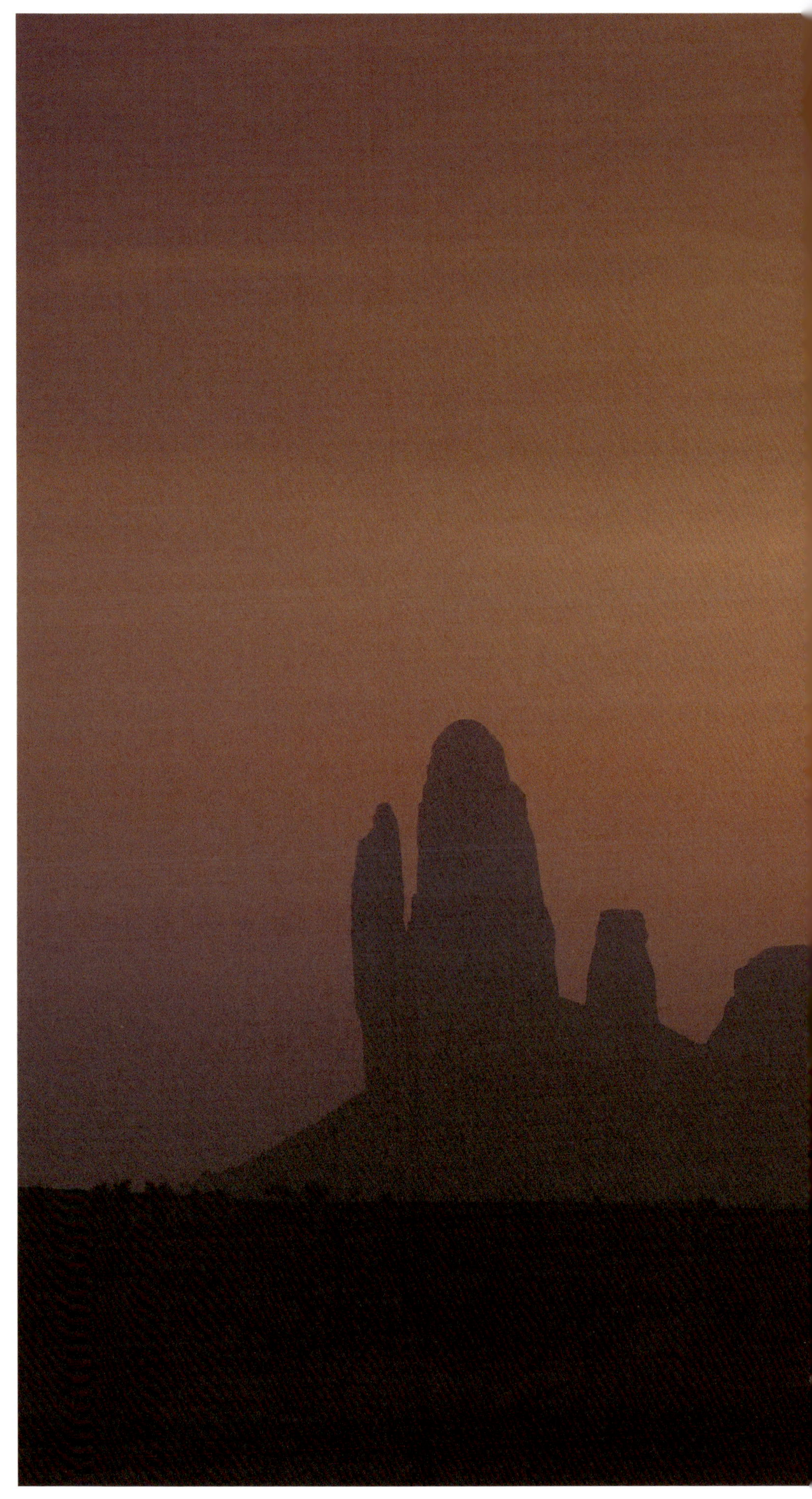

RECHTS Die Hand der Fatima, Felsformation in der Nähe der Stadt Hombori, Mali.

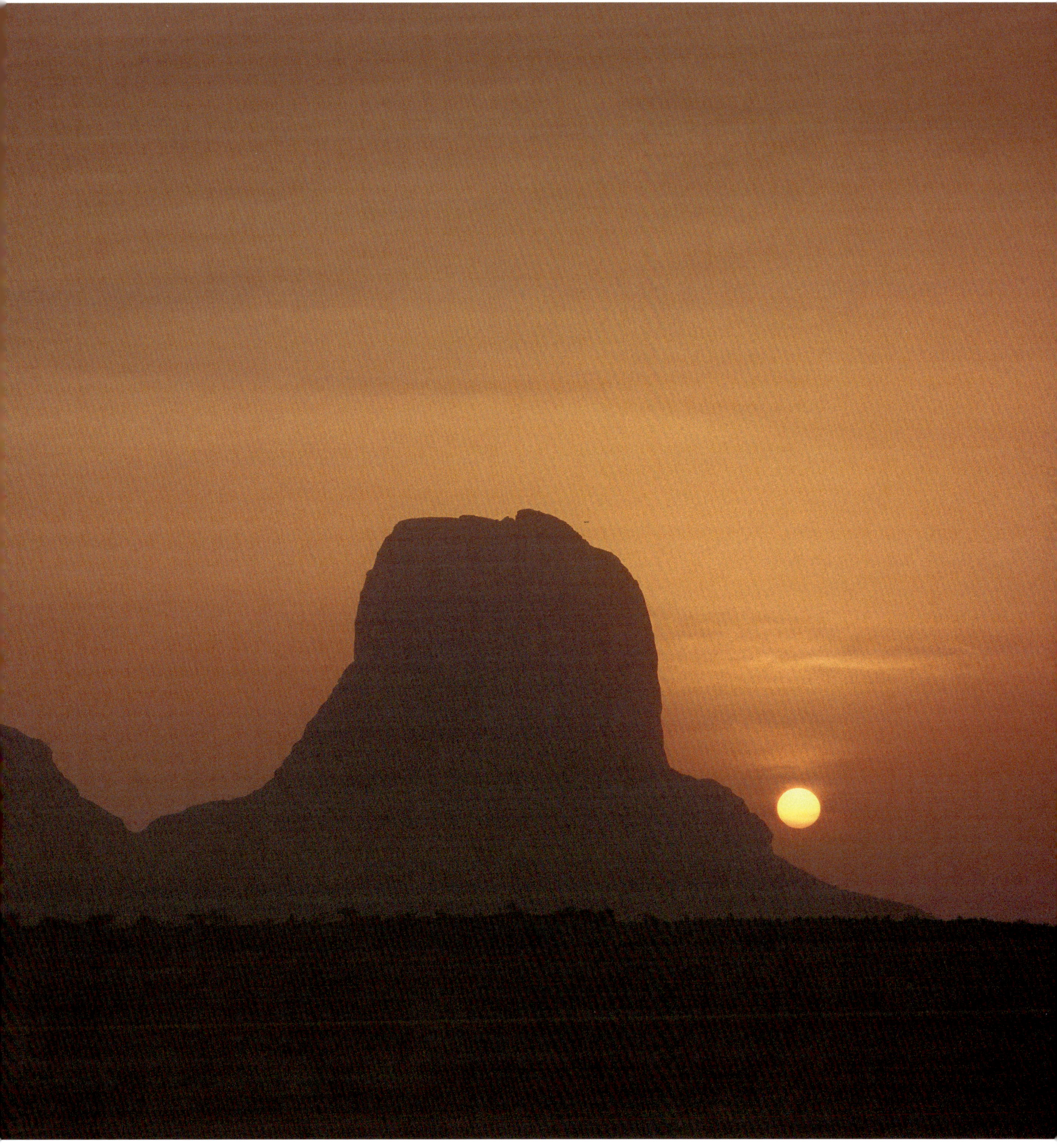

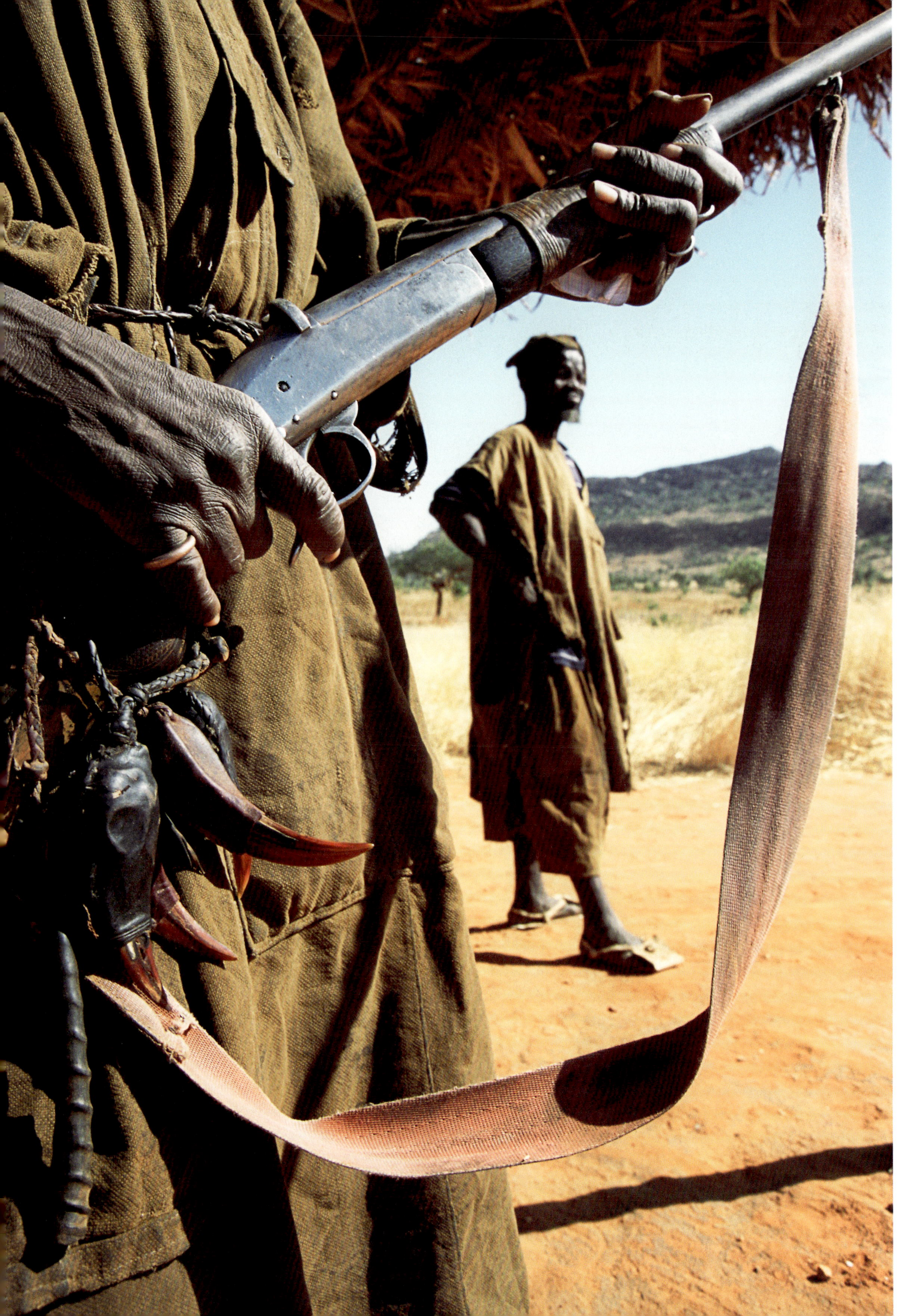

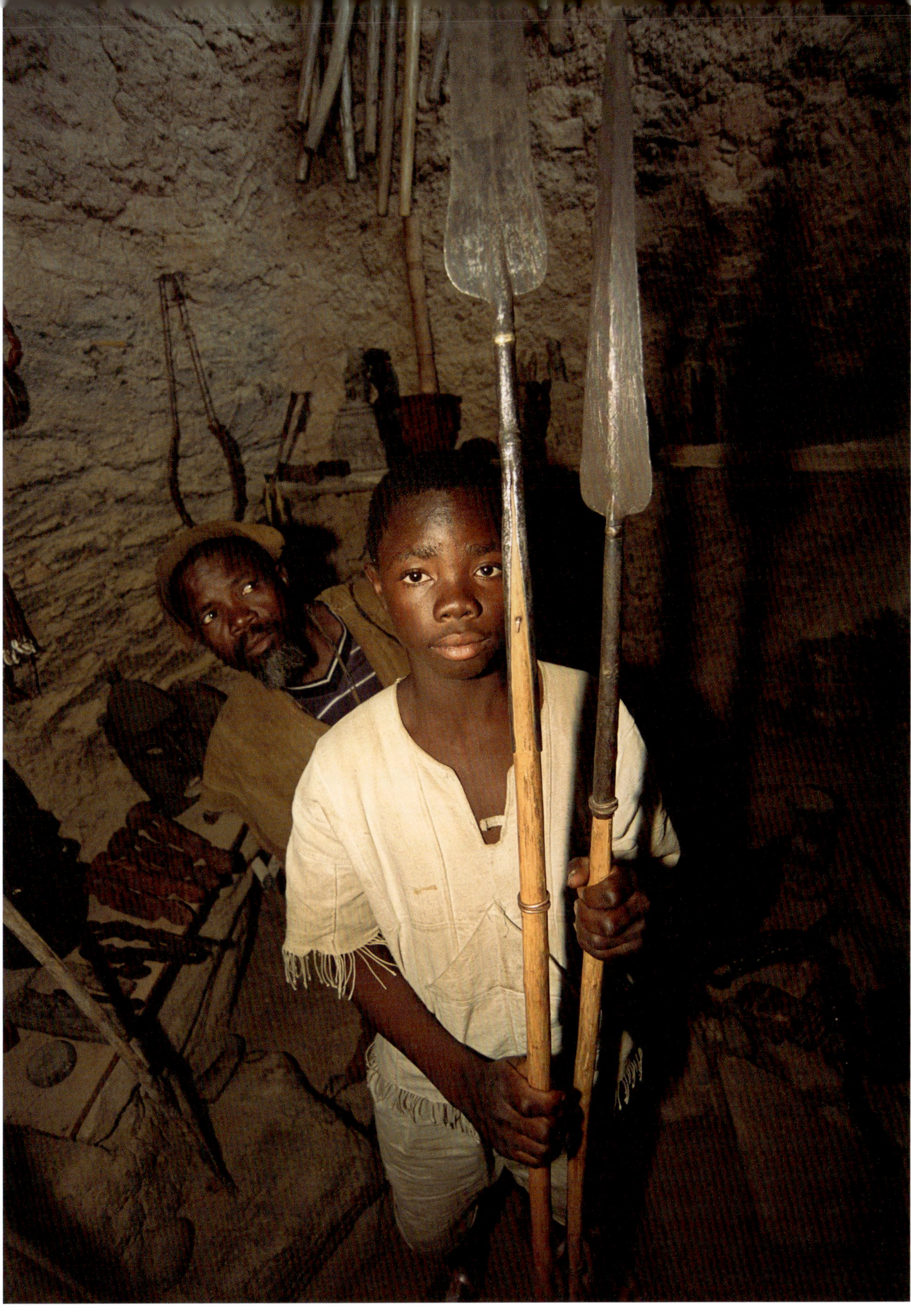

GEGENÜBER Dogon-Jäger. Bandiagara, Mali.

OBEN Ein Dogon-Sohn und sein Vater präsentieren ihre Schlangenjagd-Speere. Bandiagara, Mali.

FOLGESEITE Cedar Wright klettert hoch über der Sahara im perfekten Sandstein des Kaga Pamari, eines der „Finger“ der Hand der Fatima.

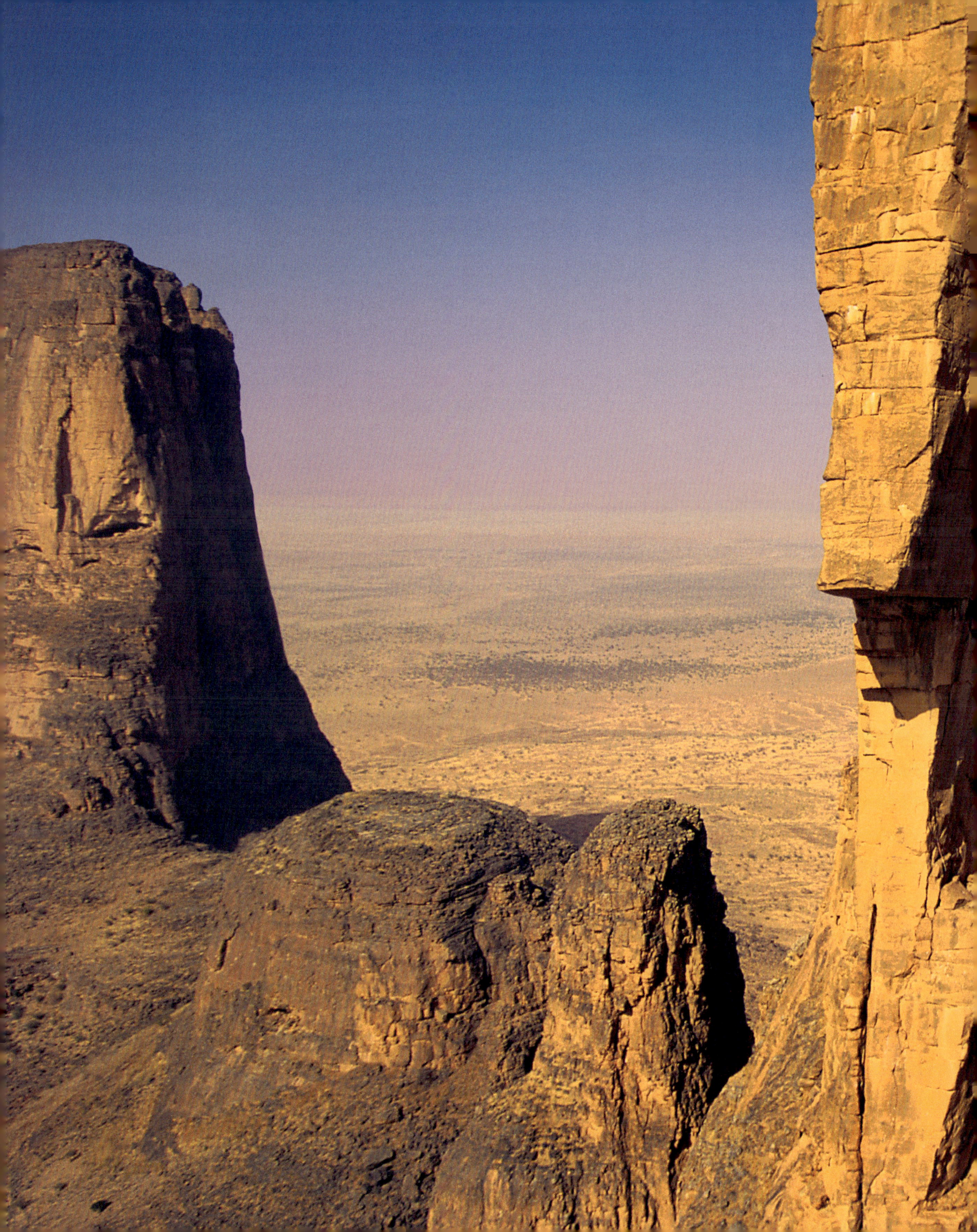

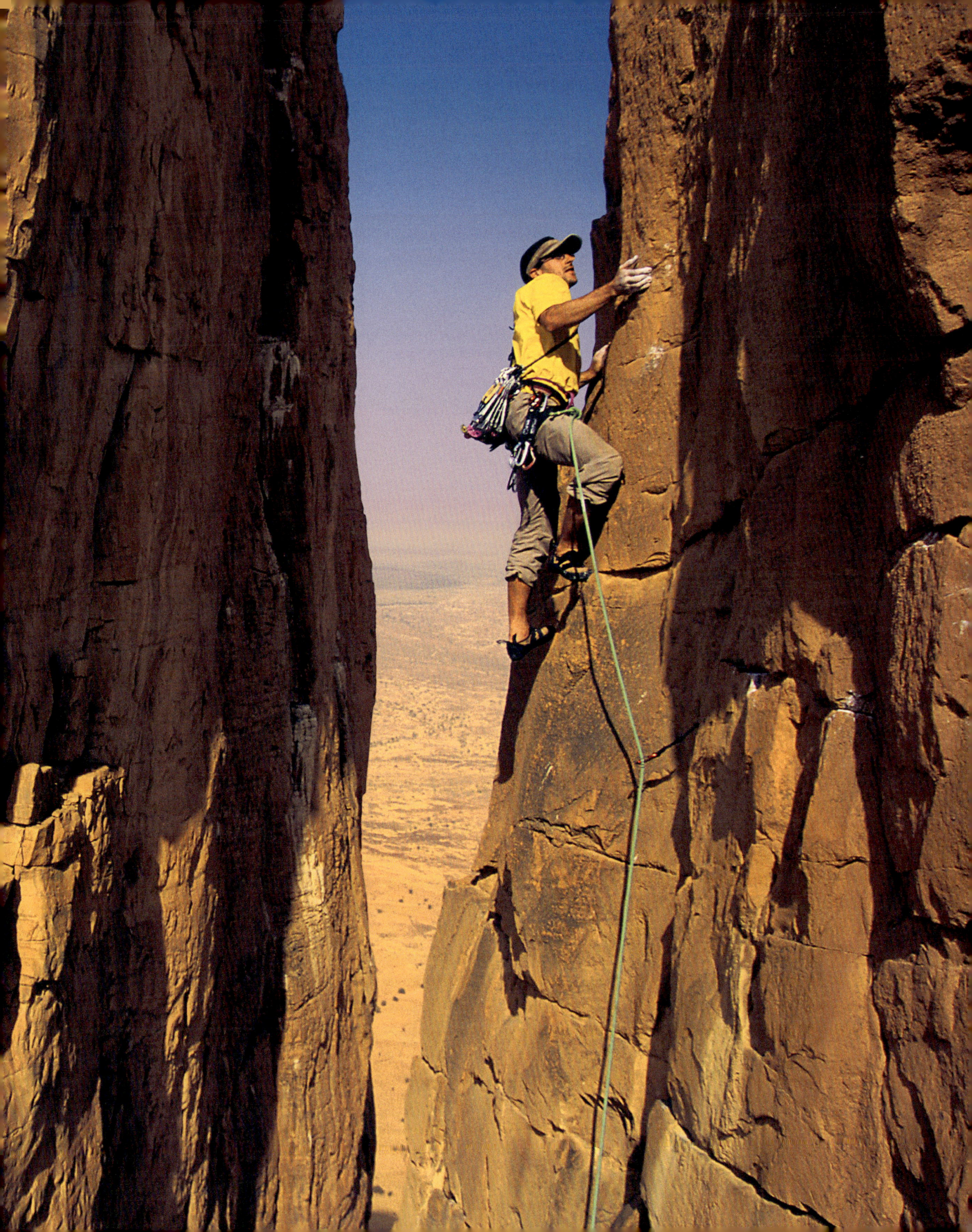

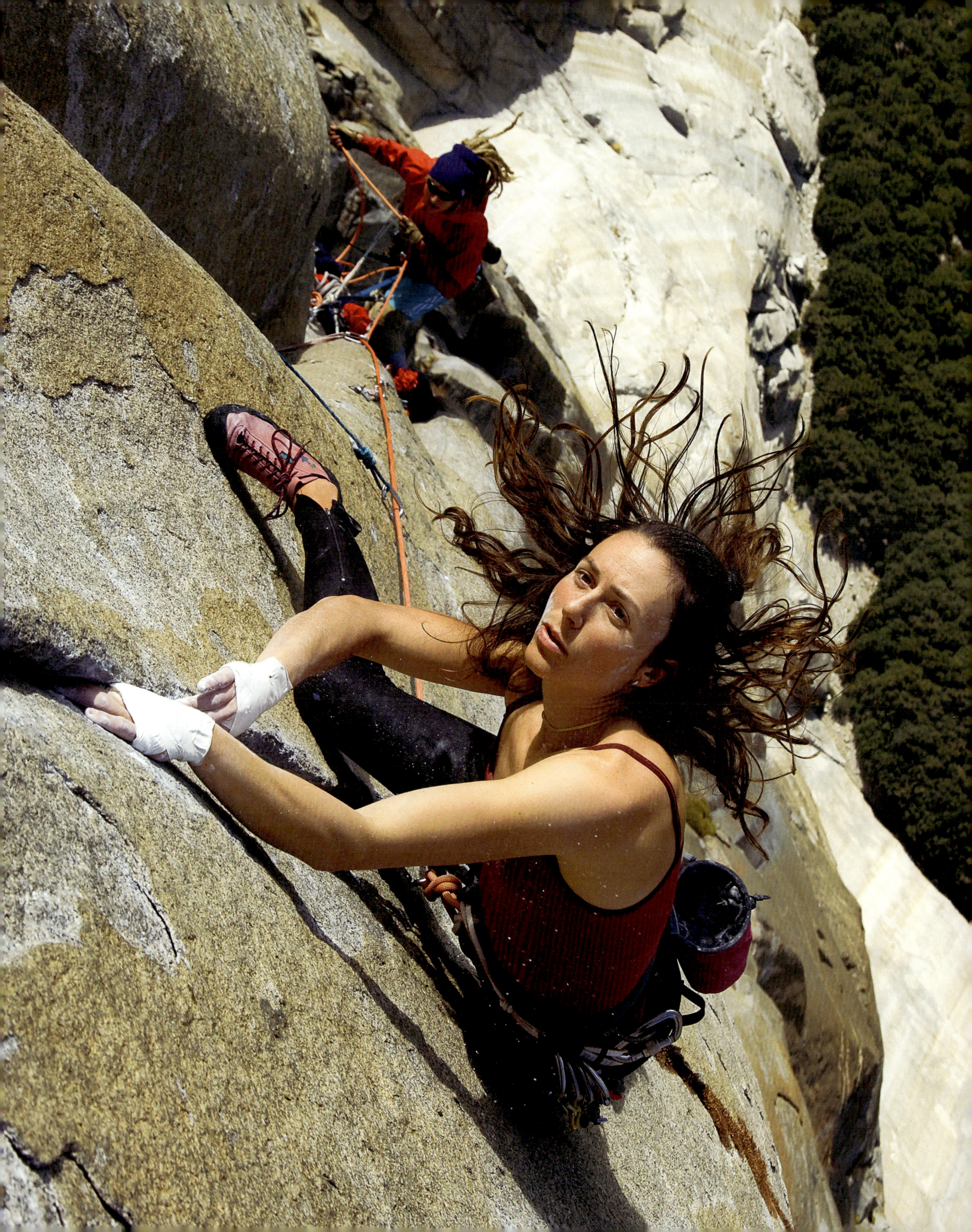

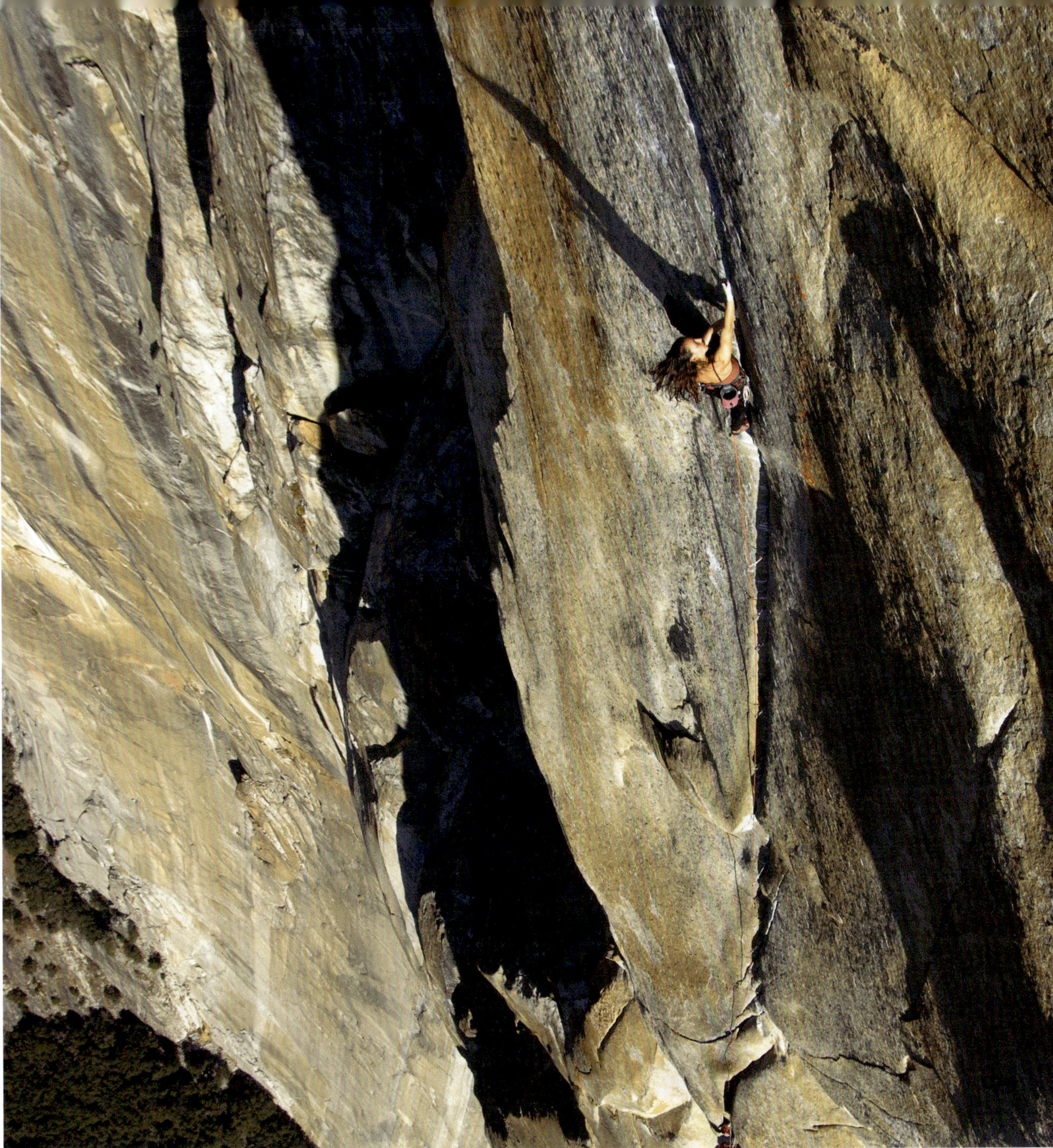

STEPH DAVIS

Steph Davis traf ich erstmals auf dem staubigen Parkplatz von Camp 4 im Yosemite. Sie wohnte in einem alten grünen Ford Ranger. Ich hatte gerade angefangen zu fotografieren, und Steph war eine meiner ersten kreativen Mitstreiterinnen. Wir gingen zusammen auf unzählige Touren im Yosemite und in den Wüsten Utahs. Sie war das Motiv meiner Bilder, entdeckte aber auch die besten Kletterrouten zum Fotografieren, fand heraus, wann wir das beste Licht hatten, und half mir oft, die Seile für mich zu legen. Meine Fotos von Steph gehörten zu meinen ersten publizierten Bildern.

Steph suchte sich im Yosemite und auch im Ausland sehr anspruchsvolle Kletterrouten. Sie meisterte schwierige Erstbegehungen im Karakorum und war die erste Frau, die den Torre Egger und alle Gipfel des Fitzroy-Massivs in Patagonien bestieg. Am El Cap im Yosemite kletterte sie als erste Frau die legendären 35 Seillängen der Salathé-Wand frei. Und sie war die zweite Frau, die El Cap an einem Tag frei beging. Stephs Leistungen setzten hohe Maßstäbe für künftige Generationen. Inzwischen ist Steph Autorin und eine Weltklasse-BASE-Springerin.

GEGENÜBER Steph Davis in einem technischen Abschnitt der unteren Gipfelwand der Salathé-Route, El Capitan.

OBEN Steph klettert die steile Gipfelwandseillänge (5.13b) und die Schlüsselstelle der Route, eine der spektakulärsten Seillängen.

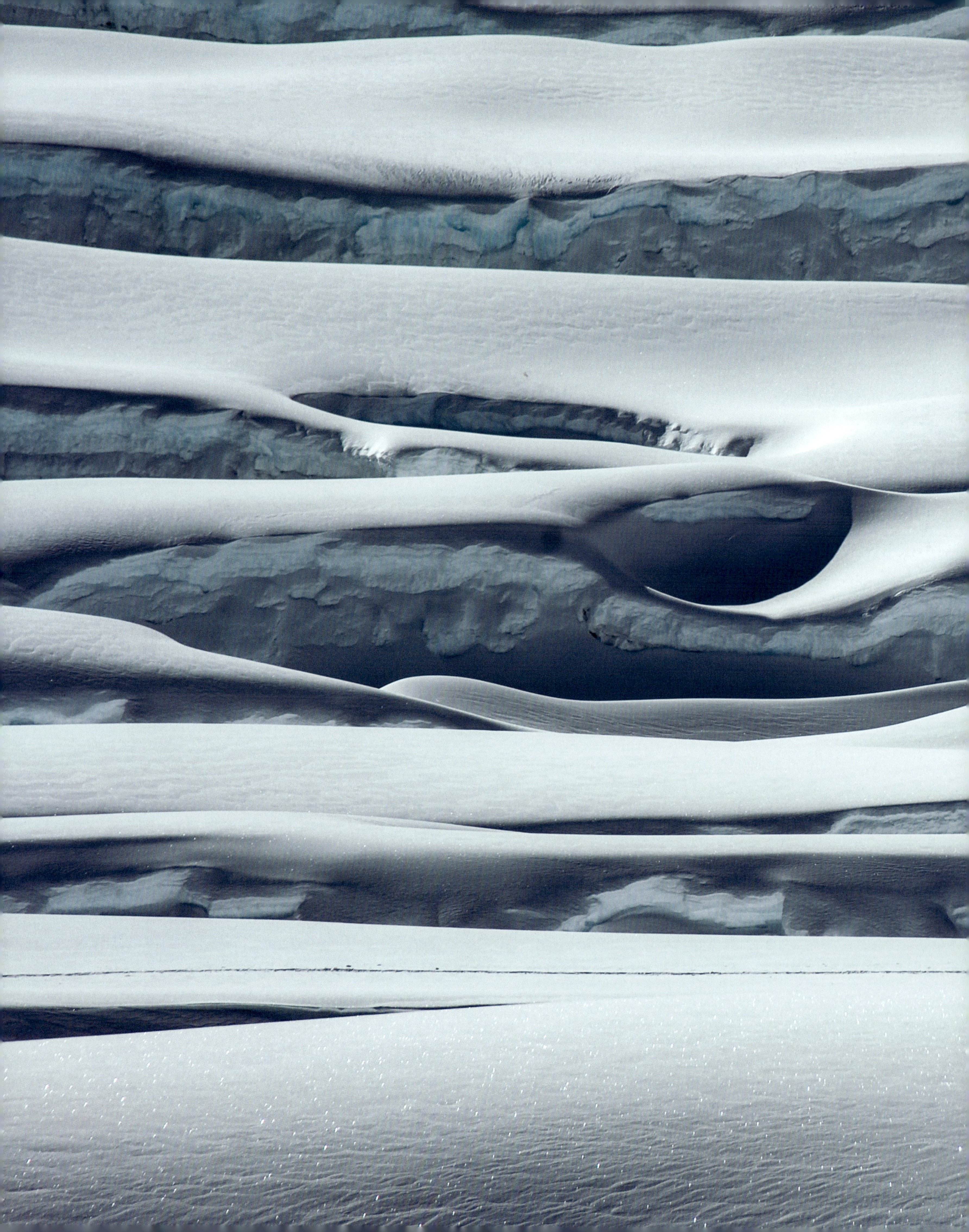

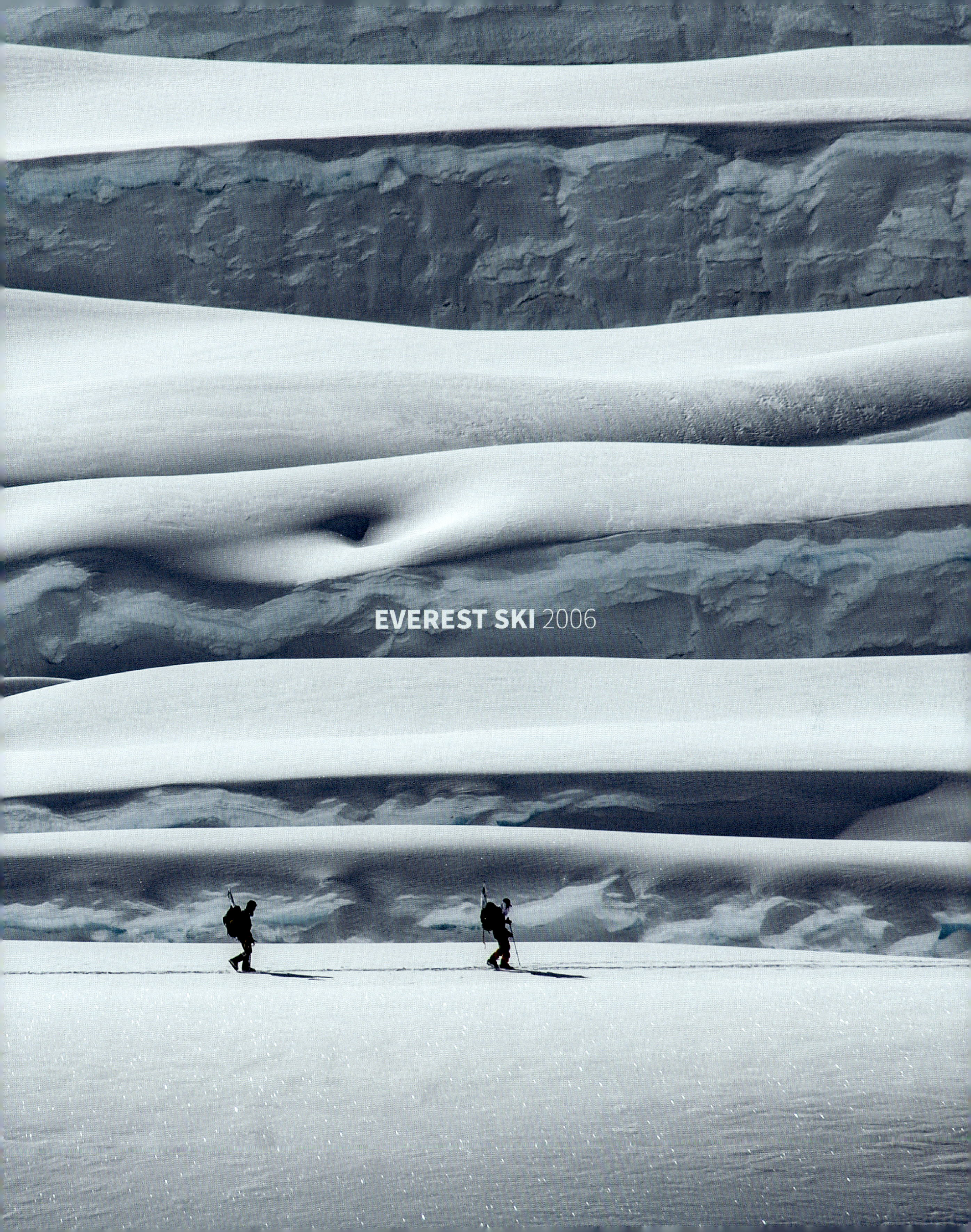
EVEREST SKI 2006

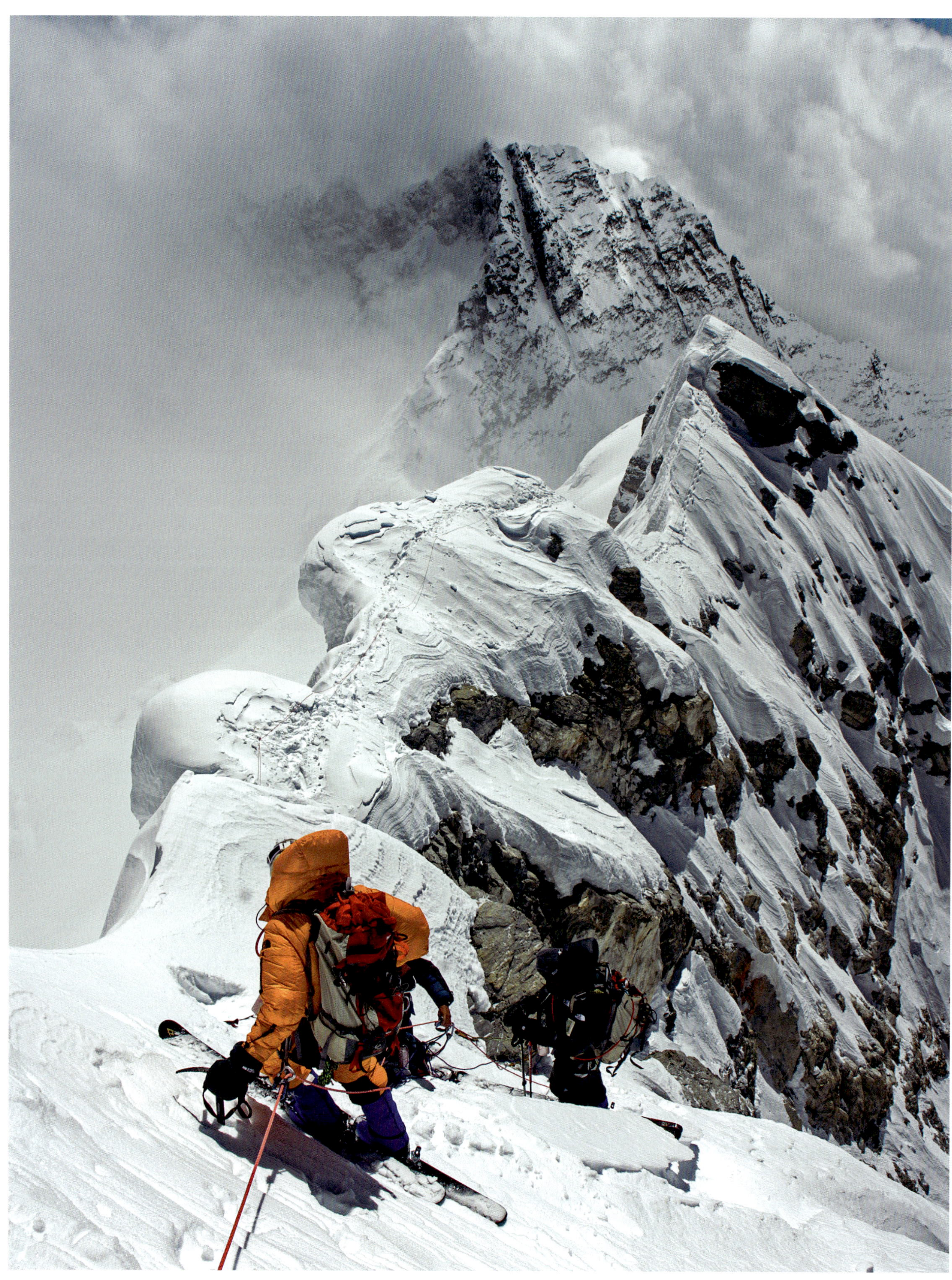

Ich hätte nie gedacht, dass es zwei Stunden dauern kann, Skischuhe anzuziehen.

Ich hatte auch noch nie versucht, ein Paar gefrorene, steinharte Stiefel in einem beengten Zelt 7900 Meter über dem Meeresspiegel anzuziehen. Das kostete Kraft und fühlte sich an wie Kreuzheben mit einer Plastiktüte überm Kopf. Schließlich gelang es – ein kleiner Sieg im Vergleich zur nächsten Aufgabe. In ein paar Minuten würde ich in die Bindungen steigen und mit Rob und Kit DesLauriers die Lhotse-Wand des Everest hinunterfahren.

Wir Freunde hatten eine schlaflose Nacht im Camp 4 verbracht, nachdem wir am Vortag den Gipfel bestiegen und von dort abgefahren waren. Um über den Südsattel die Lhotse-Flanke abzufahren, war ein etwa 50 Grad steiler Hang über 1500 Höhenmeter zu bewältigen. Die Schneeverhältnisse waren schlecht: Unter uns eine weite Fläche von stahlhartem, blauem Eis, unregelmäßig durchzogen von windverworfenem Firn, der nur wenig nachsichtiger mit uns sein würde. Einmal über den Rand des Südsattels geplumpst, gab es bis zum Fuß der Wand keinen sicheren Ausstieg mehr. Unten ankommen würden wir jedenfalls irgendwie.

All das hatte im Frühjahr 2006 begonnen, als mich Kit anrief, die gerade zum zweiten Mal die Weltmeisterschaft im Freeskiing der Frauen gewonnen hatte. Kit wollte alle Seven Summits besteigen und von dort abfahren, und nur der Everest fehlte ihr noch. Nun fragte sie mich, ob das möglich sei. Ich hatte den Everest bei früheren Reisen auf Skirouten hin untersucht und sagte, ja, er sei „abfahrbar"; ein Begriff mit viel Raum für Deutung. Im Sommer dann trainierte ich mit Kit und ihrem Mann Rob, selbst ein legendärer Skifahrer.

Im September kamen Kit, Rob, der elfmalige Gipfelstürmer Dave Hahn und ich zum Everest, wo zwölf handverlesene Sherpa-Freunde heldenhaft eine Route durch den Khumbu-Eisbruch zum Gipfel legten. In der Nachmonsunzeit waren wir das einzige Team am Berg.

Wer den Everest abfährt, muss oben noch genug Sauerstoff haben, um präzise und entschiedene Schwünge zu machen. Noch wichtiger ist mentale Disziplin, um ständig vorausschauend zu handeln und in Sekundenbruchteilen Entscheidungen zu treffen. Katastrophen wie Lawinen sind sicher eine Gefahr, aber das Unterschätzen kleinerer, scheinbar harmloser Probleme stellt vermutlich ein größeres Risiko dar. Fallen die Temperaturen auf -40 °C, kann etwas so Banales wie das Ausziehen eines Handschuhs für das Richten eines klemmenden Reißverschlusses eine Reihe von Fehlern auslösen, die das Leben kosten können.

Wir hatten drei Tage nicht geschlafen und nur wenige Bissen gegessen. Nach einer windigen Nacht – wir hatten auf das flatternde Nylonzeltdach gestarrt – prüften wir unsere Bindungen und glitten über den Rand der Lhotse-Flanke. Jetzt brauchten wir zwei Stunden lang höchste Konzentration. Die Stahlkanten der Skier drangen nur einen oder zwei Millimeter ins Eis. Jeder Kurvensprung musste perfekt sein. Wer sich hier die Kanten verbiegt, den knallt es vom Berg. In einer solchen „No-Fall-Zone" darf man nicht stürzen.

Als wir unten ankamen, waren Kit, Rob und ich die ersten Amerikaner, die vom Gipfel des Everest auf Skiern abfuhren, und die ersten, die dafür den Südsattel wählten. Wir lachten: Zwei Monate hatten wir im Berg verbracht – für die schlechteste Abfahrt unseres Lebens.

VORSEITE Kami Sherpa und Mingma Sherpa tragen Lasten durch das Tal des Schweigens zum Lager 2, Mount Everest.

GEGENÜBER Kit DesLauriers (in Gelb) und Rob DesLauriers (in Schwarz) beim Anseilen auf 8687 m Höhe, um sich bei unserer Skiabfahrt am Südostgrat des Everest am Hillary Step abzuseilen.

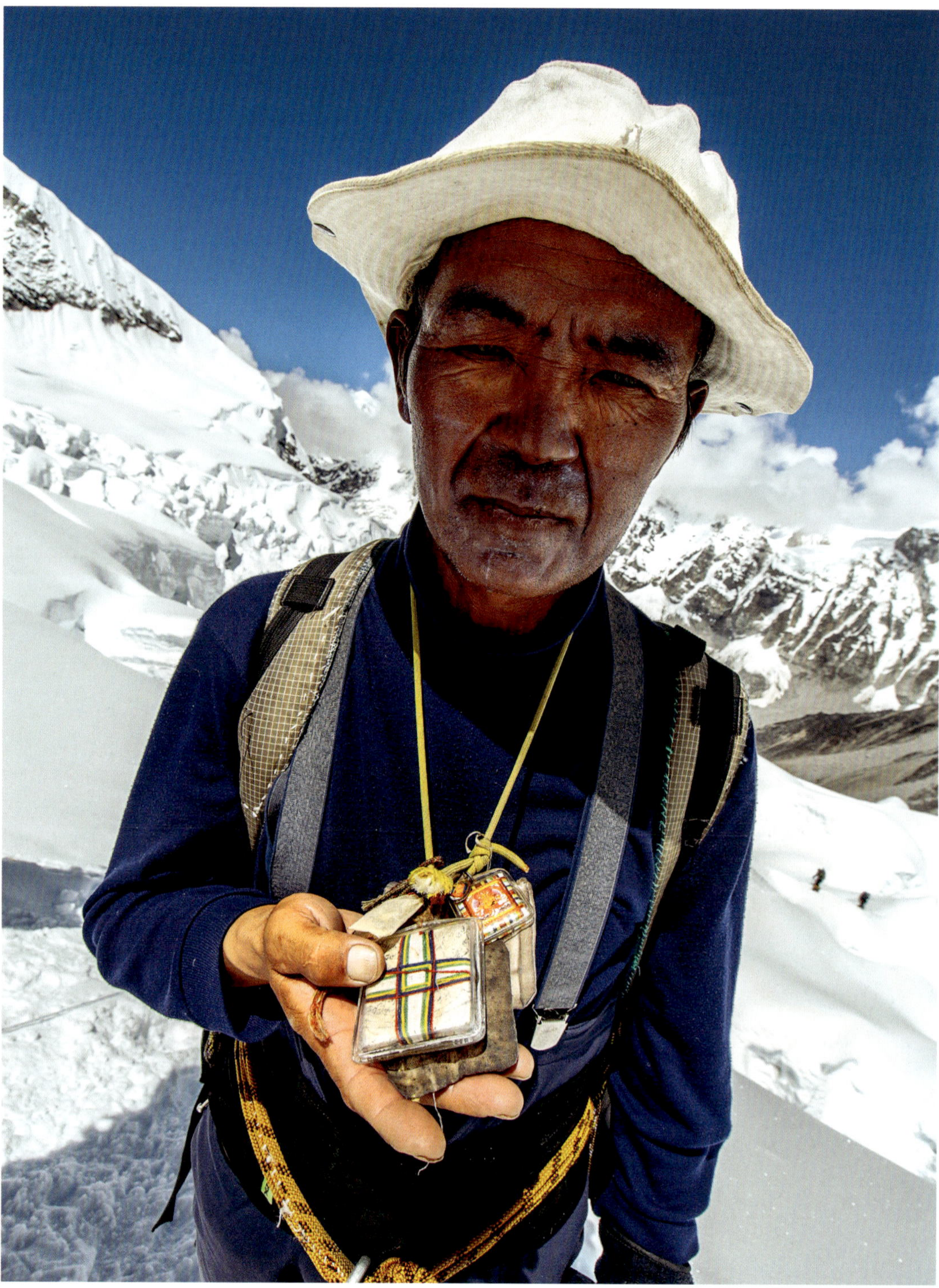

OBEN Panuru Sherpa mit Amuletten für einen sicheren Weg. Jedes Amulett ist von einem buddhistischen Lama gesegnet und trägt ein verborgenes Mantra im Innern.

GEGENÜBER Sogenannte „Icefall Doctors“ bauen eine Leiterroute über den Khumbu-Eisbruch zum Tal des Schweigens. Ohne die Kraft und den Einsatz der Sherpas hätten wir den Berg nie besteigen und abfahren können.

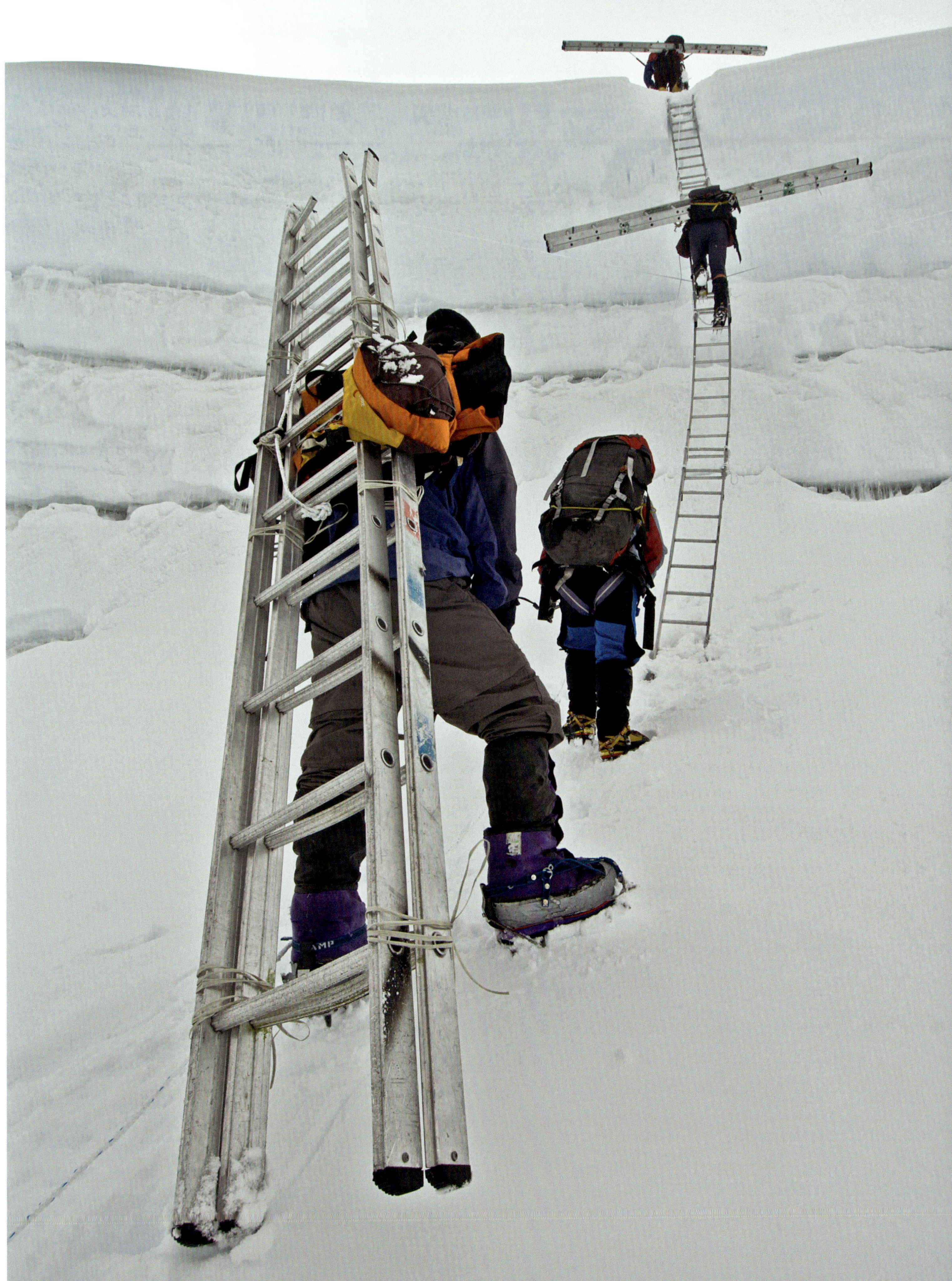

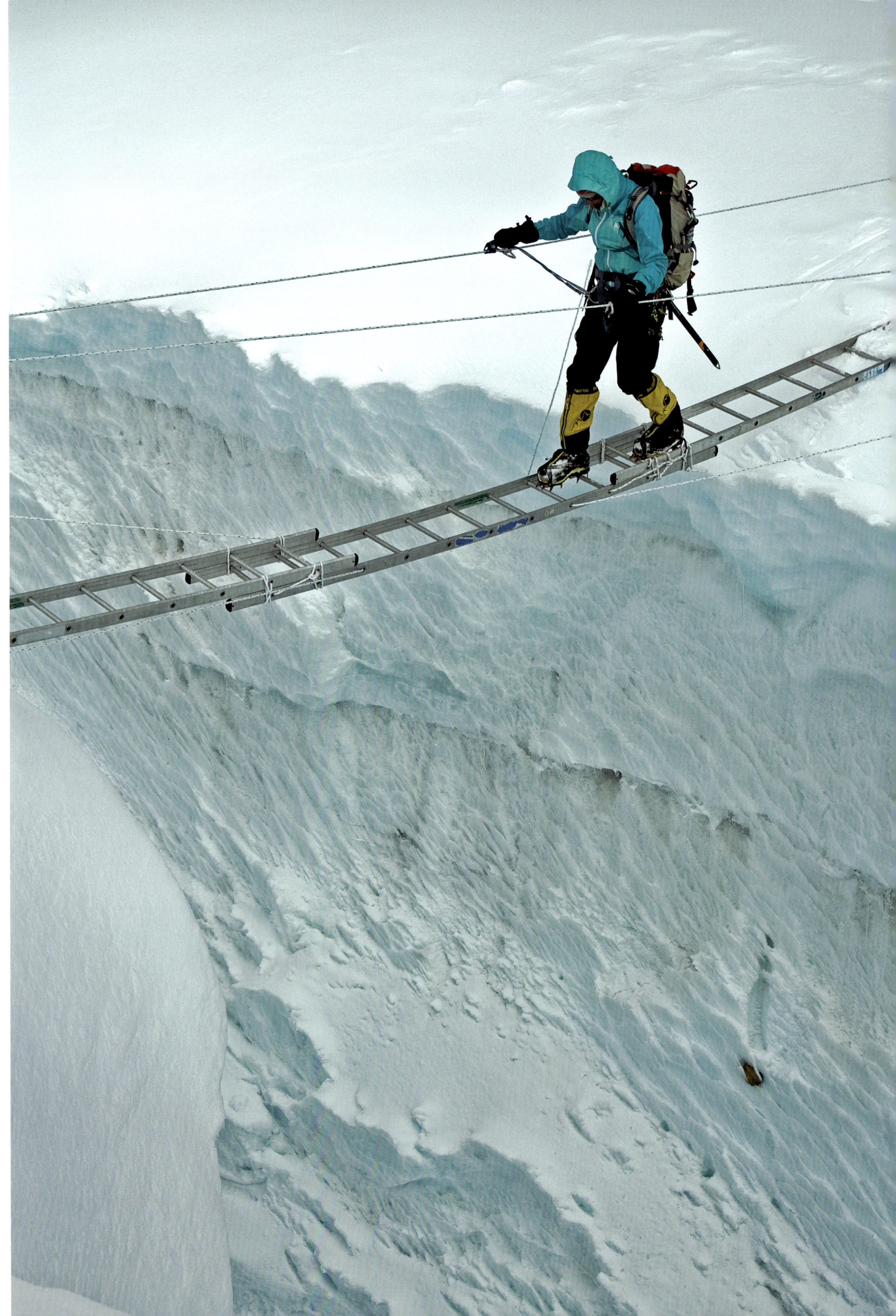

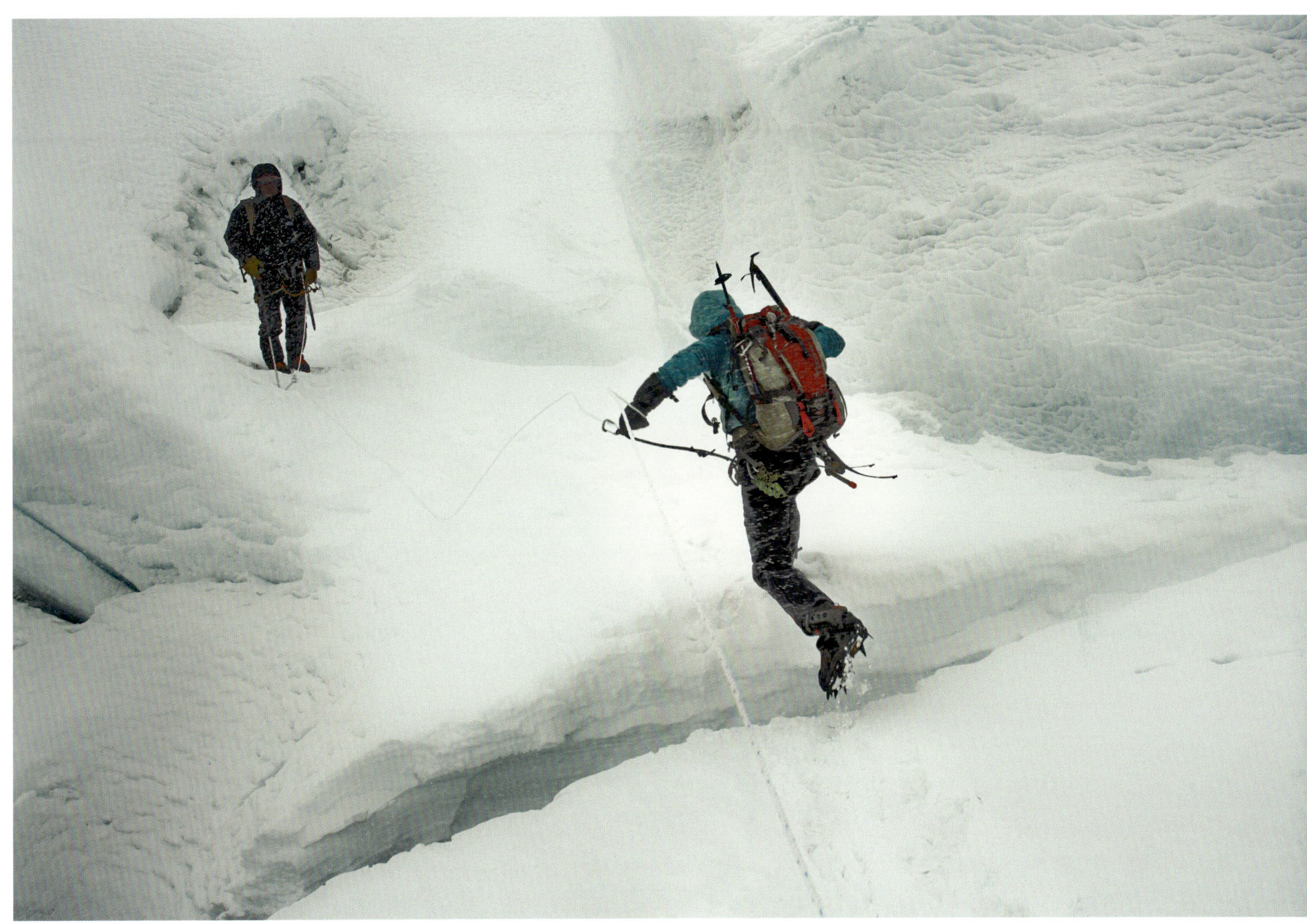

OBEN Kit DesLauriers springt im Khumbu-Eisbruch in 6000 m Höhe über Gletscherspalten; ihr Mann, Rob DesLauriers, schaut zu. Der Khumbu-Eisbruch ist das unsicherste Terrain des Everest und wird als gefährlichster Teil des Südseitenaufstiegs angesehen.

GEGENÜBER Kit auf einer der vielen Leitern über die Gletscherspalten im Tal des Schweigens.

FOLGESEITE Kit betritt das Tal des Schweigens oberhalb des Khumbu-Eisbruchs.

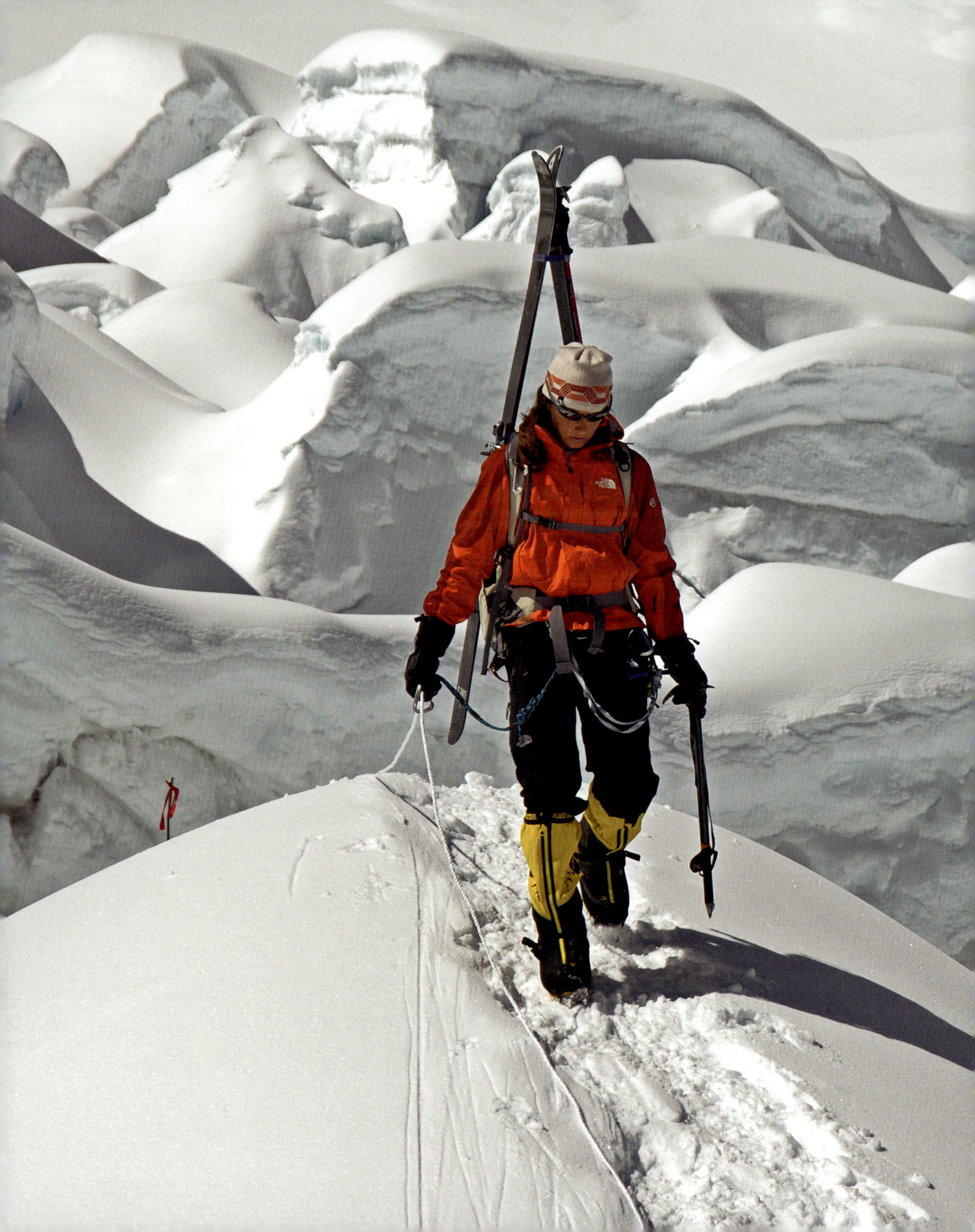

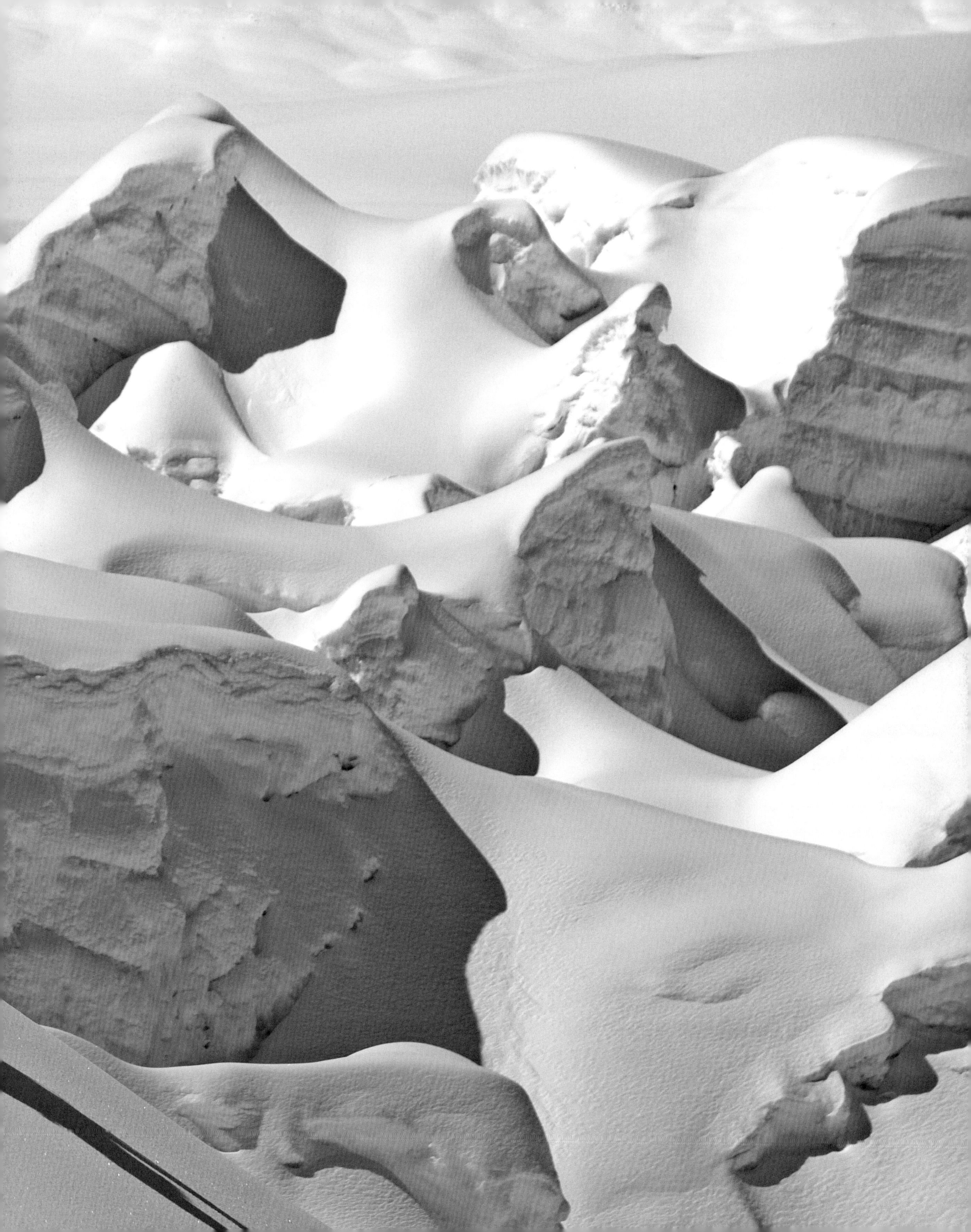

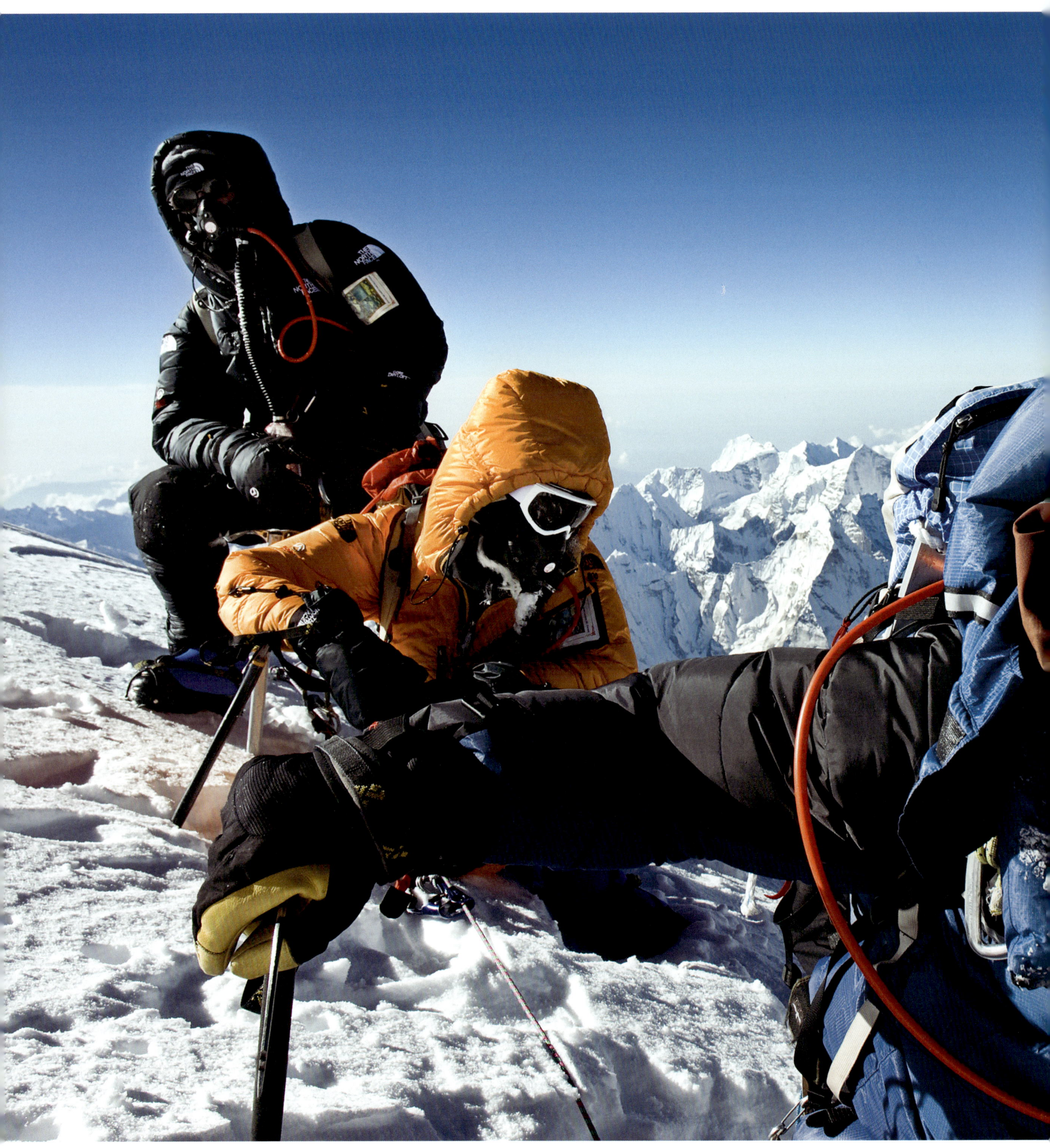

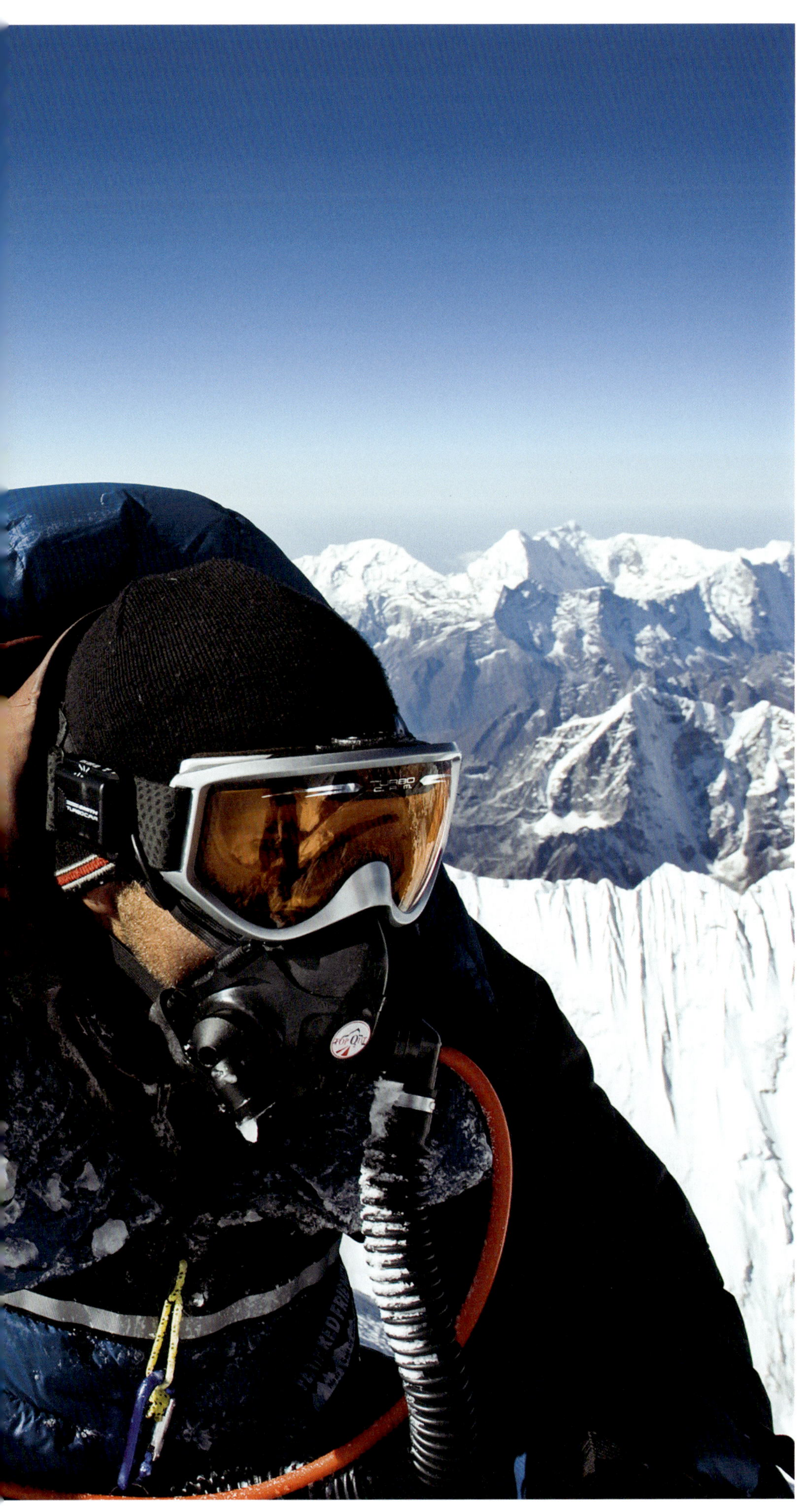

LINKS Gipfeltag. Von links: Rob DesLauriers, Kit DesLauriers und Dave Hahn machen eine Pause auf dem Südgipfel des Everest, bevor sie den letzten Grat erklimmen.

FOLGESEITE Kit und Rob nähern sich am 18. Oktober, fast zwei Monate nach ihrer Ankunft am Berg, dem Gipfel des Mount Everest.

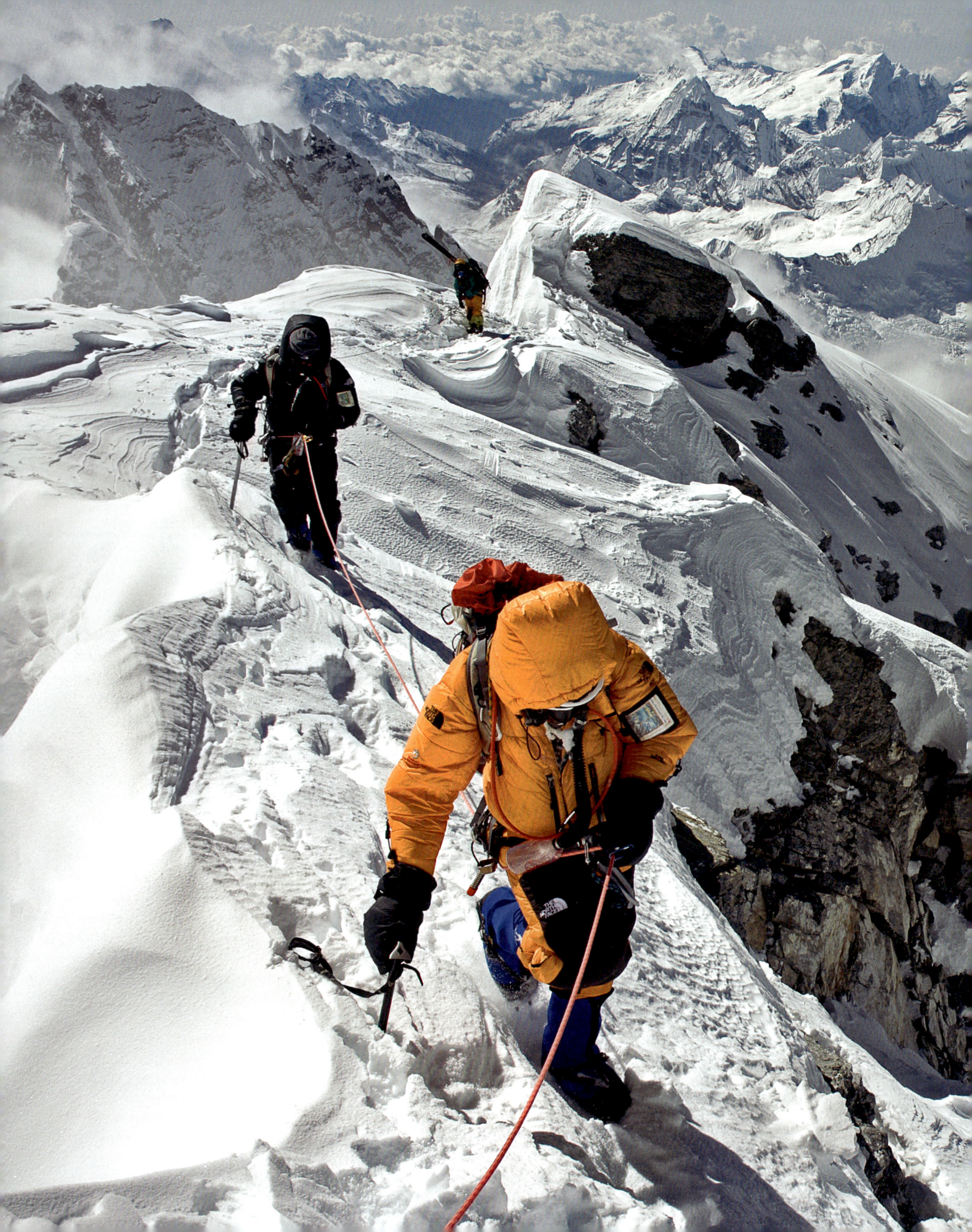

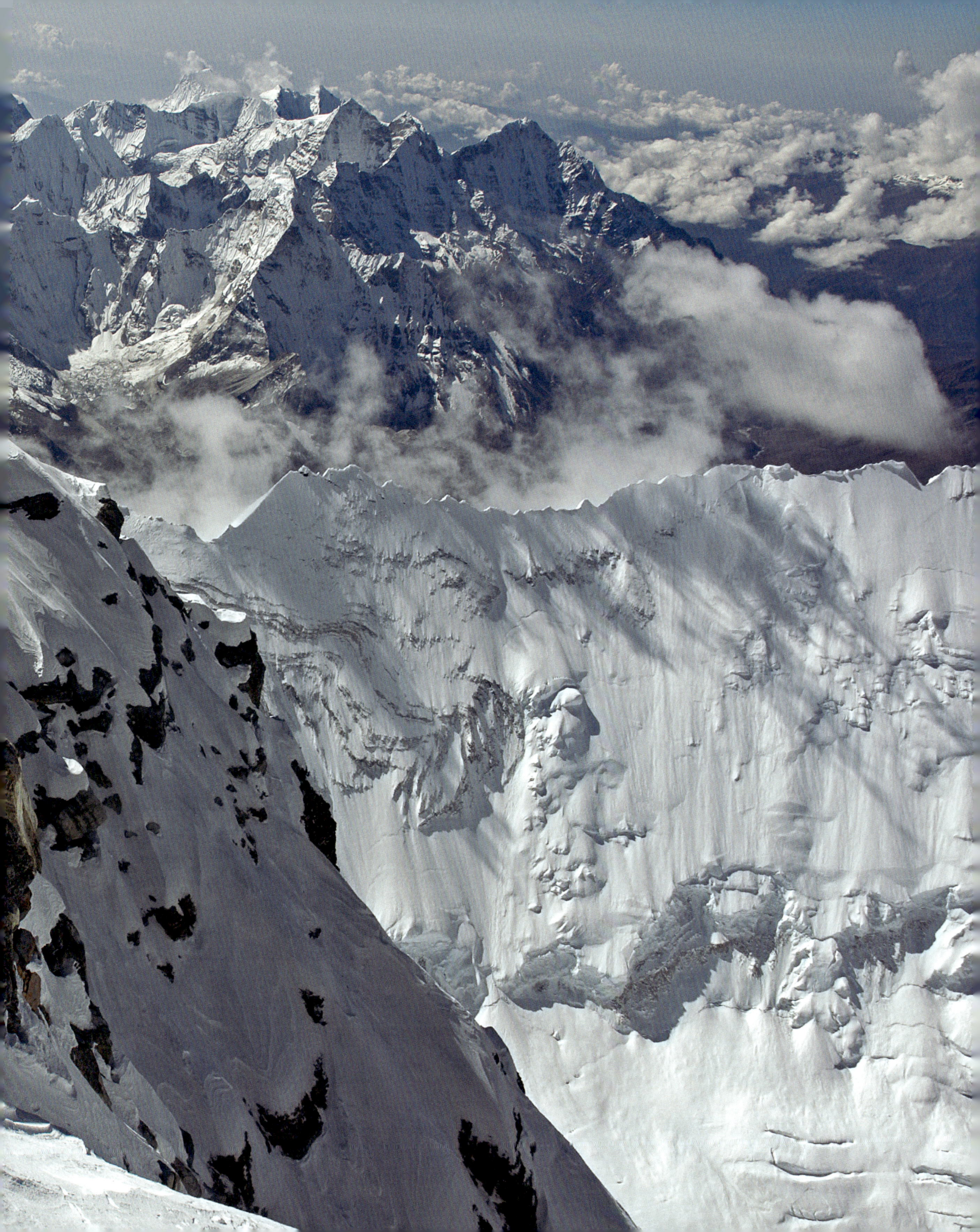

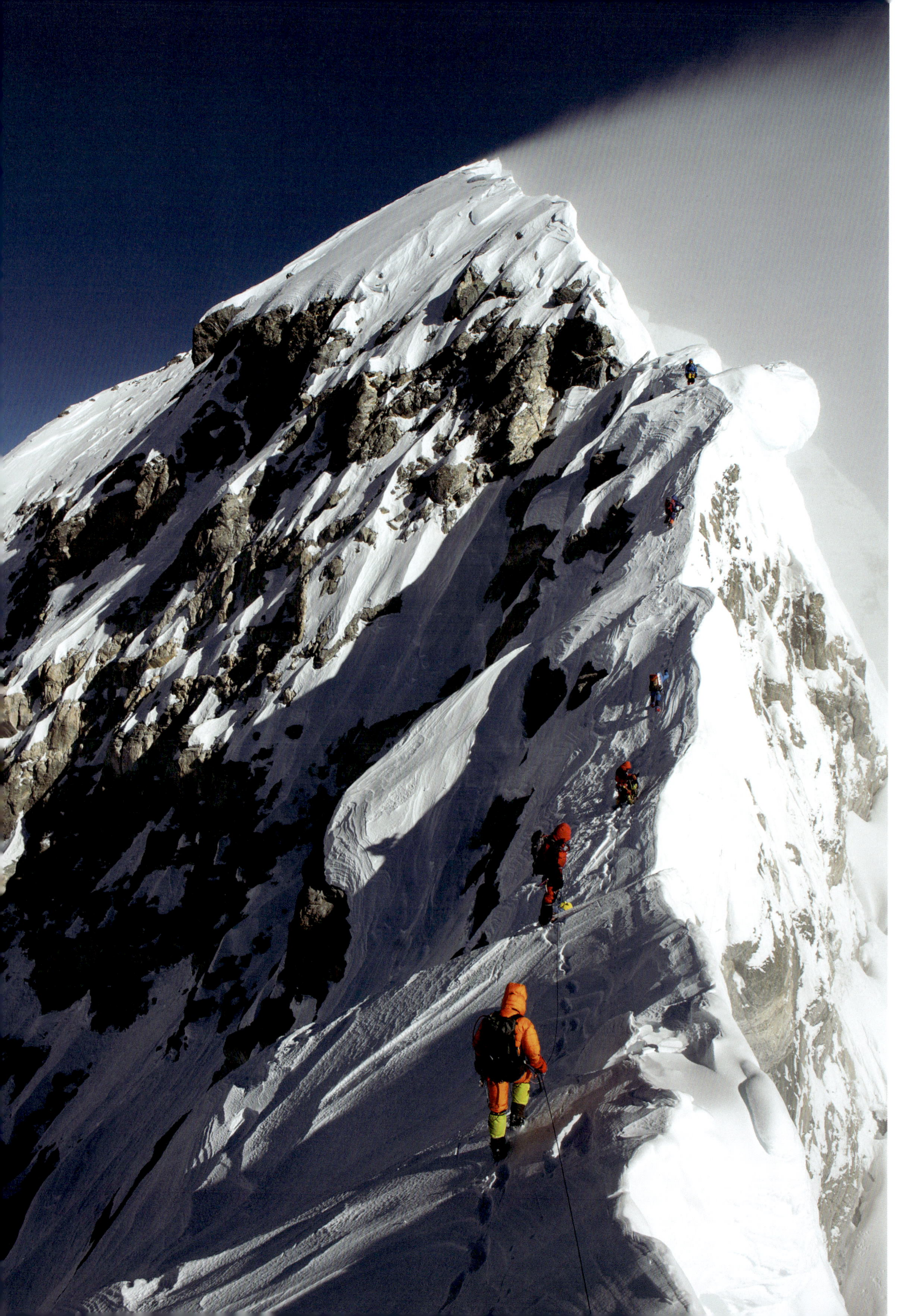

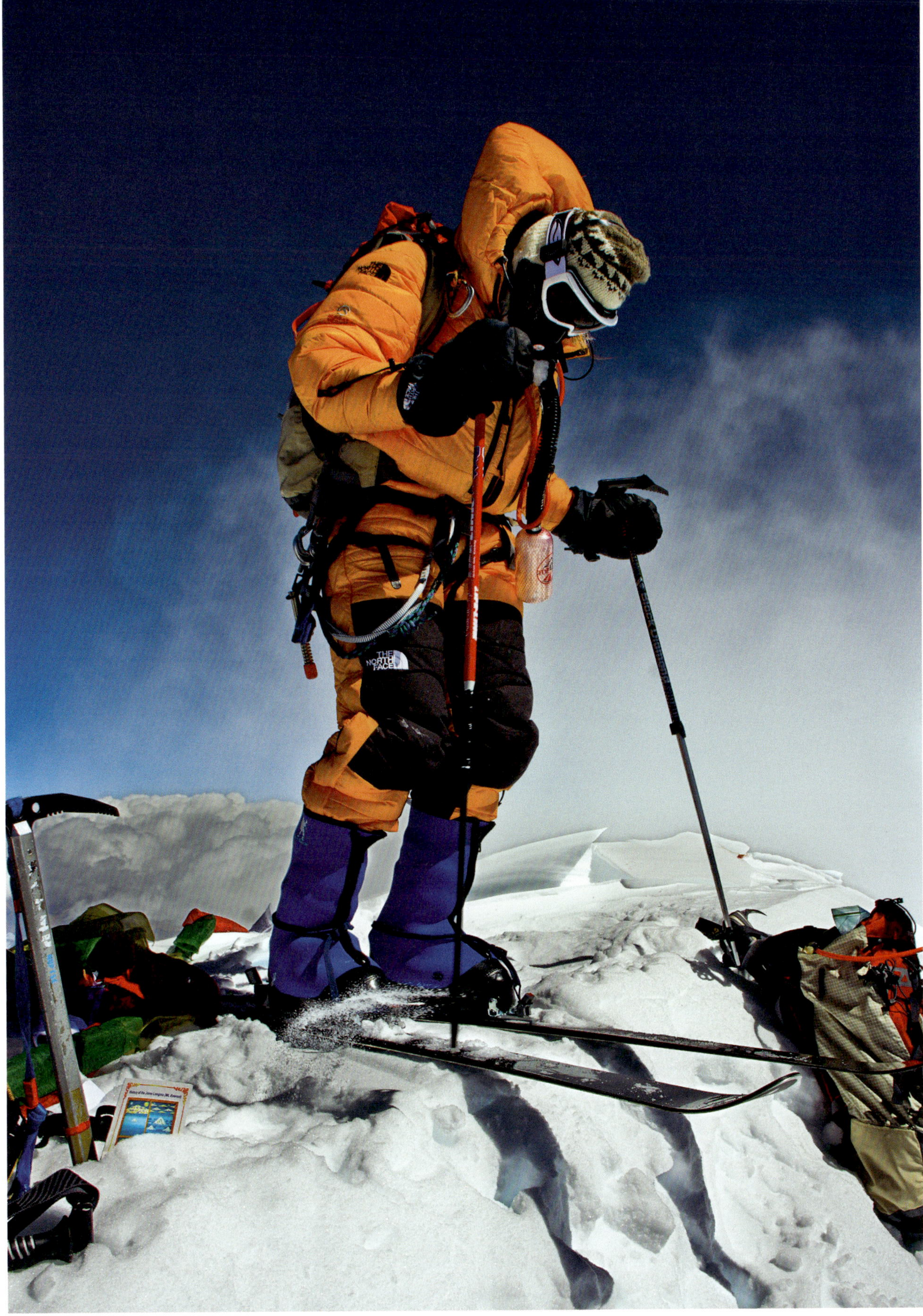

GEGENÜBER Unser Team nimmt den Gipfelgrat des Everest in Angriff. In der Nachmonsunzeit 2006 waren wir das einzige Team am Berg.

OBEN Kit DesLauriers steigt in 8848 m Höhe in ihre Bindungen und bereitet die Abfahrt vom Mount Everest vor. Sie wird die erste Frau sein, die vom Gipfel abfährt, und damit ihr Ziel erreichen, der erste Mensch zu sein, der von allen Seven Summits abgefahren ist.

FOLGESEITE Kit fährt die Lhotse-Flanke ab. Mit einem Hangwinkel von 50 Grad ist sie der technisch anspruchsvollste Teil der Abfahrt. Die Bedingungen waren alles andere als ideal. Wir fuhren auf einer Mischung aus windverworfenem Firn und stahlblauem Eis.

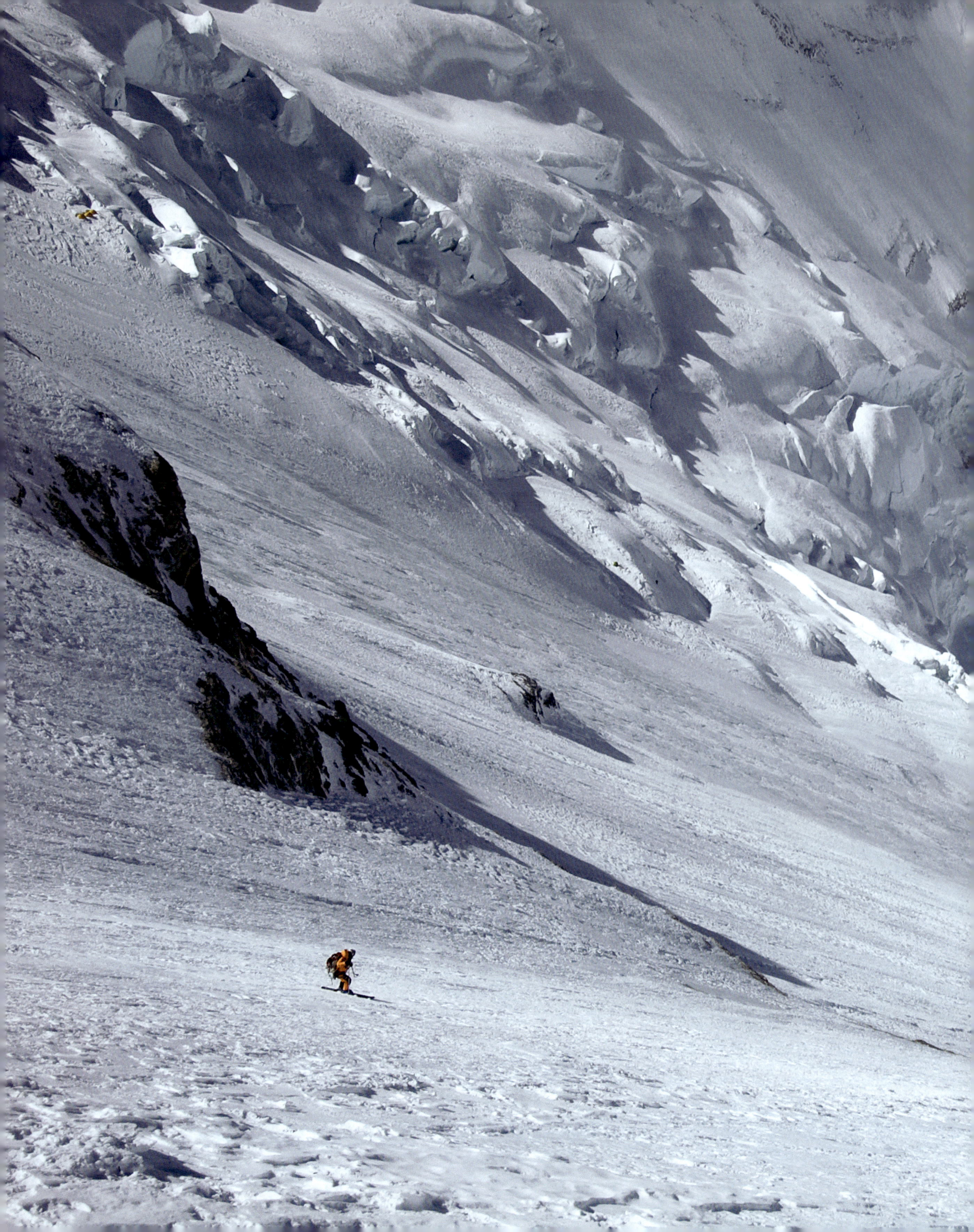

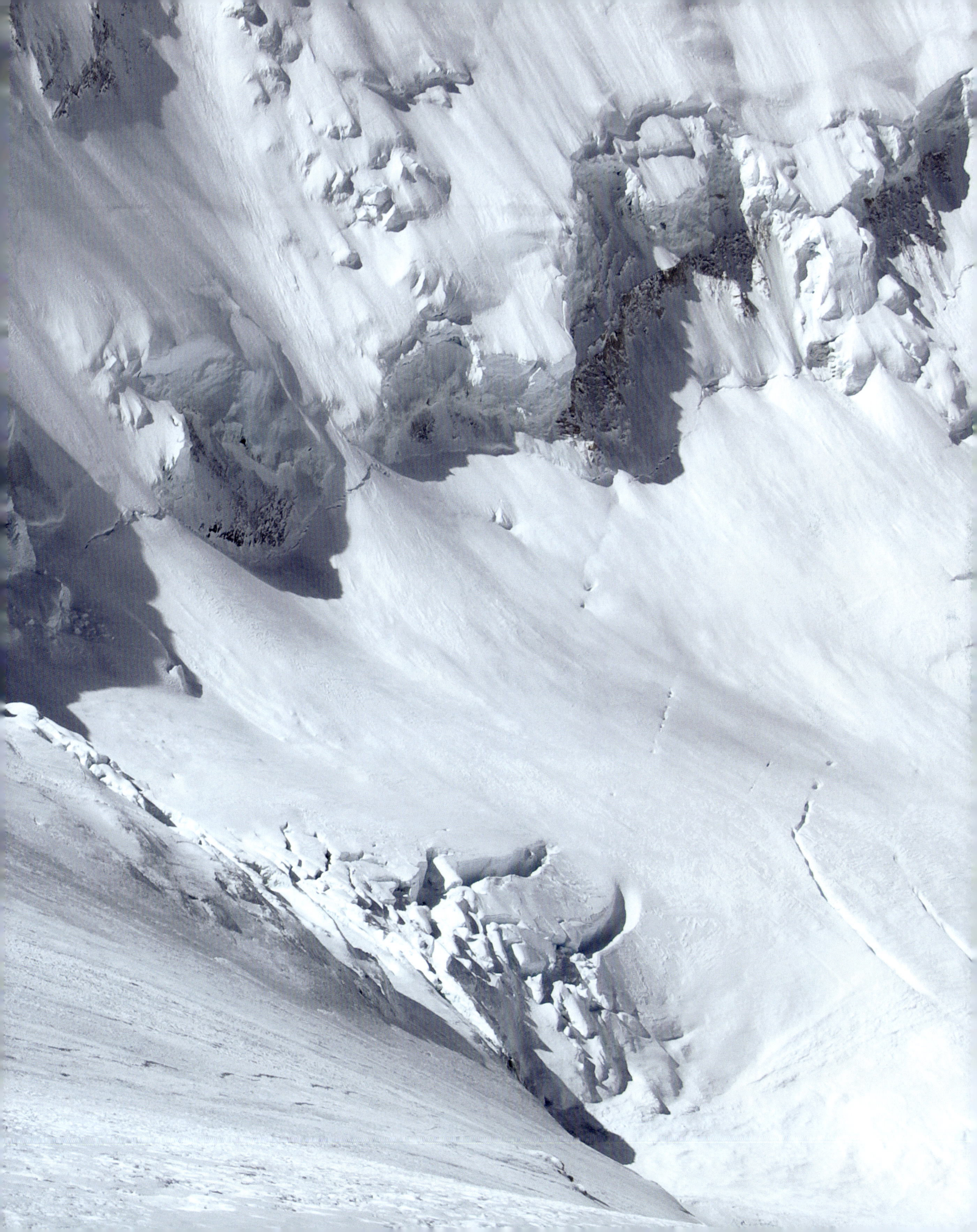

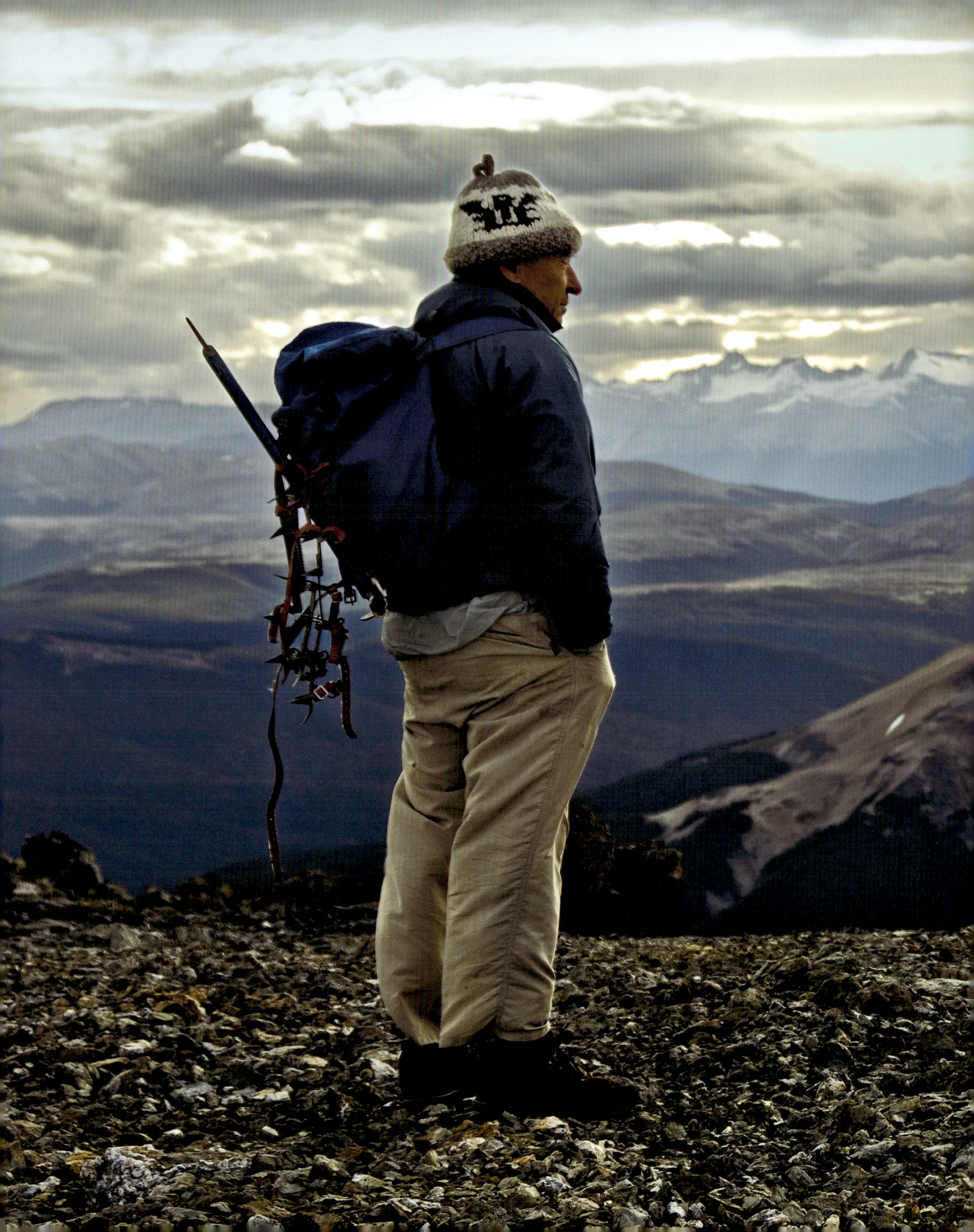

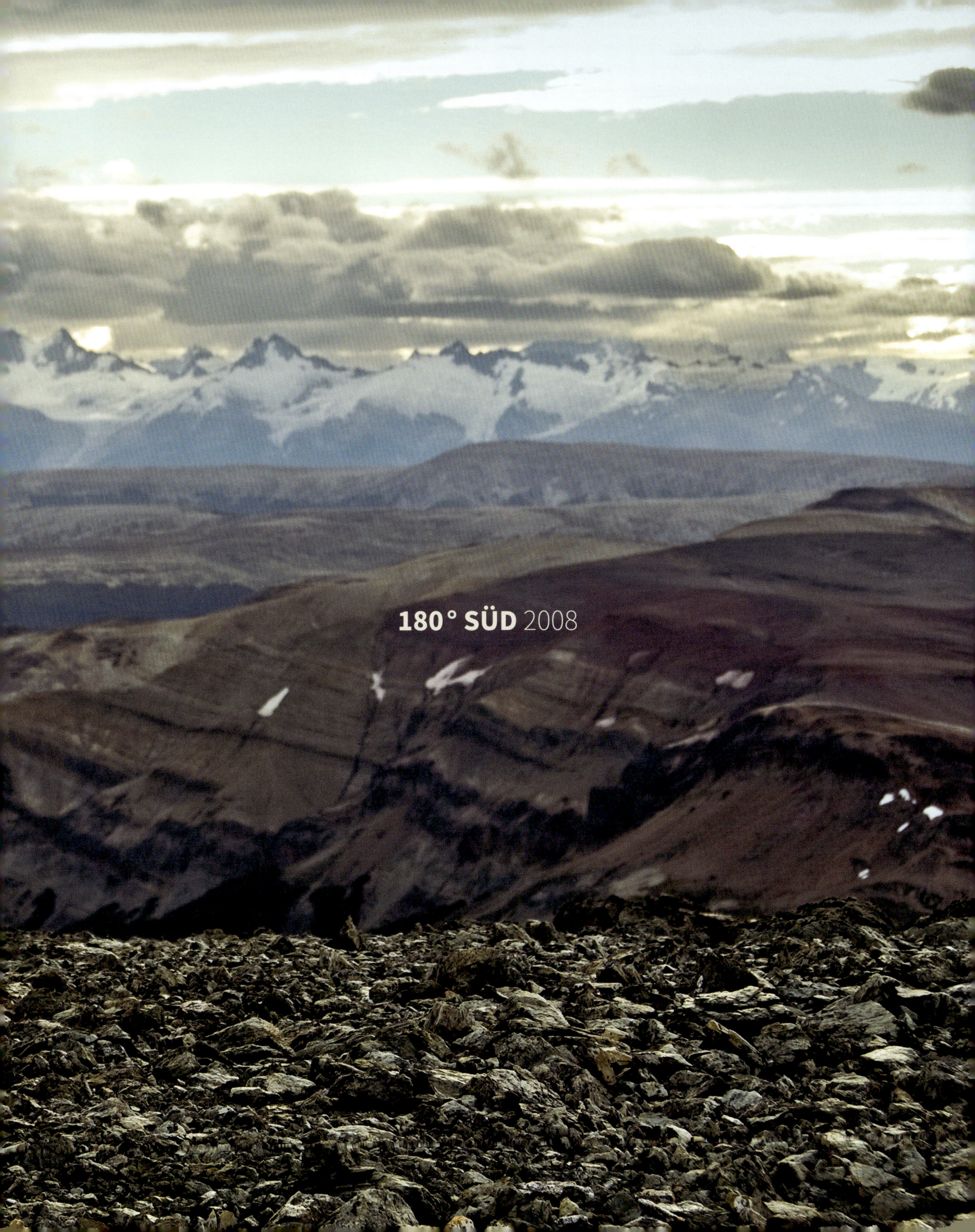
180° SÜD 2008

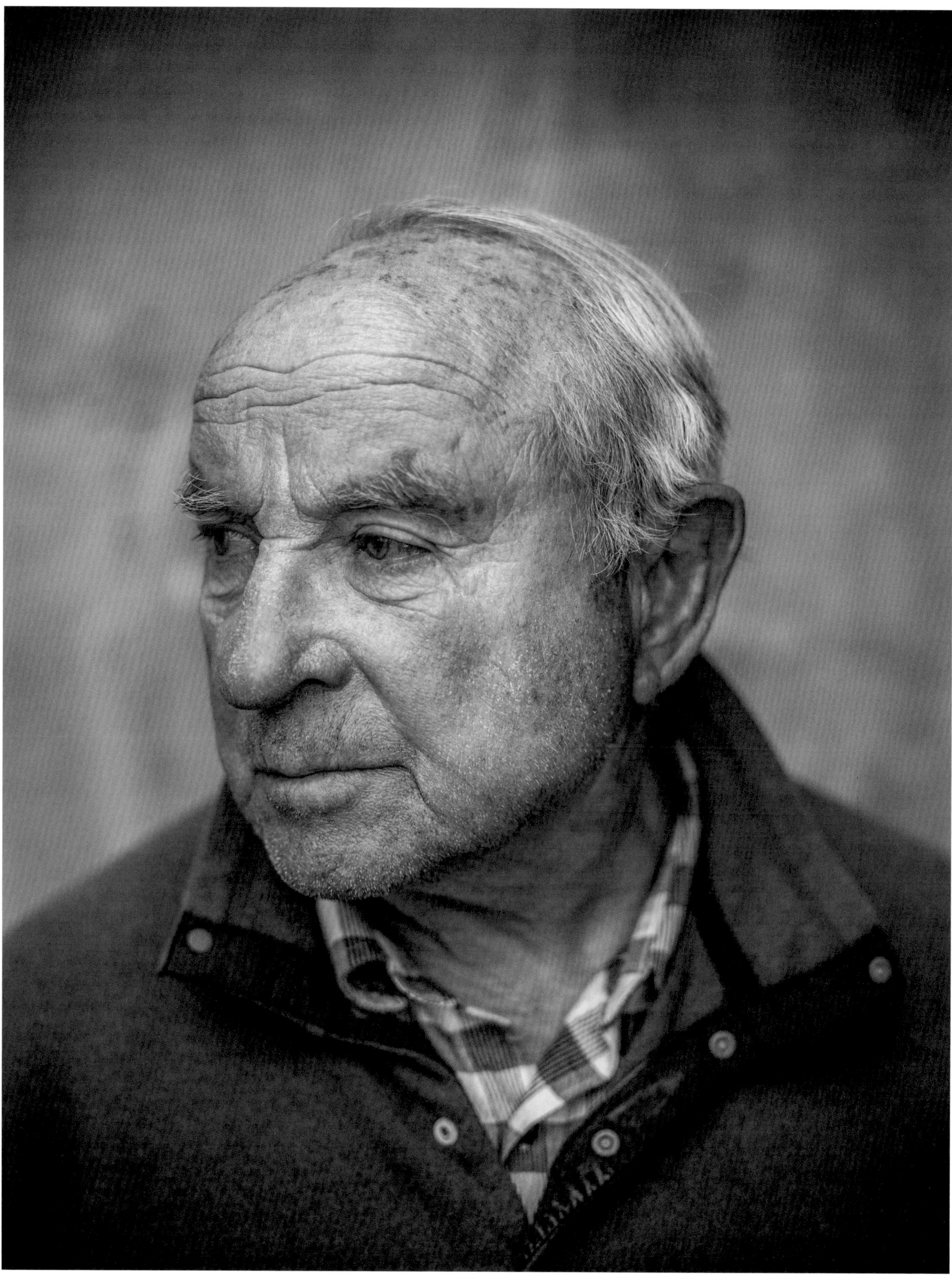

2003 hatte ich bereits sechs Jahre lang aus meinem blauen Subaru Loyale gelebt.

Als Yvon Chouinard hörte, dass ich die kalifornische Küste hinunterfuhr, bot er mir an, bei sich in Ventura zu wohnen, für ein paar gute Mahlzeiten und ein richtiges Bett.

Yvon ist einer der angesehensten Bergsteiger seiner Generation. Er hat bedeutende Erstbesteigungen auf der ganzen Welt durchgeführt und wird für sein Engagement für die Umwelt geehrt. 1973 gründete er Patagonia, ein Unternehmen für Outdoor-Bekleidung.

Bei ihm fand ich eine alte VHS-Kassette, „Mountain of Storms" (Berg der Stürme), gesprochen von Tom Brokaw, über die berüchtigte Fun-Hogs-Reise 1968 von Yvon, Doug Tompkins, Dick Dorworth und Lito Tejada-Flores in einem alten Ford-Transporter von Kalifornien bis zur Südspitze Südamerikas. Sie surften, fuhren auf Vulkanen Ski und durchstiegen den Fitz Roy, den berüchtigten Gipfel in Patagonien, auf einer neuen Route. Ihre legendäre Tour, das Ethos des Kletterns und Vagabundierens, das sie verkörperten, sollte Generationen von Kletterern, Surfern und Skifahrern inspirieren. Ich war einer davon.

Im Februar 2009 wurde ich von Rick Ridgeway geholt, um Chris und Keith Malloy, Danny Moder, Timmy O'Neill, Jeff Johnson, Makohe Ika und eine bunte Truppe von Kletterern, Surfern und Filmemachern in Chile zu begleiten. Sie drehten den Film *180 ° Süd*, der an die Fun-Hogs-Reise erinnern sollte. Yvon und Doug Tompkins begleiteten uns ein paar Mal.

Gegen Ende der Reise machten wir uns an die Erstbesteigung eines noch unbenannten Bergs, an dem sich Yvon und Doug schon einmal versucht hatten. Damals brachen sie ab, weil Yvons alte Lederstiefel kurz nach Antritt des Weges auseinandergefallen waren.

Jetzt trug Yvon stabilere Schuhe, aber noch die Gletscherbrille von der Tour auf den Fitz Roy 1968 und eine Windhose aus den 1980ern. Seine uralten Steigeisen drohten bei jedem Schritt zu zerspringen. Obwohl Yvon ein großes Bekleidungsunternehmen besitzt, war seine Dirtbag-Denke die von früher: Kleidung und Ausrüstung tragen, bis sie abgetragen sind.

In Gipfelnähe blickten Yvon und ich auf eine steile Kante, gespalten durch einen langen, gewölbten Riss. Yvon hatte mehr Jahre an Klettererfahrung als ich, aber ich fühlte mich verpflichtet, auf ihn aufzupassen. Ich stellte meinen Rucksack ab und öffnete ihn.

„Hey Yvon, willst du 'n Seil?", fragte ich ihn.

„Hä?", kam es zurück. „Nein. Warum? Brauchst du eins?" Dann wieselte er den Riss hinauf und verschwand alsbald hinter der Kante. Ich lachte und legte das Seil zurück.

Nach der Besteigung wollte Yvon den Berg Cerro Geezer nennen. Doug wollte ihn nach seiner Frau, Kristine Tompkins, benennen. Doug machte das Rennen.

Später machten Doug und Kristine die weite, spektakuläre Landschaft um uns herum zum Patagonia-Nationalpark. Ihr Lebenswerk wurde die bisher größte privat-öffentliche Landübertragung für den Naturschutz in der Geschichte.

Es sollte Dougs und Yvons letzte große Tour sein. Doug kam 2015 bei einem Kajakunfall ums Leben, und Yvon hängte seine Steigeisen schließlich an den Nagel. Beide beendeten ihre Kletterkarriere mit der Erstbegehung eines wunderschönen Berges.

VORSEITE Yvon Chouinard prüft das Wetter über den südlichen Anden. Wir nähern uns dem Cerro Kristine. Patagonia-Nationalpark, Chile.

GEGENÜBER Yvon Chouinard. Chacabuco-Tal, Chile.

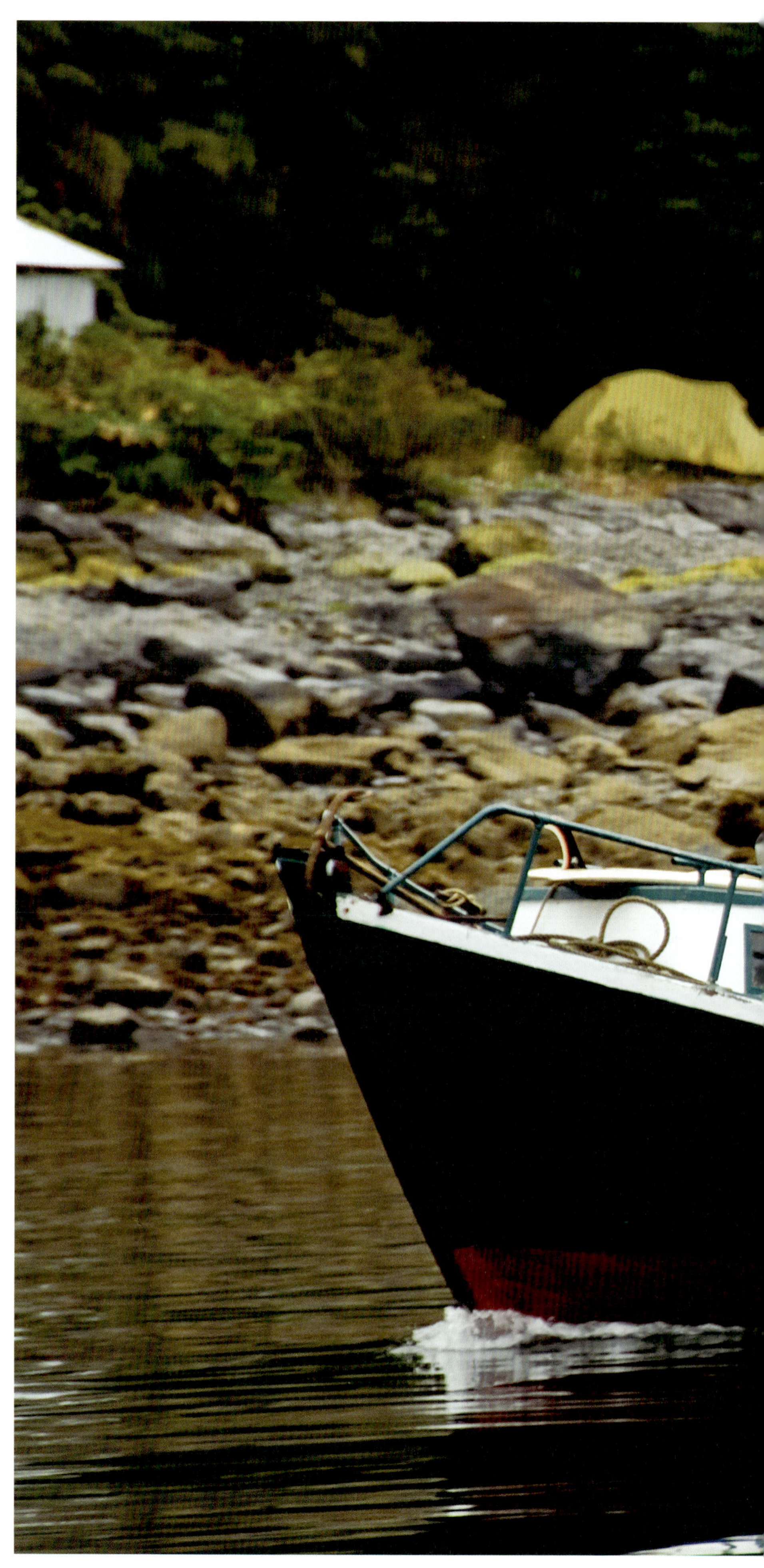

RECHTS Das mutige Produktionsteam von *180° Süd*.

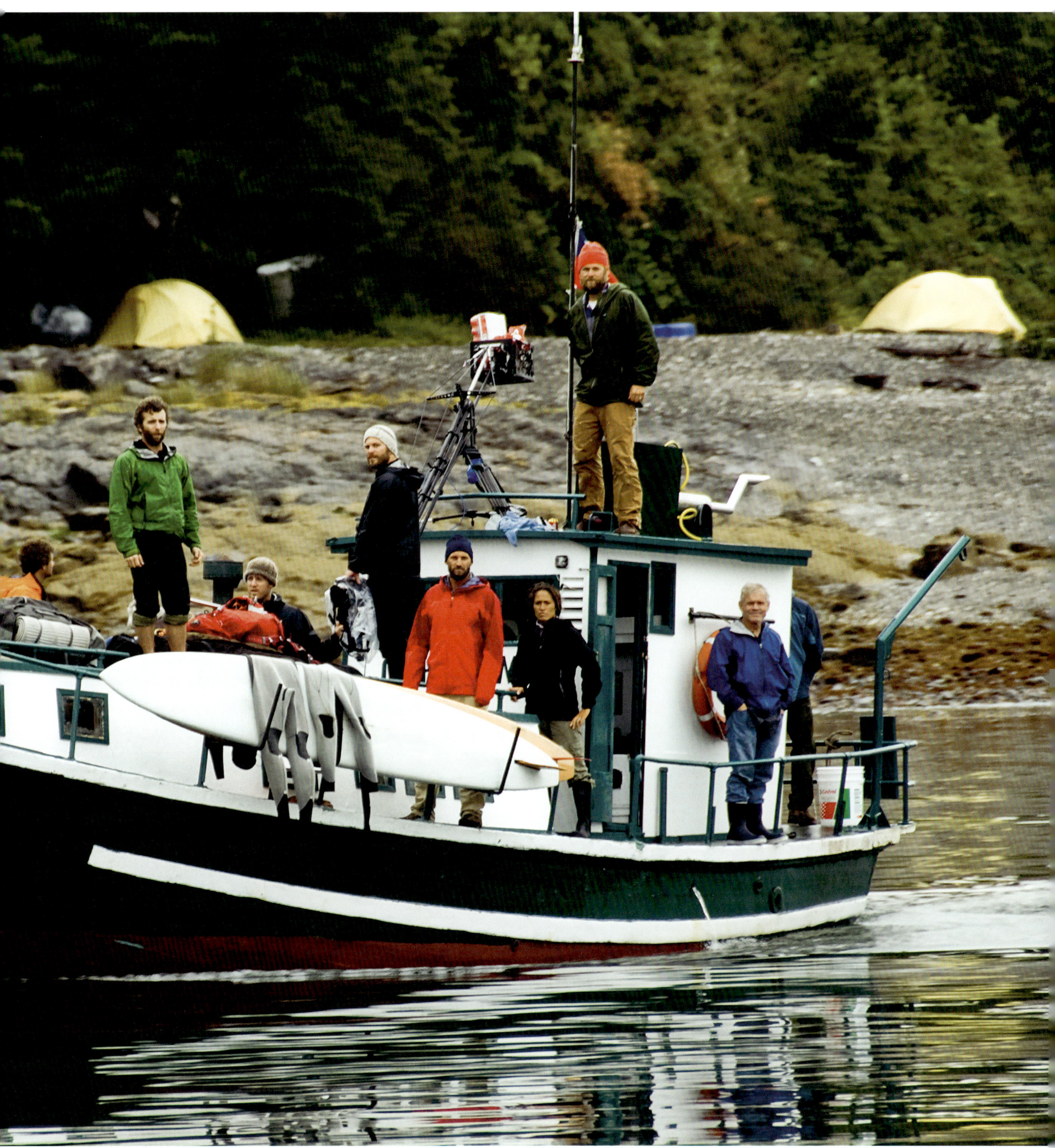

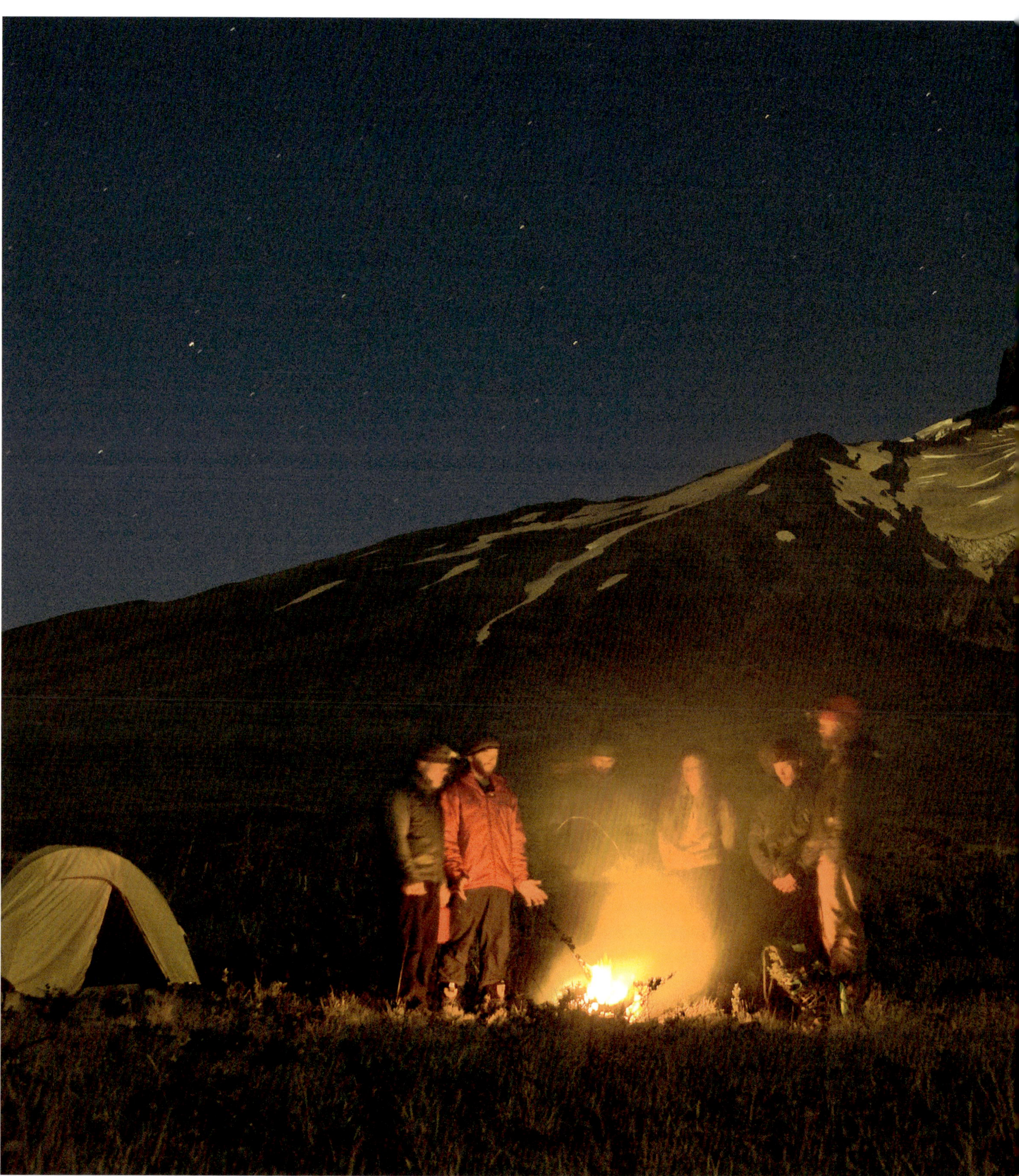

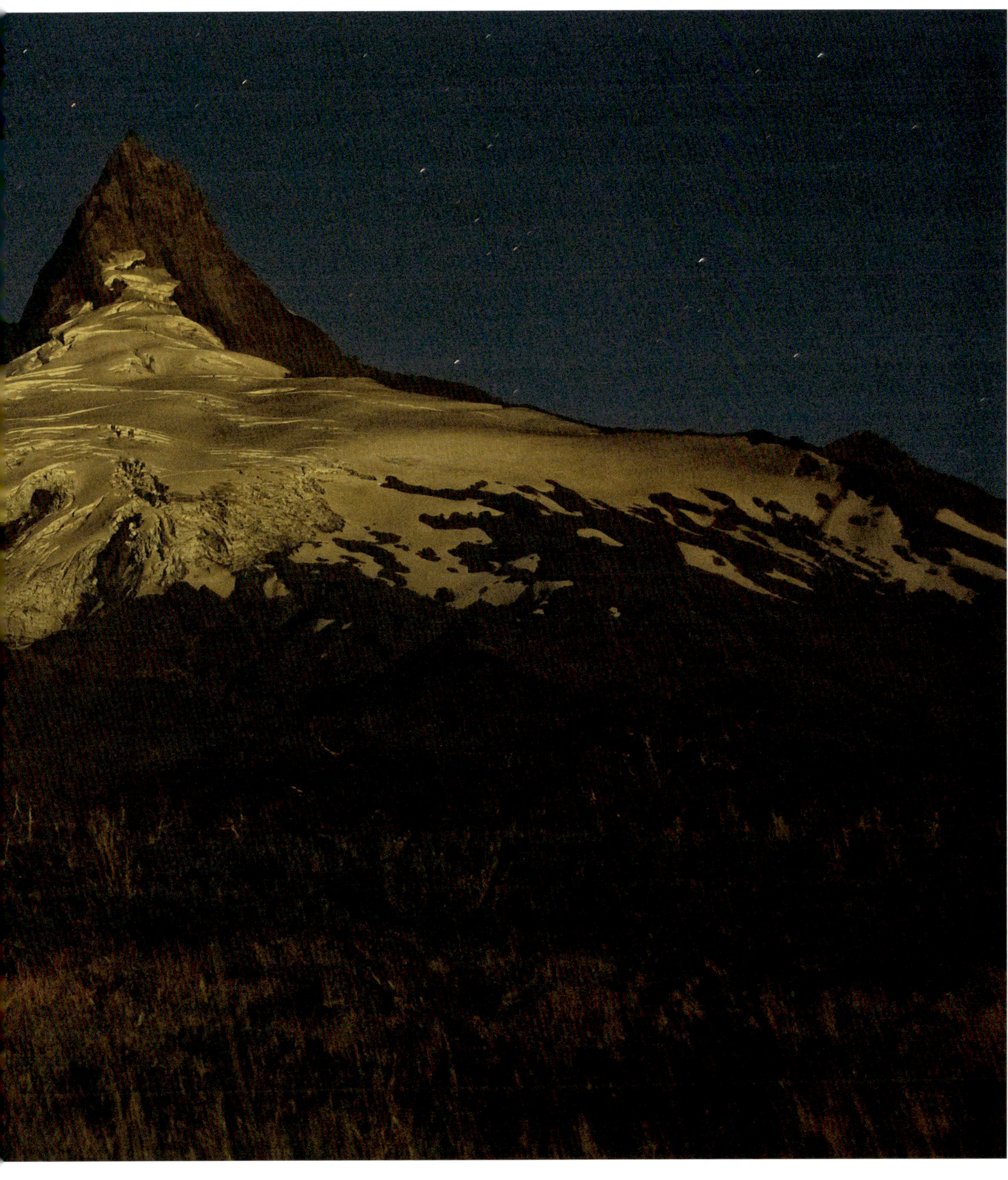

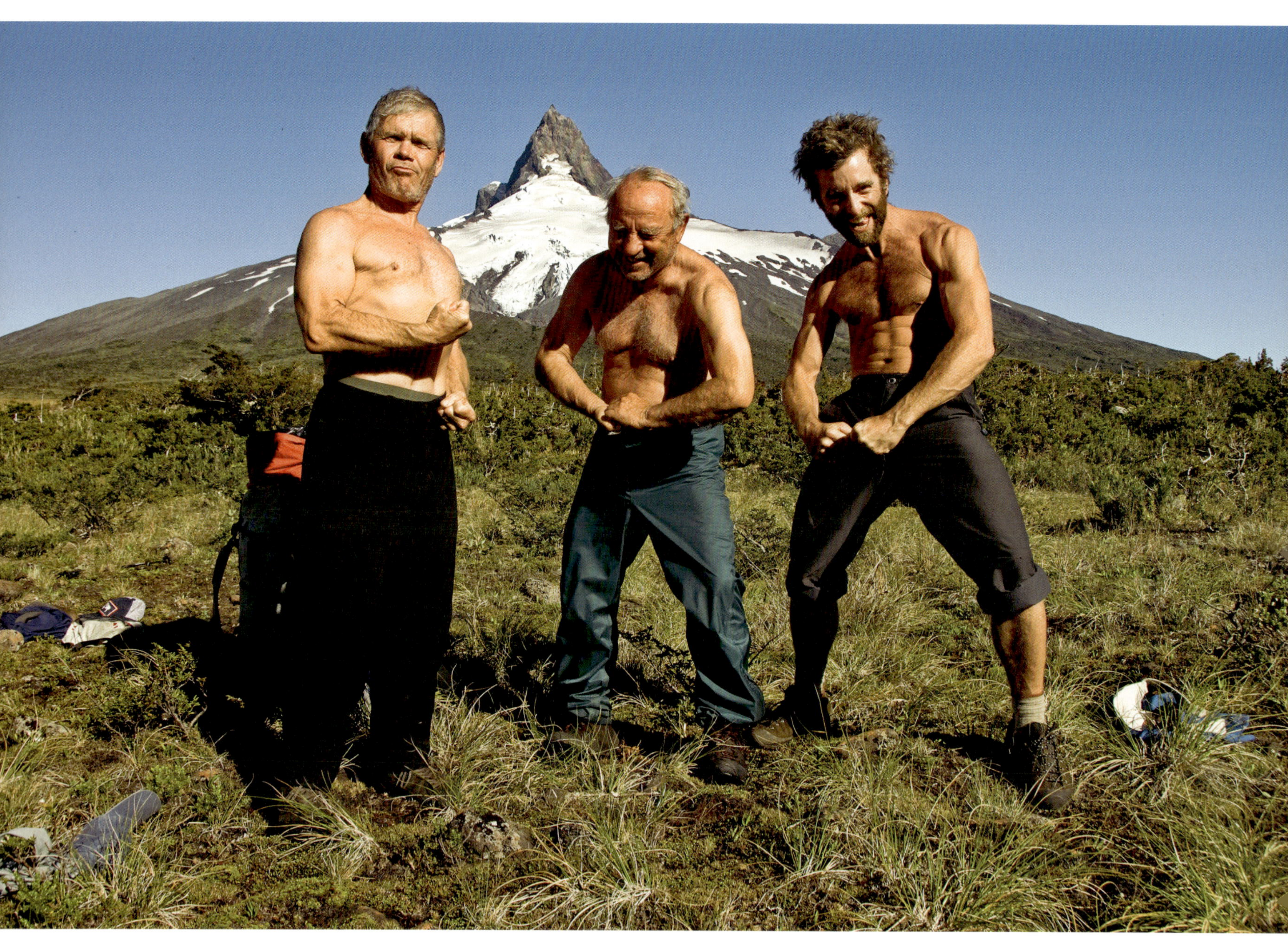

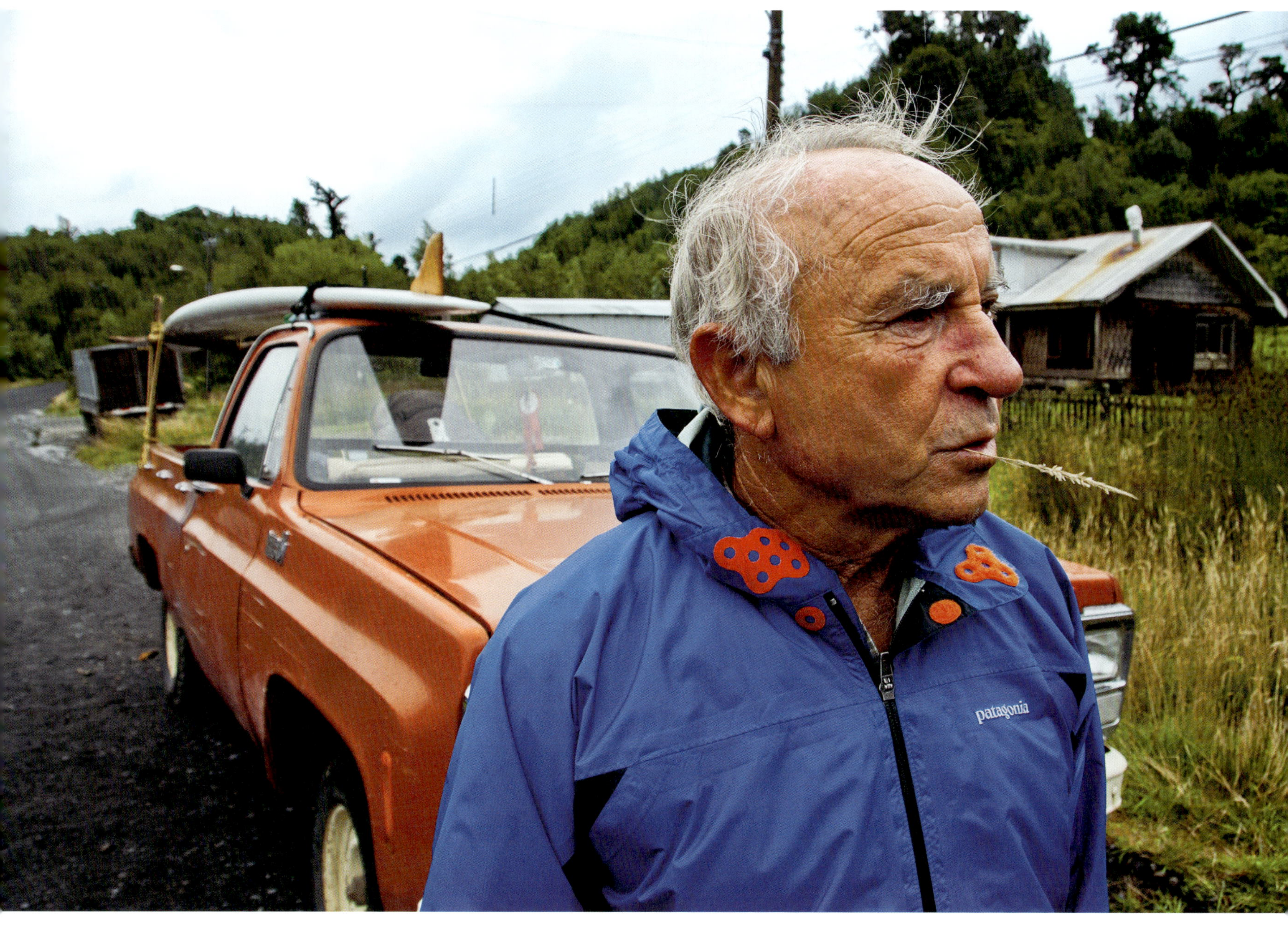

VORSEITE Lagerfeuer unterhalb des Corcovado-Vulkans.

GEGENÜBER Von links: Rick Ridgeway, Yvon Chouinard, Timmy O'Neill. Muskelspiel auf dem Weg zur Besteigung des Corcovado, Chile. Dieses Team sieht vielleicht eigenwillig aus, meisterte aber gemeinsam die Erstbesteigung des K2 ohne Flaschensauerstoff, den Geschwindigkeitsrekord auf der „Nose" am El Capitan und schwierige Erstbegehungen auf allen sieben Kontinenten.

OBEN Yvon Chouinard. Chaitén, Chile.

138

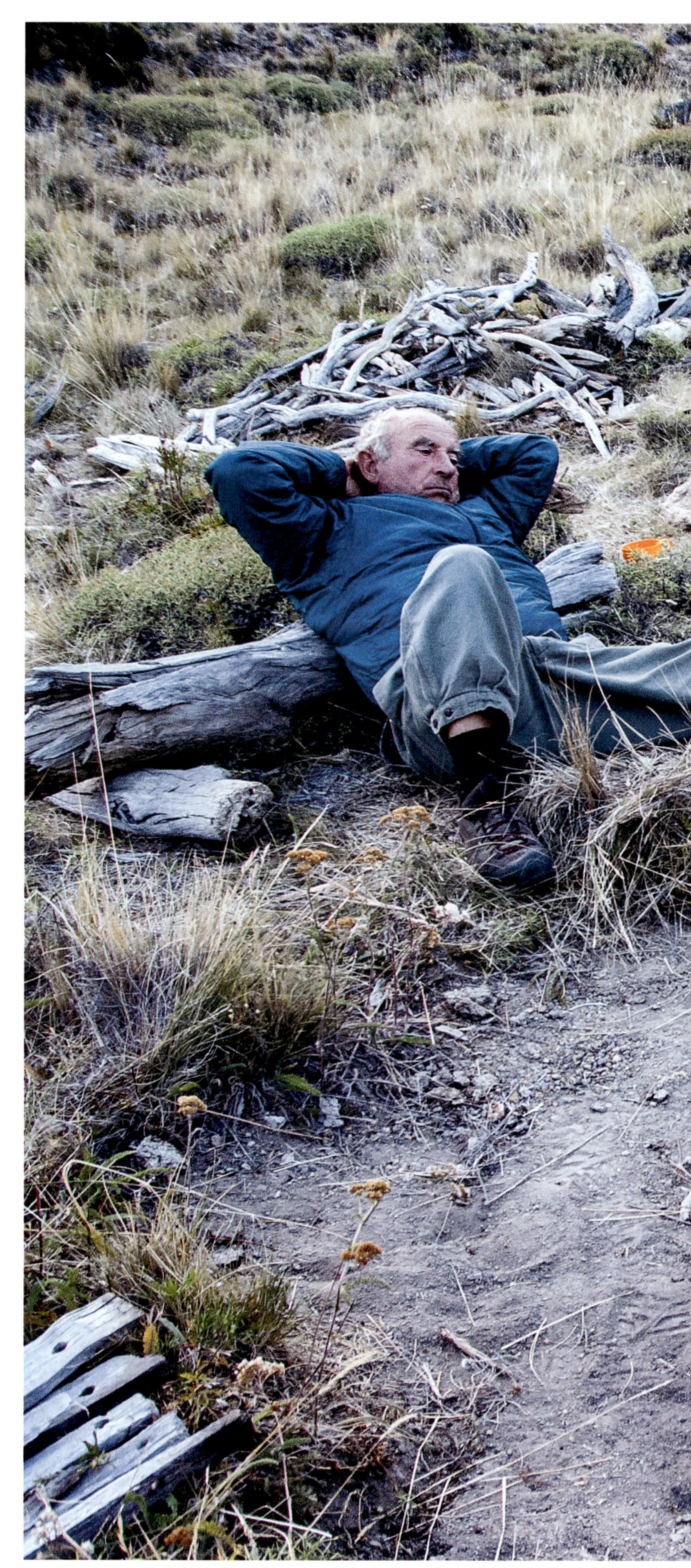

RECHTS Von links: Yvon Chouinard, Jeff Johnson, Makohe Ika und Keith Malloy warten nach einem langen Tourentag hungrig auf ihr Hinterland-Asado. Chacabuco, Chile.

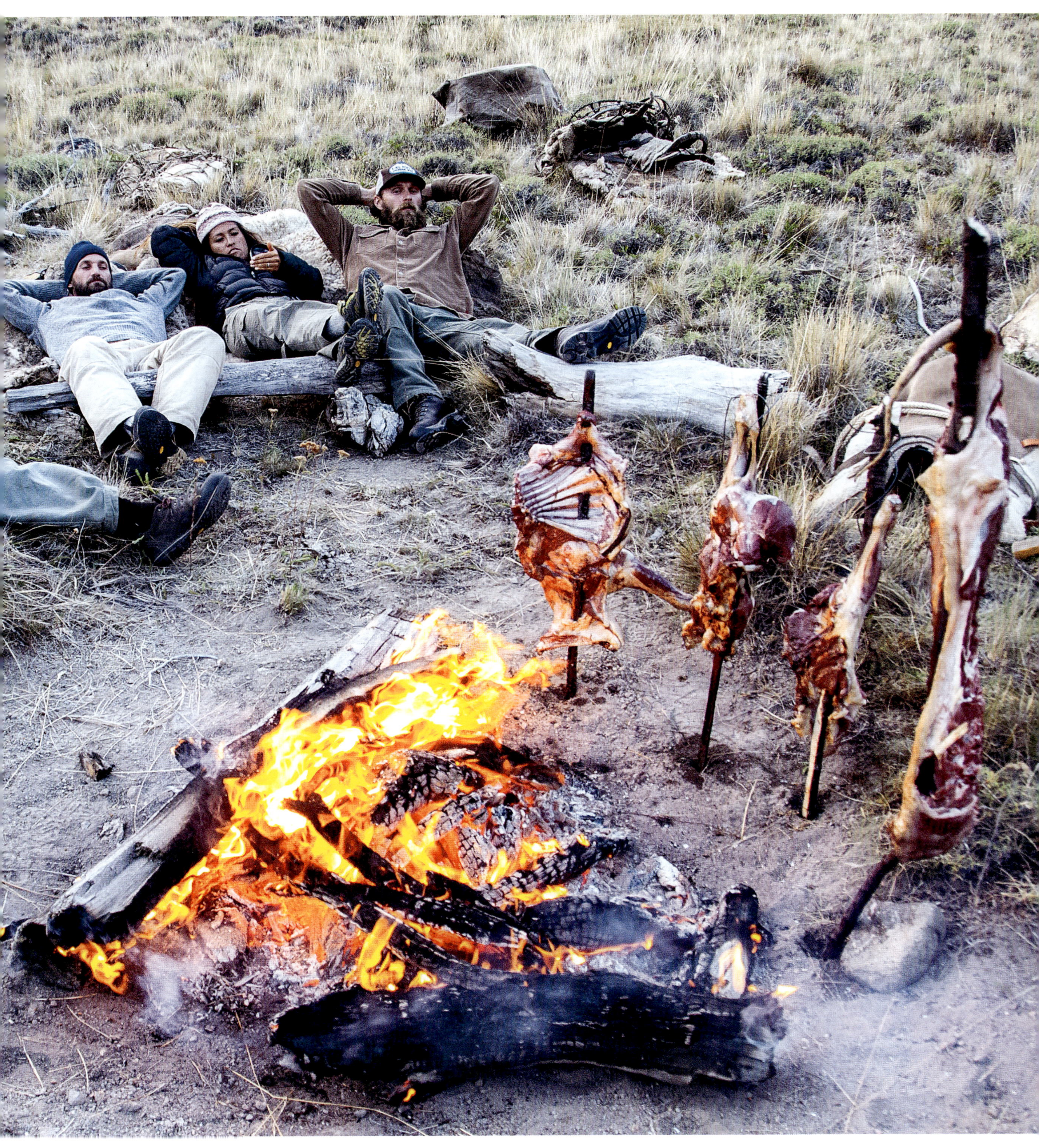

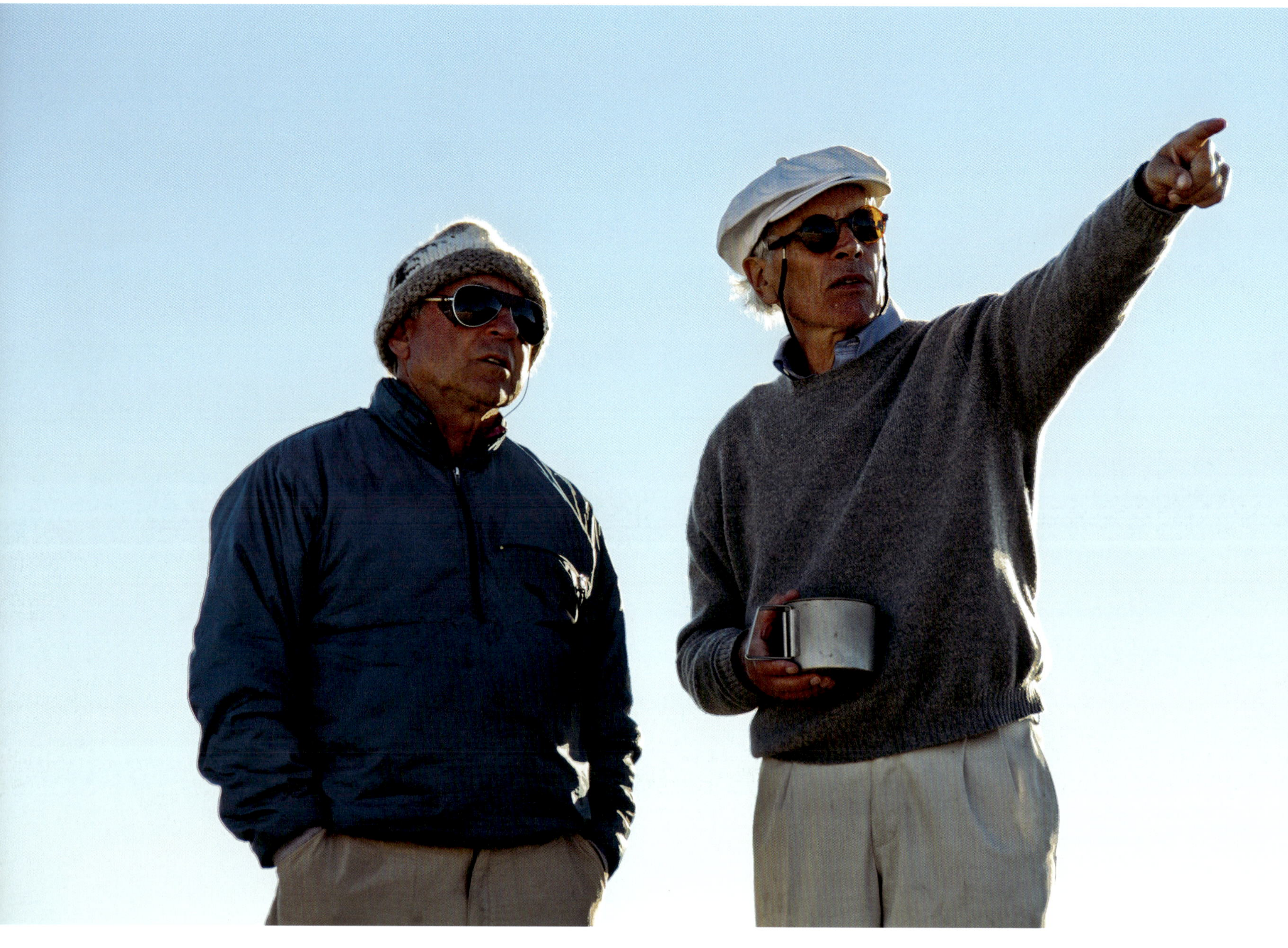

OBEN Yvon Chouinard, links, und Doug Tompkins besprechen die Strecke zum Cerro Kristine.

GEGENÜBER Yvon und Doug rasten auf unserem Weg zur Erstbesteigung des Cerro Kristine.

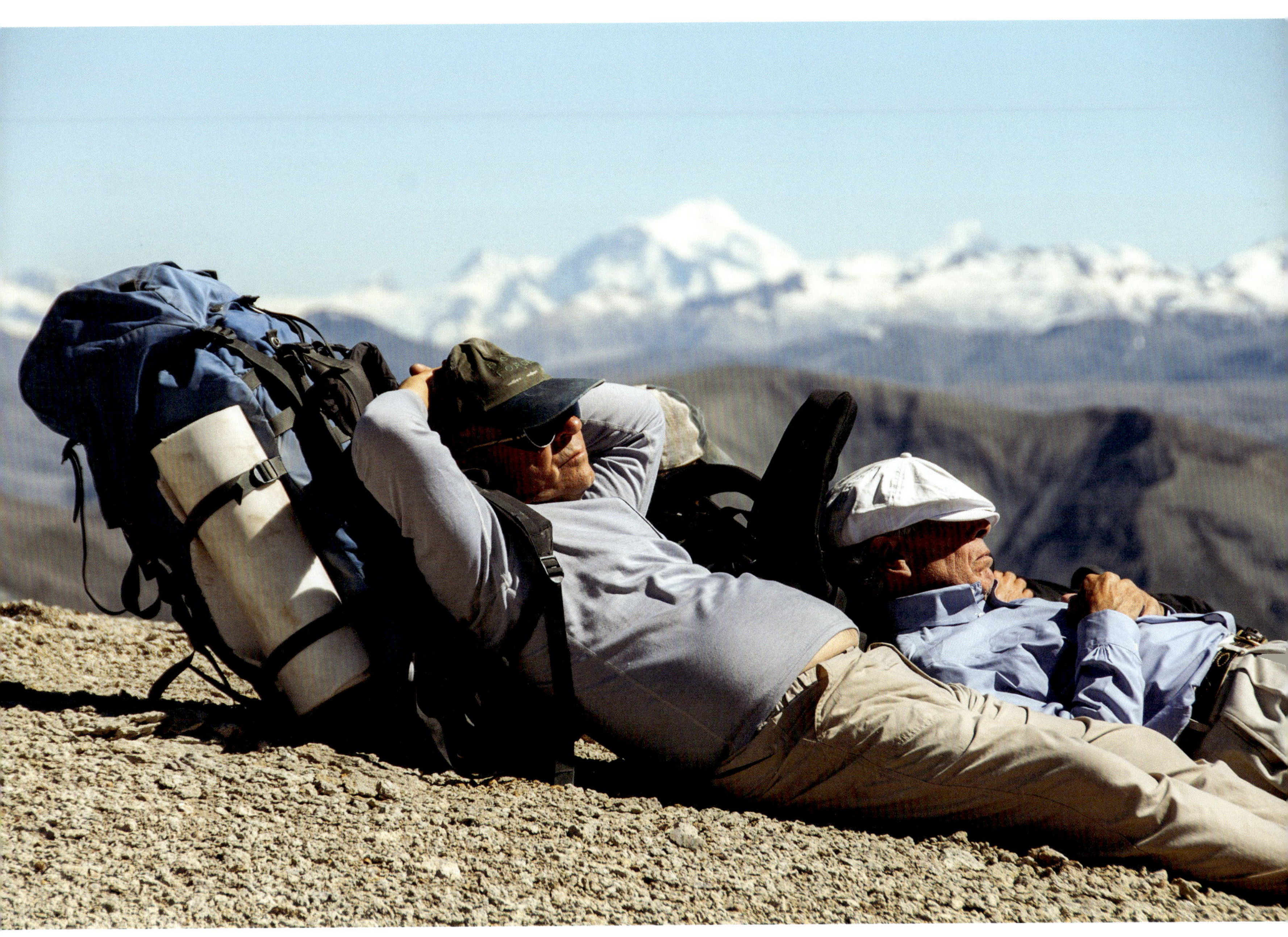

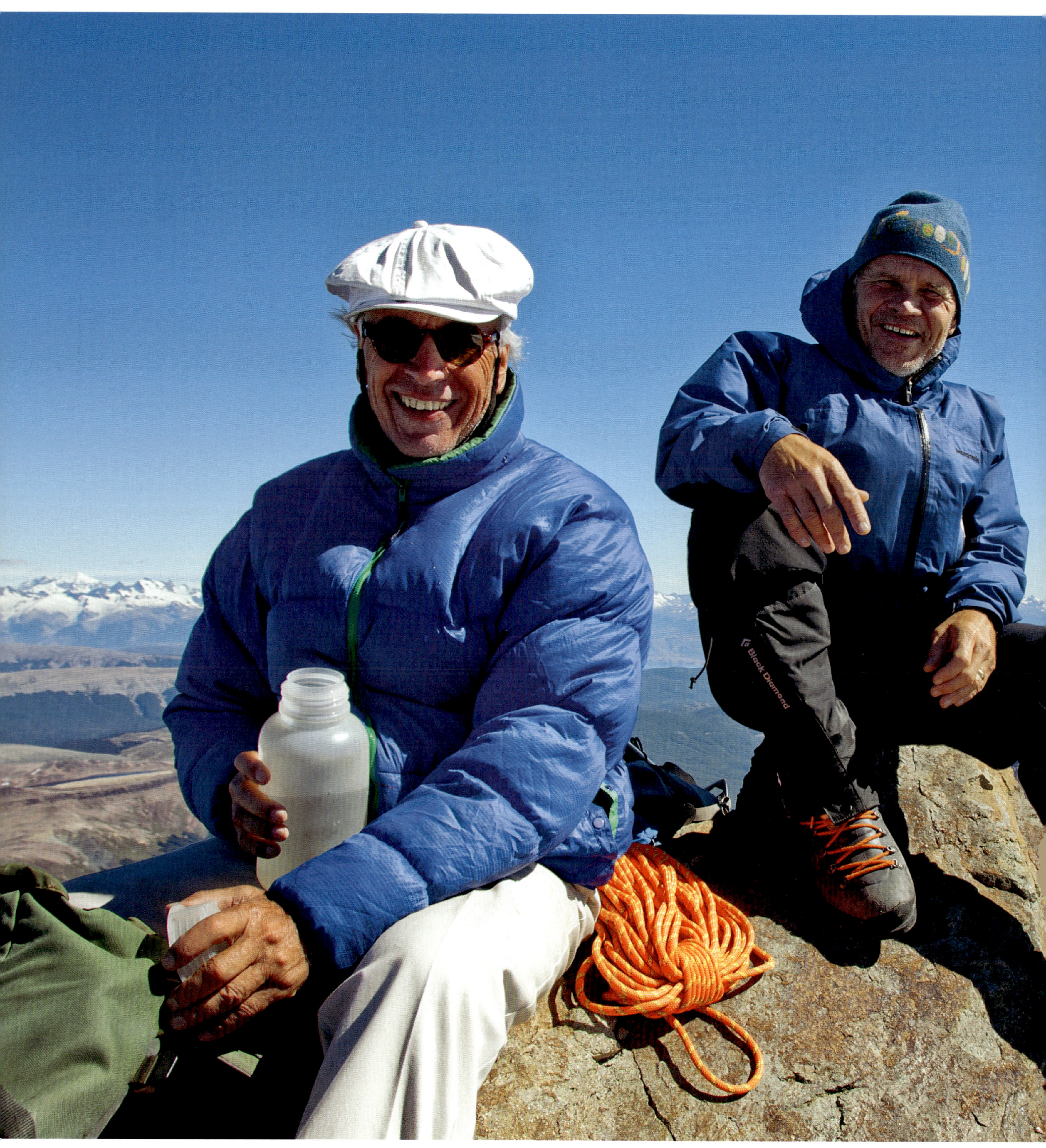
Black Diamond

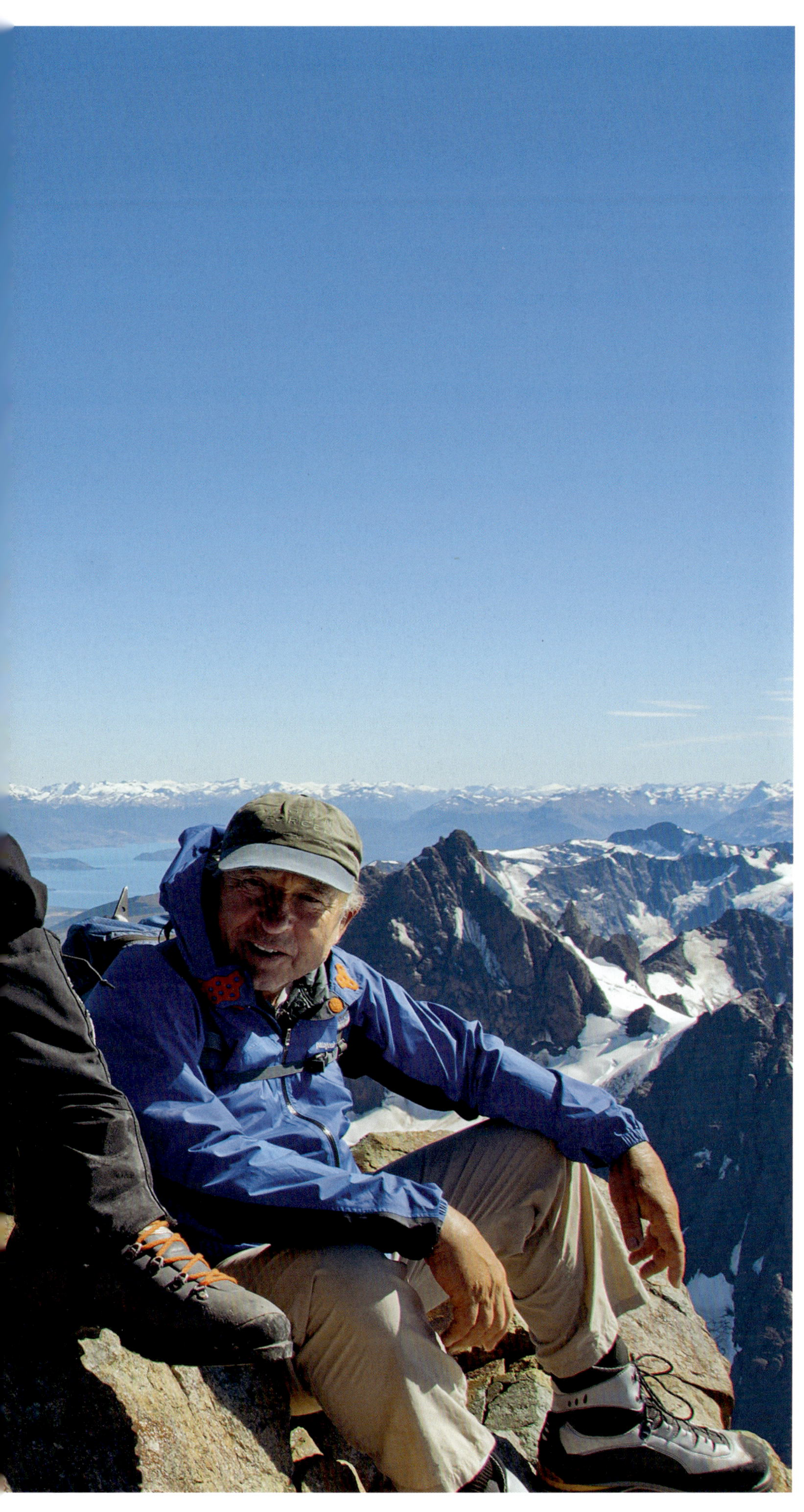

LINKS Von links: Doug Tompkins, Rick Ridgeway und Yvon Chouinard genießen den Gipfelmoment auf dem Cerro Kristine. Nach der Erstbesteigung wollte Yvon den Berg Cerro Geezer nennen, Doug lieber nach seiner Frau, Kristine Tompkins. Doug setzte sich durch.

FOLGESEITE Selbst die erfahrensten Abenteurer machen gern ein Nickerchen. Von links: Jeff Johnson, Doug und Yvon rasten kurz auf dem langen Weg zum Cerro Kristine.

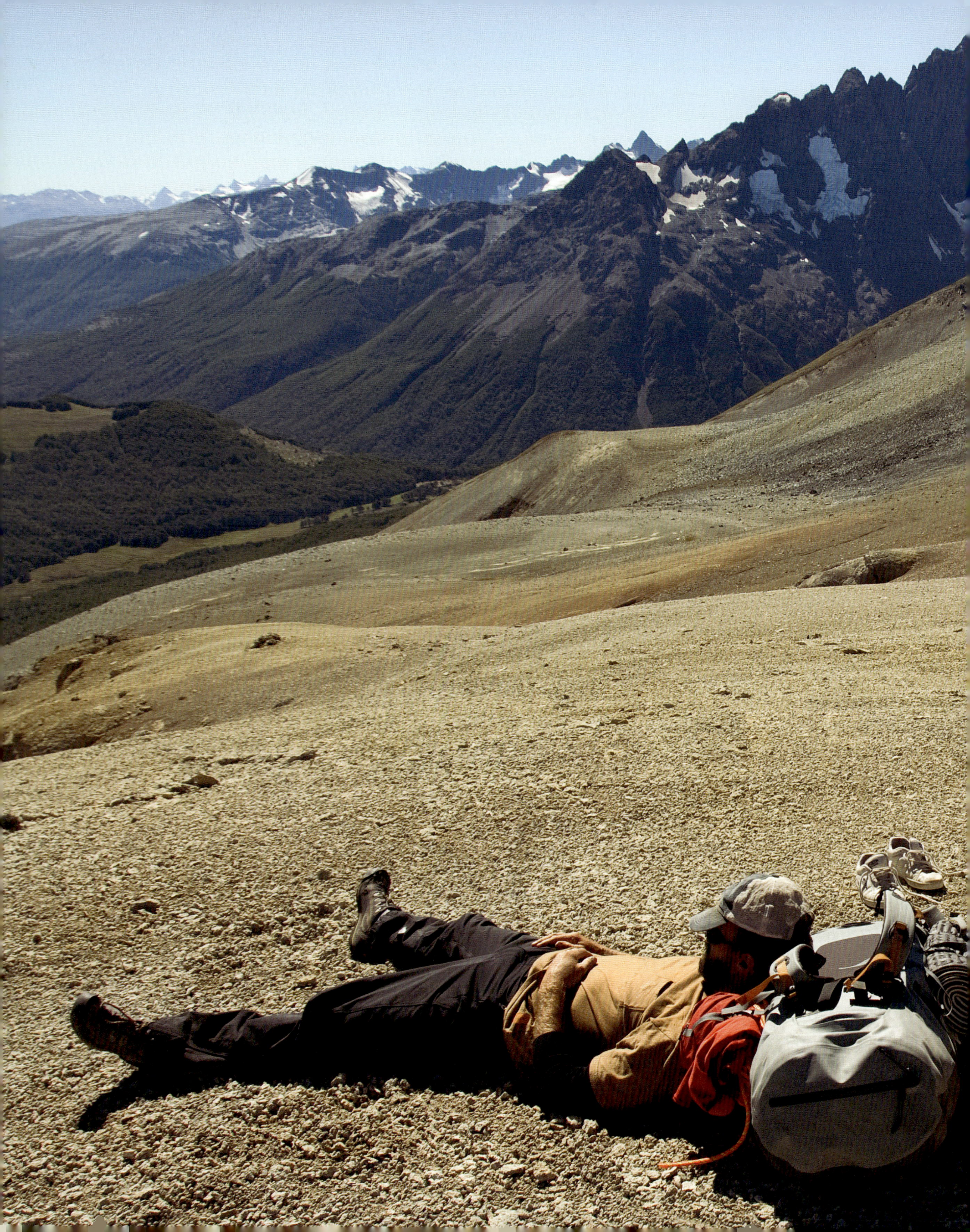

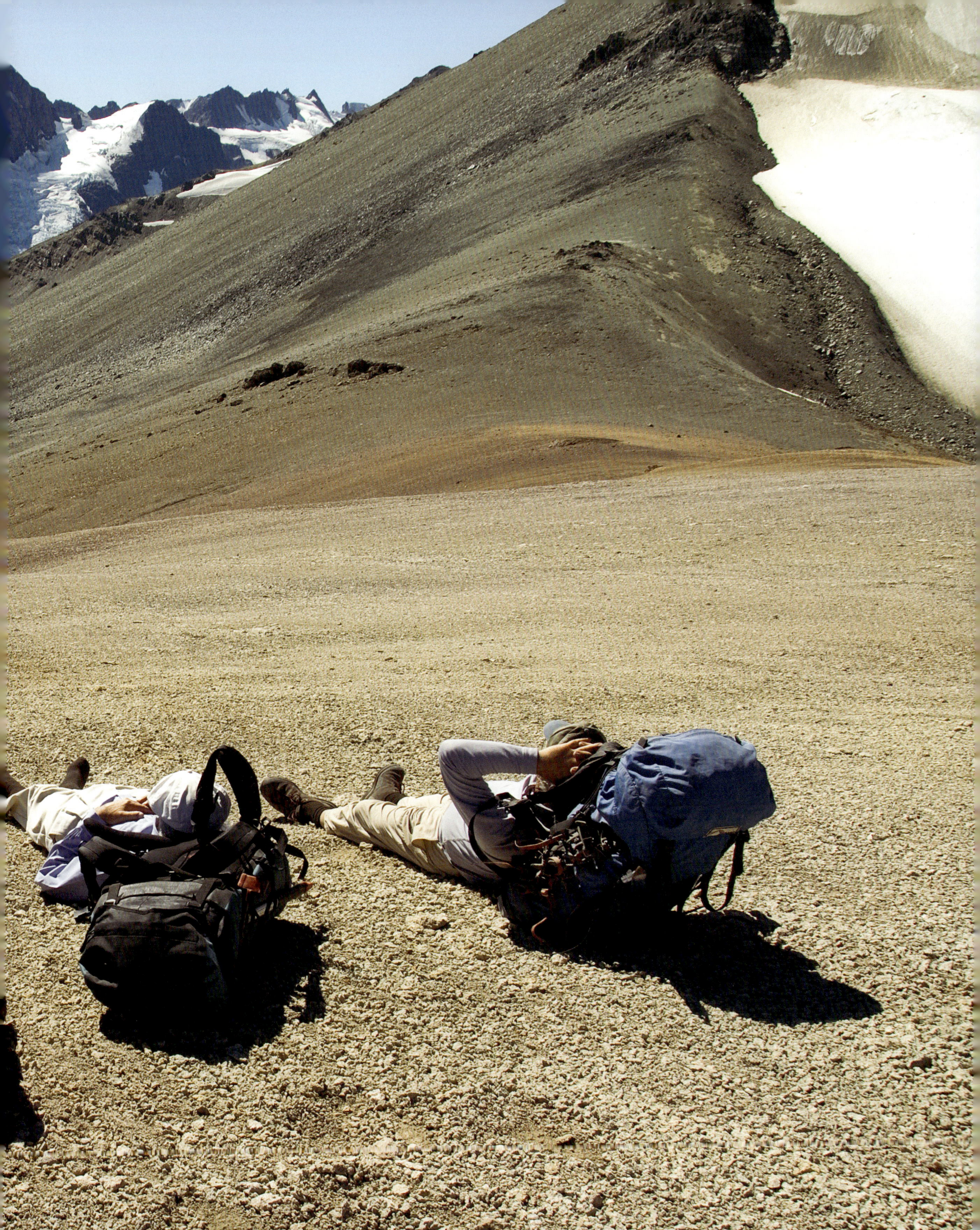

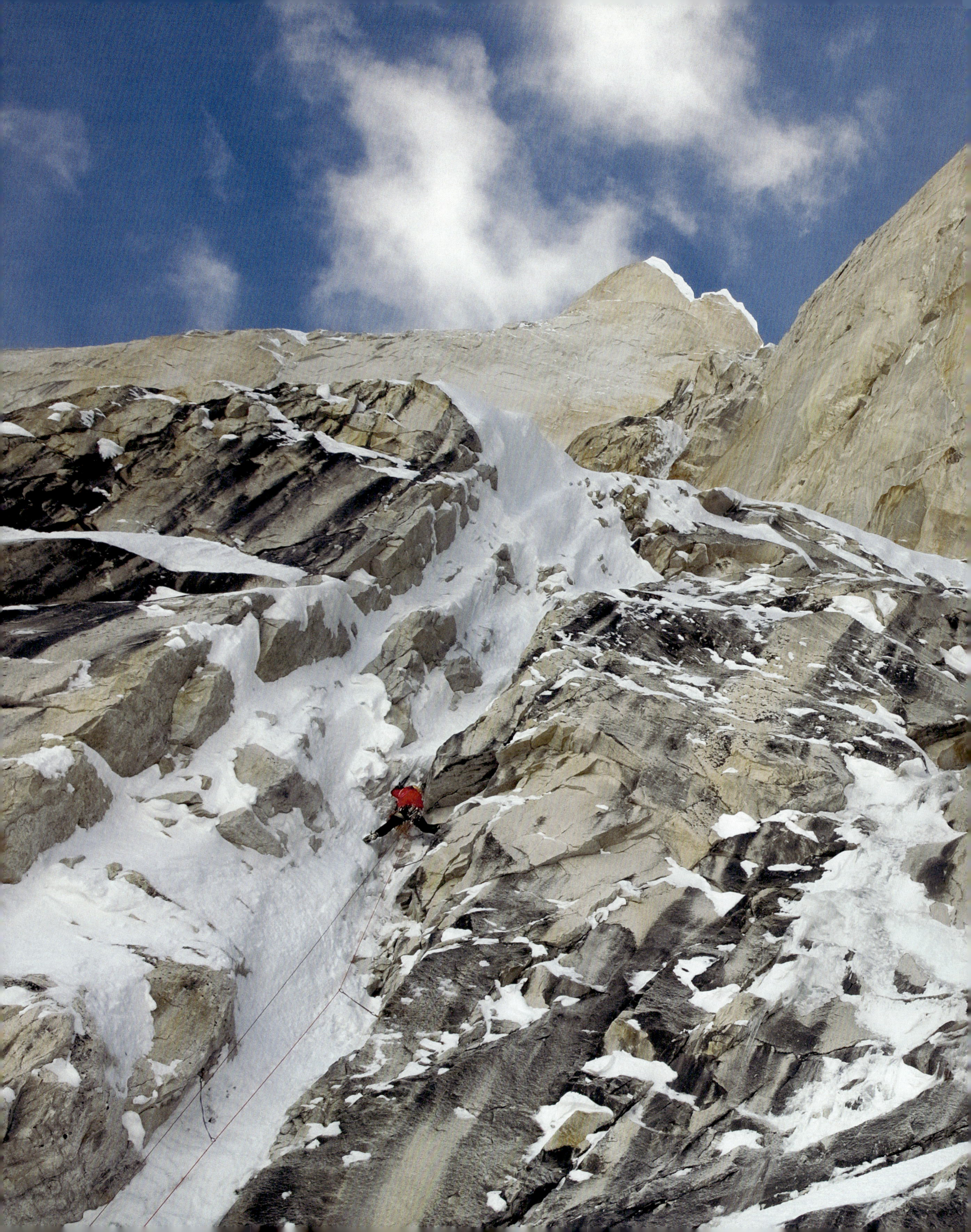

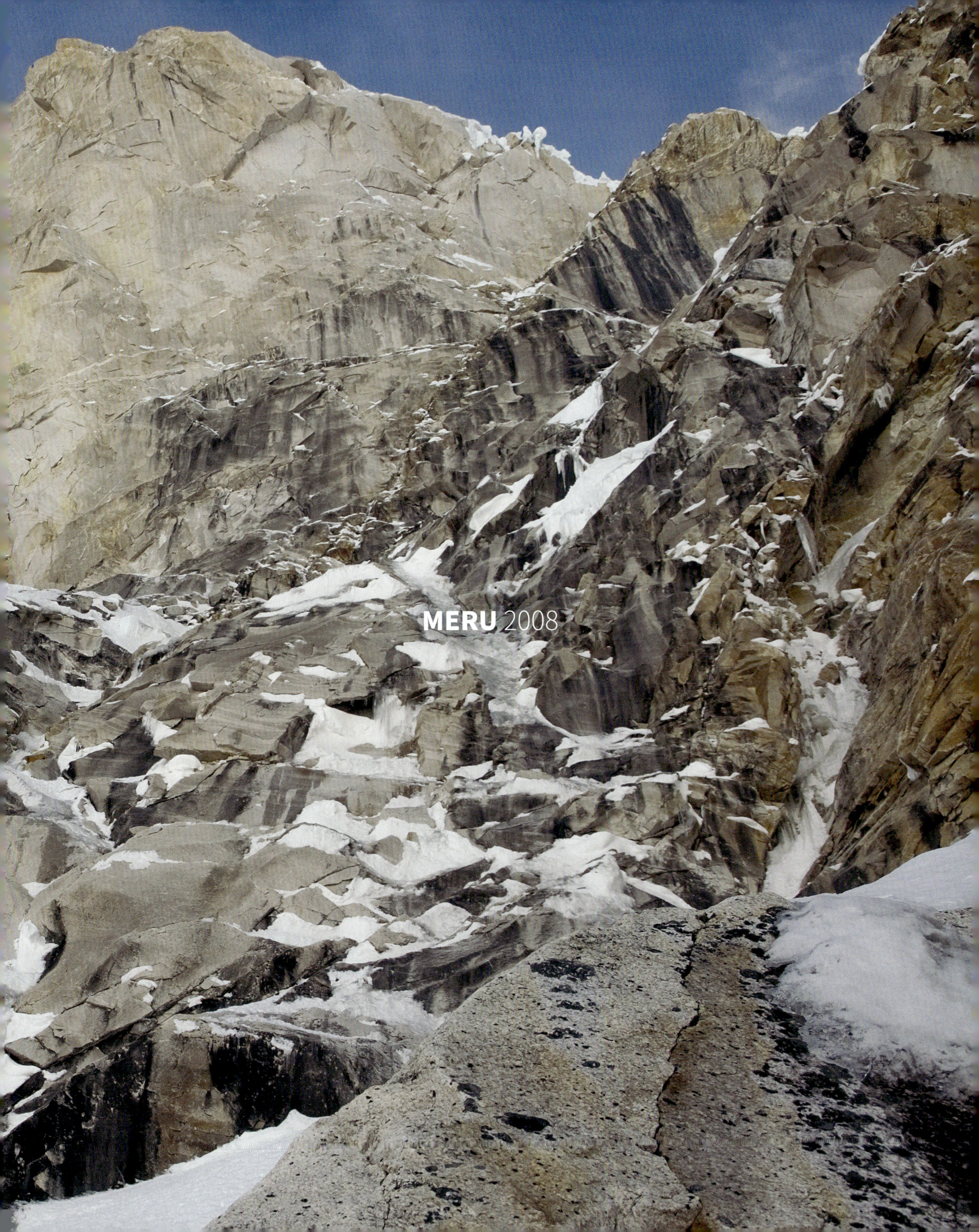
MERU 2008

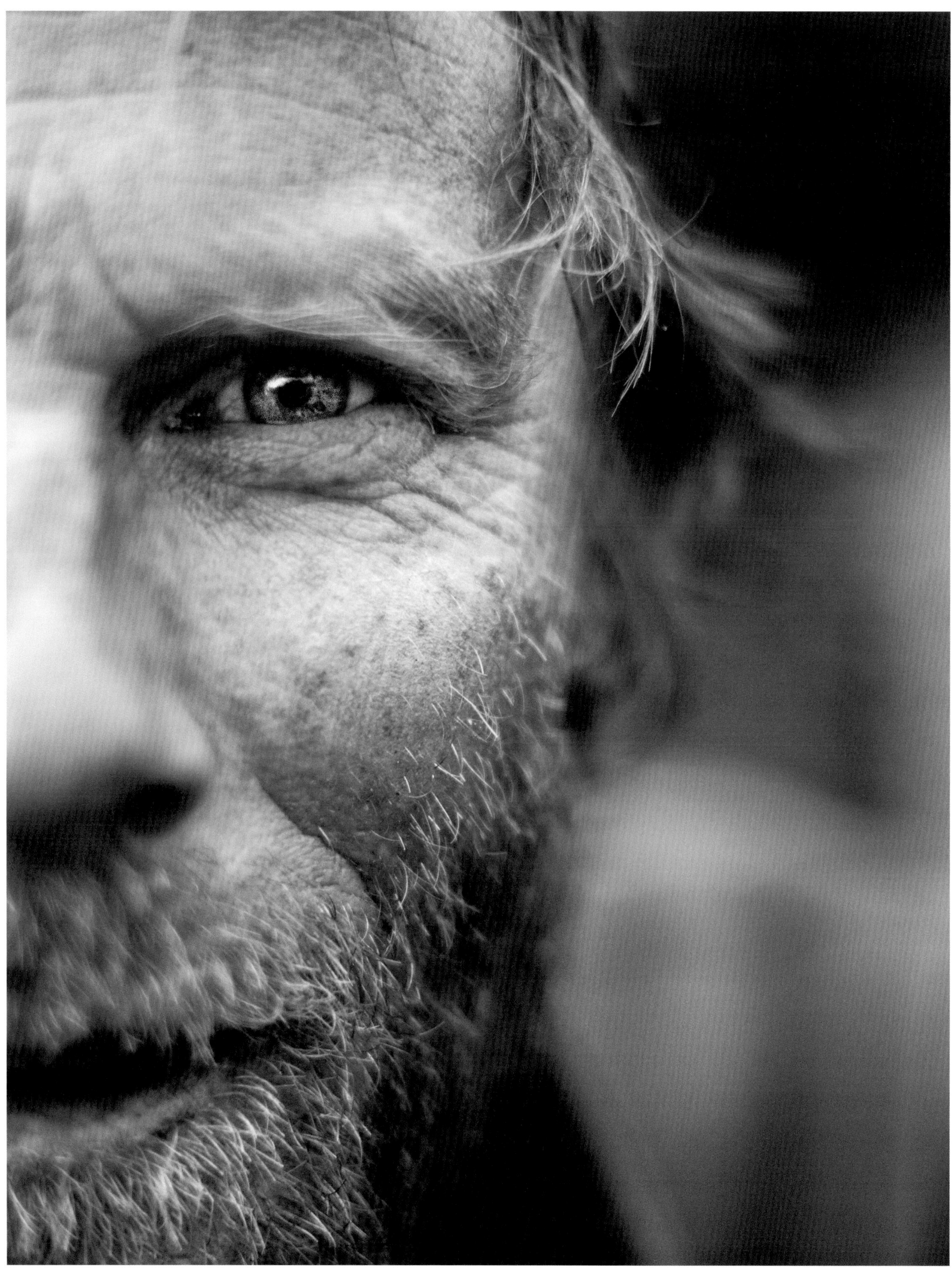

Die Sonne sank, und wir waren nicht oben.

Die gigantischen Gipfel um uns herum leuchteten rosa im schwindenden Licht. Es war unser siebzehnter Tag im Berg, wir waren fünfzehn Stunden geklettert, und der Gipfelgrat ragte immer noch über uns auf. Erschöpft und unterkühlt saßen Conrad Anker, Renan Ozturk und ich einen Moment lang schweigend da und dachten nach.

Die Besteigung der Shark's Fin, des Mittelgipfels des Meru im indischen Garhwal-Himalaya, ist eine Chronik des Scheiterns. Bevor wir 2008 ankamen, um die „Haiflosse" zu durchsteigen, hatten es mindestens 20 Expeditionen versucht. Jedes Team hatte die Komplexität der Tour unterschätzt: Alpinklettern auf der unteren Hälfte, eine überhängende Bigwall oben und auf der gesamten Strecke hartes Mixed-Klettern zum 6310 m hohen Gipfel.

Unser Versuch war ein Kampf mit der Ungewissheit. Nachdem wir zwei Tage die ersten verschneiten alpinen Seillängen erklommen hatten, brach ein solch heftiger Schneesturm über den Garhwal herein, dass sich fünf Träger im Schneesturm verirrten und im Tal unter uns erfroren. Wir drei lagen vier Tage wie die Heringe in unserem Zwei-Mann-Portaledge. Wir baumelten am Bug eines überhängenden Granitfelsens, zu beiden Seiten donnerten Lawinen herab. Windböen tosten die Wand hinauf, rissen unser Portaledge in die Luft und ließen uns mit einem heftigen Stoß wieder auf unseren Stand fallen.

Nach dem Sturm stiegen wir weiter auf und rationierten unseren Sieben-Tage-Proviant. Jede Seillänge schien schwieriger, gefährlicher als die vorige. Mit dicken Handschuhen und klobigen Bergstiefeln einen Überhang zu klettern, war mühsam. Jeden Tag waren wir gezwungen, unsere mageren Rationen Couscous und Nüsse weiter zu reduzieren.

Was viele frühere Gruppen abgehalten hatte, war die schwierige Gipfelwand. Conrad hatte 2003 schon einmal einen Versuch gewagt und wusste, dass wir fürs technische Klettern eine umfangreiche Ausrüstung brauchten, die andere Gruppen nicht mitführen wollten – ein schweres Rack mit Schlaghaken und Klemmgeräten. Er reichte es mir, als ich mir das scharfe Ende des Seils für eine technische Seillänge schnappte, die wir „Kartenhaus" tauften.

Ich blickte zu den riesigen Granitbrocken hinauf. Um daran hochzuklettern, musste ich die Physik der separaten, sich überlappenden Gesteinsplatten analysieren und dann vorsichtig Schlaghaken und Clams in die Lücken schlagen. Der Trick bestand darin, mein Gewicht so auf alle Teile der Ausrüstung zu verlagern, dass sich das Ganze nicht von der Wand löste – dann wären wir alle drei in die Leere gestürzt. Das „Kartenhaus" erforderte weniger körperliches Geschick als vielmehr eine große Ruhe und auch ein bisschen Glück.

Nach ein paar weiteren Klettertagen und mehreren heroischen Vorstiegen von Conrad in schlecht gesichertem kombinierten Gelände stießen wir am 17. Tag an unsere Grenzen.

200 m unter dem Gipfel hingen wir in unseren Gurten. Jetzt hätten wir eine Nacht im Freien verbringen und Erfrierungen oder Schlimmeres ertragen müssen. Wer die Grenze sucht, findet sie manchmal auch. Betäubt und besiegt machten wir uns auf den langen Abstieg in die Nacht. Ich sah ein letztes Mal zum Gipfel hoch und schwor mir, nie wiederzukommen.

Man sollte nie nie sagen.

VORSEITE Conrad Anker kämpft mit steiler Mixed-Kletterei oberhalb der Gauntlet-Seillänge, darüber die Gipfelwand. Das war eine der technischsten und schwierigsten Mixed-Seillängen in der unteren Hälfte des Aufstiegs. Ich war dankbar, dass Conrad vorstieg.

GEGENÜBER Conrads Porträt machte ich nach unserer 19-tägigen Odyssee auf der Shark's Fin.

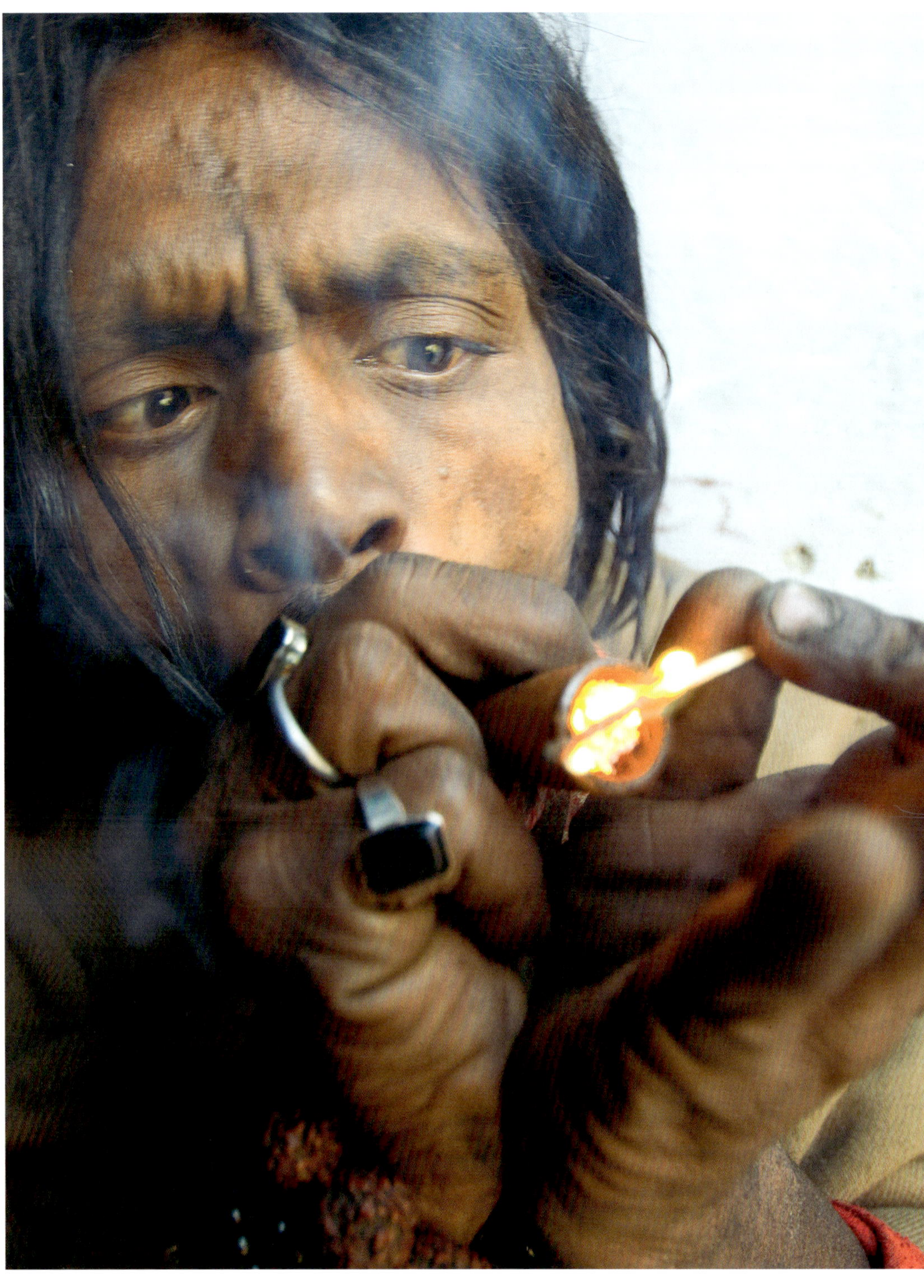

OBEN Ein Sadhu zündet sich ein Chillum an, Gangotri, Indien.

GEGENÜBER Meditationsort. Renan Ozturk sitzt auf einem Felsblock oberhalb des Basislagers. Im Hintergrund die stolze Nordwestwand des Bhagirathi III.

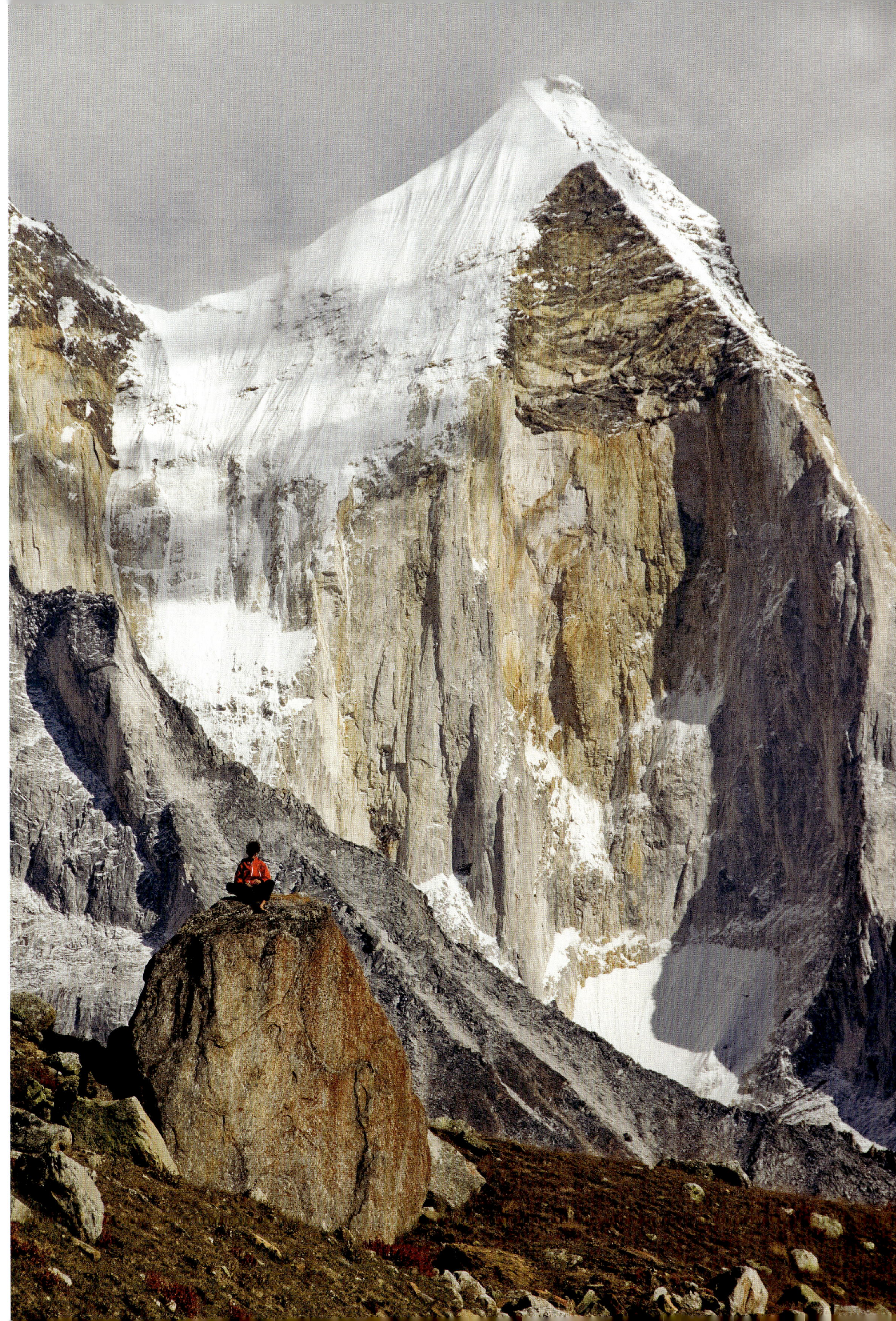

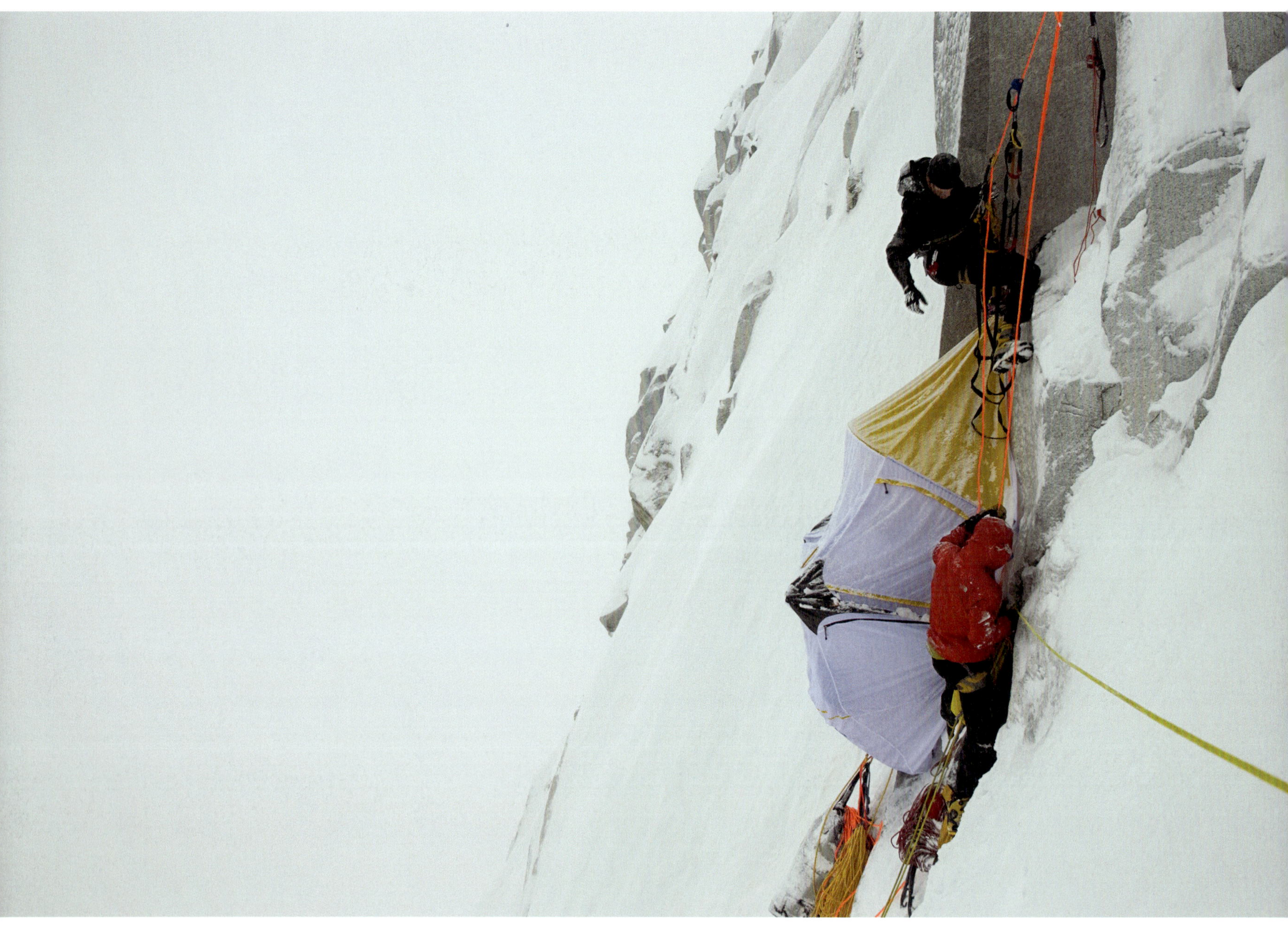

OBEN Am zweiten Tag im Berg zieht ein Sturm auf. Conrad Anker und Renan Ozturk mühen sich bei aufkommendem Wind und Spindrift mit dem Aufbau des Portaledge. Vier Tage saßen wir hier fest, um uns herum tobten die Lawinen.

GEGENÜBER Renan versucht, die Angst und die „screaming barfies" zu bewältigen, den Schmerz, wenn erfrorene Hände und Finger wieder durchblutet werden.

FOLGESEITE Renan genießt Sonne und Aussicht nach den -30 °C unserer zweiten Portaledge-Nacht. Durch die Lage der Wand hatten wir nur eine Stunde direkte Sonne am Tag. Wir hielten ihre Wärme nie für selbstverständlich.

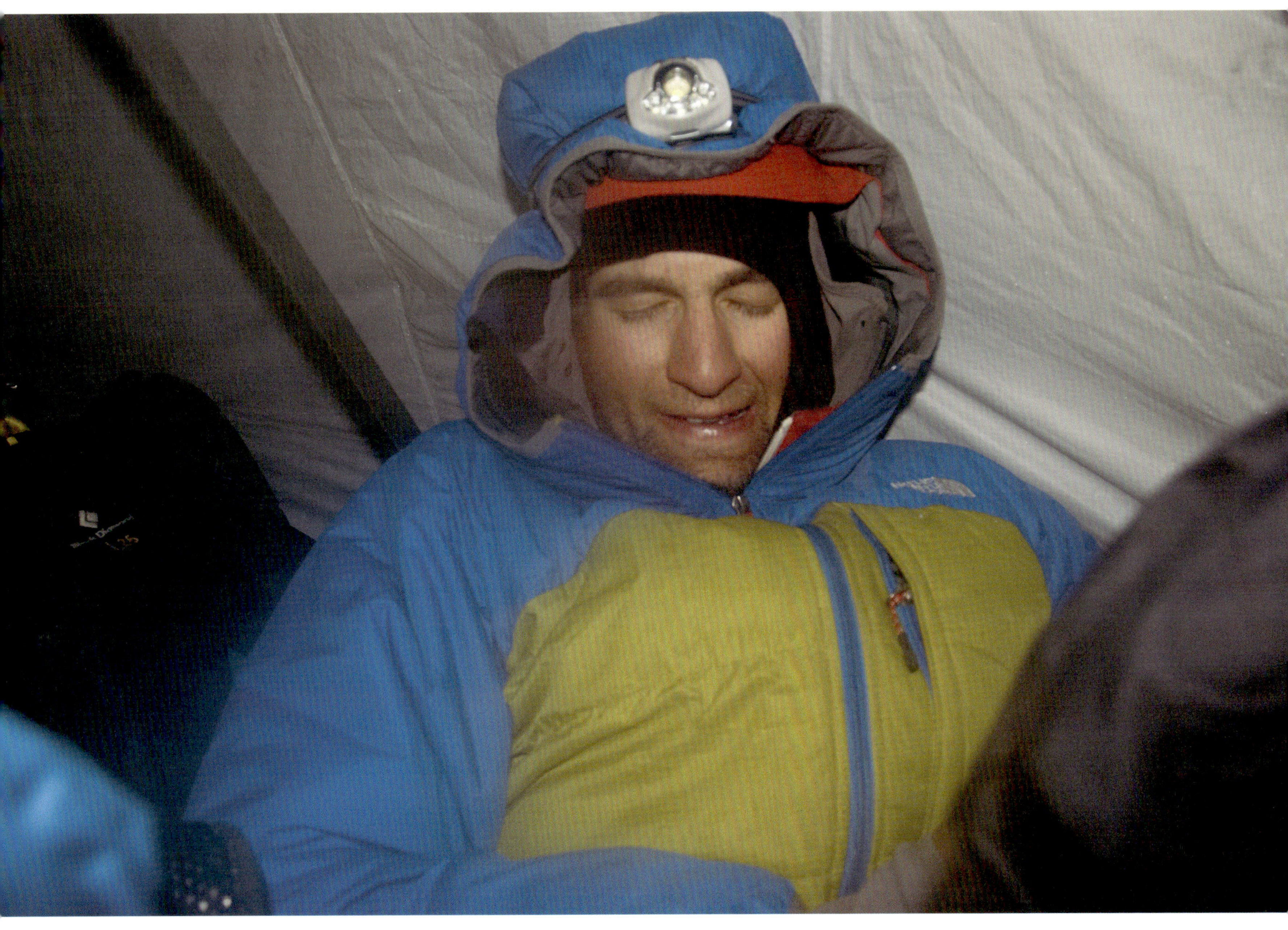

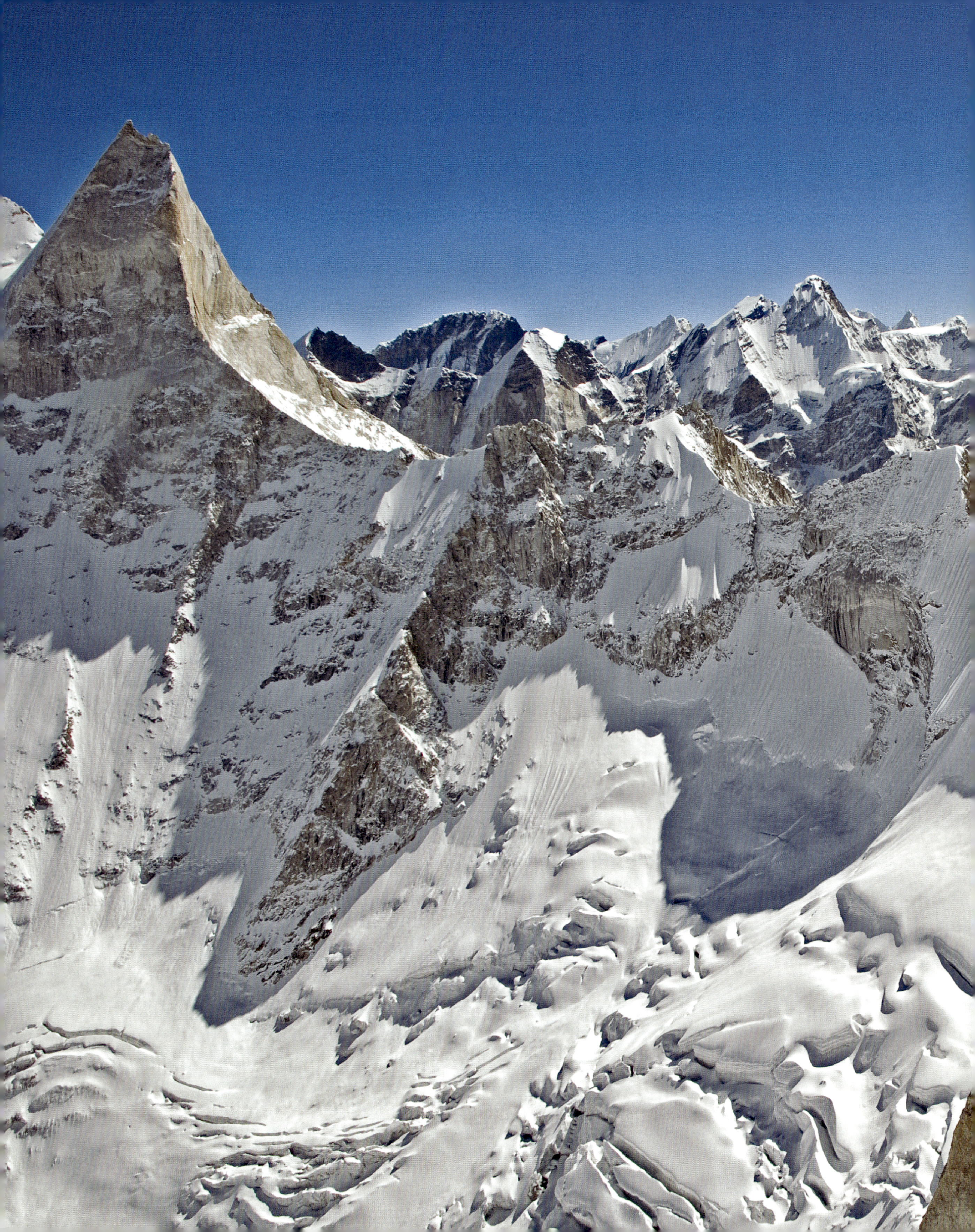

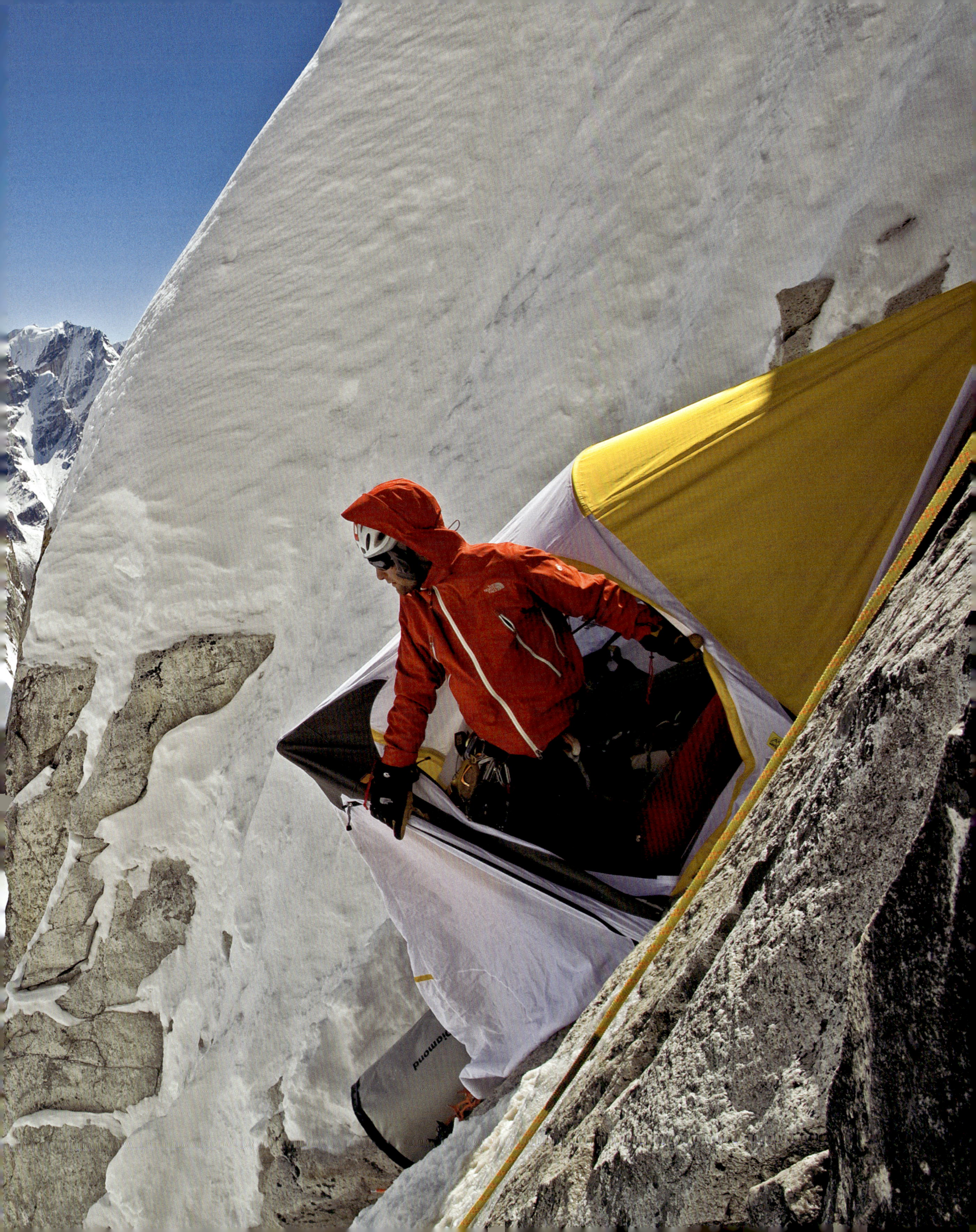

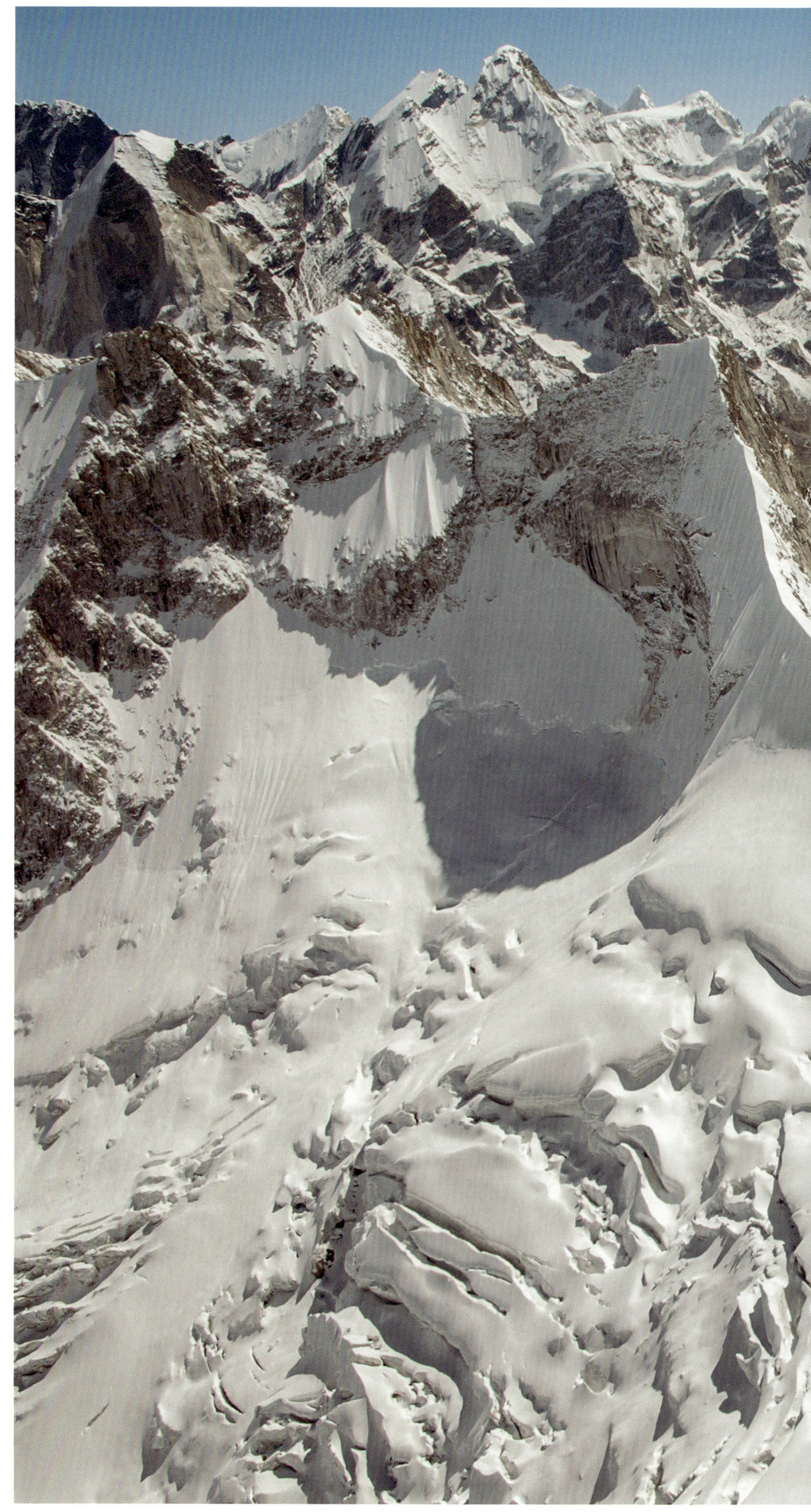

RECHTS Renan Ozturk und Conrad Anker blicken auf die überhängende obere Gipfelwand und versuchen, das Bevorstehende vorauszusehen.

FOLGESEITE Conrad bei einer der steilsten technischen Seillängen an der oberen Gipfelwand der Shark's Fin.

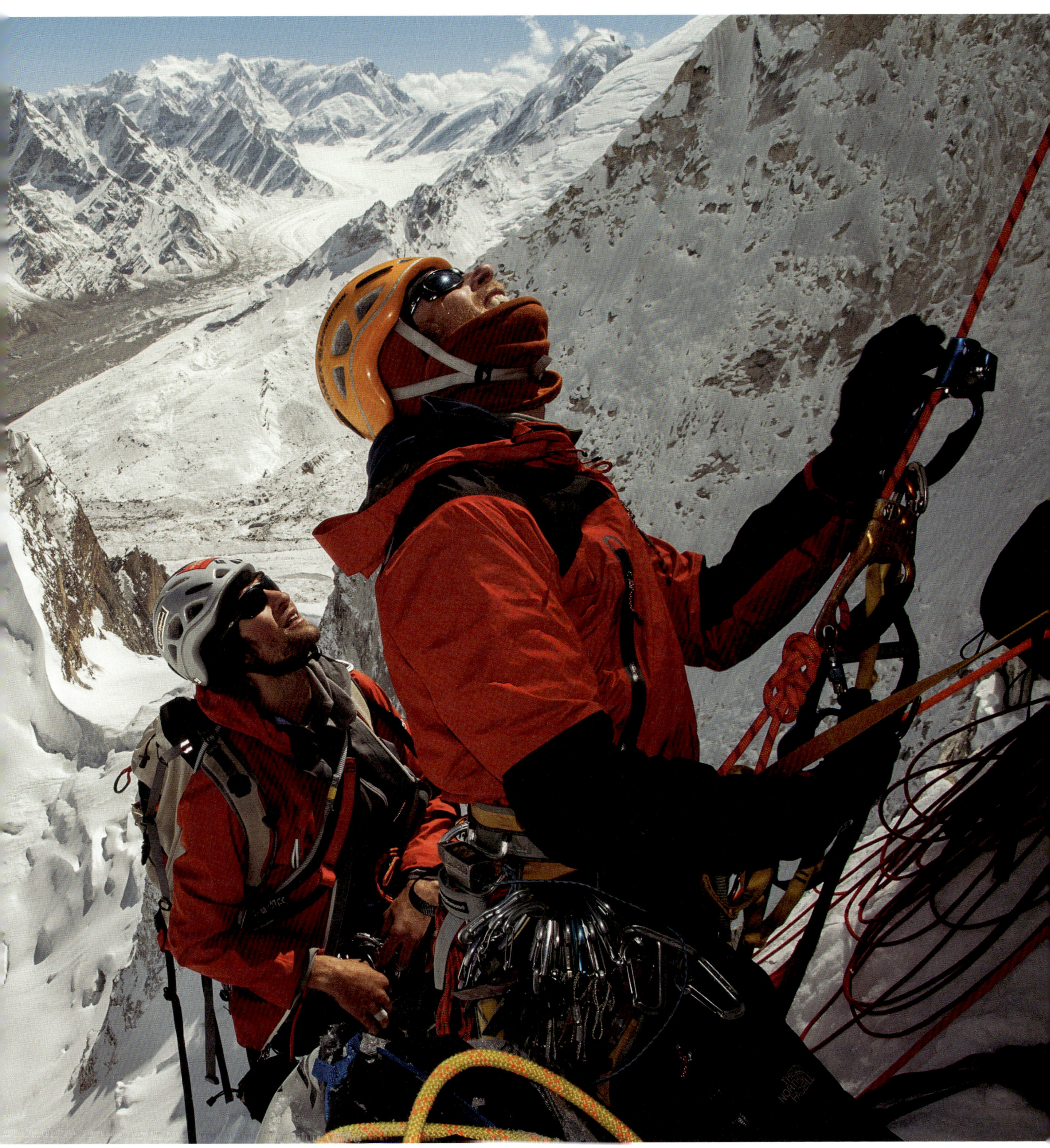

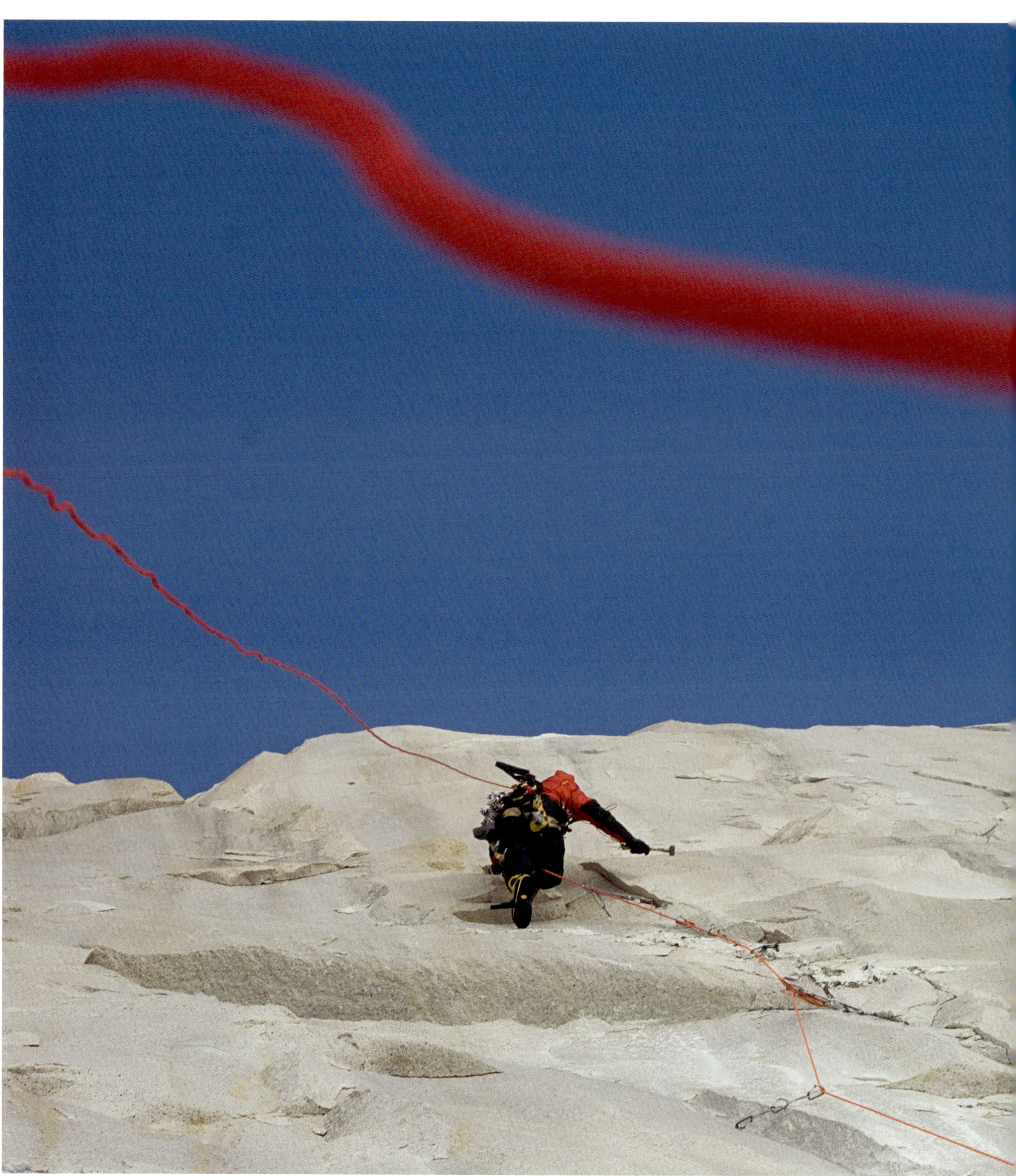

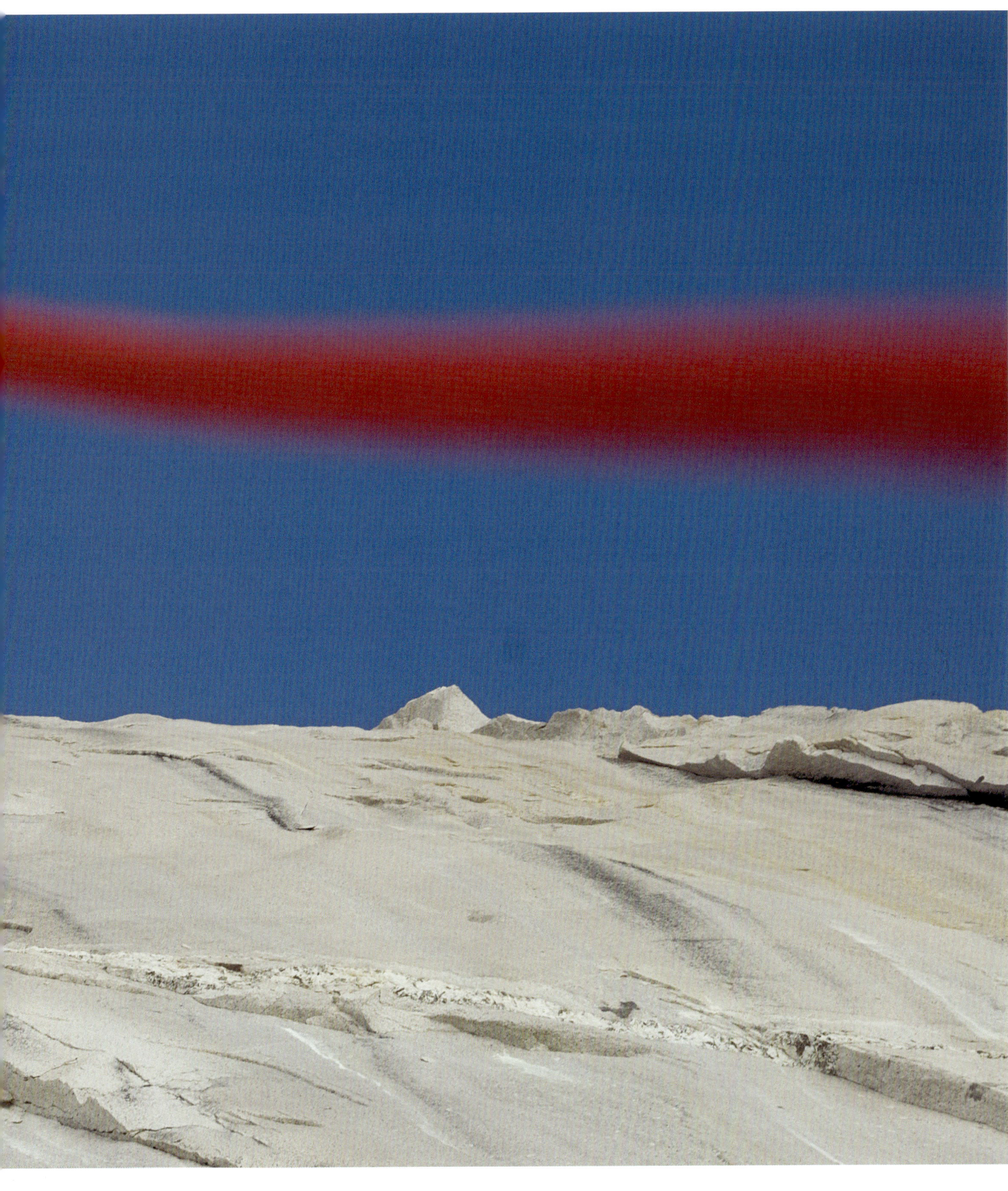

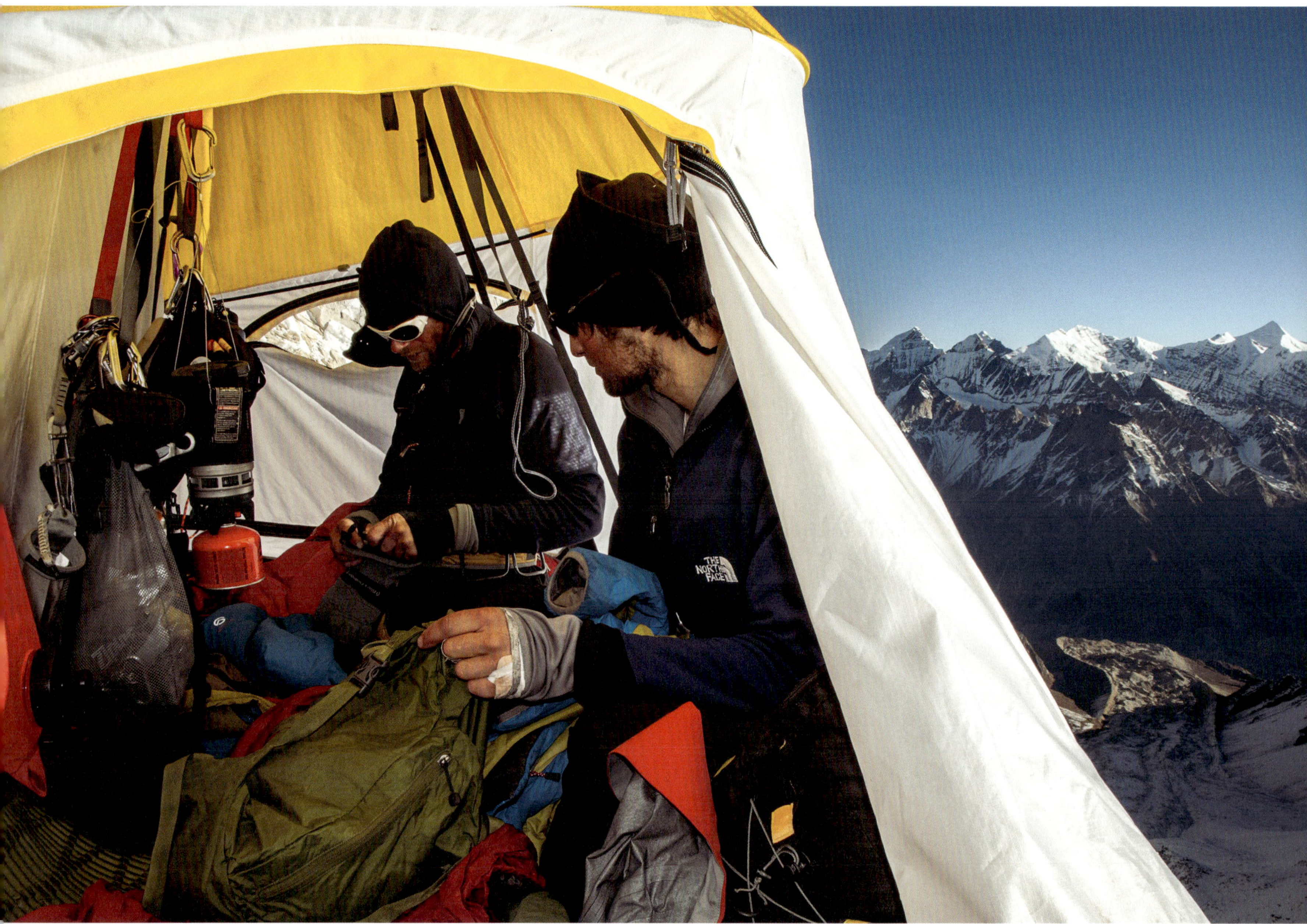

OBEN Conrad Anker und Renan Ozturk rüsten sich in unserem Zimmer mit Aussicht. Zu dritt war es eng.

GEGENÜBER Während es draußen stürmt und die Lawinen toben, wägt Conrad unsere Optionen ab.

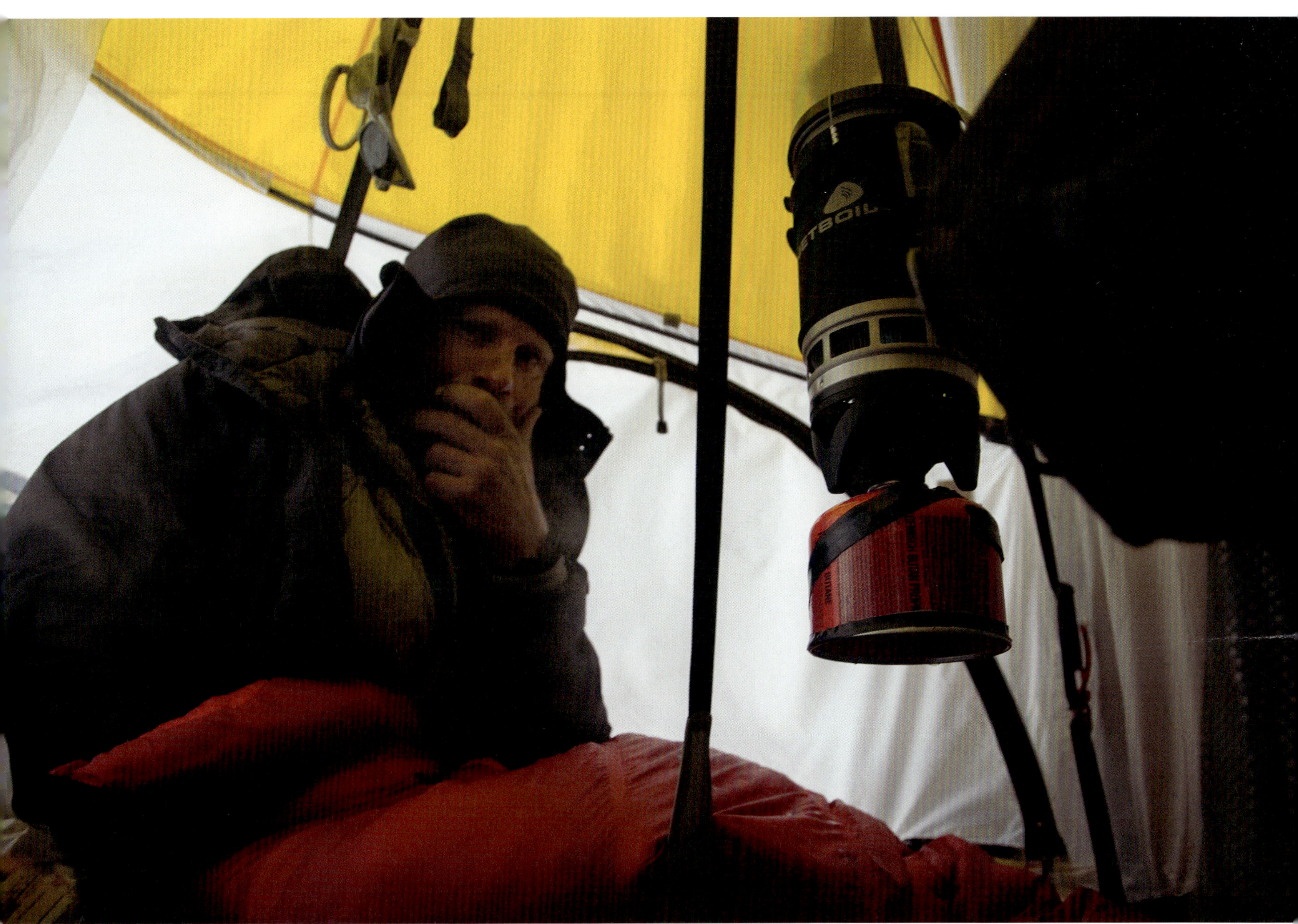

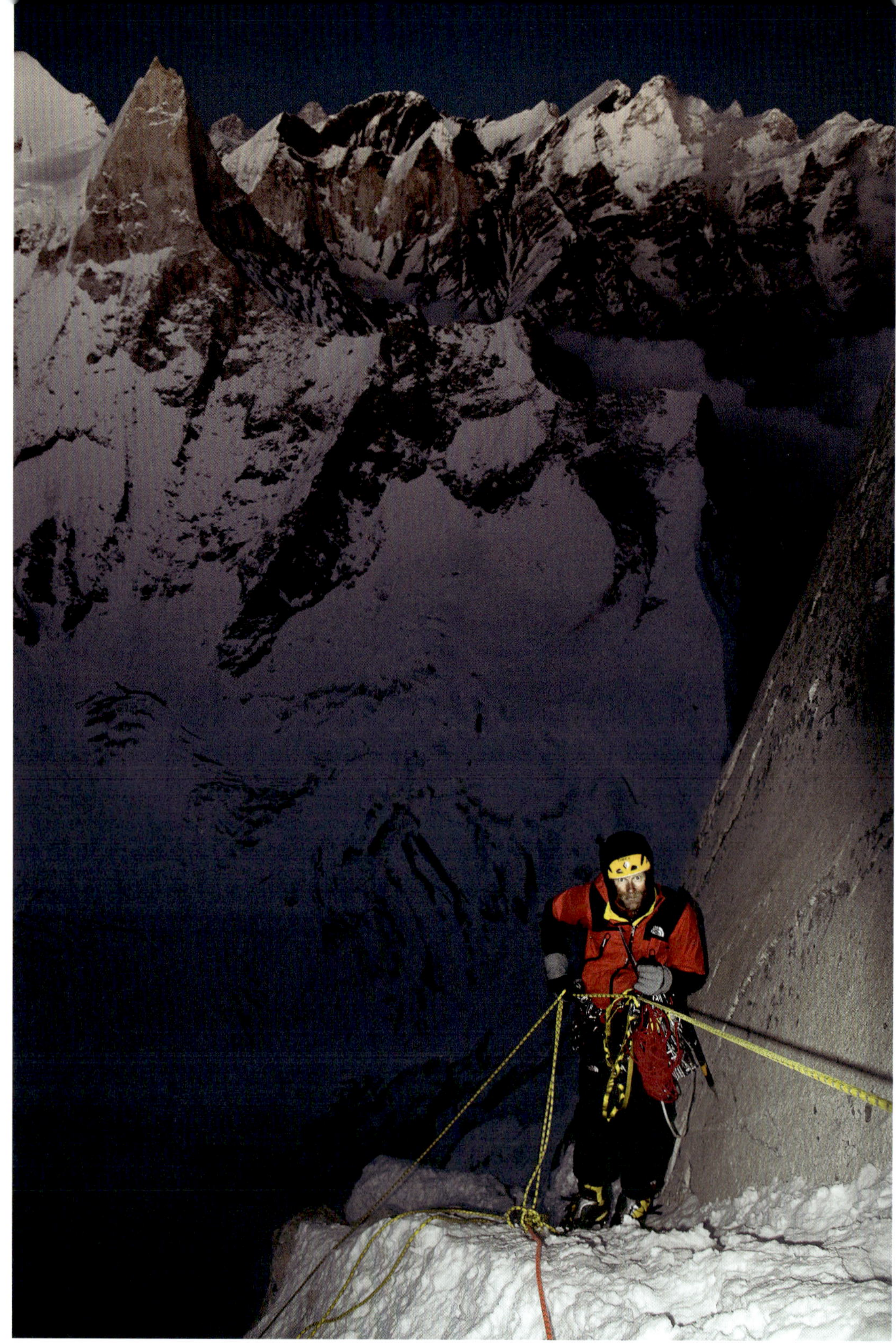

OBEN Der 1000-Meter-Blick. Nach 17 Tagen Klettern bei Proviant für 7 Tage beginnt Conrad Anker mit dem Abseilen zurück zu unserem Portaledge-Lager weit unten.

GEGENÜBER Nach unserem Scheitern seilen wir uns zwei Tage lang ab. Conrad zieht sich auf den Gletscher zurück.

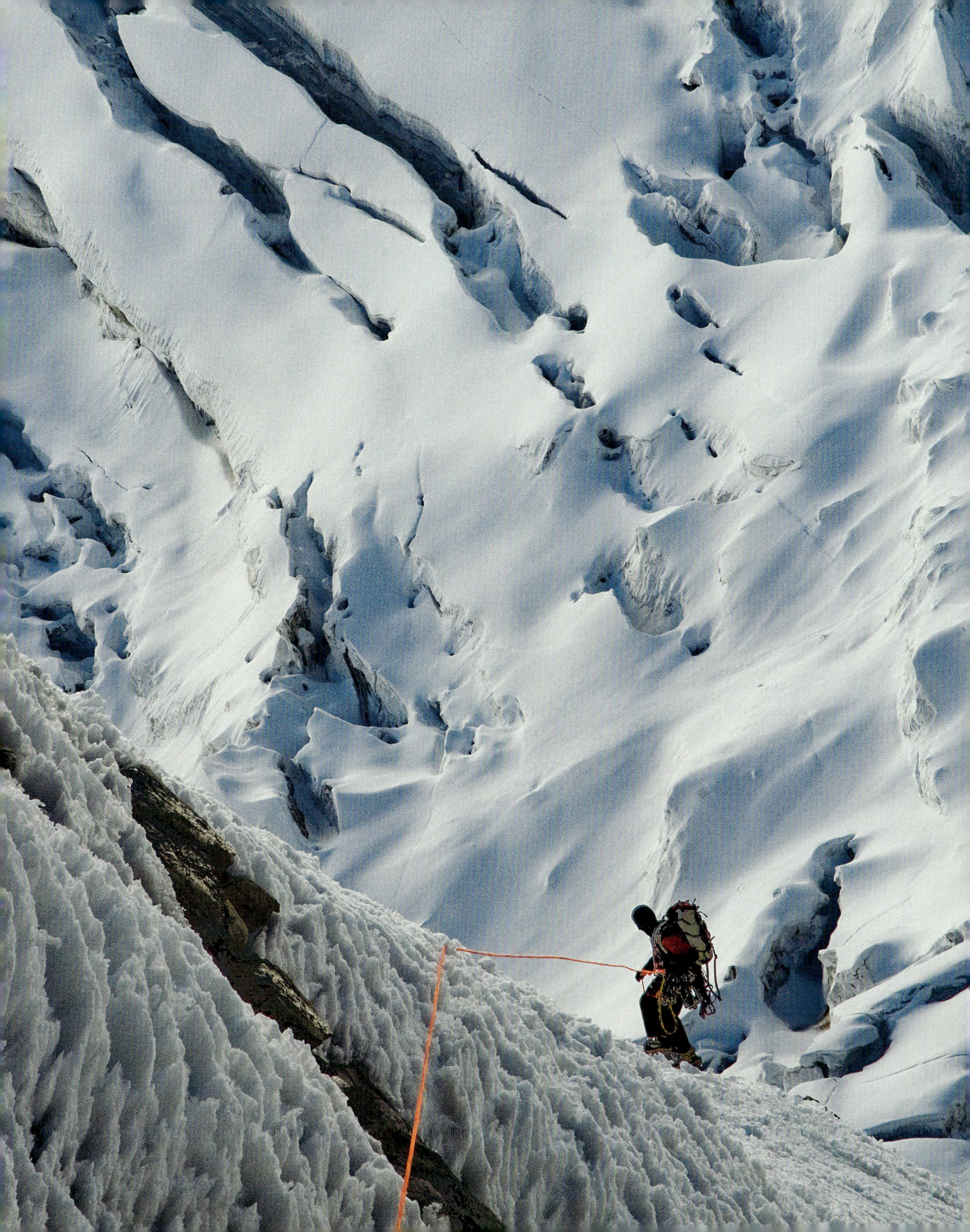

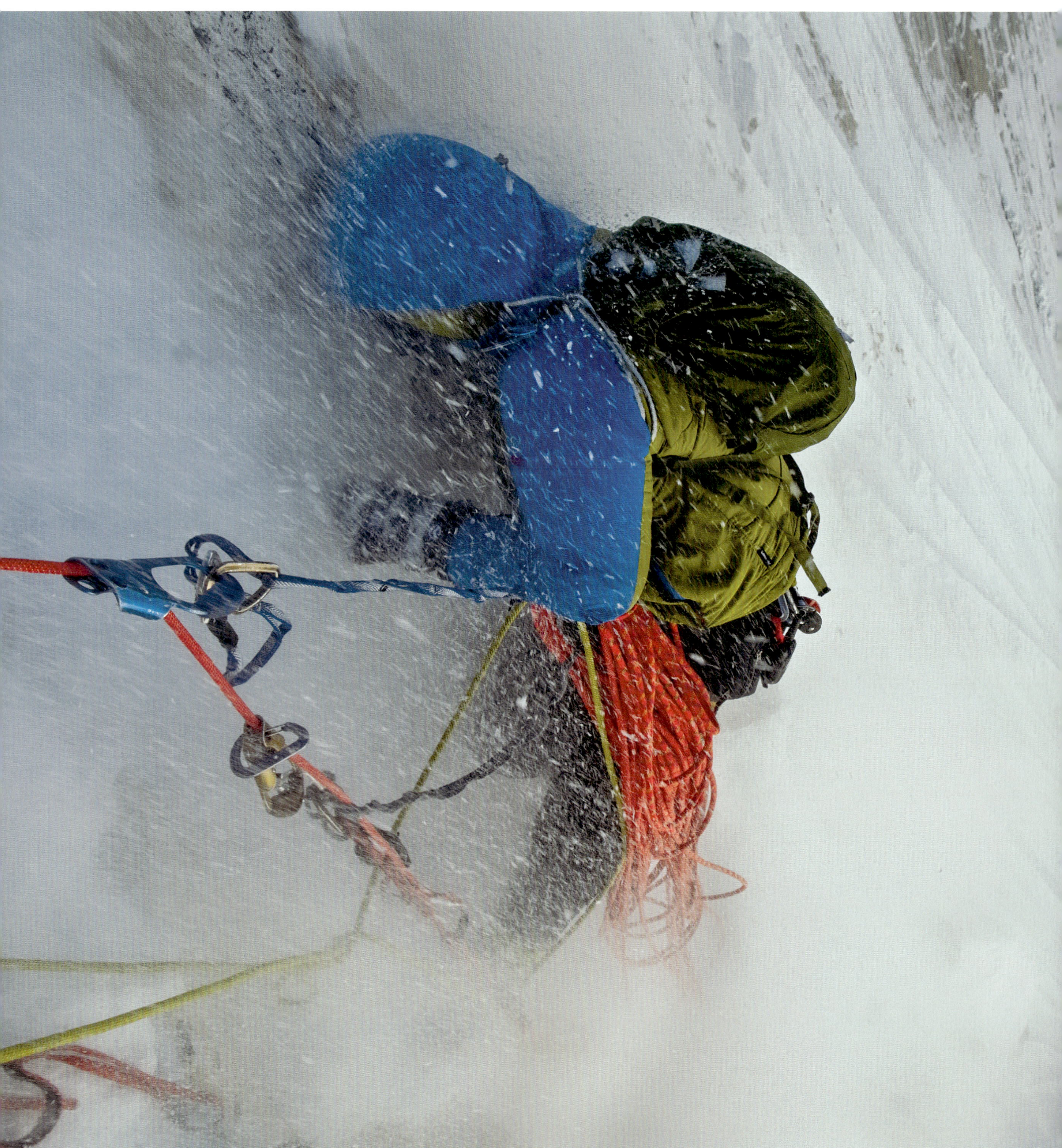

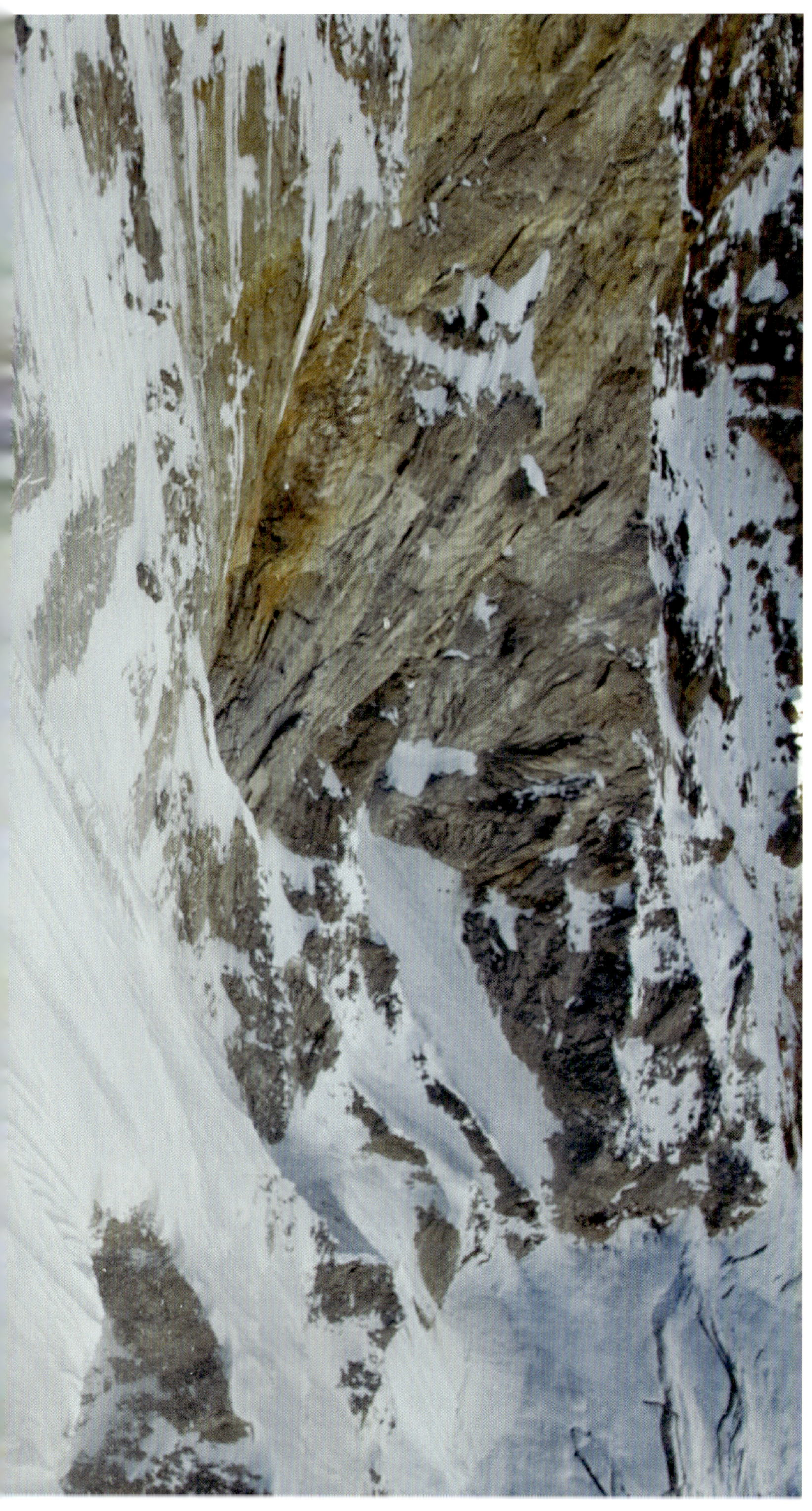

LINKS Nachdem er Conrad Anker gut zwei Stunden bei fast -30 °C sicherte, hagelt es Schnee und Eis auf Renan Ozturk, als sich Conrad hoch oben durch eine Wechte tunnelt.

FOLGESEITE Conrad nähert sich der Gauntlet-Seillänge, im Hintergrund die Doppelspitze des Shivling.

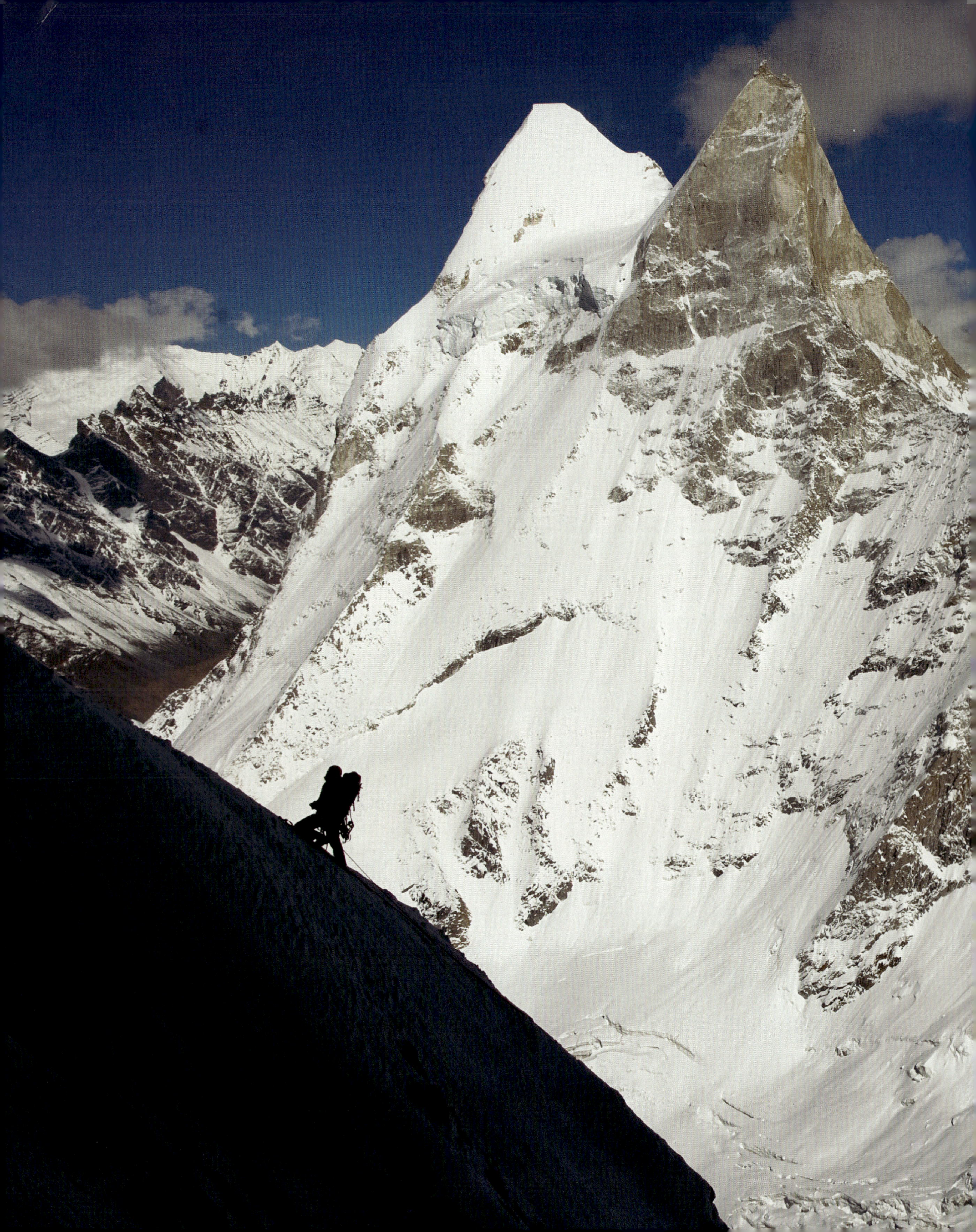

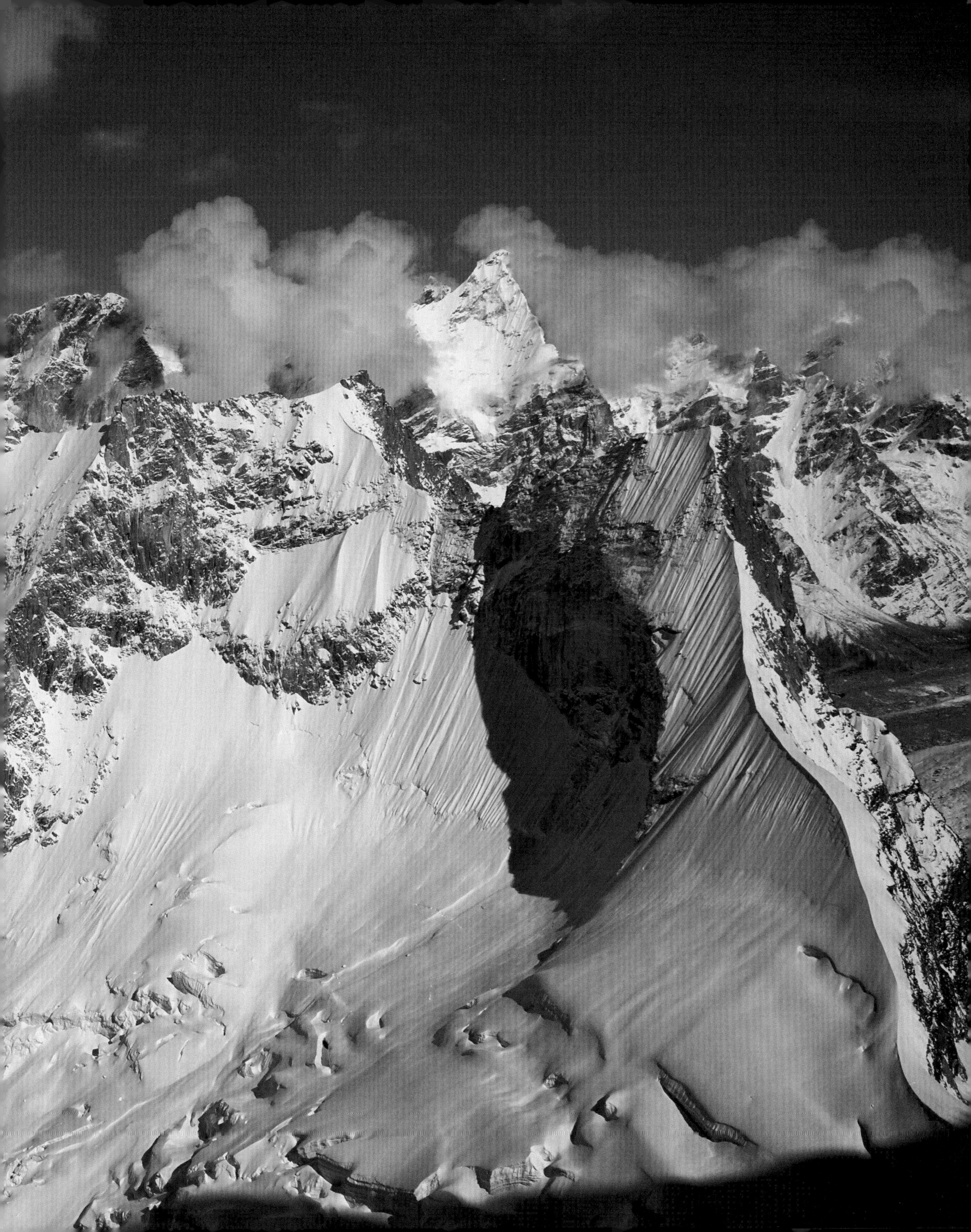

BORNEO BIGWALL

Mark Synnott vermag auch an entlegensten und düstersten Orten Kletterplätze zu finden. Mehrfach hat er mich überzeugt, ihn bei Abenteuern zu begleiten, die ich zunächst ganz anders einschätzte. Bei vielen dieser Ausflüge war das Klettern nur marginal oder gar nicht vorhanden; das Ziel zu erreichen und lebend zurückzukehren, war das eigentliche Abenteuer. Als er mich fragte, ob ich ihn zu einer riesigen überhängenden Wand an einem 4095 m hohen Gipfel mitten im Südchinesischen Meer begleiten wolle, stimmte ich widerwillig zu.

Im April 2009 machten Mark, Conrad Anker, Kevin Thaw, Alex Honnold und ich uns auf nach Borneo, um eine mögliche Bigwall-Durchsteigung des Kinabalu, des höchsten Gipfels in Südostasien, zu erkunden.

Alex war 24 und hatte sich gerade dem North-Face-Team angeschlossen. Er hatte die Regular Northwest Face am Half Dome solo bestiegen und damit die Szene erobert. Diese Leistung war so ungeheuerlich, dass wir anfangs an der Echtheit zweifelten. Alex, der ehrgeizige Jungspross, verbrachte nun einen Monat mit uns Silberrücken im Team. Wir waren gespannt, wie er seine erste internationale Kletterexpedition bewältigen würde.

Wir kamen in der Low's Schlucht unterhalb des Kinabalu an und staunten: Mark hatte tatsächlich eine gewaltige Bigwall mitten auf Borneo ausfindig gemacht. Auf halber Höhe der 760 m hohen Wand stießen wir auf eine steile und schwierige technische Strecke. Alex spöttelte über den Gedanken an technisches Klettern und meldete sich freiwillig für den Vorstieg. Während er sich in ungesichertes und völlig unbekanntes 5.12er-Gelände begab, prüften wir unseren Fixpunkt: Würde er einen Sturz von über 30 m halten? Alex kletterte, wir hielten den Atem an.

Alex beendete die Seillänge nahezu gelangweilt. Es war der kühnste Vorstieg, den wir je erlebt hatten. Da wussten wir, dass die nächste Generation zur Stelle war.

GEGENÜBER Hoch über dem Südchinesischen Meer seilt sich Alex Honnold nach einem wind- und regenreichen Klettertag zu unserem Hängecamp ab.

FOLGESEITE Low's Gully. Wir errichteten unser Portaledge auf 300 m in der überhängenden Wand des Mount Kinabalu.

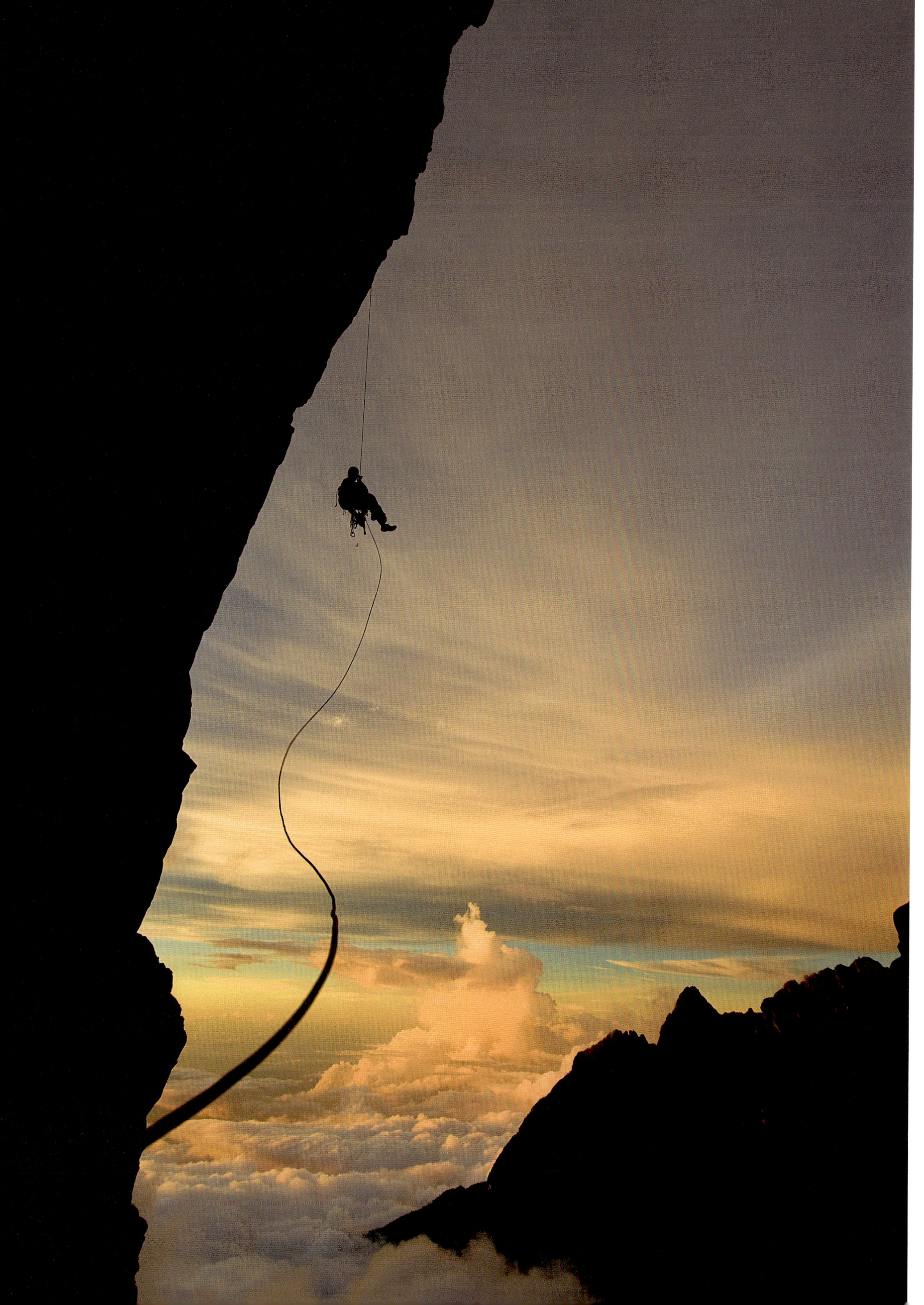

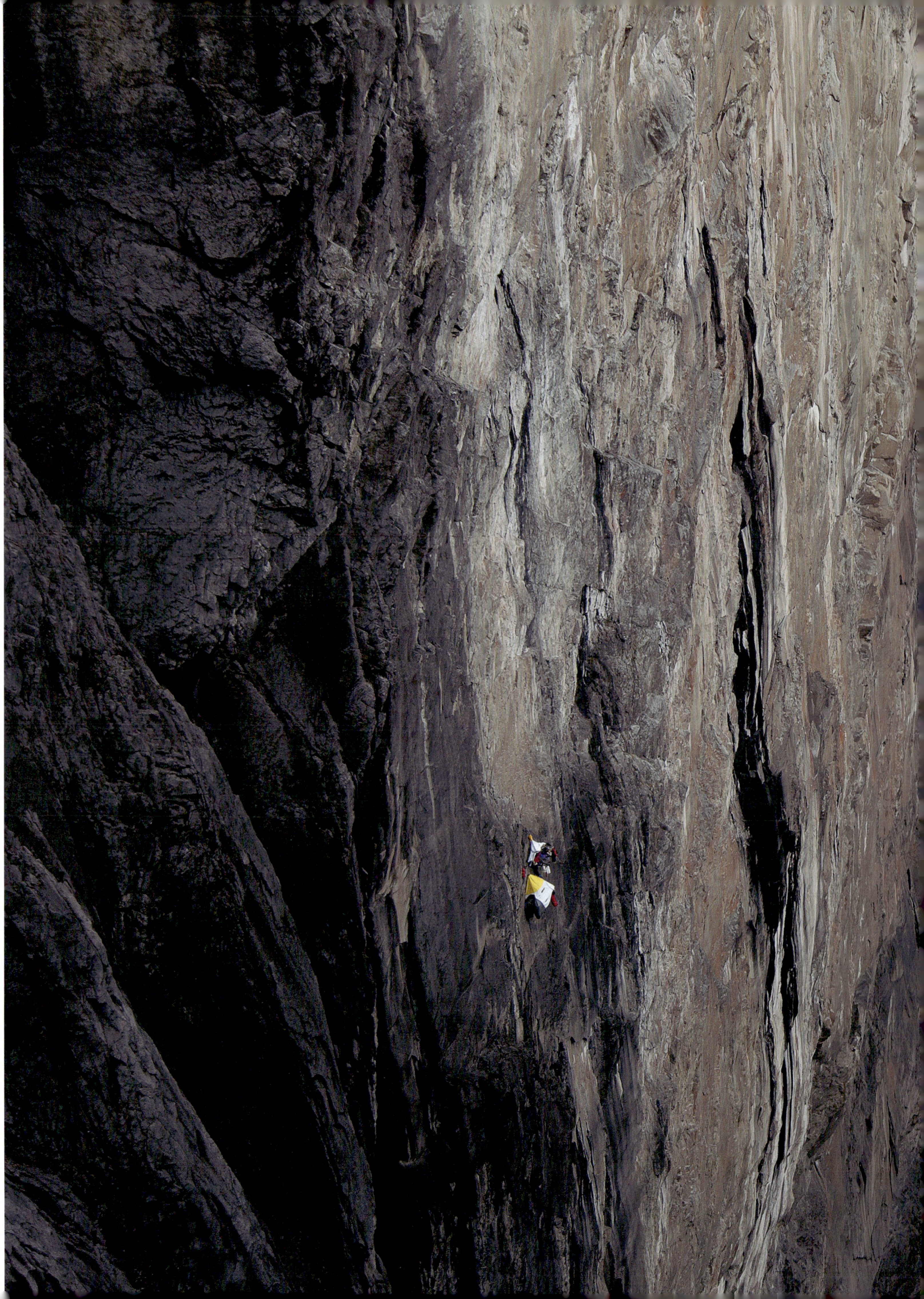

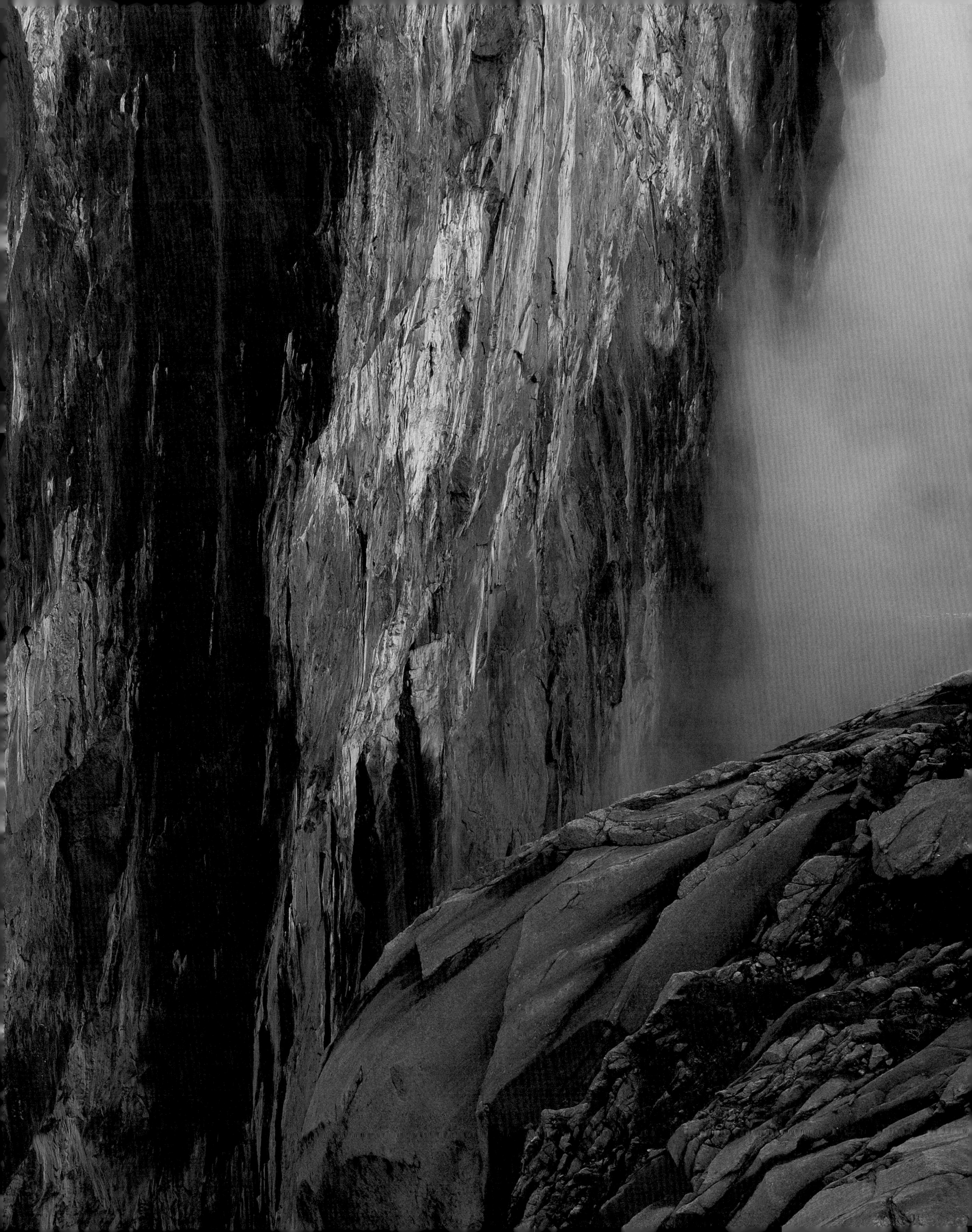

SHANGRI-LA-EXPEDITION

Ende September 2009 machten Ingrid Backstrom, Kasha Rigby, Giulia Monego und ich uns auf den Weg ins Minya-Konka-Gebirge am Westrand der Provinz Sichuan in China. Ziel war, den Westgrat des 6112 m hohen, im Herzen des Gebirgszugs gelegenen, atemberaubenden Reddomaine-Gipfels zu besteigen und abzufahren.

Ingrid ist eine der besten Freeskierinnen der Welt. Sie hatte in über zwanzig Skifilmen mitgespielt und mehrere Jahre in Folge alle Preise für die beste Frauenleistung in der Skibranche gewonnen. Sie hatte die Expedition geplant, um eine ebenso starke Skibergsteigerin zu werden. Kasha und Giulia hatten Jahre damit verbracht, ihr Können in den Steilhängen von Chamonix zu vervollkommnen und schwierige Skitouren auf der ganzen Welt zu klettern und zu fahren. Alle drei sind in Topform. Ich war sehr glücklich darüber, als Fotograf dabei sein zu dürfen.

Ich mag Expeditionen in weniger bekannte Gebirgsregionen. Da weiß man nie, was kommt. Auf unserem Weg zum Reddomaine folgten wir einer heiligen buddhistischen Umrundung des Khawa-Karpo-Massivs. Diese Wanderung war eine Entdeckung.

Als wir den Berg erreichten, schlugen wir ein Basislager unterhalb der Westwand auf. Wir akklimatisierten uns eine Woche, bevor wir die Ausrüstung auf einen Hängegletscher trugen und in 5200 m Höhe zelteten. Am nächsten Tag durchkletterten wir ein kombiniertes Gelände aus Fels und Schnee und schlugen uns über einen langen, verschneiten Grat, zwischen Gletscherspalten auf der einen Seite und einer Wechte auf der anderen, und das bei fast völligem Whiteout. Mehrmals hielten wir an und diskutierten eine Umkehr. Nach zwölf Stunden Aufstieg erreichten wir schließlich am 15. Oktober den Gipfel des Reddomaine und fuhren mit Skiern zurück zu unserem Hochlager. Es war die erste Skiabfahrt des Berges.

GEGENÜBER Nach Tagen regennassen Trekkings im Minya-Konka-Gebirge kletterten wir über einen hohen Pass und standen plötzlich vor einem riesigen Haufen Gebetsfahnen („Darchog" auf Tibetisch) und vor diesem Brockengeist – der psychedelische Ausdruck unserer Körper, die Schatten auf die Wolken unter uns warfen.

FOLGESEITE Kasha Rigby traversiert über den Wolken auf dem Weg zu unserem Hochlager am Westgrat des Reddomaine.

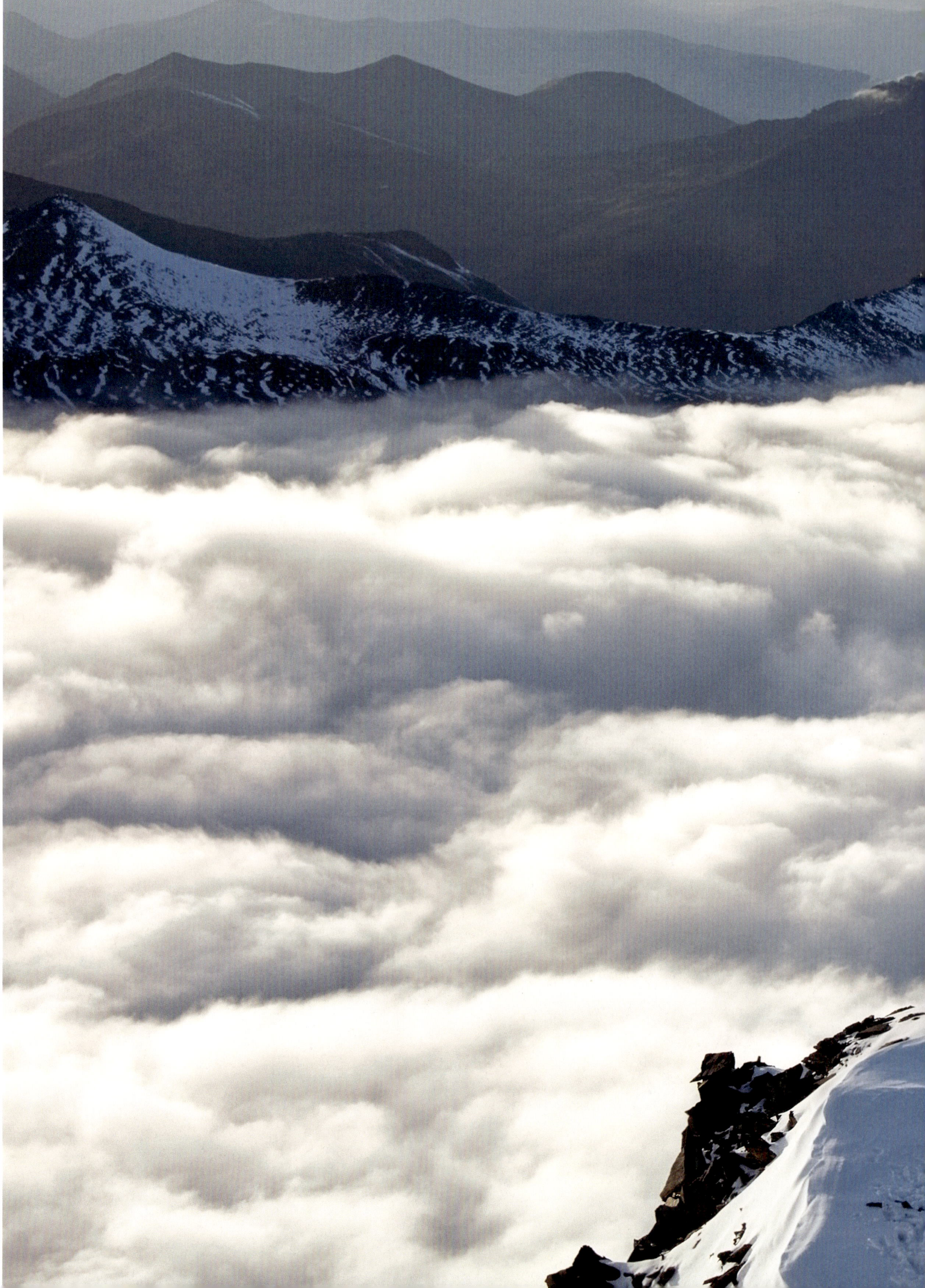

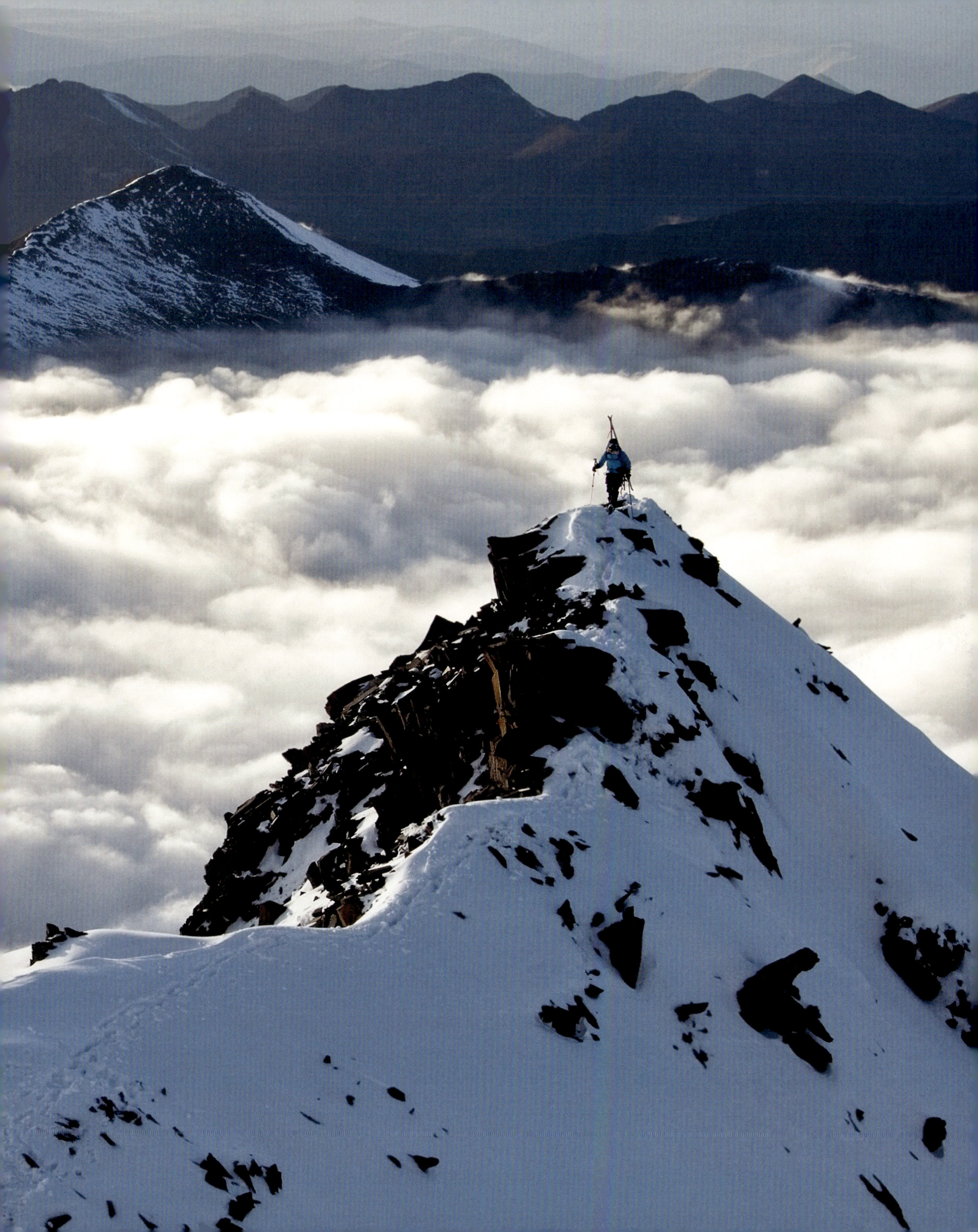

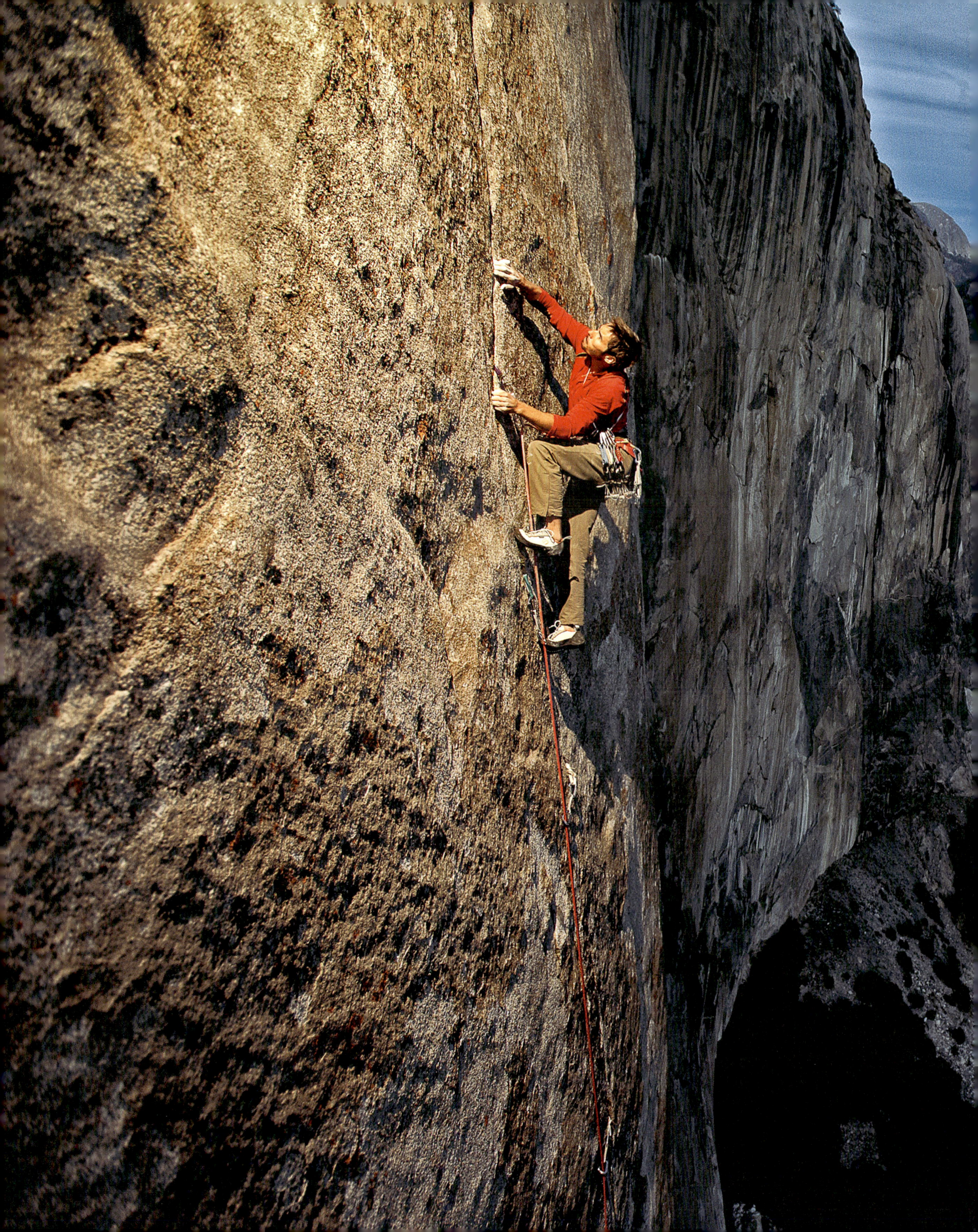

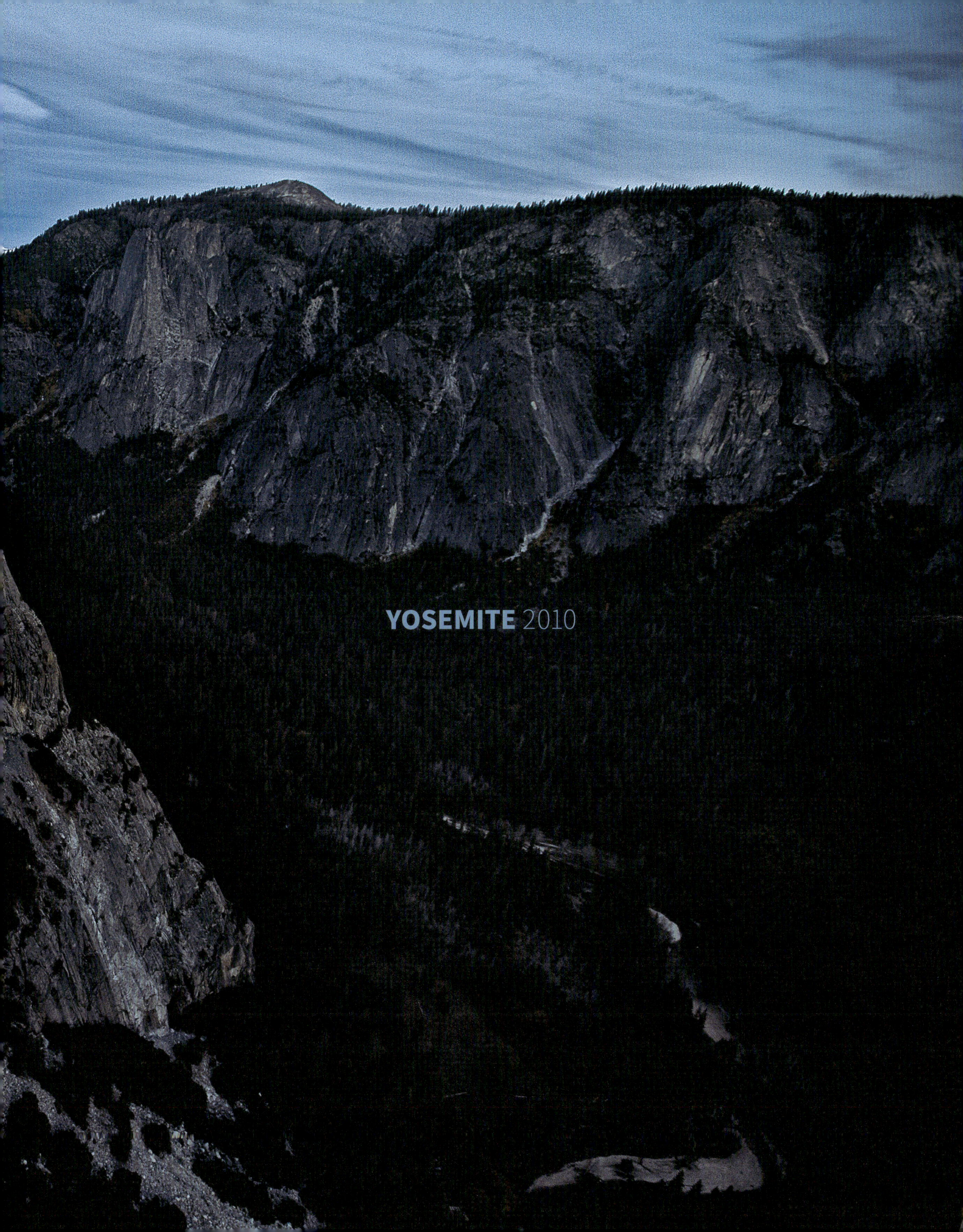

YOSEMITE 2010

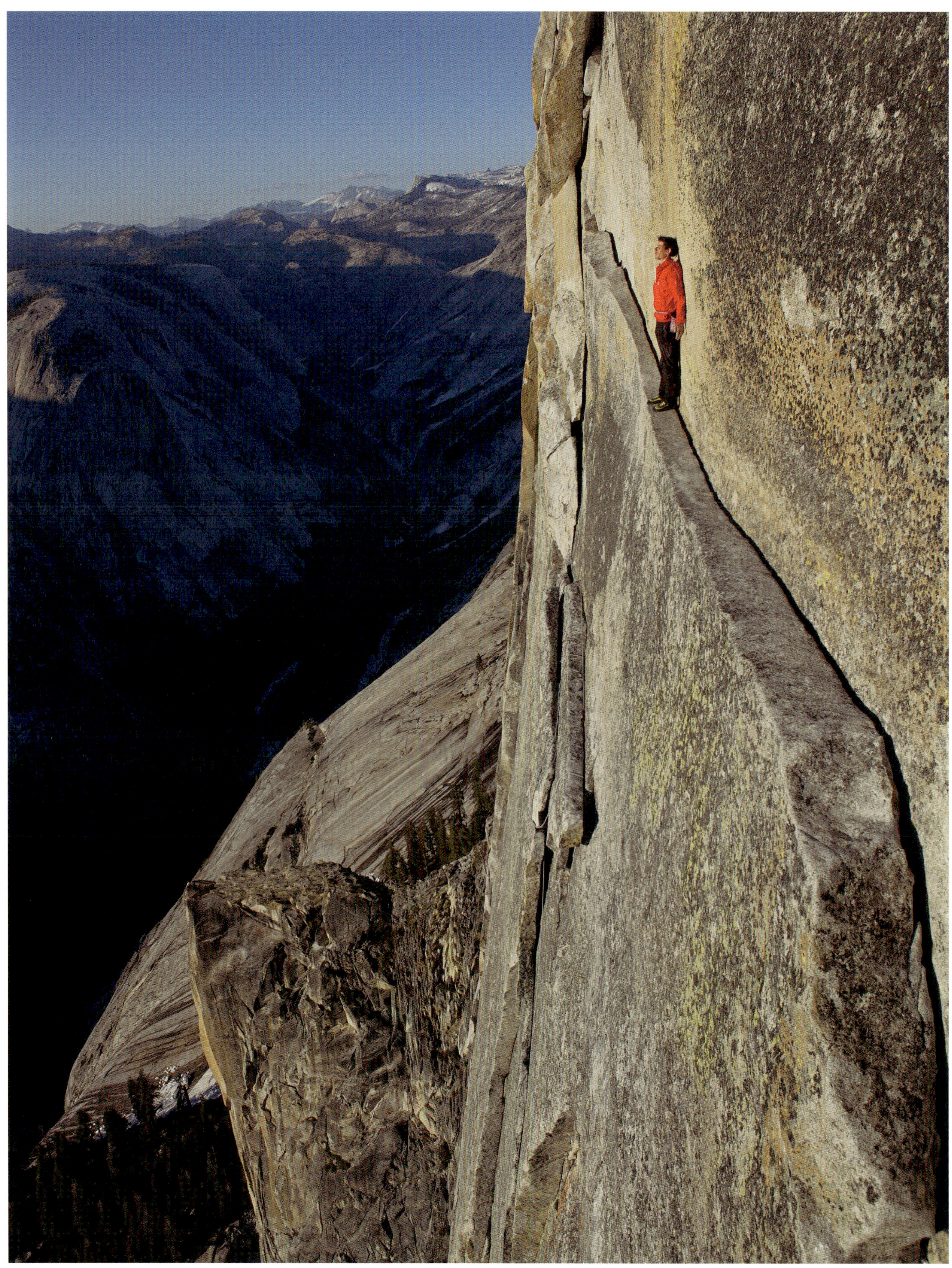

Yosemite Valley hat mein Leben und Tun beeinflusst wie keine andere Landschaft.

In meiner Jugend kam ich das erste Mal her. Unzählige Male kam ich zurück. Mit meinem Freund Brady Robinson kletterte ich hier meine ersten großen Routen: eintägige Besteigungen des Half Dome und El Capitan. Einmal gab mir Brady am El Cap seine Kamera, ich machte mein erstes publiziertes Foto. Vom Honorar dafür kaufte ich meine erste Kamera.

Viele meiner Idole - auch viele Mentoren und lebenslange Freunde - verbrachten hier ihre prägenden Jahre. Das Yosemite, angestammte Heimat der Ahwahneechee, beherbergt heute ein Mischvolk aus Vagabunden, Weltklasse-Athleten, Mystikern und Sonderlingen, die auf den hohen Granitmassiven Abenteuer und Glückseligkeit suchen. Generationen von Naturliebhabern, von John Muir und Yvon Chouinard bis zur heutigen Jugend, zogen sich aus der feinen Gesellschaft zurück, um als Outsider zu leben und im Dreck zu schlafen, an den Hängen der Berge, in ihren Autos, zwischen Bäumen, Wasserfällen und Felswänden.

Nirgendwo sonst auf der Welt gibt es einen so direkten Zugang zu einem so großen und umfangreichen Kletterangebot wie im Yosemite. Hier lernt man, sehr hohe Senkrechten in kurzer Zeit zu meistern. Hier stößt man an seine körperlichen und mentalen Grenzen, unabhängig davon, wer man ist oder wie gut man klettert. Das Tal macht stark.

Im Herbst 2009 begab ich mich auf meine erste Fotoreportage für *National Geographic*, um den Geist der Kletterkultur und die Entwicklung zum Spitzensport dort einzufangen. Ich wollte der Welt eine andere Sicht auf das Yosemite zeigen.

National Geographic hat die höchsten Fotojournalismus-Standards der Welt und legt Mitarbeitern eine besondere Bürde auf: die Wahrung dieser Tradition. Für Monate oder gar Jahre werden Fotografen mit Spezialaufträgen auf Reisen geschickt. Manchmal kommen diese Fotografen dann nach Langzeitprojekten zurück, und die Arbeiten werden abgelehnt und nie veröffentlicht. Ich fand diese Tatsache erschreckend und auch höchst motivierend.

Mir war jeden Tag bewusst, dass irgendwo im Tal Bilder entstanden, die ich verpasste. Ich rannte von einem Ort zum anderen, weil ich wusste, dass die langjährige leitende Fotoredakteurin Sadie Quarrier jede einzelne der Zehntausenden Aufnahmen für meine Reportage genau unter die Lupe nehmen würde.

Zusammen mit meinem Assistenten Mikey Schaefer verbrachten wir den ganzen Frühling und den ganzen Herbst damit, den Bewohnern des Yosemite und einigen der besten Kletterer der Welt nachzustellen: Dean Potter, Alex Honnold, Leo Houlding, Kate Rutherford, Sean Leary, Brad Gobright, Ueli Steck, Tommy Caldwell und andere.

Für manche Einzelaufnahmen musste ich tagelang klettern und Seile legen. Andere entstanden spontan, auf den Wiesen unterhalb des El Cap oder an einem regnerischen Morgen im Camp 4. Für diese Tage bin ich sehr dankbar. Einige der abgebildeten Menschen sind nicht mehr unter uns; die Erinnerungen an die letzten gemeinsamen Erlebnisse halte ich in Ehren. Die Fotos wurden schließlich in der Mai-Ausgabe 2010 veröffentlicht; mein Bild von Alex Honnold auf dem Half Dome schaffte es aufs Cover.

VORSEITE Kevin Jorgeson klettert die schlecht gesicherte Seillänge 22 (5.12c) der Dawn Wall. Kevin und Tommy Caldwell kletterten oft nachts, um die Vorteile der kühleren Temperaturen und der besseren Reibung zu nutzen

GEGENÜBER Alex Honnold quert die Thank God Ledge am Half Dome seilfrei

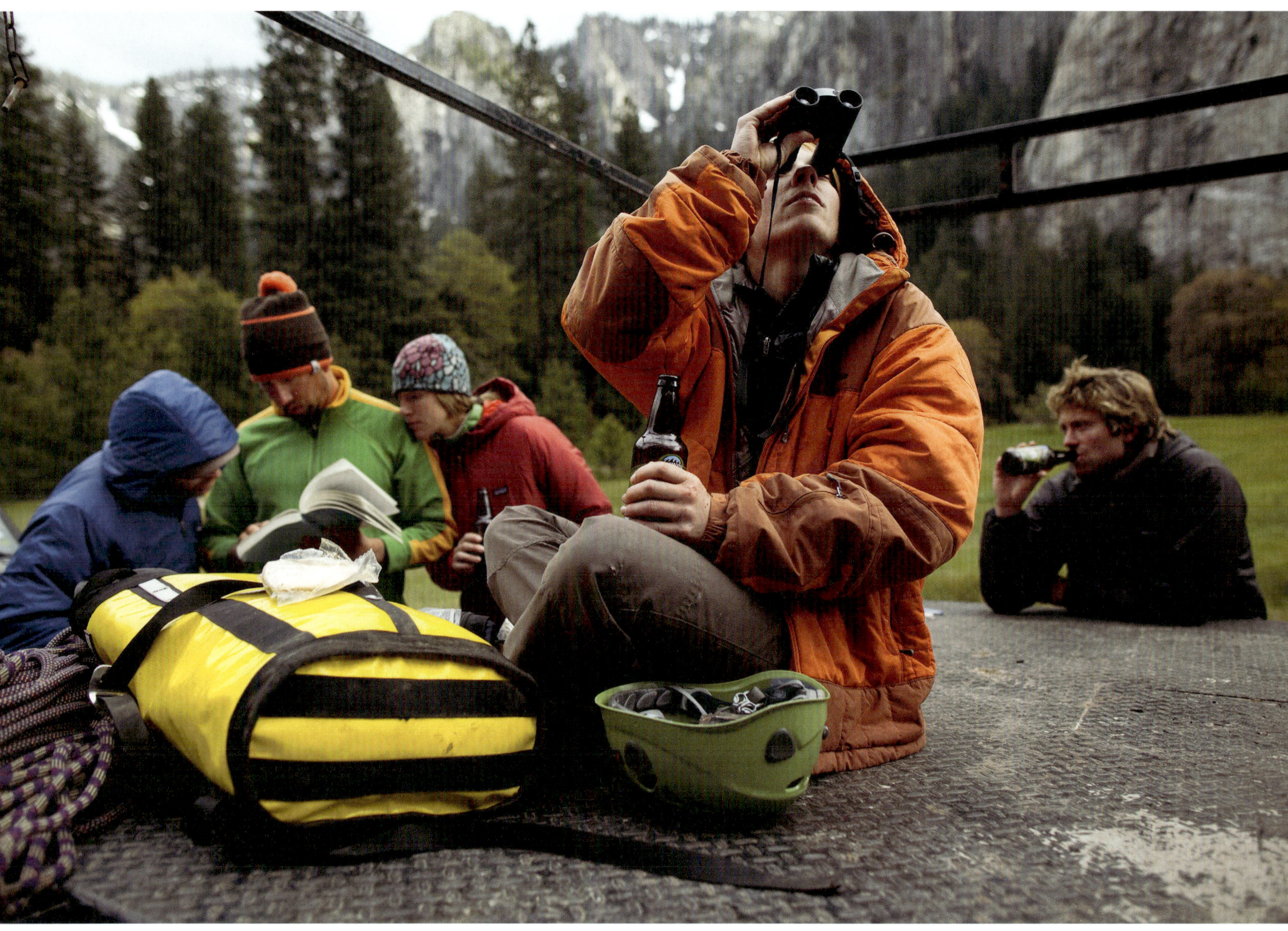

OBEN Kletterer versammeln sich auf El Cap Meadows, um den Tag zu bereden und den nächsten zu planen.

GEGENÜBER Kletterer verbringen einen Regentag auf der Alcove Swing am El Cap.

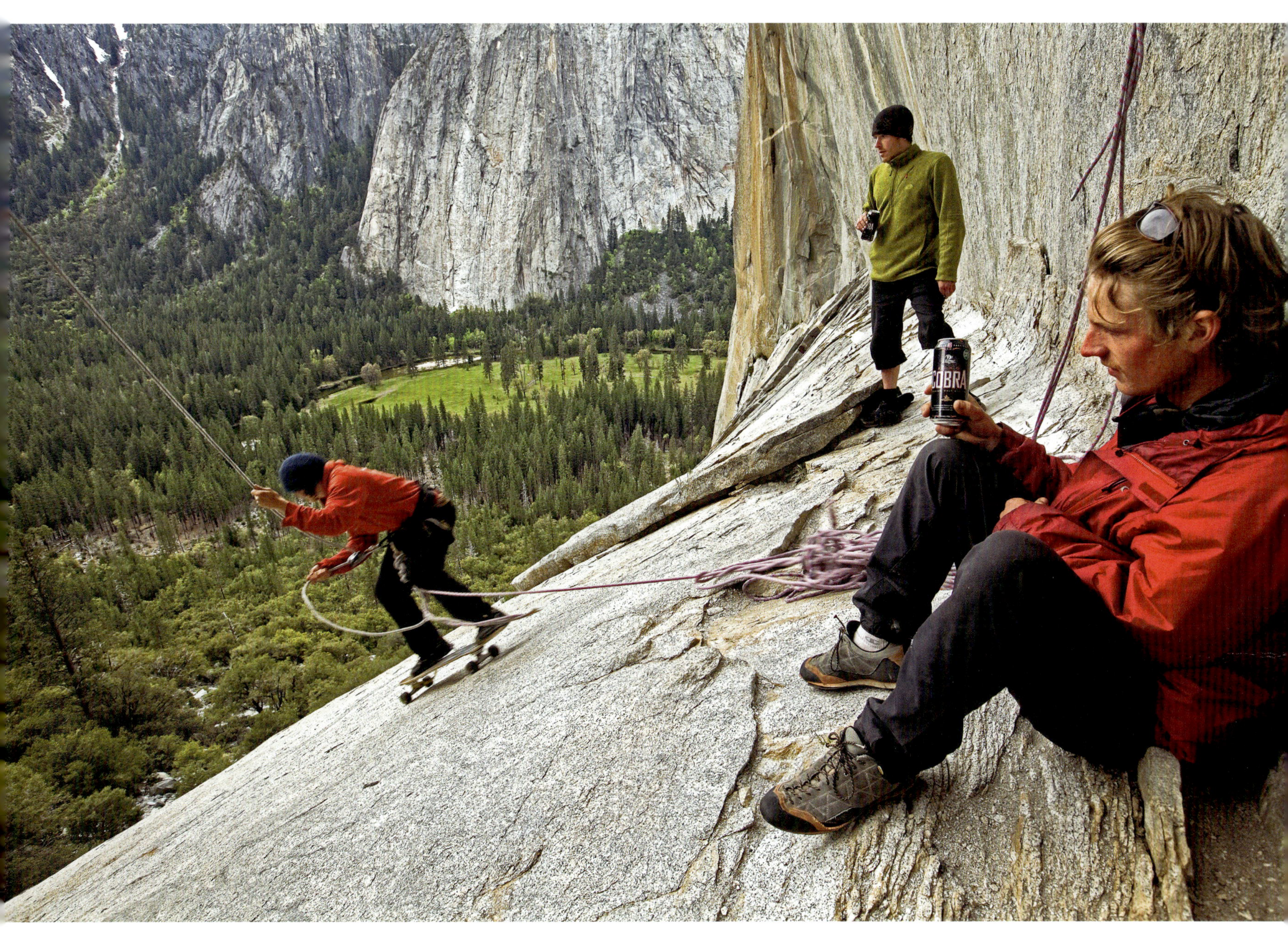
COBRA

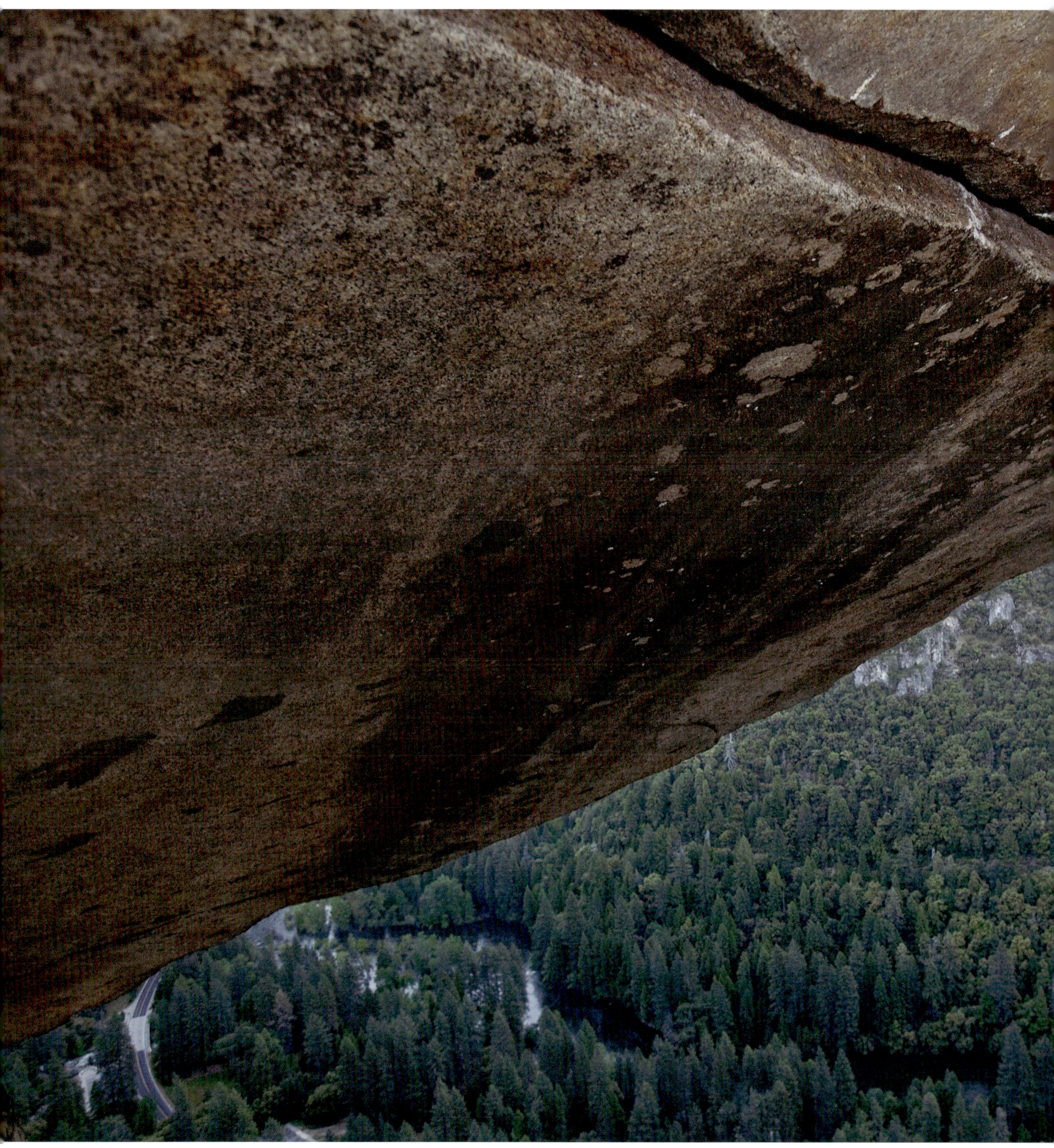

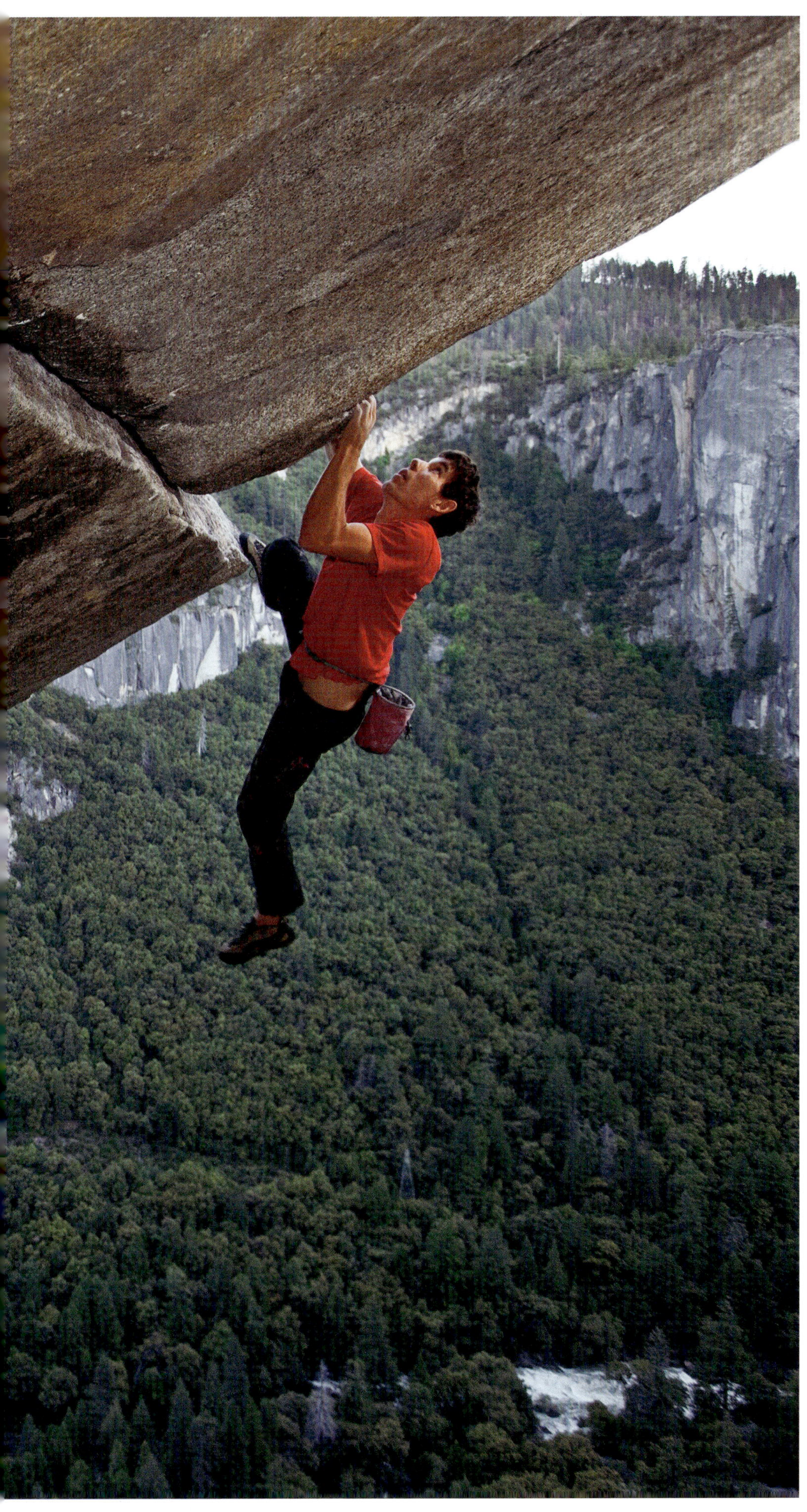

LINKS Alex Honnold beim Free Solo auf der Separate-Reality-Route (5.11d).

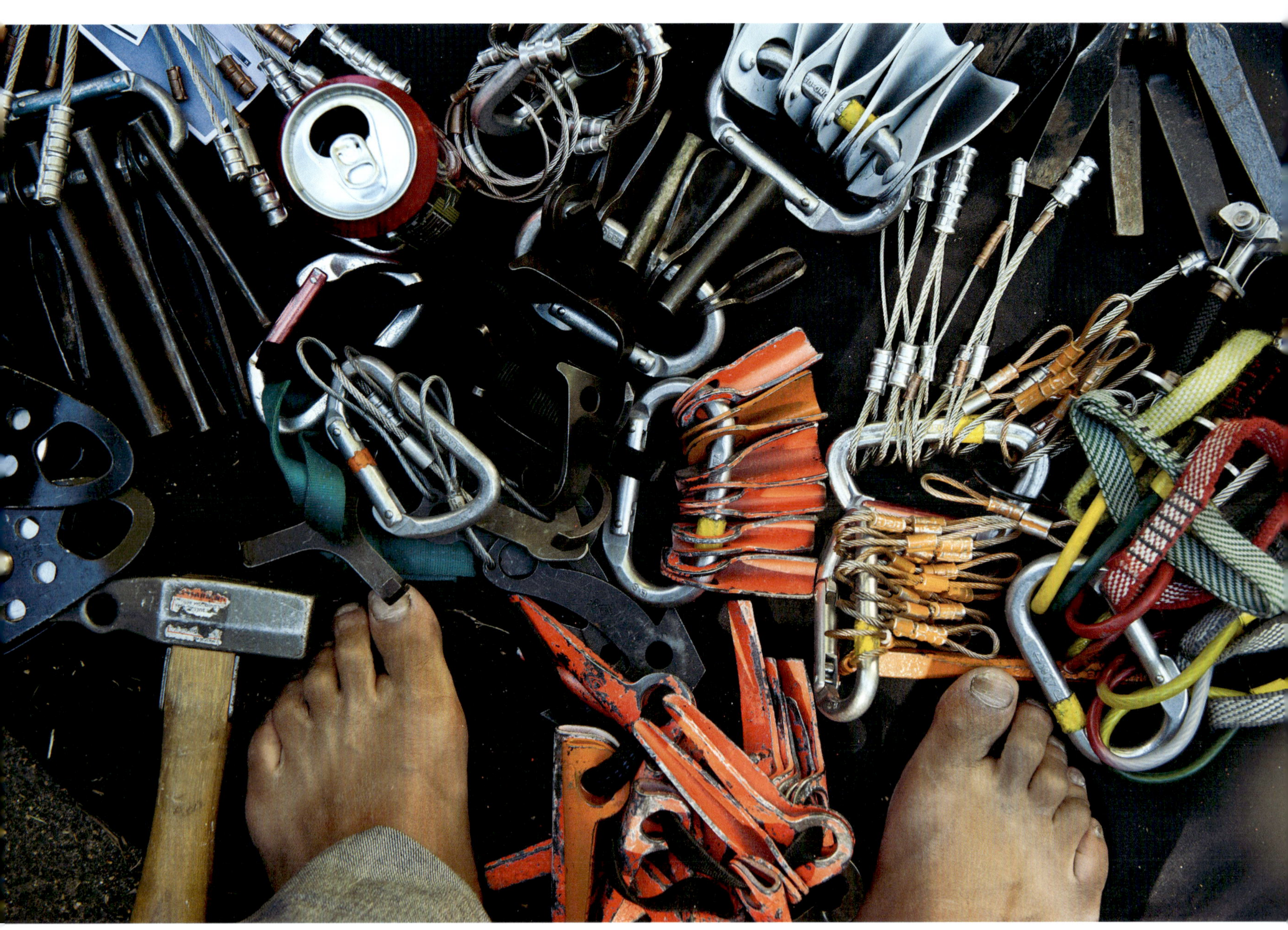

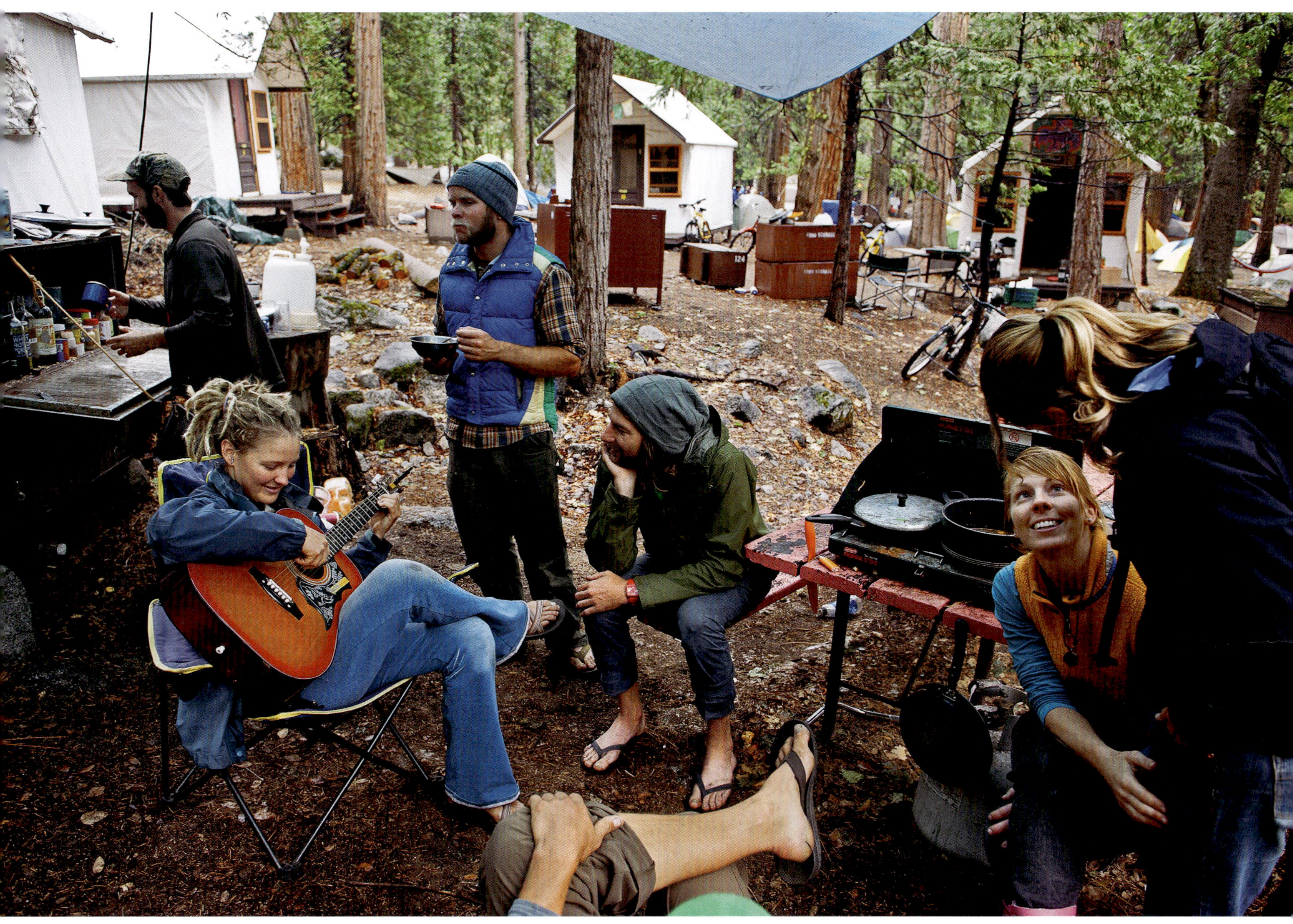

GEGENÜBER Das Rack für die Yosemite-Wand.

OBEN Ein Regentag im Such- und Rettungscamp des Yosemite Valley (YOSAR).

FOLGESEITE Dean Potter beim Begehen einer Highline oberhalb der Yosemite Falls. Dean war der Erste, der eine solche an diesem Ort aufgebaut und begangen hat.

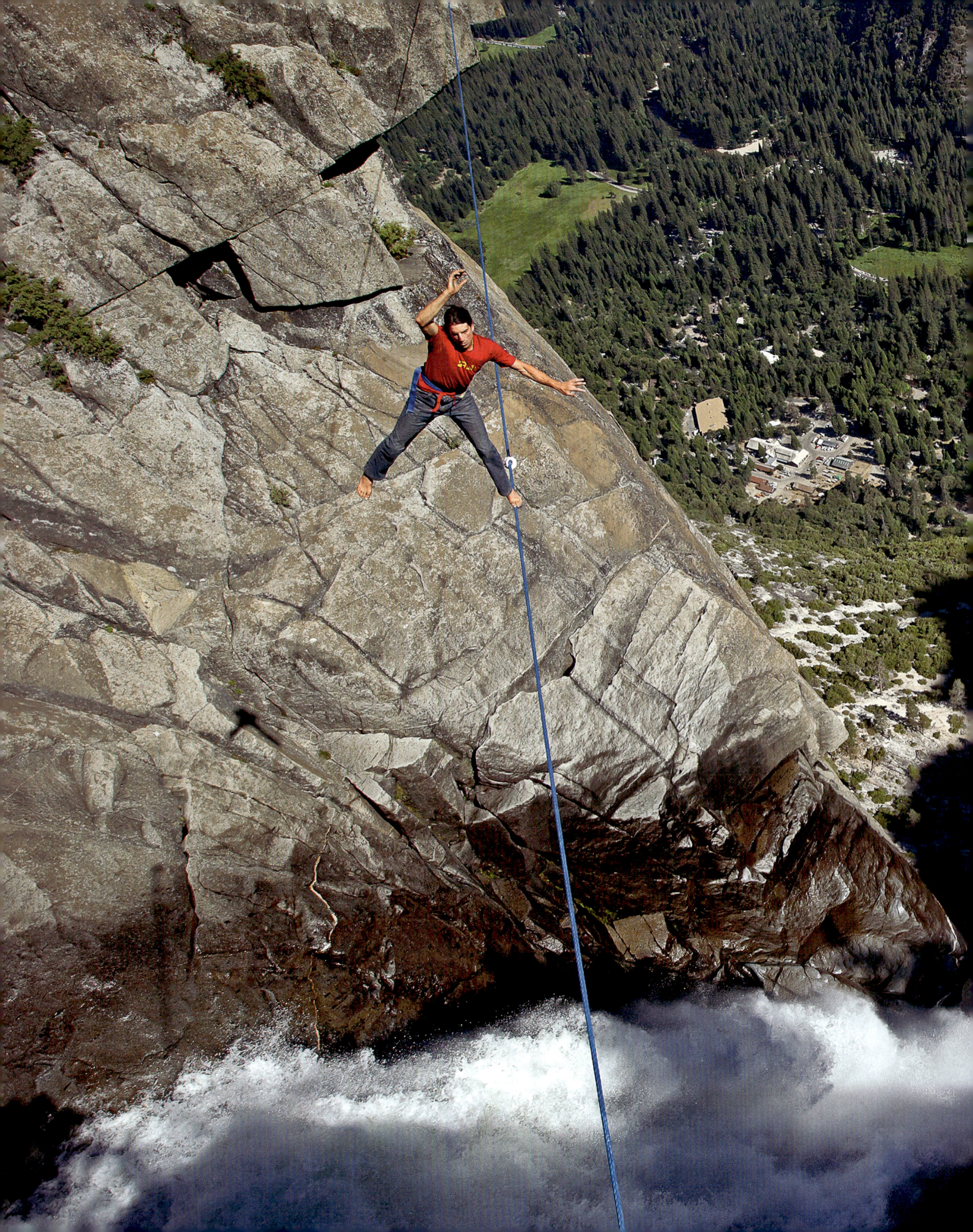

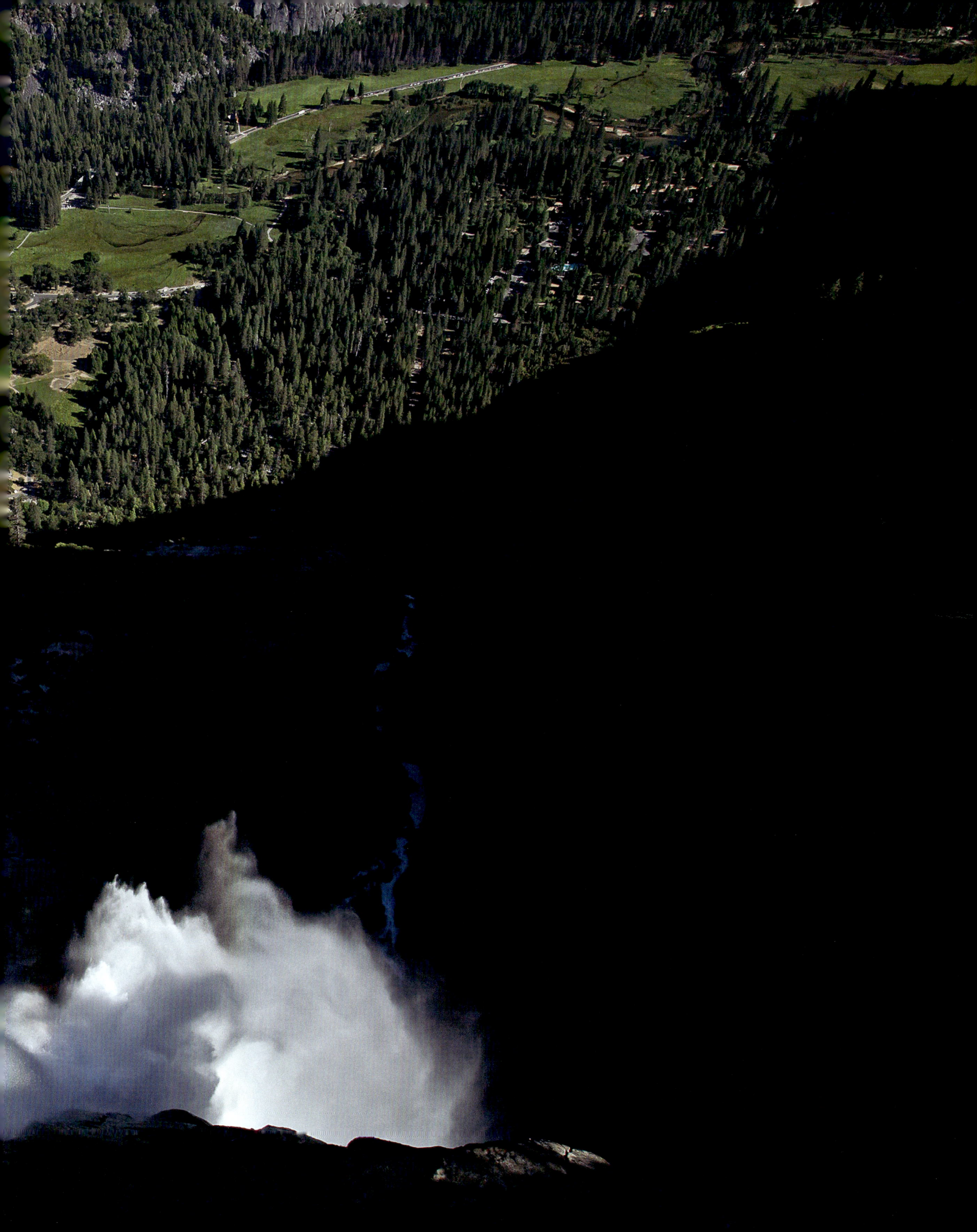

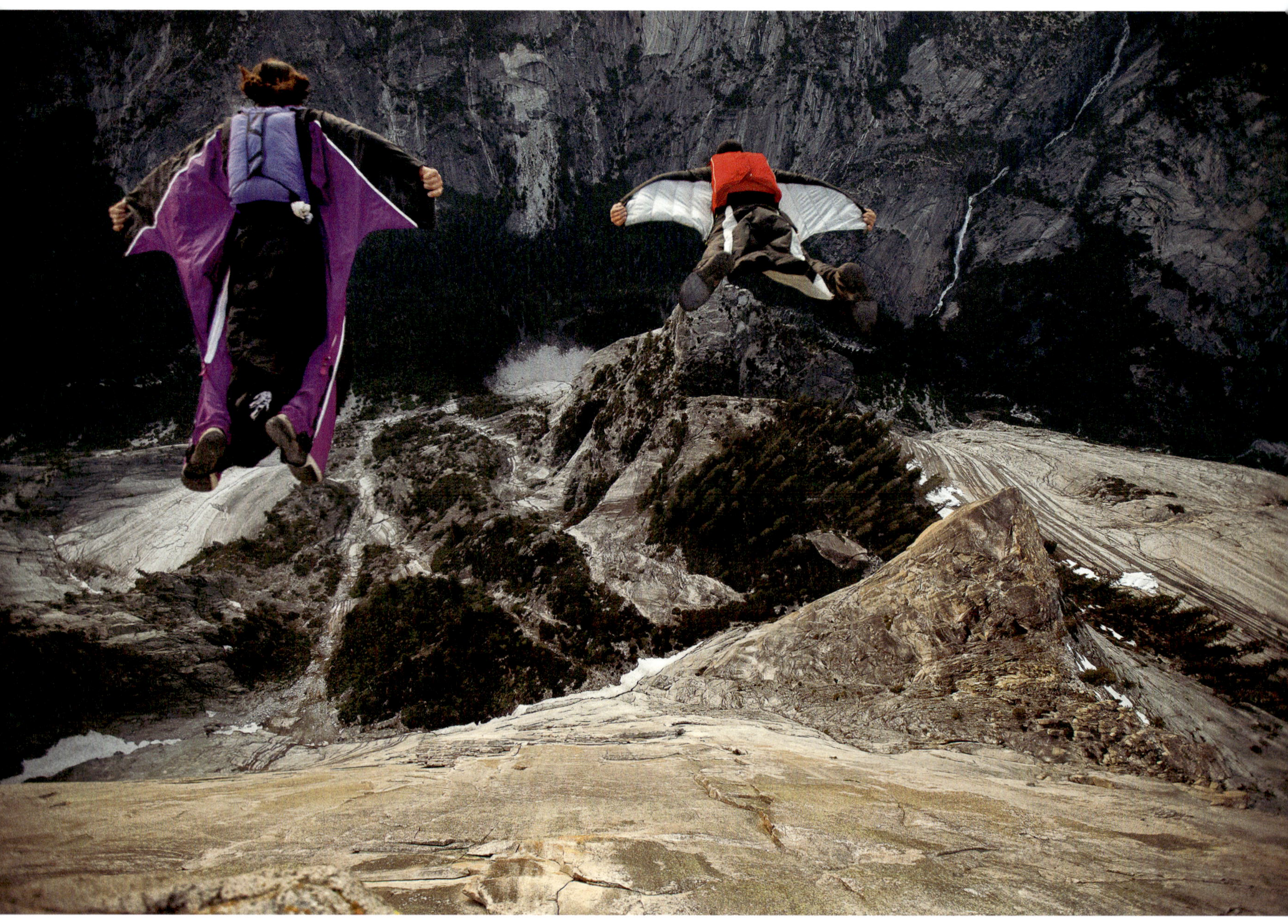

OBEN BASE-Jumpers springen vom sogenannten Diving Board („Sprungbrett") des Half Dome.

GEGENÜBER Kletterer auf der Higher Cathedral Spire.

FOLGESEITE Dämmergeister. Da BASE-Jumping im Yosemite verboten ist, wird oft bei Tagesanbruch oder im Abendlicht gesprungen, um nicht entdeckt zu werden.

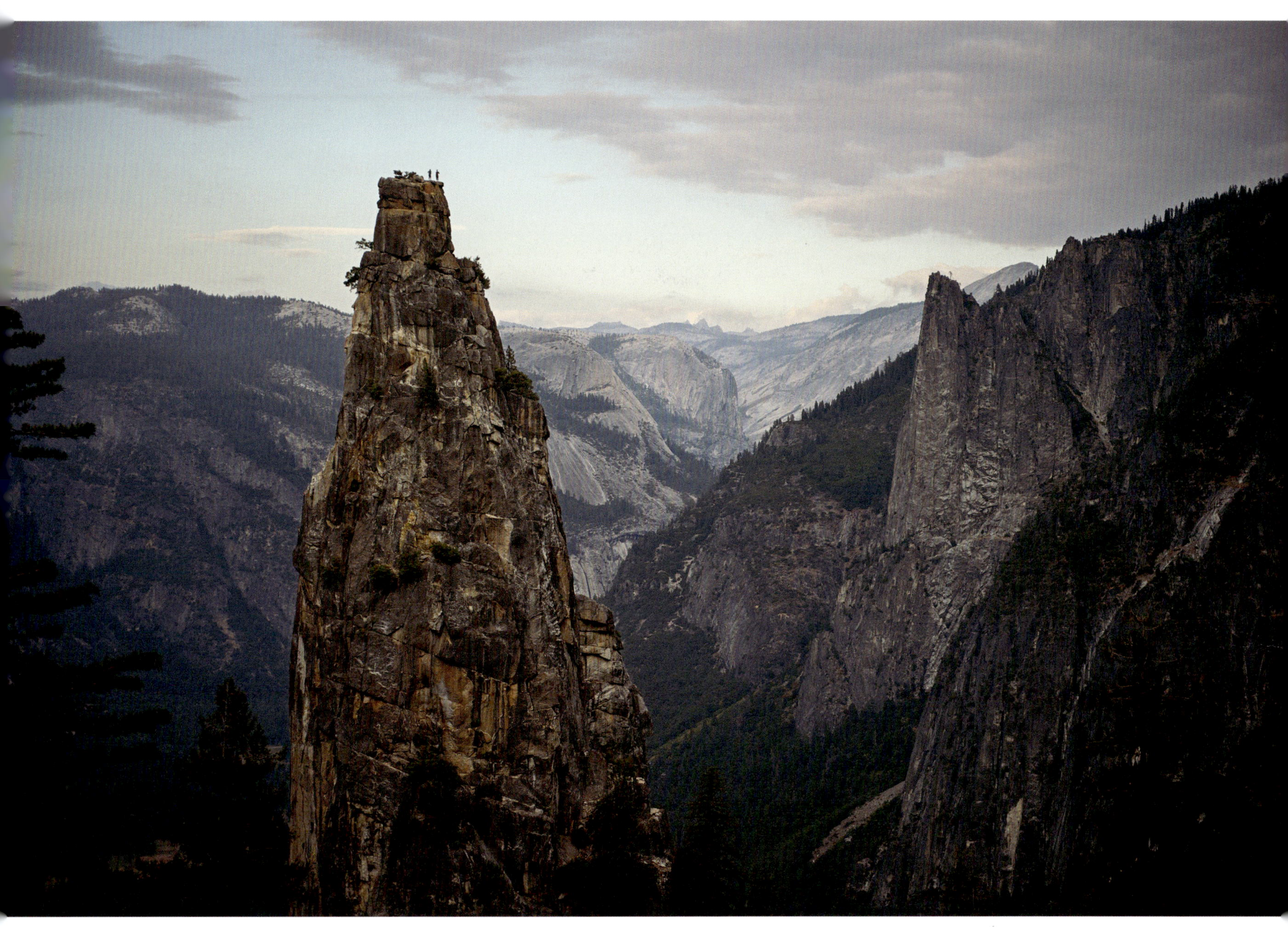

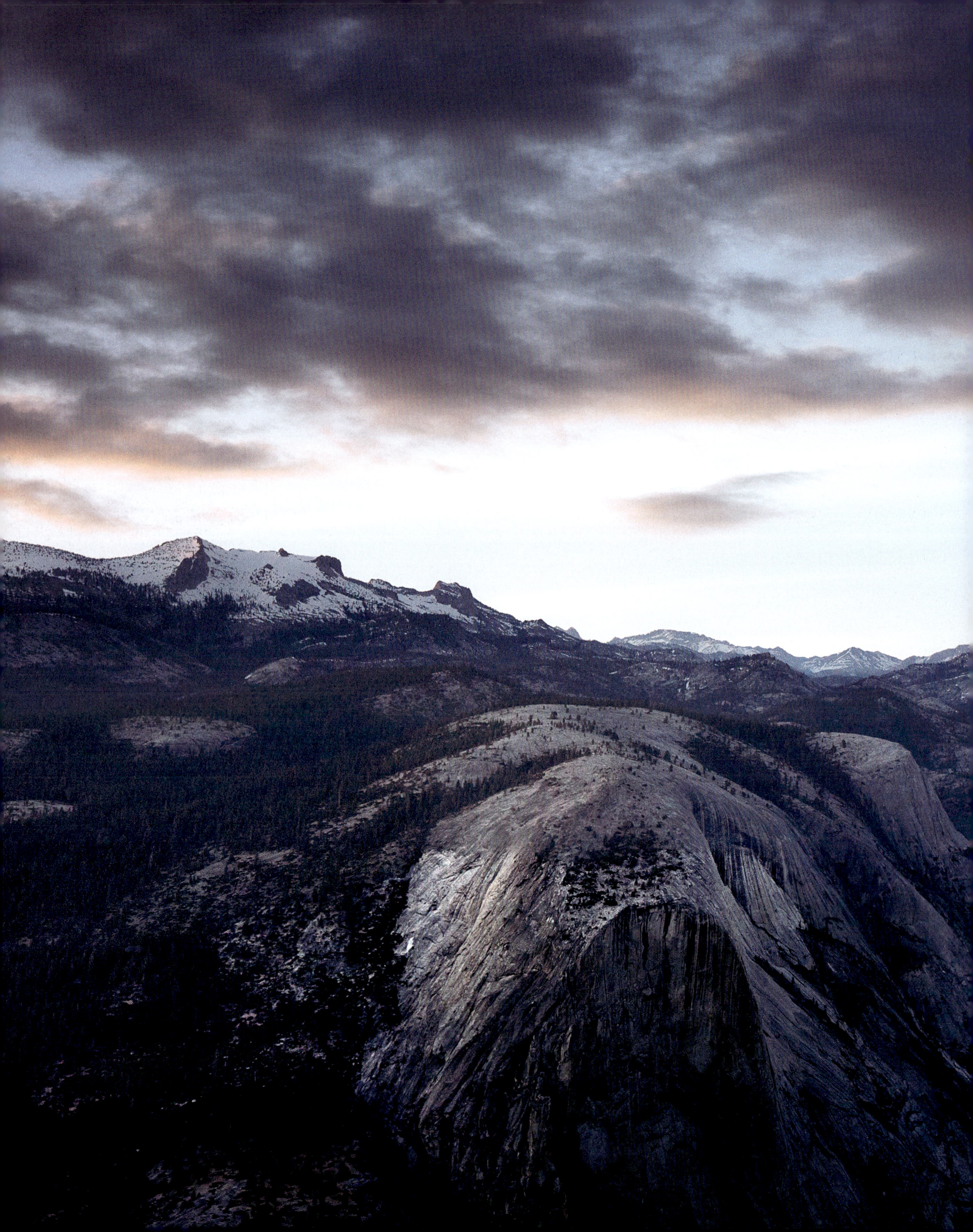

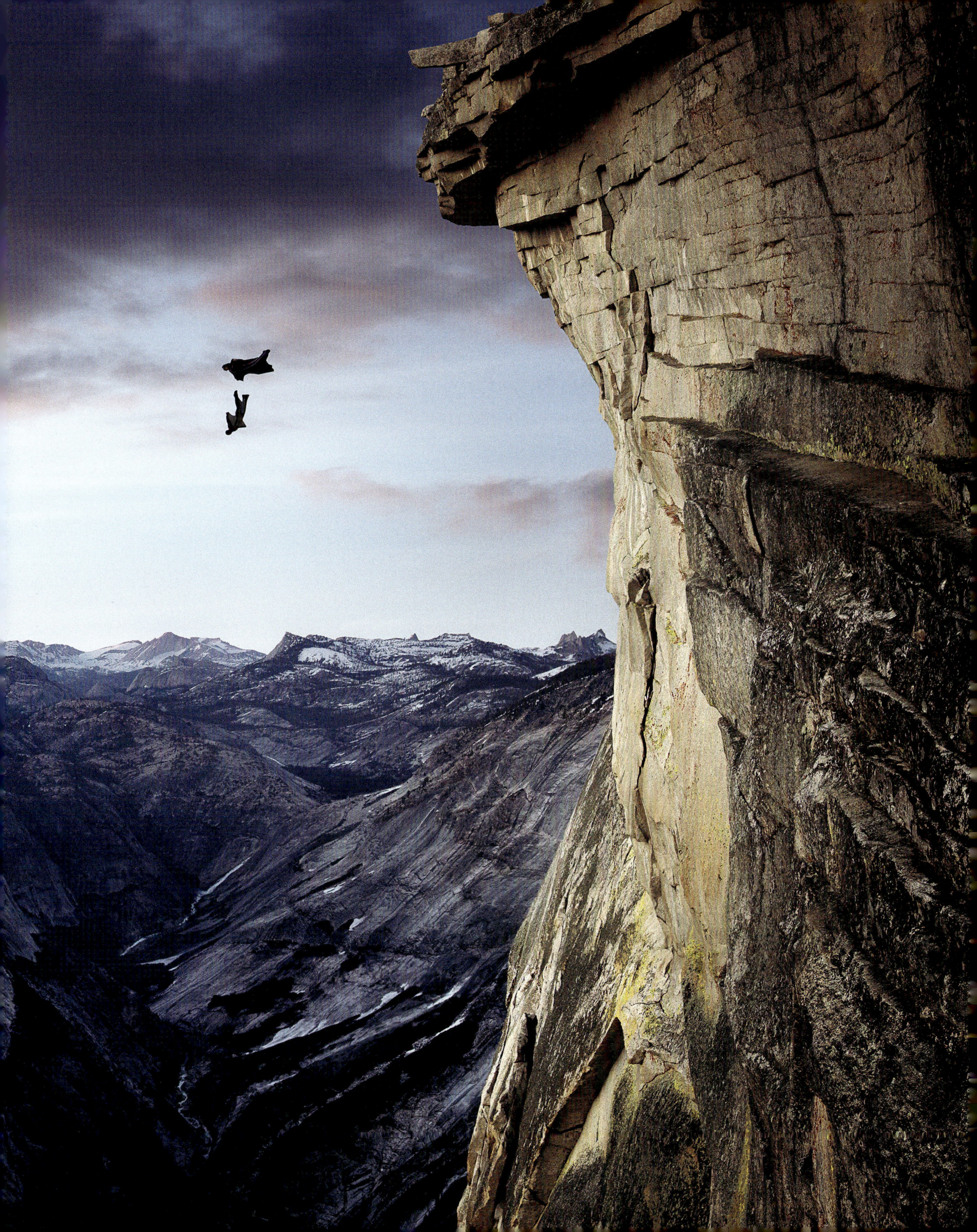

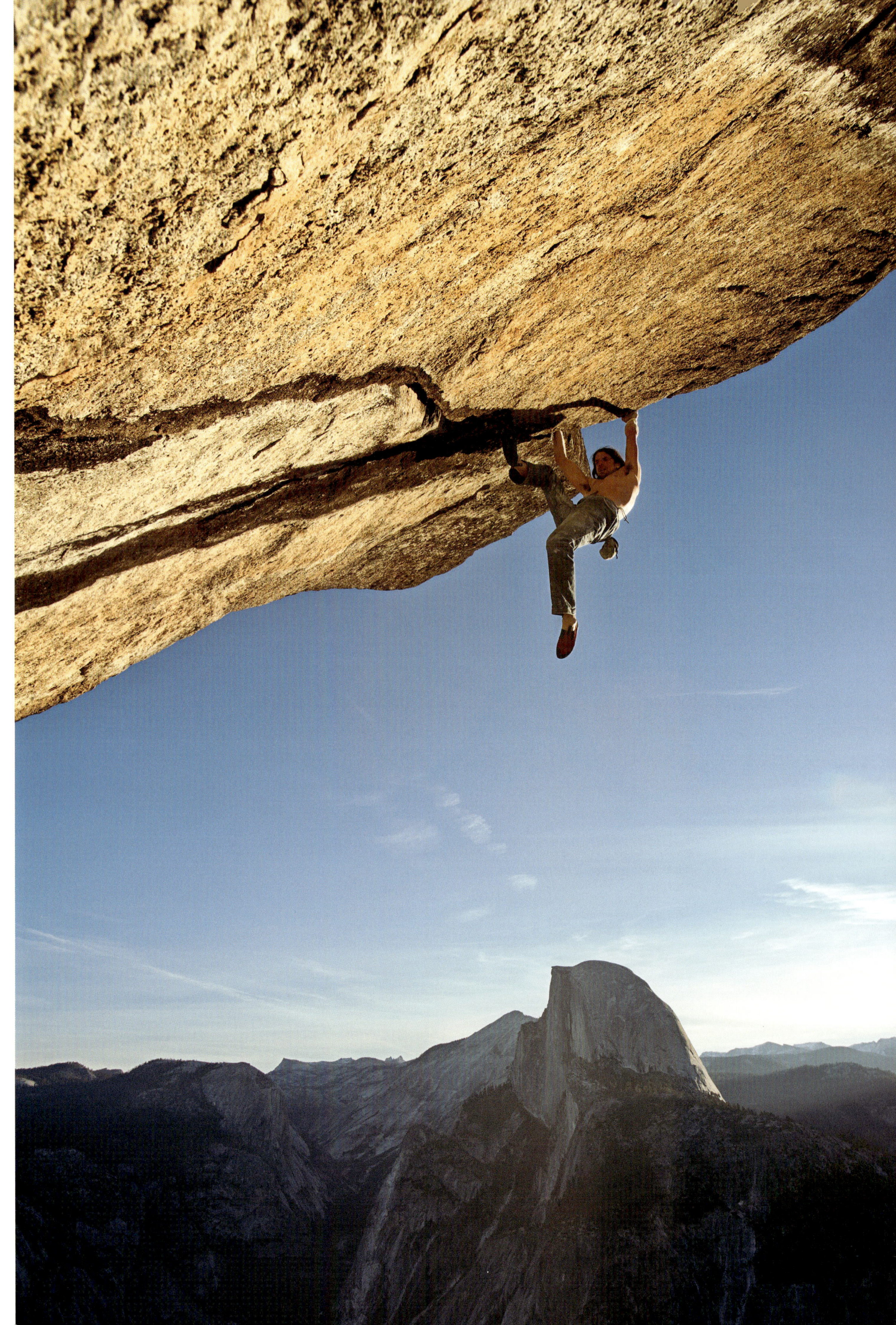

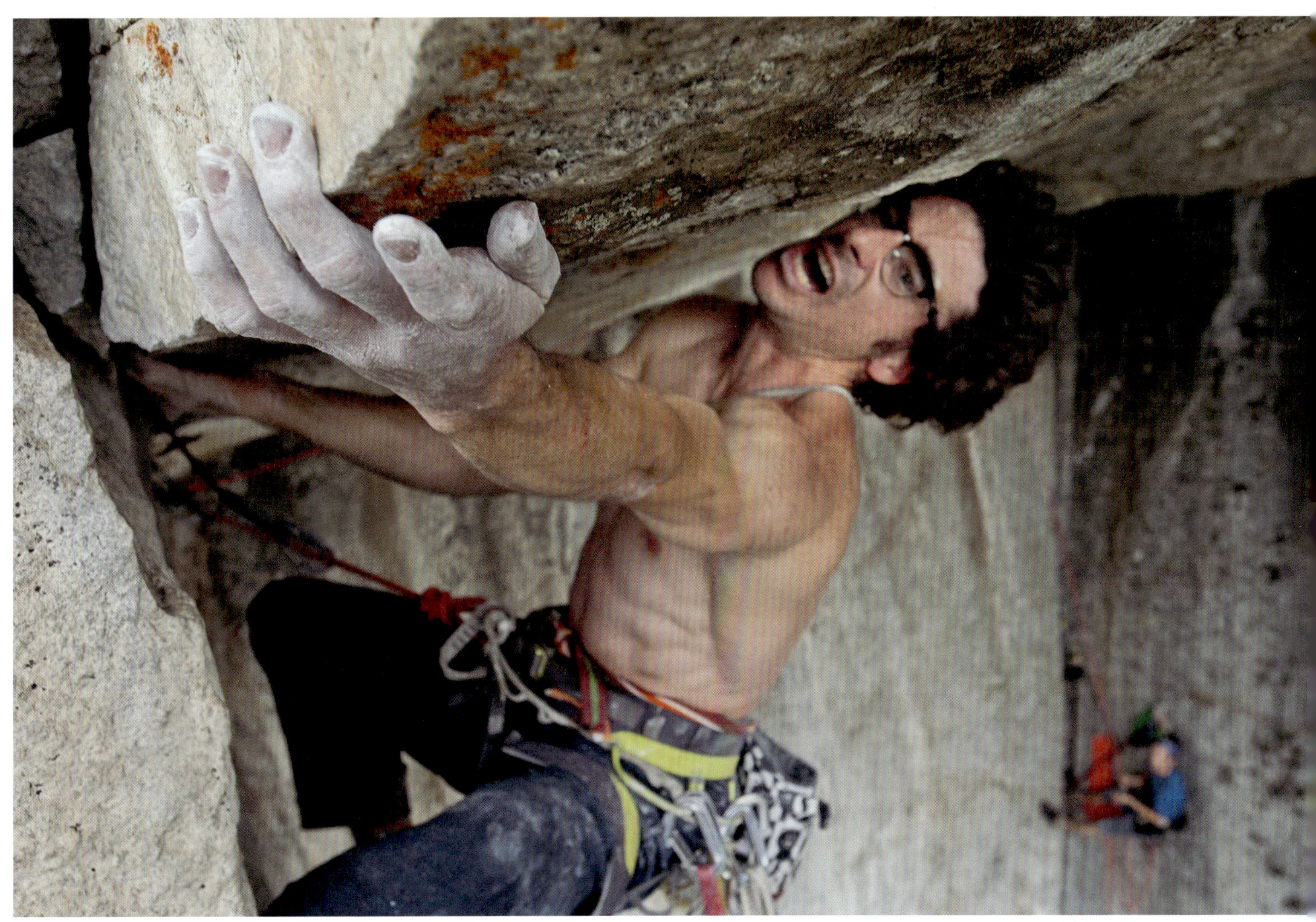

GEGENÜBER Dean Potter beim Free Solo der Heaven (5.12d). Dean gelang die erste Free-Solo-Begehung dieses stark überhängenden Fingerrisses.

OBEN Cedar Wright kämpft sich gegen die Schwerkraft durch die Gravity Ceiling (5.13a), Upper Cathedral.

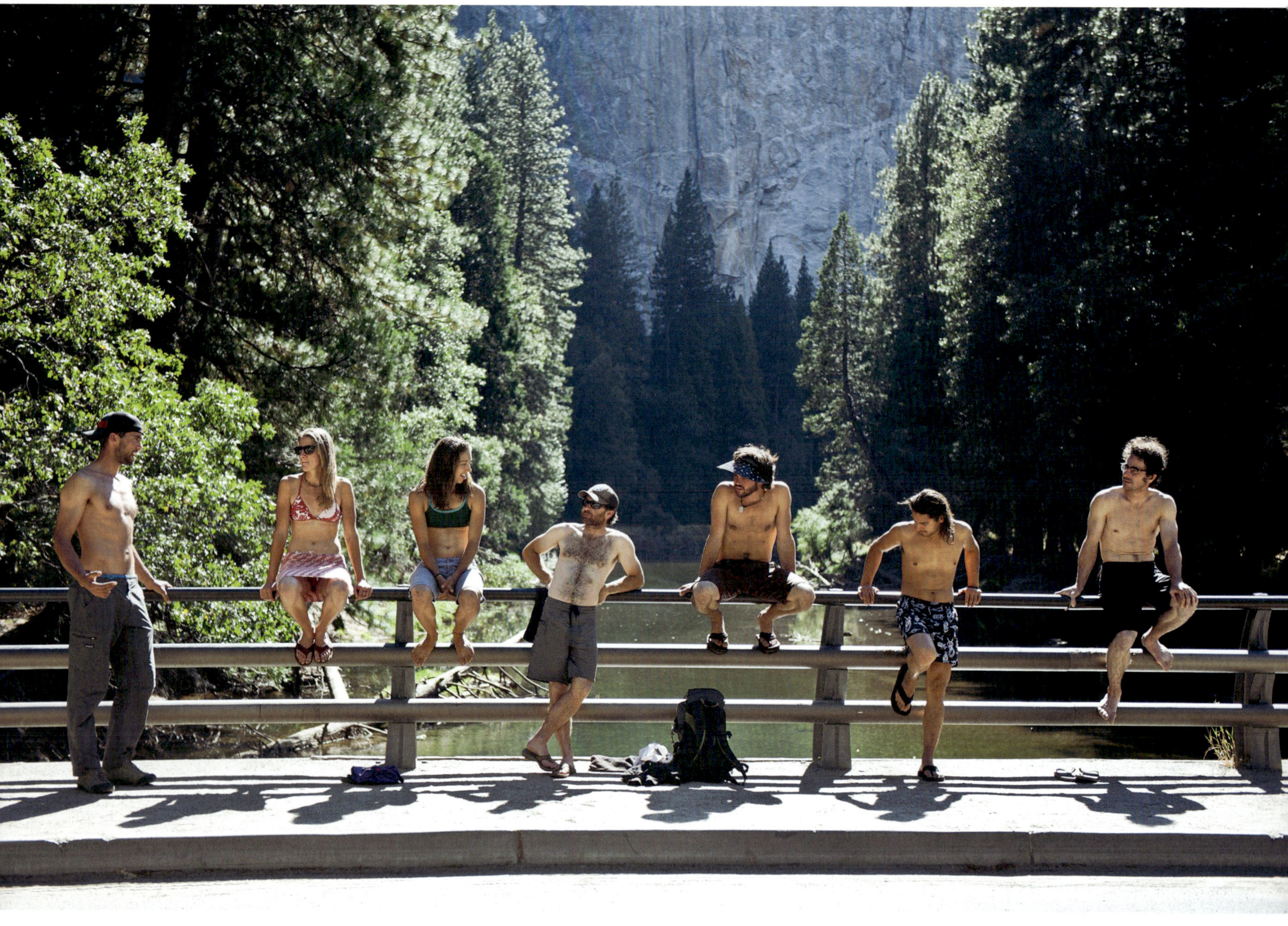

OBEN Wer Routenbeschreibungen oder Valley-Klatsch sucht, findet an der Brücke unterhalb des El Cap einen klassischen Treffpunkt für Stone Monkeys. Von links: Dave Turner, Kate Rutherford, Ashley Helms, Mikey Schaefer, Aaron Jones, Lucho Rivera und Cedar Wright.

GEGENÜBER Kate klettert den Freestone, eine lange, schwere Teststrecke bei den Yosemite Falls.

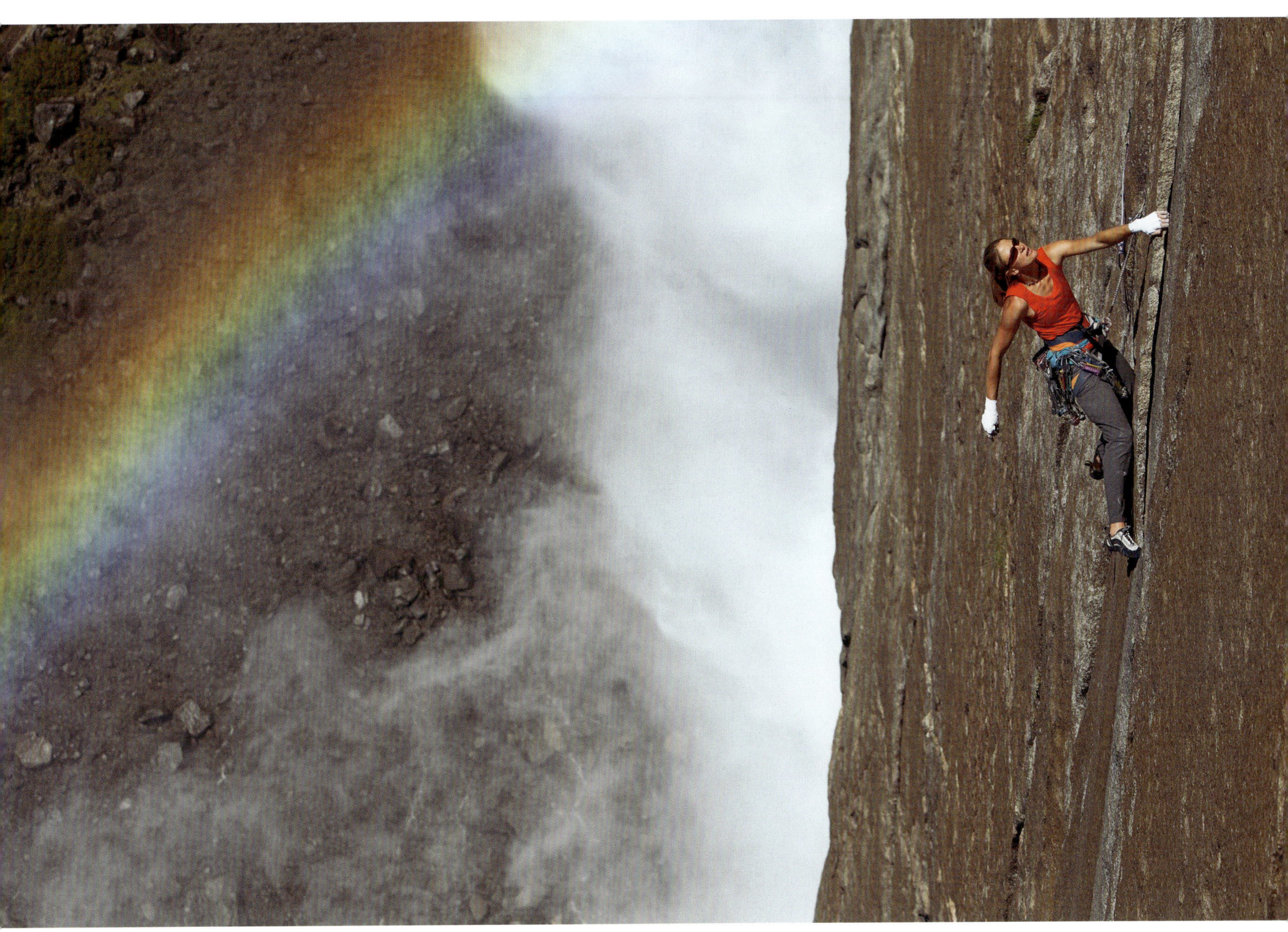

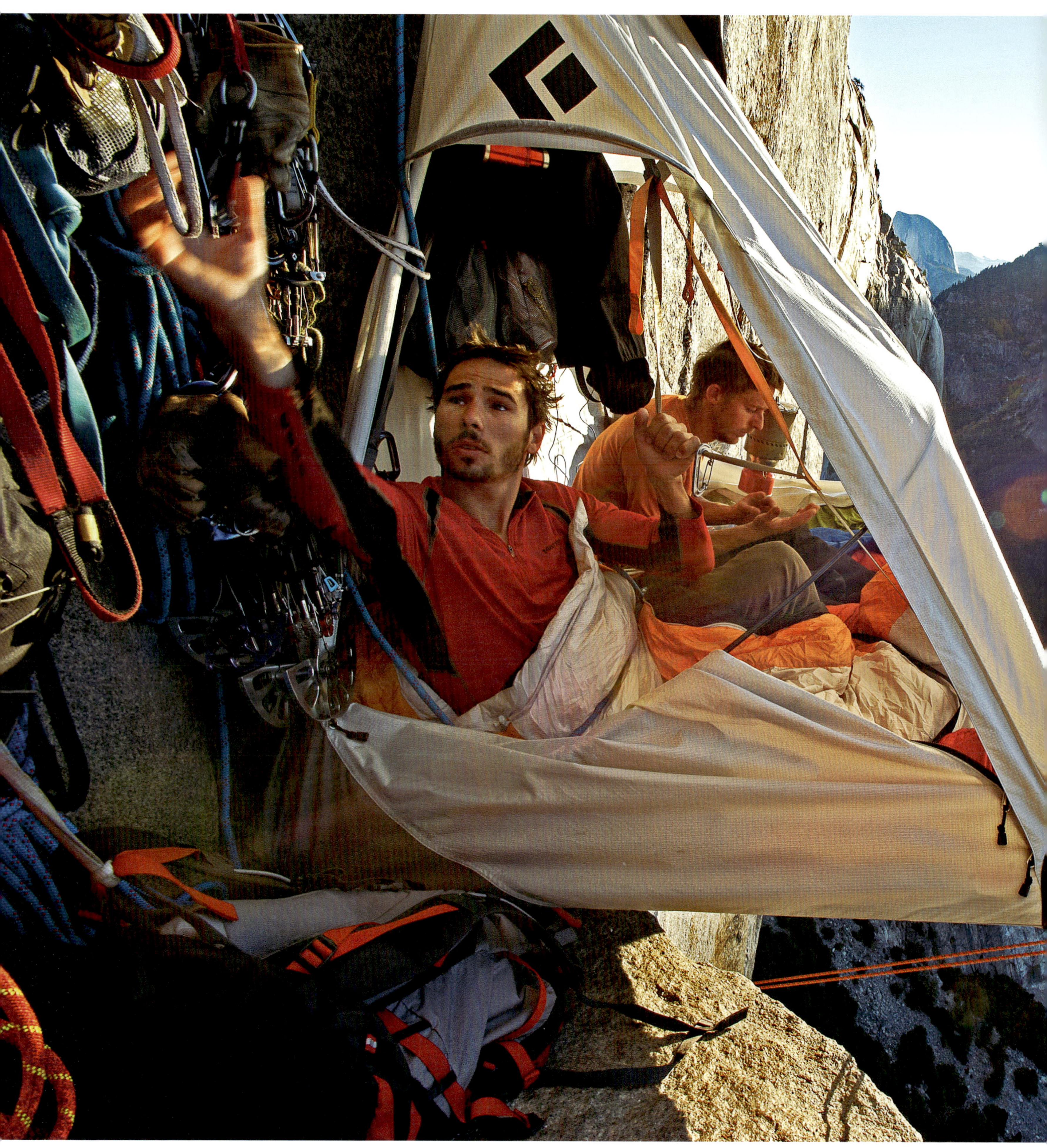

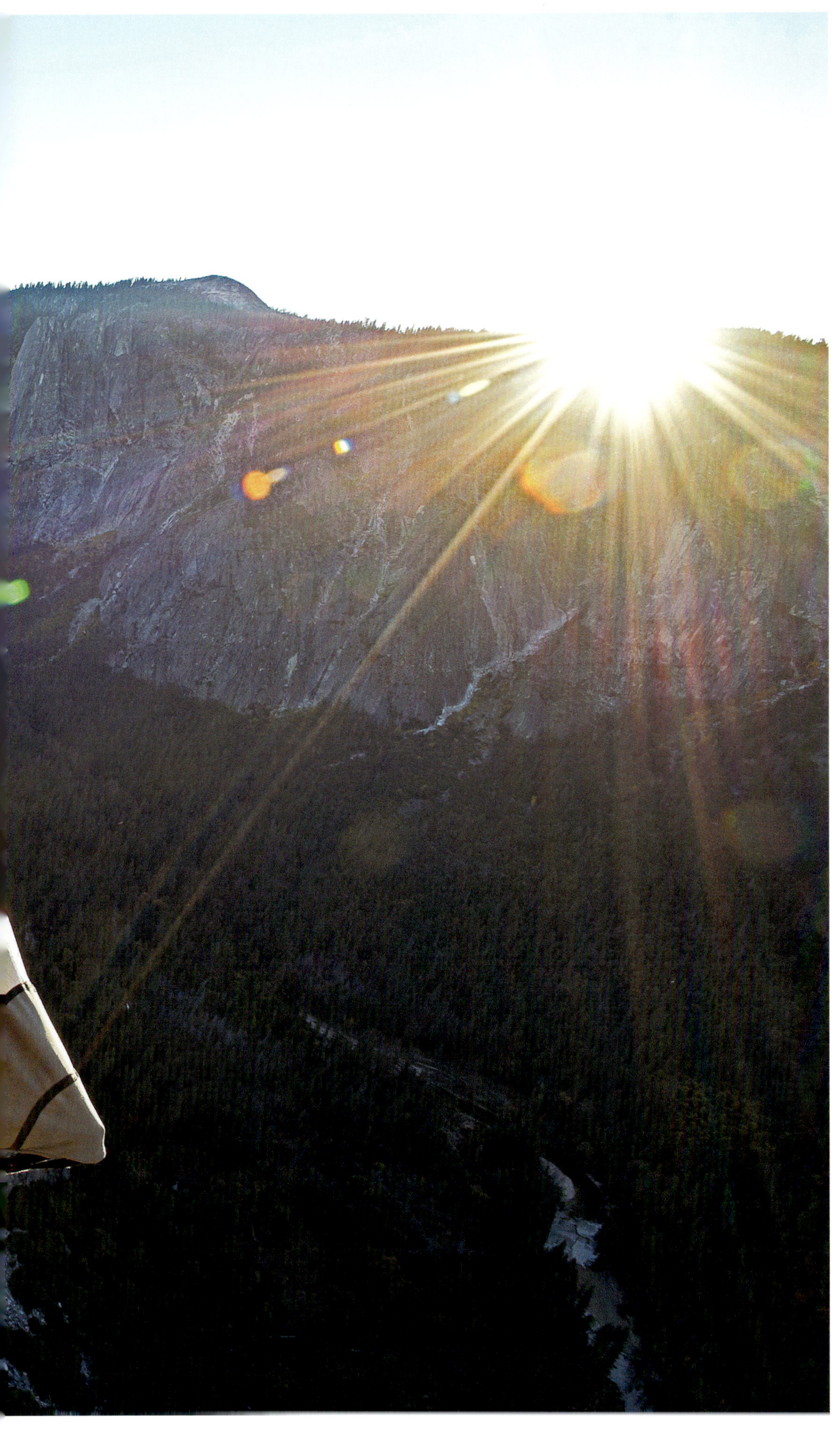

LINKS Kevin Jorgeson und Tommy Caldwell rüsten sich bei Sonnenaufgang in der Dawn Wall.

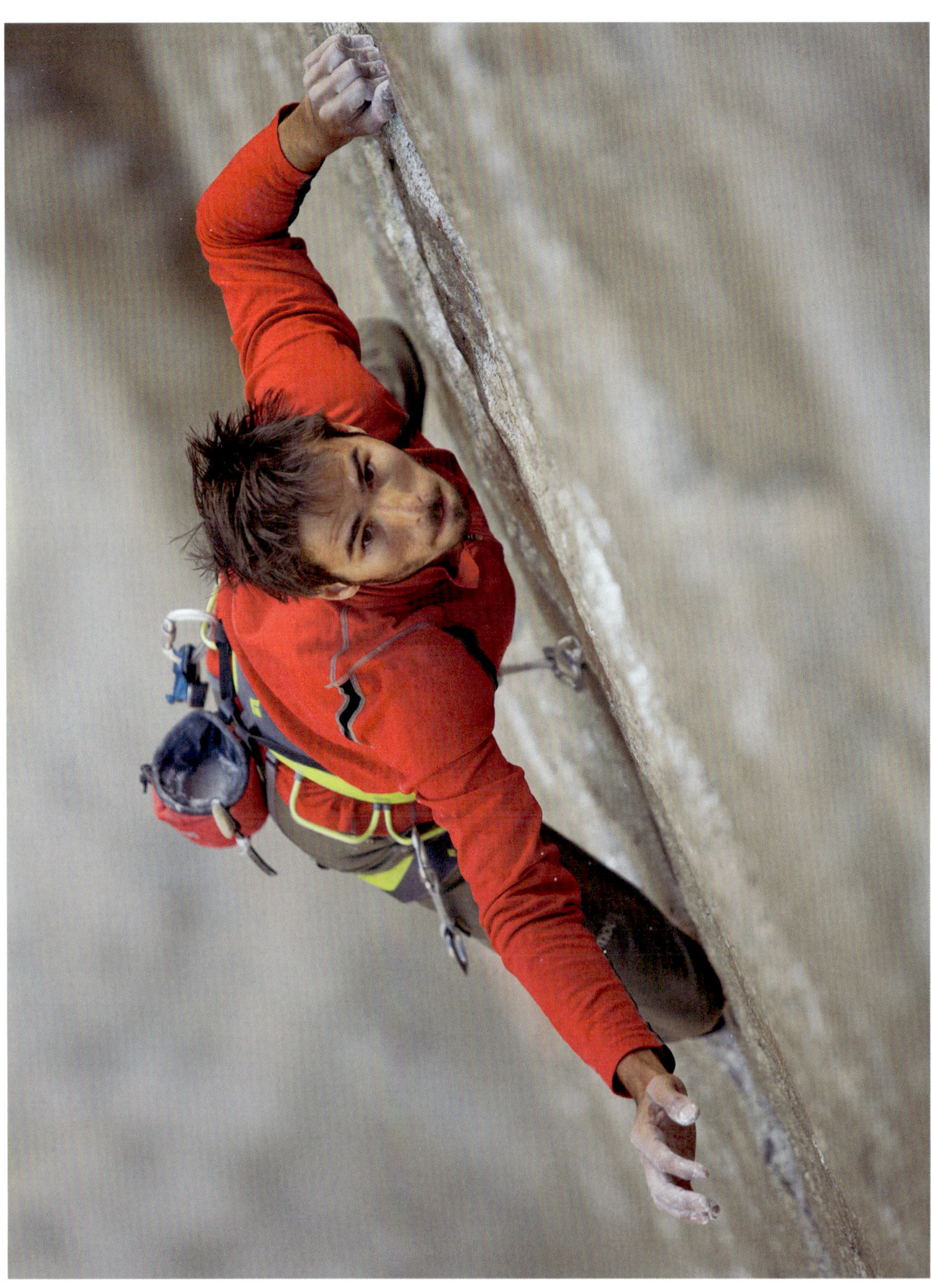

OBEN Kevin Jorgeson in der hochtechnischen Seillänge 19 (5.13d) der Dawn Wall.

GEGENÜBER Kevin mit aufgestellten Fingern und auf Zehenspitzen in der Seillänge 19 der Dawn Wall.

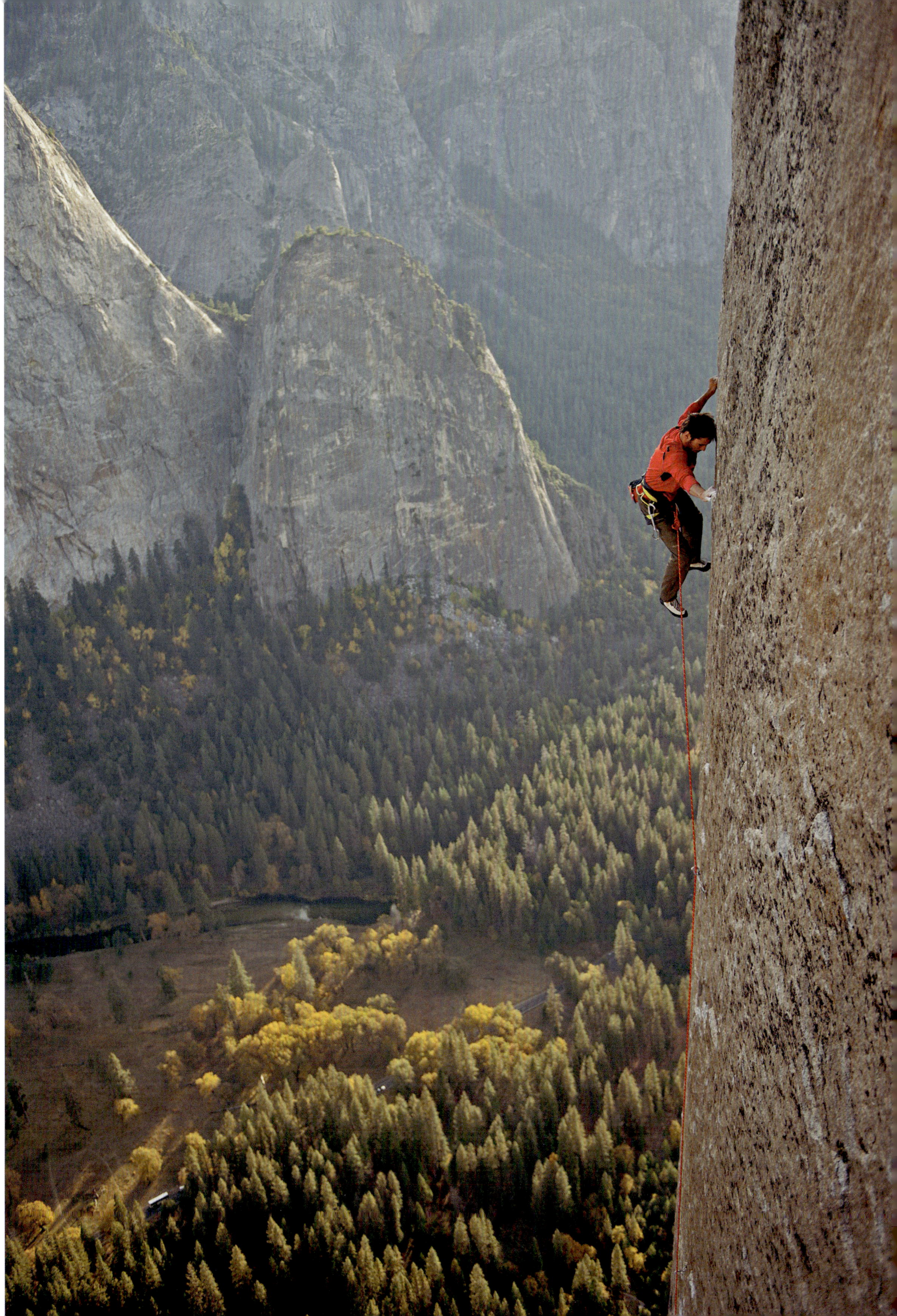

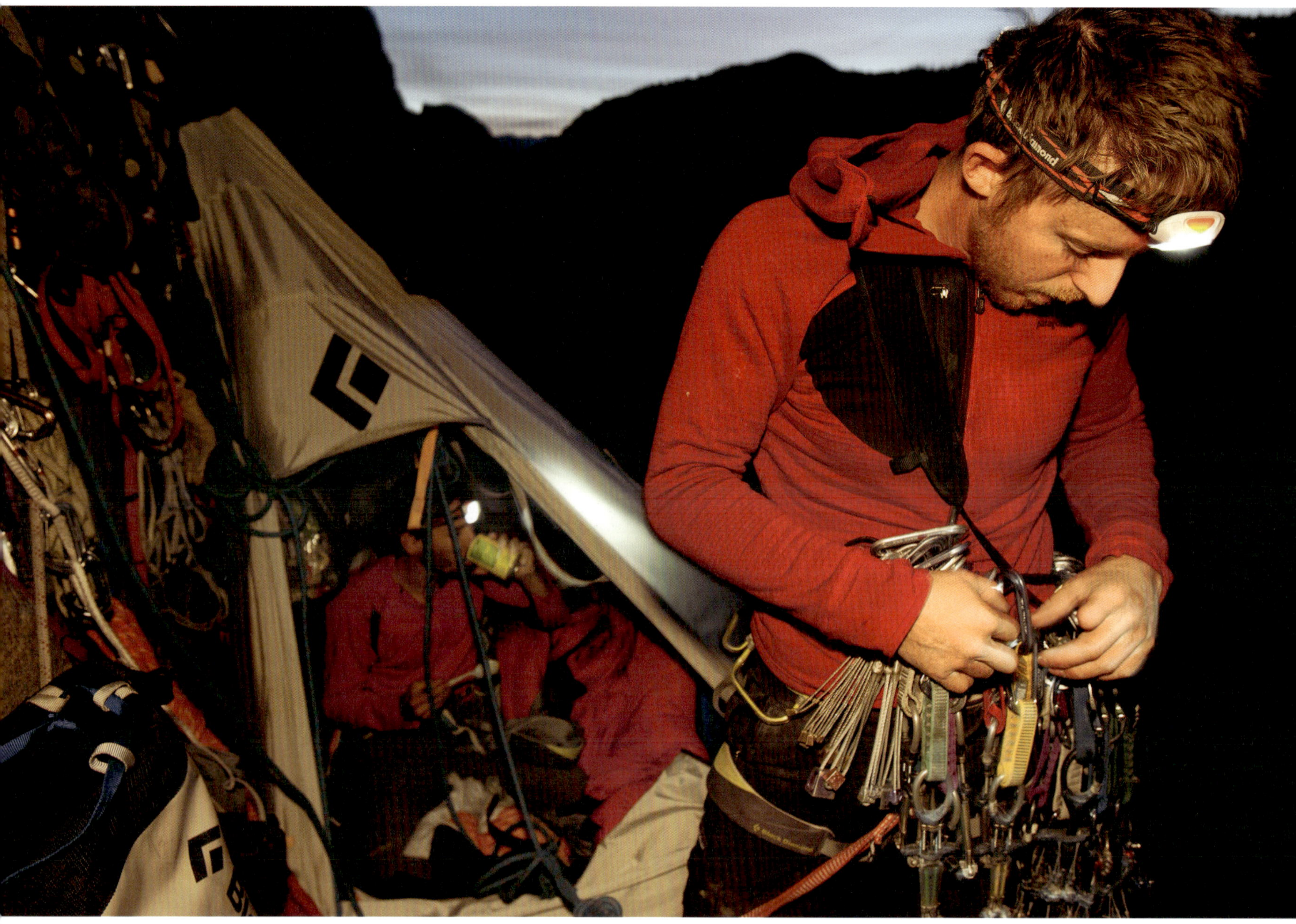

OBEN Tommy Caldwell und Kevin Jorgeson machen sich fertig zum Angriff. Klettern bei Nacht war die Norm auf dieser Route, gerade bei freien Begehungen. Kältere Temperaturen bedeuten bessere Reibung. Wenn man eine 5.14 auf centbreiten Kanten in 600 Metern Höhe am El Cap klettert, zählt jeder Vorteil.

GEGENÜBER Tommy beim nächtlichen Vorstieg, um die 5.14d-Traverse auszuchecken, die Schlüsselstelle in der Dawn Wall. El Capitan.

FOLGESEITE Das Yosemite Valley nach einem Sturm.

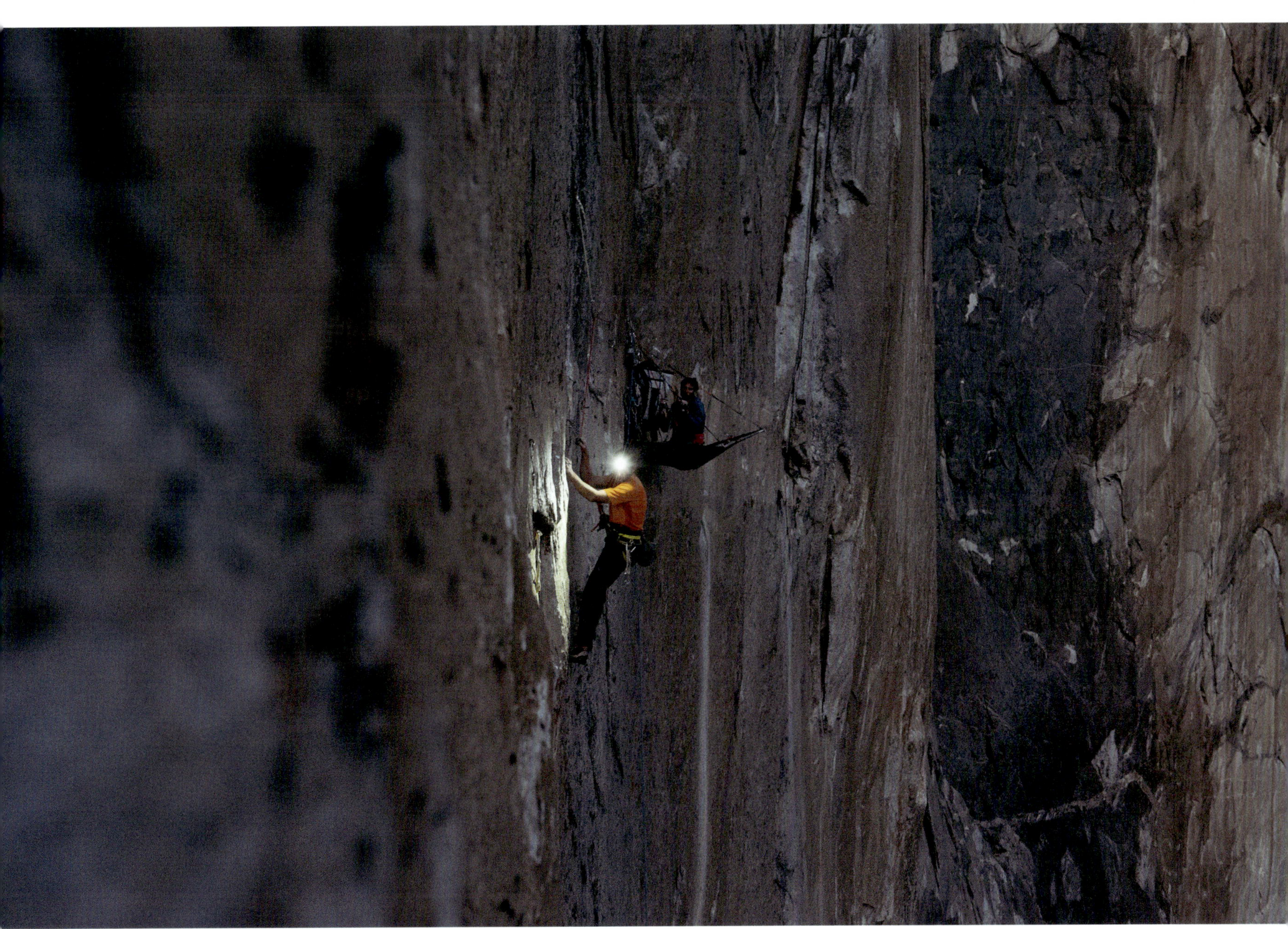

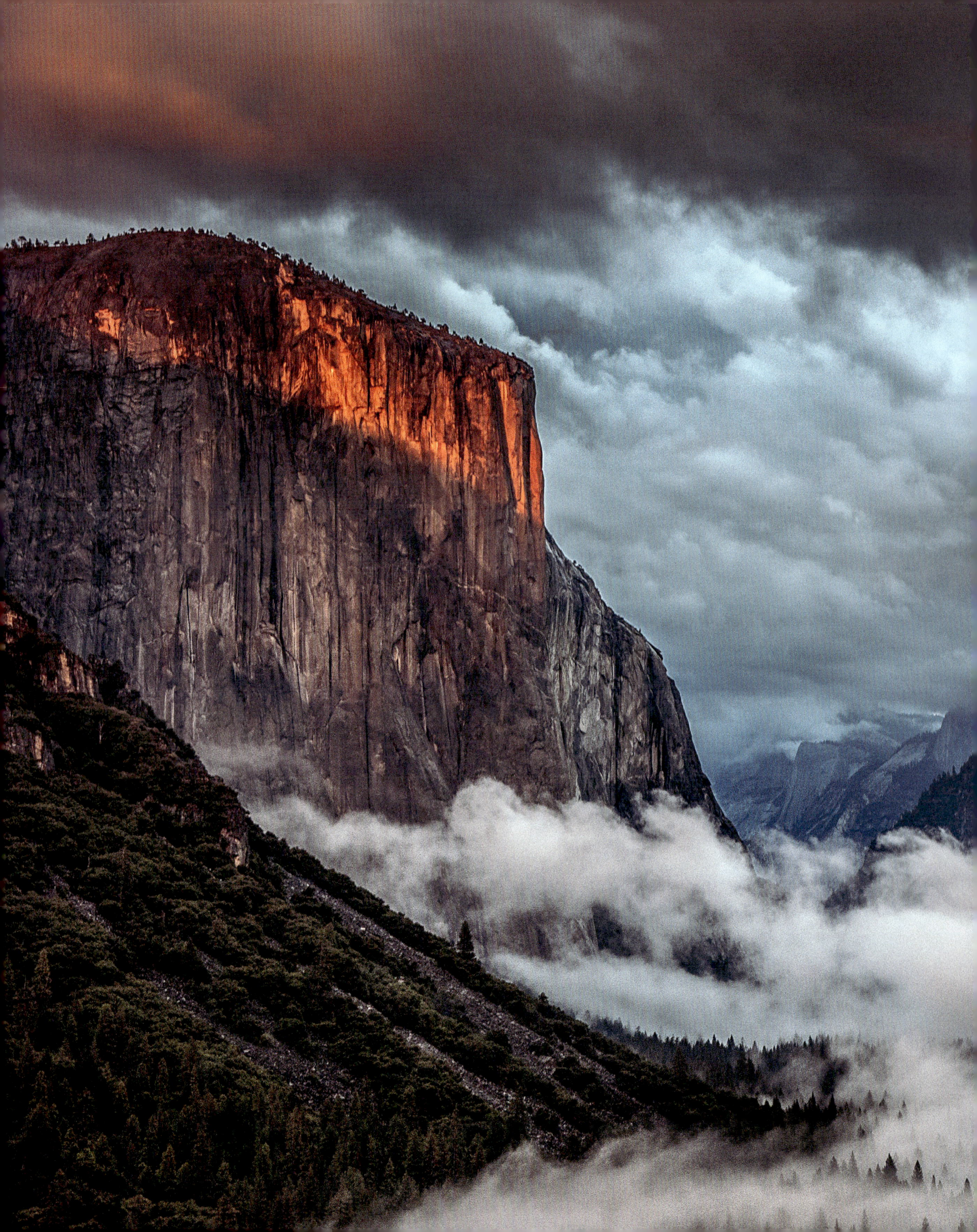

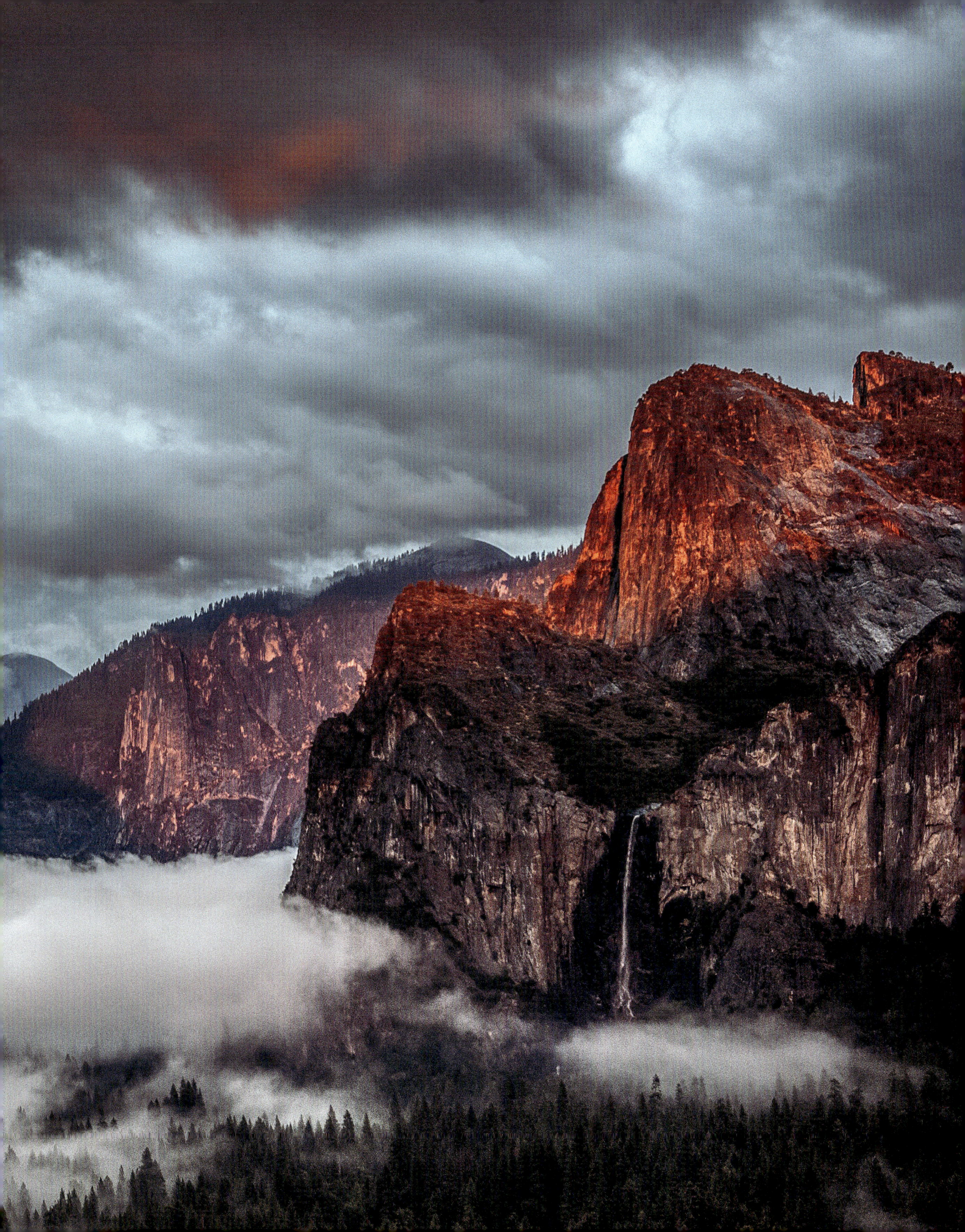

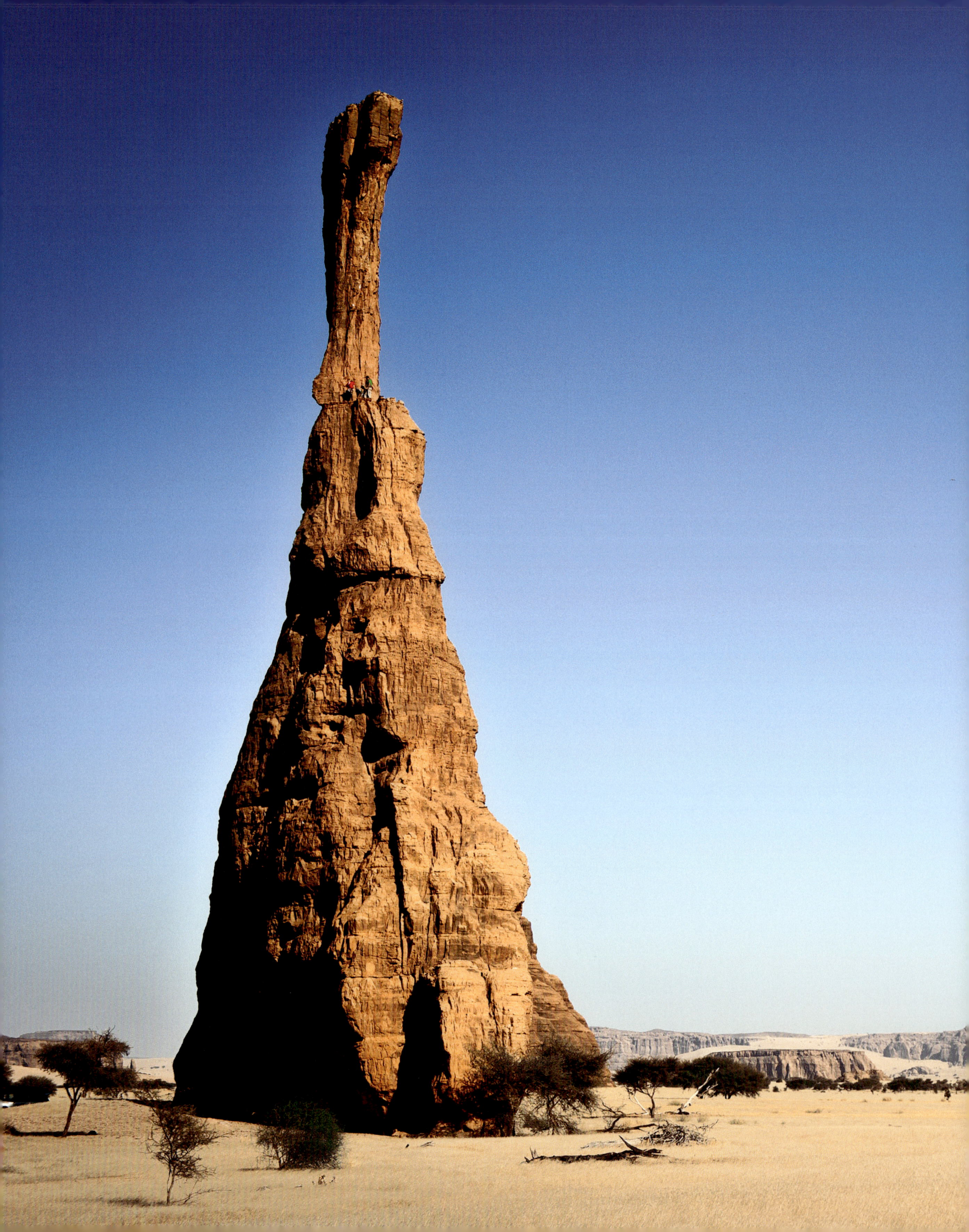

TSCHAD 2010

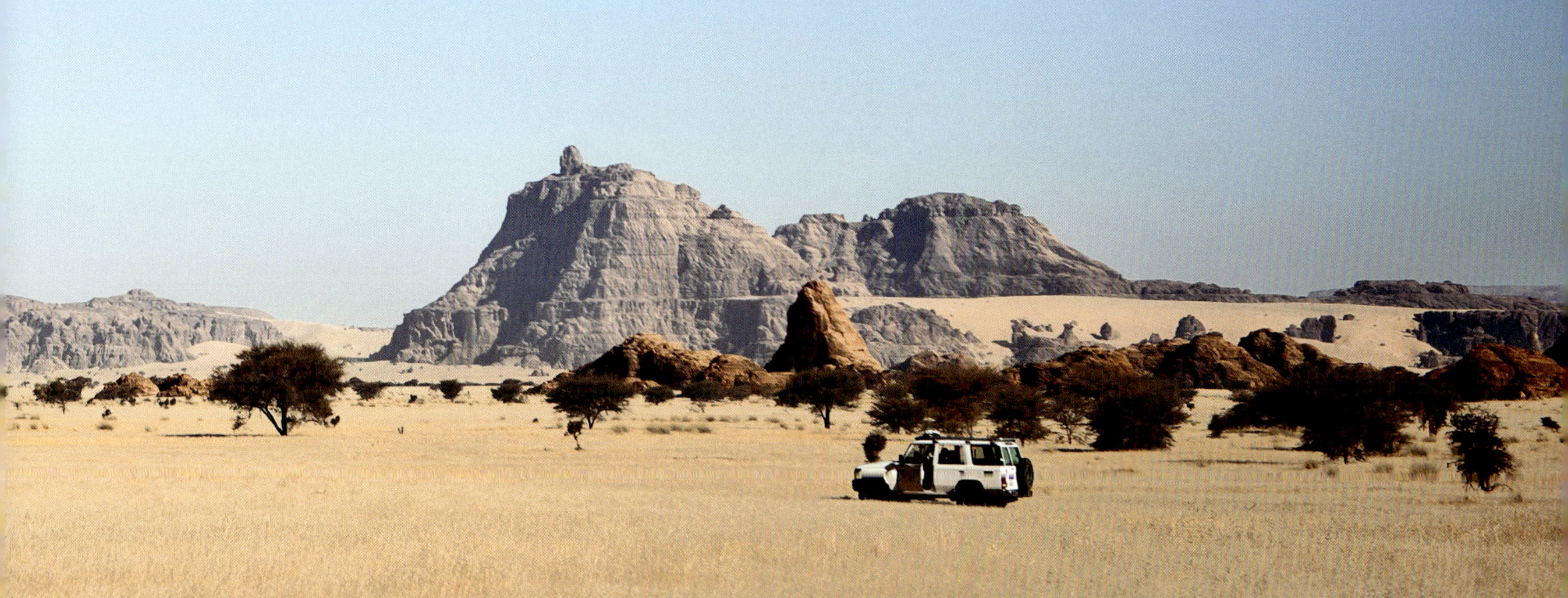

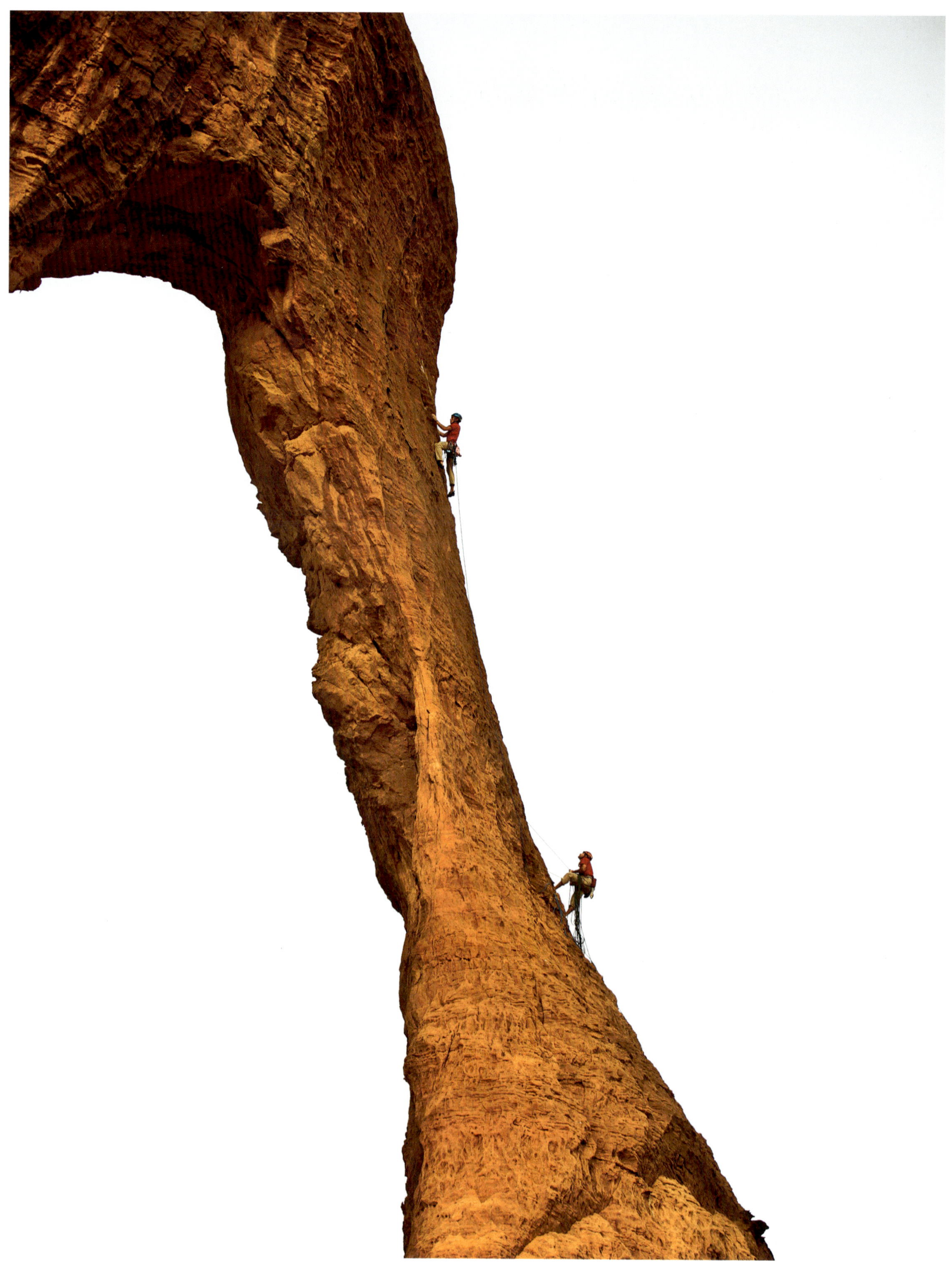

Einen grapefruitgroßen Stein über den Kopf zu halten, schien lächerlich, aber es war die einzige Waffe, die zur Hand war.

Der Mann, der mit einer selbstgeschmiedeten Stahlklinge auf mich zukam, hielt inne. Hinter mir stand mein Freund Mark Synnott, der eine knorrige Baumwurzel wie eine Keule umklammerte. Er trug die Schuld an der gegenwärtigen Situation. Es war seine Idee gewesen, in die Republik Tschad aufzubrechen, um in der Ennedi-Wüste zu klettern.

Mark findet gern neue Orte, an denen man der Schwerkraft trotzen kann. Wir waren mit den zwei Weltklasse-Kletterern Alex Honnold und James Pearson angereist und alle scharf darauf, diese Sandsteintürme zu besteigen und diese Erstbegehungen zu dokumentieren.

Die Reise verlief gut, bis wir uns am zehnten Tag bei der Klettersuche ein paar Kilometer zu weit von unserem Guide entfernten. Wie aus dem Nichts tauchte eine Gruppe von dolchbewehrten Männern unter einem riesigen Sandsteinbogen auf und wollte uns überfallen.

Ich sah meinem Gegner in die Augen. Als er mich mit irrem Blick meinen Stein schwingen sah, wich er zurück; seine Gruppe verschwand so schnell in der Wüste, wie sie gekommen war.

Das Ennedi-Massiv sieht aus wie eine größere, spektakulärere Version des Monument Valley in Arizona und Utah, mit gewaltigen Türmen, Bögen und Schluchten in einem riesigen Sandsteinkomplex. Allerdings herrschen hier in der „kühlen" Jahreszeit um die 45 °C. Im Sommer können die Temperaturen auf 60 °C klettern.

Um zum Ennedi zu gelangen, ging es fünf Tage durchs Gelände. Unsere Land Cruiser hatten keine Klimaanlage, und so ließen wir die Fenster offen. Es fühlte sich an wie ein riesiger Haartrockner, der einem ins Gesicht bläst.

Irgendwann nahmen zwei Beduinen auf Kamelen vor dem flirrenden Horizont Gestalt an. Sie waren so ziemlich die einzigen Menschen, denen wir auf der fünftägigen Fahrt begegneten, und trugen alles, was sie besaßen, in Bündeln auf ihren Kamelen.

Wir stiegen aus den Fahrzeugen, um sie zu begrüßen. Einer der Beduinen spritzte eine hellbraune Flüssigkeit aus einem Ziegenleder in eine Schüssel und reichte sie uns. Es war ranzige Kamelmilch. Ohne zu zögern, hatte er seine einzige Nahrung mit Fremden geteilt.

„Ihr habt keine Wahl. Ihr müsst davon trinken", gab uns unser Guide Piero zu verstehen. Wir nippten alle vorsichtig. Später wurden wir alle krank.

Piero war früher selbst geklettert. Er wusste, welche Art Tour wir suchten, und führte uns zu den eindrucksvollsten Formationen der Gegend, etwa zum Felsentor von Bachikele und zur sogenannten Weinflasche. Unserem Team gelang es, beide als Erstbegeher zu besteigen, trotz zerklüfteter Felsen und bedenklicher Absicherung.

Das Ennedi mag gnadenlos sein, hat aber den Reiz aller Wüstenlandschaften: asketische Weite, kühle, ruhige Nächte und endlos viele Sterne, unter denen man einschlafen kann. Doch das Überleben in einer so rauen Gegend ist eine Herausforderung. Für uns war es ein zweiwöchiges Abenteuer auf Zeit. Für die Menschen im Ennedi ist es ein lebenslanger Kampf.

VORSEITE Die Weinflasche – einer der vielen markanten Türme im Tschad, die wir als Erste begingen.

GEGENÜBER James Pearson und Mark Synnott bei der Erstbesteigung des Bogens von Bachikele.

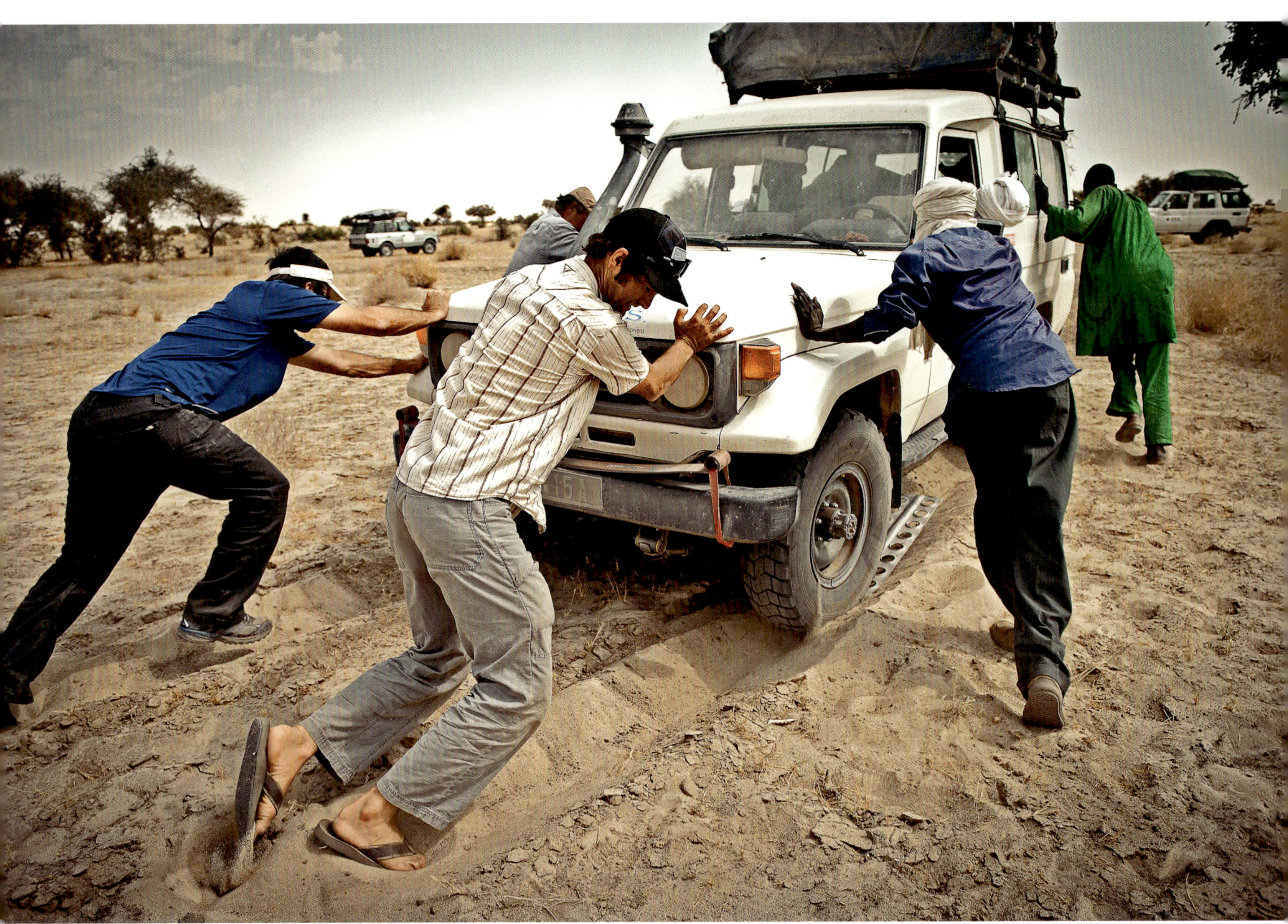

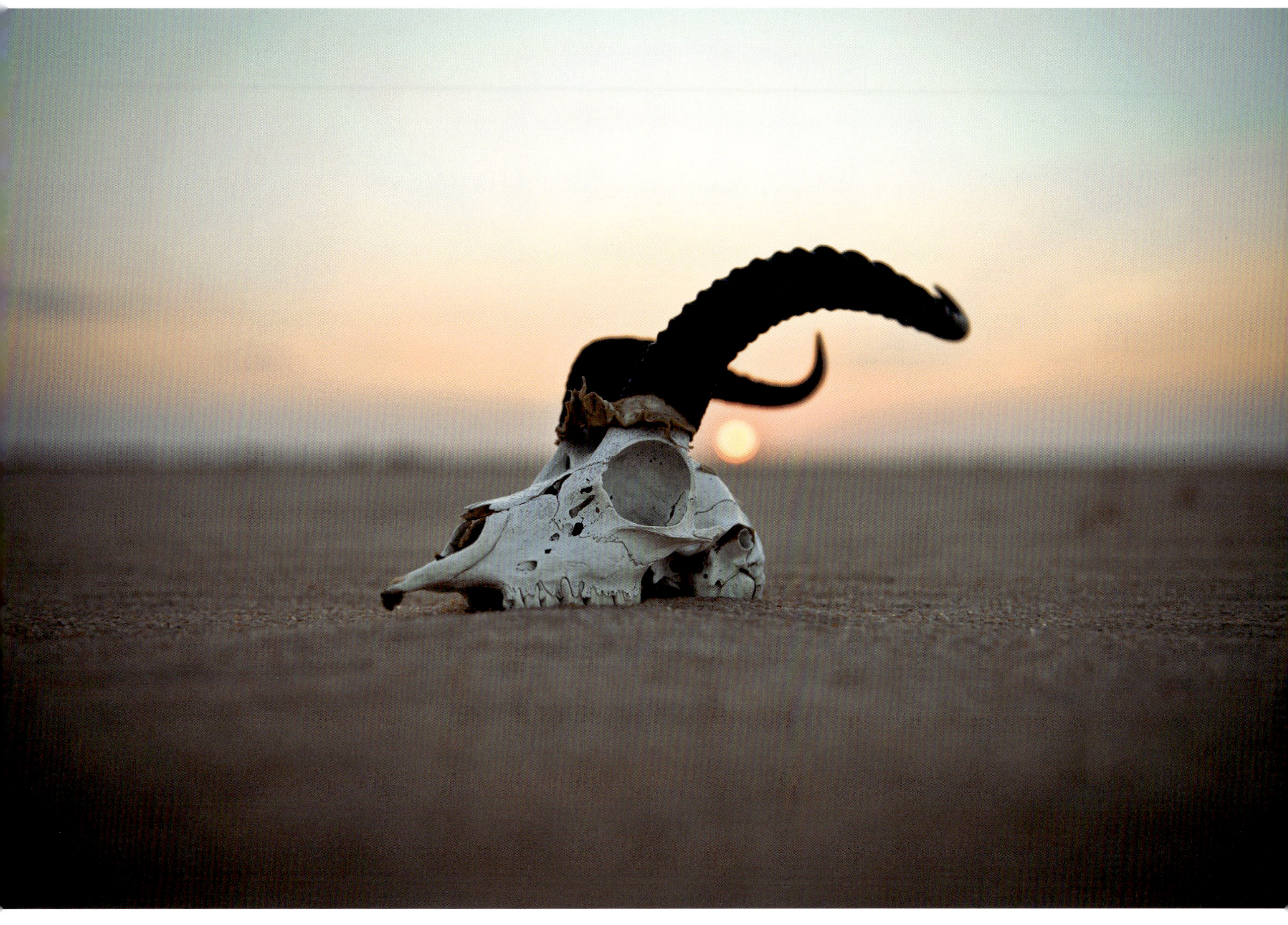

GEGENÜBER Von N'Djamena, der Hauptstadt des Tschad, fuhren wir fünf Tage lang offroad zum Ennedi-Massiv.

OBEN Sonnenuntergang, Ennedi-Wüste.

FOLGESEITE Eines unserer vielen legendären Zeltlager im Ennedi-Massiv.

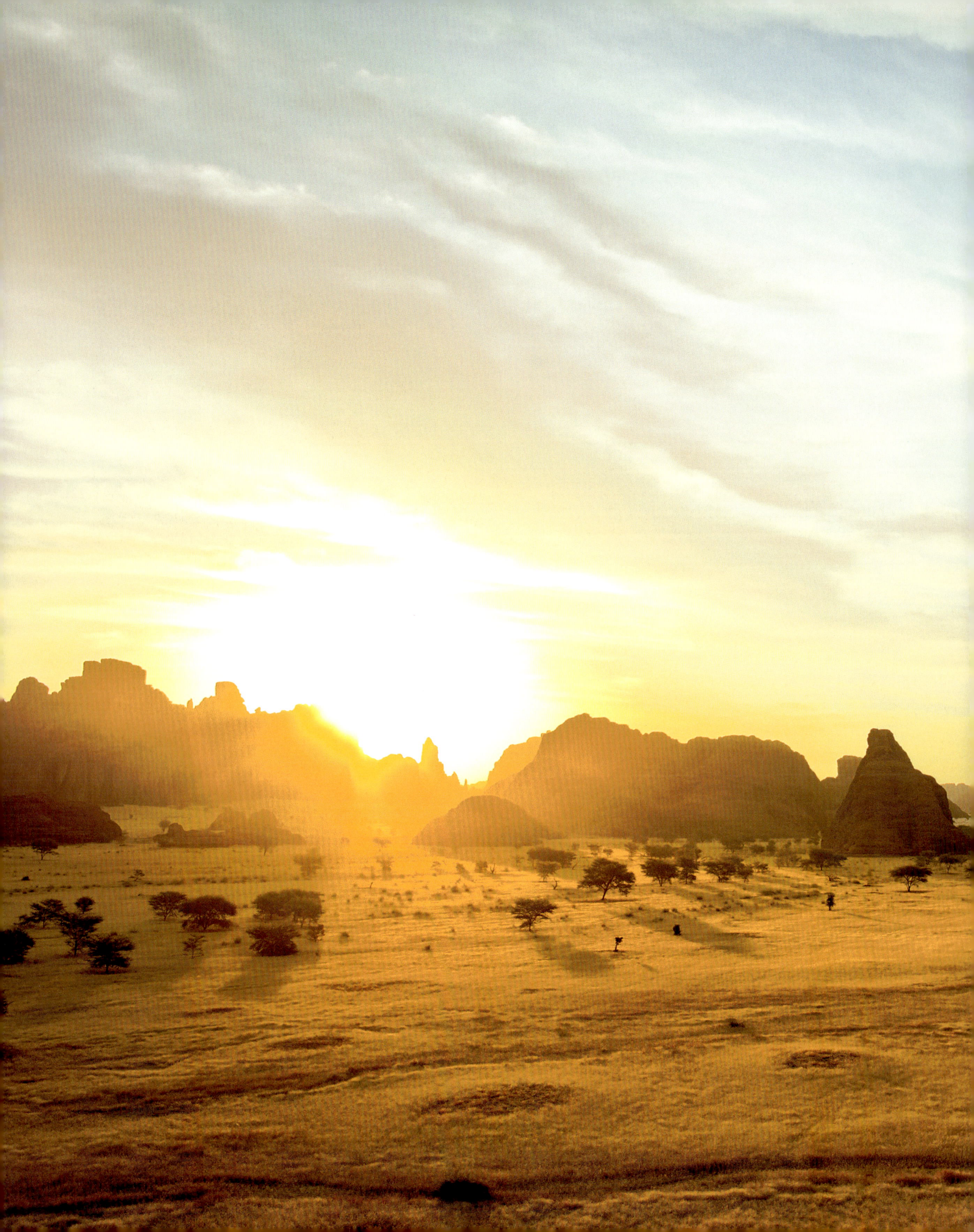

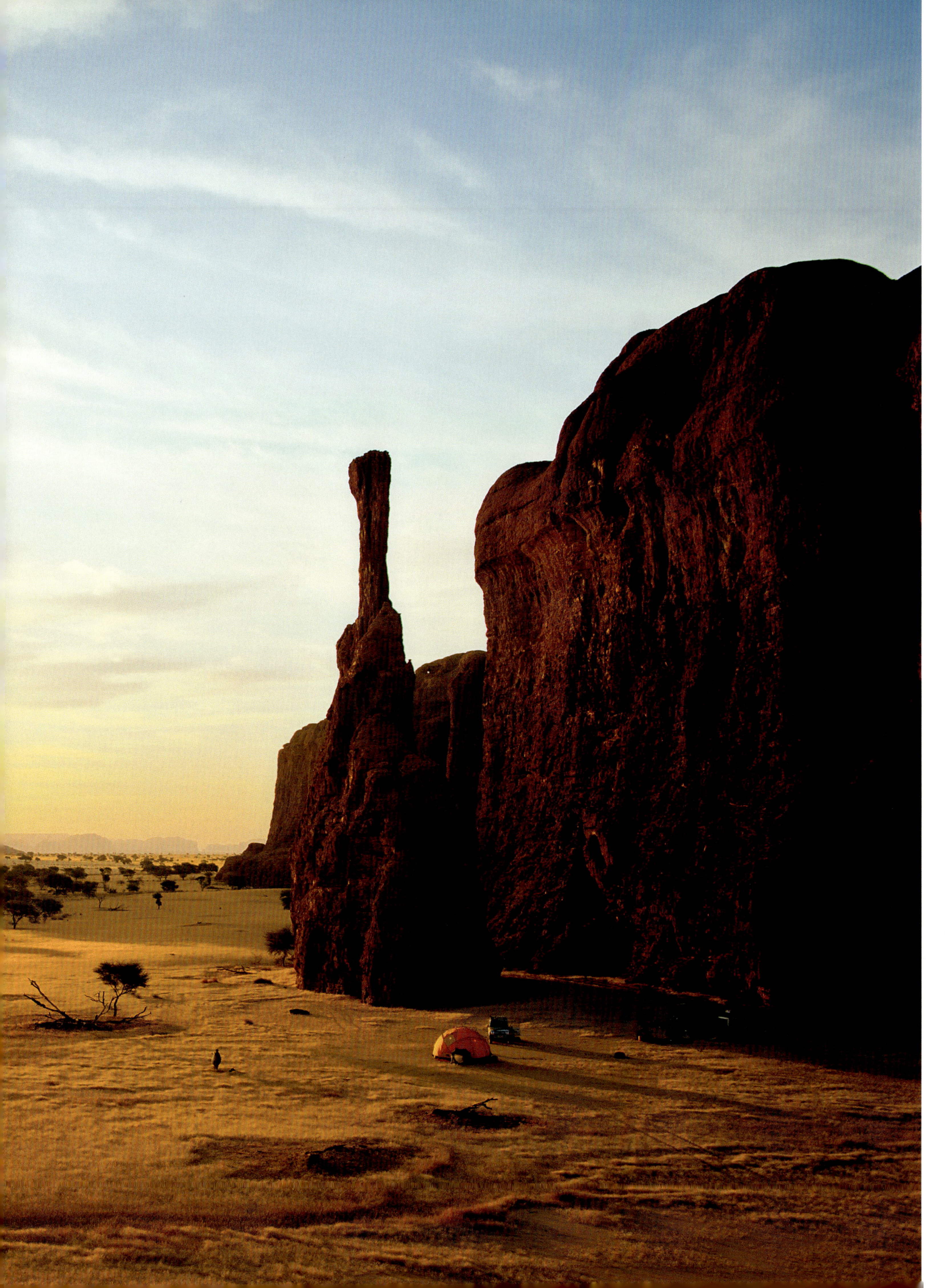

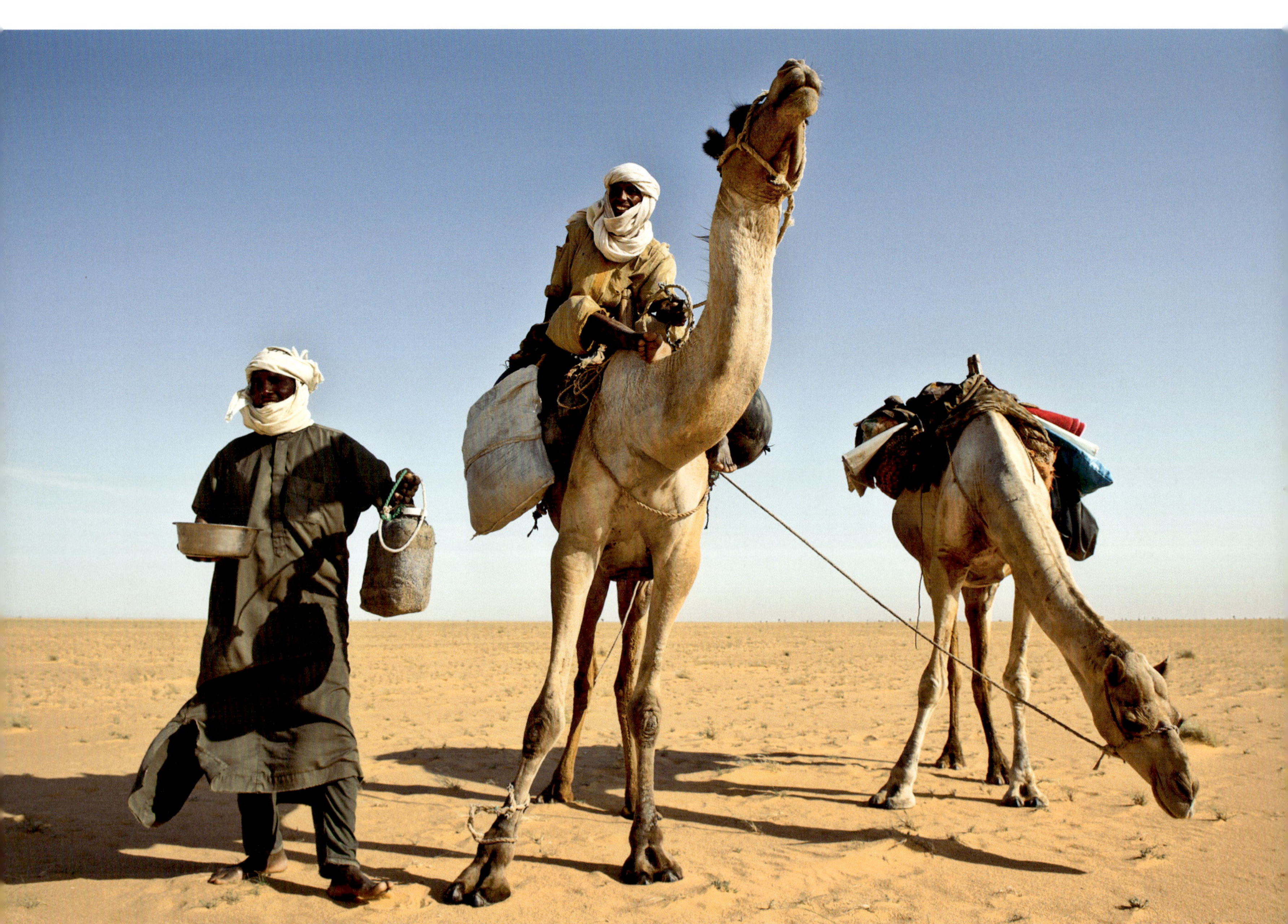

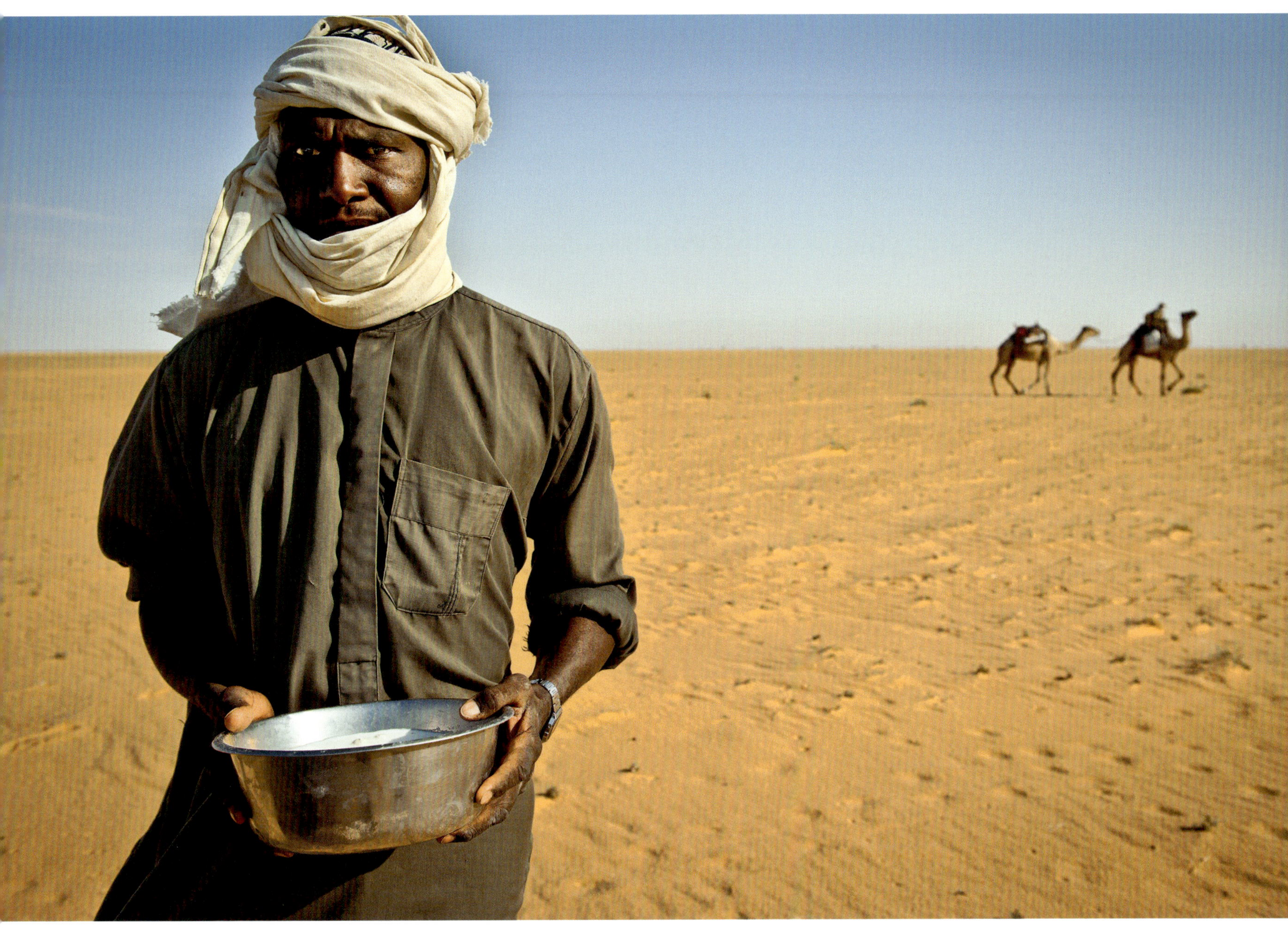

GEGENÜBER Am fünften Tag unseres Offroad-Tripps durch die Sahara stießen wir auf diese Beduinenmänner. Sie kamen wie aus dem Nichts und boten uns die einzige Nahrung, die sie bei sich trugen: Kamelmilch.

OBEN Ein großzügiges Darbieten warmer Kamelmilch. Um die Tradition zu wahren, nahmen wir die Schüssel an die Lippen und tranken. Es ist uns nicht bekommen.

RECHTS Leben in der Wüste. Ennedi-Massiv, Tschad.

FOLGESEITE James Pearson bei der Erstbesteigung des Bogens von Bachikele.

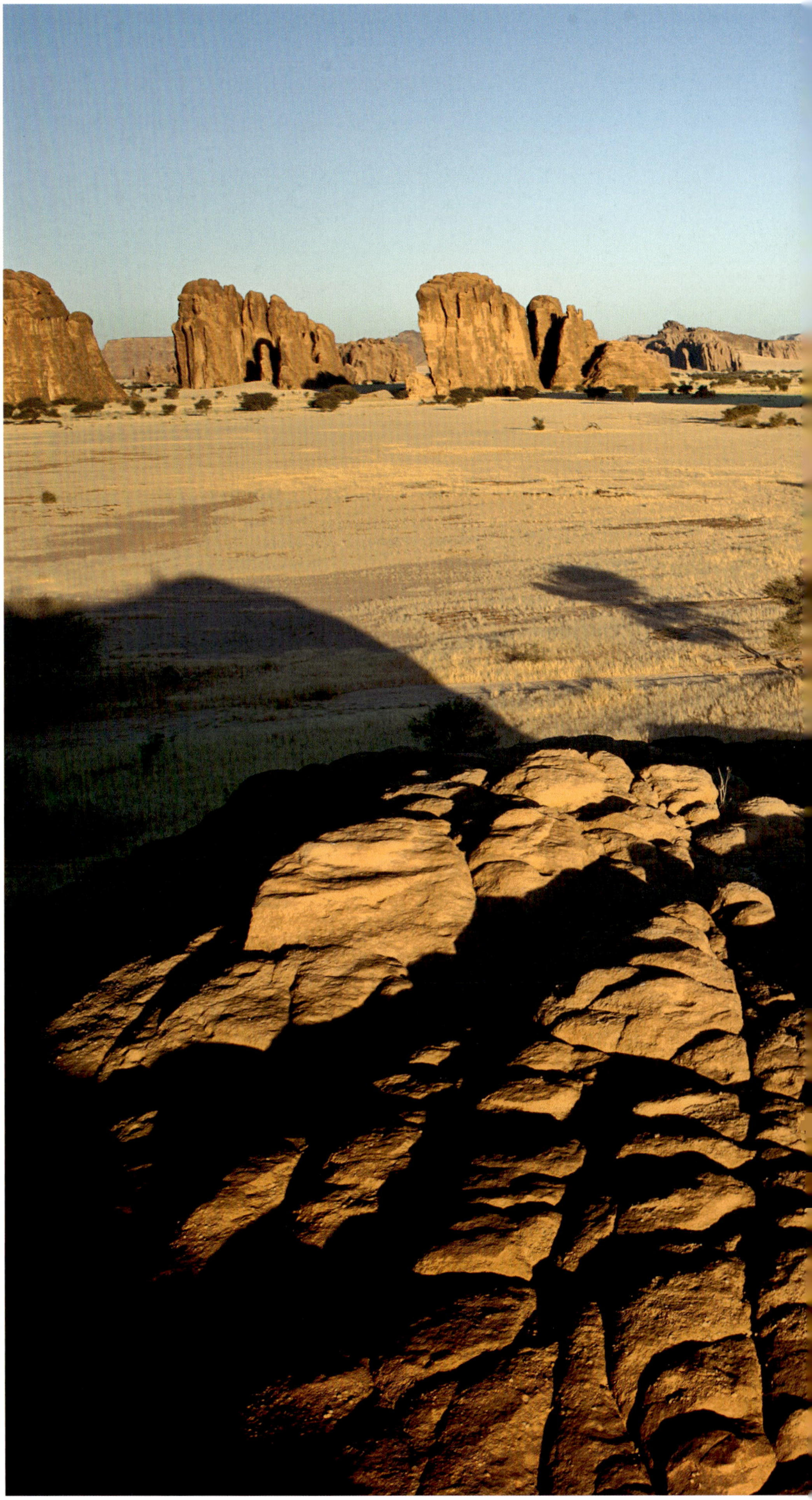

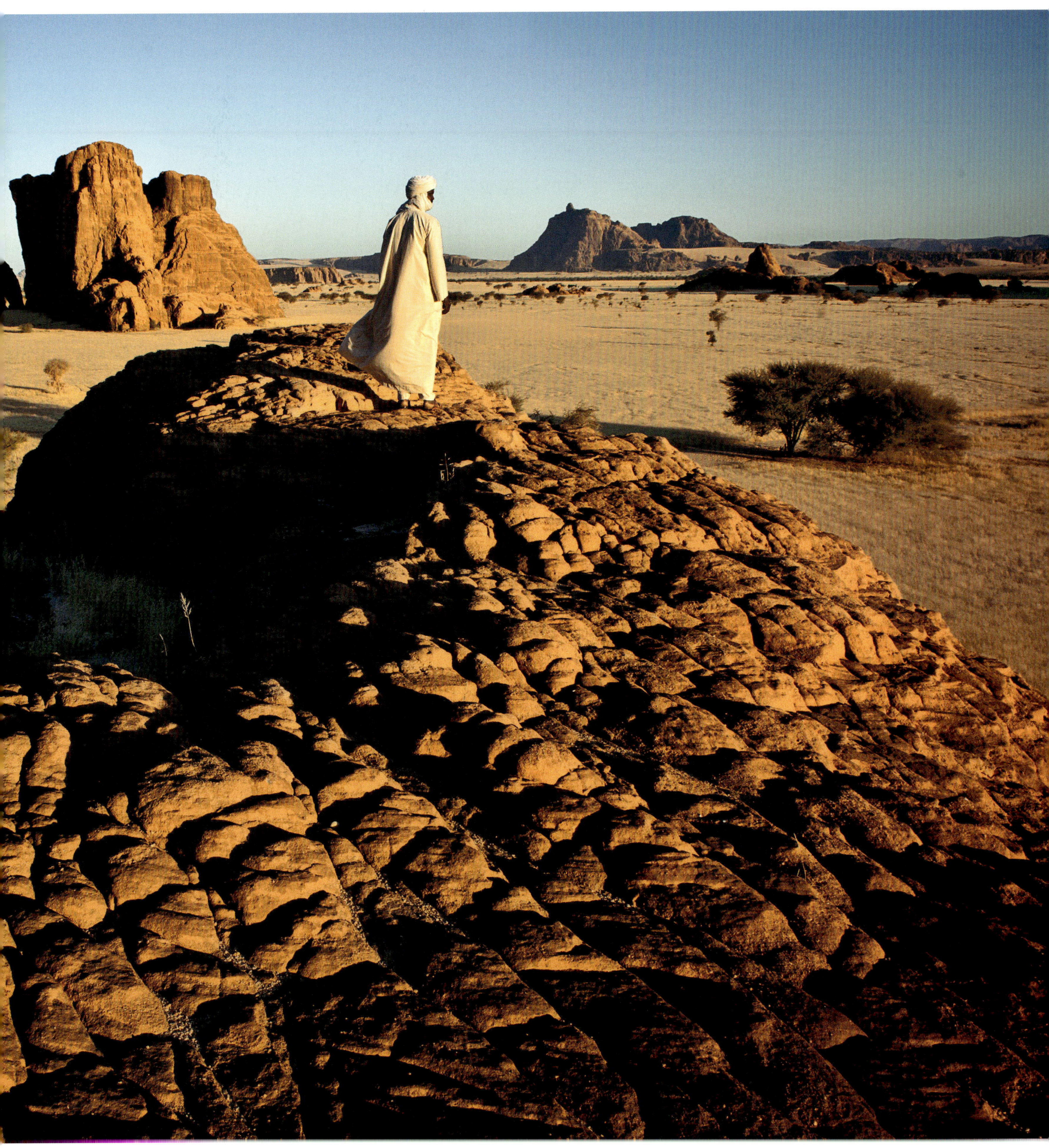

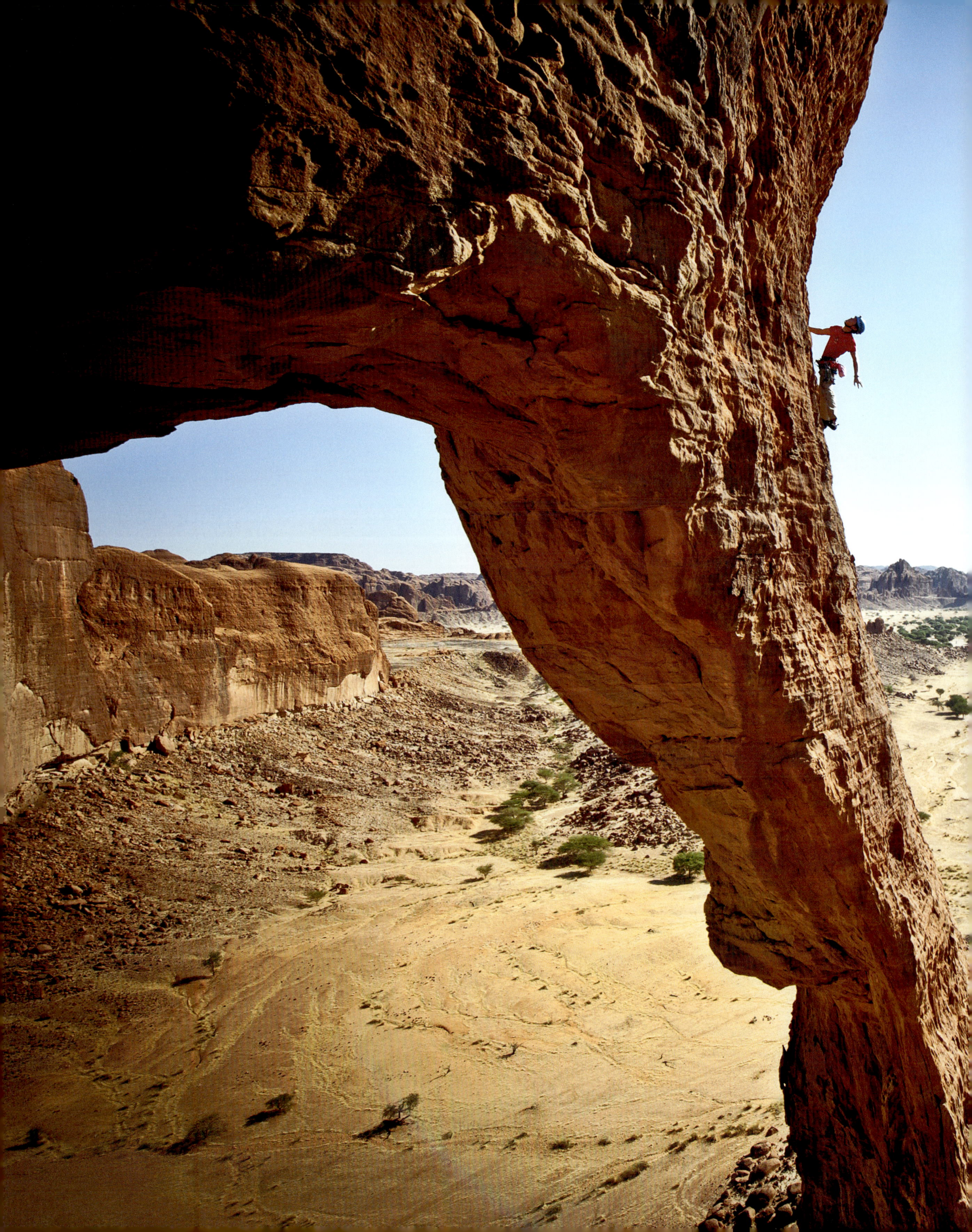

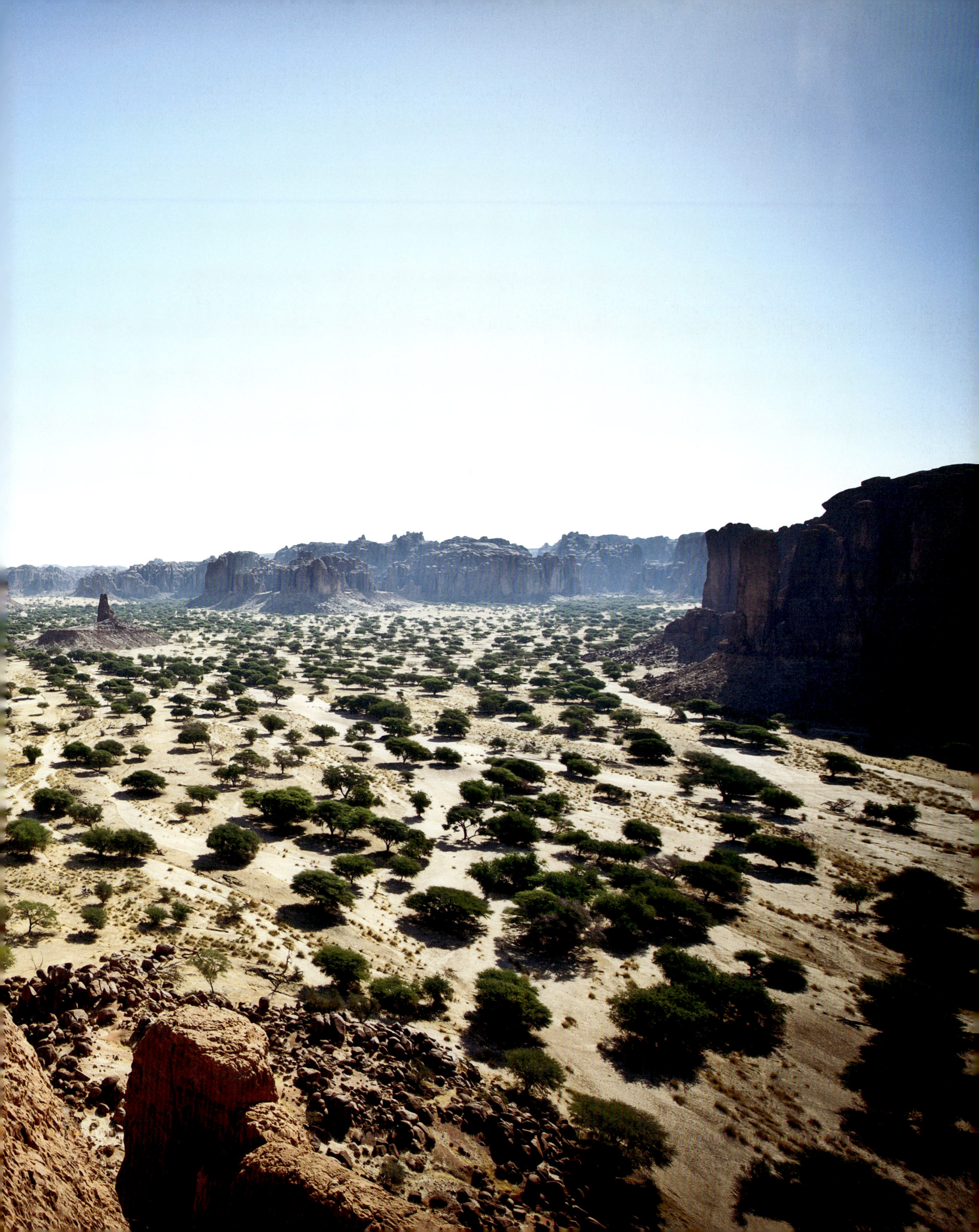

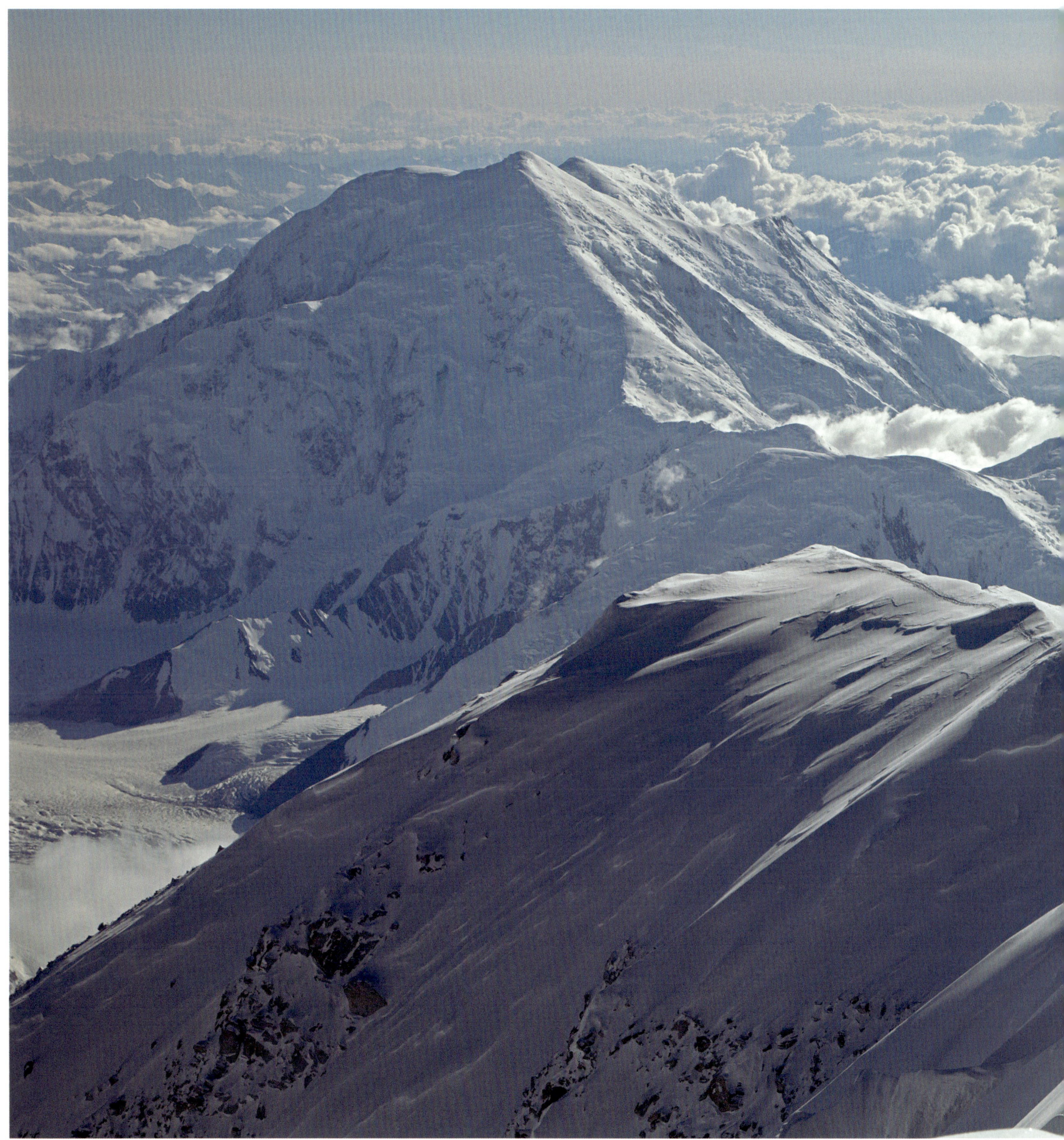

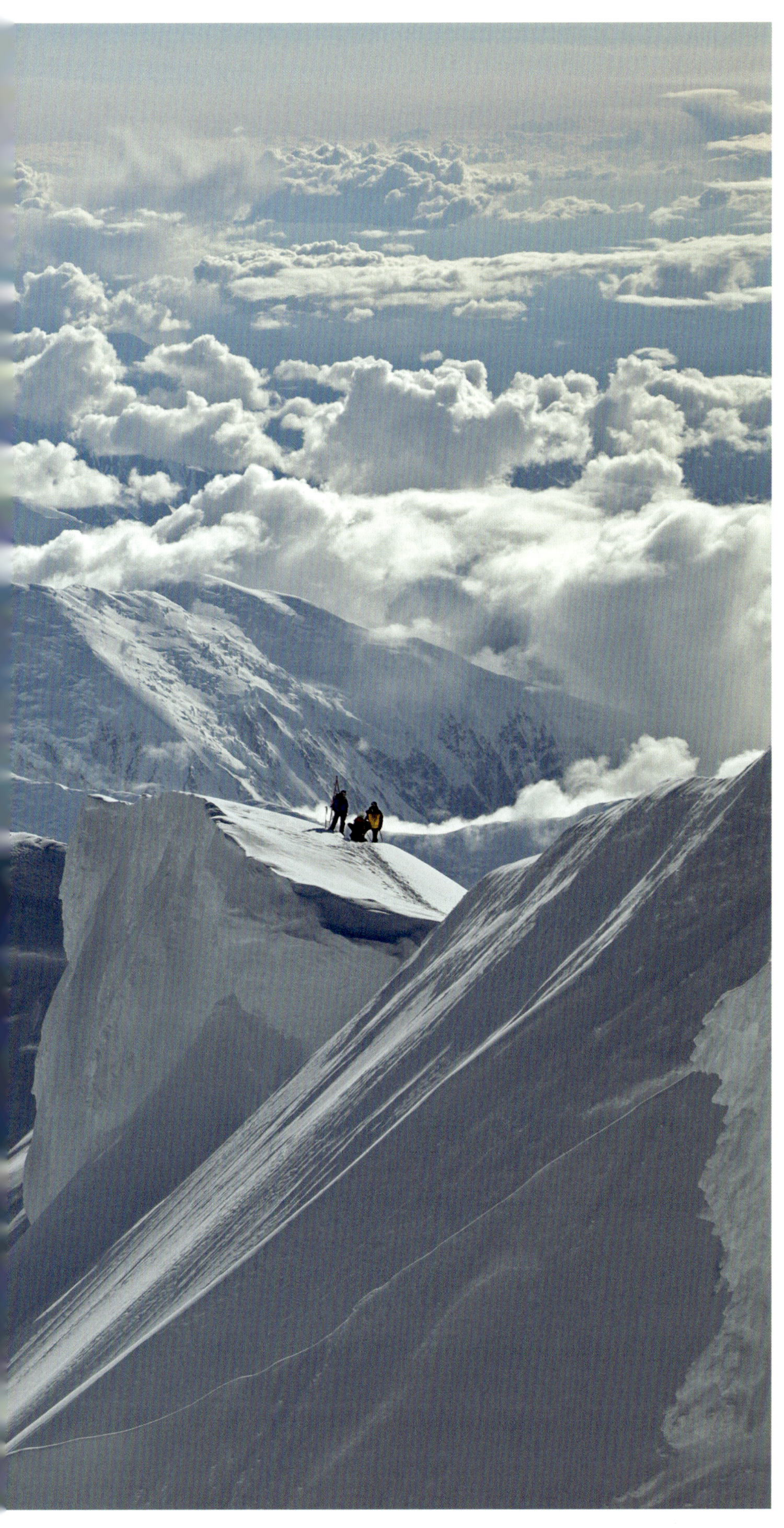

DENALI-ABFAHRT

Im Frühjahr 2011 brachte The North Face einige der besten Freeskier und Freeride-Snowboarder der Welt mit Top-Skibergsteigern zusammen, um den höchsten Punkt Nordamerikas zu besteigen und dann runterzubrettern. Dank einer großartigen Crew und perfekten Wetters konnten wir von oben an im Pulverschnee fahren. Hier erklimmen Sage Cattabriga-Alosa, Ingrid Backstrom und Hilaree Nelson den Gipfelgrat auf 6190 Metern Höhe.

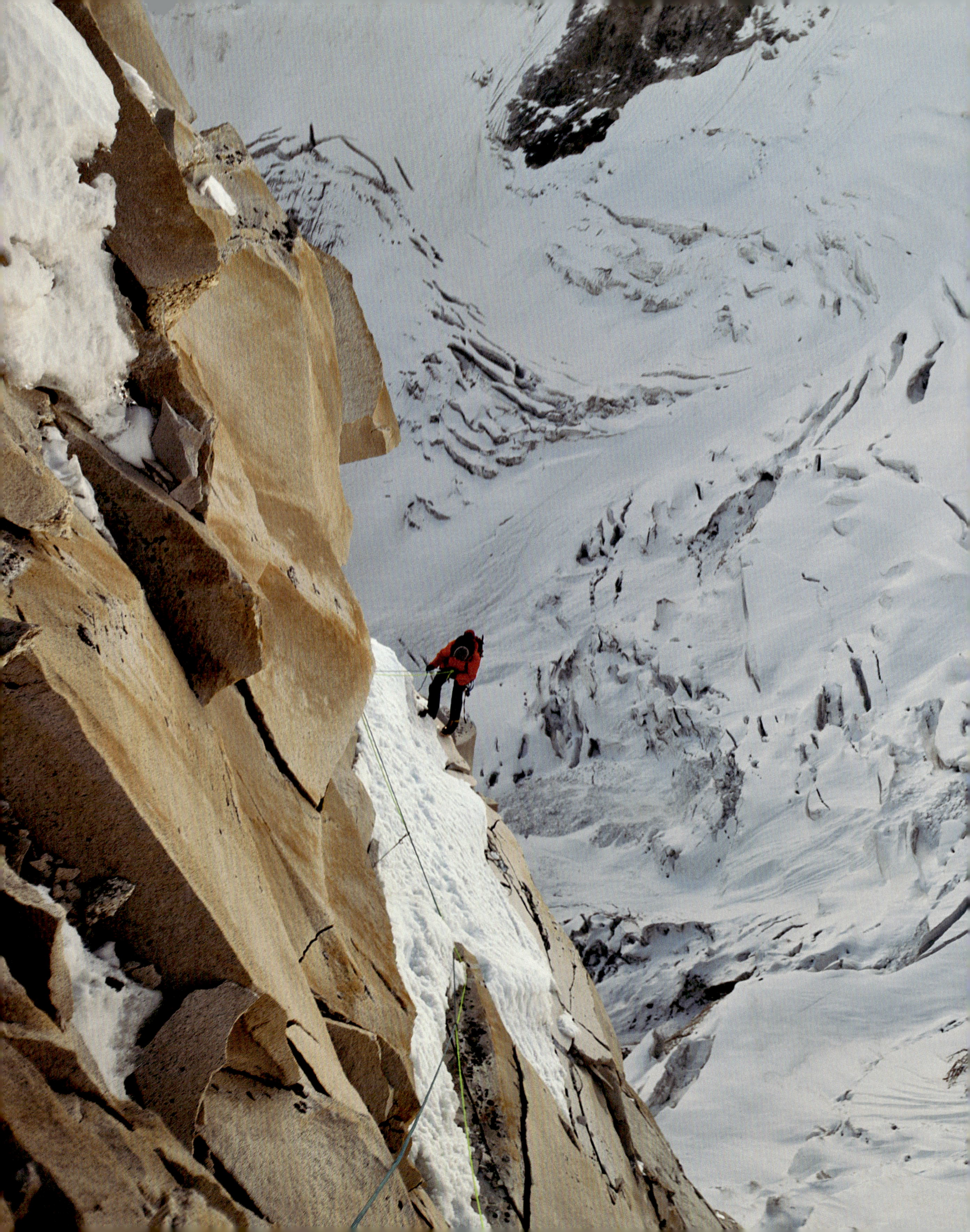

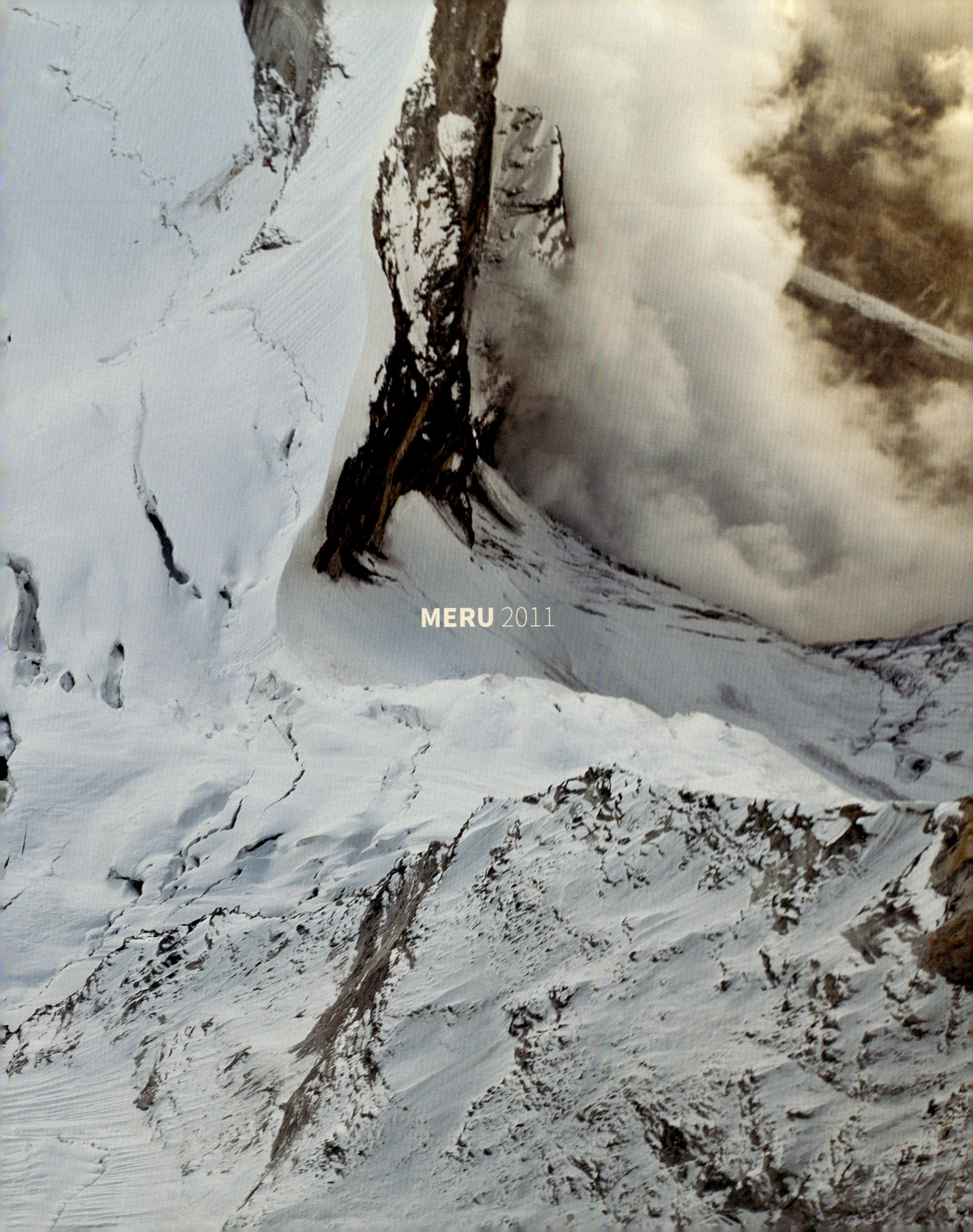
MERU 2011

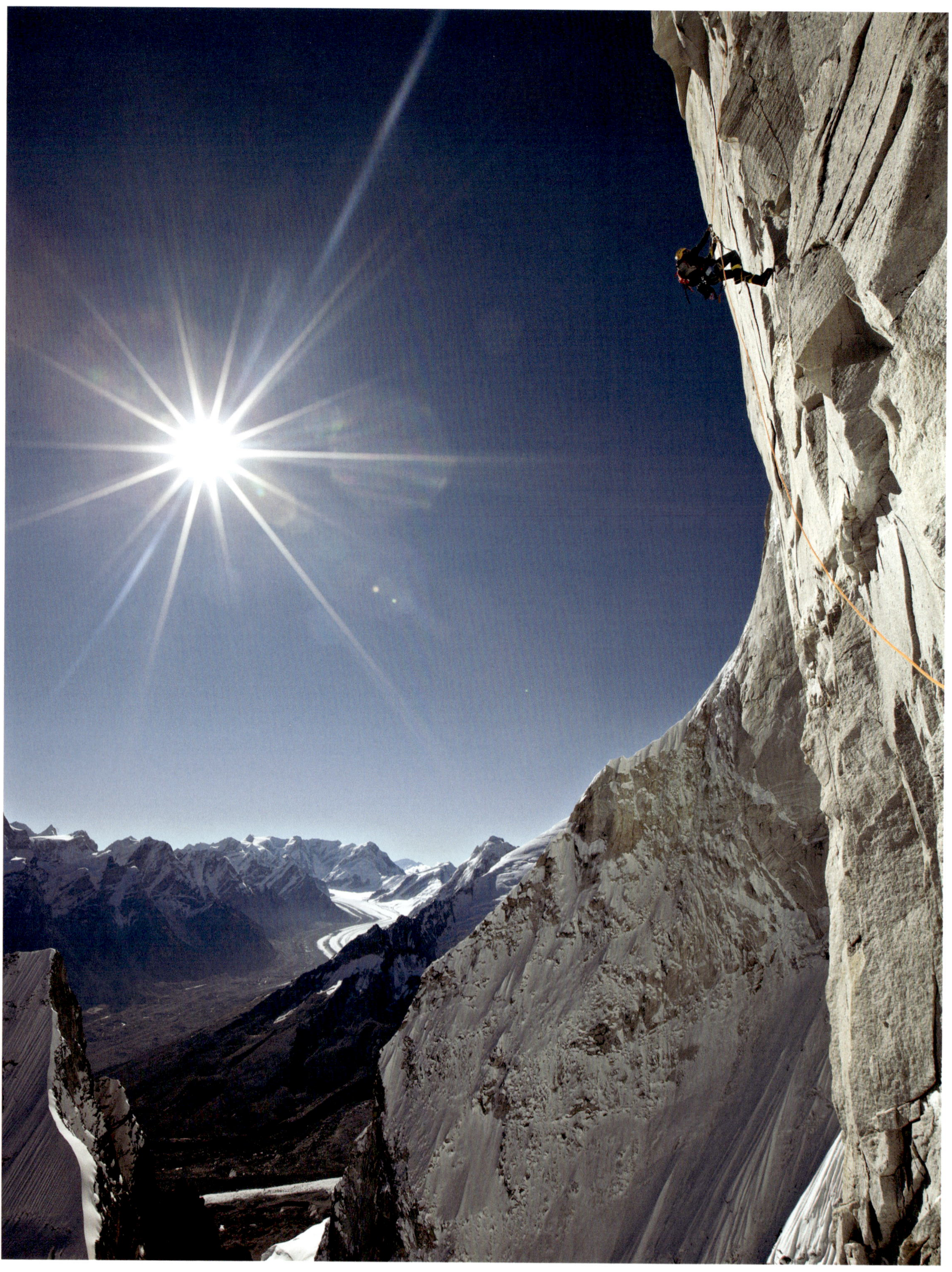

Nach der Umkehr kurz vorm Meru-Gipfel 2008 schmiedeten Conrad Anker, Renan Ozturk und ich einen Plan.

Noch bevor wir wieder auf ebener Erde waren, diskutierten wir schon, was wir beim nächsten Versuch anders machen würden. Wir wussten, dass dieser Versuch nicht gleich sein würde. Wir brauchten Zeit, um den Schmerz, das Leid und die Niederlage zu vergessen. Nach drei Jahren schließlich waren wir bereit, es noch einmal mit der Shark's Fin aufzunehmen.

Da intervenierte das Schicksal. Renan und ich hatten schlimme Skiunfälle. Ich wurde von einer riesigen Lawine den Berg hinuntergerissen und fast lebendig begraben. Renan stürzte über ein Cliff, brach sich das Genick und verletzte sich die Wirbelsäule.

Aber Meru rief noch immer - jeden von uns. Ich fand schließlich den Mut, wieder in die Berge zu gehen. Und Renan schloss sich uns nach anfänglich unsicheren Prognosen der Heilung seiner schweren Verletzungen wieder an, als es Zeit wurde, einen weiteren Versuch zu wagen. Wir wollten für beide Halbzeiten des Spiels die gleiche Aufstellung.

Kaum im Garhwal angekommen, zogen wir los. Am ersten Tag durchstiegen wir in einem einzigen, 18-stündigen Zug 900 Höhenmeter Schnee, Eis und Fels, bevor wir erschöpft zusammenbrachen und unsere erste Nacht in der Wand verbrachten. 2008 hatten wir diese Höhe aufgrund eines Sturms erst am achten Tag unserer Begehung überstiegen.

Nachts bei Minusgraden in 5500 Meter Höhe ein Portaledge aufzubauen, ist hart, aber in einer so steilen und schutzlosen Wand wie dieser hat man keine Wahl. Ein Portaledge ist praktisch ein hängendes und mit einer Zeltplane überzogenes Feldbett. Es müssen zwei oder drei Personen konzertiert zusammenarbeiten, um Aluminiumrohre durch steife Nylonlaschen und ein Gewirr aus verhedderten Gurten zu schieben. Dann muss das Ganze gespannt und an einem riskanten Felshaken aufgehängt werden, während man selbst im Hüftgurt über der Leere hängt. Das Ganze erinnert an ein vertikales Wrestling. Lässt einer was fallen, sind alle am Arsch. An einer Bigwall wie dieser kann man sich auch keine kleinen Fehler leisten.

Traumatisiert von unserem letzten Versuch beteten wir vor jedem mühevollen Aufstieg für einen weiteren Tag mit gutem Wetter. In einem unserer Hängelager wurden wir mit einer windstillen Nacht und Vollmond gesegnet. Der gesamte Garhwal leuchtete unter uns in unheimlichem Blau. In diesem seltenen Moment der Ruhe spähte ich durch die offene Tür unseres winzigen Nylon-Ausgucks und erfreute mich an der entrückten Schönheit.

Trotz unserer Generalprobe 2008 schien das Klettern im oberen Fels nicht weniger verzweifelt. Doch nach zwölf Tagen Aufstieg kamen wir auf dem unglaublichsten Gipfel unseres Lebens an. „Ich hab's geschafft für dich, Mugs“, verkündete Conrad mit bewegter Stimme, als er oben ankam. Er hatte bei seinem verstorbenen Freund und Mentor Mugs Stump noch etwas offen gehabt.

Wir drei hatten dasselbe füreinander getan.

VORSEITE Nach einem sechzehnstündigen Gipfelsturm beginnt Conrad Anker bei Sonnenuntergang mit dem Abseilen vom Gipfelgrat. Unsere Rückkehr zum Hochlager sollte eine lange, schwierige Nacht werden.

GEGENÜBER Conrad klettert an überhängenden Fixseilen oberhalb der Kartenhaus-Seillänge auf 6100 m Höhe.

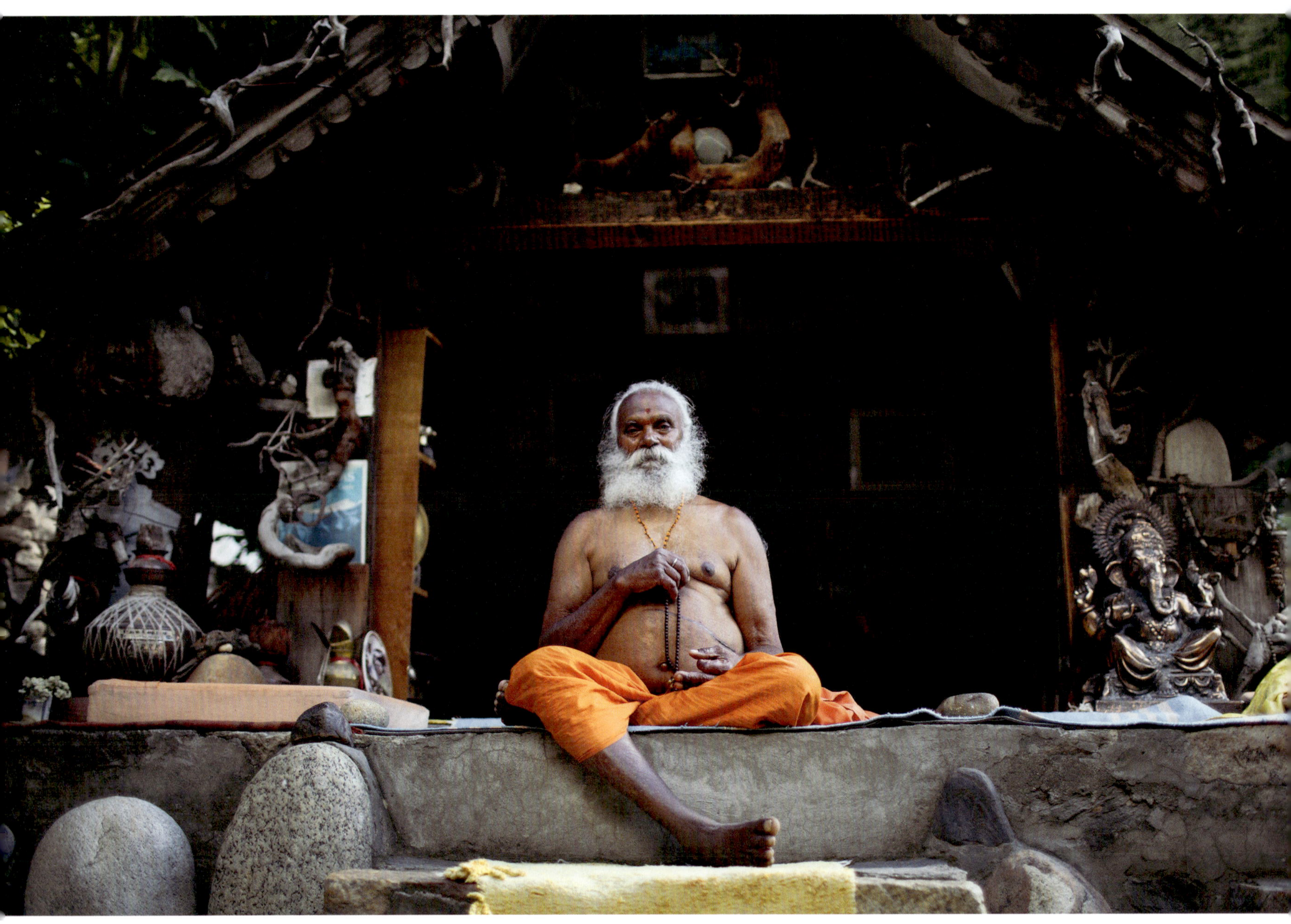

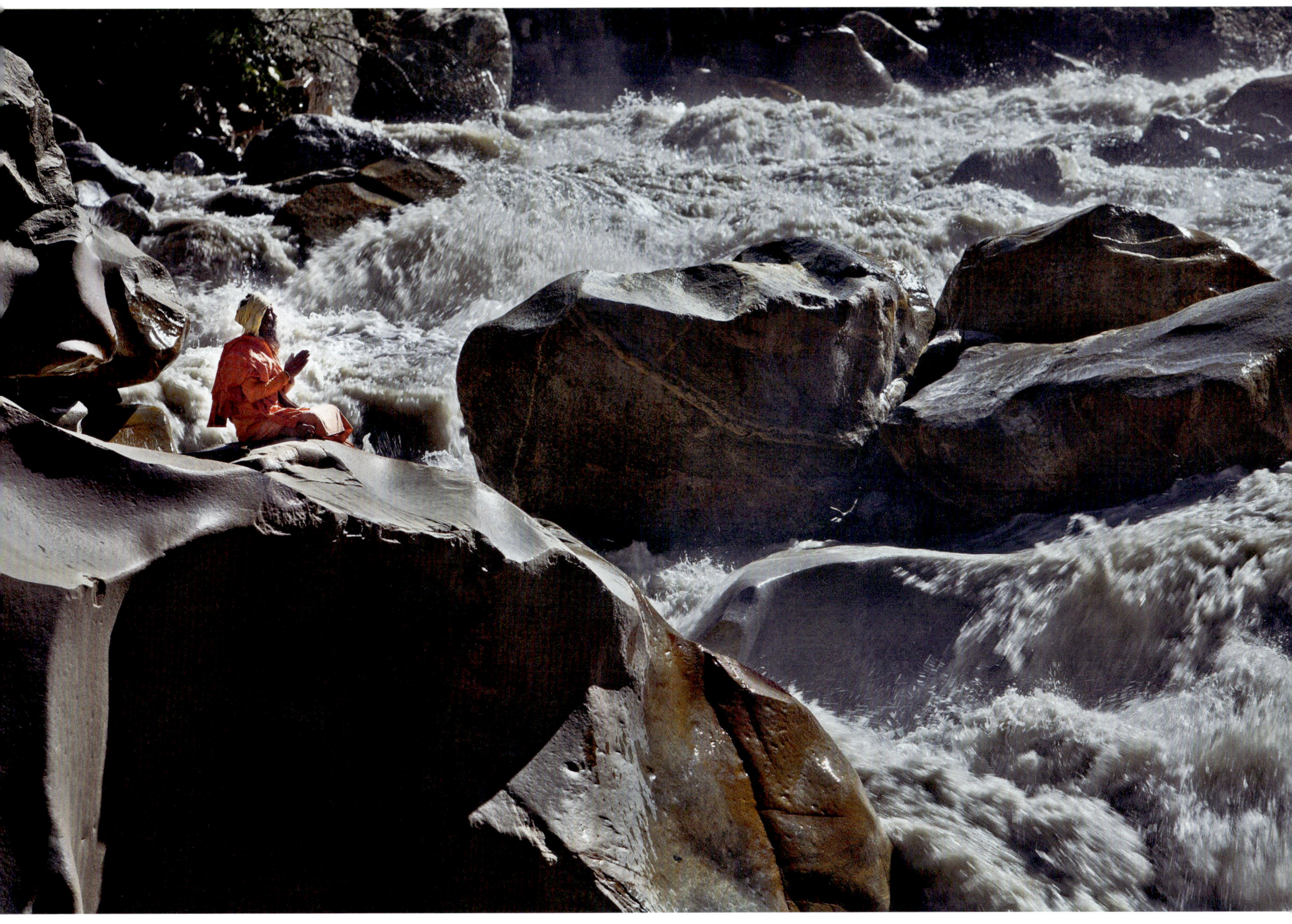

GEGENÜBER Swami Sundaranand, auch bekannt als der Klickende Swami, meditiert in Gangotri. Seit 1948 lebt er in dieser bescheidenen kleinen Hütte im Quellgebiet des Ganges, umgeben von Holz und Steinen, die wie das Sanskritwort Om geformt sind und die er im Laufe der Jahre gesammelt hat. Er segnete uns freundlich vor unseren beiden Anläufen auf die Shark's Fin.

OBEN Ein Sadhu meditiert am Ganges. Gangotri, Indien.

FOLGESEITE Renan Ozturk sieht im Tapovan-Basislager unterhalb von Shivling und Meru in die Sterne. Garhwal-Himalaya, Indien.

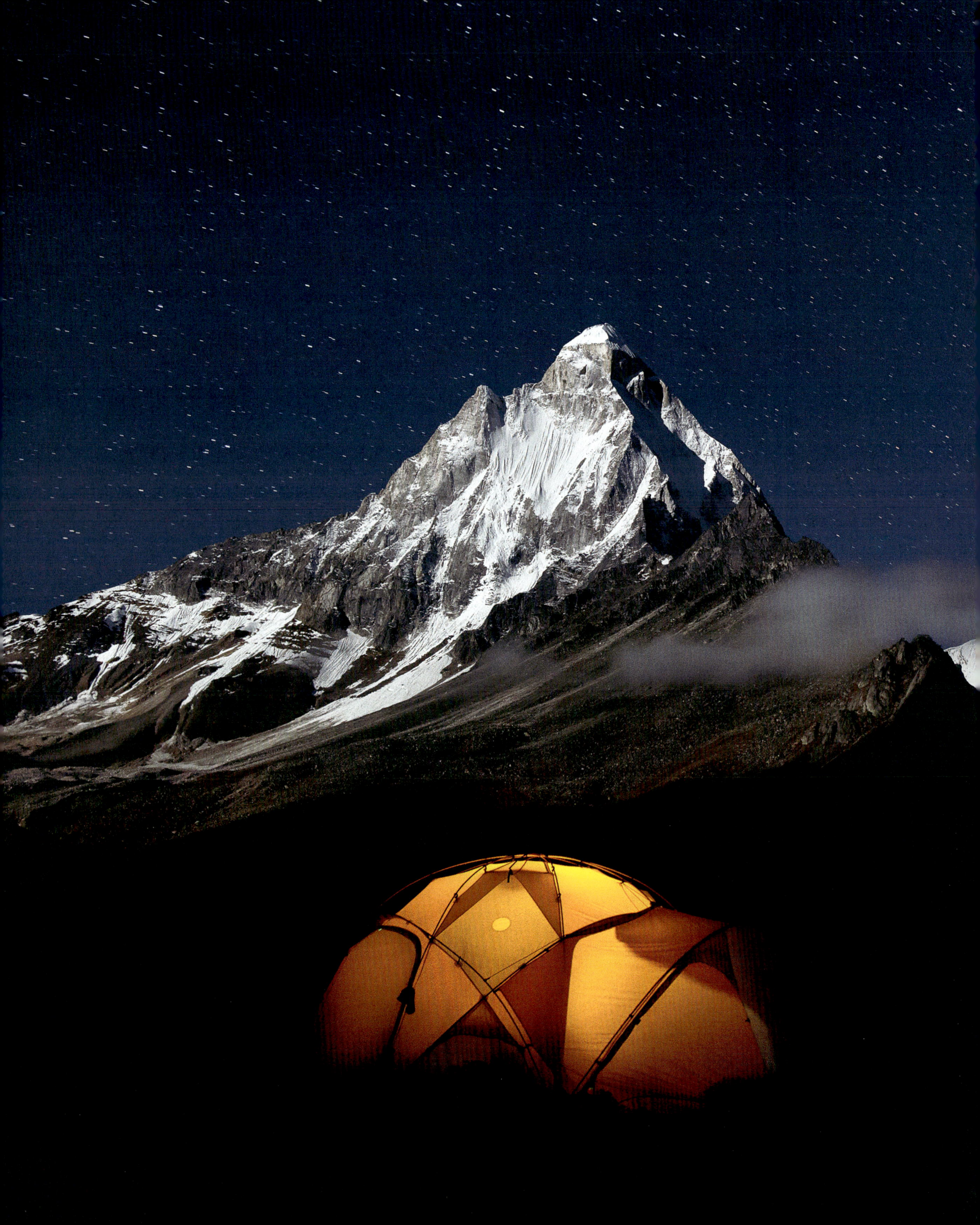

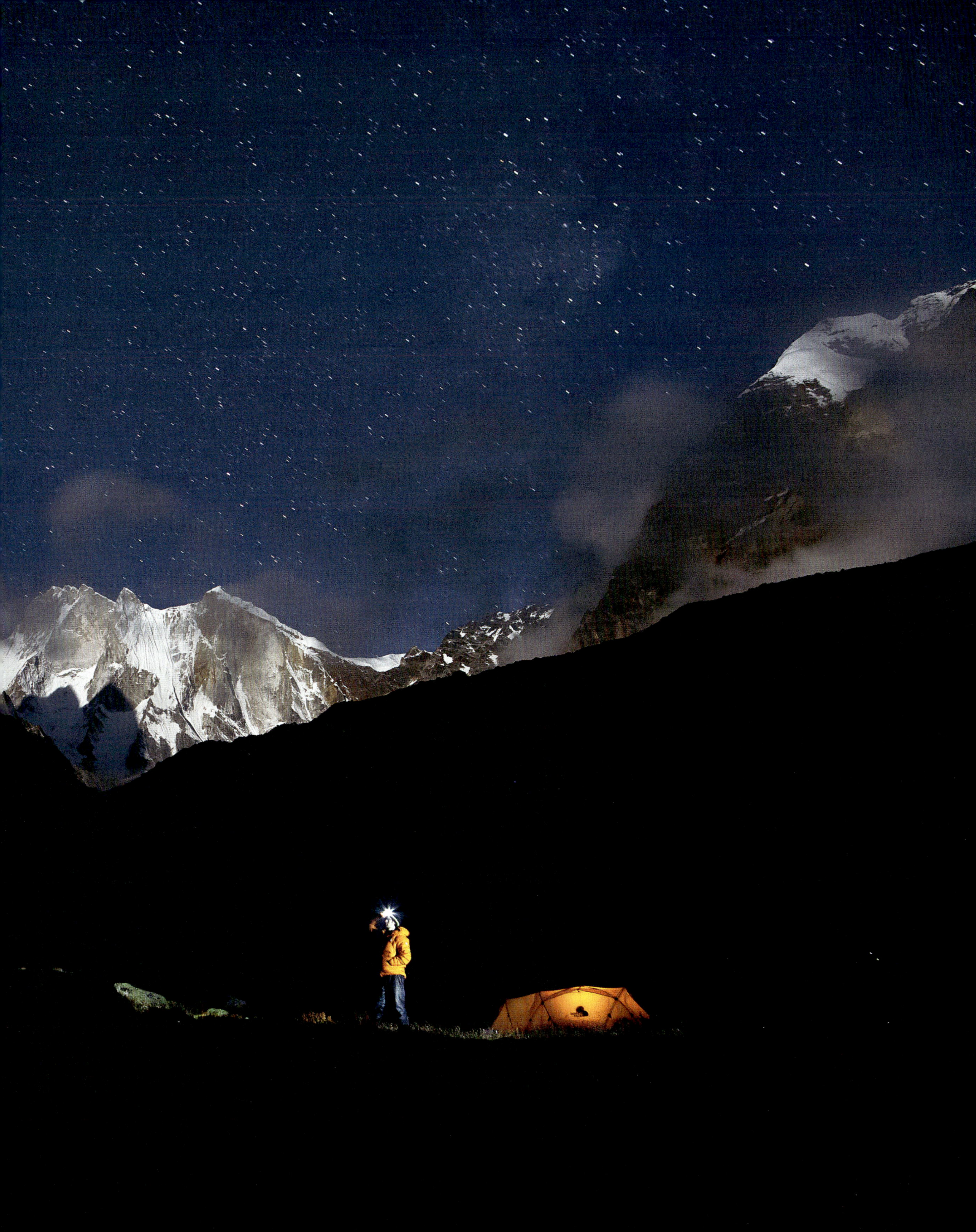

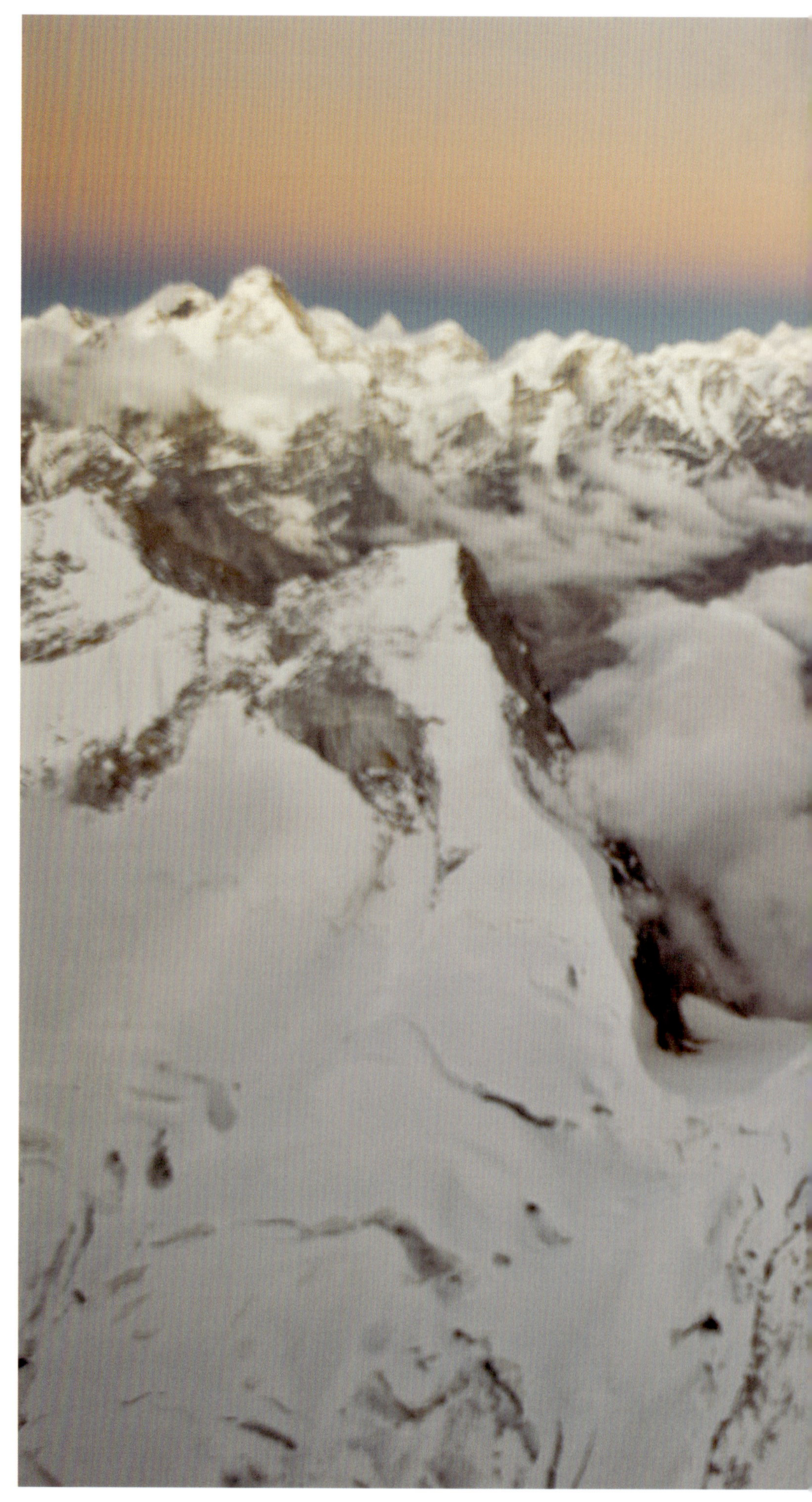

RECHTS Die Sonne sinkt, die Temperaturen auch. Conrad Anker und Renan Ozturk bereiten nach unserem fünften Klettertag das Errichten unseres Portaledge-Lagers vor.

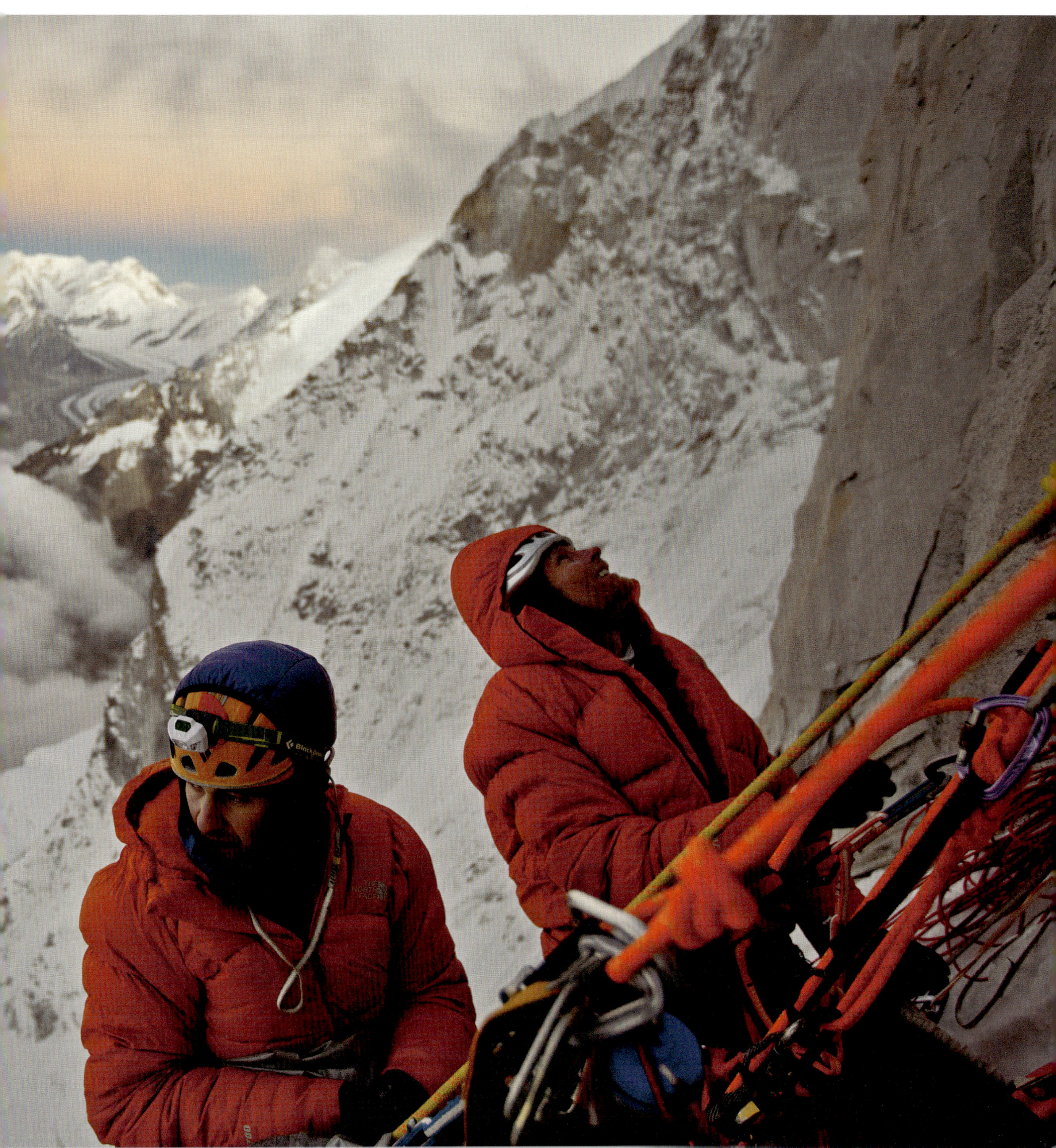

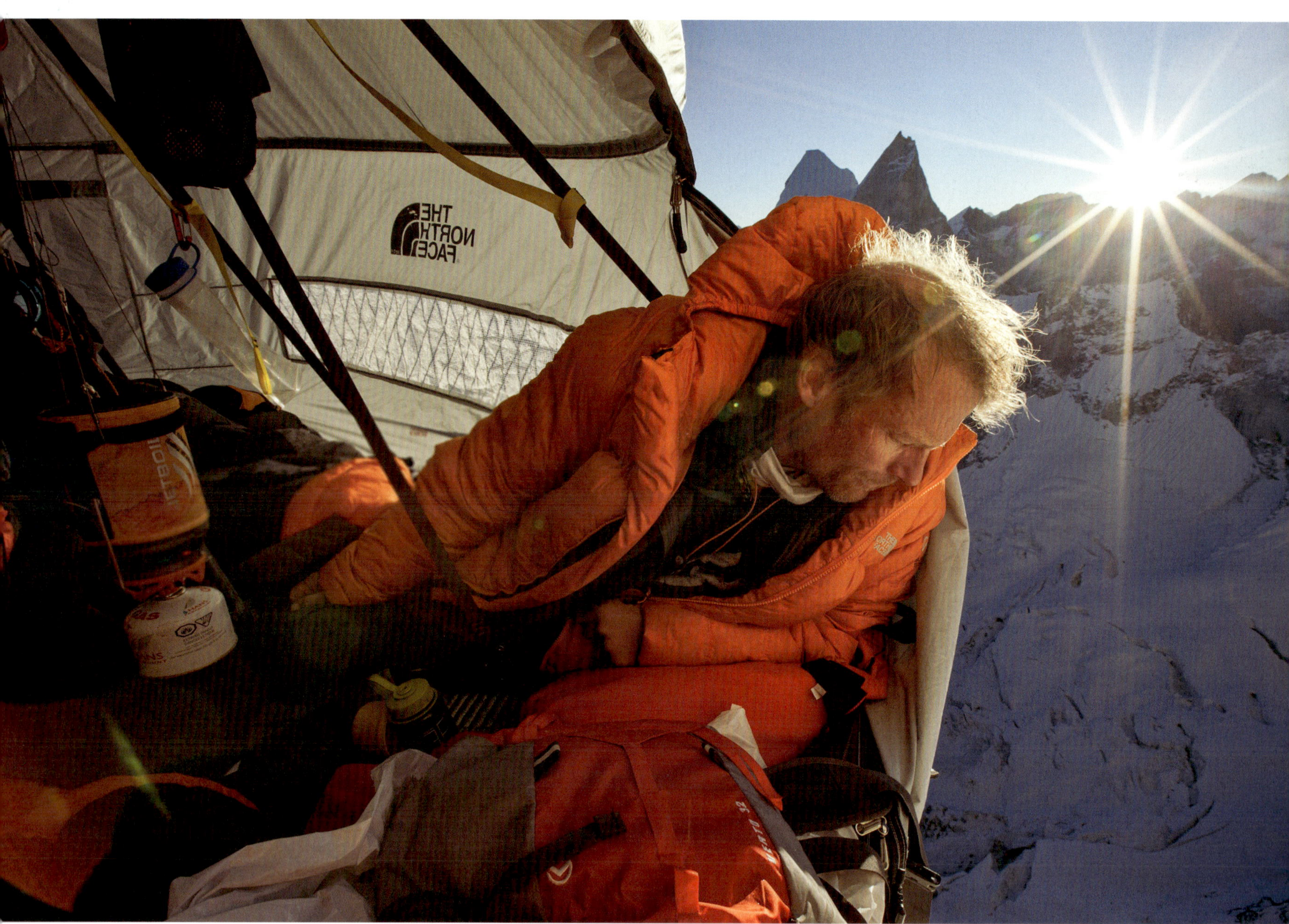

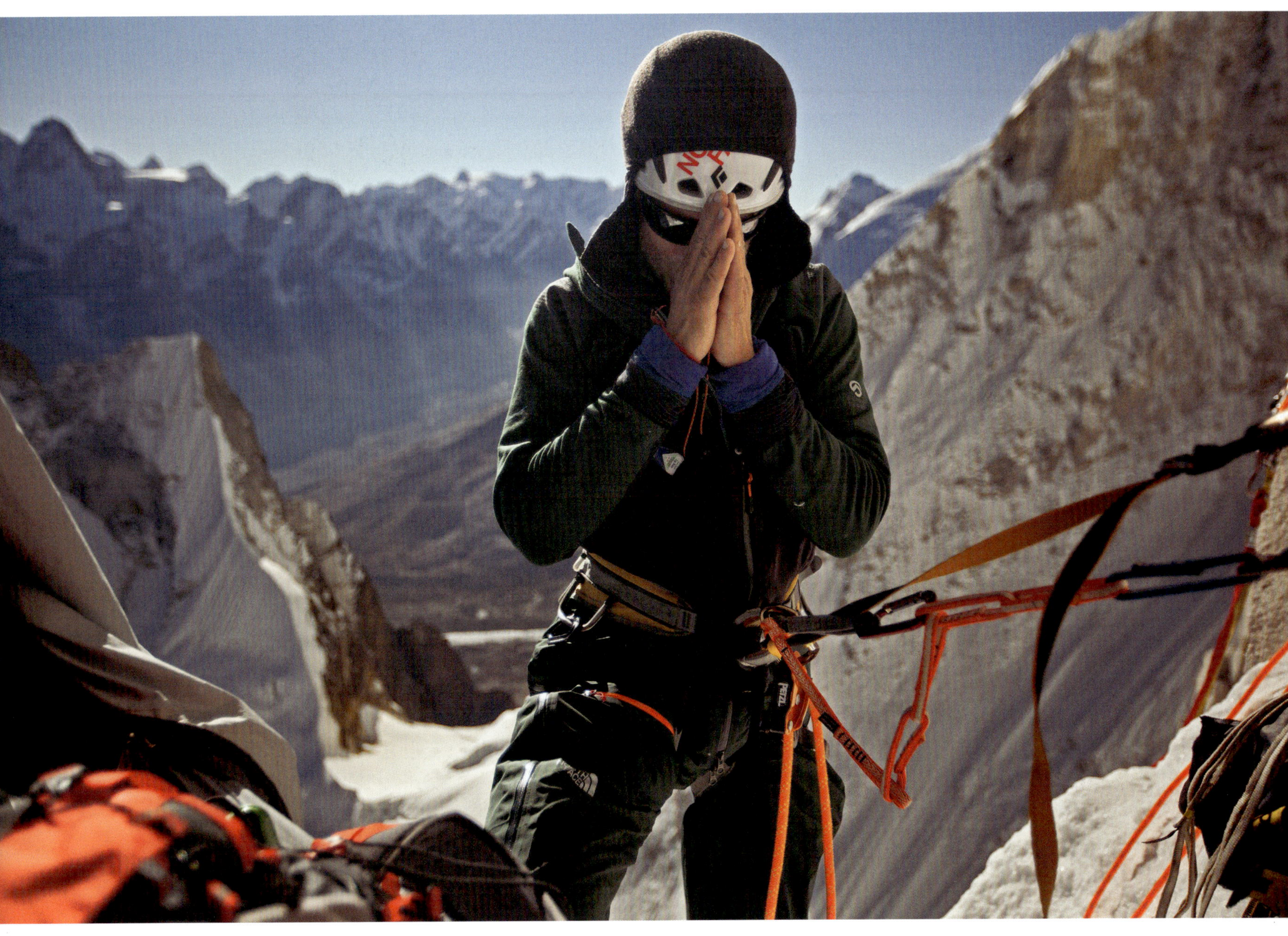

GEGENÜBER Vor einem weiteren Tag in der überhängenden Felswand sieht Conrad Anker in die Leere unter uns.

OBEN Conrad nimmt sich einen Moment und betet für eine sichere Passage der schwierigen Seillängen über uns.

FOLGESEITE Der Mount Shivling bei Sonnenuntergang, von unserem Hochlager auf der Shark's Fin gesehen.

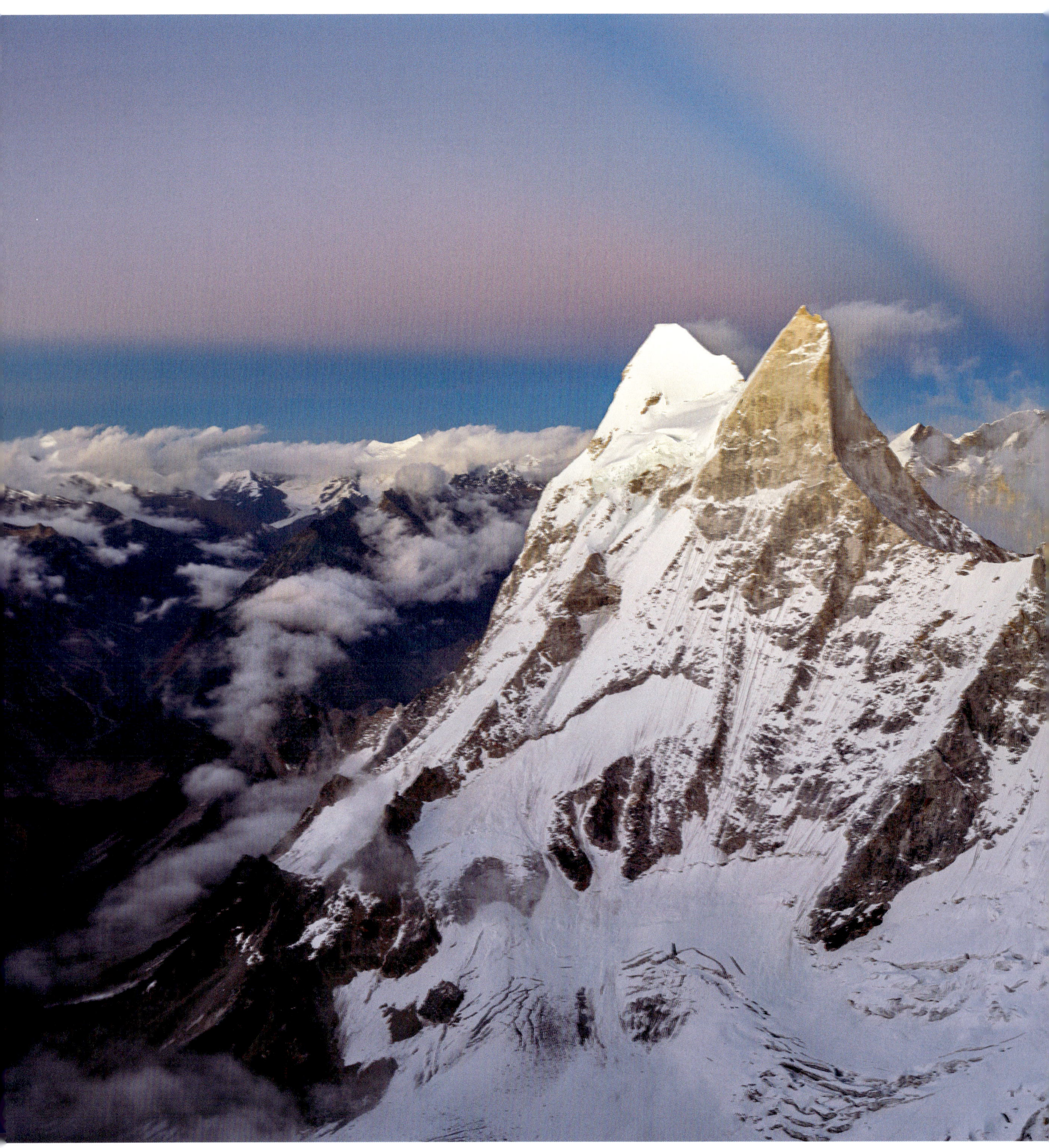

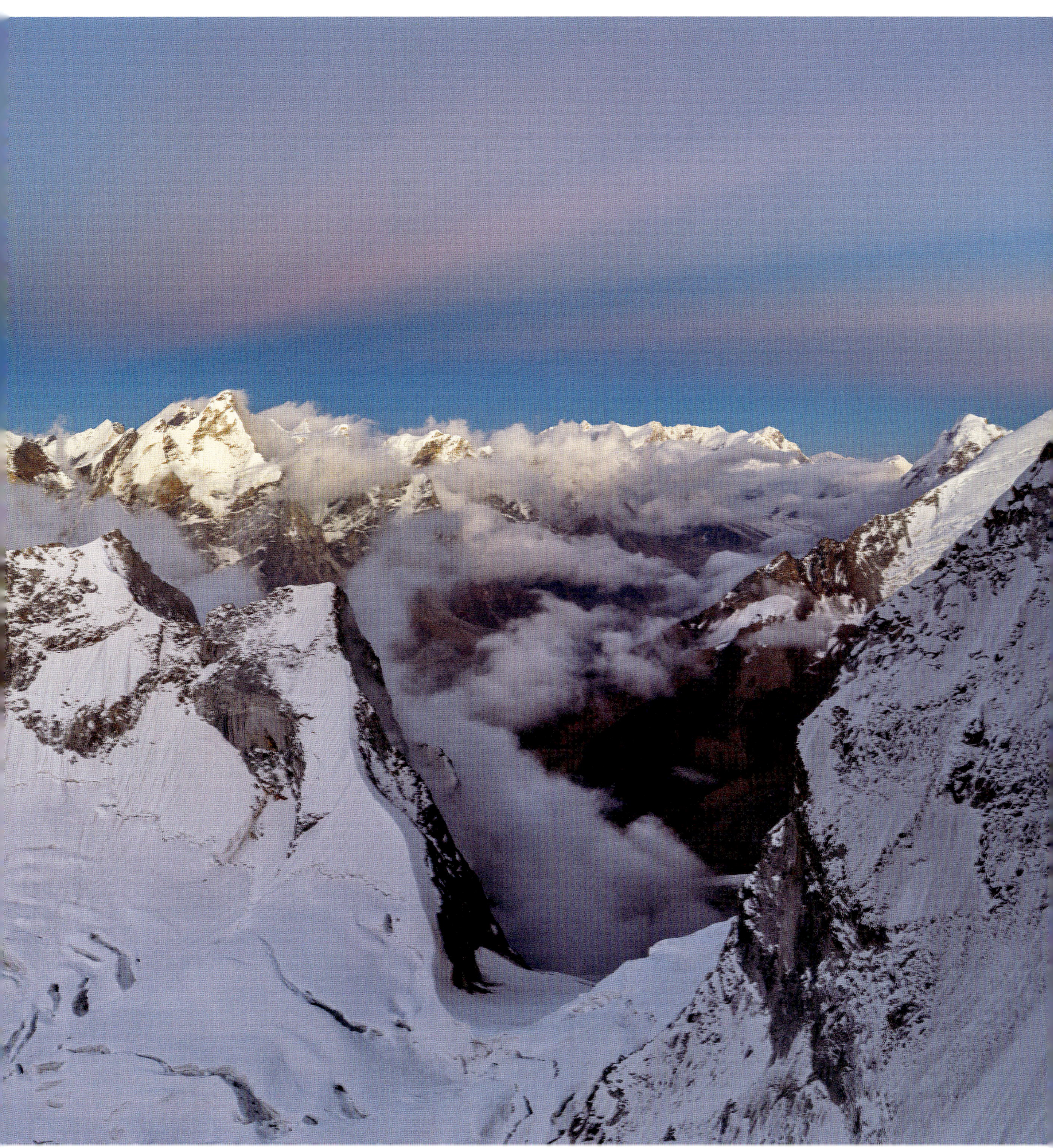

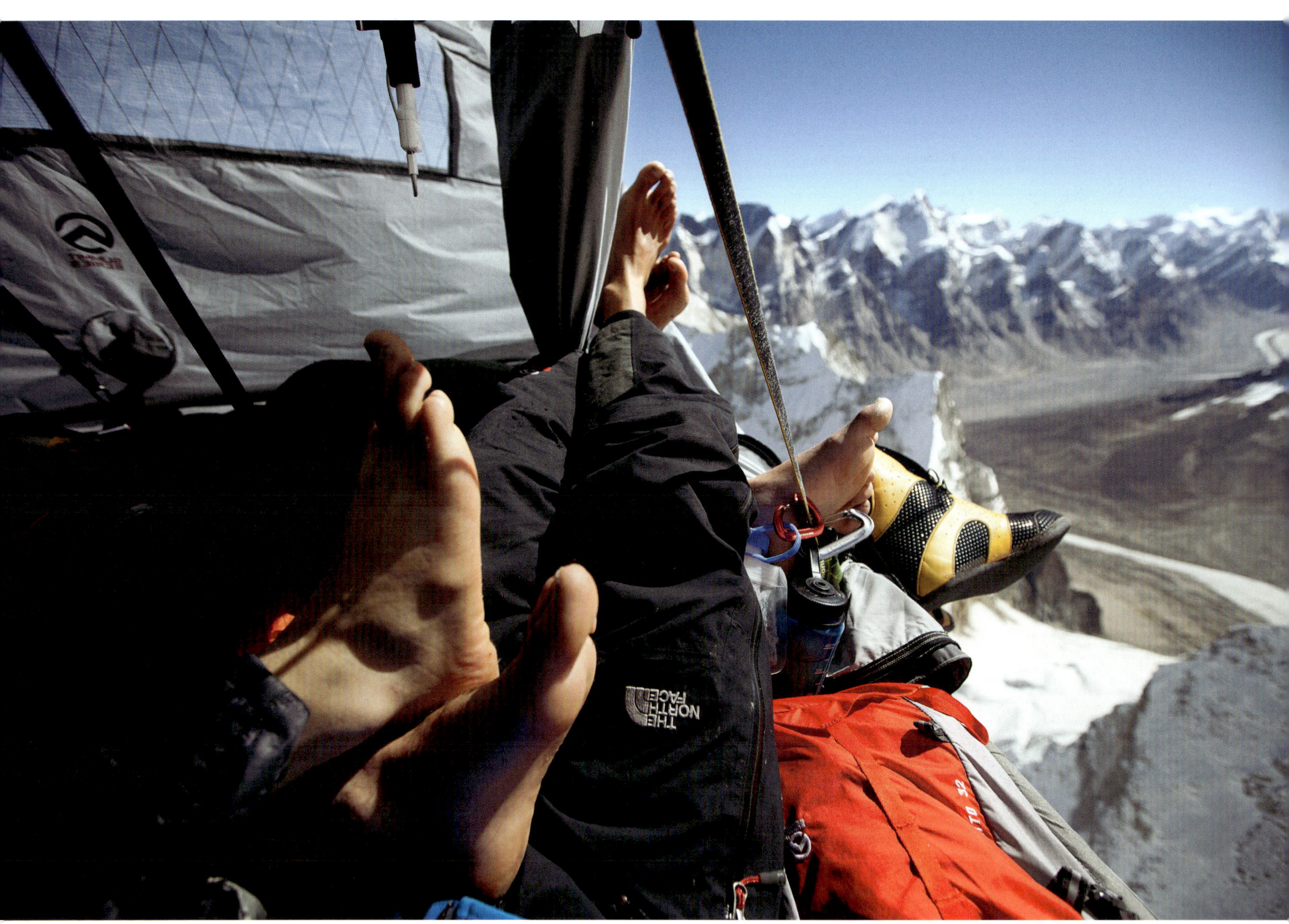
THE
NORTH
FACE

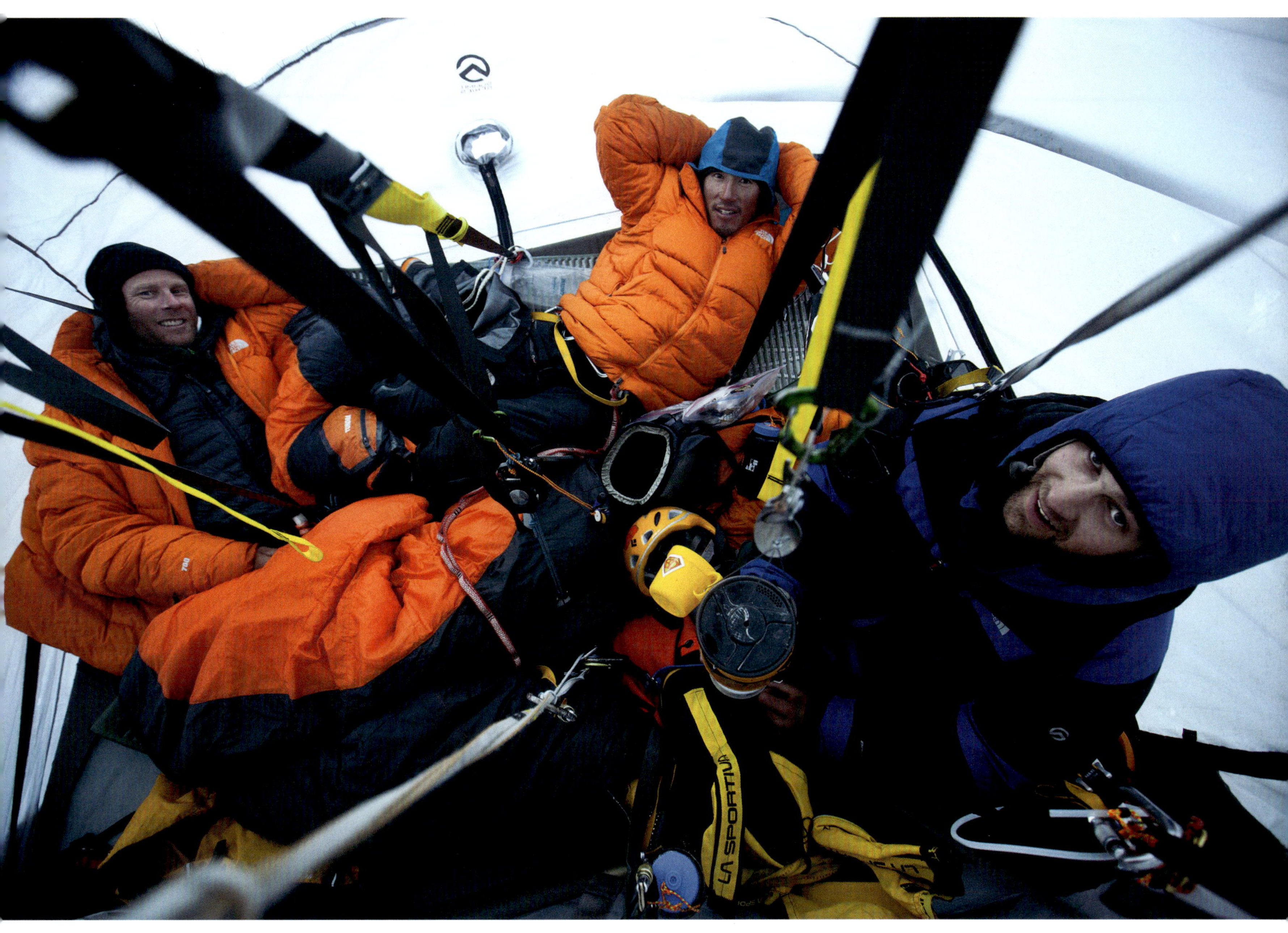

GEGENÜBER Nach unserem ersten Shark's-Fin-Versuch litten Renan Ozturk und ich an schwerem, schmerzhaftem und belastendem Fußbrand, der auftritt, wenn Füße zu viele Tage in kalten, nassen Stiefeln stecken. Bei unserem zweiten Versuch ließ uns Conrad Anker unsere Füße bei jeder Gelegenheit trocknen. Dies war ein seltener Moment, in dem wir alle unsere Füße aus den Stiefeln nehmen und in die Sonne halten konnten.

OBEN 1-Zimmer-Loft, Küche, kein Bad.

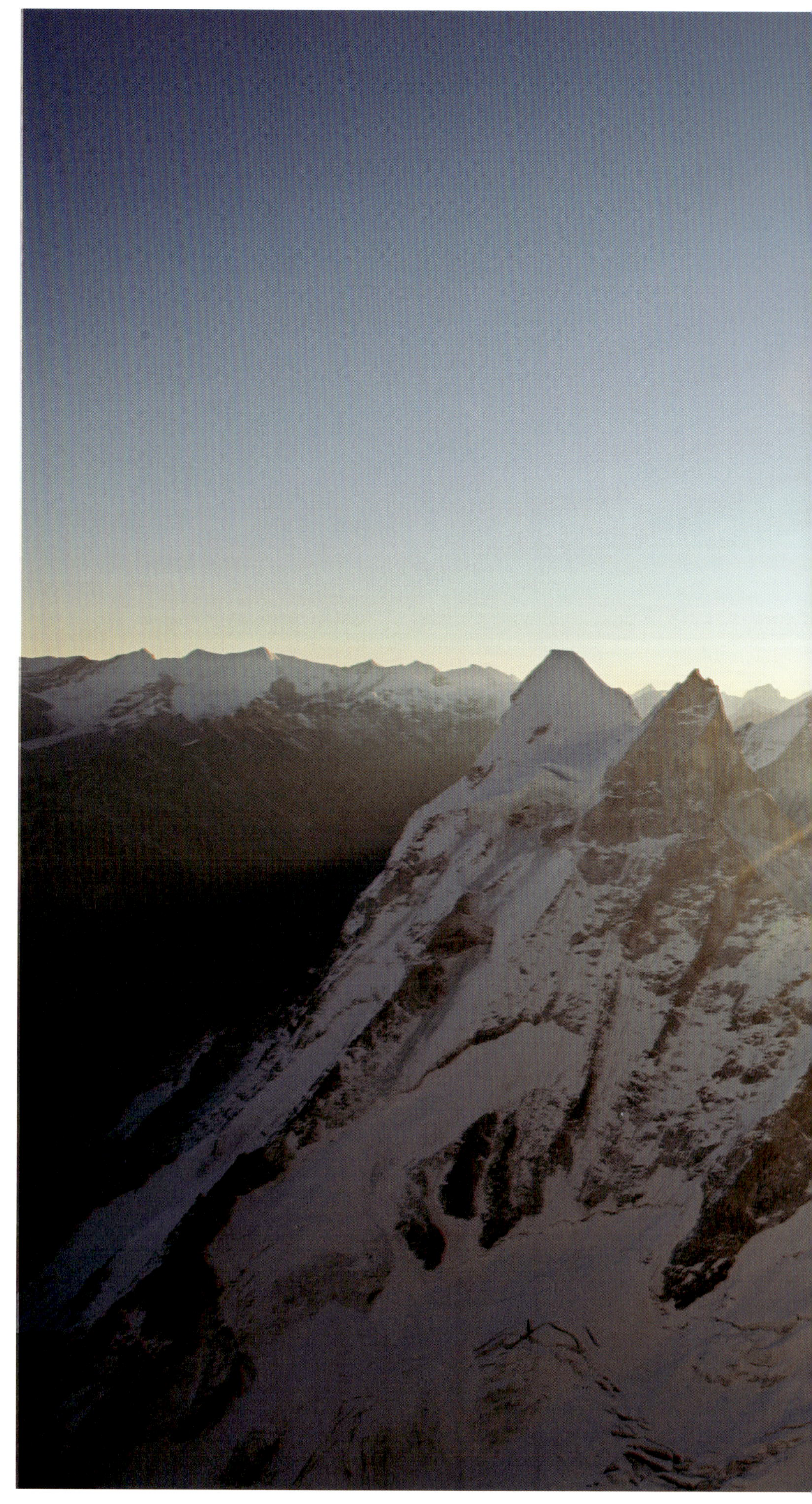

RECHTS Tagesanbruch vorm Gipfelsturm. Renan Ozturk prüft die oberen Eisfelder; Conrad Anker macht sich in eisiger Kälte und 6400 Metern Höhe fertig zum Aufstieg.

FOLGESEITE Ein letzter Blick. Renan sieht zurück auf den Gipfel, bevor er sich vom Gipfelkamm zurück zu unserem Hochlager abseilt.

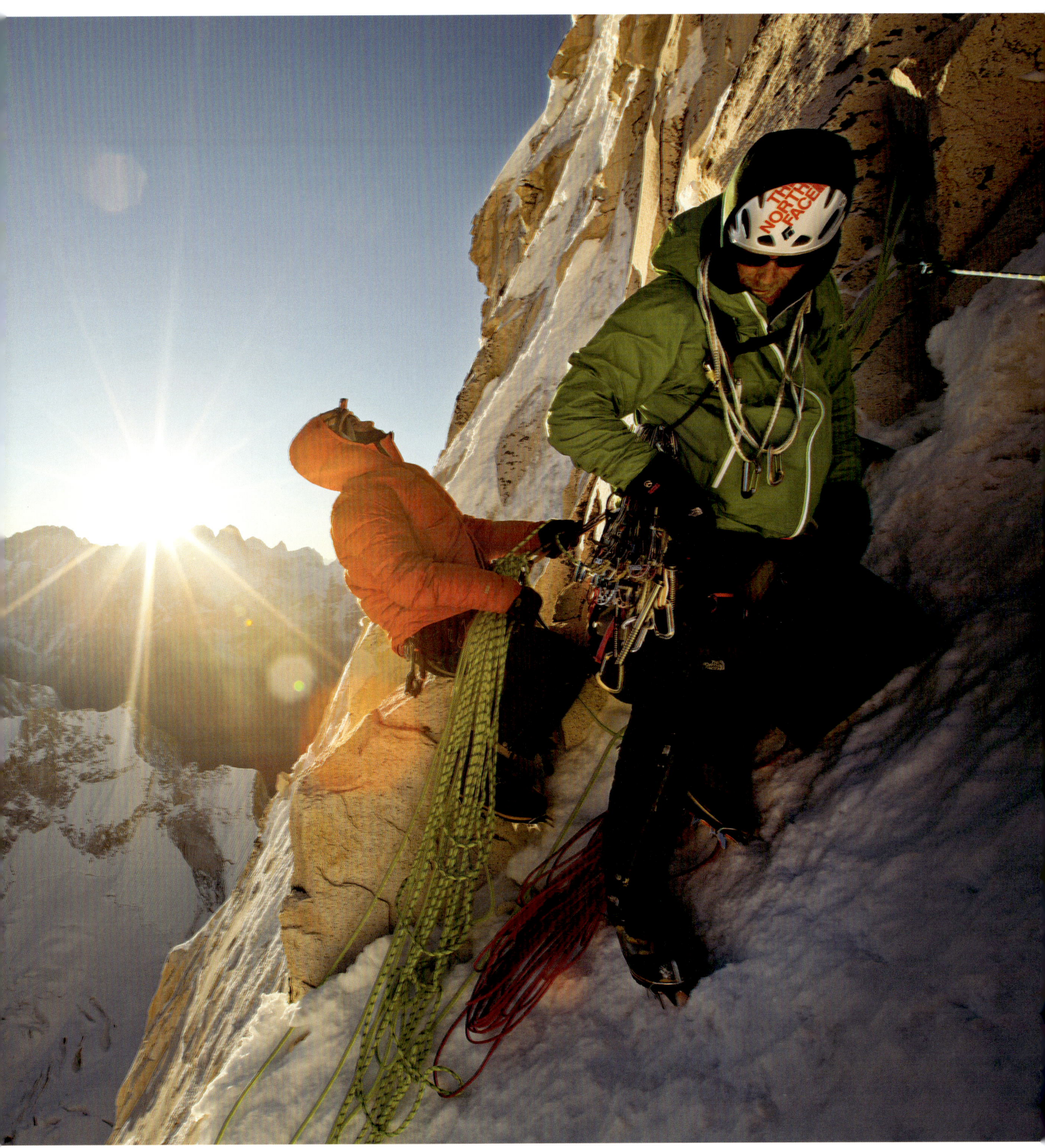
THE NORTH FACE

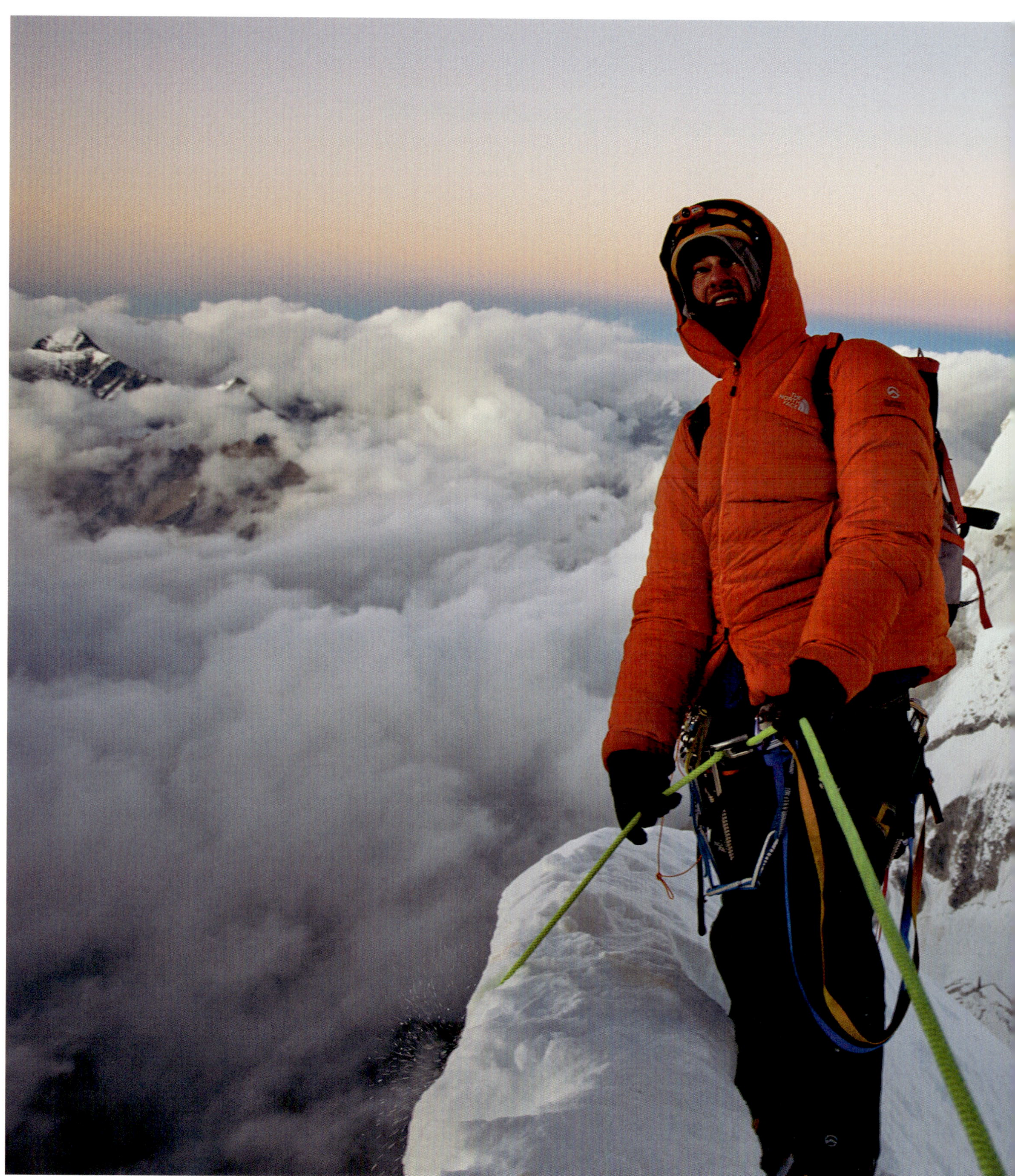

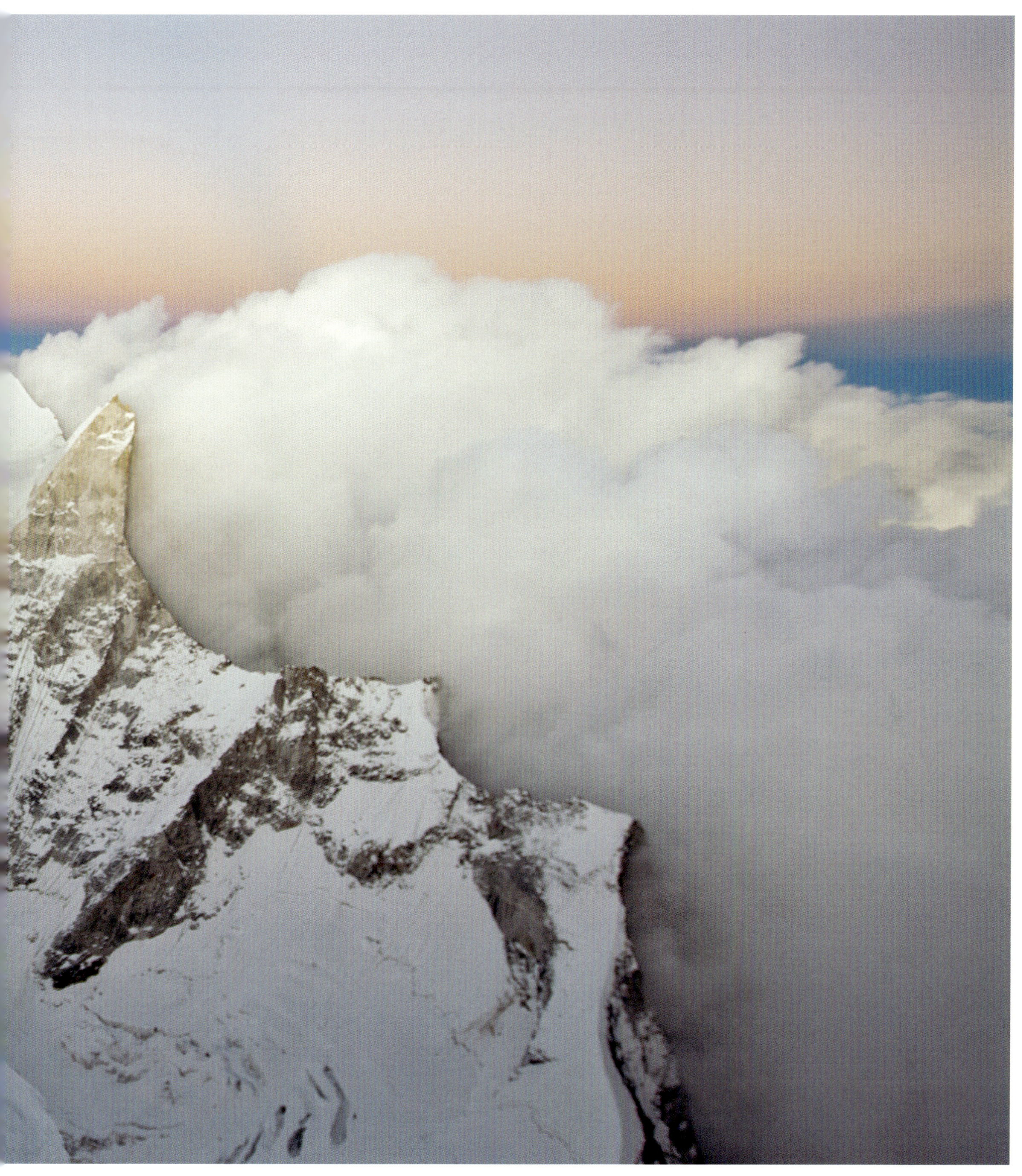

RECHTS Der Abstieg ist oft der gefährlichste Teil einer Besteigung. Nach einem langen Gipfeltag kommt die Erschöpfung. Wir überprüfen gegenseitig die Abseilsysteme und erinnern einander, auf das Seilende zu achten. Renan Ozturk beginnt den langen Abstieg in die Nacht.

FOLGESEITE Mount Meru. In der Mitte des Meru-Massivs ist die Shark's Fin zu sehen.

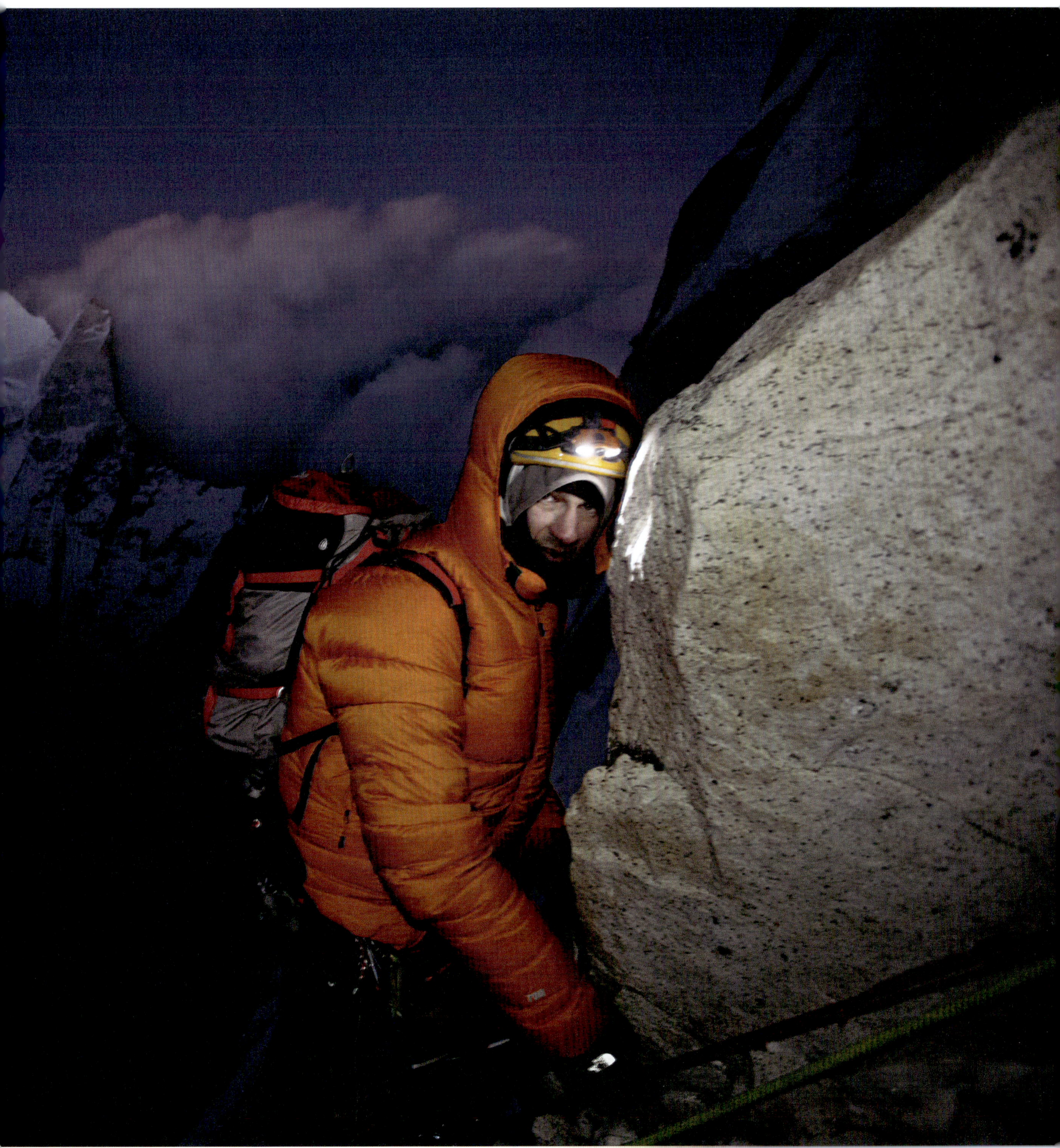

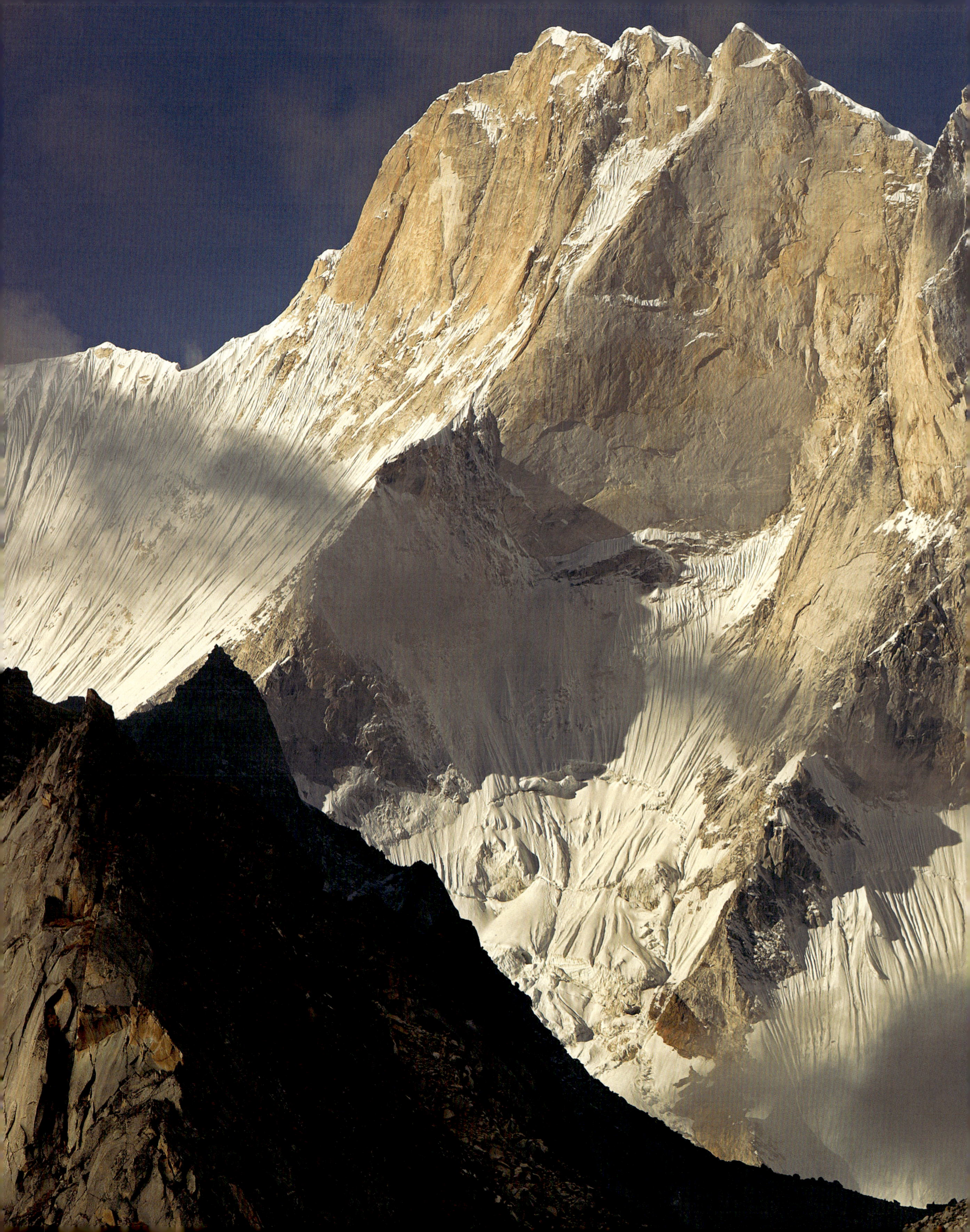

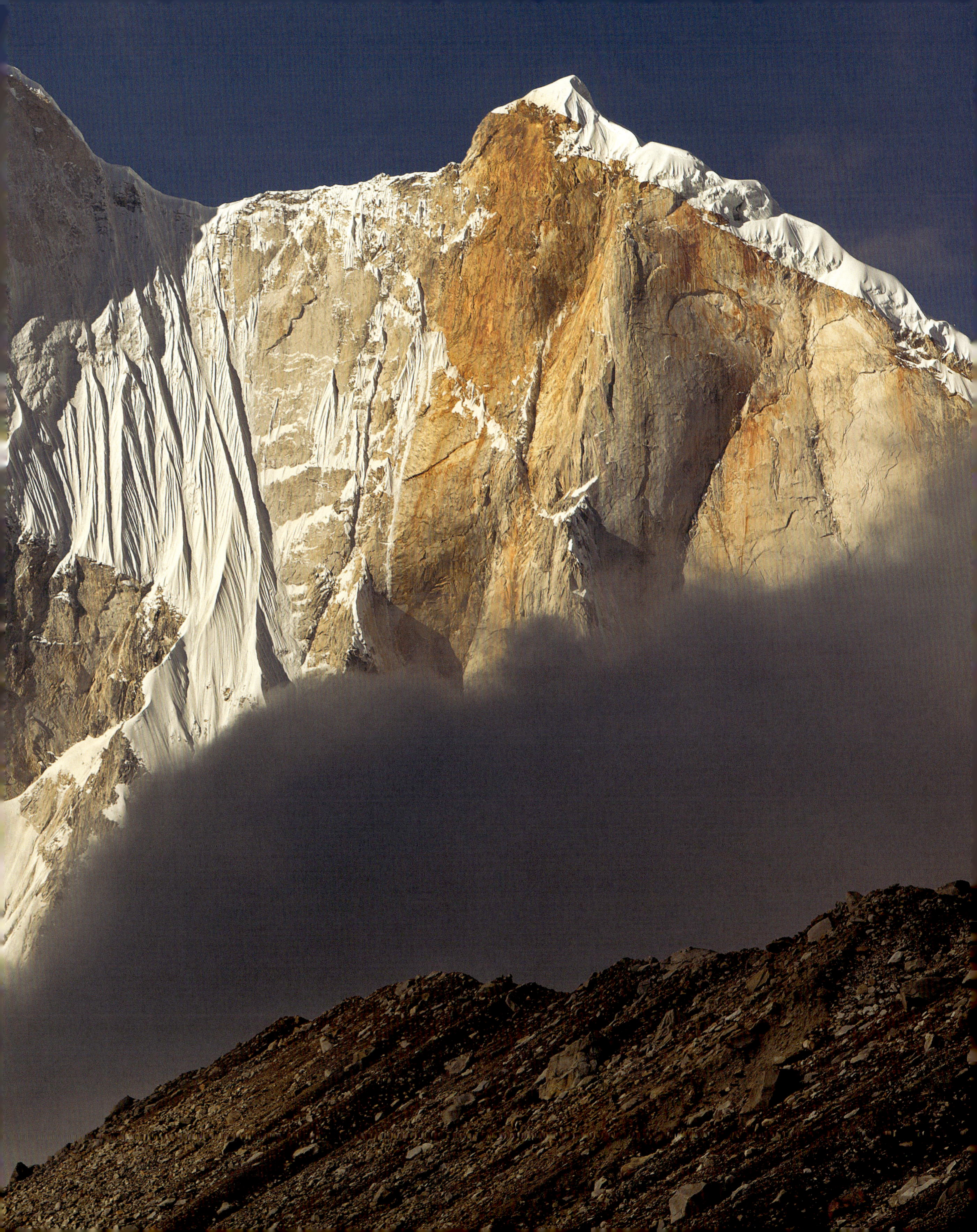

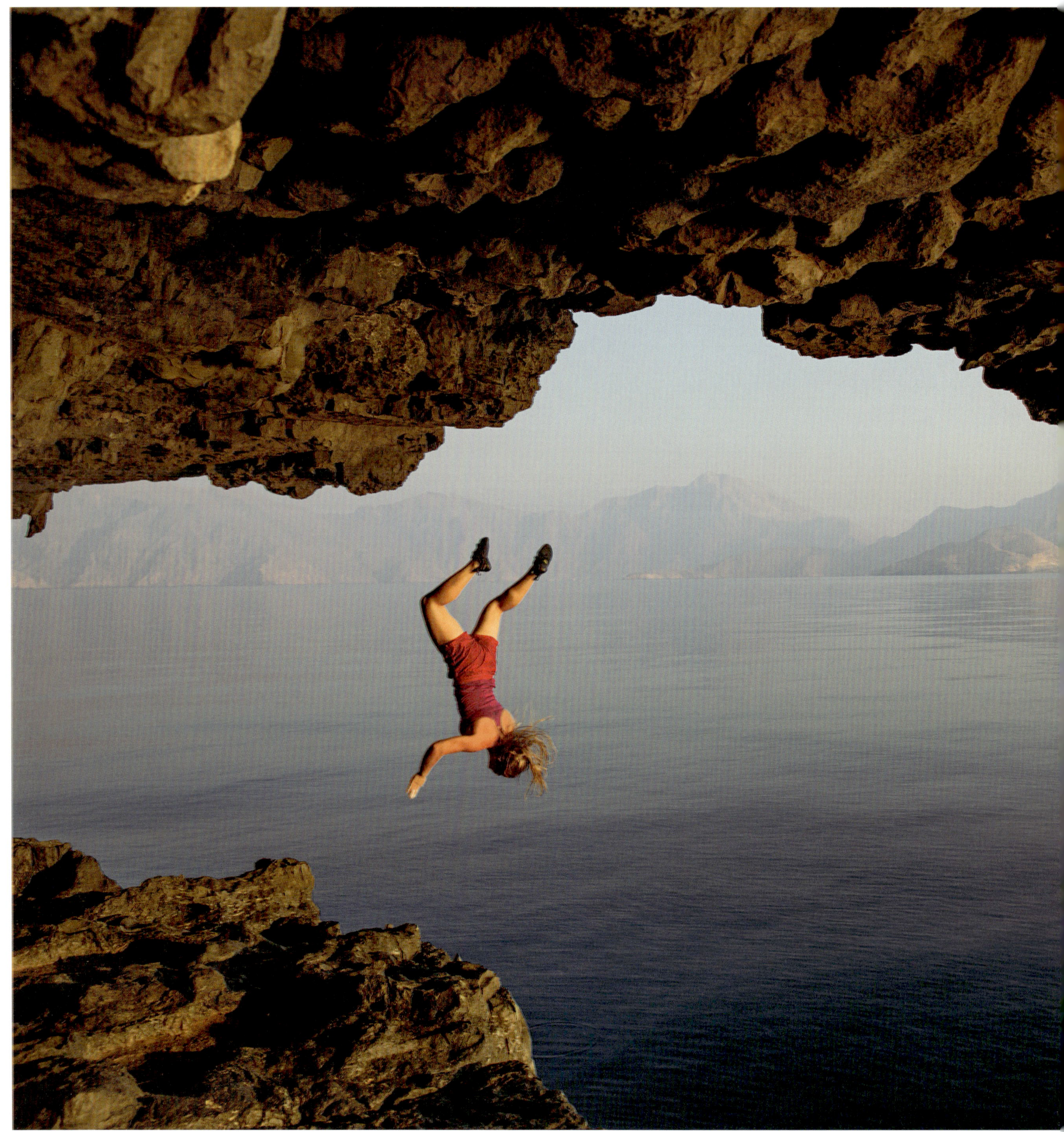

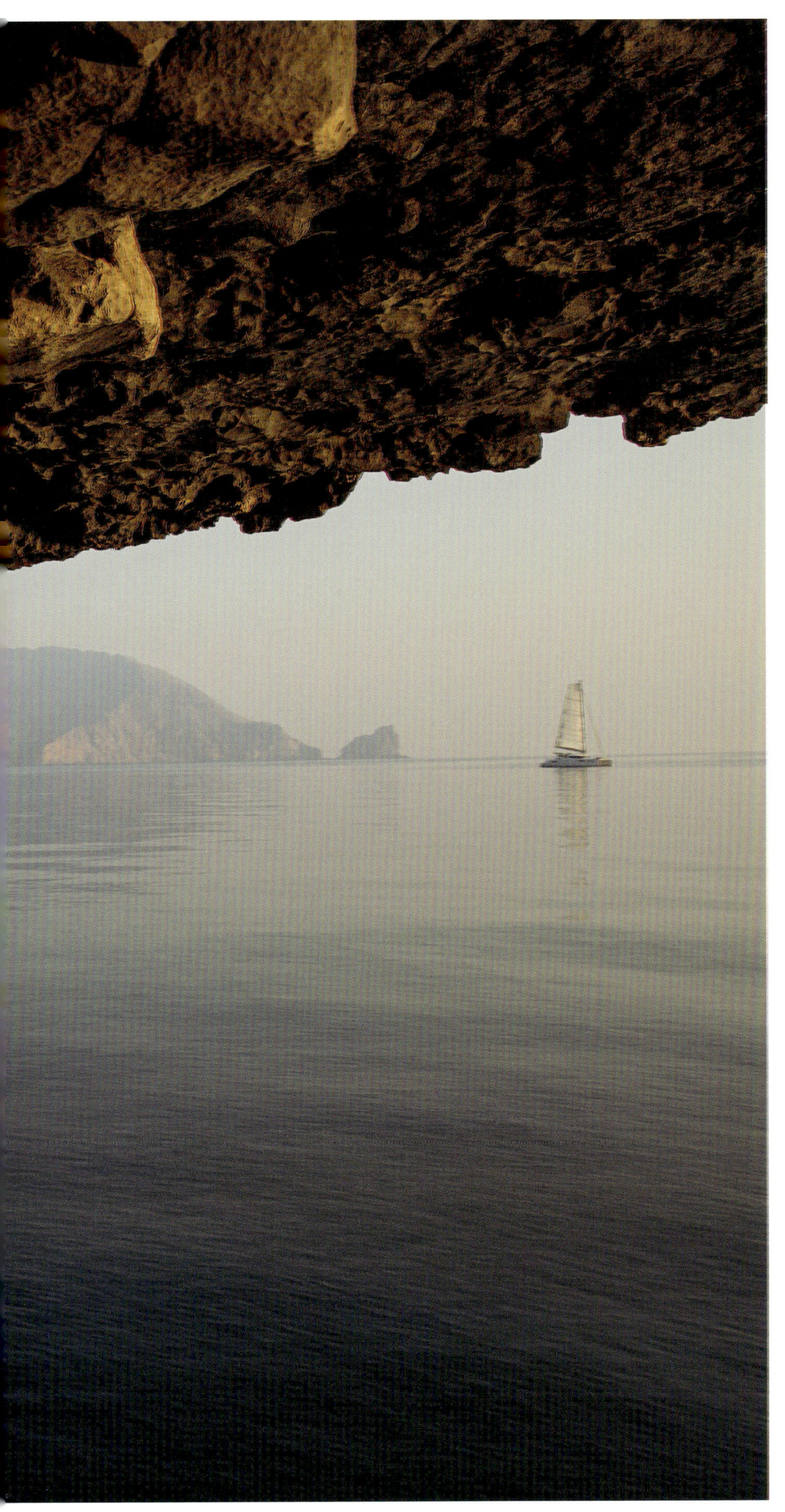

OMAN

Angelockt durch eine Beschreibung der „faszinierenden und geheimnisvollen Halbinsel Musandam“ lud Mark Synnott 2013 eine Gruppe von Kletterern und Filmemachern zu einer Segeltour an die Nordküste Omans. Wir suchten Kletterabenteuer und Deep Water Soloing – und fanden beides.

Wer das Klettern im Oman nicht mag, ist vom Tauchen nur wenige Meter entfernt, wie Hazel Findlay hier feststellt.

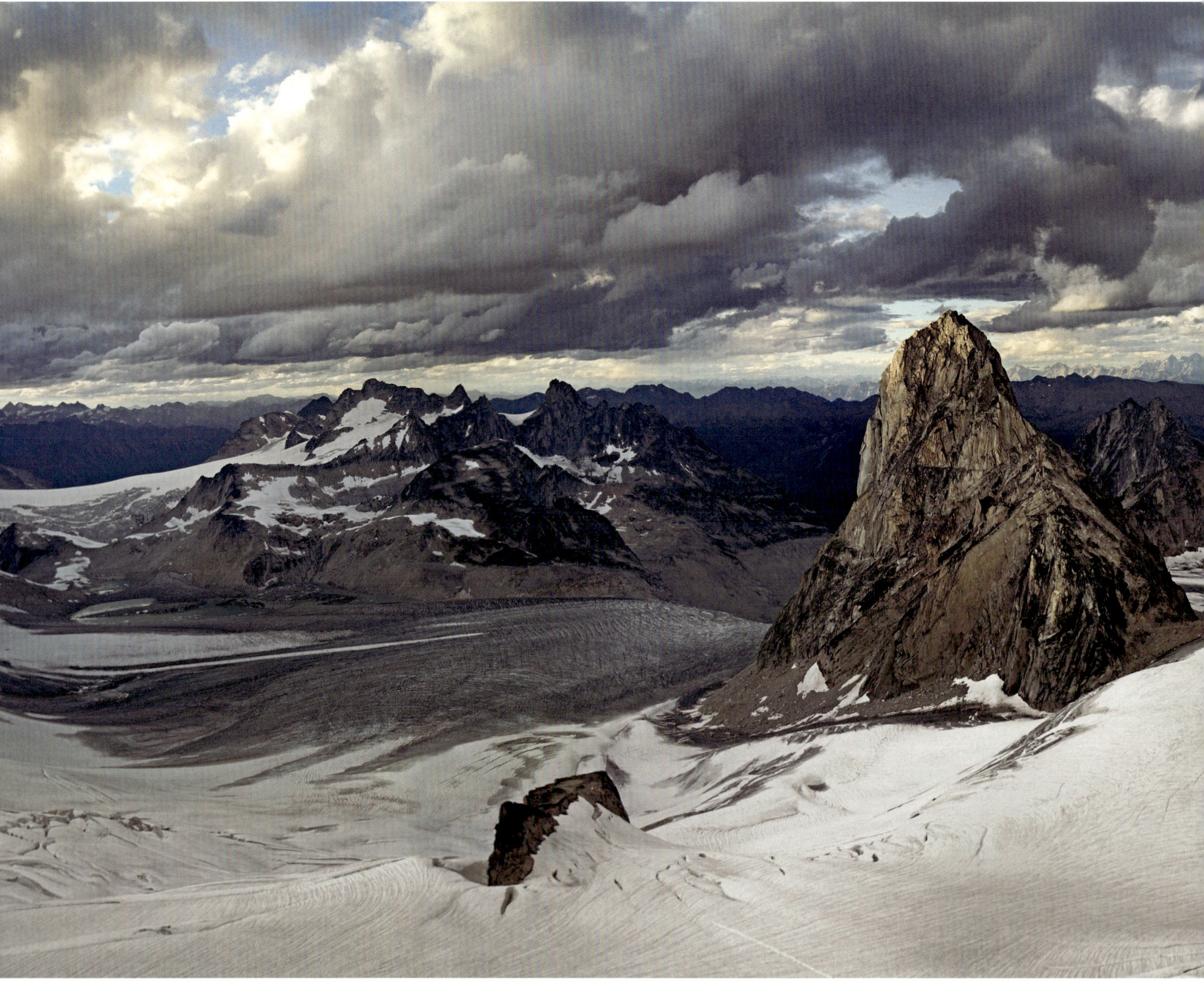

BUGABOOS

Im August 2015 kletterten Conrad Anker, Renan Ozturk, Alex Honnold und ich zwei Wochen im Bugaboos Provincial Park, British Columbia. Conrad fällt das Stillstehen schwer, und so verordnete er dem Team an einem unserer Ruhetage eine kurze „Wanderung" auf den nahe gelegenen Pigeon Peak.

Alex Honnold schlenderte an einem anderen Ruhetag um 9 Uhr aus dem Lager, um zwei große Mehrseillängenrouten mit den Schwierigkeitsgraden 5.12a und 5.11c im Alleingang zu klettern. Um 15 Uhr kehrte er ins Lager zurück, um einen Happen zu essen und dann um 16 Uhr die Beckey-Chouinard-Route mit 19 Seillängen am South Howser Tower ohne Seil zu klettern. Er war zurück, bevor es dunkel wurde. Es war der schwierigste Freiklettertag, den je jemand in den Bugaboos gemacht hatte. Für Alex war es nur ein weiterer Ruhetag.

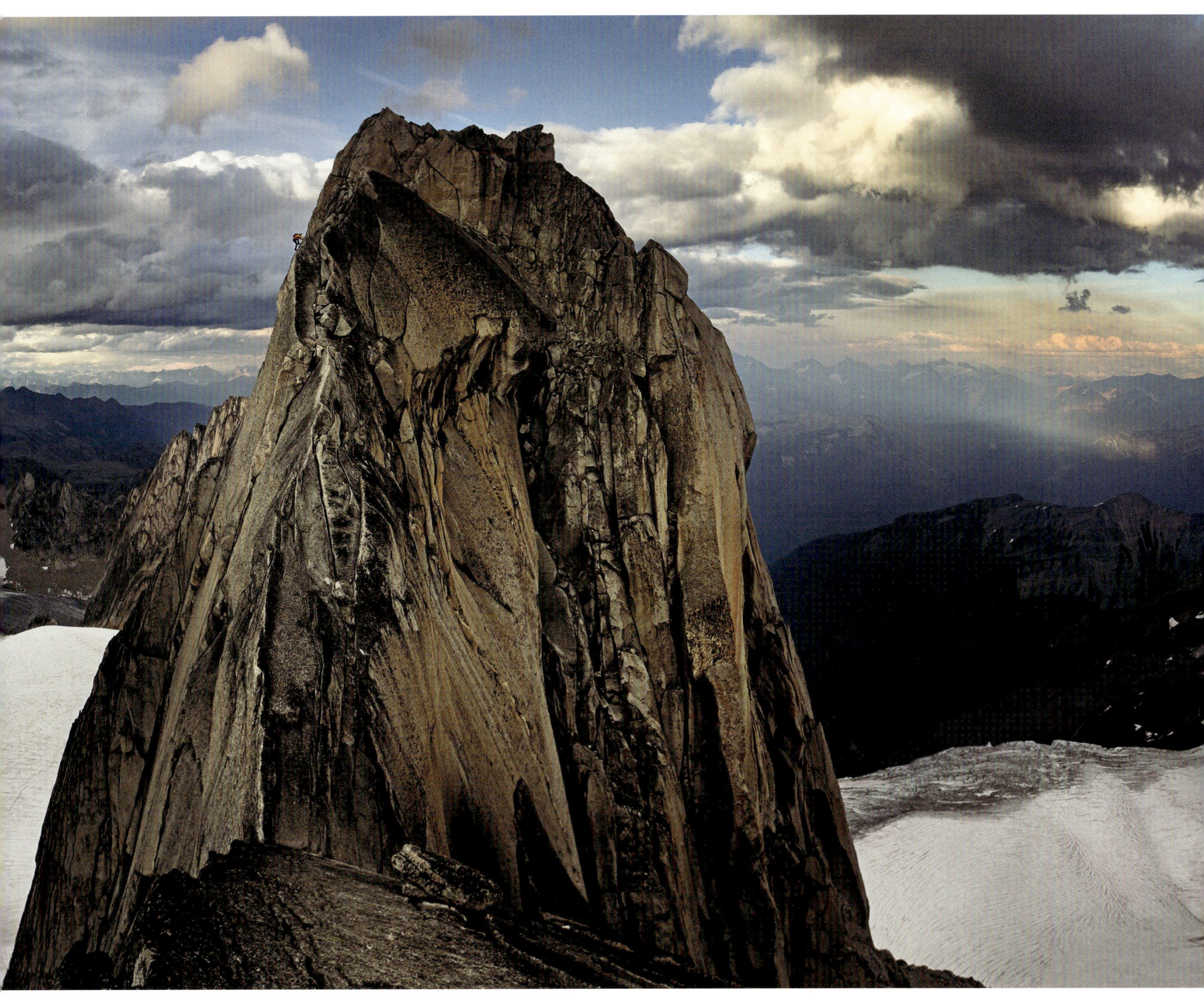

OBEN Conrad Anker bei einer Pausentagstour zum Pigeon Peak.

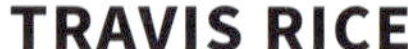

TRAVIS RICE

Travis Rice verbrachte den Februar 2014 zusammen mit den Snowboardern Eric Jackson und Mark Landvik beim Dreh seines Films *The Fourth Phase* auf der Halbinsel Kamtschatka. Travis ist einer der erfolgreichsten Snowboarder seiner Generation. Mit seiner Kraft und Anmut auf großen Spine Lines in Alaska, spektakulären technischen Airs und mehreren Goldmedaillen bei den X Games hat Travis die Entwicklung des Snowboardens geprägt.

RECHTS Travis Rice beugt sich gegen den unerbittlichen Wind auf der Halbinsel Kamtschatka. Für den Transport und die Filmproduktion dort charterten wir einen russischen Mi-17-Hubschrauber mit zwei Turbinen.

FOLGESEITE Die Mi-17 parkt vor unserem provisorischen Lager für die Nacht, einer abgelegenen, verlassenen Vulkanforschungsstation. Im Hintergrund speit der Vulkan Karymski Lava.

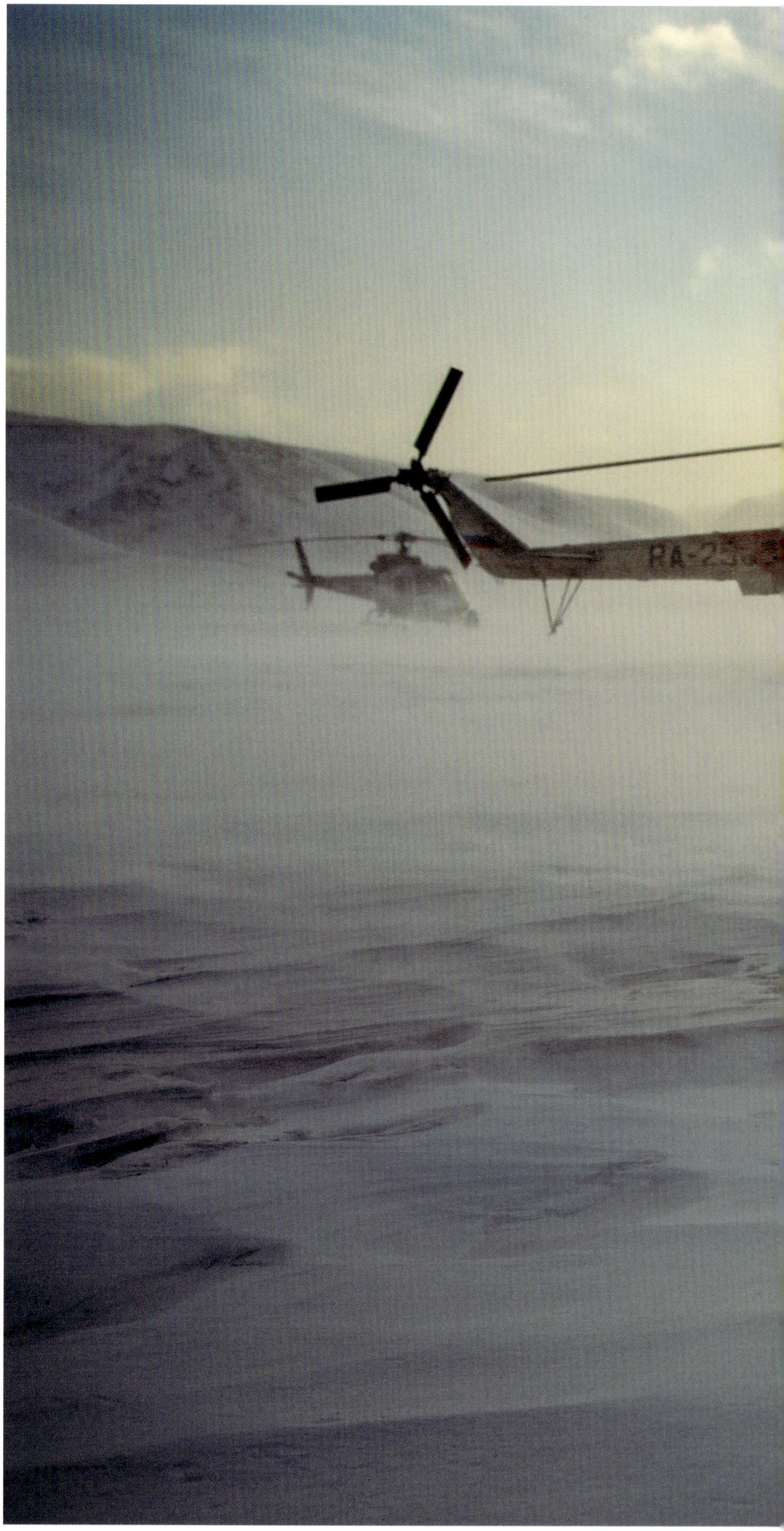

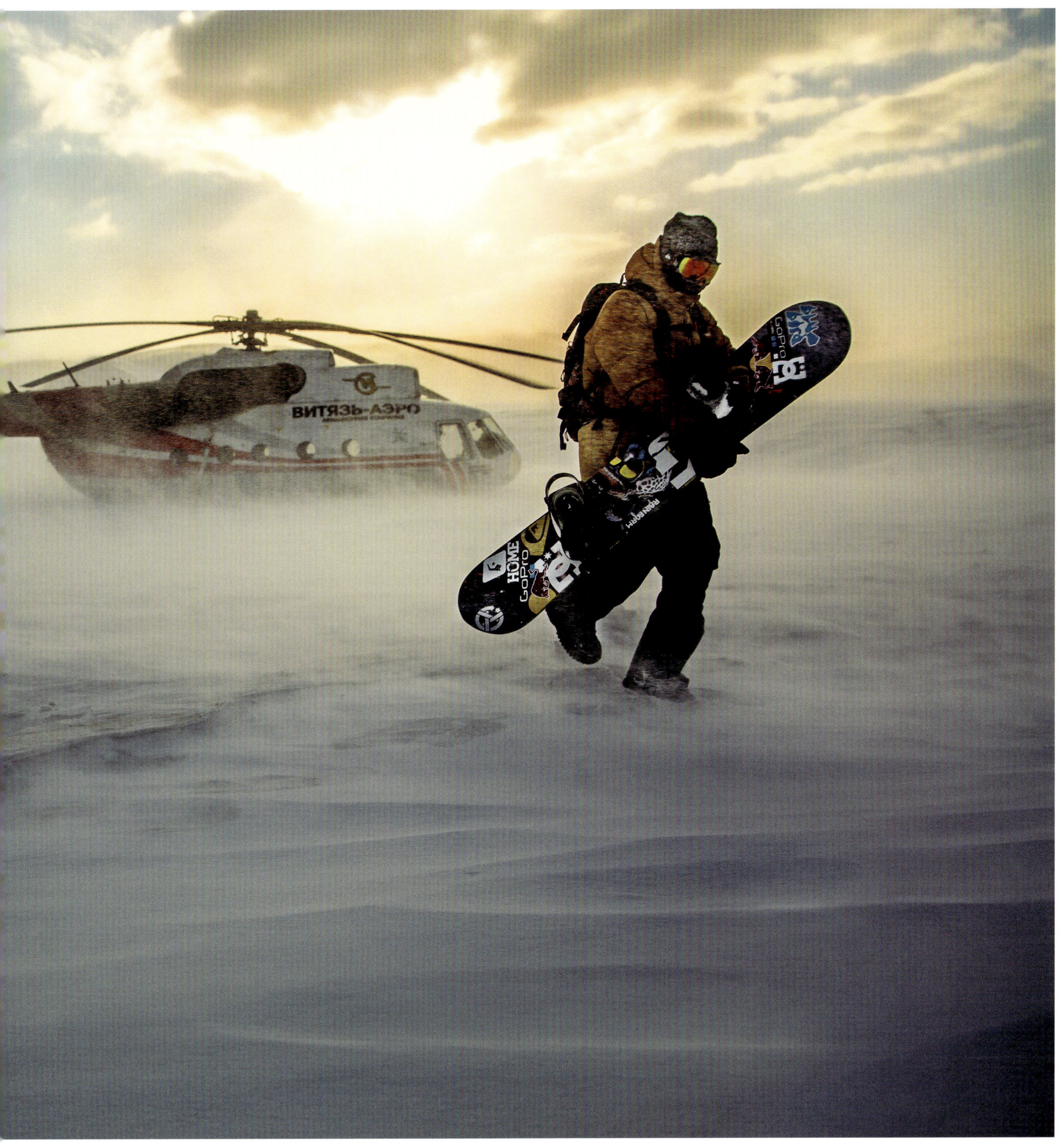
ВИТЯЗЬ-АЭРО
GoPro
HOME
GoPro

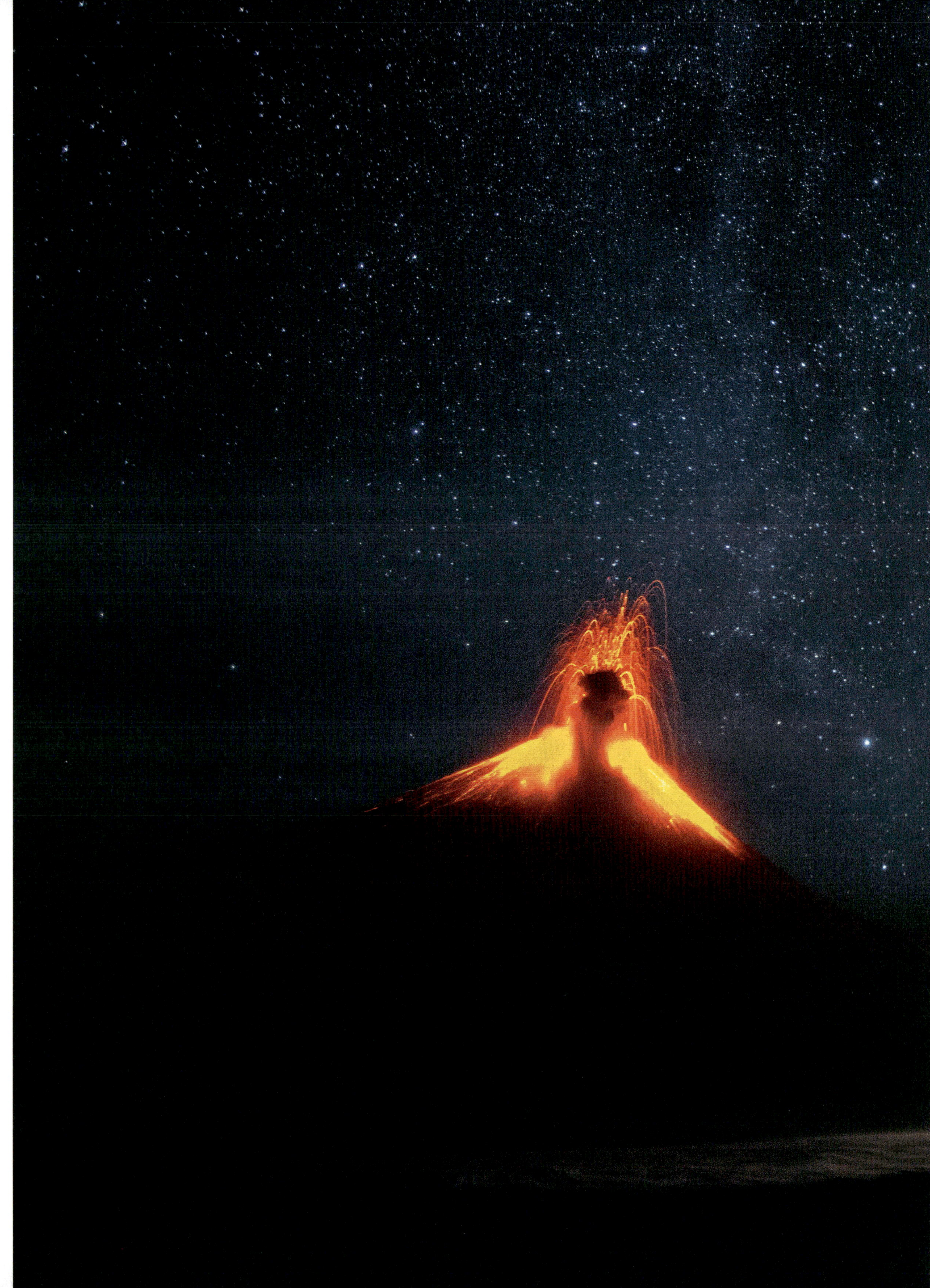

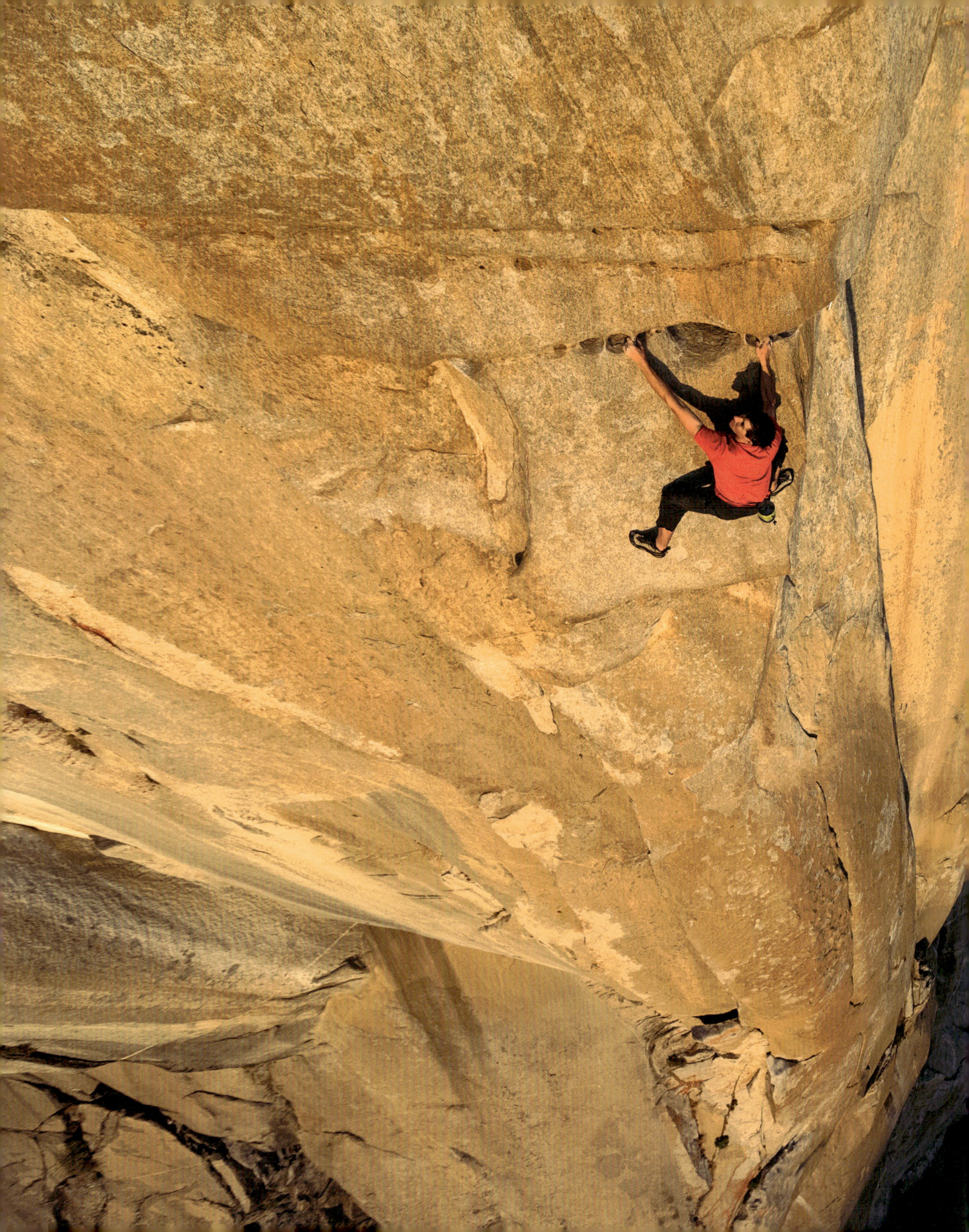

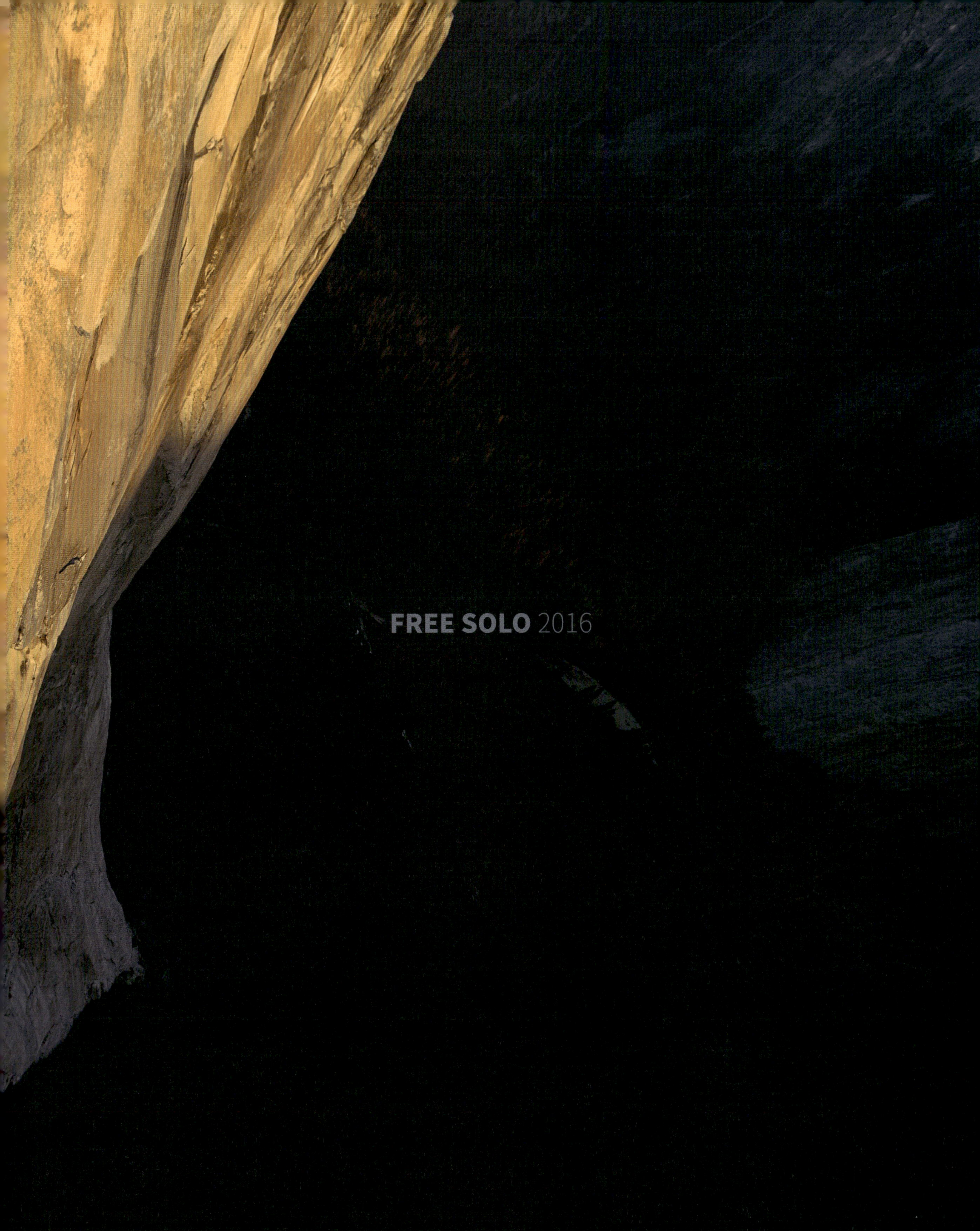
FREE SOLO 2016

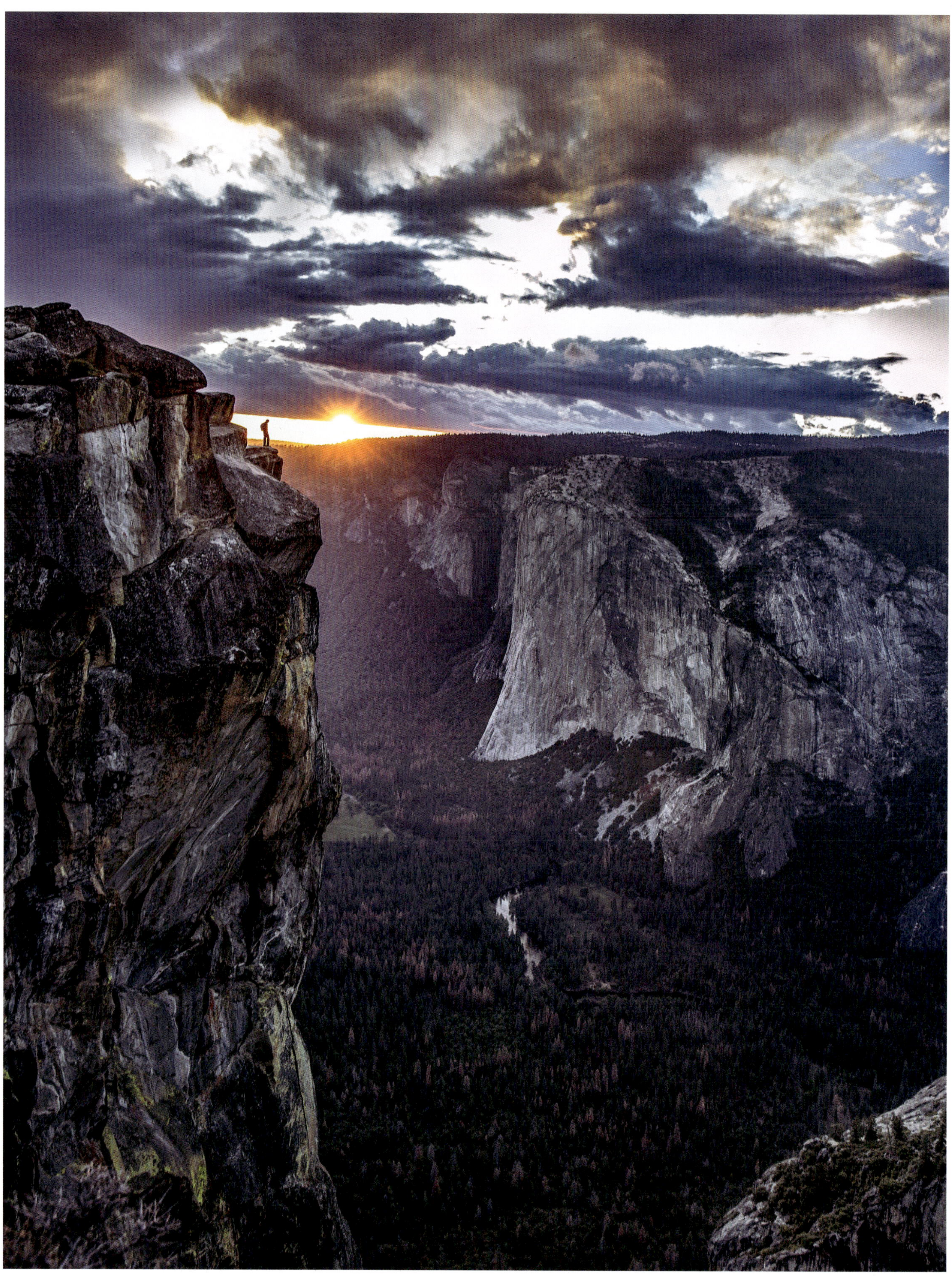

„Keine Fehler morgen“, sagte ich. „Konzentriert euch auf die Arbeit. Sich um Alex zu sorgen, bringt nichts.“

Die Stimmung war gedrückt, als ich mit meinem Team von Riggern und Kameramännern in der Nähe der El Cap Meadow stand. Es war der Abend, bevor unser Freund Alex Honnold die massive Wand über unseren Köpfen ohne Seil ersteigen würde.

Wir hatten Alex seit über zwei Jahren beim Training gefilmt und uns sorgfältig überlegt, wie wir sein Free Solo filmen würden. Er prägte sich die wichtigsten Griffe ein, perfektionierte seine Körperhaltung und übte seine Moves in der Wand; wir übten die unseren, prägten uns die wichtigsten Kamerapositionen ein und feilten an den besten Aufnahmewinkeln.

Noch vor Drehbeginn von *Free Solo* entschieden meine Frau und Co-Regisseurin Chai Vasarhelyi und ich, dass Alex' Bedürfnisse immer Vorrang haben. Er war in erster Linie ein Freund, erst in zweiter ein Motiv. Wir waren da, um ihn zu unterstützen, genauso wie wir da waren, um seine Besteigung zu filmen. Das bedeutete, dass wir Alex nie fragen würden, wann er El Cap allein besteigen wolle. Wir wollten ihn nicht noch mehr unter Druck setzen. Er hatte schon genug Druck, mit dem er fertig werden musste. Als er uns dann am Nachmittag des 2. Juni 2017 sagte: „Morgen gehe ich kraxeln“, war es so weit. Er würde es wirklich tun.

Alex' ganzes Kletterleben, methodisches Training und immer schwerere Free Solos hatten ihn hierher geführt. Meine Jahre als Kameramann bei Expeditionen und anderen riskanten Situationen mit Spitzensportlern hatten mich hierher geführt. Alex und ich hatten in den letzten zehn Jahren an Expeditionen teilgenommen, waren oft zusammen geklettert, hatten fotografiert und gefilmt. Für diesen Film brauchten wir absolutes Vertrauen ineinander. Drei Jahre, in denen wir mit Alex auf schmalem Grat balanciert waren und sein Leben in und aus der Wand gefilmt und fotografiert hatten, gipfelten im Morgengrauen des 3. Juni, als Alex in seine Kletterschuhe schlüpfte, seine Hände einkreidete und El Capitan durchstieg.

Dreieinhalb Stunden später war Alex 22 Seillängen geklettert, auch das schrecklich unsichere und akrobatische Boulder-Problem, das wir mit ferngesteuerten Kameras filmten. Ich selbst würde ihn in der letzten Crux, der Enduro Corner, filmen. Diese Länge gleicht einem riesigen offenen Buch aus poliertem Granit mit einem schmalen und extrem steilen Riss im Falz. Der hatte schon viele erfahrene Kletterer ausgespuckt. Wenn Alex das passieren sollte, wollte ich nicht, dass jemand anderes das unmittelbar miterleben musste.

Die Tragweite des Geschehens war mir 760 Meter in der Luft hängend voll bewusst. Meine Arme spannten sich an, um die Filmkamera zu halten, auf der ich eine Fotokamera angebracht hatte, damit ich gleichzeitig Stills aufnehmen und filmen konnte. Ich dachte an die Anweisung, die ich gegeben hatte: „Keine Fehler. Auf die Arbeit konzentrieren.“

Und dann kam Alex und kletterte ruhig und gleichmäßig Griff für Griff den furchtbar exponierten Riss hinauf. Ich verfolgte jede seiner Bewegungen durch meinen Sucher. Ich wusste, ich war Zeuge von Erhabenem. Dann konzentrierte ich mich auf meine Arbeit.

VORSEITE Alex Honnold bei der Durchsteigung der Traverse (5.12a) am Freerider, einer der exponiertesten Felskletter-Seillängen im El Capitan.

GEGENÜBER Alex schaut ins Abendlicht überm Yosemite Valley.

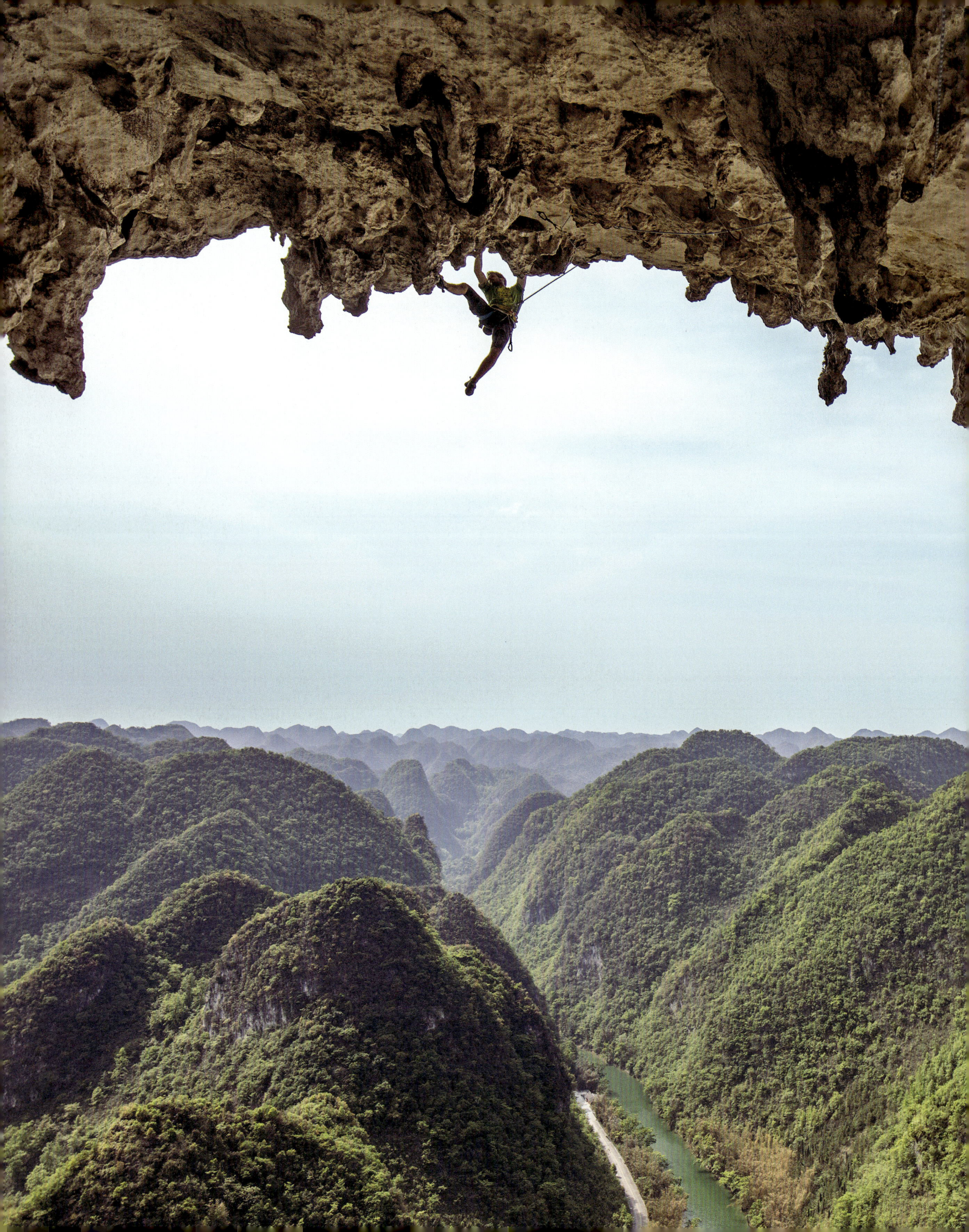

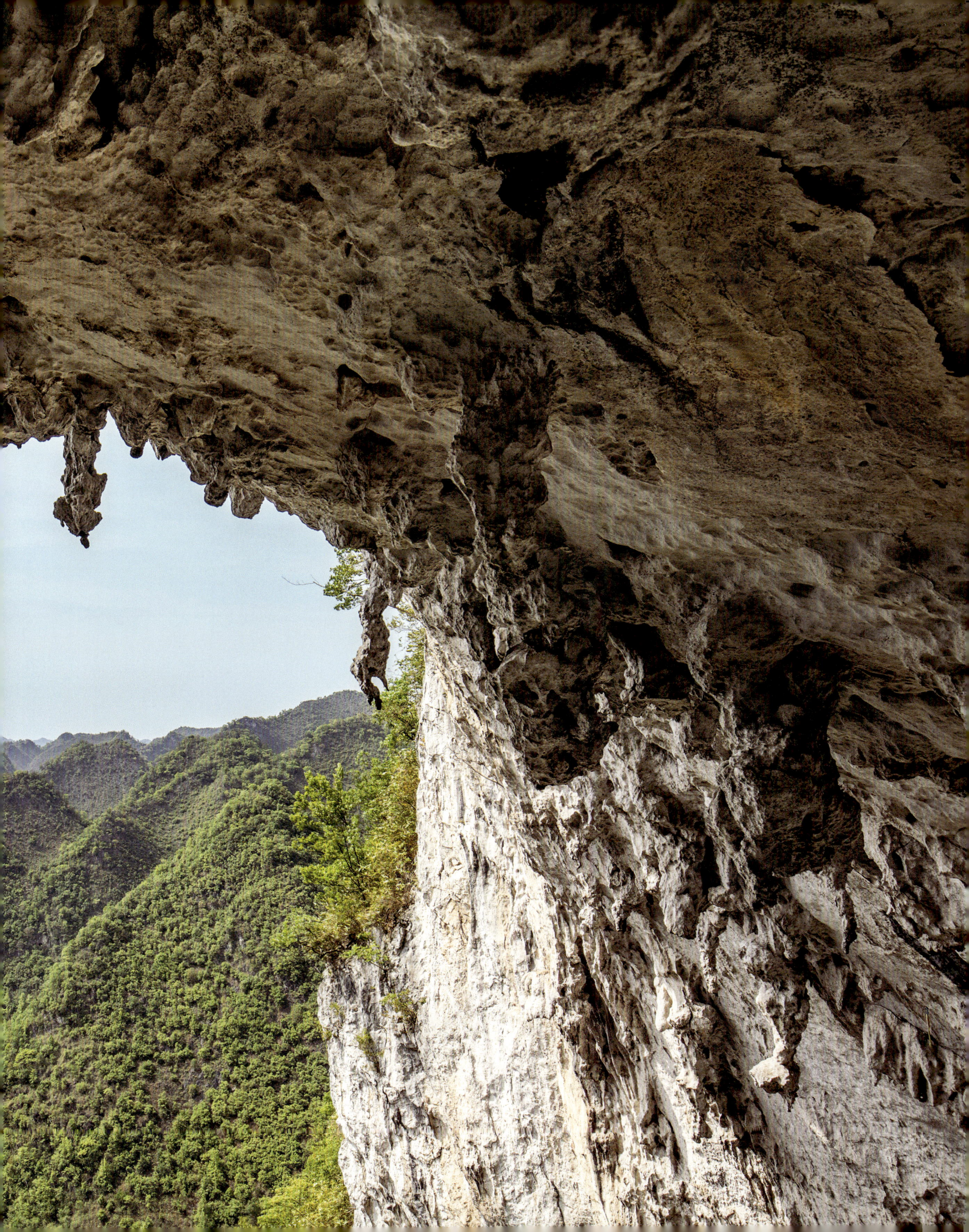

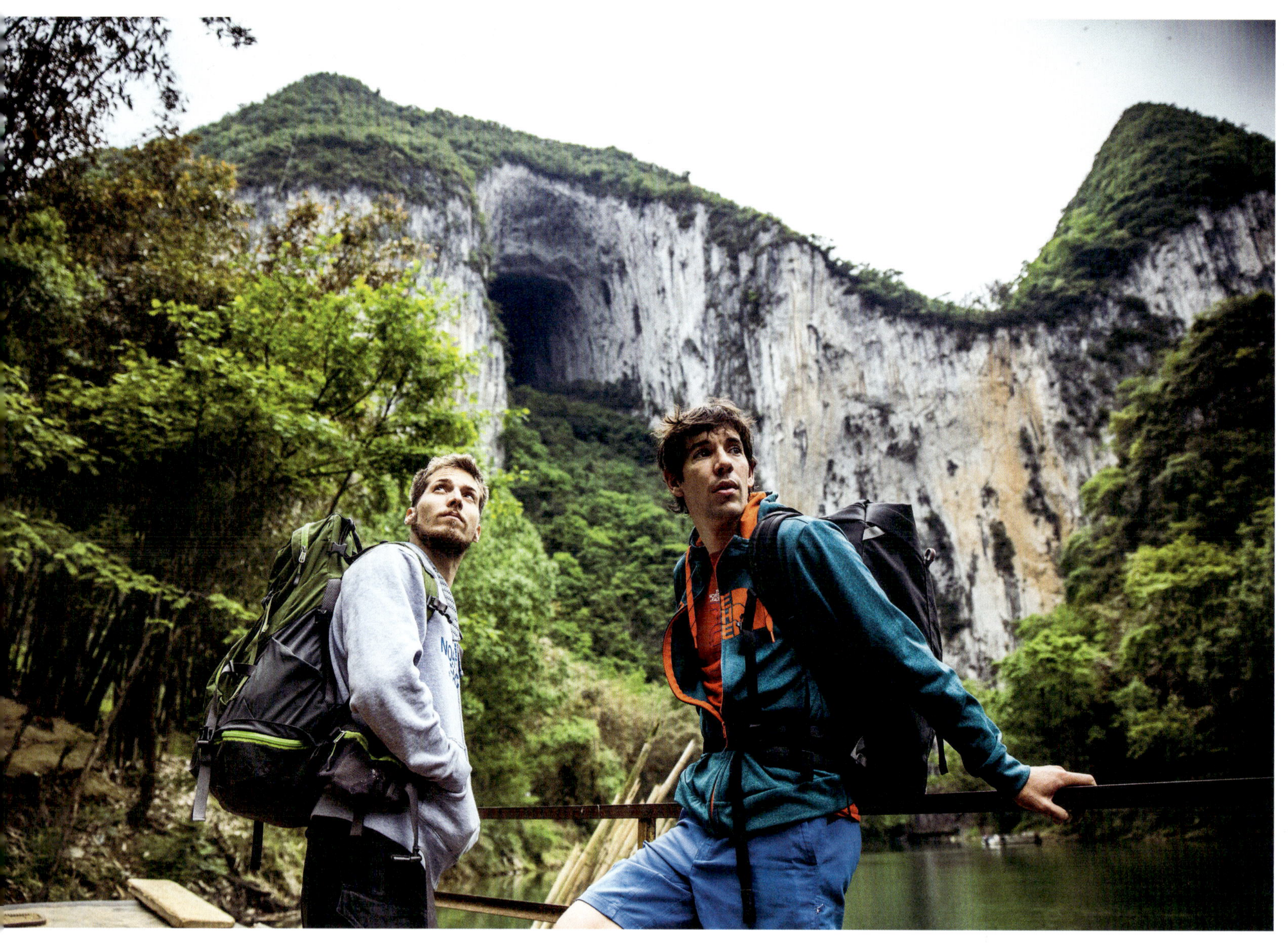

VORSEITE Felipe Camargo klettert die massiv überhängende Seillänge 8 (5.14b) der Corazón de Ensueño-Route. Bogen von Getu, China.

OBEN Zur Vorbereitung auf sein Free Solo im Freerider trainierte Alex Honnold am Bogen von Getu in Guizhou (China) Kraft und Ausdauer an einigen der längsten überhängenden Mehrseillängenrouten der Welt. Der talentierte brasilianische Kletterer Felipe Camargo begleitete ihn. Hier queren Felipe und Alex den Getu-Fluss auf einem Lastkahn. Der Bogen von Getu ist über ihnen zu sehen.

GEGENÜBER Alex und Felipe beim Abseilen vom Bogen.

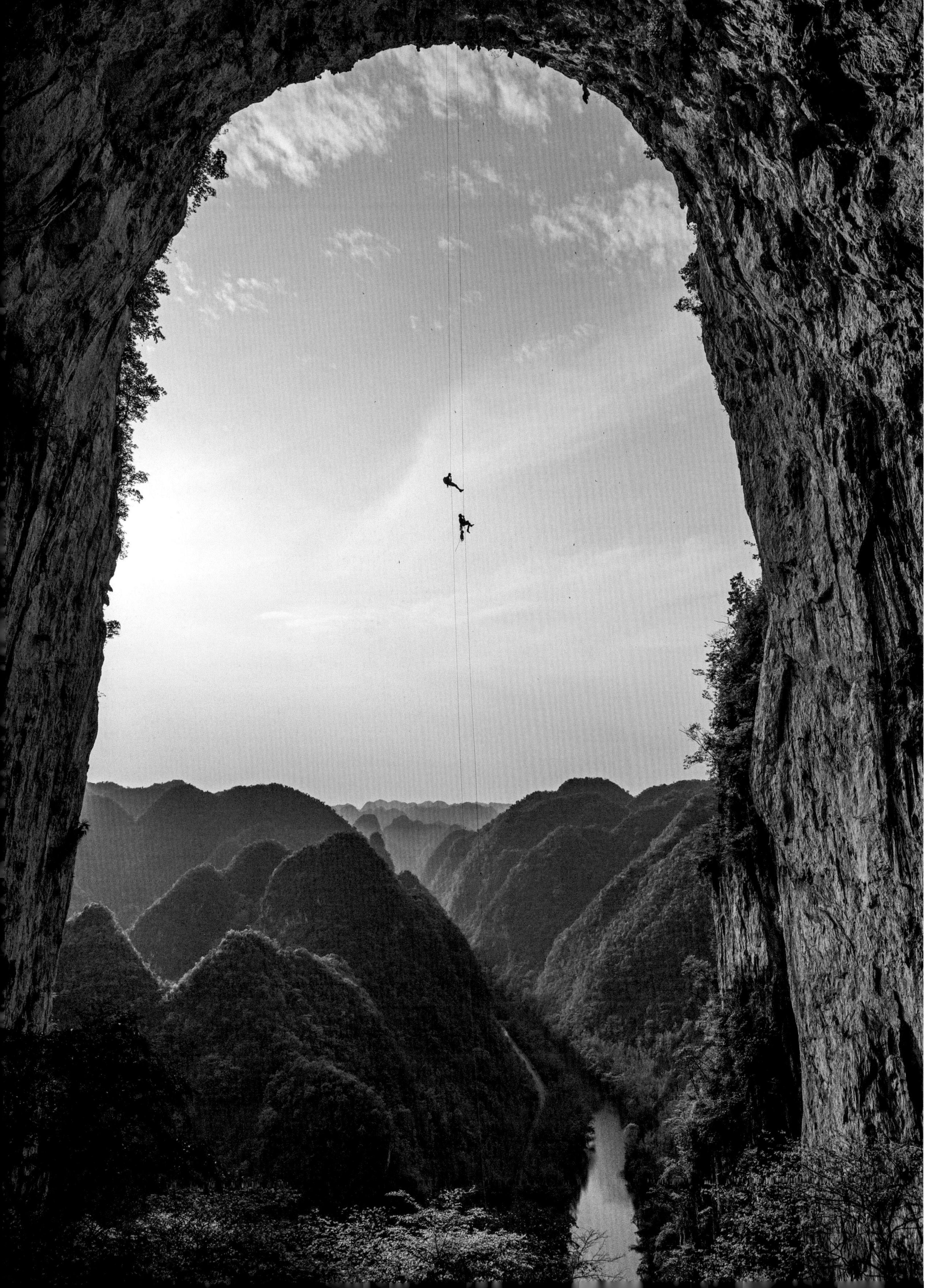

259

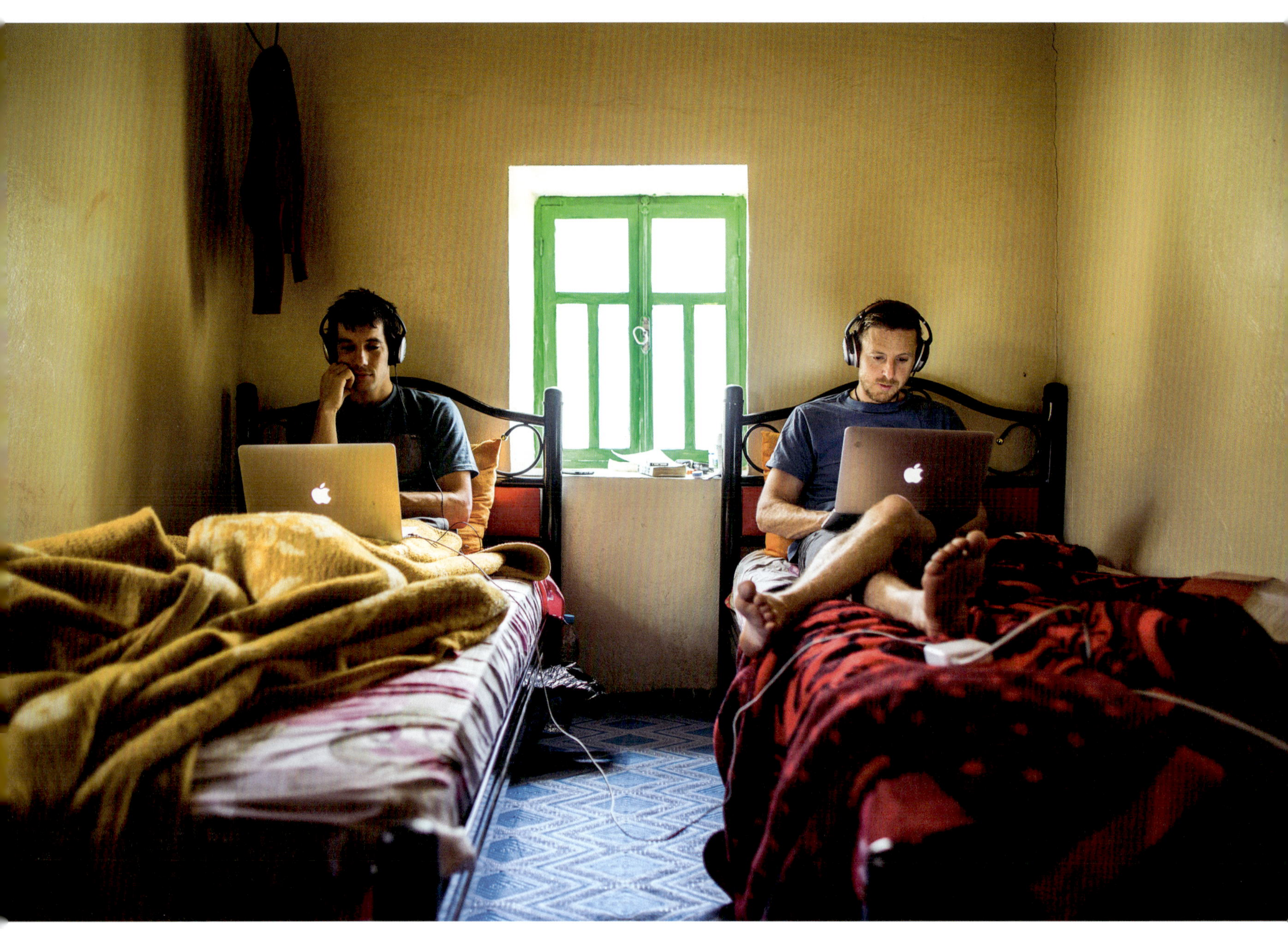

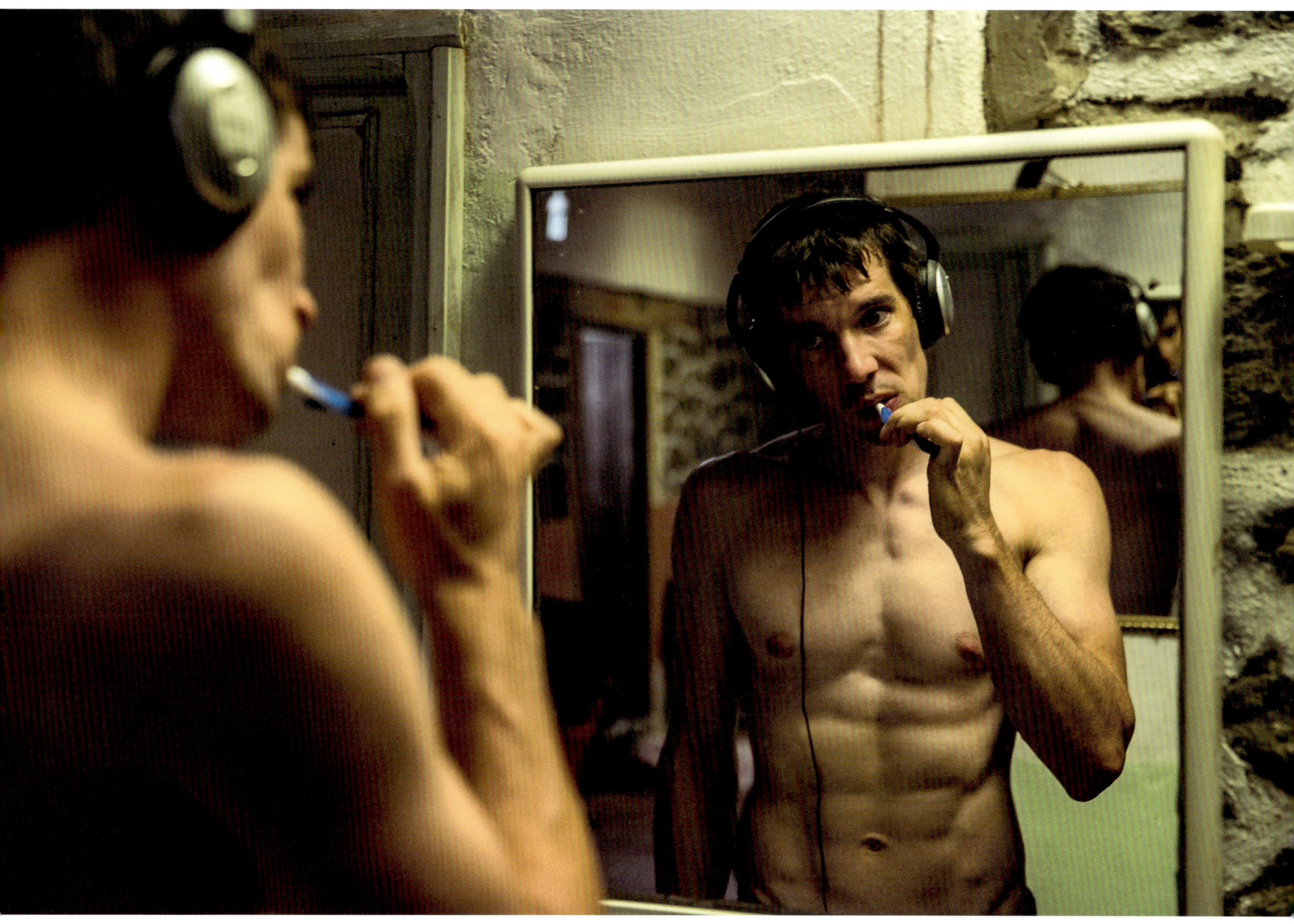

GEGENÜBER Alex Honnold und Tommy Caldwell wohnten in Marokko zusammen — eine Menge Klettertalent in einem Raum! Vermutlich die größte Kletterpartnerschaft ihrer Generation. Alex las an seinen Ruhetagen oder schaute schlechte Actionfilme auf dem Laptop; Tommy arbeitete an seinem Buch *The Push*.

OBEN Alex ist überzeugt von Zahnhygiene und Rumpfübungen.

RECHTS Um vor der Klettersaison im Yosemite Ausdauer und technisches Klettern zu trainieren, holte Alex Honnold Tommy Caldwell nach Marokko. Hier rasten sie auf halber Strecke ihrer Verbindung der drei größten Formationen in der Taghia-Schlucht. Am Ende waren es über 75 Seillängen harter technischer Kletterei in einem 24-Stunden-Zug, die mit Abstand größte eintägige Kletterverbindung, die dort jemals geklettert wurde.

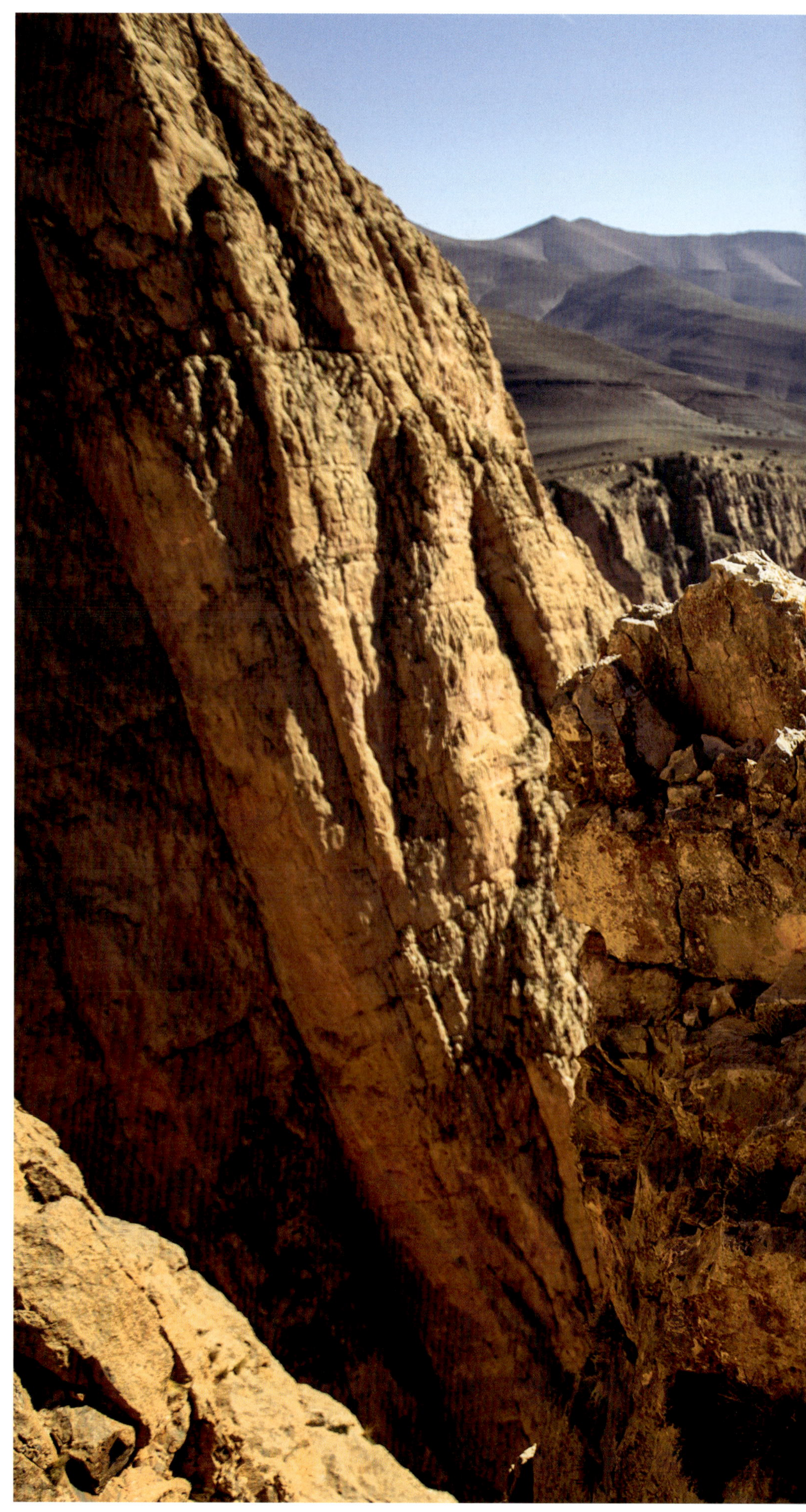

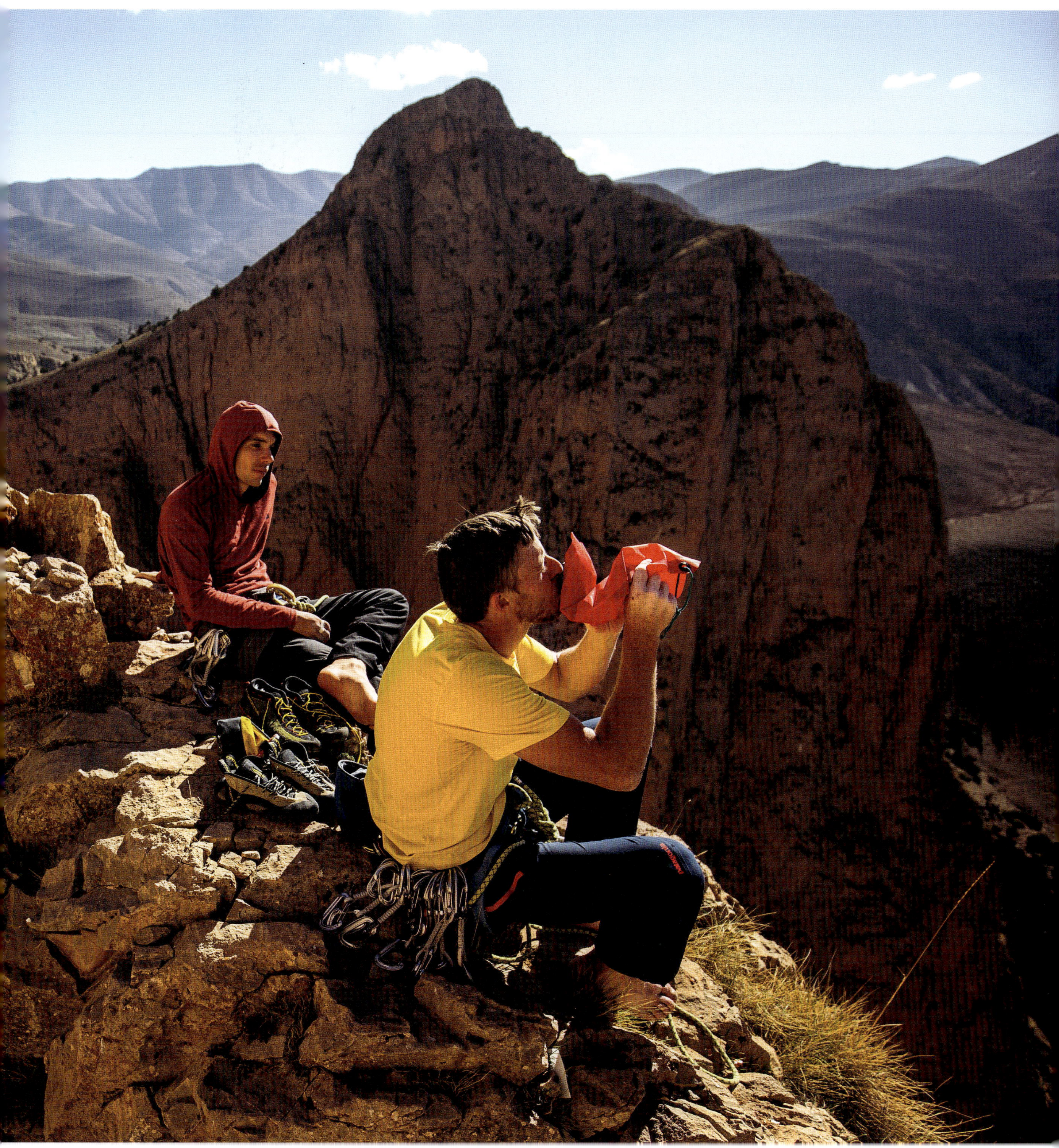

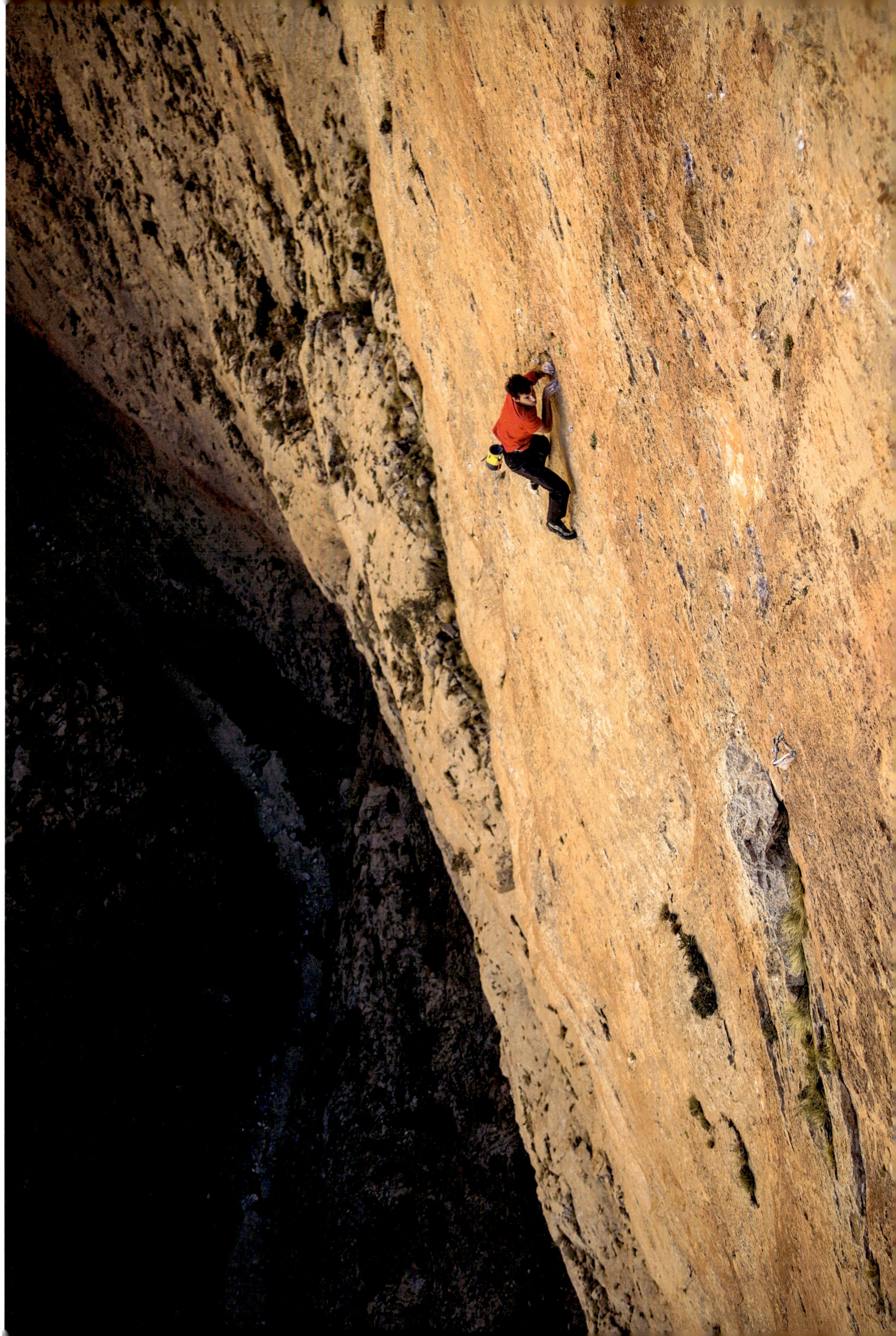

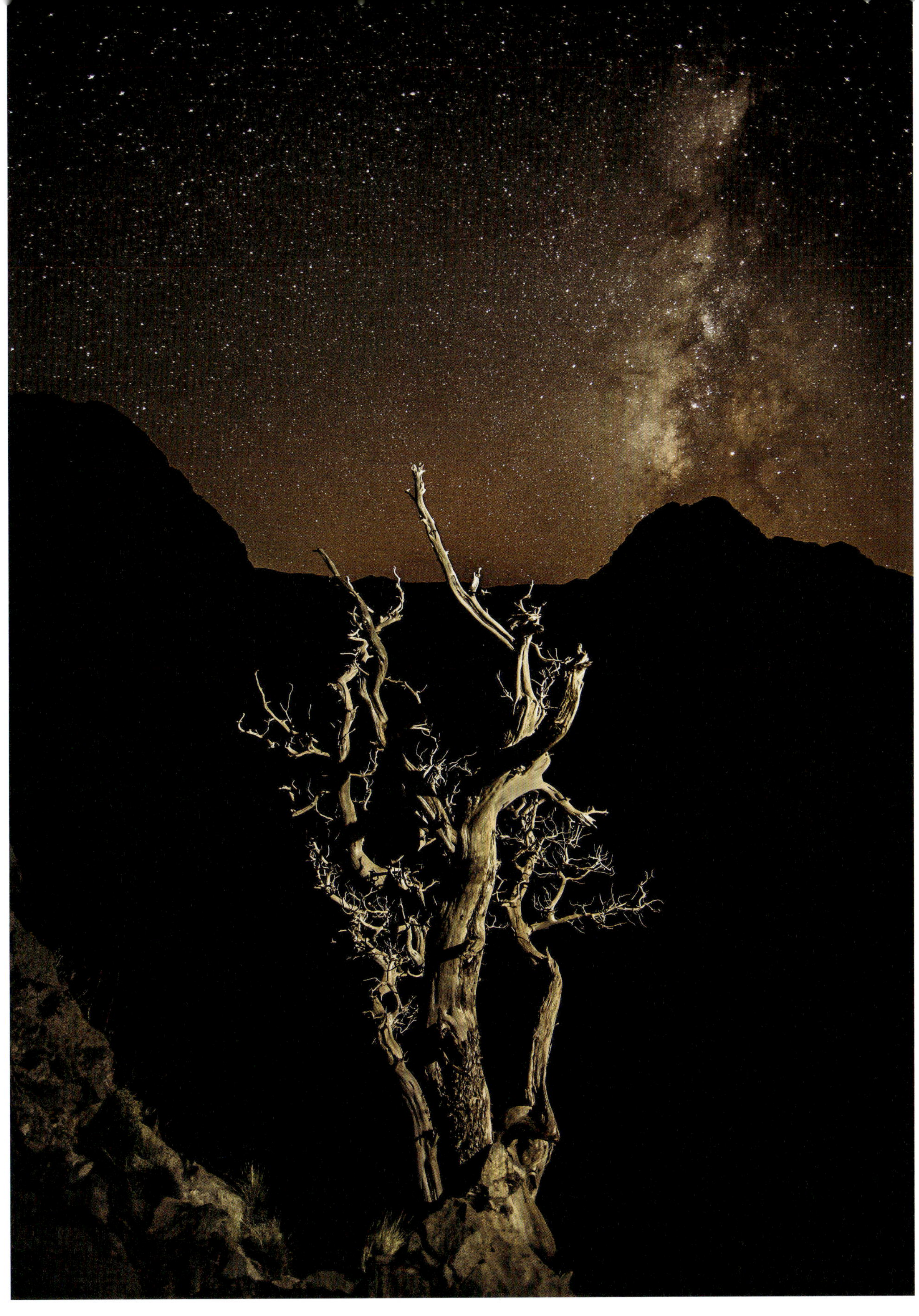

GEGENÜBER Vor dem Eintreffen im Yosemite wollte Alex Honnold ein großes „Aufwärm“-Free Solo machen. Am Ende seiner Marokko-Reise kletterte Alex die 610-Meter-Route Les Rivières Pourpres (5.12c) in Taghia frei.

OBEN Wacholderstrauch. Taghia, Marokko.

266

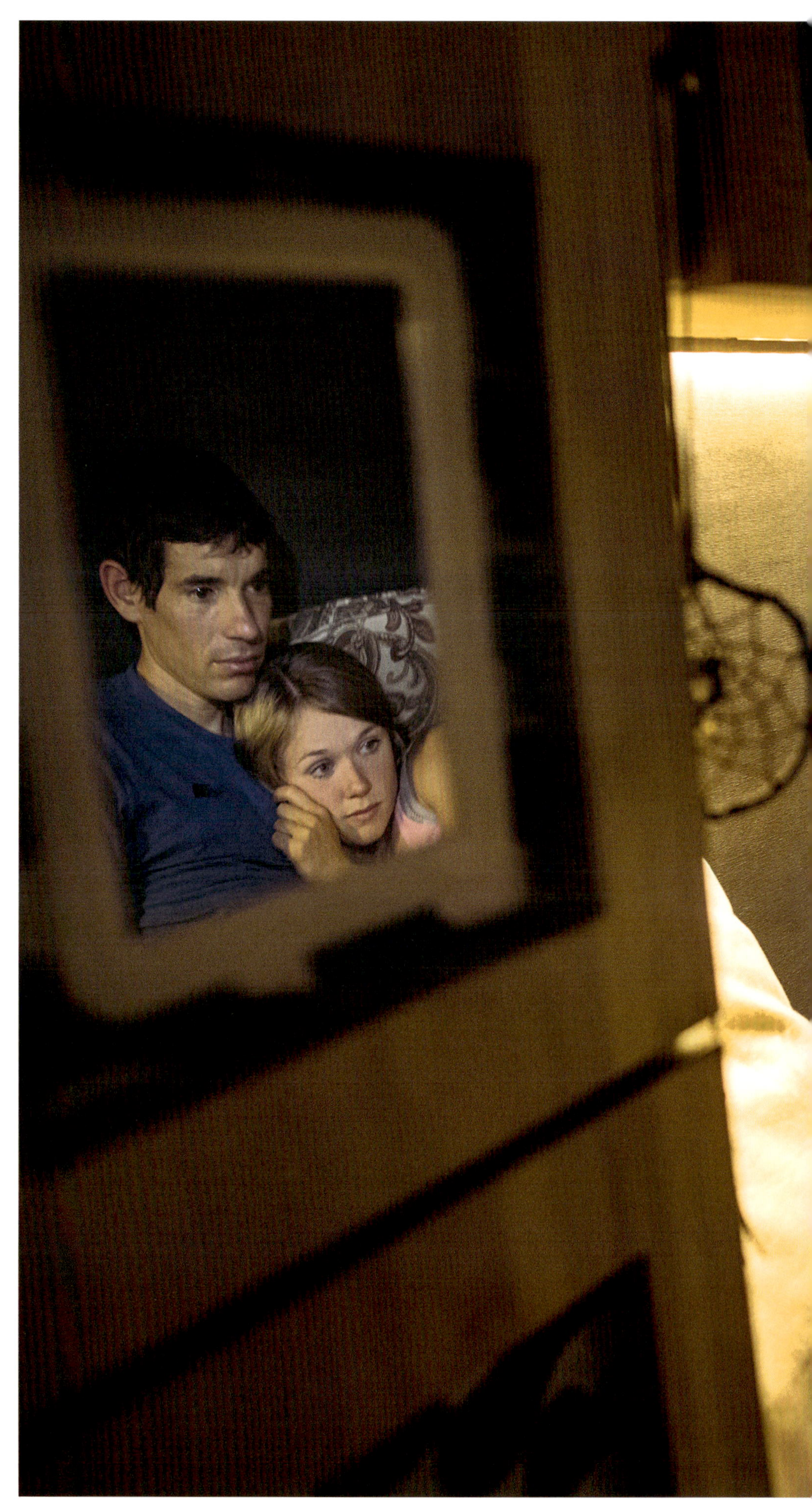

RECHTS Alex Honnold und Sanni McCandless sehen sich an einem Pausentag im Dodge-Van einen Film an. Yosemite-Nationalpark, Kalifornien.

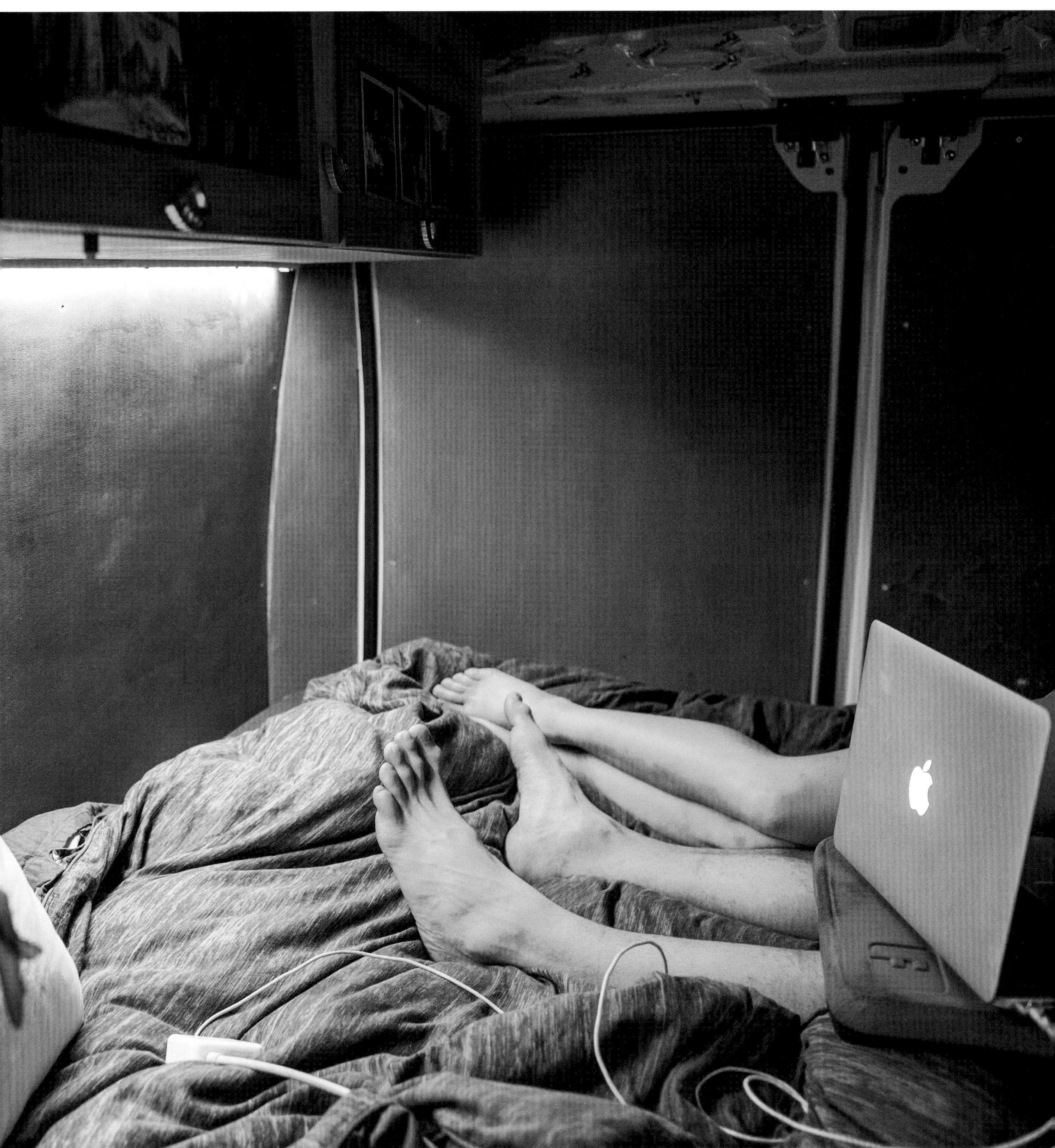

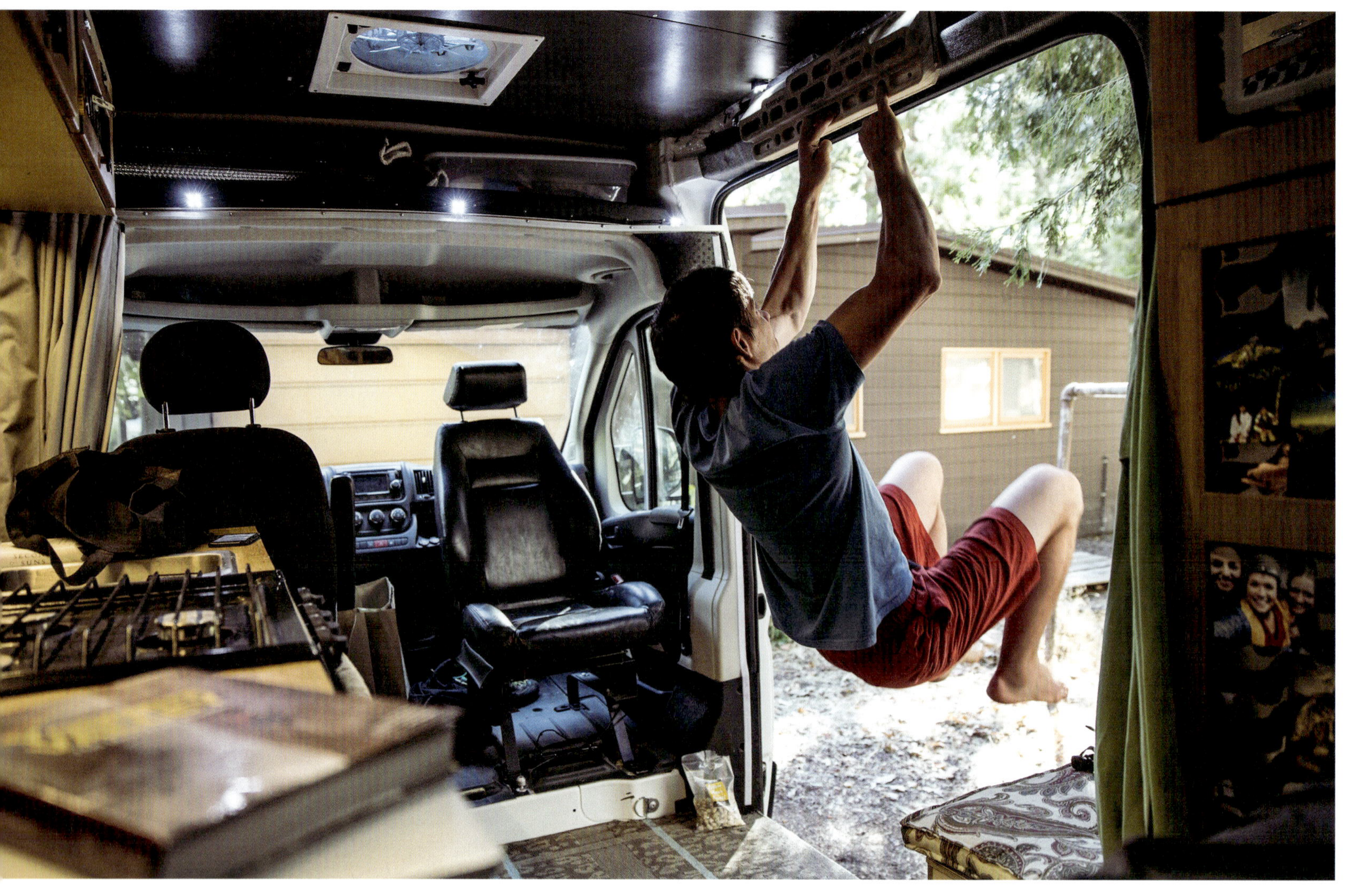

OBEN Alex Honnold am Hangboard in seinem Van. Fingerkraft-Training war ein wichtiger Teil von Alex' Vorbereitung auf die Free-Solo-Begehung des El Capitan.

GEGENÜBER Alex zwei Tage vor seiner Free-Solo-Begehung des El Capitan. Er lag oft stundenlang in seinem Van und visualisierte die Bewegungen der Route.

FOLGESEITE Alex wandert zum Gipfel des El Cap. Das macht er regelmäßig, um sich von oben abzuseilen und die oberen Seillängen der Freerider-Route zu trainieren.

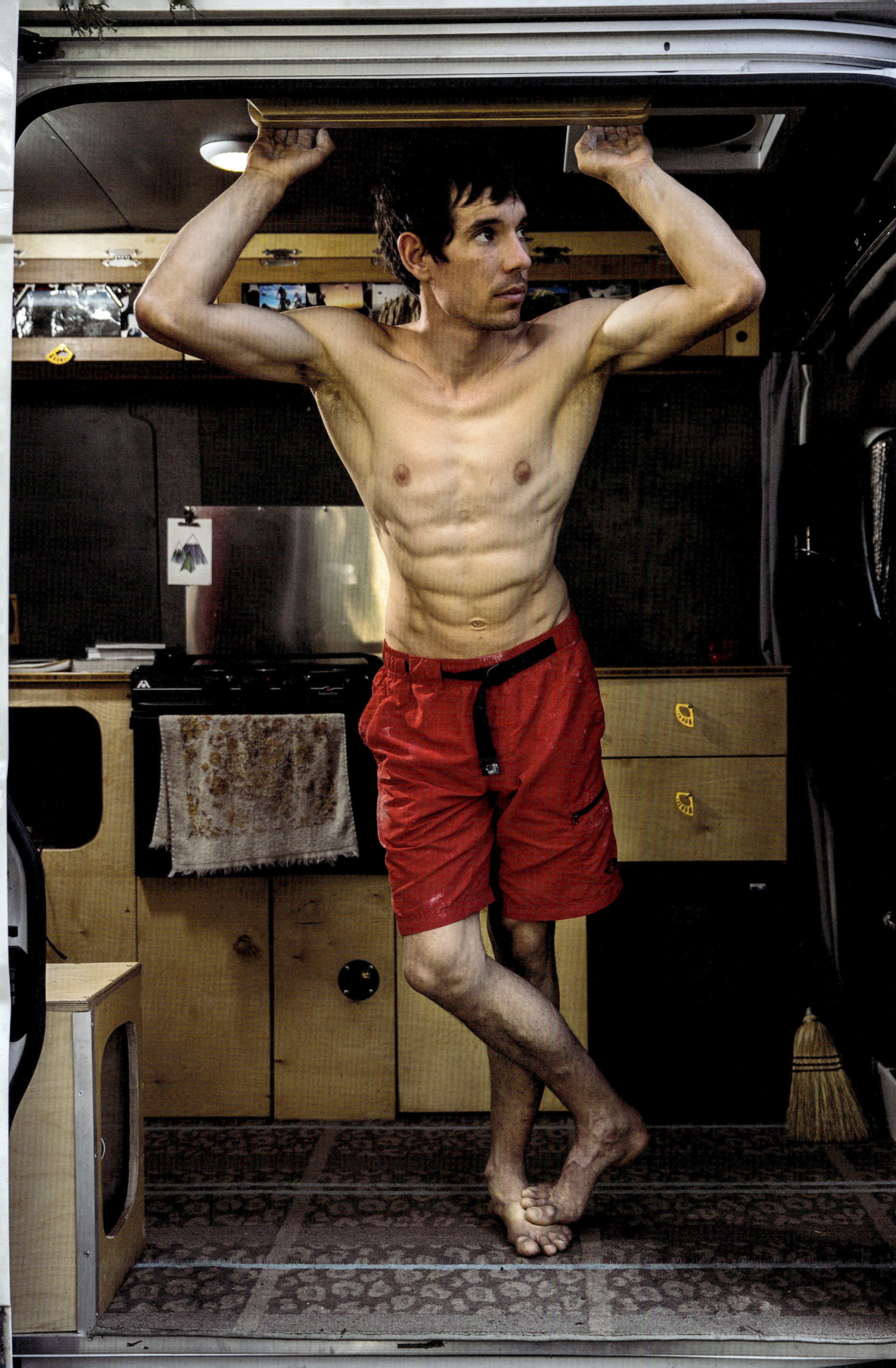

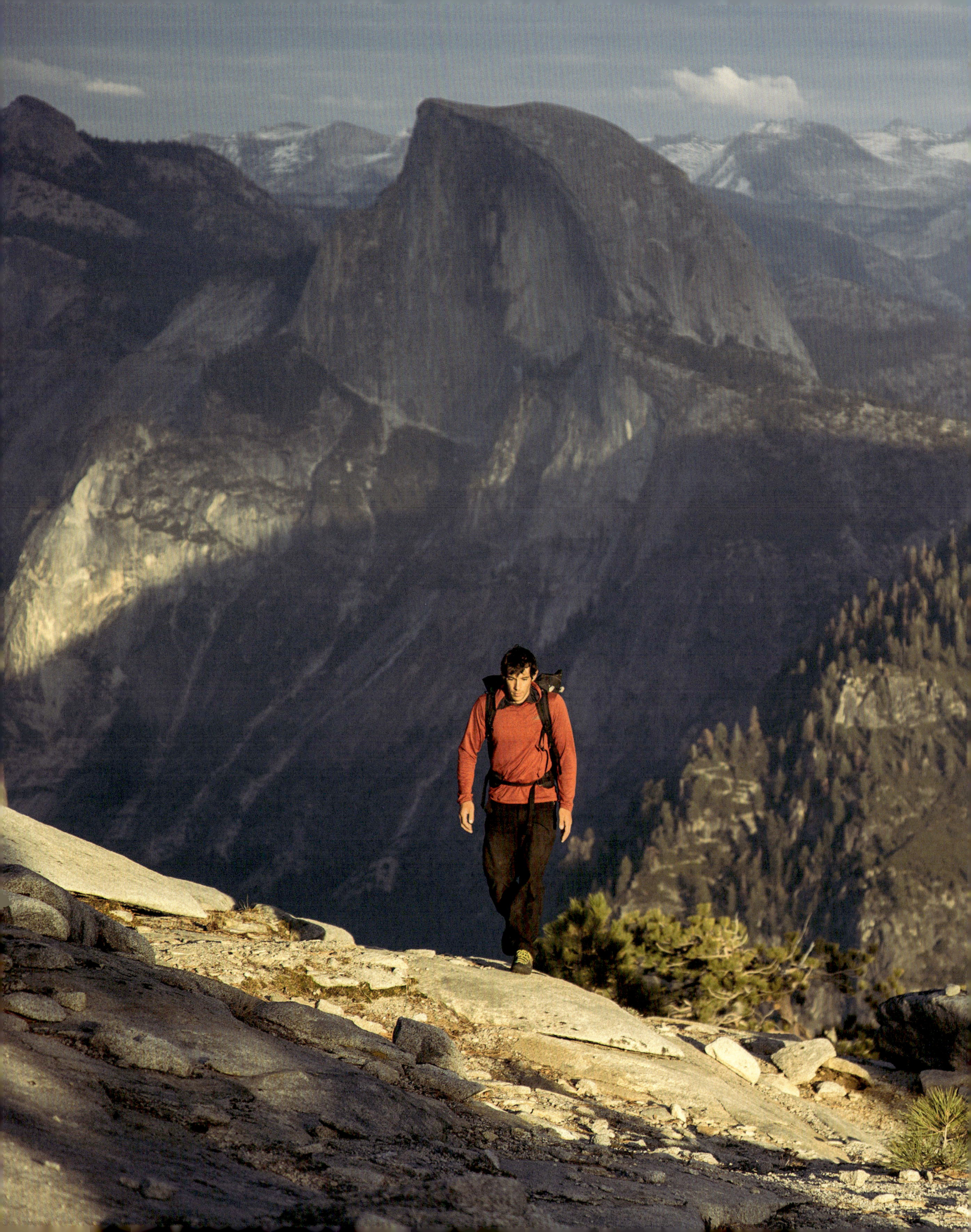

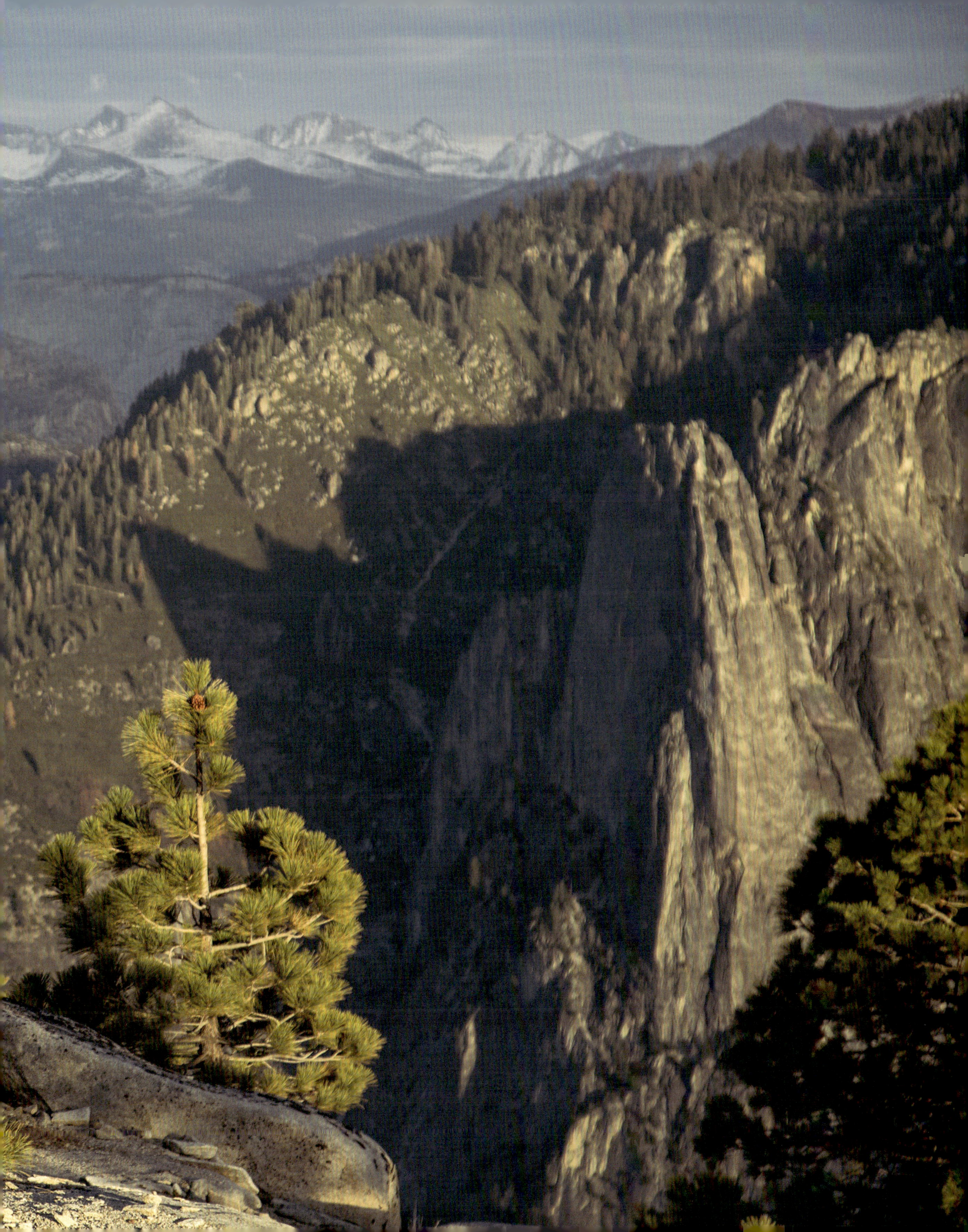

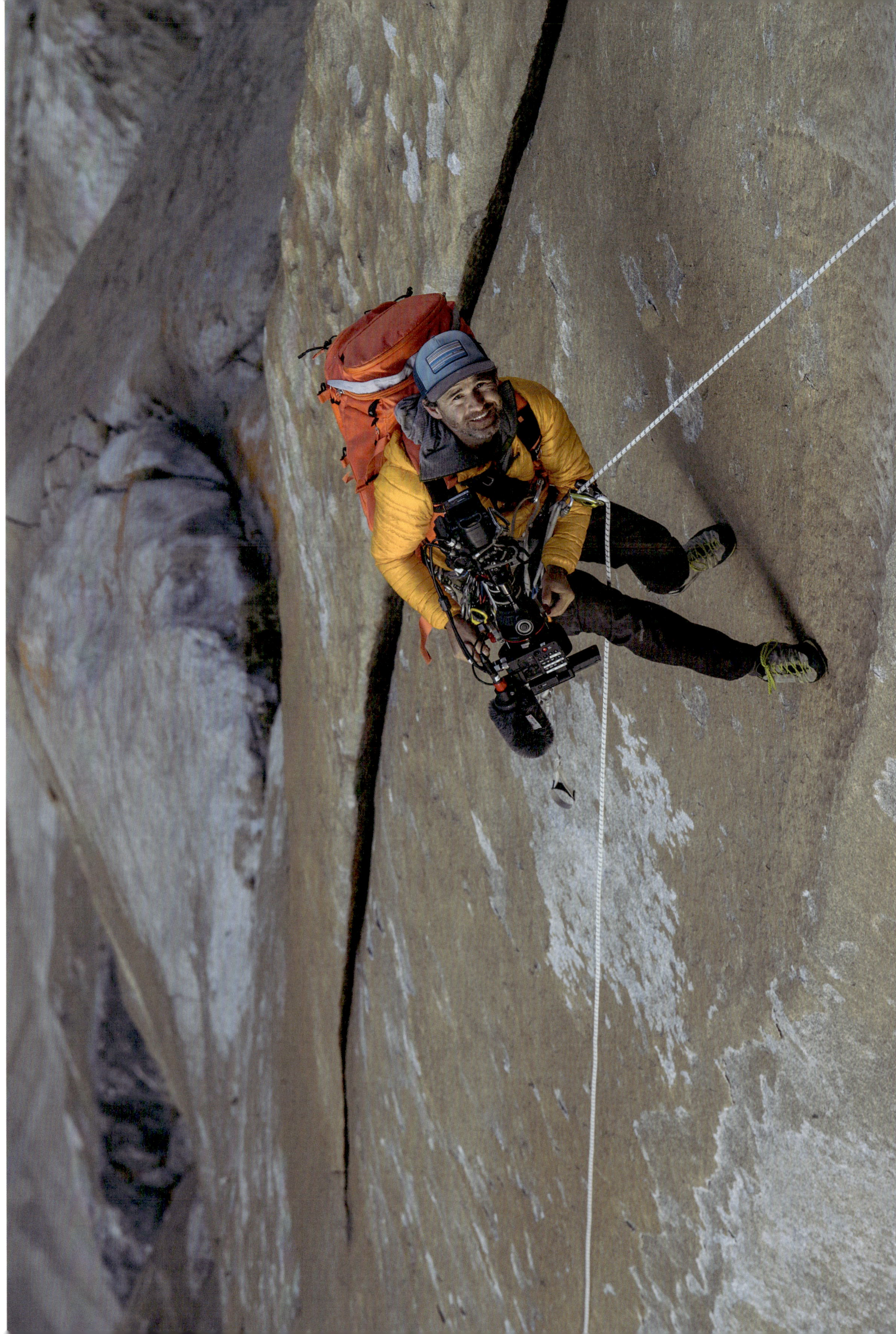

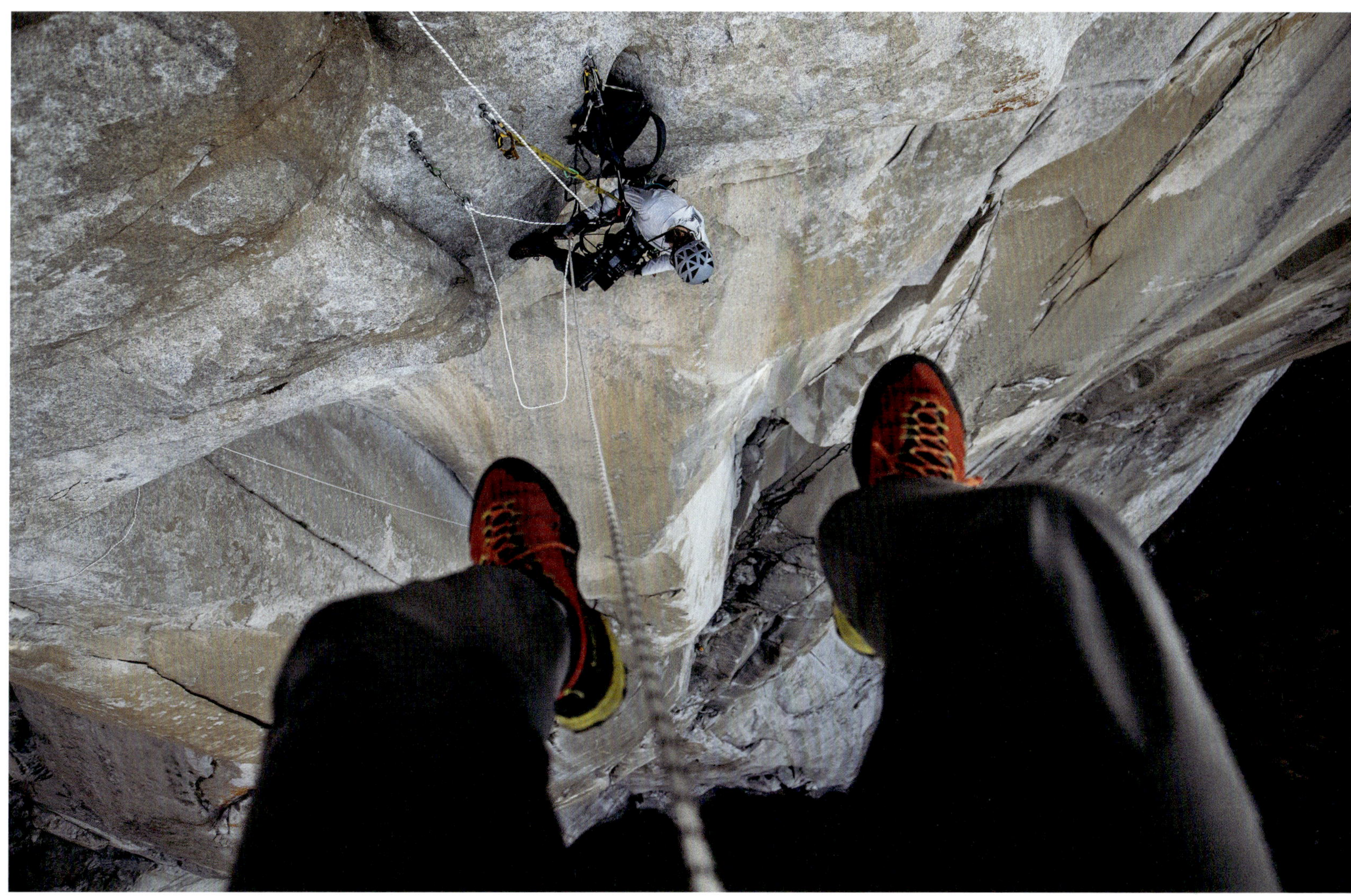

GEGENÜBER Mikey Schaefer bereitet sich auf die Dreharbeiten am El Capitan vor. Mikey ist ein Weltklasse-Kletterer und Aufsicht-Filmer. Für *Free Solo* war er offiziell „Kameramann", aber er war auch für den größten Teil des Riggings bei unseren Drehs verantwortlich und fungierte als Therapeut für die Produktionscrew.

OBEN Mit Kletterer und Kameramann Cheyne Lempe über dem Great Roof des El Cap. Während der Dreharbeiten zu *Free Solo* verbrachten wir mehrere Klettersaisons damit, in einigen Hundert Metern Höhe in den Seilen zu baumeln.

FOLGESEITE Auf dem Gipfel des El Cap schossen Cheyne und Josh Huckaby Tausende Meter Seile auf.

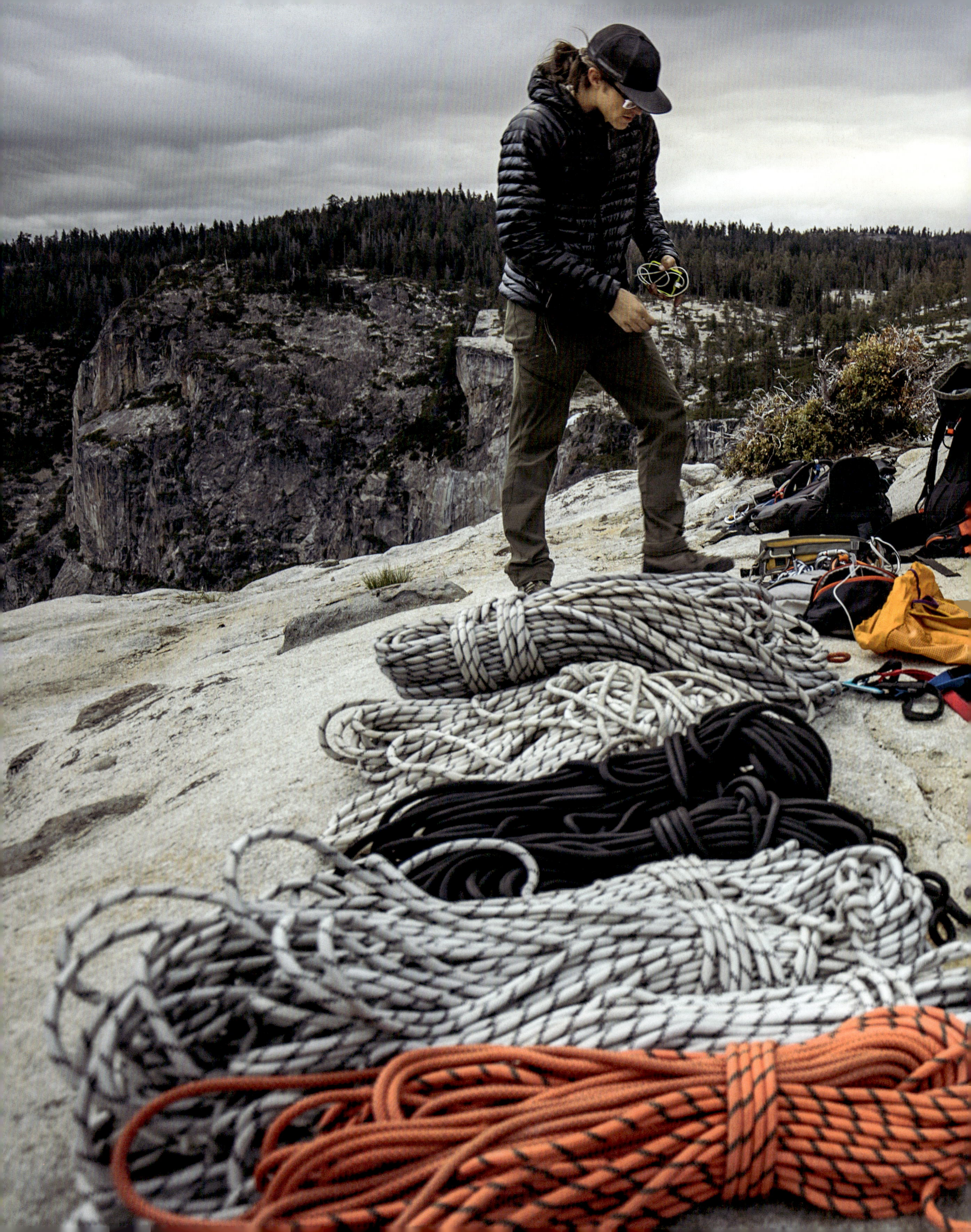

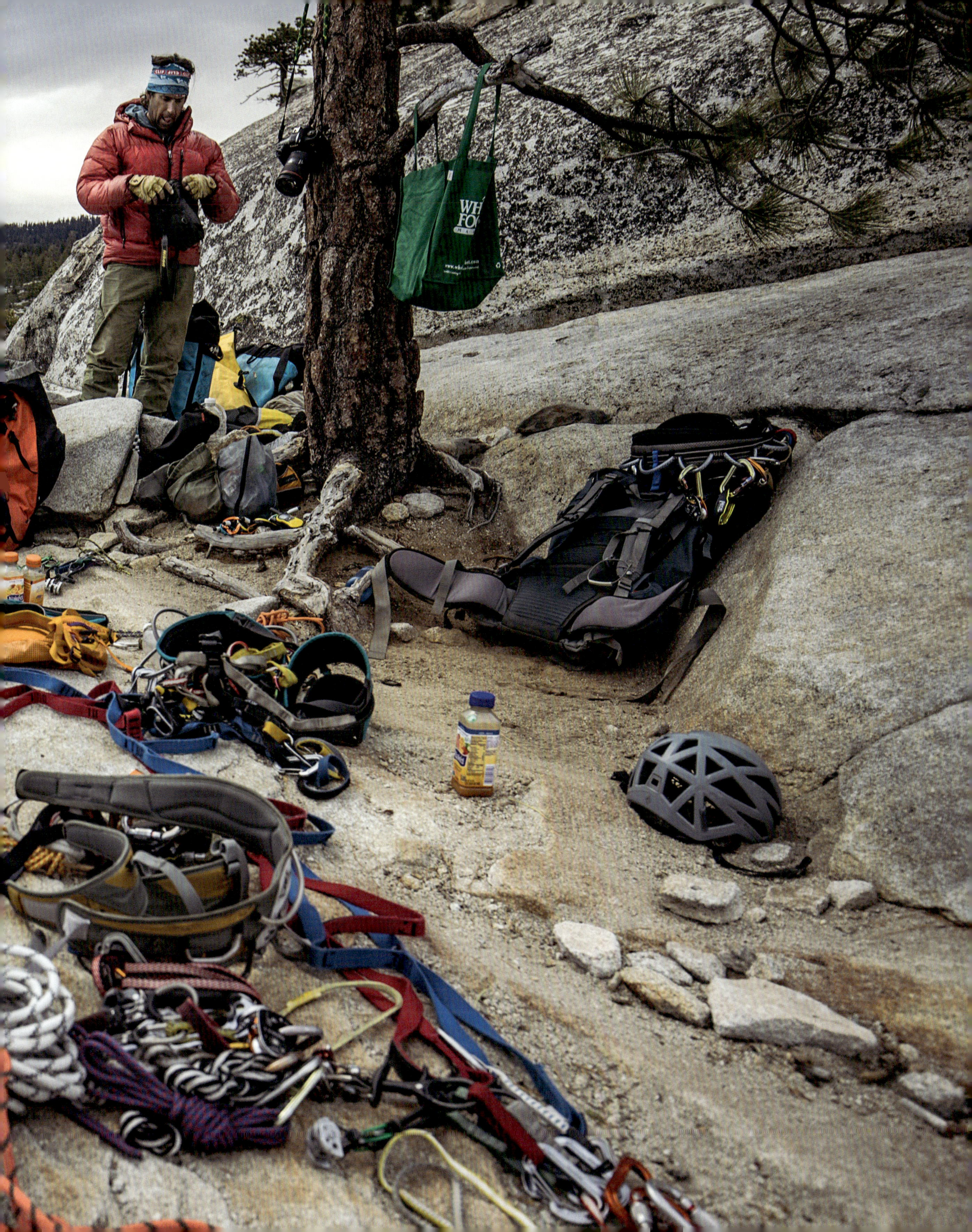

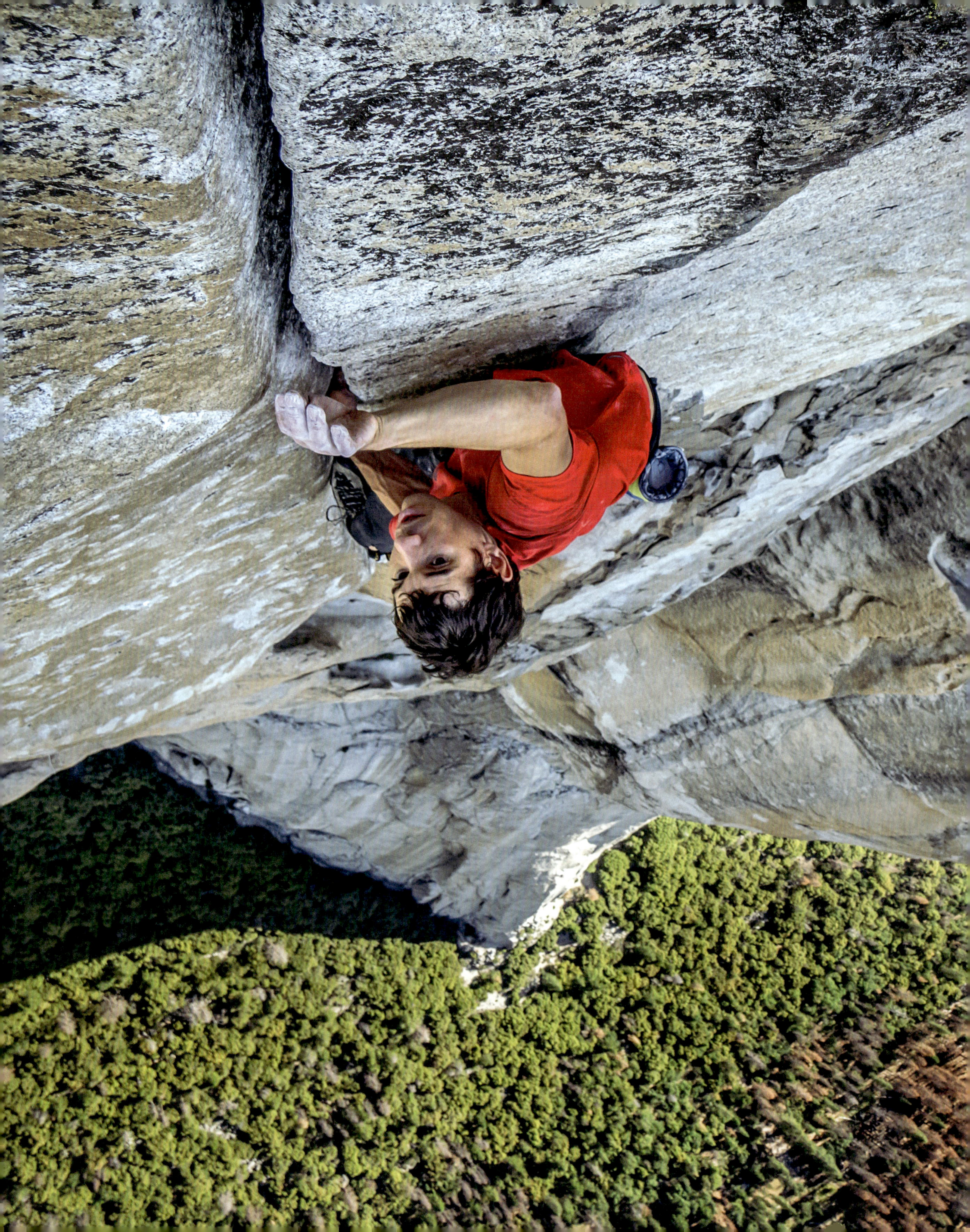

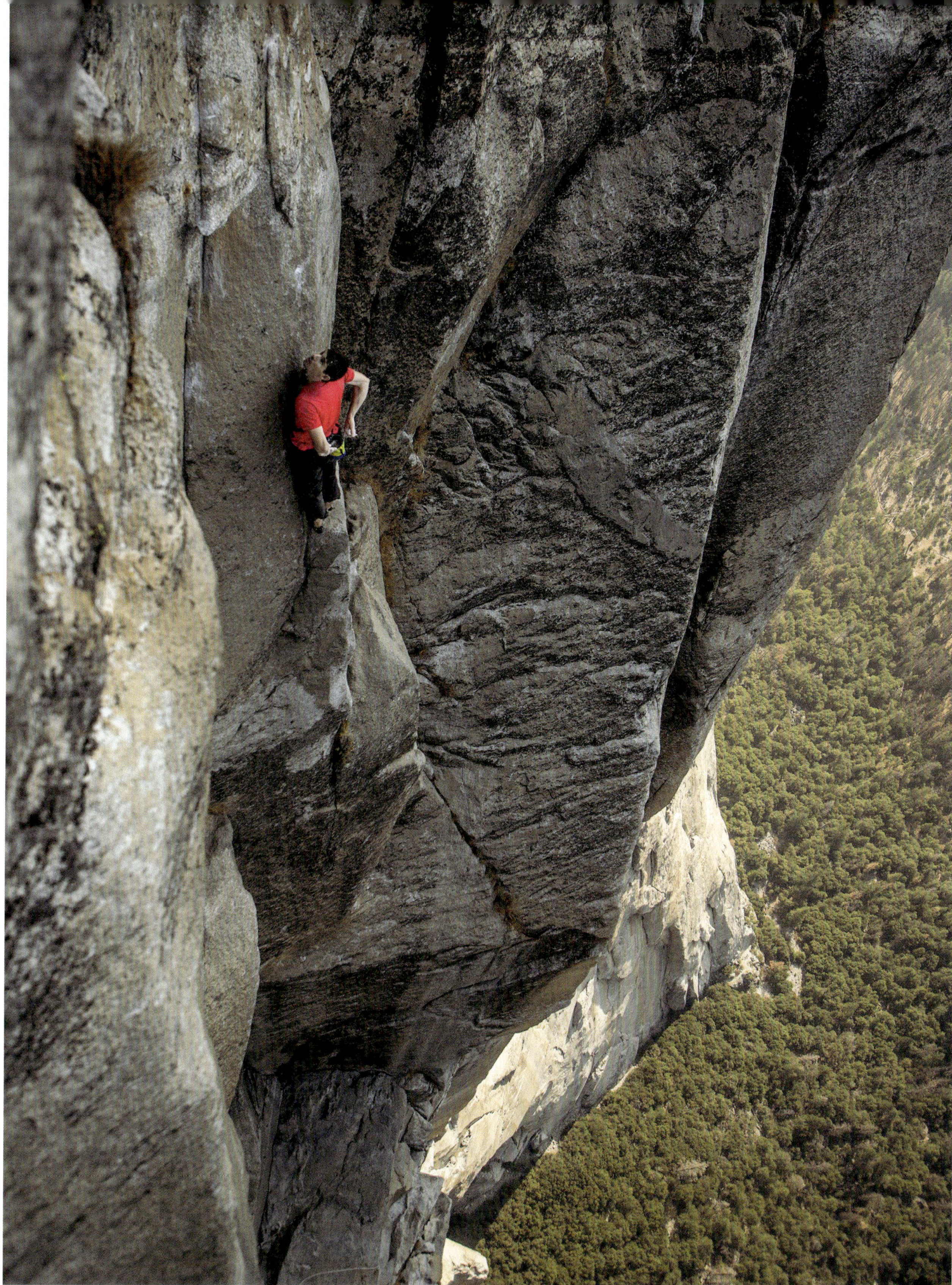

GEGENÜBER Alex Honnold klettert eine der Gipfelseillängen der Freerider. Ich versuchte in diesem Moment, vor Alex zu bleiben, ihm aus dem Weg zu gehen und mich gleichzeitig aufzuseilen. Er kletterte schnell. Ich hatte keine Zeit, die Fotokamera hochzunehmen und durch den Sucher zu schauen, also hielt ich die Kamera, die an meinem Gurt hing, einfach in seine Richtung und drückte ab. Das Foto wurde Titelbild der Zeitschrift *National Geographic*.

OBEN Alex seilfrei in 610 Meter Höhe, beim Einkreiden in der Boulder-Problem-Crux der Freerider-Route, El Capitan.

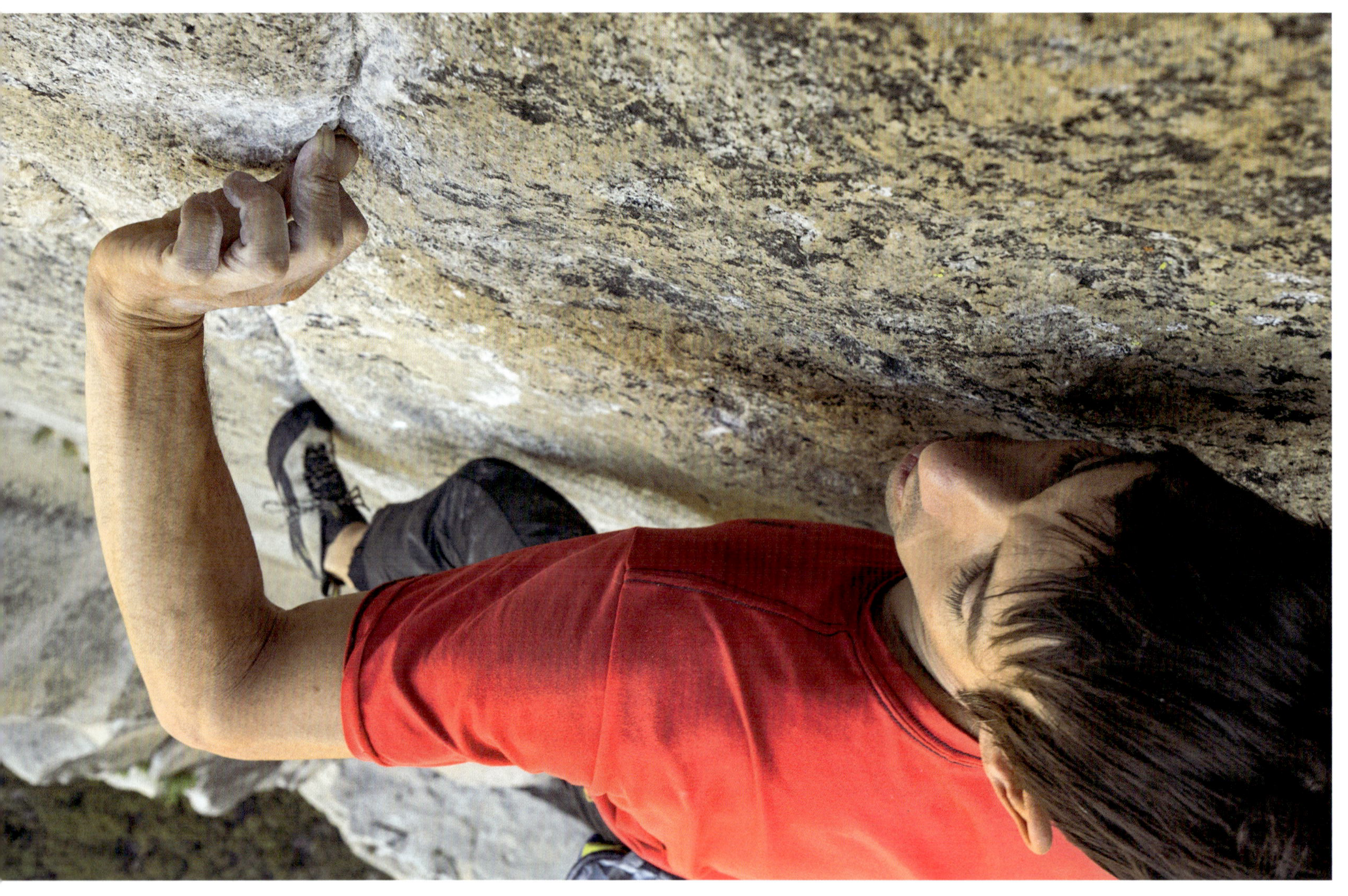

OBEN Alex Honnold drückt sich in der Boulder-Problem-Crux des Freerider in den „Thundercling". In der Abfolge der Moves durch das Boulder-Problem musste Alex die Finger der linken Hand lösen, um diesen Griff mit dem rechten Daumen zu erreichen. Es gab einen Moment, in dem ihn nur eine halbe Daumenbeere gegen zwei schrecklich abfallende Tritte drückte und in der Wand hielt. Alex betrachtete diesen Move als heikelsten der ganzen Route.

GEGENÜBER Alex durchklettert die Enduro Corner (5.12b) der Freerider-Route frei.

FOLGESEITE Juni 2017. Alex meistert die Free-Solo-Begehung des El Capitan in 3 Stunden 56 Minuten.

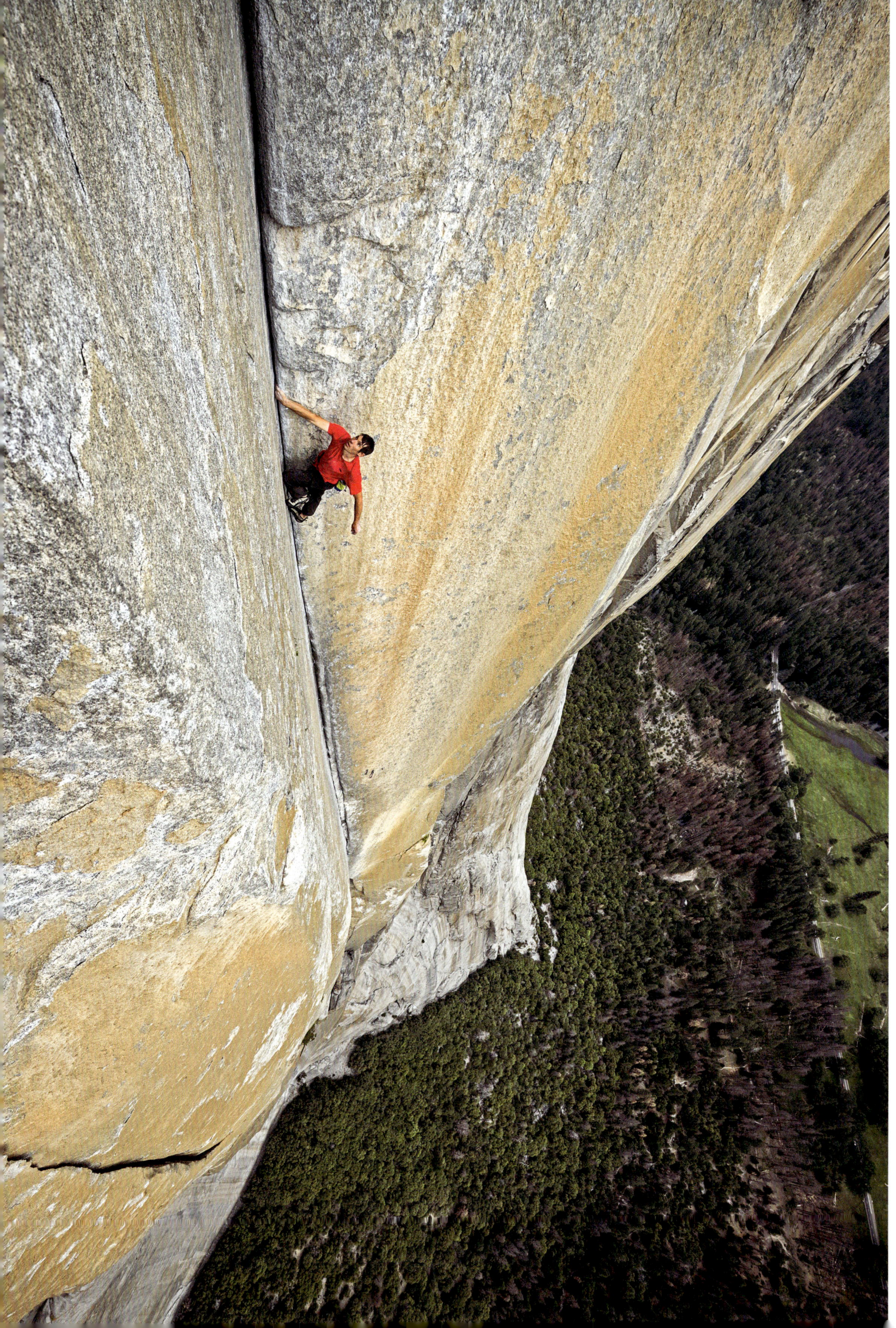

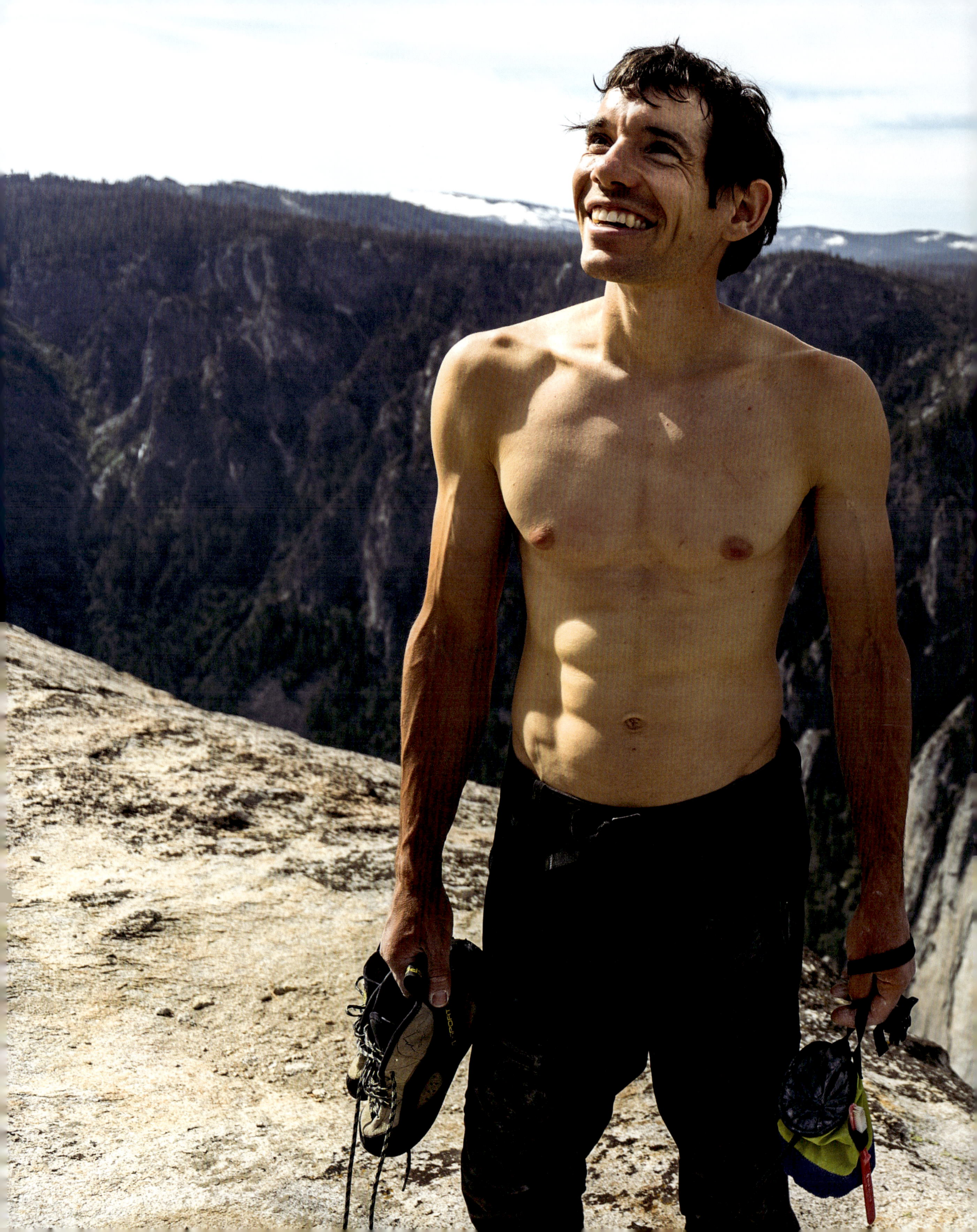

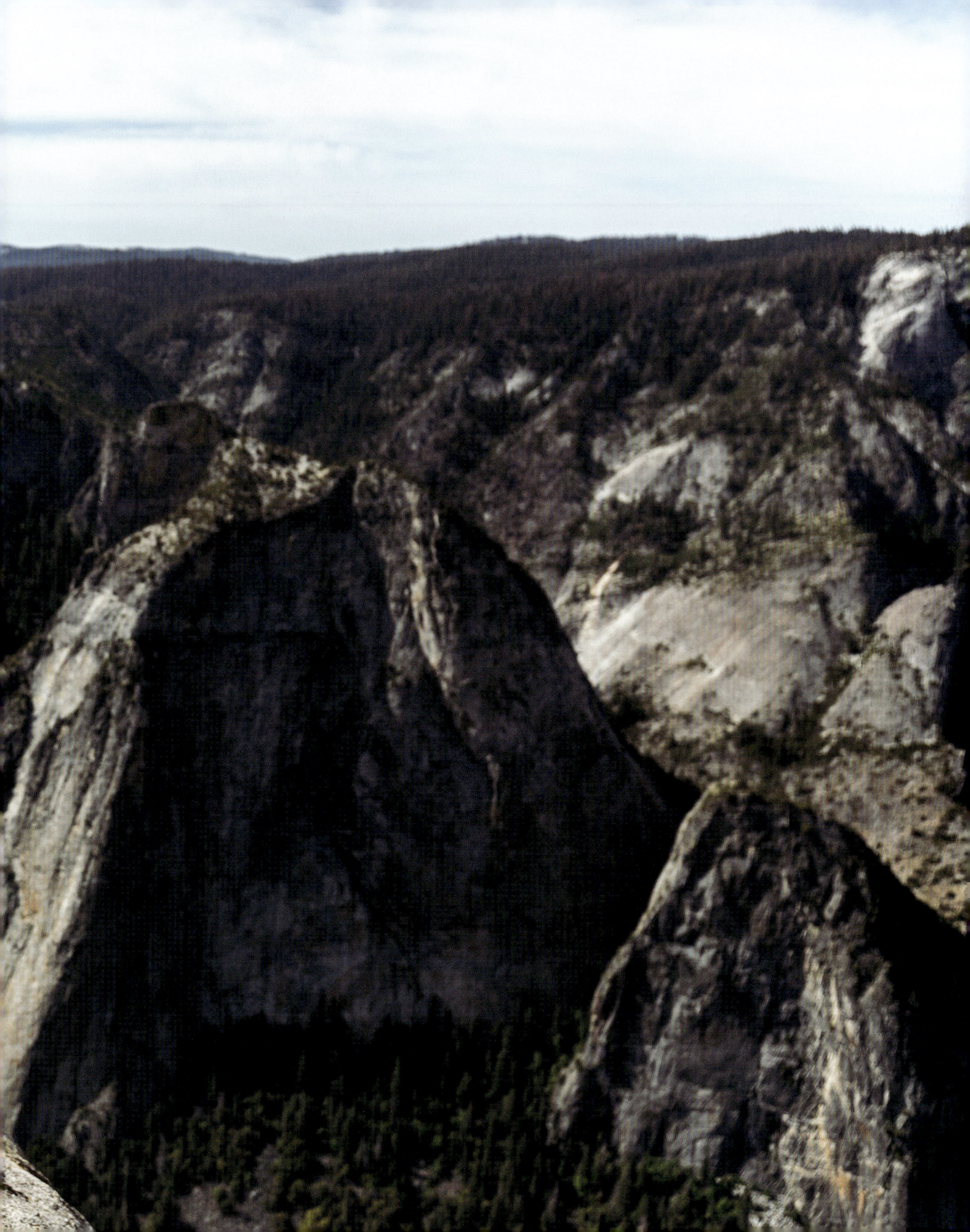

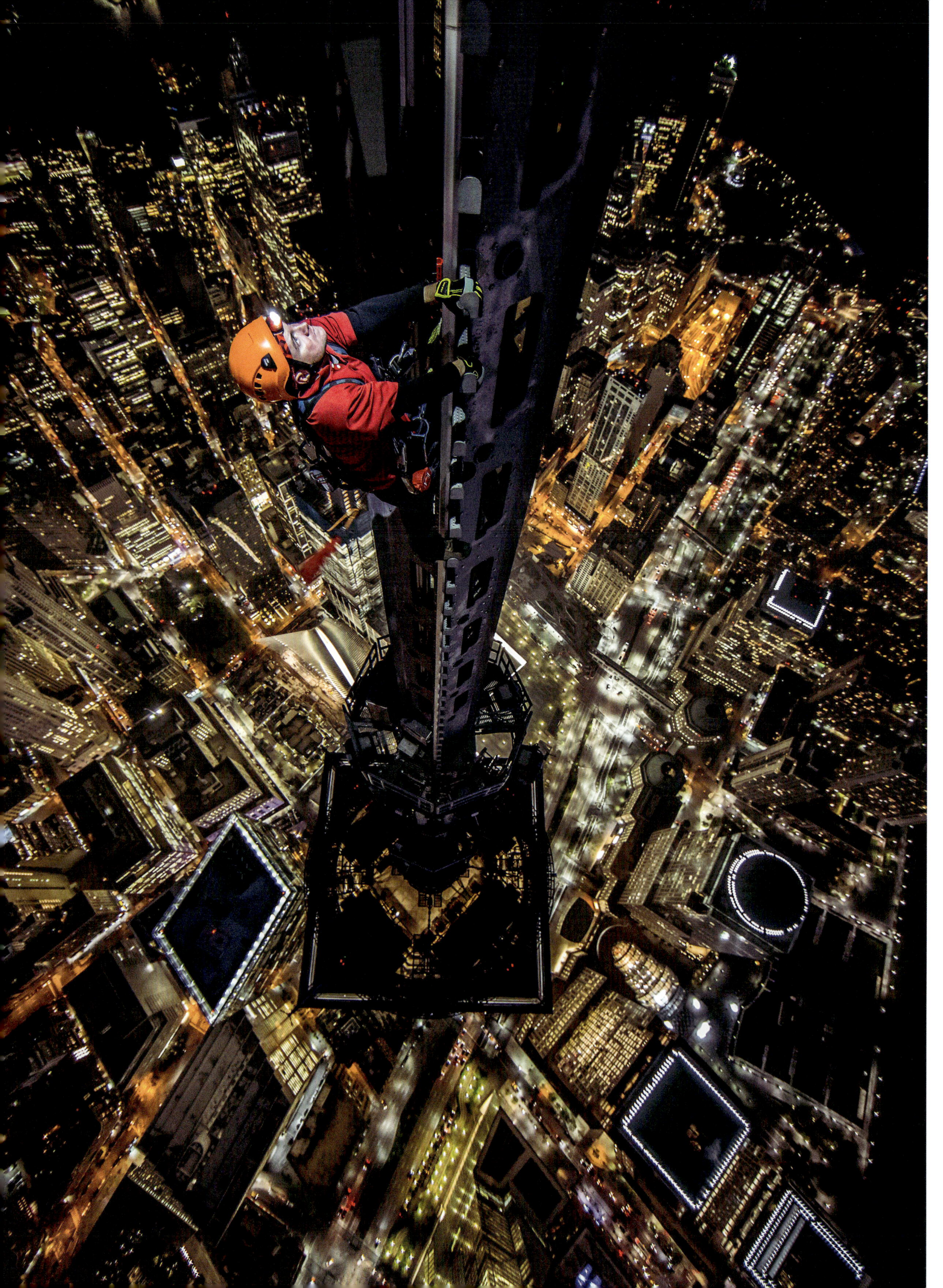

ONE WORLD TRADE CENTER

Einen Aufzug zu nehmen, um zu klettern, mag wie Betrug aussehen. Aber das hier war kein normaler Aufstieg. Vom vierundneunzigsten Stockwerk, dem Dach des One World Trade Center, blickte ich auf die letzten 120 Meter bis zur Spitze des Turms. Wie schwer würde das sein?

Diesen ersten Auftrag für das *New York Times Magazine* erhielt ich 2016 von der legendären Fotoredakteurin Kathy Ryan. Ich erinnere mich, wie ich den Flur zu ihrem Büro hinunterging und mir die Kultbilder jener Fotografen ansah, die sie im Laufe ihrer Karriere betreut hatte. „Jimmy, lass uns das, was du machst, auf eine städtische Umgebung anwenden", sagte sie. „Schon eine Idee?"

Die Skyline von Manhattan hatte mich schon immer an einen Gebirgszug erinnert, mit dem One World Trade Center als Gipfel. „Wie wäre es mit einem Foto von der Spitze des World Trade Centers?", schlug ich vor. „Ich dachte mir, dass du das sagst", sagte Kathy lächelnd. Ich konnte mir das Bild schon vorstellen – eine Nachtaufnahme von jemandem, der den Turm unter mir erklimmt, unter uns der Lichterteppich. Ich beschrieb es Kathy. „Mal sehen, ob wir da was machen können", sagte sie. Ich war aufgeregt und nervös.

Bei der Sicherheitseinweisung am Vortag wurde ich angewiesen, bis Sonnenuntergang fertig zu werden; erst wenn ich unten war, konnte man die Flutlichter des Turms einschalten. Sie sind so stark, dass ich nicht in der Lage wäre, den Abstieg zu steuern. Ein zu hohes Sicherheitsrisiko.

Es war 17 Uhr, als ich die Kontrolle passierte und meine Ausrüstung auf dem Dach vorbereitete. Begleitet wurde ich von Jamison Walsh, einem von zwei Amerikanern, die die Spitze des Turms zur jährlichen Inspektion beklettern dürfen. Wir hatten zwei Stunden Zeit, um die Aufnahme zu machen und herunterzukommen. „Ich hab gehört, du bist so was wie 'n Kletterprofi?", sagte ein Security-Typ mit verschränkten Armen. „Ist mir egal, wer du bist, solange du schnell genug bist, um vor der Dämmerung unten zu sein." Ich dachte mir: „Ach ja? Dann pass mal auf…"

Der Wettlauf mit der Zeit begann, 300 Meter über der Stadt. Ich stieg die Leiter hinauf und sah, dass es alle 6 Meter eine Plattform mit einer kleinen, quadratischen Öffnung gab, durch die ich mich zwängen musste. Ich musste mich also mit einer Hand an der Leiter festhalten und mit der anderen meinen 23-kg-Rucksack abnehmen und ihn über mir durchquetschen. Nach 30 Metern atmete ich schwer, fluchte und schwitzte stark.

Als wir die Spitze fast erreicht hatten, stand die Sonne schon am Horizont. Ich kletterte zum Krähennest und versuchte, die Absurdität des Ortes zu begreifen. Dann machte ich mich an die Arbeit, verteilte alle Blitzleuchten und befestigte sie an verschiedenen Stellen des Geländers. Als die Sonne unterging, knisterte es im Funkgerät: „Wie läuft's da oben? Ihr solltet jetzt runterkommen." Ich ignorierte es und testete die Blitze. Nichts. Ich überprüfte alle Einstellungen. Erfolglos. Die Funkwellen der riesigen Antennen störten meine Fernauslöser. Nichts funktionierte. Es war inzwischen weit nach Sonnenuntergang und wurde dunkel.

Jemand schrie ins Funkgerät: „Runterkommen! JETZT!" Ich schaltete es aus. „Tut mir leid, ich mache Kunst", murmelte ich, setzte die Stirnlampe auf und schraubte die Kamera ans Ende eines 3 Meter langen Einbeinstativs. Ich klemmte meine Fersen unter eine in den Turm geschweißte Schiene und hielt das Einbeinstativ so weit wie möglich weg; mein Körper hing jetzt horizontal über Manhattan. Ich fotografierte blindlings, in Zeitraffer-Intervallen von einer Sekunde; die Arme schmerzten beim Stillhalten des Einbeinstativs für die lange Verschlusszeit. Gleichzeitig nickte ich mit dem Kopf hoch und runter und tauchte Jamison mit meiner Stirnlampe in Licht. Er wirkte entsetzt. Ich muss ausgesehen haben wie ein Verrückter. Nach jedem Auslösen veränderte ich den Winkel der Kamera in winzigen Schritten. Ich konnte nur ahnen, was ich da aufnahm. Nach etwa einer Minute war es Zeit für den Abstieg. Ich hatte alles gegeben.

Zurück in den Büros der *Times* scrollten wir durch die Bilder. Es gab eine gestochen scharfe Aufnahme, auf der Jamison perfekt positioniert und ausgeleuchtet war. Ich starrte sie einen Moment lang an, lächelte und ging. Es wurde mein erstes Titelbild für das *NYT Magazine*.

Als ich dann durchs Taxifenster schaute, sah ich die Spitze des WTC. Ich empfand ein ähnliches Gefühl der Ehrfurcht und Befriedigung wie nach anderen großen Besteigungen. Der Turm war am Nachthimmel wunderschön beleuchtet, nur heute ein bisschen später als sonst.

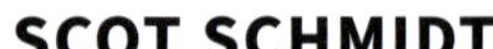

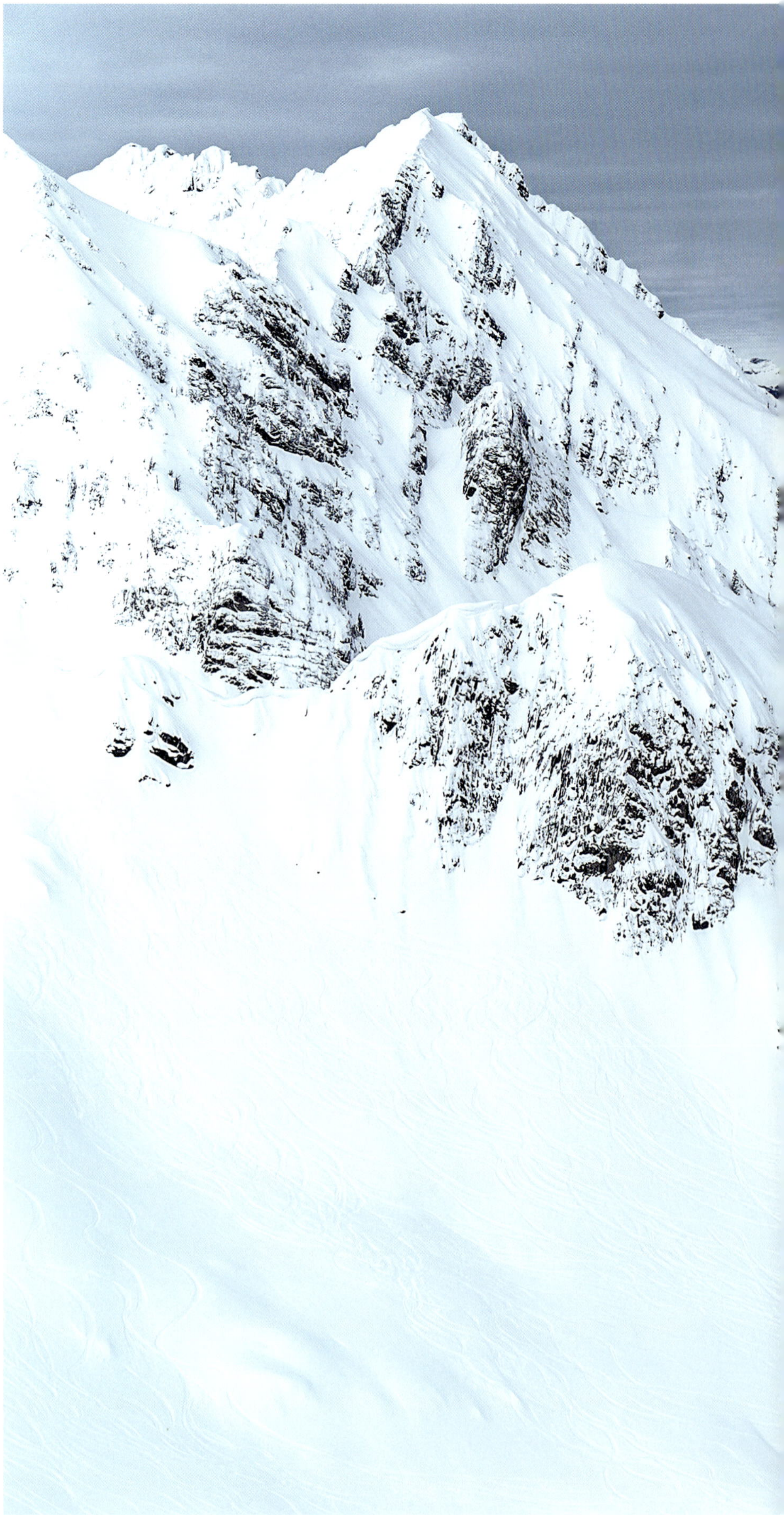

SCOT SCHMIDT

Das erste Poster, das ich als Kind besaß, war ein Bild von Scot Schmidt. Ich habe alle seine Filme gesehen und sogar meinen Skischwung nach seinem Vorbild kreiert. Scot hat einen der markantesten und schönsten Schwünge der Welt. Heute sind wir Freunde, und es ist mir jedes Mal eine Ehre, mit ihm Ski fahren zu dürfen. Hier stürzt sich Scot in die Steilhänge der Island Lake Lodge, British Columbia.

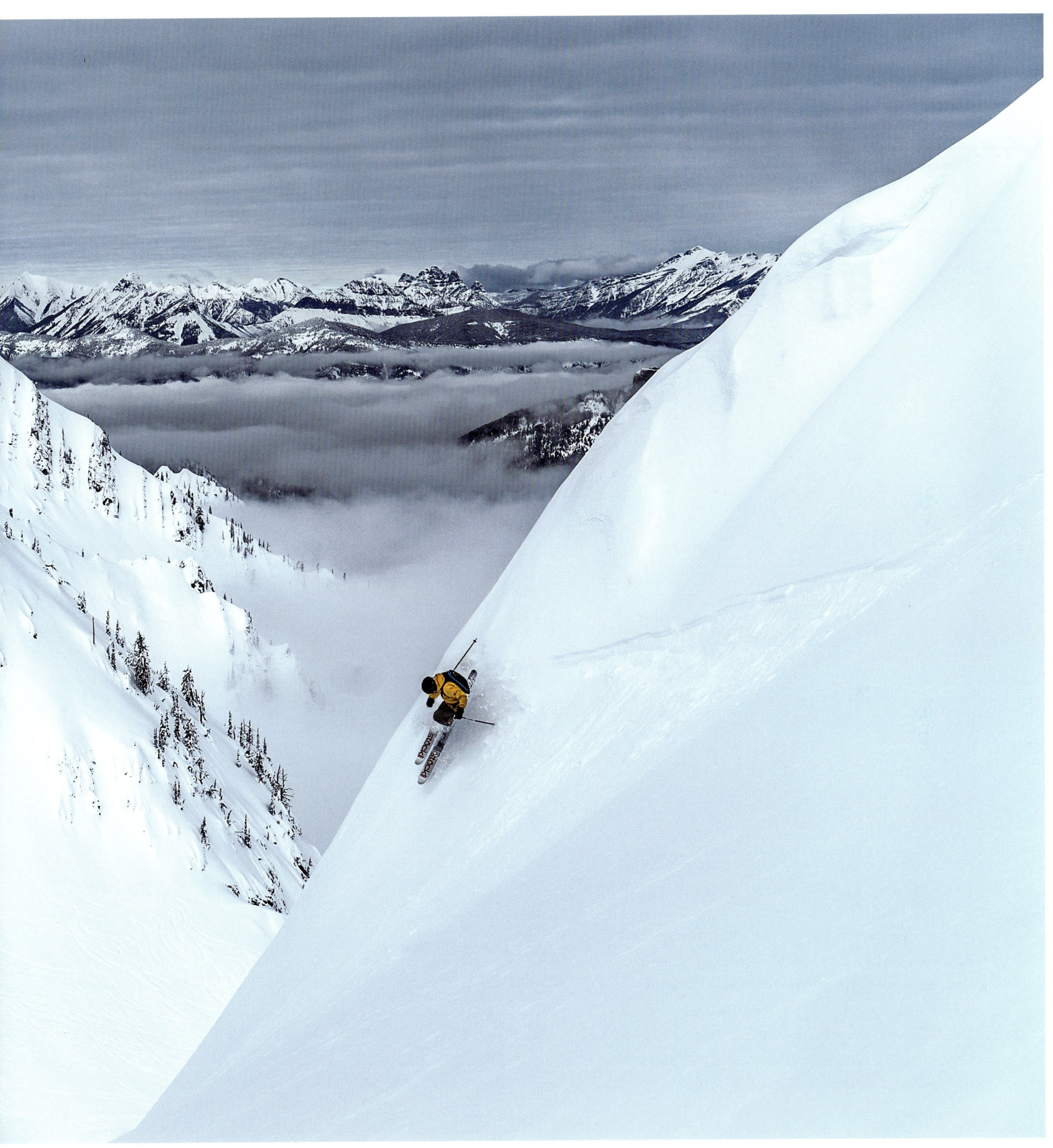

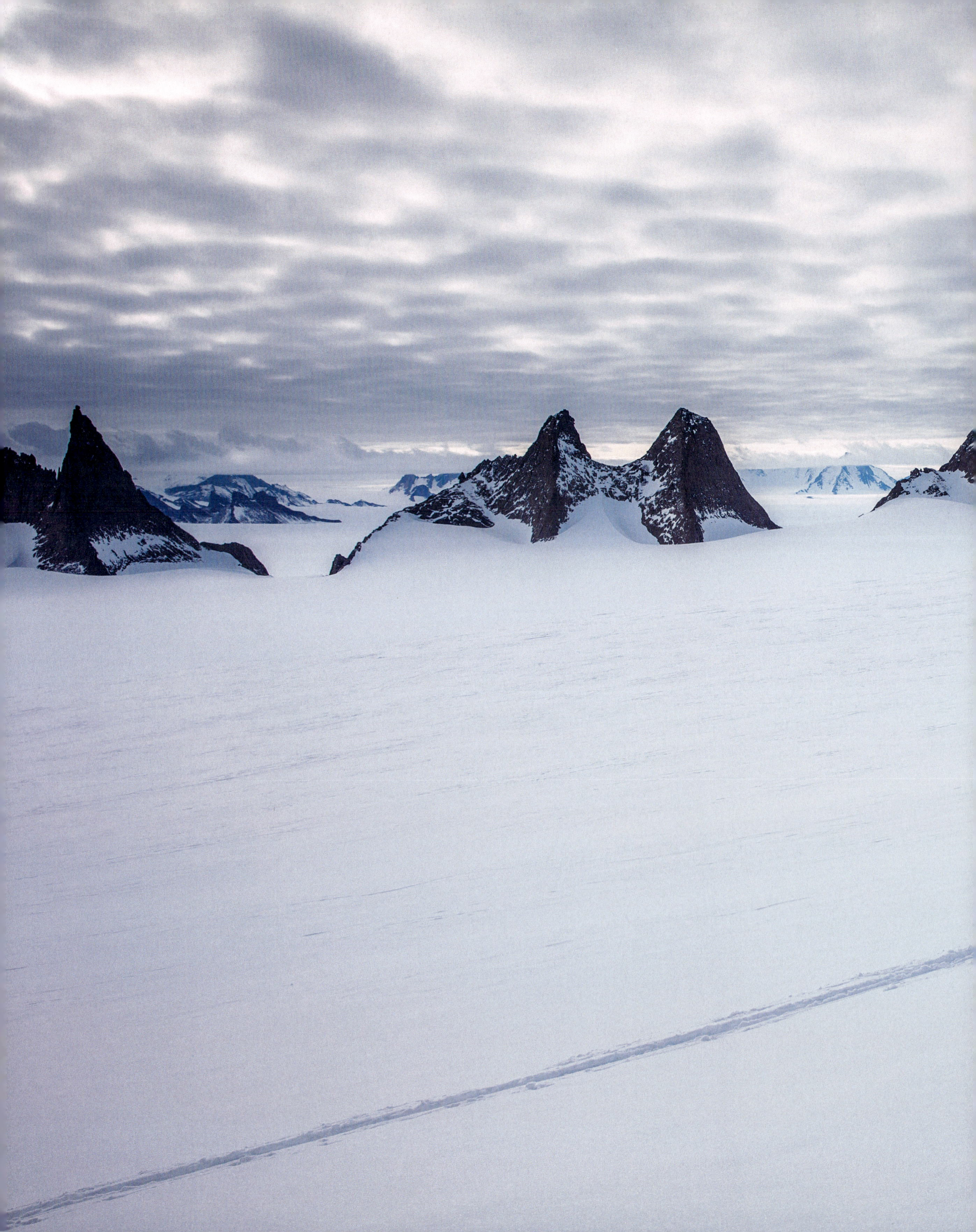

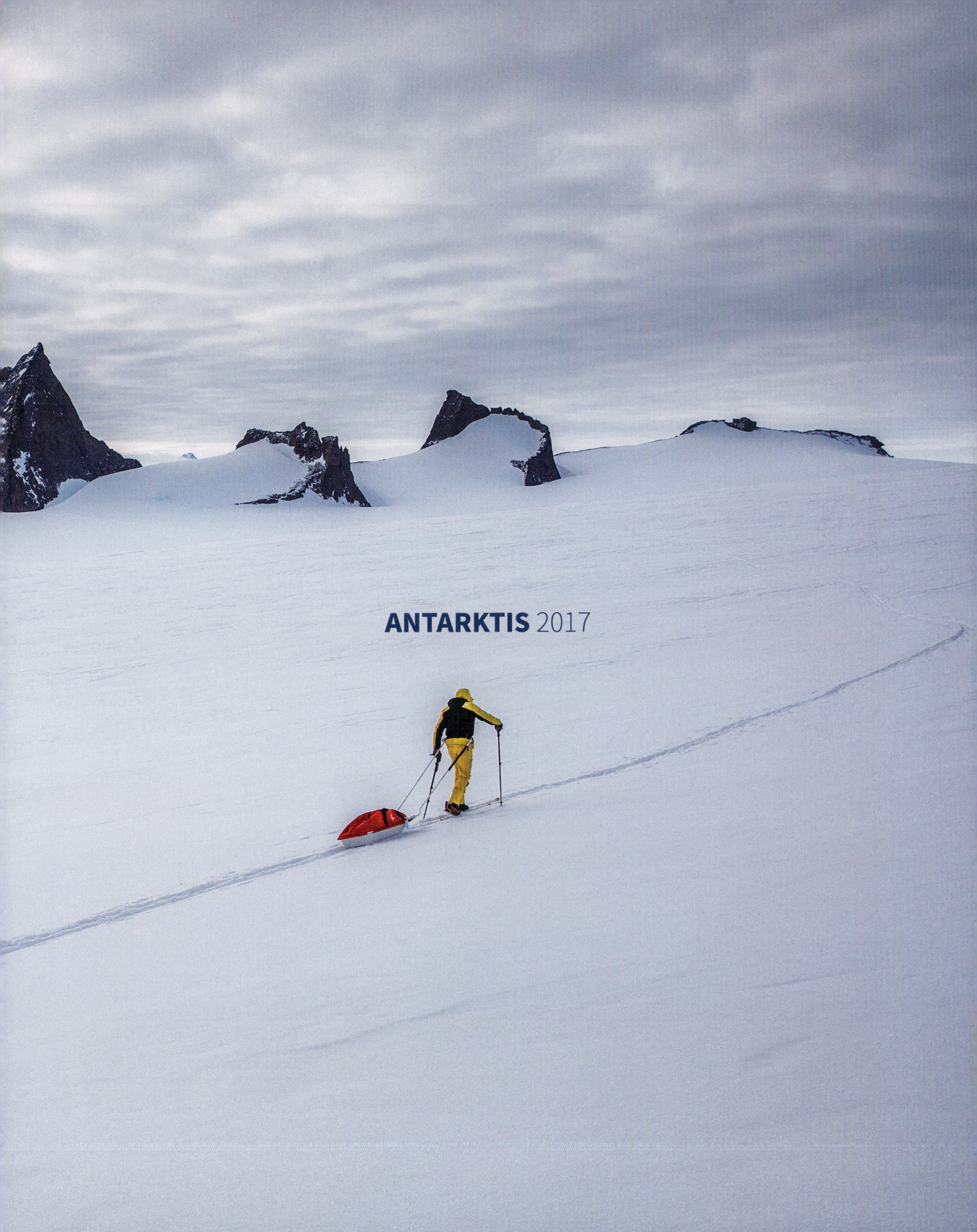
ANTARKTIS 2017

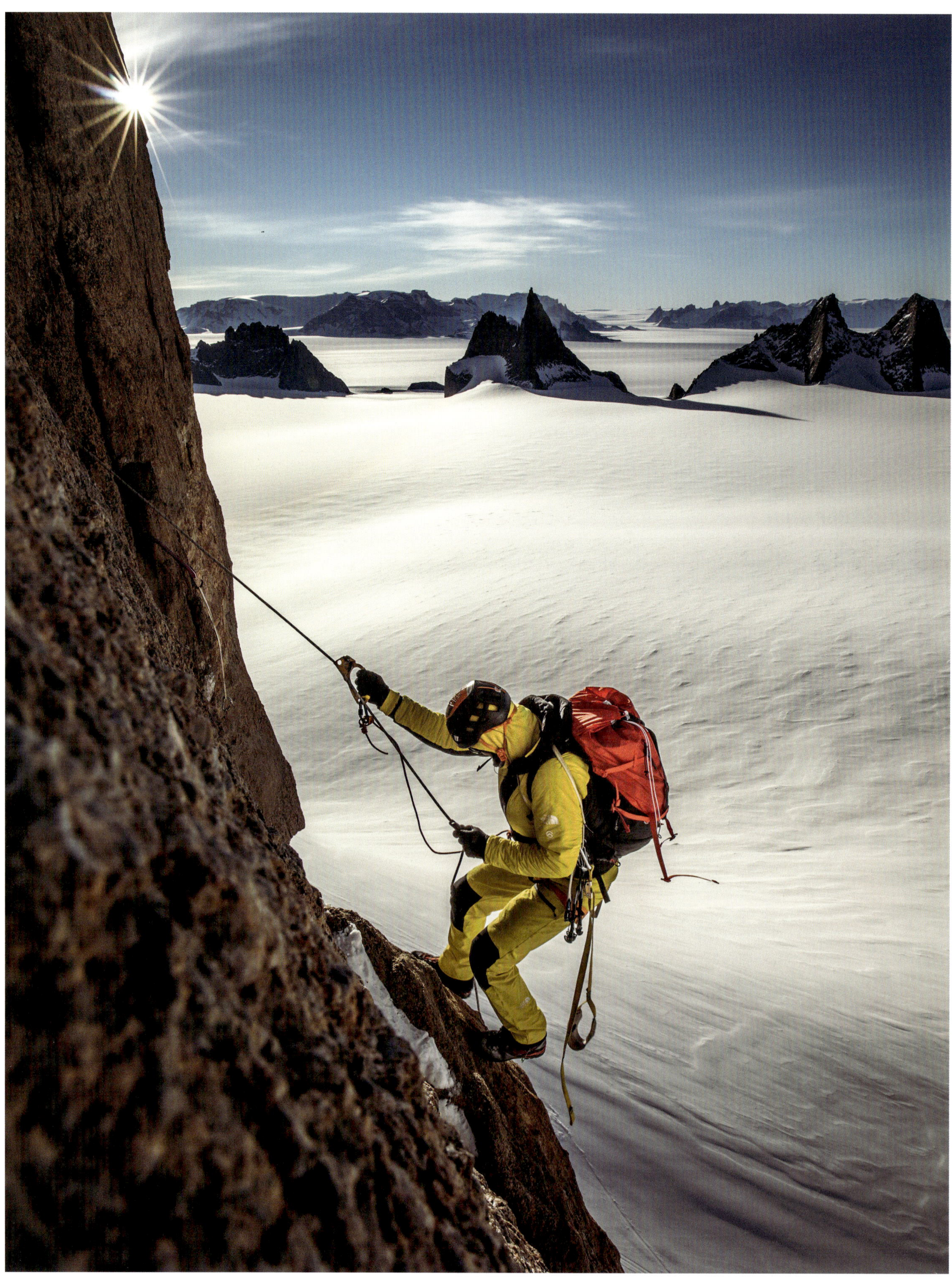

Bei -35 °C schrie der Schnee unter den Steigeisen, unsere Augen drohten zuzufrieren bei zu langsamem Blinzeln.

Ein Nebel aus mikroskopisch kleinen Eiskristallen trieb über uns, um uns herum, unter uns. Es war einer der kältesten Tage auf einer der kältesten Klettertouren, die ich je erlebt hatte.

Im wechselnden Vorstieg krochen Conrad Anker und ich über den windgeformten Grat zur oberen Gipfelwand der 2931 Meter hohen Felsnadel Ulvetanna (norwegisch für „Wolfszahn"). Sie überragt ihre Nachbarn dieser Gebirgskette, die sich durch die weiße Polarebene schlängelt und einem halb vergrabenen Kiefer mit dunklen Reißzähnen gleicht.

Bis hier waren wir sechs Tage lang in dicken Kleidungsschichten bis zu 600 Meter hohe Off-width-Risse und brutale Kamine hochgekrochen. Klingenscharfes Gestein zerriss die Daunenjacken. Das war kein Rockstar-Klettern, sondern Blaumann-Schreddern.

Die Belohnung war ein Fünf-Sterne-Hochlager auf dem Kamm eines aparten Grats. Unter uns nichts als kristallklarer Polarhimmel, die sauberste Luft der Welt und die Aussicht auf das traumhafte Königin-Maud-Land. Im Zelt wirbelten bei jeder Bewegung Daunenfedern aus unseren zerrissenen Jacken herum, es sah aus, als säßen wir in einer Schneekugel.

Conrad und ich waren die einzigen Kletterer auf der Ulvetanna, aber unsere Mitstreiter Alex Honnold, Cedar Wright, Savannah Cummings, Anna Pfaff und Pablo Durana waren nicht weit entfernt und kletterten jede andere Formation in diesem Massiv.

Die Norweger, die dieses Gebiet als Erste erkundeten, hatten uns gewarnt: Hier unten sei alles größer, als es auf den ersten Blick erscheint, und es dauere alles länger, als wir vielleicht denken. Sie hatten in beiden Fällen recht. Wir verbrachten mehr Zeit damit, Schnee von der Wand zu schaufeln, um Griffe und Tritte freizulegen, als mit dem Klettern selbst.

Einen Tag lang hatten wir unsere beiden Seile vom Hochlager aus befestigt, dann starteten wir zum Gipfelsturm in die letzte 450-Meter-Steilwand. Conrad sagte stoisch: „Wir sind vielleicht alt, aber ganz sicher langsam." Wir mussten wegen der Eiseskälte oft anhalten, unsere Hände und Füße schwingen, um den Kreislauf anzukurbeln und wieder warm zu werden. 16 Stunden später waren wir kurz vorm Gipfel. Es war 2 Uhr nachts, die kälteste Zeit des Tages, wenn die Sonne kaum überm Horizont steht. Ein starker Wind fegte über den Gipfel. Die Temperatur betrug -46 °C. Wortlos spürten Conrad und ich: Das Ende war verdammt nah.

Nach fast 20 Jahren Expeditionen hatte sich unsere Freundschaft so vertieft, dass wir oft nichts sagen müssen, um uns zu verständigen. Wir lachten, ohne den Witz zu erzählen; schwierige Entscheidungen werden ohne viel Federlesens getroffen. So muss es sein.

Ich stampfte eine Weile auf, versuchte mich aufzuwärmen. Dann, in dem Wissen, ich würde nie wieder hier sein, stieg ich über den schmalen Felsplattengrat zum Gipfel vor. Ich entrollte eine Khata für meinen kürzlich gestorbenen Vater. Conrad nahm einen Teil der Asche von Alex Lowe und streute sie in den Wind, zum Rakekniven hin, einem atemraubenden Gipfel, den die beiden 1997, zwei Jahre vor Alex' Tod, bestiegen hatten.

Dort oben, auf dem Gipfel der Ulvetanna, schien das Jenseits nah.

VORSEITE Conrad Anker zieht Ausrüstung zum Basislager im Königin-Maud-Land.

GEGENÜBER Conrad klettert die Fixseile unserer neuen Route in der Ulvetanna hinauf. Wir verbrachten fünf Tage mit Vorstieg und Fixieren von Seilen in der unteren Wand, bevor wir uns an den Durchstieg der oberen 600 Meter machten.

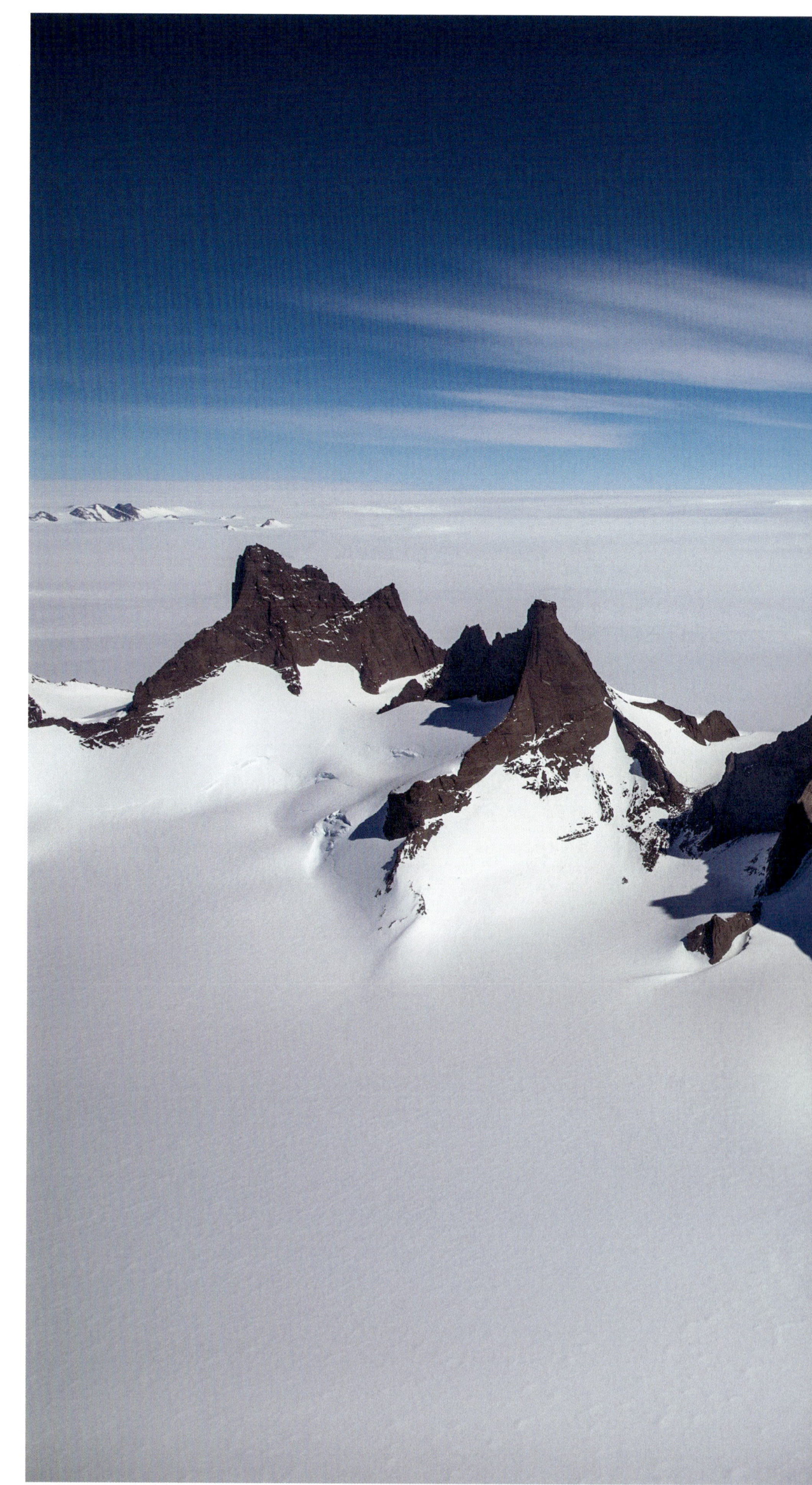

RECHTS Luftaufnahme des Fenriskjeften-Massivs. Die Ulvetanna mit ihren gut 1200 m Prominenz ist der höchste Gipfel im Bild.

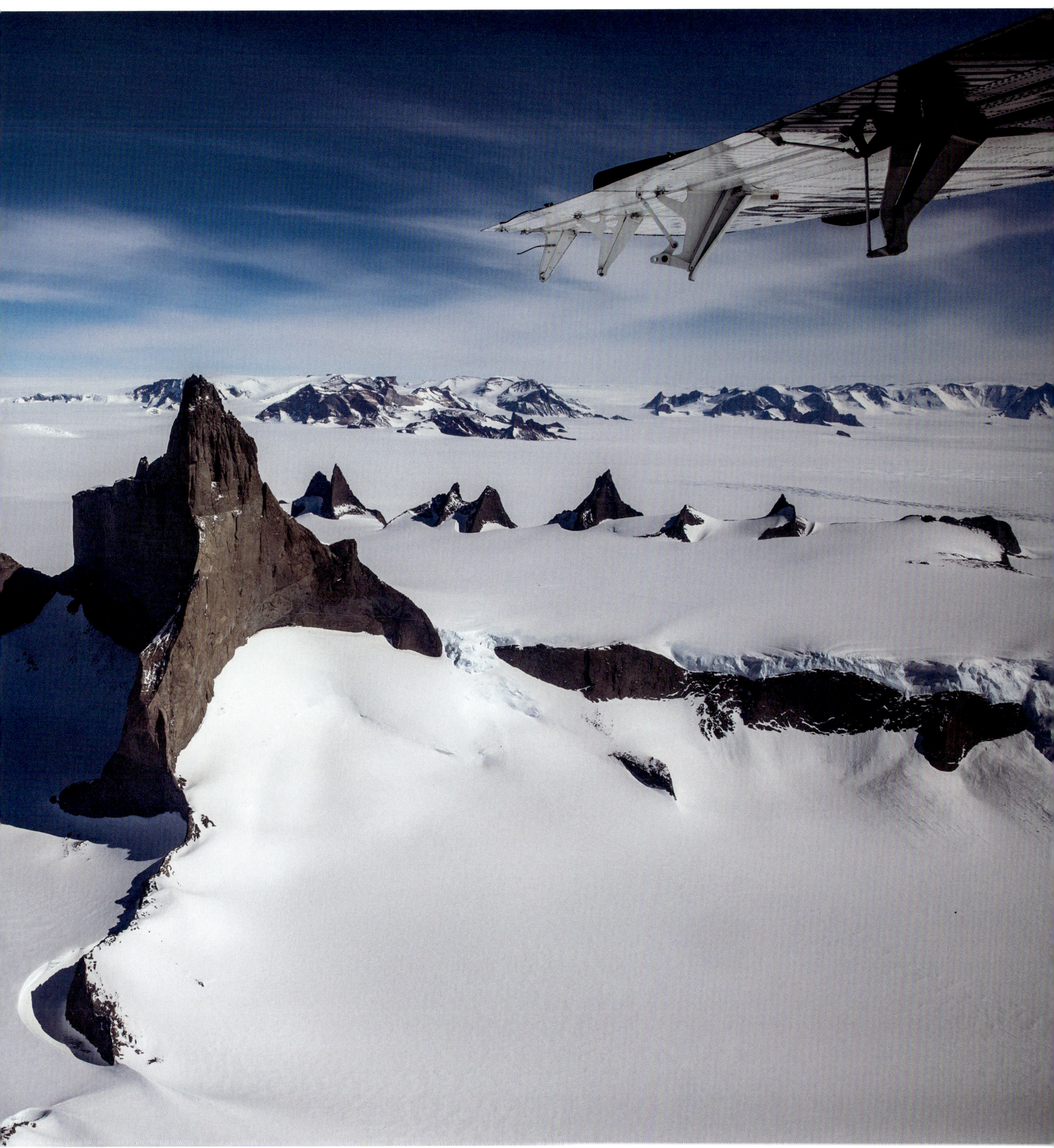

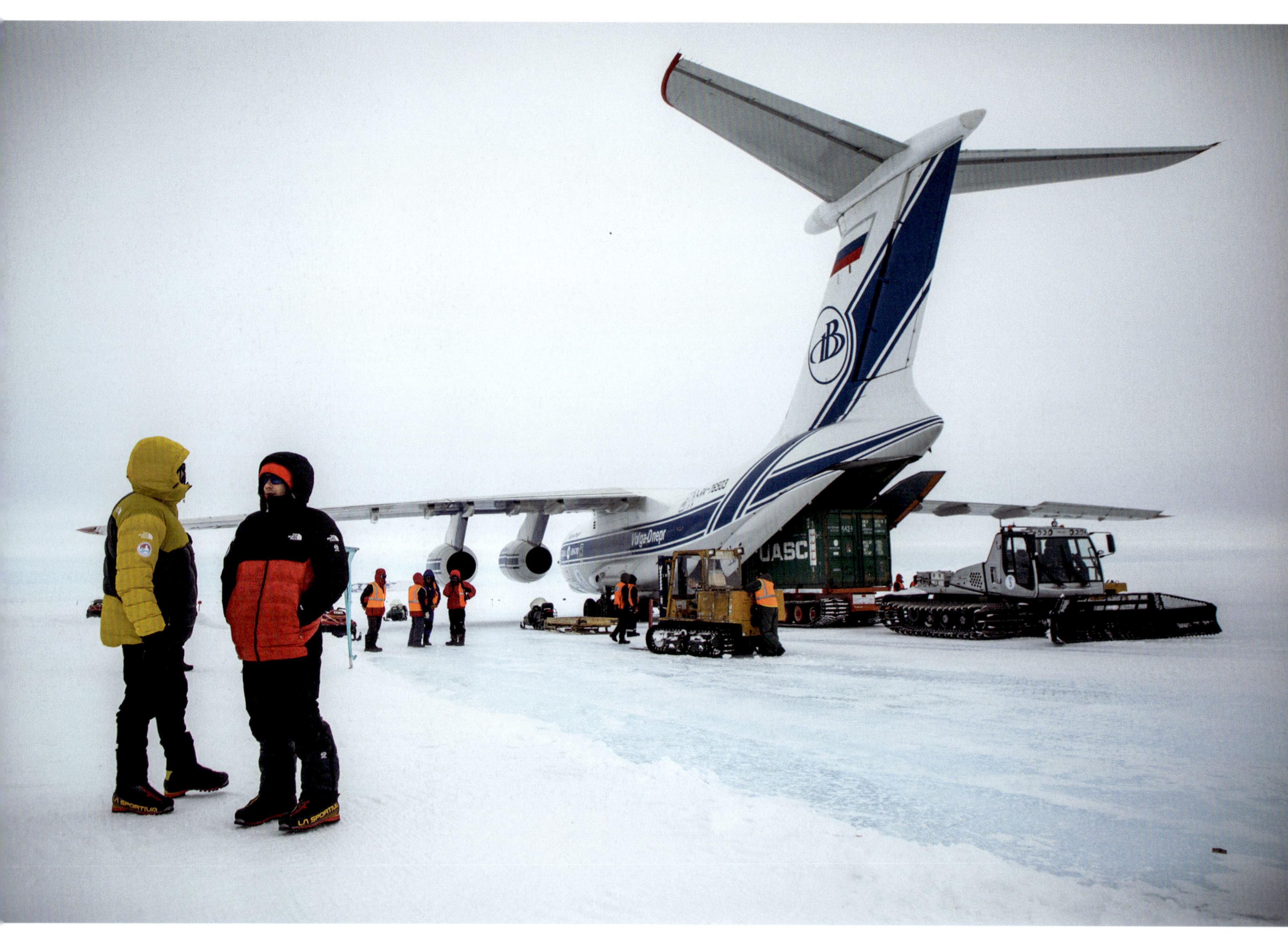
Volga-Dnepr
UASC
LA SPORTIVA

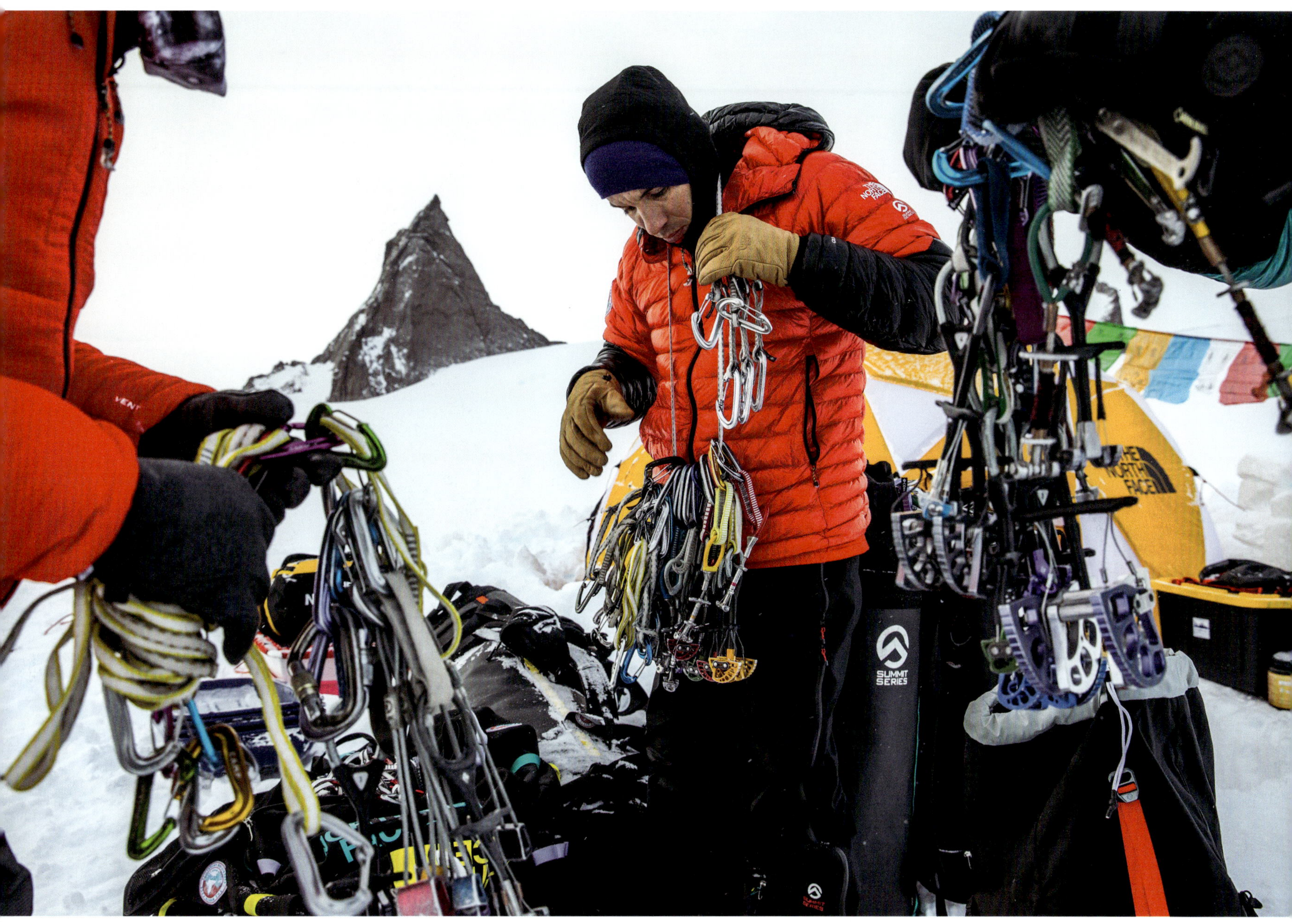

GEGENÜBER Conrad Anker und Alex Honnold erreichen die Nowolasarewskaja-Station in der Antarktis mit dem russischen Flugzeug Iljuschin Il-76.

OBEN Savannah Cummins, Alex Honnold und Anna Pfaff packen ihre Ausrüstung zusammen und machen sich auf ihre ersten Klettertouren im Königin-Maud-Land.

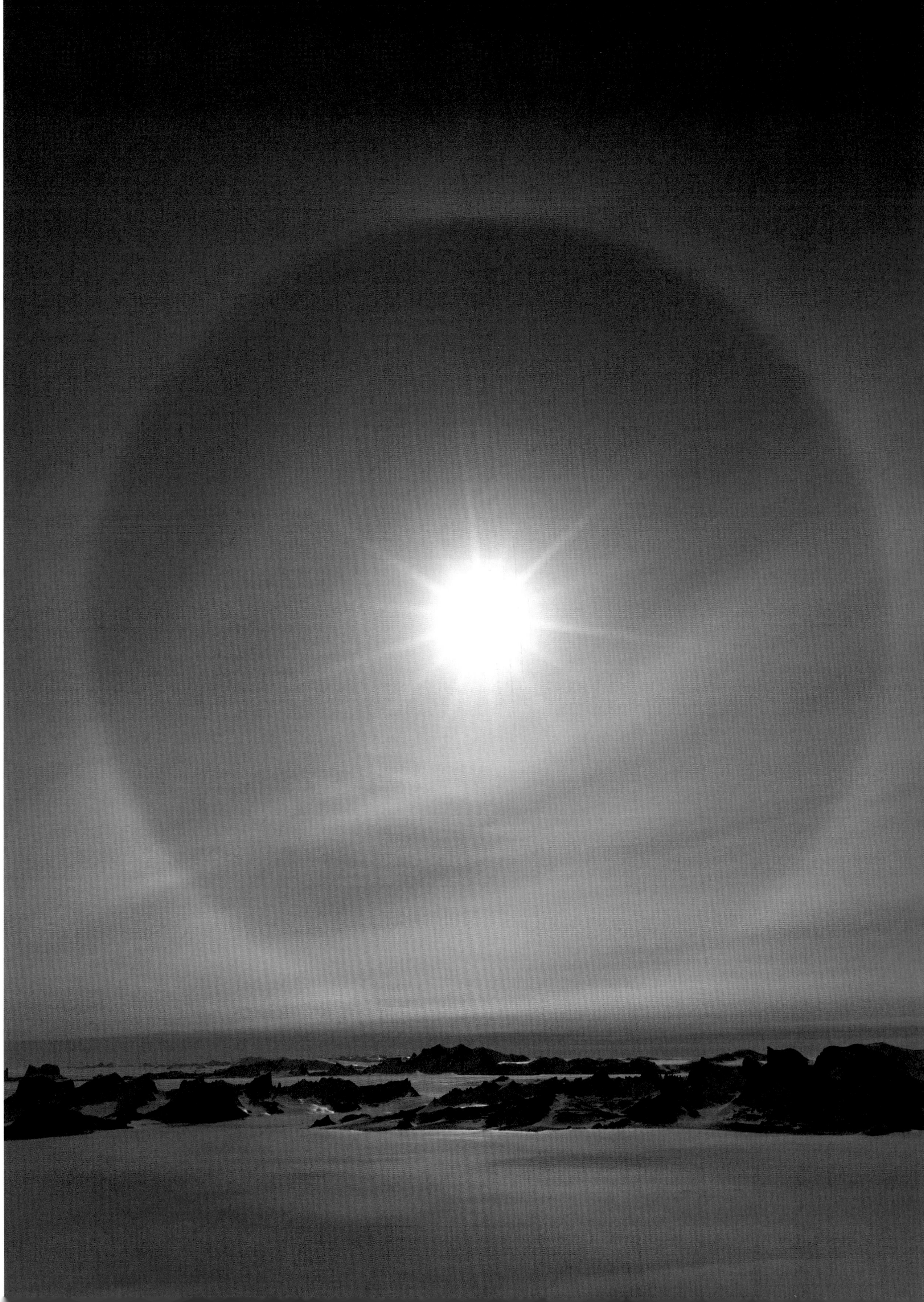

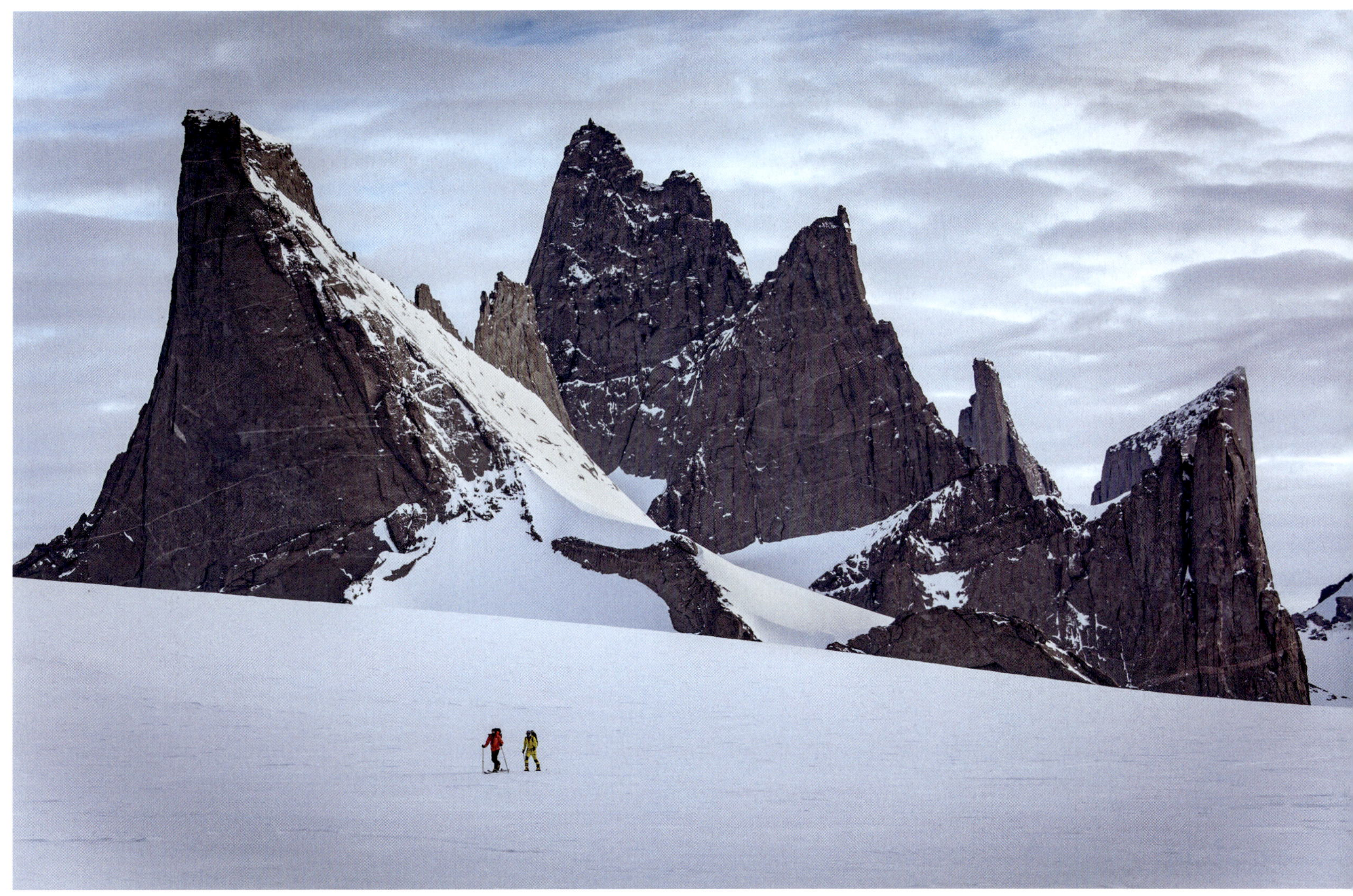

GEGENÜBER Antarktischer Halo. Sicht von unserem Hochlager in der Ulvetanna.

OBEN Am Ende eines langen Tages fahren Cedar Wright und Alex Honnold auf Skiern zurück zum Basislager. Die beiden konzentrierten sich auf die Begehung der verschiedenen Formationen im Fenriskjeften („Wolfskiefer"); Conrad Anker und ich nahmen uns eine neue Route in der Ulvetanna vor. Als Team durchkletterten wir bis zum Ende der Expedition alle Formationen des Massivs.

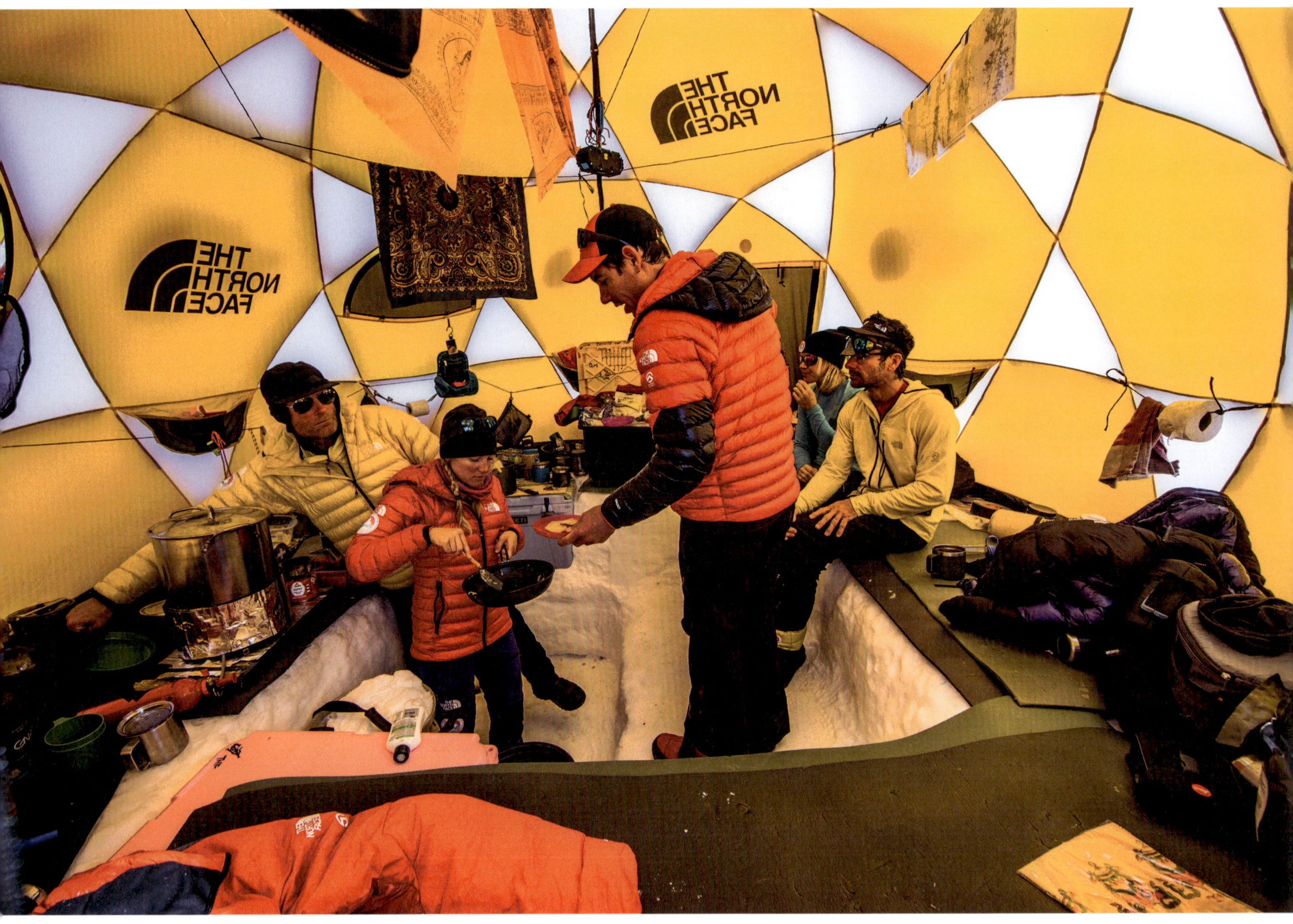

OBEN Leben in der Basislager-Kuppel. Jeder von uns hatte ein eigenes Schlafzelt, das Kuppelzelt nutzten wir gemeinsam für Mahlzeiten und Freizeit. Die perfekte Basislager-Kuppel zu bauen, ist eine Kunst.

GEGENÜBER Cedar Wright zeigt seine „Expeditions-maniküre" – das Ergebnis von viel spitzem Fels, bitterer Kälte und kilometerlanger Kletterei.

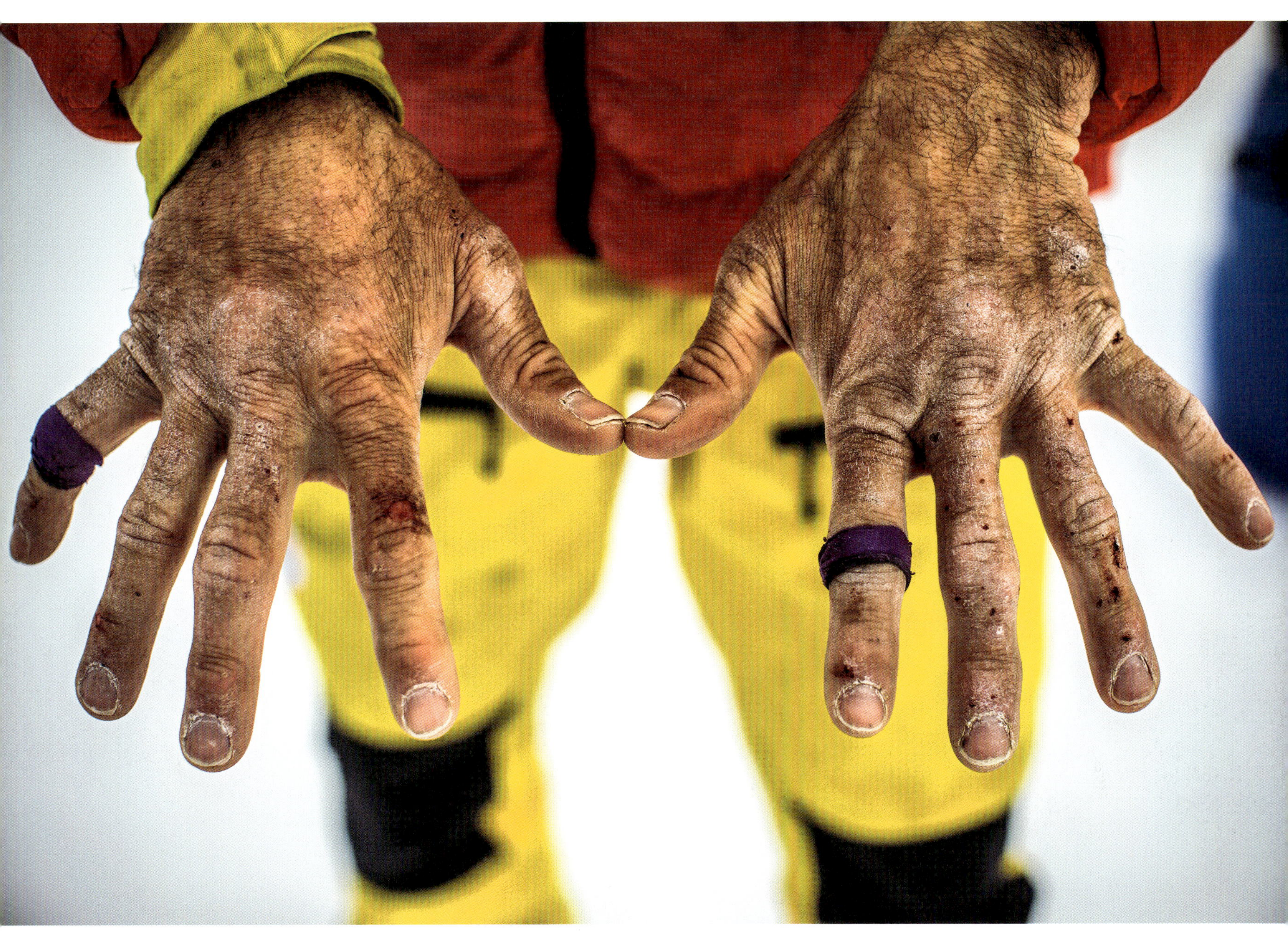

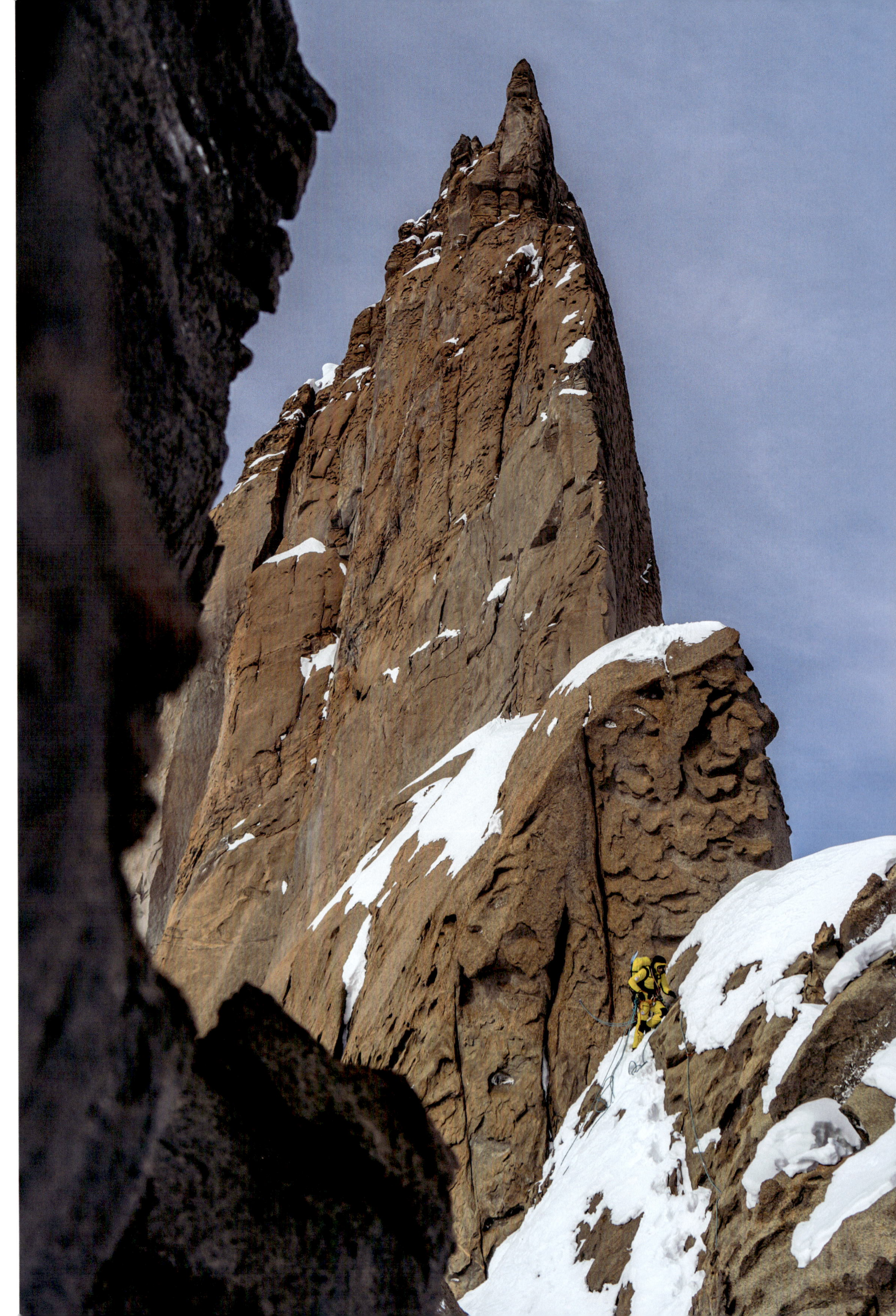

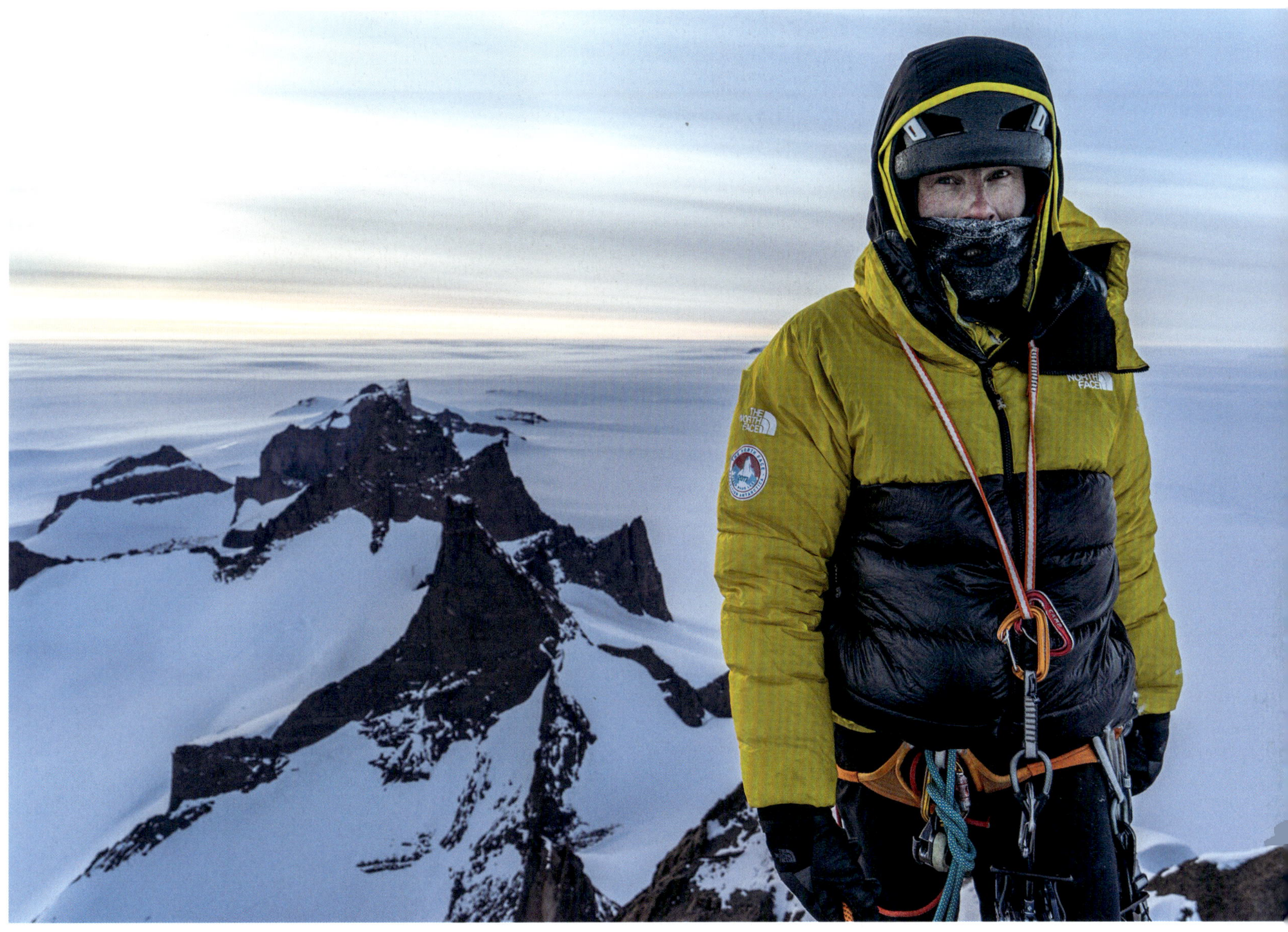

GEGENÜBER Conrad Anker traversiert den komplexen und anspruchsvollen Grat in Richtung der 450 m hohen oberen Gipfelwand der Ulvetanna.

OBEN Conrad auf dem Gipfel der Ulvetanna. Nach acht Tagen Klettern erreichten wir die Spitze des Berges um 2 Uhr morgens bei -46 °C.

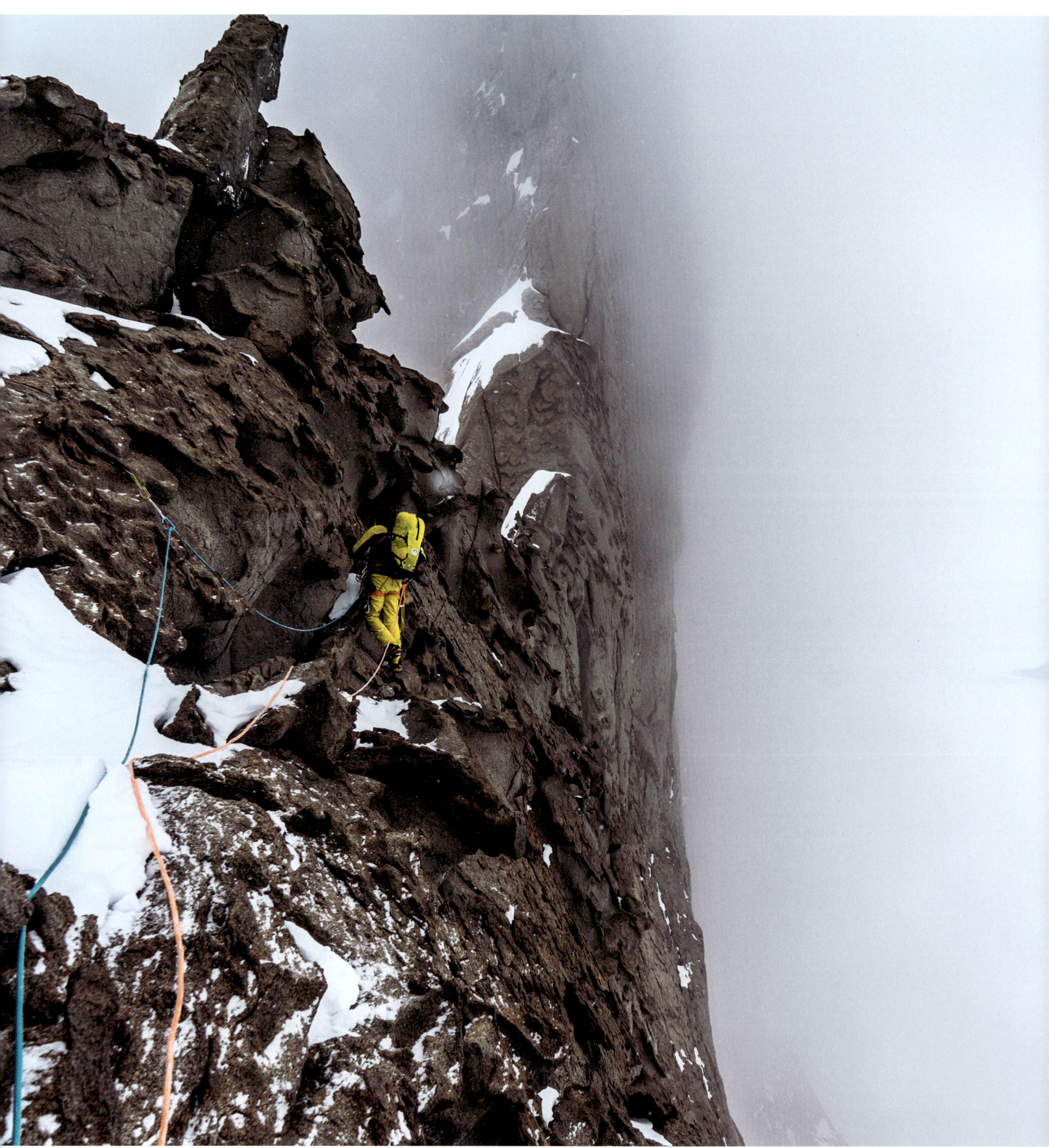

LINKS An unserem fünften Tag im Berg zog ein Eisnebel über uns hinweg. Verliert man in der Antarktis die Sonne, fallen die Temperaturen. Bei -35 °C wirkt alles folgenreicher. Conrad Anker quert im Vorstieg den windgeformten Grat. Langsam bahnt er sich seinen Weg zur oberen Steilwand hin; zur Rechten lauert diffus die 760 m hohe Kluft.

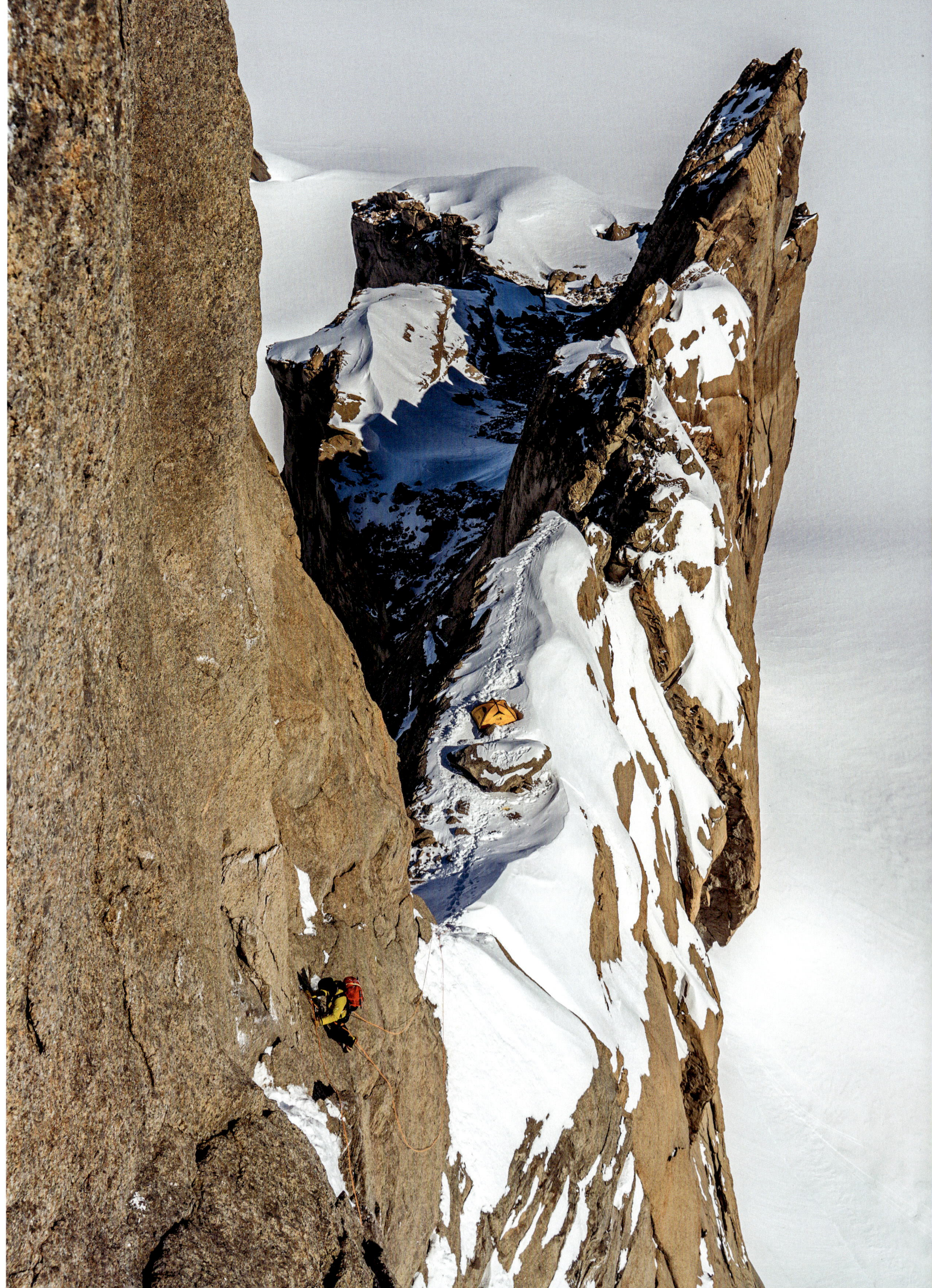

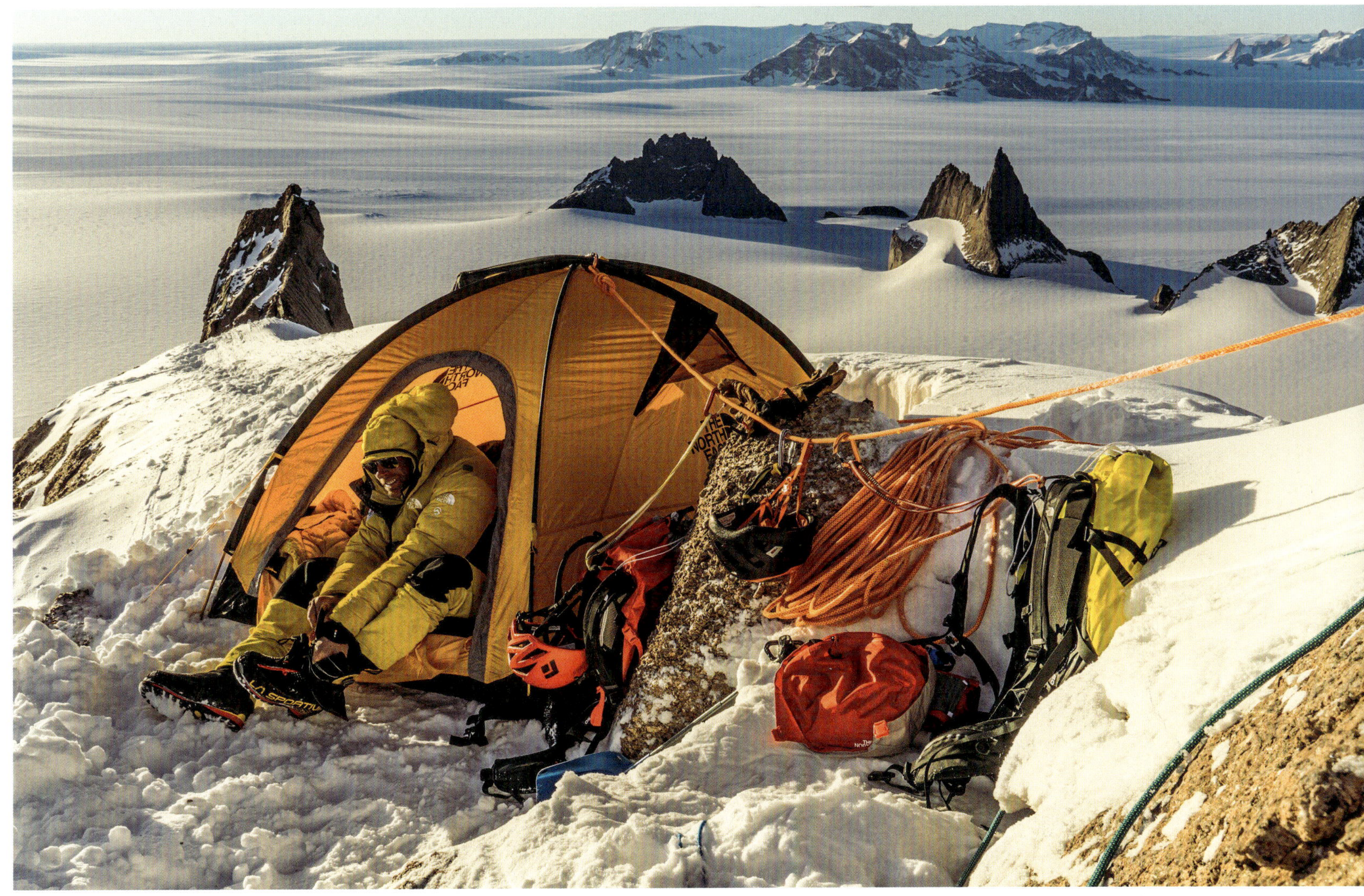

GEGENÜBER Conrad Anker in der ersten Seillänge der oberen Gipfelwand der Ulvetanna. Die Grattraverse und unser Hochlager sind darunter zu sehen.

OBEN Conrad ist ständig in Bewegung. Es kommt selten vor, dass er sitzt und ich nicht. Nach zwölf Stunden Kletterei und Lagerbau setzt sich Conrad endlich hin.

FOLGESEITE Vierundzwanzig Stunden Licht sorgten für endlose Tage. Conrad auf dem Weg zu unserem Hochlager an einem weiteren langen Tag in der Antarktis.

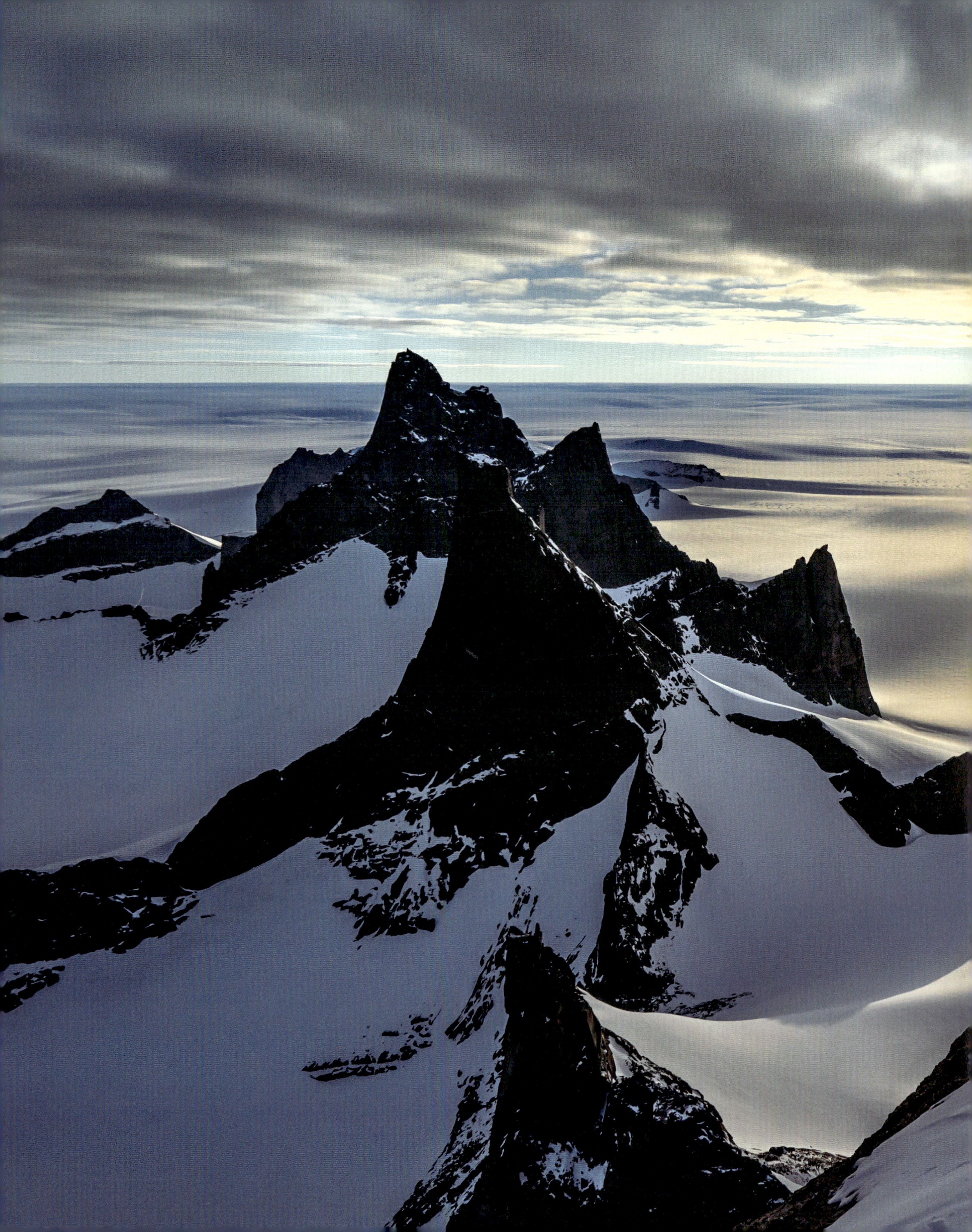

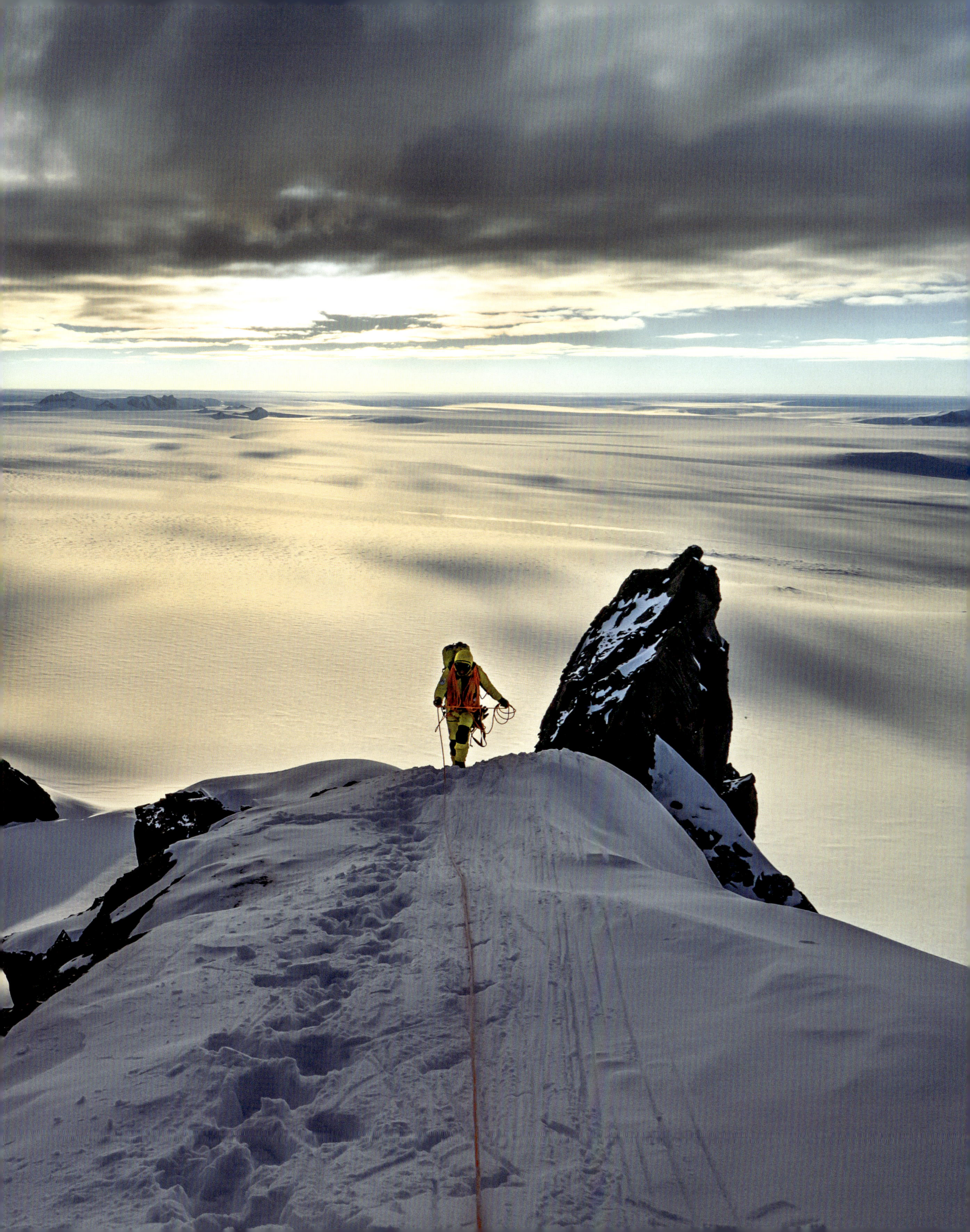

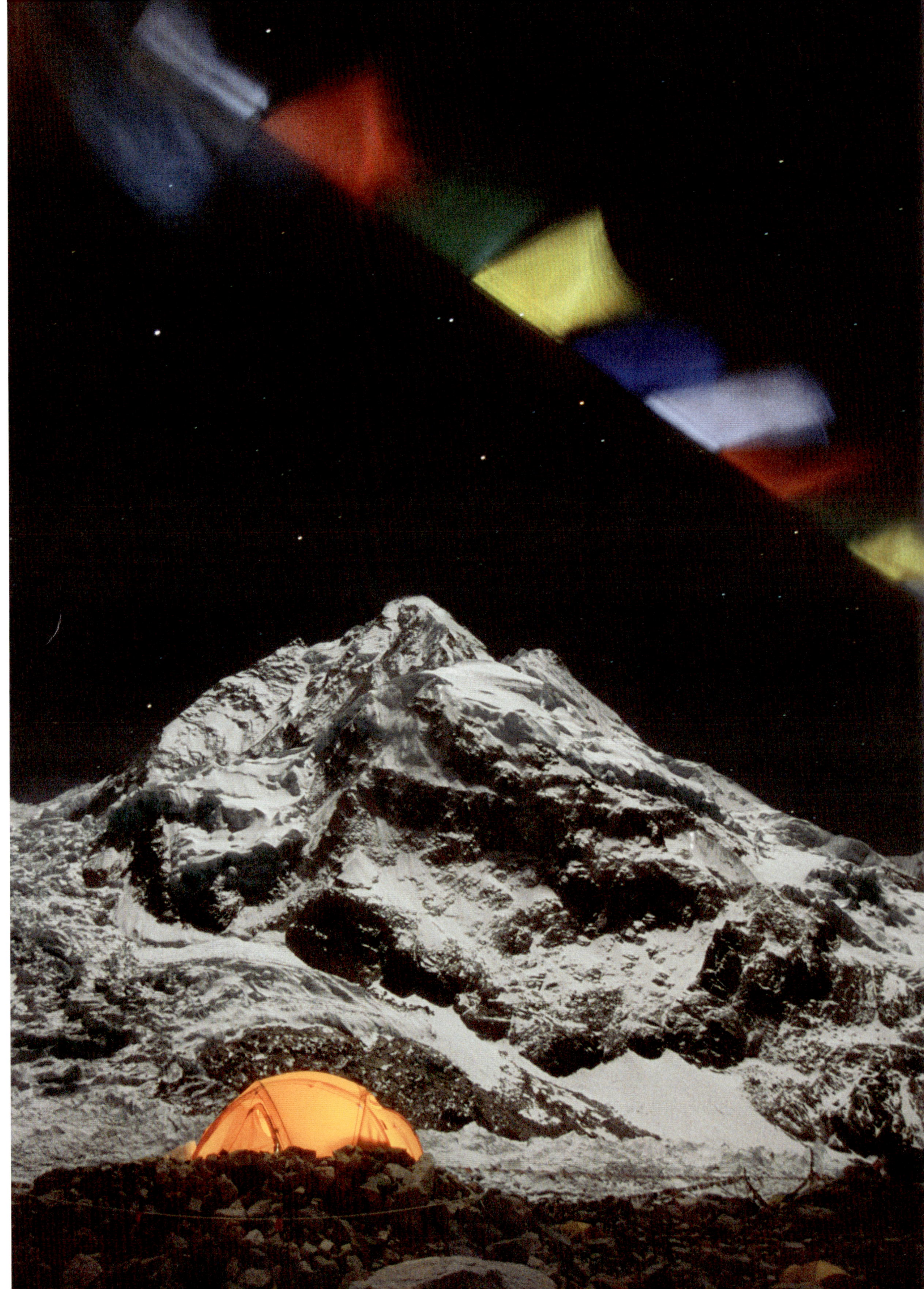

Danksagung

Dieses Buch verdanke ich vielen Menschen.

Ich danke Mom und Dad für ihre bedingungslose Liebe und dafür, dass sie mich zu dem machten, was ich heute bin.

Ich danke meiner Schwester Grace, die sich um mich gekümmert hat, solange ich denken kann, und die mich ermutigte, meinen eigenen Weg zu gehen.

Zu großem Dank verpflichtet bin ich meinen lieben Freunden und Mentoren – Conrad Anker und Jennifer Lowe-Anker, Rick und Jennifer Ridgeway, Yvon und Malinda Chouinard, Doug und Kris Tompkins, David Breashears, Galen Rowell und Jon Krakauer, die mir ihr Wissen weitergaben und den Weg wiesen.

Ich danke meinem Lektor Matt Inman, meiner Grafikerin Kelly Booth und meinem Agenten Alex Kane für ihre Geduld und ihre Beratung in jeder Phase der Entstehung dieses Buches.

Vielen Dank an Jon Krakauer, Marshall Heyman und David Gonzales für die Hilfe beim Schreiben. Ich bin nicht ohne Grund Fotograf geworden und nicht Schriftsteller.

Unzählige Kletterer, Skifahrer, Snowboarder, Alpinisten und Bergsteiger inspirierten mich bei meinem Tun, insbesondere Peter Croft, Dean Potter, Steph Davis, Timmy O'Neill, Alex Honnold, Tommy Caldwell, Jeremy Jones, Travis Rice, Scot Schmidt und meine Kollegen vom The North Face Athlete Team. Ihr alle habt mich mehr beeinflusst, als ihr ahnt.

Besonders dankbar bin ich meinen Fotografenkollegen bei *National Geographic*, deren hervorragende Leistungen mir Vorbild sind; Sadie Quarrier, meiner Fotoredakteurin bei *National Geographic*, für alle Einblicke und Redaktionen im Laufe der Jahre; Rebecca Martin, die von Anfang an an mich glaubte, sowie The North Face und Steve Rendle, die mich in den letzten zwanzig Jahren unterstützt haben.

Meinen Freunden, die immer für mich da waren und mit mir durch dick und dünn gingen, bin ich für immer dankbar. Besonderer Dank gilt Jimmy Hartman, Brady Robinson, Rob und Kit DesLauriers, Doug Workman, Dave Barnett, Eric Henderson, Matt Wilson, Dave Cronin, Mikey Schaefer, Dirk Collins, Peter McBride und Chris Figenshau.

Und schließlich danke ich meiner wunderbaren Frau Chai dafür, dass sie ihre kluge Strahlkraft mit mir teilt und eine so unglaubliche Mutter ist. Und meinen Kindern James und Marina, die ein Licht und eine Freude in mein Leben brachten, die ich nie für möglich gehalten hätte.

GEGENÜBER Ein Heim fernab von daheim. Everest Basislager, Khumbu, Nepal, 2004

Über den Autor

Jimmy Chin ist ein Oscar-gekrönter Filmemacher und *National-Geographic*-Fotograf. Seit über zwanzig Jahren arbeitet er mit den bedeutendsten Abenteuersportlern und Entdeckern der Welt zusammen.

Als professioneller Sportler und Fotograf, der sich auf die Dokumentation von Expeditionen spezialisierte, hat er unter anderem den Mount Everest bestiegen, ist von diesem Gipfel abgefahren und schaffte die begehrte Erstbesteigung der Shark's Fin (Haiflosse) im Meru. Er fotografierte auf allen sieben Kontinenten; seine Bilder zierten die Titelseiten zahlreicher Publikationen, darunter *National Geographic* und *New York Times Magazine*. Chin publizierte auch Arbeiten in *New Yorker*, *Vanity Fair*, *Outside* und *Men's Journal*. Zu den als Fotograf erhaltenen Auszeichnungen gehört der von Kollegen vergebene National Geographic Photographer's Photographer Award 2020.

Darüber hinaus arbeitet Chin als Co-Produzent und Co-Regisseur mit seiner Frau Chai Vasarhelyi. *Meru* gewann 2015 den Publikumspreis beim Sundance Film Festival und war 2016 auf der Shortlist des Academy Award für den besten Dokumentarfilm. *Free Solo* wurde 2019 mit dem Oscar für den besten Dokumentarfilm, einem BAFTA und sieben Primetime Emmy Awards ausgezeichnet. Chin lebt mit Chai, Tochter Marina und Sohn James in Jackson Hole (Wyoming) und New York City.

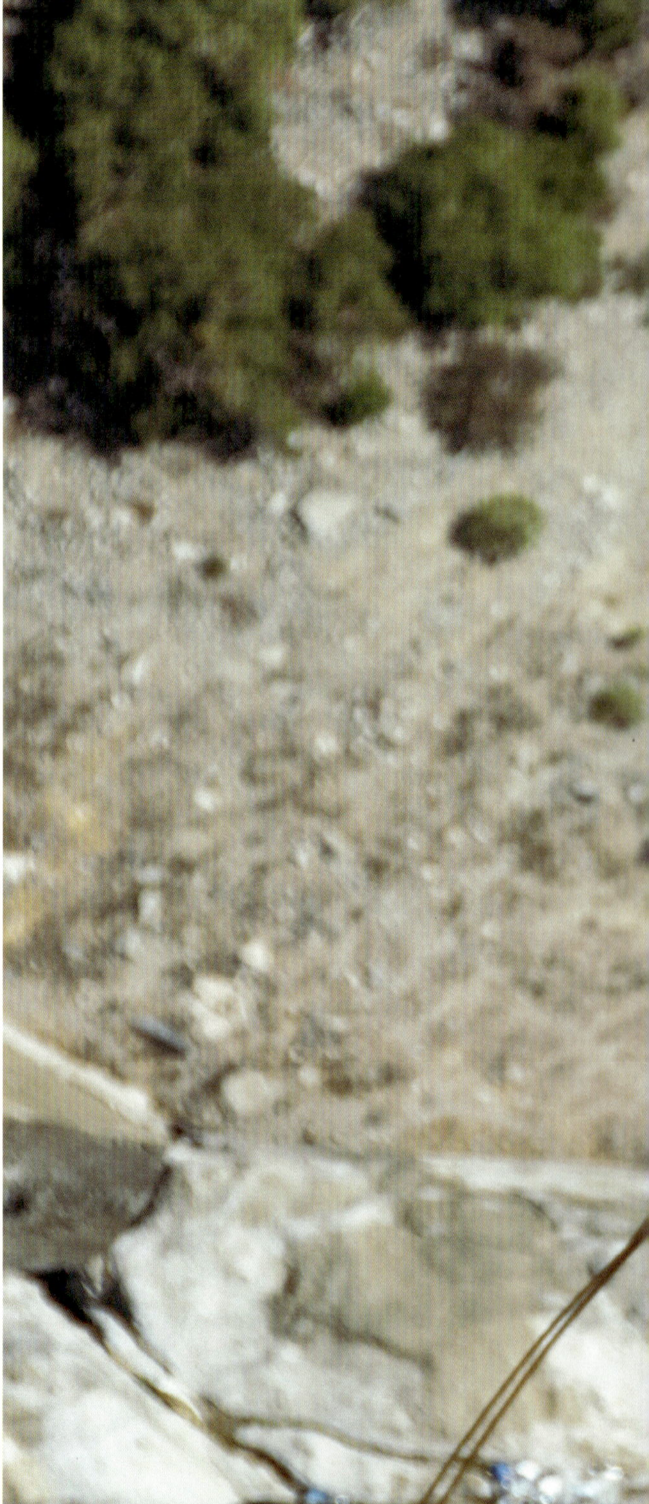

RECHTS Jümarn in der Pacific Ocean Wall. El Capitan, Yosemite-Nationalpark, 2007. Foto: Dave Hahn.

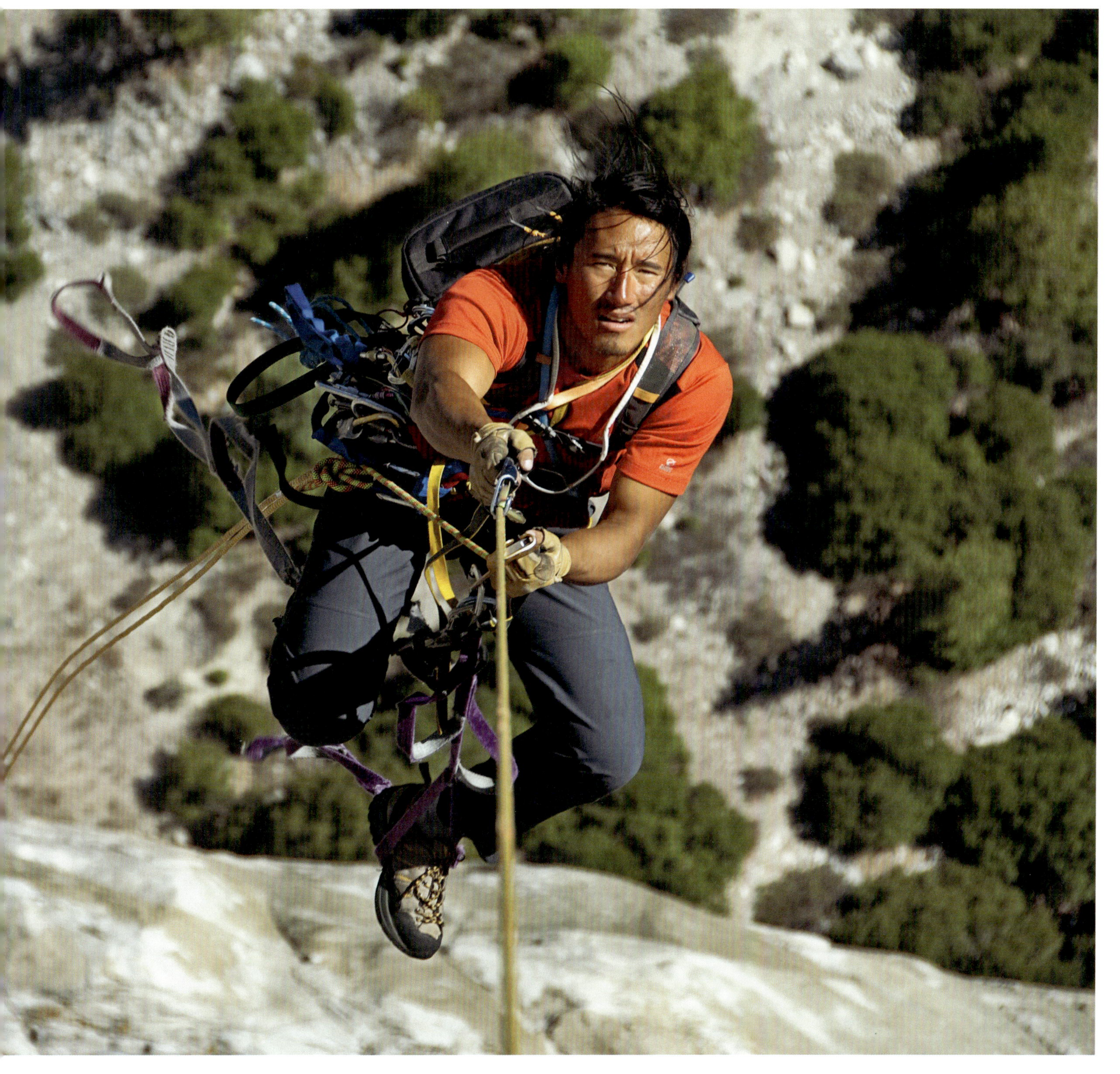

Die englische Originalausgabe erschien 2021 unter dem Titel *There and Back - Photographs from the Edge* bei Ten Speed Press, an Imprint of Random House, a division of Penguin Random House LLC, New York

Cover: Conrad Anker auf dem Weg zum Hochlager in der Antarktis (Siehe Seite 304-305).
Cover-Rückseite: Jimmy Chin beim fotografieren am El Capitan bei den Dreharbeiten von *Free Solo*. Foto © Cheyne Lempe
S. 2-3: Karten-Details courtesy Shutterstock

Deutsche Ausgabe
© Prestel Verlag, München · London · New York, 2022
in der Penguin Random House Verlagsgruppe GmbH
Neumarkter Straße 28 · 81673 München

Projektleitung: Curt Holtz
Herstellung: Corinna Pickart
Design/Art Direction: Kelly Booth
Übersetzung aus dem Englischen: Maria Meinel
Satz und Lektorat: Weiß-Freiburg GmbH
Druck: Grafisches Centrum Cuno, Calbe
Papier: Mango Matt

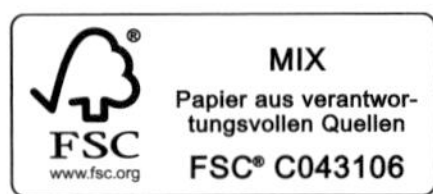

Penguin Random House Verlagsgruppe FSC® N001967

ISBN 978-3-7913-8900-4

www.prestel.de

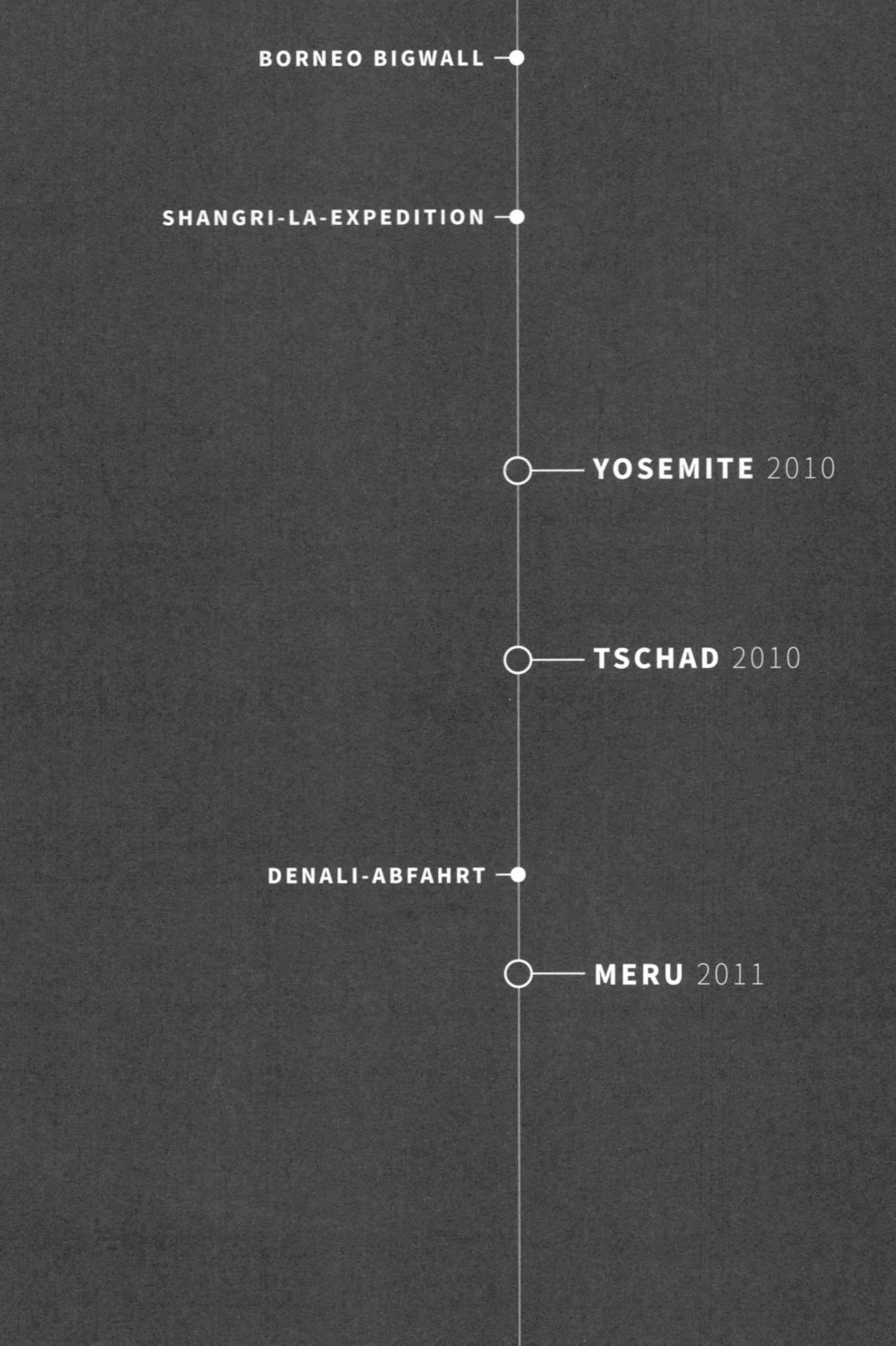

BORNEO BIGWALL
SHANGRI-LA-EXPEDITION
YOSEMITE 2010
TSCHAD 2010
DENALI-ABFAHRT
MERU 2011
OMAN
BUGABOOS